LA

# TRIBUNE JUDICIAIRE.

Paris. — Imprimerie de L. MARTINET, rue Mignon, 2.

# LA
# TRIBUNE JUDICIAIRE

RECUEIL

## DES PLAIDOYERS ET DES RÉQUISITOIRES

LES PLUS REMARQUABLES

## DES TRIBUNAUX FRANÇAIS ET ÉTRANGERS

PAR

## J. SABBATIER,

Ancien sténographe des Chambres législatives pour le *Moniteur universel.*

TOME HUITIÈME.

# PARIS

## C. BORRANI, LIBRAIRE-ÉDITEUR,

RUE DES SAINTS-PÈRES, 9.

1860

# LA
# TRIBUNE JUDICIAIRE.

TRIBUNAL DE POLICE CORRECTIONNELLE

(6ᵉ CHAMBRE).

**PRÉSIDENCE DE M. BERTHELIN.**

Audience du 22 juin 1859.

LA

## COMPAGNIE DES AGENTS DE CHANGE DE PARIS

CONTRE

## LES COULISSIERS.

**Immixtion dans les fonctions d'Agents de change.**

Les prévenus sont au nombre de vingt-six. Voici leurs noms :
MM. Émile-Julien Michel, Vincent-Sulpice Jarry, Morel-Fatio, Alphonse-Édouard Guastalla, Wilkelm Wertheimber, Lévy Crémieux, Charles Labrousse, Louis-Auguste Dauga, Henri-Charles Aron, Eugène Gellinard, Louis-Marie-Antoine Cayard, Abraham-Élysée Pereire, Paul-Emmanuel Pereire, Isidore-Joseph-Marie Garzon, Eugène-Alfred Huttin, Joseph-Alexandre Piet, Jules-Pierre-Denis Pradeau, Thalès Destermes, Gustave-Nicolas Caperon, Jean Goubie, Henri Halimbourg, Théodore-Auguste Lacomblez, Théodore-Henri Poissonnier, Gustave-François-Théodore Sureau, Pierre-Ernest Villetard, Isidore-Paulin Savalète.

Ils sont inculpés d'avoir violé les dispositions de la loi du 28 ventôse an IX et l'arrêté du 27 prairial an X.

« Aux termes de l'article 76 du Code de commerce, dit le réquisitoire écrit, les agents de change ont seuls le droit de faire, comme intermédiaires entre les parties, les négociations des effets publics et autres susceptibles d'être cotés à la Bourse, de faire pour le compte d'autrui la négociation de lettres de change ou billets commerçables et d'en constater le cours. Ils peuvent, en outre, faire, concurremment avec les courtiers de marchandises, la négociation et le courtage des ventes ou achats de matières métalliques, ils ont seuls le droit d'en constater le cours.

» Avant cette loi, qui consacre d'une manière précise le droit privatif des agents de change, les dispositions législatives et les règlements sur les Bourses de commerce avaient interdit à quiconque de s'immiscer dans leurs fonctions.

» L'article 23 du règlement du 26 novembre 1781 porte : « Fait, Sa Majesté, défense à toutes personnes autres que les agents de change, de s'immiscer dans les négociations d'effets royaux et papiers commerçables, comme aussi de prendre la qualité d'agent de change, d'avoir et tenir dans la Bourse aucuns carnets pour y insérer le cours des effets et de rester à la Bourse après le son qui indique la sortie, à peine, pour l'une ou l'autre de ces contraventions, de nullité des opérations, de trois mille livres d'amende, et en cas de récidive, de punition corporelle. »

» La loi du 28 ventôse an IX et les articles 4 et 5 de l'arrêté du 27 prairial an X, ont maintenu et confirmé cette prohibition, en supprimant toutefois la peine corporelle, mais en élevant le taux de l'amende, qui est aujourd'hui proportionnelle au cautionnement des agents de change (le quart).

» Malgré ces dispositions législatives, qui sont encore en vigueur, dit la prévention, un grand nombre d'individus usurpent les attributions des agents de change. Composée d'abord d'un petit nombre, la coulisse a insensiblement pris des proportions considérables. Elle s'est tenue en différents lieux, au passage des Panoramas, à Tortoni, Valentino, au Casino et au passage de l'Opéra, d'où elle a été successivement expulsée par mesure administrative ; en dernier lieu, elle s'est réfugiée sous le péristyle et dans l'intérieur même de la Bourse.

» A partir de ce jour, la prévention soutient que la coulisse est devenue une véritable contrefaçon du parquet des agents de change. Il est de notoriété publique que les coulissiers vendent et achètent toutes les valeurs que vendent et achètent les agents, et par les facilités qu'ils donnent aux spéculateurs, la différence de courtage, la variation dans le cours de la rente qu'ils traitent par fractions de 2 centimes et demi, et l'échelle peu élevée de leurs primes, ils ont, dans ces derniers temps, absorbé la presque totalité du marché de la rente.

» Les coulissiers ont des carnets comme les agents de change ; leurs registres et leur comptabilité sont les mêmes ; ils se délivrent entre eux des bordereaux de négociation ; enfin ils se tiennent à la Bourse, côte à côte avec le parquet, dominant par leurs cris ceux des agents de change, qui leur sont inférieurs en nombre, et faisant annoncer leurs cours de la même manière que ceux faits par les intermédiaires légaux.

» Il faut ajouter encore que, dans ces derniers temps, la coulisse semble s'être organisée en véritable corporation. Elle a formé une commission destinée à moraliser et à garantir les affaires entre coulissiers ; c'est un des inculpés, le sieur Dauga, qui est président de cette commission.

» La compagnie des agents de change a vu dans ces faits un danger pour le public, dont les intérêts peuvent être gravement compromis par des intermédiaires sans caractère officiel, et un péril pour ses propres membres, qui se voient dépouillés des affaires dont la loi leur assure le monopole, par des individus qui sont de véritables agents de change sans cautionnement et sans investiture. La chambre syndicale a, en conséquence, déposé une plainte contre tous les individus ci-dessus désignés, et, en son nom, le syndic s'est constitué partie civile sur cette plainte.

» Des perquisitions ont été faites au domicile de tous les inculpés. Les saisies pratiquées, dit la prévention, ne peuvent laisser aucun doute sur la nature des opérations auxquelles ils se sont livrés. Porteurs, presque tous, d'une patente de banquier, ils ont fondé des maisons de commerce innomées, et ont fait, la plupart d'entre eux le reconnaissent, des négociations pour le compte de tiers, à qui ils prenaient, sous le titre de commission de banque, un véritable droit de courtage. On a saisi leurs registres, leurs carnets, leur correspondance ; de sorte qu'en dehors de leurs aveux, le délit qui leur est imputé est complétement établi.

» Cependant les coulissiers prétendent qu'ils ne font que des opérations à terme ; que ces opérations ne rentrent pas dans les fonctions des agents de change, à qui même elles sont défendues, et que dès lors ils n'usurpent pas ces mêmes fonctions. Ils ajoutent qu'au surplus ils ont été tacitement reconnus, ou tout au moins tolérés jusqu'à ce jour, et que leur bonne foi doit les mettre à l'abri de toutes poursuites.

» La prévention répond : La coulisse existe, en effet, depuis un grand nombre d'années ; mais dès qu'elle s'est révélée d'une manière ostensible, on a déployé vis-à-vis d'elle des mesures qui, loin de consacrer, même tacitement, son existence, ont révélé la pensée de l'administration sur son illégalité. Elle a été successivement chassée de tous les lieux publics où se tenaient ses réunions, et, de plus, des décisions judiciaires, encore récentes, ont infligé la peine de l'amende à un certain nombre d'individus qui n'ont fait autre chose que ce qui est reproché aux inculpés.

» Le fond de leur défense n'est pas plus admissible que la fin de non-recevoir qu'ils opposent aux poursuites. Ils ne font, disent-ils, que des opérations à terme que les agents de change n'ont pas le droit de faire. Mais où trouvent-ils, dans la loi, cette restriction au droit des intermédiaires légaux ? Les agents de change soutiennent, au contraire, et avec raison, leur droit de faire des opérations à terme, qui ne sont prohibées que lorsqu'elles cachent des jeux ou paris sur les différences, mais qui sont parfaitement licites, à la double condition de l'indication d'une échéance et du dépôt préalable des valeurs formant l'objet de l'opération. Si ces deux conditions sont remplies, l'opération à terme est évidemment du ressort exclusif des agents de change ; si elles ne le sont pas, l'abus commis par les coulissiers dans la négociation des effets publics et valeurs industrielles ne peut lui enlever le caractère illicite prévu et puni par les lois précitées.

» Les inculpés soutiennent encore qu'ils ont fait de nombreuses opérations pour les agents de change eux-mêmes, qui seraient devenus, en quelque sorte, les instigateurs et provocateurs du délit dont la chambre syndicale poursuit la répression. Le syndic, sans avoir positivement nié ce dernier fait, déclare qu'il est possible que des agents se soient vus dans la nécessité de s'adresser à la coulisse pour remplir les ordres de leurs clients ; mais il explique que c'est là une des plus déplorables conséquences du déplacement du marché qui, en mettant toutes les valeurs entre les mains des intermédiaires illégaux, force les mandataires officiels à s'adresser, pour accomplir les fonctions qu'ils tiennent de la loi, à ceux-là même qui

la violent à leur préjudice. Loin de servir à la défense, cette prétention met en relief le danger qu'il y aurait à perpétuer cet état
de chose anormal, et la nécessité de prendre des mesures pour faire
rentrer chacun dans ses droits et dans ses devoirs. »

M. Sévérien Dumas occupe le siége du ministère public.

La chambre des agents de change est représentée par M. Coin,
son syndic.

Me Dufaure, assisté de Me Quatremère, avoué, et Mes Paillardt
de Villeneuve et Mathieu, soutiennent la prévention.

Me Berryer, assisté de Me Denormandie, avoué, et Mes Plocque,
Crémieux, Jules Favre, Léon Duval et Bozérian, sont assis au banc
de la défense.

----

## INTERROGATOIRE DES PARTIES CIVILES.

M. COIN, *agent de change, syndic de la Compagnie.*

M. LE PRÉSIDENT. Persistez-vous dans votre plainte au nom de la Compagnie des agents de change?

M. COIN. — Oui, M. le Président.

D. Les autres membres du syndicat sont-ils présents?

R. Oui, excepté l'un de ces messieurs qui est resté pour la police de la
Bourse.

D. Avez-vous quelques explications personnelles à donner?

R. Aucune.

D. Quel est le fait qui est l'objet de votre plainte?

R. L'immixtion dans les fonctions d'agent de change de la part des personnes accusées.

D. Demandez-vous des dommages-intérêts?

R. Nous demandons seulement les dépens, sauf les réserves que pourront
faire les avoués.

Les autres membres du syndicat, savoir :

M. PALLET (Joseph-César), *agent de change,*

M. ROBLOT (Alexandre), *agent de change,*

M. LAURENT (Charles-Albert), *agent de change,*

M. GANNERON (Victor-Frédéric), *agent de change,*

M. MOREAU (Ferdinand-Louis), *agent de change,*

déclarent s'associer à la plainte.

L'huissier fait l'appel des témoins à décharge. Aucun ne répond, sauf
MM. Ganneron, Moreau et Roblot, membres du syndicat.

M. LE PRÉSIDENT. — Nous avons reçu dix-sept lettres d'agents de change
qui nous prient de les excuser de ce qu'ils ne peuvent se rendre devant le tri-

bunal pour y faire leurs dépositions, les uns étant retenus à la Bourse, les autres étant en province ou sur le point de partir.

M. LE PROCUREUR IMPÉRIAL. — Ce n'est pas à notre requête que tous ces témoins ont été assignés.


## INTERROGATOIRE DES PRÉVENUS.


MICHEL (Émile-Lucien), *se déclarant coulissier patenté d'office par le commissaire de police.*

M. LE PRÉSIDENT. — Qu'appelez-vous coulissier?

M. MICHEL. — Faisant des affaires à la Bourse.

*D.* Comment est libellée votre patente?

*R.* Agent d'affaires.

*D.* Ce n'est pas coulissier alors, c'est agent d'affaires?

*R.* Faisant des affaires à la Bourse.

*D.* Vous êtes prévenu de vous être immiscé dans les fonctions d'agent de change.

Mᵉ CRÉMIEUX. — Est-ce l'interrogatoire des prévenus que vous voulez faire, ou leur demandez-vous seulement leur nom?

Mᵉ BERRYER. — Il importe que les prévenus soient appelés pour lier le débat. Nous avons à nous expliquer sur l'audition des témoins.

M. LE PRÉSIDENT. — Il faut suivre les règles ordinaires. Nous avons l'habitude d'appeler les prévenus les uns après les autres, de les interroger en même temps. C'est ce que nous faisons en ce moment.

Mᵉ CRÉMIEUX. — Avant l'interrogatoire nous avons un incident à élever sur l'audition des témoins.

M. LE PRÉSIDENT. — Vous ne pouvez pas parler, si ce n'est quand vous serez ici comme défenseurs des prévenus ayant place au débat.

C'est pour cela que nous sommes obligés de les interroger pour qu'ils deviennent des prévenus ne faisant pas défaut.

Mᵉ CRÉMIEUX. — Je croyais que vous auriez interpellé les prévenus sur leurs nom, profession, domicile, sauf à faire l'interrogatoire plus tard. Le tribunal fera comme il voudra.

M. LE PRÉSIDENT, *au prévenu.* — Vous êtes inculpé de vous être immiscé dans les fonctions d'agent de change.

LE PRÉVENU. — Je ne croyais pas m'être immiscé dans les fonctions d'agent de change, parce que ancien agent de change, je ne faisais que ce que la loi me permettait de faire.

*D.* Cependant vous avez reconnu dans votre interrogatoire que vous vous étiez livré comme intermédiaire à des négociations d'effets publics.

*R.* Non pas à des négociations. J'ai reconnu que j'achetais des rentes fin du mois, que j'en vendais tant pour mon compte que pour le compte de ceux qui voulaient bien me confier leurs affaires.

*D.* Nous n'avons pas à nous occuper des rentes que vous avez achetées pour votre propre compte ; mais votre réponse elle-même indique que comme intermédiaire vous vous prêtiez à des négociations d'effets publics pour des tiers.

*R.* Je ne l'ai jamais nié, puisque comme tel on m'a donné une patente.

*D.* Dans votre interrogatoire on a dit que vous ne vous livriez pas à la négociation des valeurs industrielles.

*R.* Non à des opérations au comptant.

*D.* Dans ce qu'on appelle la coulisse se trouvent deux natures d'agents, ceux qui se livrent à des négociations des rentes et effets de cette nature, et ceux qui se livrent à la négociation d'actions industrielles. Il y en a qui font les deux négociations, ils l'ont avoué ; il y en a qui, comme vous, ne font que la négociation des rentes. Vous ne faites que les rentes ?

*R.* Pas autre chose.

*D.* Lorsque vous êtes intermédiaire pour la négociation d'effets publics, vous recevez un droit de courtage ?

*R.* Je l'appelle commission. Comme agent d'affaires j'ai le droit d'en prendre une.

*D.* Quel que soit le nom qu'on donne à la remise que vous vous faites faire, vous recevez une remise ?

*R.* Je reçois une rétribution. Je donne ma garantie aux personnes qui m'emploient, ce qui est interdit aux agents de change. Comme rémunération de cette garantie, je perçois un dû croire.

*D.* Vous recevez une rétribution. Est-elle égale au droit de courtage que les agents de change sont fondés à recevoir ?

*R.* Non.

*D.* Est-elle inférieure ?

*R.* Oui.

*D.* De combien est ce droit, quelle que soit sa dénomination ?

*R.* De 25 francs par 3000 francs de rente.

*D.* N'aviez-vous pas un carnet sur lequel vous portiez vos diverses opérations ?

*R.* Je n'avais pas de carnet. J'en prenais note chez moi.

*D.* Ce qui faisait croire que personnellement vous aviez un carnet, c'est que vous-même vous avez dit que vous les détruisiez à mesure.

*R.* Je ne comprends pas la question. Le carnet est une espèce de petit portefeuille qu'on a entre les mains à la Bourse. Il y a après cela ce qu'on appelle les carnets de liquidation. Ceux-là je suis obligé d'en avoir, car il est impossible sans cela de se souvenir de toutes les transactions qui se sont faites pendant le mois. Elles sont posées sur le carnet, et mois par mois, une fois la liquidation faite, j'ai depuis longtemps l'habitude de les détruire.

*D.* Vous donniez des bordereaux de négociations aux diverses personnes pour lesquelles vous travailliez ?

*R.* Je ne donne jamais de bordereau de négociation.

*D.* Qu'est-ce que vous donniez ?

*R.* Je donnais des engagements qui n'étaient pas conçus comme ceux des agents de change. Les agents de change ne peuvent pas donner leur garantie aux termes de la loi, et nous, nous sommes toujours garants. Nous disons :

« Acheté à un tel » ; ou : « Vendu à un tel ». En un mot, nous sommes toujours en face de la personne pour laquelle nous travaillons. Si le client vend de la rente, c'est nous qui l'achetons ; si le client achète, c'est nous qui vendons.

JARRY (Vincent-Sulpice), *banquier*.

M. LE PRÉSIDENT. — Vous êtes prévenu de vous être immiscé dans les fonctions d'agent de change.

M. JARRY. — J'ai répondu à M. le juge d'instruction que les opérations que je faisais n'étaient pas dans les attributions légales des agents de change. Je fais des affaires à terme pour des commettants, banquiers, correspondants de province et de Paris même. Je prends ma commission de banque pour les affaires dont je suis chargé. J'en fais beaucoup par l'entremise des agents de change. J'ai payé des courtages très considérables aux agents de change. Tout mon comptant se fait par le ministère d'agent de change. J'ai eu cinq ou six cents bordereaux. J'ai eu un mouvement d'affaires de 3 600 000 francs au comptant l'année dernière, ce qui prouve que je fais des affaires par le ministère d'agent de change. Les autres affaires, les affaires de spéculation, je les fais moi-même.

*D.* Qu'est-ce que vous appelez des affaires de spéculation ?

*R.* Des achats ou des ventes de rentes à terme.

*D.* Quelle est donc la distinction que vous établissez entre le comptant et le marché à terme ?

*R.* Le marché à terme est un marché aléatoire qui peut se réaliser par une simple différence, tandis que dans le marché au comptant il faut payer immédiatement la valeur qu'on achète.

*D.* Ce serait donc des jeux de Bourse ?

*R.* Il y a certainement de la spéculation.

*D.* Nous devons vous avertir que c'est un système dangereux que vous adoptez. Pour vous défendre d'une inculpation de délit, vous assumez la responsabilité d'un autre délit. Le tribunal ne peut tolérer qu'on se défende en venant produire comme prétention qu'on ne fait pas ce que font les agents de change parce qu'on fait ce qu'interdit la loi. C'est dans votre intérêt que nous vous engageons à réfléchir au système que vous présentez et que vous avez présenté devant le juge d'instruction.

*R.* Je ne puis pas nier que je ne fasse des affaires à terme pour moi et mes commettants.

*D.* Il ne faut jamais dans les affaires d'équivoque, vous en voulez produire une. Je sais que c'est votre système. Nous n'avons pas l'intention d'arrêter votre défense ni de la limiter tant qu'elle ne dépassera pas les bornes que pose la loi. Nous vous faisons seulement remarquer que quant aux marchés à terme la jurisprudence est établie. Nous voulons carrément vous poser la question, après vous avoir montré les dangers de votre réponse, en vous demandant si ce sont des paris, des jeux de bourse, des spéculations de ce genre qui seraient les opérations auxquelles vous vous livrez comme intermédiaire, que vous dites être interdites aux agents de change, et que par suite vous dites pouvoir être exécutées par vous.

*R.* Lorsqu'on vend des rentes à terme, il est impossible de savoir si la vente se résoudra par une livraison réelle ou par une simple différence, par un rachat qui fera une différence. Très souvent les affaires à terme se résolvent par des affaires réelles que je fais par le ministère d'agent de change. Mes comptes en font foi. Je lève des rentes à presque toutes les liquidations. Mais lorsque je reçois l'ordre de vendre 10 000 ou 12 000 francs de rentes, je ne sais pas si le client voudra les livrer, les racheter, en racheter d'autres. Ce sont des affaires qui ont un terme fixé. Vous pouvez les considérer comme affaires aléatoires ou comme affaires réelles, jusqu'à ce que la liquidation se fasse.

*D.* Quand l'opération, selon vous, est licite, vous vous adressez aux agents de change ?

*R.* Je fais mon opération fin du mois ; elle se résout par une levée ou une livraison de rente.

*D.* Elle devient un jeu ou une opération licite.

*R.* S'il y a une livraison ou une levée de rente, c'est par le ministère de l'agent que je l'opère.

*D.* Tout à l'heure, quand nous vous disions que les paris sont choses illicites, vous disiez : « Quant au marché à terme, il faut distinguer. On ne peut les reconnaître que lorsque l'opération se termine. » Nous avions cru comprendre que vous vouliez dire que dans un cas le marché à terme était régulier, que dans l'autre il n'était pas régulier.

*R.* Je ne comprends pas bien votre question.

*D.* Pour arriver clairement à la question, on vous inculpe de vous être immiscé dans les fonctions d'agent de change. Vous répondez : « Je ne me suis pas immiscé dans les fonctions d'agent de change. J'ai fait des choses qui sont défendues aux agents de change. J'ai fait des spéculations, des jeux de bourse ou des paris. »

*R.* J'ai fait des affaires de banque.

(M⁰ Berryer prononce quelques mots qui ne parviennent pas jusqu'à nous.)

M. LE PRÉSIDENT. — M⁰ Berryer, vous aurez la parole pour éclairer le tribunal. Notre devoir est de donner à des prévenus le droit et la faculté de se défendre.

M. l'avocat impérial aura la bonté de voir dans les interrogatoires des prévenus si le moyen de défense n'est pas nettement posé dans ces termes : Nous ne nous immisçons pas dans les fonctions d'agent de change, attendu que nous faisons une chose qui est interdite aux agents de change ; nous servons d'intermédiaire à des paris, à des jeux de bourse.

Si c'est le système, nous vous avons averti de son danger. Si ce n'est pas le système, nous examinerons celui que vous présenterez. Vous voyez celui dont nous parlons ; le présentez-vous ?

LE PRÉVENU. — J'ai été agent de change. J'ai fait des affaires à terme comme agent de change, et j'ai toujours cru, dans la compagnie des agents de change, qu'il était impossible de poursuivre ceux qui ne payaient pas dans des affaires à terme ; la législation ne nous le permettait pas. Voilà pourquoi je dis que les affaires à terme ne sont pas plus permises aux agents de change qu'à qui que ce soit.

*D.* Vous reconnaissez qu'en qualité d'intermédiaire, vous vous êtes livré à des négociations, à des marchés à terme ; nous vous demandons de faire la différence entre l'affaire que vous reconnaissez faire et l'affaire que fait l'agent de change comme intermédiaire régulier entre des tiers pour une négociation d'effets publics.

*R.* Il n'y en a pas ; seulement il me semble que dans ce cas...

*D.* Nous ne voulons pas vous surprendre. Ce que nous vous disons a de la gravité dans l'affaire. Réfléchissez. Il ne faut pas compromettre votre position. Nous vous disons : Si comme ancien agent de change vous savez ce que c'est qu'un marché à terme ; si vous vous êtes livré à des marchés à terme et si vous les croyez réguliers, nous vous demandons la différence qu'il y a entre ce que vous faites et ce que fait l'agent de change ?

*R.* L'agent de change fait une chose qui ne lui est pas permise.

*D.* Pourquoi ?

*R.* Parce que la loi ne reconnaît pas ces affaires-là en général.

*D.* Si la loi ne les reconnaît pas, pourquoi les faites-vous ?

*R.* Parce que tout le monde les fait. C'est de notoriété publique qu'il se fait des affaires à terme à la Bourse.

*D.* Ces faits sont qualifiés de paris, et c'est parce que ce mot est adopté par vous ou par d'autres de vos coprévenus que je vous préviens du danger de cette défense.

*R.* Je ne crois pas avoir dit dans mon interrogatoire que je me livrais à des paris ou à des jeux de bourse. J'ai dit que je faisais des affaires à terme.

M. L'AVOCAT IMPÉRIAL. — Le mot n'y est pas, la chose y est.

Mᵉ BERRYER. — C'est ce que nous verrons.

M. L'AVOCAT IMPÉRIAL. — Précisément ; il y a plusieurs autres dépositions qui disent le mot.

M. LE PRÉSIDENT, *au prévenu.* — Vous avez dit que vous étiez banquier depuis longtemps. Croyez-vous que dans les attributions du banquier rentre cet acte de se livrer comme intermédiaire à des opérations ? Est-ce que le banquier n'opère pas pour lui-même ?

LE PRÉVENU. — Il opère pour lui-même et par commission pour ses commettants.

*D.* Le banquier peut servir d'intermédiaire à des ventes et achats d'effets publics dans l'intérêt de tiers, sans intervenir un instant comme propriétaire ?

*R.* Il reçoit un mandat, il l'exécute.


**MOREL-FATIO** (Arnold), *banquier.*

M. LE PRÉSIDENT. — Vous êtes inculpé d'immixtion dans les fonctions d'agent de change.

M. MOREL-FATIO. — Je crois que cette inculpation n'est pas fondée. Ma maison existe sous le nom de mon père depuis quarante-sept années. J'exerce depuis vingt-huit ans et demi sans trouble, à la connaissance de tous les agents de change, avec leur participation à la plus grande partie de mes actes, car ils sont en très grande majorité, depuis vingt-neuf ans, mes clients, mes complices, s'il y a délit ; et sans sortir d'ici, il y a dans le syndicat trois personnes que je puis indiquer comme ayant été et étant mes clients, mes donneurs d'ordre, et ayant pu apprécier la nature des opérations que je faisais en me les donnant à faire.

*D.* Quelle était la nature de vos opérations ?

*R.* La nature était variée. Principalement, pour ne parler que de cela, j'ai acheté et vendu de la rente française à terme.

*D.* Pour votre compte ou pour le compte de tiers ?

*R.* Pour le compte de tiers, et principalement pour le compte des agents de change qui se présentent ici.

*D.* Receviez-vous un droit de courtage ?

*R.* Je suis banquier, et à ce titre j'ai droit à une commission pour les risques que je cours, car il m'est arrivé de n'être pas payé quelquefois et par toutes sortes de personnes ?

*D.* De combien était cette commission ?

*R.* C'était une commission variable.

*D.* Ne s'était-il pas établi dans la coulisse un cours indépendant du cours de la Bourse, du cours authentique ? Ne cotait-on pas diverses valeurs, soit cotables, soit non cotables ?

*R.* Je ne connais guère qu'une valeur, celle sur laquelle j'opère, le trois pour cent français. Depuis longtemps je suis l'agent des agents de change ou d'une très grande majorité des agents de change, de la presque totalité depuis vingt ans ; et au moins du tiers encore aujourd'hui de ceux qui sont en exercice.

*D.* Ne se fait-il pas un cours particulier dans la coulisse et au moment même où la Bourse ne tient pas ?

*R.* Depuis deux mois à peu près les mesures prises par le syndicat des agents de change ont amené une certaine perturbation sur la place. Nos cours, nos affaires, qui émanaient en grande partie des agents de change, qui étaient solidaires avec eux, suivaient les mêmes variations. Il se faisait avant la Bourse, qu'on ouvrait pour nos besoins, avec l'assentiment de l'autorité, sous la surveillance du commissaire de police de la Bourse, une demi-heure avant, quelques affaires plus ou moins considérables, et il y avait des cours qui, étant antérieurs à l'ouverture du parquet, n'étaient pas officiels ; mais ces messieurs y participaient tout aussi bien que nous ; avant l'ouverture de la Bourse nous recevions leurs ordres.

*D.* Vous reconnaissez qu'en dehors des heures de la Bourse ou pendant la Bourse on procédait à des négociations qui faisaient un cours ?

*R.* Pour lesquelles les agents de change nous ont donné un bill d'indemnité depuis que ma maison existe.

*D.* Un cours s'établissait en dehors du cours légal ?

*R.* Par les ordres des agents de change très habituellement.

*D.* Ce cours ne s'établissait-il pas par suite de la négociation d'effets cotables et d'effets non cotables ?

*R.* Je ne connais que la rente... dans les trois années incriminées. Si vous voulez remonter un peu au delà, il y a sur le banc occupé par les syndics deux ou trois membres qui m'ont honoré de leurs ordres de valeurs, spécialement défendues au parquet. Ces faits échappent à la période incriminée, mais ils ne manquent pas d'importance morale en ce qu'ils montrent les syndics aujourd'hui présents et même les syndics existants alors, me donnant des ordres qui mettaient à néant les décrets que ces mêmes syndics et adjoints avaient rendus la veille.

*D.* Vous reprocheriez donc à ces personnes...

*R.* D'être nos complices.

*D.* De s'être livrées par votre intermédiaire à la négociation de valeurs qu'on ne devait pas négocier ?

*R.* D'être nos complices et nos instigateurs. S'il y a délit, ils sont tous solidaires. J'ai toujours considéré, depuis vingt-huit ans que j'exerce à la Bourse de Paris, la participation des agents de change comme un consentement, une tolérance, une reconnaissance, une démission de ce qu'ils viennent demander aujourd'hui comme leur droit, leur monopole.

*D.* C'est de la plaidoirie ceci. Nous vous demandons quelle était la nature des opérations auxquelles vous vous livriez, qui sont en thèse générale des opérations interdites ou permises aux agents de change.

*R.* Je n'ai pas voulu faire cette différence, couvert que je me sentais par la participation de ces messieurs.

*D.* Vous montrez une certaine affectation à mettre en avant les agents de change. Quand on discutera, on les mettra en avant tout autant qu'on voudra. Ce n'est pas sur ce point que nous vous interrogeons. Il ne faut pas poursuivre trop longtemps une même idée ; on ne répond pas aux idées à côté, et c'est une idée à côté que je veux vous soumettre pour que vous y répondiez. Laissez pour un instant les agents de change. S'ils ont des torts, le tribunal examinera cette question : c'est de vous qu'il s'agit. Il s'agit de savoir si personnellement vous ne vous êtes pas livré à des négociations interdites aux agents de change : si vous n'avez pas fait, par exemple, comme le disait tout à l'heure un de ceux que nous interrogions, des jeux de bourse ou des paris. Nous sommes obligé de vous poser la question, parce qu'il faut que nous sachions si le moyen est soutenu, ou s'il est abandonné. Toute la défense dans l'instruction a été celle-ci : Nous ne nous sommes pas immiscés dans les fonctions d'agent de change ; nous nous sommes livrés à des paris et nous n'avons pas fait autre chose.

*R.* Je suis incapable de faire au juste cette différence. Je ne sais pas jusqu'à quel point ces marchés à terme dont il est question sont licites ou illicites. Ils sont constatés au cours authentique. Le *Moniteur* les porte à la connaissance du public. Les agents de change en font d'une manière patente, nous donnant l'ordre d'en faire tous les jours. Je fais ces marchés à terme ; je ne suis pas plus savant que cela.

*D.* Vous avez le droit de formuler votre défense. Vous êtes un homme très entendu aux affaires ; comment ne distinguez-vous pas le jeu des opérations légales ?

*R.* Comme l'a dit une des personnes qui m'ont précédé ici, quand des opérations commencent, on ne sait pas quelle en sera l'issue. Je ne puis pas savoir si M..., je ne veux nommer personne, qui me fait acheter de la rente a l'intention de la lever à la fin du mois ou de la reporter. Je demande pardon pour ces termes du métier, il est difficile de s'en abstenir. Le coupable est celui qui me donne l'ordre, et qui à l'avance peut savoir ce qu'il a l'intention de faire ou de ne pas faire, s'il a l'intention ou non de jouer ; nous ne sommes que des instruments, des outils.

*D.* Si comme outils il vous est interdit de vous mêler de certaines affaires, vous êtes coupables de les faire. Comme banquier, croyez-vous avoir le droit de faire des négociations d'effets publics pour les tiers ?

*R.* Je le crois.

**GUASTALLA** (Alphonse-Édouard), *banquier à Paris.*

Je suis banquier. Je spécule pour moi-même et pour le compte de quelques commettants, et je perçois des commissions.

M. LE PRÉSIDENT. — Reconnaissez-vous que, comme intermédiaire pour le compte de tiers, vous vous êtes livré à des négociations d'effets publics ou de valeurs industrielles ?

M. GUASTALLA. — Oui, monsieur le président.

*D.* Quelle est la distinction que vous faites entre les opérations auxquelles vous vous livrez et les opérations que l'agent de change est autorisé par la loi à faire ?

*R.* Je ne suis pas assez légiste, je le suis encore moins que mes collègues, pour établir une différence. Tout ce que je puis savoir, c'est que voilà vingt-cinq ans que je fais mes affaires au grand jour, non pas toléré, mais protégé par l'autorité, qui me défend de faire des affaires à telle ou telle heure ; qui me fait payer une patente pour les faire. Je fais mes affaires au grand jour et non comme un contrebandier.

**M. VERTHEIMBER,** *banquier.*

M. LE PRÉSIDENT. — Est-ce pour votre compte ou pour le compte de tiers que vous faites des opérations ?

M. VERTHEIMBER. — J'en fais tant pour mon compte que pour le compte de tiers.

*D.* Y a-t-il un droit de courtage payé par les tiers ?

*R.* J'ai une commission comme tous les banquiers.

*D.* Ne donnez-vous pas de bordereaux des opérations qui sont faites ?

*R.* J'en donne.

**M. LÉVY-CRÉMIEUX,** *banquier.*

M. LE PRÉSIDENT. — Avez-vous quelques explications à donner ?

M. LÉVY-CRÉMIEUX. — La défense vous donnera toutes les explications. Je n'en ai pas de particulière à vous donner.

*D.* Reconnaissez-vous avoir fait des négociations comme intermédiaire ?

*R.* Je conteste m'être immiscé dans les fonctions d'agent de change.

*D.* En fait, n'achetiez-vous pas et ne vendiez-vous pas des rentes pour le compte de tiers ?

*R.* Ma position est tout à fait exceptionnelle dans l'affaire. Je n'ai pas d'autres clients que les agents de change. J'ai apporté au tribunal un dossier volumineux qui prouvera ce que j'avance.

*D.* Quel est le genre d'opérations auxquelles vous vous livrez ?

*R.* Ma principale opération consiste en ceci : Je fais des échanges entre le parquet et la coulisse. Quand le parquet est plus élevé que la coulisse, je prends des rentes à la coulisse et je les passe au parquet ; quand la coulisse est plus élevée que le parquet, je prends au parquet et je passe à la coulisse.

*D.* Est-ce que ce n'est pas un acte d'agent de change ?

*R.* Les agents de change sont parties prenantes ; ils ne peuvent pas se plaindre.

*D.* Je ne parle pas de l'agent de change avec lequel vous opérez, qui agit comme simple particulier.

*R.* Ils ne peuvent pas se plaindre ; ils perçoivent leur courtage.

*D.* Et vous ?

*R.* Je fais mon gain comme je veux, pourvu que je paye à l'agent de change.

*D.* Si vous étiez agent de change traitant avec un autre agent de change, ne feriez-vous pas la même opération que celle qui vous est reprochée ?

*R.* Non.

*D.* Quelle est la différence ?

*R.* L'agent de change qui vend à un autre agent de change n'a pas de courtage.

*D.* Il faut distinguer le cas où l'agent de change devient une personne qui opère pour son compte.

*R.* Quand il opère pour le compte de tiers.

*D.* Et vous, vous opérez pour le compte de tiers ?

*R.* Pour mon compte ou pour le compte de tiers.

*D.* Si vous étiez agent de change, vous procéderiez de même. Vous diriez à un de vos confrères de faire l'opération. Il percevrait son courtage vis-à-vis de son client, et vous, vous percevriez le vôtre vis-à-vis de votre client.

*R.* Non ; l'agent de change a à vendre ou à acheter. Il offre, je prends. Il a un courtage.

*D.* Receviez-vous un courtage ?

*R.* C'était une commission. Il me faut avancer un capital comme banquier. Comment me payer des risques que je cours, si ce n'est par la perception d'une commission ? M. Fould, M. Rothschild, tous les banquiers ne font pas autre chose.

*D.* N'y a-t-il pas une distinction entre les opérations du banquier et les opérations de l'agent de change ? Le banquier peut-il servir d'intermédiaire en prenant un courtage ?

*R.* Il en sert tous les jours.

*D.* Quelle est donc la différence entre l'agent de change et le banquier ?

*R.* L'agent de change ne peut jamais se rendre garant de l'opération qu'il fait. C'est le notaire des effets publics. Il certifie une vente, un achat ; personnellement il ne peut jamais se rendre garant d'une opération sous peine de destitution.

*D.* Comme vous venez de le très bien dire, l'agent de change est un notaire public qui constate l'opération. Maintenant que vous avez posé vous-même la définition, reconnaissez-vous ou non avoir, comme notaire latent, fait des opérations de ce genre, constatant entre des tiers des négociations dont vous auriez été l'intermédiaire ?

*R*. Jamais.

*D*. Vous niez complétement le fait qui vous est imputé ? Il faut bien distinguer. Vous prétendez n'avoir jamais fait l'opération qui consiste à constater, en y amenant les parties, l'engagement qu'elles prennent réciproquement.

*R*. Je ne conteste pas cela. Ce que je conteste, c'est d'avoir fait les opérations comme le font les agents de change. Je me porte garant. Je prends de Pierre, je donne à Paul.

*D*. Indépendamment de la garantie que vous dites être interdite aux agents de change et que vous donnez, reconnaissez-vous que l'opération à laquelle vous vous livrez est celle à laquelle se livrent les agents de change?

*R*. Non. Il n'y a plus d'analogie, du moment que la garantie cesse.

*D*. Reconnaissez-vous, en d'autres termes, que vous faites l'opération entre deux tiers, dont l'un veut acheter et l'autre vendre ?

*R*. Cela est parfaitement permis. Je vais poser un exemple très simple. Je suis banquier ; un client m'envoie l'ordre de vendre 3000 francs de consolidés anglais. Il m'est impossible de m'adresser à un agent de change pour les négocier ; il faut que je trouve quelqu'un qui les vende.

*D*. La prévention vous reproche de faire acte d'agent de change.

*R*. Je crois qu'il sera établi de la manière la plus nette, par notre défense, que nous ne faisons nullement acte d'agent de change ; que les agents de change se sont trompés complétement dans leur plainte.

**LABROUSSE** (Charles), *banquier*.

Je suis banquier ; mes principaux clients sont en province. Je reçois les ordres de la province ; je les exécute, et je prends une commission. Quelquefois, et très souvent, les membres du syndicat peuvent l'attester, mes opérations se liquident par le parquet suivant les ordres que me donnent mes clients.

**M. LE PRÉSIDENT.** Qu'appelez-vous exécuter les ordres ?

**M. LABROUSSE.** — Acheter ou vendre.

*D*. Vous achetez et vous vendez pour le compte d'autrui ?

*R*. J'achète et je vends pour le compte d'autrui, en ma qualité de banquier.

*D*. La prévention prétend que c'est un acte réservé aux agents de change.

*R*. Non, attendu que je me sers, la plupart du temps, du ministère d'agents de change, le dossier peut le prouver, quand les opérations deviennent de leur ressort.

*D*. Vous dites que vous vous servez très souvent d'agents de change. Quand vous ne vous en servez pas, comment faites-vous ?

*R*. Lorsque je sors de chez moi et que je rencontre un homme de la Bourse, je lui dis : Avez-vous 3000 francs de rente à vendre ? J'ai à les acheter. Il me répond : Oui. Je les achète. Alors j'écris à mon client que j'ai acheté 3000 francs de rente. Mon client, plus tard, me dit : Revendez ces 3000 francs de rente. Je vais trouver le même individu qui m'a vendu, je lui dis : Voulez-vous racheter ? S'il ne veut pas, je les fais revendre au parquet ; je paye la commission à l'agent de change.

*D*. C'est pour des tiers que vous opérez ?

*R*. J'opère d'abord pour des tiers et ensuite pour mon propre compte.

*D.* Vous percevez un droit?

*R.* Je reçois une commission de banque.

*D.* La prévention prétend que c'est l'acte de l'agent de change, qui reçoit un ordre, qui l'exécute et perçoit un droit de courtage.

*R.* L'agent de change perçoit un droit pour certifier l'identité de l'acheteur ou du vendeur, et il ne peut le faire qu'en cas de réalisation du titre, c'est-à-dire de transfert. Mais il n'est pas interdit à un banquier d'acheter ou de vendre pour son compte ou pour le compte de tiers.

*D.* Il y a la loi qui interdit à tout individu autre que l'agent de change de faire les négociations que vous reconnaissez avoir faites.

*R.* Il est certaines choses que la loi interdit aux agents de change et qu'elle permettrait aux banquiers. Ainsi, un banquier a des correspondants en province; l'agent de change ne peut en avoir sans contrevenir à la loi, sans venir lui-même sur les brisées des banquiers, et un banquier serait en droit de dire à un agent de change : « J'ai des clients en province, vous me les enlevez ; vous êtes banquier, vous n'êtes pas agent de change. »

*D.* Comme il faut toujours en revenir à une solution et à une réponse décisive de votre part, je vous repose la question. La prévention prétend qu'une loi interdit à tout individu autre que les agents de change la négociation des effets publics et des valeurs industrielles. Reconnaissez-vous que cet acte qu'on prétend interdit a été commis par vous, sauf à chercher s'il est interdit ou non.

*R.* J'ai répondu à cette question en disant que je suis banquier, que je reçois des ordres de la province. Ces ordres ne peuvent être exécutés par les agents de change, qui ne peuvent pas avoir de correspondants en province. Lorsque je reçois ces ordres, j'achète ou je vends selon la nécessité, soit par le parquet, soit en prenant un tiers qui me vend.

*D.* Si je suis obligé d'insister, c'est que dans l'instruction, par suite d'une réserve que tout le monde louera, lorsque les carnets des prévenus ont été saisis, les scellés n'ont pas été brisés et l'on a rendu intacts les carnets, tels qu'ils avaient été saisis, pour éviter un scandale complétement inutile. La précaution prise par le magistrat était possible, parce que chacun des prévenus venait très nettement reconnaître ses actes sans équivoque, se défendant seulement par ce moyen adopté généralement, je n'ose pas dire unanimement, parce que ma mémoire n'est pas assez précise : qu'on ne faisait dans ces actes que ce que les agents de change ne pouvaient pas faire aux termes de la loi, et que, par conséquent, on pouvait faire sans être de la profession d'agent de change. Vous avez l'air, comme d'autres prévenus, de vouloir jeter du doute sur ce point. Si vous niez avoir fait pour le compte de tiers autres que des agents de change, mettons-les de côté pour un instant, on les reprendra quand on voudra, les opérations qui consistent à recevoir un courtage pour servir d'intermédiaire entre les vendeurs et les acheteurs d'effets publics, de valeurs industrielles, il faudra que l'instruction fasse connaître si vous avez réellement fait ces actes. Vous l'aviez avoué, retirez-vous votre aveu ?

*R.* Si ma mémoire est fidèle, je ne crois pas avoir avoué cela dans mon interrogatoire. J'ai dit que j'avais des correspondants en province, que je percevais des commissions de banque ; que lorsque mes affaires l'exigeaient,

je m'adressais aux agents de change ; que, par conséquent, je n'étais nullement coupable. Je n'ai pas fraudé les droits des agents de change, j'ai fait
des affaires pour mon compte. La loi ne m'interdit pas de les faire.

**M. DAUGA** (Louis-Auguste), *banquier patenté.*

Je n'ai jamais cru m'immiscer dans les fonctions d'agent de change, parce
que, étant banquier patenté depuis cinq ou six ans, j'avais beaucoup de correspondants en province dont je faisais les affaires ; j'achetais et je vendais de
la rente, des valeurs industrielles à terme. Je ne pouvais pas m'immiscer
dans les fonctions d'agent de change parce que ces affaires sont interdites ; la
loi les défend aussi bien aux agents de change qu'à moi, seulement c'est une
tolérance.

**M. LE PRÉSIDENT.** — Pourquoi vous rendez-vous coupable d'un fait qui est
interdit par la loi?

**M. DAUGA.** — Parce que depuis longtemps, aussitôt que le parquet a été
créé, il s'est élevé à côté de lui la coulisse, et l'on y a négocié de temps immémorial au vu et au su de l'autorité compétente. Il y a environ deux ans, le
préfet de police nous a fait appeler chez lui en nous recommandant de ne pas
négocier des valeurs étrangères, et au besoin nous faisant injonction de ne
pas les négocier, attendu qu'elles faisaient concurrence à la rente, au crédit
de l'État ; mais nous disant pour toutes les valeurs qui n'étaient pas interdites
que nous pouvions continuer à faire comme par le passé.

Je savais très bien, et je ne pouvais pas en douter à mon âge, que je faisais un métier que la loi ne reconnaît pas, les marchés à terme ; mais je me
suis cru autorisé à agir de cette façon-là, parce que l'autorité me protégeait
ou que je me croyais protégé par elle.

*D.* Ces points seront examinés. Dans ce moment, en fait, nous vous
demandons si la coulisse, qui se compose de personnes prenant comme vous
le titre de banquier, n'avait pas formé sans autorisation une corporation qui
était l'image de la compagnie des agents de change. L'instruction vous représente spécialement comme président de la chambre syndicale des coulissiers,
ce qui, d'après la prévention, établit une analogie complète entre la compagnie
des agents de change et la réunion des coulissiers.

*R.* Je vais parler avec beaucoup de franchise au tribunal et raconter ce
qui s'est passé. La Bourse de Paris pullule de gens que le besoin d'argent y
fait arriver. Il y en a quelques-uns de tarés. Nous faisons des affaires entre
nous qui nous connaissons, qui sommes là depuis longtemps. Quand un nouveau veut venir faire des affaires, les anciens se réunissent, tantôt chez l'un,
tantôt chez l'autre. Je n'étais pas président, j'étais un des plus vieux. Le
bénéfice de l'âge me valait peut-être cet avantage. On s'est réuni deux ou
trois fois chez moi ; on s'est réuni chez d'autres. On se rendait compte à
l'oreille des mérites de celui qui se présentait, qui voulait faire des affaires
avec nous ; pas autre chose. Quand nous avions jugé que quelqu'un était
digne par son honorabilité, par sa position de fortune, sa responsabilité morale
et pécuniaire que nous lui ouvrions ce qu'on appelle le carnet, on lui disait :
Vous pouvez faire. Voilà ce grand bruit de syndicat qui n'existe pas, qui ne

peut pas exister, qui n'a pas sa raison d'être. Nous n'avions pas assez d'autorité. Moi-même je n'aurais pas voulu me charger d'une mission comme celle-là, si je n'avais pas eu une autorité pour pouvoir prononcer quelque peine disciplinaire à celui qui aurait été dans une position exceptionnelle ou qui aurait enfreint les conditions de la société dont vous parlez. Il n'y a jamais eu de syndicat. Les anciens se réunissaient pour statuer sur les nouveaux venus afin de prévenir les voleries, les filouteries qui se commettent à la Bourse entre gens qui peuvent commettre de vilaines choses.

*D.* La conséquence de ce que vous venez de dire n'est-elle pas que la coulisse formait un corps d'individus qui, en même temps qu'ils admettaient les candidats, se réservaient le droit d'expulser les membres selon leur moralité, en ce sens qu'on leur refusait le carnet quand ils commettaient les faits que vous qualifiiez tout à l'heure.

*R.* Non, car ceux qu'on refusait venaient faire des affaires tous les jours.

*D.* A quoi servait ce que vous faisiez alors ? Un homme raisonnable ne fait que ce qui amène un résultat. Le but de votre refus n'est-il pas d'empêcher l'individu que vous refusez de faire des affaires avec les personnes de la coulisse, avec les anciens ?

*R.* N'ayant pas un caractère légal, une autorité, nous étions sans droit. La preuve, c'est que ceux que nous ne jugions pas capables de faire les affaires en faisaient avec d'autres.

*D.* Ils n'en faisaient plus avec vous ?

*R.* J'étais un de ceux qui restaient fidèles à la décision.

*D.* Ce n'est pas le tribunal qui parle par notre bouche ; nous ne faisons que relever les reproches que vous fait l'instruction afin que vous puissiez y répondre.

L'instruction dit que les coulissiers formaient une compagnie, laquelle avait des syndics, des règles de discipline. D'après vous, les anciens de la coulisse formaient une espèce de cénacle, d'assemblée particulière, jugeaient ceux qui se présentaient, qui étaient ou non aptes à obtenir le carnet. On les refusait s'ils étaient dans une position d'improbité. On les acceptait dans le cas contraire. On leur retirait le droit au carnet quand ils se déshonoraient à vos yeux. N'est-ce pas ce que vous disiez ? Nous ne parlons pas de l'interprétation des actes ?

*R.* Quand quelqu'un arrivait, si on le jugeait honnête, on lui ouvrait le carnet, mais nous n'avions pas de peines disciplinaires. Ce n'était pas un syndicat à l'image du parquet.

**M. ARON** (Henri-Charles), *négociant.*

Je suis patenté comme négociant ; mes opérations ne diffèrent pas de celles de ces messieurs ; elles consistent en des opérations de banque à l'image de celles qui viennent de vous êtes décrites. Je ne crois pas m'être immiscé dans les fonctions d'agent de change. Je n'ai pas d'autres explications à vous fournir que celles que M. Dauga vous a données.

**M. LE PRÉSIDENT.** — Vous vous êtes livré, comme intermédiaire, à la négociation d'effets publics et de valeurs industrielles.

M. ARON. — Je me suis livré comme intermédiaire à des opérations que j'ai toujours cru qui ne ressortissaient pas au domaine des opérations de l'agent de change, par la raison que depuis cinquante ans ces opérations se faisaient au vu et au su de l'autorité, étaient tolérées et protégées, et que, d'après ce que la loi semble indiquer, ces opérations ne sont pas licites lorsqu'elles sont faites par les agents de change.

*D.* Votre système est d'avoir fait des opérations licites, interdites aux agents de change ?

*R.* Il me semble que les agents de change ne doivent pas opérer à terme, faire des opérations avec garantie affectée à ces opérations, tandis que dans le droit commun il me semble que toute personne, moyennant une commission ou une rémunération, a le droit de garantir ses opérations et de les faire comme banquier.

M. GELLINARD (Eugène), *banquier.*

Je m'en réfère à ce qu'ont dit mes collègues. J'ai fait des affaires comme banquier et j'ai pris un dû-croire. Je reçois des ordres de la province et de l'étranger.

M. L'AVOCAT IMPÉRIAL. — M. le président veut-il me permettre de donner connaissance de la déclaration de ce prévenu devant M. le commissaire de police, elle se lie dans son contexte avec celle du sieur Aron, qui paraît être son associé :

« Ces messieurs, dit le commissaire de police, ont reconnu s'être immiscés et s'immiscer journellement dans les fonctions d'agent de change, soit en faisant eux-mêmes des affaires dans la coulisse de la Bourse depuis seize mois environ, soit par l'intermédiaire d'agents de change avec lesquels ils sont tous les jours en relations d'affaires. Ils ont déclaré qu'ils n'avaient pas de syndicat. »

Je n'ai pas la déclaration devant M. le juge d'instruction ; mais c'est la même. Elle est signée par les prévenus.

LE PRÉVENU. — Lorsque le commissaire de police vint chez moi pour mettre les scellés sur mes livres, n'ayant pas le temps de faire son procès-verbal, il me dit : « Ayez la complaisance de passer chez moi demain à dix heures du matin, je réfléchirai et je ferai mon procès-verbal. »

Mon associé et moi nous nous rendîmes chez le commissaire de police. Le procès-verbal était fait. Lorsque j'y vis la phrase d'immixtion dans les fonctions d'agent de change, je protestai contre cette phrase. Il me dit : « C'est toujours la même chose ; vous ne niez pas avoir fait des affaires de Bourse. — Non, mais pas avec ce caractère-là. » Vous pouvez faire appeler le commissaire de police, qui vous le dira.

M. LE PRÉSIDENT. — Vous avez signé ?

LE PRÉVENU. — C'est mon associé qui a signé la raison sociale.

*D.* Les gens que nous jugeons tous les jours viennent dire : Le commissaire de police, le juge d'instruction ont mis ce qu'ils ont voulu. Nous n'acceptons pas cela. Un homme comme vous, qui a eu la nuit pour réfléchir, ne peut pas faire de ces erreurs.

Reconnaissez-vous avoir comme intermédiaire, moyennant un droit que vous perceviez, procéder à des ventes et achats d'effets publics, de valeurs industrielles entre des tiers ?

*R.* J'ai servi d'intermédiaire comme banquier. J'ai fait des affaires avec un dû-croire, une commission. Mais quant à m'être immiscé dans les fonctions d'agent de change, je fais ici ce que j'ai fait chez le commissaire de police, je proteste.

*D.* Voici votre première réponse. Comme banquier je me crois en droit de faire ceci. La prévention prétend que c'est un acte d'agent de change. Pourquoi ne croyez-vous pas que ce soit un acte d'agent de change?

*R.* Parce que les agents de change n'ont le droit de faire que des affaires au comptant, de prendre les titres d'une main, de les donner de l'autre en recevant l'argent. Tandis que comme banquiers, nous recevons des ordres de la province et de l'étranger. Nous prenons une commission de 1/8 comme M. de Rothschild et les autres banquiers.

M. CAYARD (Louis-Martin-Antoine), *banquier.*

Je ne crois pas m'être immiscé dans les fonctions d'agent de change.

M. LE PRÉSIDENT. — Vous convenez du fait tel qu'il est énoncé?

M. CAYARD. — Je ne me suis pas immiscé.

*D.* C'est une appréciation de l'acte. Je vous demande si vous reconnaissez avoir comme intermédiaire servi à des tiers pour des ventes et des achats ?

*R.* Oui, comme banquier.

*D.* Combien perceviez-vous?

*R.* Quelquefois 1/4, quelquefois 1/8, quelquefois rien, car souvent il m'arrive d'arrêter les affaires et de perdre de l'argent.

M. PEREIRE (Abraham-Elisée), *banquier.*

M. LE PRÉSIDENT. — Vous êtes prévenu de vous être immiscé dans les fonctions d'agent de change ?

M. A. PEREIRE. — J'ai fait des opérations de bourse. Du reste je m'en réfère à ma déclaration devant M. le juge d'instruction, à laquelle je n'ai rien à ajouter.

M. PEREIRE (Paul-Emmanuel).

M. LE PRÉSIDENT. — Vous êtes prévenu du même délit?

M. P. PEREIRE. — Je ne crois pas m'être immiscé dans les fonctions d'agent de change, parce que je ne fais que des opérations à terme que les agents de change n'ont pas le droit de faire.

*D.* Vous croyez-vous le droit de faire une chose qu'interdit la loi?

*R.* Ce que j'ai fait, je l'ai fait devant le commissaire de police. Il y a trente ou quarante ans que les choses se passent ainsi.

*D.* Votre système est bien que vous faites ce que vous croyez défendu aux agents de change et à vous-même ?

*R.* Je ne crois pas que les agents de change aient le droit de faire des opérations à terme, et je n'ai jamais fait autre chose soit pour moi, soit pour les banquiers de province qui me donnaient des ordres. Quant aux affaires au comptant, je me suis toujours servi de l'intermédiaire des agents de change.

M. L'AVOCAT IMPÉRIAL. — On a saisi au domicile du prévenu un acte de société passé entre les frères Pereire, MM. Garzon et Huttin, et il est dit, à l'art. 5, que la société a pour objet les opérations de banque, de change, la vente des valeurs de bourse, toutes les opérations en un mot qui pourront être faites par la société. Il résulte de là que ces messieurs s'immisçaient dans les fonctions d'agent de change.

LE PRÉVENU. — Nous faisions des affaires pour lesquelles nous payions un droit de courtage aux agents de change.

M. LE PRÉSIDENT. — Mais prenez garde ! Il est question dans votre acte de société de la négociation d'effets publics de toutes natures.

*R.* Toutes les affaires au comptant ont été faites par l'entremise des agents de change ; tous les titres ont été levés ou livrés par les agents de change. Quant aux affaires à terme, nous les avons faites, parce que nous ne croyions pas que les agents de change eussent le droit de les faire.

*D.* Mais n'avez-vous pas cru que ces opérations fussent interdites ?

*R.* Je n'ai jamais pensé qu'elles me fussent interdites. Je croyais avoir le droit comme banquier de faire des affaires à terme en donnant ma garantie.

*D.* Le marché à terme est donc pour vous une affaire sérieuse ?

*R.* De la part d'un banquier payant patente, oui.

*D.* Vous reconnaissiez tout à l'heure que ces opérations vous étaient interdites ?

*R.* Interdites aux agents de change, mais non pas aux banquiers. Comme banquier, je crois avoir parfaitement le droit de les faire, soit pour mon compte, soit pour le compte de banquiers étrangers.

*D.* Nous ne laissons jamais équivoquer : le marché à terme, quand il est un pari, vous croyez-vous en droit de l'exécuter ?

*R.* J'ai toujours cru qu'il en était ainsi.

*D.* Et pourquoi croyez-vous que ce qui vous est permis soit interdit aux agents de change ?

*R.* Parce que les agents de change ne présentent pas les garanties que nous offrons, nous banquiers.

*D.* Avez-vous déjà été poursuivi ?

*R.* Non, monsieur le Président.


**M. GARZON** (Isidore-Joseph-Marie), *banquier.*

*D.* Vous êtes prévenu du même délit ?

M. GARZON. — Aussi fais-je la même réponse.

*D.* Vous reconnaissez le fait de vous être rendu intermédiaire dans la négociation des effets publics ?

*R.* Oui, comme banquier.


**M. HUTTIN** (Alfred-Eugène), *banquier.*

M. LE PRÉSIDENT. — La prévention vous impute le même délit, avez-vous quelques explications personnelles à donner ?

M. HUTTIN. — Aucune.

M. PIET (Joseph-Alexandre), *banquier.*

M. LE PRÉSIDENT. — Vous êtes prévenu d'immixtion dans les fonctions d'agent de change.

M. PIET. — Je ne me suis jamais immiscé dans les fonctions d'agent de change ; dans les opérations que j'ai faites, je me suis toujours borné à prélever une commission pour les peines que je m'étais données.

*D.* Mais relativement à quelles opérations ?

*R.* Relativement à toute espèce d'opérations, d'affaires.

*D.* A des paris, à des jeux de bourse ?

M. L'AVOCAT IMPÉRIAL. — Le prévenu a déclaré dans l'instruction qu'il se livrait à des affaires de jeu seulement. Il ne pourra pas dire qu'il a employé pour cela le ministère des agents de change.

LE PRÉVENU. — Quand on reçoit un ordre à terme, et qu'on commence une affaire, on ne sait jamais ce qu'elle deviendra.

M. LE PRÉSIDENT. — Nous constatons ici la réponse que vous avez faite au juge d'instruction : « Je ne fais que des opérations de jeu. »

LE PRÉVENU. — Je fais aussi des affaires sérieuses par le ministère des agents de change.

*D.* Nous reprenons votre réponse au juge d'instruction. Persistez-vous dans l'aveu que vous avez fait à ce magistrat ?

*R.* Je n'ai jamais fait d'affaires que comme banquier.

M. PRADEAU (Jules-Pierre-Denis), *banquier.*

M. LE PRÉSIDENT. — Vous êtes prévenu d'immixtion dans les fonctions d'agent de change. Quelles opérations faisiez-vous ?

M. PRADEAU. — Des opérations de banque.

*D.* Vous serviez d'intermédiaire entre les vendeurs et les acheteurs, et vous préleviez un droit de courtage ?

*R.* Je prélevais ma commission de banque.

M. L'AVOCAT IMPÉRIAL. — Le prévenu a dit également dans l'instruction qu'il faisait des opérations de jeu, et il a ajouté : « En me servant de ce mot, » je veux dire des affaires à terme. »

M. LE PRÉSIDENT. — Vous vous livriez donc à des affaires de jeu ?

LE PRÉVENU. — Je ne me rappelle pas.

*D.* Comment vous ne vous rappelez pas ? La position est assez grave pour avoir fixé vos souvenirs. Vous ne vous rappelez pas si vous avez fait des paris, si vous avez joué en un mot ?

*R.* Non, monsieur le Président.

*D.* Si votre mémoire vous est infidèle en ce moment, la nôtre est précise ; vous faisiez des affaires à terme, des paris, vous jouiez, en un mot.

*R.* J'ai cru, comme banquier, être autorisé à faire des opérations de bourse.

*D.* Vous ne répondez pas à ma question. Avez-vous, oui ou non, fait des opérations de jeu, ainsi que vous l'avez déclaré au juge d'instruction ?

*R.* Non, monsieur.

*D*. Pourquoi donc l'avez-vous dit au juge d'instruction, et pourquoi tout à l'heure le répétiez-vous ici ? Nous comprenons toute la délicatesse de votre position, mais il faut cependant devant le tribunal prendre un système et y rester. Avez-vous, oui ou non, fait des opérations de jeu pour des tiers ?

*R*. J'ai fait des opérations fin de mois, je m'y suis cru autorisé, et j'ai pris un droit de commission que je me croyais également autorisé à prélever.

*D*. Pourquoi avez-vous qualifié cela d'opérations de jeu ?

*R*. J'ai fait une mauvaise qualification.


M. DESTERMES (Thalès), *coulissier*.

M. LE PRÉSIDENT. — Quelle est votre profession ?

M. DESTERMES. — Faisant des affaires de bourse.

*D*. Vous êtes prévenu du même délit que vos coaccusés ?

*R*. J'ai fait des affaires très simples. Je suis en relation avec des banquiers, je fais des affaires avec eux. Comme je donne ma garantie si ces affaires sont à terme, je prends une commission ; jamais je n'ai fait des affaires de jeu.

*D*. N'êtes-vous pas membre de cette réunion particulière qui examine les titres des nouveaux coulissiers qui se présentent ?

*R*. On m'a demandé quelquefois si je connaissais telle ou telle personne qui voulait faire des affaires, et j'ai répondu oui ou non.

*D*. Vous êtes signalé ainsi que M. Dauga, comme l'un des membres de cette espèce de syndicat.

*R*. Je vais, si vous le permettez, vous donner une explication parfaitement vraie. Un des membres de la coulisse, je ne sais pourquoi, m'a donné dans le temps la qualification de *syndic*, et cette qualification m'est restée à la Bourse. Beaucoup de personnes m'appellent le *syndic*, mais je n'ai jamais été syndic de quoi que ce soit ; je n'ai pas de bureau, j'ai un simple commis pour mes écritures : je serais un singulier syndic.

M. L'AVOCAT IMPÉRIAL. — Voici la déclaration du prévenu dans l'instruction :

« Un banquier me donne cent actions de Lombards à un prix de..... je les prends et je vais les placer à la Bourse comme je peux, je ne crois pas m'immiscer en cela dans les fonctions d'agent de change. »

Je lui demande, à mon tour, comment il peut faire de telles opérations sans usurper les fonctions d'agent de change ?

LE PRÉVENU. — C'est bien facile à expliquer. Je vais trouver M. de Rothschild, par exemple ; je lui dis : Voulez-vous me prendre 100 lombards à telle époque ? S'il les prend, l'affaire est faite ; et vous comprenez que je n'ai pas affaire au parquet.

*D*. Et pourquoi le parquet ne peut-il pas faire une affaire à terme ?

*R*. Parce que les agents de change ne sont pas autorisés à faire ces affaires-là.

*D*. Est-ce parce que ce sont des jeux de bourse ?

*R*. Si, au lieu de promettre mes 100 lombards à terme je les livre, alors c'est une affaire au comptant, et je procède par le parquet.

*D.* Je le comprends, si c'est une affaire sérieuse ; mais si ce n'est pas une affaire sérieuse, comment procédez-vous ?

*R.* Je vous citais tout à l'heure M. de Rothschild. Je renverse ma réponse. Je suppose qu'au lieu de recevoir, M. de Rothschild me donne, livrables fin du mois, 100 lombards... Eh bien !...

*D.* Il ne faut pas vous mettre dans la position d'un homme qui achète pour son compte. Vous n'achetez pas pour votre propre compte ; vous étiez un intermédiaire, et nous vous demandons si vous vous croyez le droit d'agir comme intermédiaire.

*R.* Un banquier ne peut pas être autre chose qu'un intermédiaire.

*D.* On a saisi un carnet chez vous.

*R.* Non, monsieur le Président, je n'ai pas de carnet. Il y a mieux. Je demanderai à M. l'avocat impérial de vouloir bien faire connaître ce que le commissaire de police a constaté chez moi comme bureau.

*D.* Vous dites vous-même que vous aviez un commis.

*R.* Je n'ai personne comme commis.

*D.* C'est une simple question de mots ; vous avez dit que vous aviez un employé pour tenir vos écritures. Allez vous asseoir.


**M. CAPERON** (Gustave-Nicolas), *banquier.*

M. LE PRÉSIDENT. — Vous êtes prévenu de vous être immiscé dans les fonctions d'agent de change.

M. CAPERON. — Je n'ai jamais exercé les fonctions d'agent de change ; je m'en réfère aux explications données par mes coprévenus.

*D.* Vous n'avez jamais été poursuivi ?

*R.* Jamais... Ah ! pardon, j'ai été poursuivi pour délit de chasse. (*On rit.*)


**M. GOUBIE** (Jean), *banquier,* 12, *rue de Ménars.*

M. LE PRÉSIDENT. — Vous êtes prévenu du même délit.

M. GOUBIE. — C'est par erreur, monsieur le Président. C'est contre mon père que les poursuites étaient dirigées. Quand on s'est présenté chez moi pour saisir, j'ai dit que mon père avait quitté les affaires depuis dix-huit mois : on a saisi tout de même. Il n'y a pas eu de plainte portée contre moi par les agents de change... Ah ! il fait trop chaud ici, je suis malade... (*Le témoin porte la main à son front ; il est d'une pâleur extrême.*)

*D.* Vous êtes indisposé, vous pouvez vous retirer ; on vous rappellera lorsque vous serez mieux. (*On soutient le prévenu, qui quitte la salle d'audience.*)


**M. HALIMBOUR** (Henri), *banquier.*

Je ne me suis jamais immiscé dans les fonctions d'agent de change ; je m'en réfère aux explications qui ont été déjà données.

**M. LACOMBLEZ** (Théodore-Auguste), *banquier.*

M. LE PRÉSIDENT. — Qu'avez-vous à répondre à la prévention qui vous impute de vous être immiscé dans les fonctions d'agent de change ?

**M· LACOMBLEZ.** — Je ne fais des affaires que par le parquet. Je suis intermédiaire entre le client et l'agent de change, à qui je paye un courtage; comme banquier je prélève une commission. J'ai une note qui vous prouvera que, l'année dernière, j'ai payé aux agents de change 100 000 francs de courtages. Je demande si, en payant une somme aussi forte au parquet, j'ai pu faire du tort à messieurs les agents de change.

*D.* Expliquez-vous sur les faits qui vous sont imputés, ce sera au tribunal à examiner la question de savoir s'il y a délit ou non.

*R.* Je suis mandataire du client vis-à-vis des agents de change auxquels je donne ma garantie.

*D.* Vous avez été poursuivi et condamné?

*R.* Oui; mais je demande à donner des explications. La première fois que j'ai été poursuivi, il s'agissait d'une inscription de 1500 francs de rente d'un client qui se livrait aux jeux de bourse. Je n'avais pas le titre; le client a voulu que je l'empruntasse pour son compte, j'ai refusé. Il a porté plainte contre moi : les juges ont cru voir dans ce fait une immixtion dans les fonctions d'agent de change, et ils m'ont condamné.

*D.* Avez-vous interjeté appel?

*R.* Oui, monsieur le Président.

*D.* Et il y a eu confirmation. Nous n'admettons pas qu'on dise : *les juges ont cru.* Les juges n'ont pas cru; ils ont bien jugé quand il y a eu confirmation.


**M. POISSONNIER,** *banquier.*

Je n'ai rien à ajouter aux explications données par mes coprévenus.


**M. SUREAU** (Gustave-François-Théodore).

Je fais, comme banquier, toute espèce d'opérations.


**M. VILLETARD** (Pierre-Ernest).

Je ne crois pas m'être immiscé dans les fonctions d'agent de change. Je m'en réfère aux explications qui vous ont déjà été données. Je n'ai jamais été poursuivi.


**M. SAVALETTE** (Isidore-Paul).

**M. LE PRÉSIDENT.** — Quelle est votre profession?

**M. SAVALETTE.** — J'en ai beaucoup. Je fais la commission ; je suis négociant, entrepreneur de travaux publics ; je travaille à la Bourse ; je fais des affaires pour des tiers, mais en très petite quantité.

*D.* Vous êtes prévenu de vous être immiscé dans les fonctions des agents de change en faisant, comme vous disiez, des affaires à la Bourse pour des tiers.

*R.* J'ai été obligé, par suite de pertes considérables, de faire des affaires de bourse. J'ai servi d'intermédiaire, je ne le nie pas : c'est un fait. Ma principale affaire, c'est d'acheter des rentes pour des tiers, dans la coulisse ou ailieurs, et de les revendre au parquet ; ou d'acheter au parquet pour revendre à des tiers. J'ai payé en un an près de 180 000 francs aux agents de change. Je n'ai jamais cru mal faire ; j'ai toujours cru agir en honnête homme. Ayant entendu dire qu'on poursuivrait peut-être les coulissiers, j'ai consulté plusieurs fois le préfet de police, le ministre des finances et un conseiller d'État. (*Des larmes roulent dans les yeux du prévenu, sa parole est entrecoupée.*) Je vous demande pardon de mon émotion, messieurs ; je ne suis pas accoutumé à paraître en justice... J'ai consulté aussi mon frère, qui est à la Cour des comptes, et tous ces messieurs m'ont répondu que l'affaire ne serait pas suivie. Ces réponses m'ont autorisé à continuer de venir à la Bourse. Et puis j'y ai trouvé quasi des protections ; j'y ai vu le commissaire de police, quand nous avions à faire nos payements, mettre derrière nous des gardes. Je n'ai pas cru commettre un délit en faisant des opérations que trois préfets de police et un ministre des finances m'avaient encouragé à faire. M. le préfet de police lui-même nous a convoqués comme un corps constitué, et il a reconnu que nos souscriptions dépassaient de beaucoup celles des agents de change.

*D.* Pourtant des condamnations prononcées par les tribunaux, à propos de certains faits, auraient dû vous éclairer, vous mettre en garde ; vous avez dû entendre parler de ces poursuites, de ces condamnations.

*R.* J'ai entendu parler de celle de M.² Goubie ; mais ce qui me tranquillisait, c'est que l'autorité se mêlait de nous, qu'elle nous indiquait des heures, des localités pour faire nos affaires. Ce sont ces rapports avec l'autorité qui m'ont donné sécurité. Jamais je n'aurais mis le pied à la Bourse, si j'avais cru être cité devant vous comme inculpé.

*D.* Avez-vous déjà été poursuivi?

*R.* Oh ! jamais, monsieur le Président.

M. LE PRÉSIDENT. — L'interrogatoire des prévenus est terminé, nous allons passer aux dépositions des témoins.


# INCIDENT.


Mᵉ CRÉMIEUX. —Avant de passer outre, monsieur le Président, nous avons des conclusions à prendre. Sur vingt-six témoins que nous avons fait citer, un seul est venu. Il me semble que, lorsque des assignations ont été données à des hommes qui sont dans une position honorable, ces hommes devraient comprendre le respect qu'ils doivent à la loi et à la justice, et nous épargner le désagrément de prendre des conclusions. M. le Président a cru devoir interroger les prévenus, nous en sommes fort aise ; il saisira mieux les observations que nous avons à faire. Il s'agit de fixer les actes illégaux qu'auraient commis les prévenus, et, pour les fixer, nous appelons les individus avec lesquels ces actes auraient été commis. Pour fixer ces faits, qu'on prétend prévus par la loi, nous avons besoin que chacune des personnes qui y ont participé soit présente, afin que le tribunal puisse vérifier nos allégations : une seule de ces personnes a paru, c'est-à-dire que le débat n'est pas possible. Nous demandons donc que le tribunal use des armes que la loi a mises en ses mains pour les faire venir : le devoir des témoins est le plus sacré qu'il y ait. Si le tribunal ne voulait pas user de son droit, nous serions obligés à regret de prendre des conclusions.

M. LE PRÉSIDENT. — Prenez vos conclusions.

Me BERRYER. — Nous aurions préféré ne pas y être obligé.

Me CRÉMIEUX. — Eh bien ! nous prenons des conclusions tendantes à ce qu'aux termes des articles 157 et 189 du Code d'instruction criminelle, les témoins non comparants, au nombre de vingt-cinq, soient réassignés à leurs frais.

M. LE PRÉSIDENT. — Avant de statuer sur l'exception que vous soulevez, permettez-nous une explication.

Le témoin défaillant doit être condamné à l'amende dans le cas où il ne se présenterait pas. Avant de le condamner, il est d'usage qu'on sache si son témoignage est utile ou non. Cette observation s'applique à la généralité des témoins dont vous invoquez le témoignage.

Me CRÉMIEUX. — Il est d'usage que les témoins soient représentés, et ils ne le sont pas.

M. LE PRÉSIDENT. — Pour savoir s'il y a lieu ou non d'ordonner la réassïgnation, il faut que nous sachions sur quoi les témoins doivent être interrogés.

Me CRÉMIEUX. — Tous les prévenus sont accusés d'immixtion dans les fonctions d'agent de change. On ne signale pas pour chacun d'eux tel ou tel fait particulier ; on leur dit à tous : Vous avez fait des opérations à terme, opérations que les agents de change n'ont pas le droit de faire, ni vous non plus ; c'est égal, vous vous êtes immiscés dans les fonctions des agents de change. On ne leur impute même que cela. Mais c'est nous dire : Vous avez fait des opérations que les agents de change ont le droit de faire, car si les agents de change n'ont pas le droit de les faire, ces messieurs ne se sont pas immiscés dans les fonctions des agents de change.

Eh bien ! nous voulons prouver au tribunal quelles sont les opérations que chacun de ces messieurs a faites : nous avons les carnets de nos clients, et ces carnets constatent qu'ils ont fait des opérations avec les personnes que nous avons citées comme témoins. Nous déclarons par conséquent notre défense impossible, si ces témoins ne sont pas entendus ; nous avons besoin de préciser les faits qui nous sont imputés et qui prouveront qu'il n'est pas vrai que nous nous soyons immiscés dans les fonctions des agents de change.

Si, sur vingt-cinq témoins, vingt avaient comparu, il n'y aurait pas un mot à dire, mais vingt-quatre manquant sur vingt-cinq, c'est un peu trop. Nous serions des enfants, si nous avions fait citer vingt-cinq témoins qui n'auraient rien à dire. Les témoins ont à parler, et leurs dépositions sont indispensables à la défense. La défense ne peut rien faire sans qu'ils aient été entendus. Il n'est pas sans cela de défense possible.

M. LE PRÉSIDENT. — Nous allons d'abord procéder à l'audition des témoins présents. Nous statuerons ensuite sur les conclusions de la défense.

Me BERRYER. — Nous concluons avant qu'il soit passé outre aux débats, la loi le veut ainsi.

M. L'AVOCAT IMPÉRIAL. — La question est de savoir, en droit, si l'article 189 du Code d'instruction criminelle est applicable à la situation du débat.

Il s'agit de témoins cités à la requête de la partie civile, et le tribunal devra se demander s'il doit user d'un moyen de coercition contre ces témoins, si la condamnation à l'amende peut aussi bien être prononcée contre les témoins de la partie civile que vis-à-vis des témoins cités à la requête du ministère public.

Nous n'insisterons pas sur la question de droit. En présence des graves intérêts qui s'agitent, nous n'hésiterions pas à solliciter nous-même l'audition des témoins, si nous étions convaincu de l'utilité de leurs déclarations ; mais il n'en est pas ainsi. En droit, les dispositions du Code d'instruction criminelle, chaque texte doit être soigneusement localisé. Selon nous, le tribunal ne doit pas appliquer à l'espèce l'article 189 du Code d'instruction criminelle.

Mais y a-t-il réellement utilité à entendre les témoins assignés ? Et d'abord quels sont ces témoins ? Si je ne me trompe, leur liste se compose exclusivement d'agents de change.

Or, le tribunal sait que les agents de change sont des officiers publics qui, à l'heure où le tribunal tient ses audiences, sont dans le plein exercice de leurs fonctions. Leur ministère les retient à la Bourse, et la plupart d'entre eux ont pris le soin d'informer M. le Président de l'impossibilité où ils sont de se trouver à l'audience. L'utilité de leurs dépositions est-elle établie du moins ? Il est impossible de ne pas signaler ici les attitudes diverses prises par les prévenus. Tous, ou à peu près, ont avoué devant le commissaire de police le délit d'immixtion ; mais ils ont fait volte-face devant le juge d'instruction et devant le tribunal. Nous aurons bientot à nous expliquer sur leur système de défense.

Maintenant on ajoute : Les relations de la coulisse et du parquet sont continuelles. Les prévenus ont été chaque jour excités à violer la loi par ceux-là mêmes qui les poursuivent aujourd'hui.

Qu'est-ce à dire ? La situation des prévenus est-elle changée vis-à-vis de la loi ? Leur innocence résultera-t-elle de la tolérance et du concours des agents de change ? Si le tribunal était de cet avis, les témoins devraient être entendus, et nous serions le premier à le demander.

Mais supposons que cette tolérance et ce concours soient prouvés, les coulissiers seront-ils donc exonérés ? Le délit disparaîtra-t-il ? Évidemment non, et ce serait en pure perte que vous permettriez ce surcroît d'instruction.

Nous croyons donc que le tribunal doit passer outre, que l'instruction est suffisante et que la lumière résultera des explications données par les témoins présents à l'audience.

M. LE PRÉSIDENT. — Parmi les témoins qui ont été assignés, il en est qui sont présents, nous pourrions commencer par les entendre.

Me CRÉMIEUX. — Je vous demande pardon, monsieur le Président...

M. LE PRÉSIDENT. — Pourquoi ne voulez pas qu'ils soient entendus aujourd'hui ? Ce que le tribunal doit rechercher d'abord, c'est de savoir s'il doit faire venir des fonctionnaires dont les fonctions sont importantes et s'exercent à la même heure que les nôtres. C'est pour cela que je vous proposais d'entendre tout de suite les témoins qui ont comparu.

M<sup>e</sup> CRÉMIEUX. — Nous avons cité des membres de la chambre syndicale, il est de toute nécessité qu'ils soient entendus.

M. LE PRÉSIDENT. — Le Président, pour ne pas perdre de temps, propose, en réservant votre exception, d'interroger les témoins que vous avez cités. D'après les questions que vous leur adresserez, il verra l'utilité d'entendre ces témoins. Mais certains faits ne sont pas niés, pourquoi les faire affirmer par vingt-quatre personnes, au lieu de les faire affirmer par trois ?

M<sup>e</sup> CRÉMIEUX. — Nous admettons l'observation de M. le Président, qui a le droit de nous imposer sa volonté; nous ne pouvons pas empêcher qu'il passe outre aux débats, si tel est son avis.

M. LE PRÉSIDENT. — Nous connaissons nos droits et nous savons les exercer, mais nous ne voulons pas que le tribunal ait la moindre apparence d'empêcher les prévenus d'user des droits de défense que la loi leur accorde. Nous disons donc qu'usant de notre droit, nous allons entendre les témoins; si nous demandons : Y a-t-il des objections, c'est que nous voulons nous éclairer, tout en restant indulgent et poli.

M<sup>e</sup> CRÉMIEUX. — Nous ne faisons aucune opposition à l'audition des témoins qui sont présents.

M<sup>e</sup> BERRYER. — Plusieurs membres de la chambre syndicale des agents de change avaient été assignés comme témoins. Ils jugent à propos de faire défaut. Mais puisque la chambre se présente comme partie civile, nécessairement nous l'interpellerons.

M. LE PRÉSIDENT. — Si les membres de la chambre nous donnent les réponses que nous donneraient les agents de change que vous avez assignés, il n'y a pas d'objections à faire.

M<sup>e</sup> BERRYER. — Nous avons besoin de donner des explications complètes au tribunal. Les prévenus ont été arbitrairement désignés au milieu d'une masse énorme de personnes qui fréquentent la Bourse et y font des opérations qu'il s'agira de qualifier en présence de la loi. Ces prévenus ne peuvent pas venir se défendre d'une manière abstraite sur une question théorique et générale. Il s'agit de savoir quels sont les faits particuliers imputés à chacun de ceux qui sont sous le coup d'une condamnation, dans quelles circonstances, dans quelles conditions, sous quelles formes et avec qui ces faits se sont accomplis. De cet examen résultera la justification complète des prévenus en même temps que de leur qualité résultera leur parfaite bonne foi.

M. LE PRÉSIDENT. — Toutes satisfactions et toutes libertés seront données à la défense. Nous allons entendre les témoins présents.


## DÉPOSITION DES TÉMOINS.


M. FRESNE, *commissaire de police près la Bourse, est introduit.*

M. LE PRÉSIDENT. — Veuillez, monsieur le commissaire de police, nous dire ce que vous savez sur ce qui se pratique avant, pendant et après l'ouverture de la Bourse.

M. FRESNE. — Le marché de la Bourse commence sur la promenade qui règne autour du palais de la Bourse. Les demandes et les offres sont faites à haute voix. A midi moins dix minutes, les portes de la Bourse s'ouvrent, et les opérations du parquet commencent à midi. La coulisse se tient à côté et autour de la corbeille des agents de change. De même que sur la promenade, les offres se font à haute voix. Les deux marchés existent à côté l'un de l'autre. La coulisse a ses cours, les agents de change ont les leurs ; à trois heures les affaires se terminent, et les agents de change se retirent.

M⁰ DUFAURE. — Je désirerais savoir si M. le commissaire de police voit habituellement à la Bourse quelques-uns des prévenus.

M. LE PRÉSIDENT. — Répondez à la question. Reconnaissez-vous parmi les prévenus quelques-unes des personnes qui se livrent habituellement aux opérations de Bourse ?

R. Oui, monsieur le Président, je connais tous ces messieurs, comme ils me connaissent moi-même.

D. Constatent-ils un cours et le constatent-ils à haute voix ?

R. Ils ont un cours comme le parquet, et ils le constatent à haute voix.

M⁰ PAILLARD DE VILLENEUVE. — Le témoin pourrait-il nous donner quelques explications sur l'organisation de la coulisse ?

LE TÉMOIN. — La coulisse a une commission dont je ne connais pas les membres, mais j'en connais le président, qui est M. Labrousse.

M. LE PRÉSIDENT. — Quel est le but de cette commission ?

LE TÉMOIN. — Lorsque quelques personnes nouvelles se présentent pour faire partie de la coulisse, la commission examine leur probité et leur solvabilité.

D. Est-ce que cette commission expulse ceux qui ne paraissent pas lui présenter cette double garantie ?

R. Oui. Lorsqu'ils ne présentent pas des garanties suffisantes, on les expulse.

M⁰ BERRYER. — Qu'entend monsieur le commissaire par ces mots : « On les expulse », et d'où les expulse-t-on ?

LE TÉMOIN. — Je veux dire qu'on ne les admet pas au carnet.

M⁰ BERRYER. — Qu'est-ce que cette admission au carnet ?

R. Être admis au carnet, c'est faire partie de la coulisse. Ces messieurs font des opérations entre eux. Lorsqu'une personne nouvelle se présente et qu'elle n'est pas jugée convenable comme n'offrant pas de suffisantes garanties de solvabilité, on ne fait pas d'affaires avec elle.

M⁰ BERRYER. — C'est-à-dire qu'on fait ou qu'on ne fait pas d'affaires avec la personne nouvelle qui se présente ?

R. Précisément.

M⁰ BERRYER. — Voudriez-vous, monsieur le Président, demander à M. le commissaire si, avant l'heure légale de l'ouverture de la Bourse, on ne fait pas ouvrir les grilles pour permettre aux banquiers de se concerter entre eux ?

M. LE PRÉSIDENT. — Répondez à la question.

LE TÉMOIN. — Cela est vrai, et le fait remonte à 1857. Les coulissiers tenaient leur marché sur le boulevard Saint-Martin le soir, ce qui donnait lieu à des plaintes incessantes de la part des passants. Ils ont transporté leur marché sur la place de la Bourse ; j'en ai prévenu la préfecture de police, et je n'ai pas reçu l'ordre de m'y opposer.

M. LE PRÉSIDENT. — La question de M⁏ Berryer est celle-ci : Avez-vous reçu l'ordre d'ouvrir les grilles avant l'ouverture de la Bourse pour permettre aux coulissiers de s'entendre entre eux ?

M⁏ BERRYER. — Je vous demande pardon, monsieur le Président, ce n'est pas tout à fait ma question. M. le commissaire de police reconnaît-il que les portes sont ouvertes avant l'heure de la Bourse, et que les banquiers qui viennent faire des affaires à la Bourse les font, soit sous le péristyle, soit sur la promenade qui règne autour du palais ?

LE TÉMOIN. — Parfaitement : quand il pleut, ces messieurs se tiennent sous le péristyle ; quand il fait beau, ils se promènent autour de la Bourse.

M⁏ BERRYER. — Le point principal que je veux constater est celui-ci, qu'il y a une heure légale pour l'ouverture de la Bourse. La Bourse est entourée de grilles ; il y a même un tourniquet. Ce tourniquet et cette grille sont-ils ouverts aux banquiers avant l'heure de la Bourse ?

M. LE PRÉSIDENT. — Nous allons diviser la question. Y a-t-il une heure où l'édifice de la Bourse doive s'ouvrir ?

LE TÉMOIN. — Oui, à midi moins dix minutes.

D. Avant ce moment, les coulissiers ou toutes autres personnes entrent-elles dans la salle ?

R. Non.

D. Mais les coulissiers, qui ne peuvent pas entrer dans la salle avant l'heure, peuvent-ils pénétrer à l'intérieur des grilles et se promener sous le péristyle.

R. Oui, monsieur le Président. Le tourniquet s'ouvre à onze heures et demie. Avant de l'ouvrir, on fait sortir les personnes qui étaient entrées pour se promener, et ce n'est que quand l'ouverture se fait par le tourniquet que les membres de la Bourse entrent.

D. Entre-t-il d'autres personnes que les coulissiers ?

R. Oui, tout le monde peut entrer.

M⁏ BERRYER. — Monsieur le Président voudrait-il demander au témoin ce qui se fait à la fin de chaque mois dans l'intérieur même de la Bourse, au moment où il s'agit de liquider les opérations à terme ? Quand je demande ce qui se fait, je ne parle pas du parquet, mais de la coulisse.

LE TÉMOIN. — A la fin de chaque mois il y a le payement des liquidations.

M. LE PRÉSIDENT. — Les coulissiers font-ils des liquidations semblables à celles des agents de change ?

R. Ils les faisaient, monsieur le Président ; mais depuis trois mois cela a cessé.

M⁏ BERRYER. — Depuis la poursuite, cela s'entend. Mais comment se faisait la liquidation ? N'y avait-il pas un lieu marqué et des gardes autour de ce lieu ?

R. Les choses se sont ainsi passées depuis dix ou douze ans ; mais c'était par pure tolérance, car je n'ai rien trouvé dans mes instructions qui y fût relatif. On plaçait une table dans la Bourse, sur laquelle les coulissiers effectuaient leurs payements, et, pour qu'ils ne fussent pas troublés, on mettait des gardes tout autour.

M<sup>e</sup> Berryer. — Ainsi, au jour de la liquidation, on plaçait dans la grande salle de la Bourse des tables destinées précisément à recevoir les valeurs des banquiers qui fréquentent la Bourse, et l'opération terminée, on descendait ces tables dans les caves, où elles restaient jusqu'à la nouvelle liquidation?

Le Témoin. — Oui, monsieur.

M. le Président. — Ce fait se passe-t-il encore maintenant?

Le Témoin. — Cela a cessé depuis que les poursuites ont été commencées.

M<sup>e</sup> Paillard de Villeneuve. — Monsieur le commissaire de police pourrait-il nous donner quelques explications sur le mode d'opérer des coulissiers? Pourrait-il nous dire s'il y a analogie entre le mode d'opérer des coulissiers et celui des agents de change?

Le Témoin. — Les opérations pour la rente sont à peu près les mêmes.

M. le Président. — En quoi consistent ces opérations?

Le Témoin. — Dans l'échange des rentes. Un coulissier dit à un autre: « J'offre 3000 francs à 62. — Je prends les 3000 à 62, » répond l'autre.

D. Quelle différence entre les opérations des coulissiers et celles du parquet? En d'autres termes, les coulissiers font-ils ce que font les agents de change?

R. Exactement la même chose.

D. Est-ce que les primes du parquet ne se font pas à un taux différent de celles de la coulisse?

R. Oui, on fait dans la coulisse des primes à 0 fr. 10 cent., à 0 fr. 22 cent., et au parquet à 0 fr. 50 cent. et à 1 fr.

D. Quel est le droit que perçoivent les coulissiers?

R. La moitié du courtage.

M<sup>e</sup> Mathieu. — Quel est dans la coulisse le délai de la réponse des primes?

R. Les primes de 10 centimes se liquident tous les jours à deux heures et demie. Les primes de 50 cent. et de 1 fr., c'est-à-dire les réponses des agents de change, se font fin de mois.

M<sup>e</sup> Berryer. — Monsieur le commissaire sait ce que sont les compensations. Lorsqu'il s'agissait de régler ces compensations, les banquiers membres de la coulisse ne se rendaient-ils pas dans le cabinet des agents de change?

Le Témoin. — Je sais que des compensations avaient lieu entre le parquet et la coulisse; j'ignore où elles se faisaient, si c'était dans le cabinet des agents de change ou ailleurs.

M. le Président. — Vous pouvez vous retirer.

M. le Président. — Nous n'avons pas statué sur l'incident relatif aux témoins qui ne se sont pas présentés. Avant de le faire, nous voulons user de tous les moyens possibles pour ne pas prolonger inutilement les débats et sauvegarder néanmoins tous les intérêts de la défense. Il est une mesure que nous pouvons prendre: engager M. le syndic de la chambre à envoyer à la Bourse inviter tous ceux de MM. les agents de change qui s'y trouveront à se présenter immédiatement devant le tribunal. Ceux qui viendront seront entendus; ceux qui ne viendront pas resteront dans la catégorie à l'égard de laquelle le tribunal aura à statuer; de cette manière il n'y aura pas de temps perdu, et peut-être même pourrons-nous éviter de statuer. La défense voit-elle quelque inconvénient à ce que nous procédions ainsi?

M⁰ CRÉMIEUX. — Aucun, monsieur le Président.

M. LE PRÉSIDENT. — Huissier, appelez un autre témoin.

M. SOLLIERS (Jean-Baptiste-Ange-Victor), *secrétaire de la chambre syndicale.*

M. LE PRÉSIDENT. — Dites-nous ce que vous savez relativement aux faits reprochés aux prévenus.

M. SOLLIERS. — Je ne sais rien de particulier relativement aux faits reprochés aux inculpés. Dans ma déposition devant le juge d'instruction, je n'ai été que l'écho de la rumeur publique. Personnellement je ne suis en mesure d'affirmer aucun des faits cités dans ma déposition.

*D.* Vous vous rendez très fréquemment à la Bourse?

*R.* Très fréquemment.

*D.* Y a-t-il à la Bourse une corporation qui fasse des affaires identiques avec celles des agents de change?

*R.* Oui, il y a la coulisse, et il ne me paraît pas douteux que la coulisse ne fasse des opérations identiques avec celles des agents de change, des opérations de courtage dans lesquelles ils servent d'intermédiaires.

*D.* Connaissiez-vous les prévenus comme faisant partie de la coulisse?

*R.* Je les connais de vue presque tous ; personnellement je n'en connais qu'un très petit nombre ; mais tous ceux que je vois ici me paraissent être dans l'habitude de faire des opérations de Bourse.

M⁰ BERRYER. — Le témoin n'a-t-il pas fait lui-même des opérations avec la coulisse?

LE TÉMOIN. — Jamais.

M⁰ BERRYER. — N'en aurait-il pas fait au moins une le 5 mars 1856 avec un banquier de la coulisse, M. Guastalla? Il s'agissait d'un achat de vingt-cinq actions maritimes à prime, prime qu'il a abandonnée. Je lui demanderai si, en invitant un banquier de la coulisse à faire cette opération, il n'a pas cru se rendre coupable d'un délit, car il l'aurait engagé à s'immiscer dans les fonctions d'agent de change?

LE TÉMOIN. — Je n'ai aucun souvenir de l'opération.

M⁰ BERRYER. — Je vous en donne la date exacte ; je vous nomme le banquier membre de la coulisse, lequel a acheté pour vous vingt-cinq actions de la Compagnie maritime. Croyez-vous encore une fois qu'en confiant à un banquier le soin de faire cette opération, il usurpait les fonctions de la compagnie des agents de change dont vous êtes le secrétaire?

*R.* Je ne me rappelle nullement cette affaire.

M. LE PRÉSIDENT. — Il ne vous en reste aucun souvenir?

LE TÉMOIN. — Aucun.

*D.* Je vous demande maintenant si, personnellement, vous n'avez pas fait d'affaires avec les membres de la coulisse.

*R.* Jamais je n'en ai fait aucune. En ce qui concerne celle dont il s'agit, je suis troublé par les assertions si positives de M⁰ Berryer, et je demande à recueillir mes souvenirs.

M⁰ BERRYER. — Si M. le Président voulait faire revenir M. Guastalla, il aurait peut-être la mémoire plus sûre que M. le secrétaire de la chambre syndicale.

VIII.                                                                  3

M. Guastalla est rappelé.

M. LE PRÉSIDENT. — Monsieur Guastalla, vous avez fait une opération de bourse avec M. Solliers?

*R.* Oui, monsieur le Président.

*D.* En quoi consistait-elle?

*R.* En vingt-cinq actions de la Compagnie maritime. Il m'a payé 270 fr. 90 cent. C'est le 5 mars 1856.

M. SOLLIERS. — Je le déclare de nouveau, je n'en ai nul souvenir, mais je rechercherai; il y aurait trois ans de cela.

M. LE PRÉSIDENT. — Il résulte de l'incident que M. Guastalla aurait fait une opération avec M. Solliers qui était un tiers, et qu'il y aurait eu un autre tiers chargé de l'opération?

M. GUASTALLA. — J'ai pris cela à mes risques et périls.

*D.* D'après votre déclaration vous auriez fait avec M. Solliers une opération pour un tiers.

*R.* Je n'opérais pas pour un tiers, j'opérais pour mon propre compte.

*D.* Cependant vous avez reçu un courtage?

*R.* Je ne pouvais pas recevoir de courtage puisque j'opérais pour moi-même.

M. LE PRÉSIDENT. — Il y aurait ici plusieurs questions, celle de savoir si l'opération aurait été faite entre deux tiers, et celle de savoir si l'on commet un délit en se faisant intermédiaire entre deux personnes. D'après le prévenu, l'opération aurait été faite pour son compte avec une personne qui agissait pour son compte. C'étaient deux personnes qui opéraient sur des valeurs transmissibles et non nominatives.

Mᵉ BERRYER. — La question a deux faces: M. Guastalla banquier vendait pour son compte ou pour le compte d'autrui, cela était parfaitement ignoré de l'acheteur; mais quant à l'acheteur, secrétaire du syndicat, il ne peut pas nier qu'il ne soit allé chercher son homme dans la coulisse pour lui dire: Vendez-moi à prime tant d'actions.

M. LE PRÉSIDENT. — C'est une interprétation.

Mᵉ BERRYER. — Je n'ai pas besoin d'interpréter, le fait parle. Eh bien! je demande à M. Solliers s'il a cru constituer M. Guastalla en délit?

M. LE PRÉSIDENT. — Nous ne pouvons que constater la double déclaration. M. Guastalla dit: J'ai vendu pour mon compte; M. Solliers dit: J'ai acheté pour mon compte. Nous ne pouvons pas aller au delà.

Mᵉ MATHIEU. — M. Guastalla déclare qu'il aurait vendu à prime pour son compte les vingt-cinq maritimes à M. Solliers; M. Guastalla ne déclarait-il pas également tout à l'heure qu'il avait pris une commission à M. Solliers?

LE PRÉVENU. — Sans doute, j'ai pris ma commission de banquier, j'ai spéculé pour mon compte.

M. L'AVOCAT IMPÉRIAL. — M. Guastalla a-t-il déclaré devant M. le commissaire de police qu'il ne pouvait pas nier qu'il eût fait des opérations de Bourse et même qu'il se fût rendu passible d'une amende de 25 000 francs?

LE PRÉVENU. — Le procès-verbal du commissaire de police n'est pas signé par moi.

M. L'AVOCAT IMPÉRIAL. — Vous niez le propos?

LE PRÉVENU. — Positivement. Voici le fait tel qu'il s'est passé. Lorsque M. le commissaire de police s'est retiré de chez moi je l'ai remercié de son urbanité. J'aurais à vous remercier à mon tour, m'a-t-il dit, de l'empressement avec lequel j'ai été reçu chez vous ; je ne suis pas habitué à un pareil accueil. « Je ne vous cache pas, lui ai-je répliqué, que votre visite m'a été excessivement pénible. Je ne suis pas habitué à recevoir des visites de commissaires de police. Au surplus, l'affaire ne peut pas être bien grave, ce sera au pis-aller une amende de 12 000 francs. » Voilà ce que j'ai dit, et c'est non dans un interrogatoire, mais en conversation que je l'ai dit.

M. SOLLIERS. — Je demande au tribunal à revenir sur ma déposition ; j'ai recueilli mes souvenirs. L'opération dont il vient d'être question a été faite pour mon compte, mais non par moi, ce qui explique comment je ne me la rappelais pas après un intervalle de plus de trois ans.

## M. CALLEY SAINT-PAUL, *banquier, député au Corps législatif.*

M. LE PRÉSIDENT. — Le témoin, étant un banquier considérable, peut nous donner d'utiles renseignements au point de vue général. Et d'abord je demanderai à M. Calley Saint-Paul si tous les banquiers ne font pas des affaires avec ceux qui fréquentent plus assidûment la coulisse.

M. CALLEY SAINT-PAUL. — Je ne puis répondre que pour moi. J'ai beaucoup de relations avec les coulissiers comme avec les agents de change, et je crois pouvoir dire que tous les banquiers font tout à la fois des affaires avec les coulissiers et avec les agents de change. Dans le cours de mon interrogatoire j'aurai probablement l'occasion de m'expliquer là-dessus.

Mᵉ BERRYER. — Quelle est la nature de ces affaires ?

LE TÉMOIN. — Il est des affaires que nous ne pouvons faire que par la coulisse. C'est ainsi que les valeurs non cotées sur la cote officielle ne peuvent être vendues que par les coulissiers. Ces valeurs cependant sont tout aussi bonnes que celles qui sont cotées ; mais il arrive que les compagnies ne demandent pas la cote ou que la cote n'est pas accordée, et alors, je le répète, pour les vendre ou pour les acheter il faut un intermédiaire qui n'est pas un agent de change. Même quand ce sont des valeurs cotées à la Bourse, les petites cotes se négocient très rarement. Il arrive qu'on ne trouve pas d'acheteurs. Le courtier, dans ce cas, est très disposé à faire ce qui nous est agréable, il va à domicile. Nous lui disons : Connaissez-vous quelqu'un qui voudrait acheter ou vendre des titres de telle compagnie ? et il se met en route. Ce sont là des choses que nous ne demandons pas à un agent de change et qui ne sont pas rémunérées en proportion de l'ennui qu'elles causent.

*D.* En un mot, vous chargez les coulissiers de faire ce que vous ne pouvez pas faire faire par les agents de change.

*R.* Oui, monsieur le Président.

*D.* Pourquoi ne faites-vous pas ces affaires vous-mêmes ?

*R.* Nous n'en avons pas l'habitude.

Il est bien évident que si le banquier avait le courage de le faire, cela rentrerait dans le cercle de ses opérations. Tous les jours un correspondant nous charge de vendre ou d'acheter pour lui des valeurs, et nous dit d'employer un intermédiaire. Quand nous faisons l'opération, nous lui faisons payer un courtage pour l'intermédiaire et une commission pour nous.

*D.* Qu'est-ce que c'est que l'intermédiaire?

*R.* C'est l'agent de change quand il s'agit de valeurs cotées à la Bourse, c'est le coulissier quand il s'agit de valeurs non cotées.

*D.* Le coulissier est donc un agent qui n'est pas légal?

*R.* C'est un intermédiaire. Ce qu'il fait, l'agent de change ne le ferait pas.

*D.* Il fait cependant des opérations de la même nature que celles des agents de change?

*R.* Il fait des achats et des ventes.

*D.* Et il prend une commission comme l'agent de change?

*R.* Oui, il prend une commission comme l'agent de change. Qu'on l'appelle courtage ou autrement, le chiffre de la rémunération qu'il exige ressemble beaucoup à celui des agents de change.

M<sup>e</sup> BERRYER. — M. Calley Saint-Paul comme banquier a fait beaucoup d'affaires à terme, je lui demanderai si les engagements qu'il reçoit des agents de change pour des marchés à terme contiennent de la part de ceux-ci une obligation personnelle.

LE TÉMOIN. — Ce n'est pas une question. Nous ne connaissons que l'agent de change. Nous donnons à un agent de change l'ordre de vendre 3000 francs de rente par exemple; il ne nous dit jamais à qui il les vendra ou à qui il les a vendues. Je me rappelle qu'une seule fois, c'était en 1848, au mois dé décembre, j'ai donné l'ordre à un agent de change de faire une opération. A cette époque, on prenait de grandes précautions. L'agent de change me dit : Je veux bien faire l'opération, mais je ne veux pas en être responsable. Je vous donnerai le nom de mes confrères. Il me donna les noms de ses confrères, et je consentis à ne pas avoir de recours sur lui. Sauf cette exception du mois de décembre, à l'époque de l'élection du Président de la République, jamais je ne me suis trouvé en présence d'un agent de change qui ait refusé de se rendre responsable. Il n'aurait pas voulu même que je lui eusse demandé le secret de ses opérations.

M<sup>e</sup> DUFAURE. — Monsieur le Président voudrait-il demander à M. Calley Saint-Paul si, au nombre des prévenus, il n'en est pas quelques-uns qui lui aient servi d'intermédiaires dans les opérations que ne pouvaient ou ne voulaient pas faire les agents de change.

LE TÉMOIN. — Parfaitement. Il y a quelque temps, j'ai chargé M. Sureau de me vendre des actions des mines de Blanzy ; ce sont d'excellentes valeurs, mais elles ne sont pas cotées à la Bourse. Je ne pouvais pas par cette raison en charger un agent de change. J'en ai chargé M. Sureau, qui m'a trouvé un acheteur.

M. LE PRÉSIDENT. — Et vous avez payé un droit à M. Sureau?

LE TÉMOIN. — Parfaitement. Un droit ou commission comme vous voudrez.

*D.* Avez-vous fait d'autres opérations du même genre avec d'autres coulissiers?

*R.* Certainement.

*D.* Pourriez-vous les nommer?

*R.* Il me serait assez difficile de le faire sans avoir leurs noms sous les yeux.

*D.* Je vais vous lire la liste des prévenus, et vous m'indiquerez, au fur et à mesure, ceux avec lesquels vous avez fait des affaires.

Il résulte de cette lecture que M. Calley Saint-Paul a fait des opérations de même nature avec M. Morel-Fatio, Guastalla, Lévy, Crémieux, Aron, Cayard, Garzon, Destermes, Pereire frères et Savalette.

M° BERRYER. — Je demanderai à M. Calley Saint-Paul s'il n'est pas à sa connaissance que, jusqu'au jour du procès actuel, c'est-à-dire jusqu'à la délibération prise, le 4 avril dernier, les compensations ne se faisaient pas entre le parquet et la coulisse ?

LE TÉMOIN. — Parfaitement.

M. LE PRÉSIDENT. — En quel lieu se faisaient les compensations ?

*R.* Je l'ignore.

M. LE PRÉSIDENT. — Faites approcher M. Coin. Pourriez-vous, monsieur Coin, nous dire si les compensations se faisaient entre les coulissiers et les agents de change ?

M. COIN. — Cela se faisait par suite d'un abus ; cela n'a jamais été autorisé par les agents de change.

*R.* Ainsi, vous considérez cette opération comme un abus, et vous reconnaissez qu'elle se pratiquait ?

*R.* Oui, et à bien des époques on a voulu réprimer cet abus. Les chambres syndicales s'y sont toujours opposées.

*D.* Nous constatons que le syndic des agents de change, qui est partie civile, reconnaît que ces opérations se faisaient par suite d'un abus, et qu'à certaines époques l'abus a été arrêté temporairement.

M° BERRYER. — Depuis quand M. Coin est-il agent de change ?

*R.* Depuis plus de quinze ans, depuis 1842. Une délibération a été prise en 1836, pour interdire la compensation.

M. LE PRÉSIDENT. — N'avez-vous pas dit que la chambre syndicale avait blâmé l'abus dont il s'agit ?

*R.* Non-seulement blâmé, mais réprimé. Il y a une pénalité très forte pour cela. (Exclamations et rires ironiques dans la partie de la salle occupée par les prévenus.)

M. LE PRÉSIDENT, *avec sévérité.* — Si quelques personnes se permettent encore des marques d'improbation, nous prendrons des mesures sévères. Nous n'avons pas voulu faire placer les inculpés sur le banc qui leur est réservé ; ils devraient nous savoir gré de l'avoir mis à la disposition de MM. les avocats, qui l'honorent aujourd'hui comme toutes les places qu'ils occupent. Nous espérons que notre observation sera entendue.

M° BERRYER. — L'usage est constant : les déclarations de tous les banquiers l'établiront. Le témoin a dit qu'il était à la Bourse depuis 1832, et qu'en 1836 une délibération avait été prise par la chambre syndicale pour interdire les compensations : cette interdiction n'a-t-elle pas été purement momentanée ? Lorsqu'on a vu les banquiers de la coulisse compenser entre eux seuls et trouver là un moyen de se dispenser d'avoir des rapports avec le parquet, n'a-t-elle pas été rapportée ?

LE TÉMOIN. — Jamais l'arrêté qui supprimait les compensations n'a été rapporté. Il a toujours été en vigueur.

M° BERRYER. — Pourquoi donc a-t-il été renouvelé ?

*R*. Nous ne l'avons pas renouvelé. Nous avons redoublé de surveillance et déclaré que, si l'abus continuait, nous poursuivrions d'une manière plus sévère.

M° BERRYER. — M. le syndic a-t-il souvenir des termes de l'arrêté de la chambre syndicale de 1836 ?

LE TÉMOIN. — Je n'étais pas encore agent de change ; je n'assistais pas à la délibération, je ne puis donc pas dire les termes de l'arrêté : mais nous produirons ce document si le tribunal le juge utile.

M° BERRYER. — A cette époque l'intention de la chambre syndicale n'était-elle pas de paralyser les opérations de la coulisse, d'imposer à la coulisse précisément les conditions que la loi impose aux marchés à terme ?

*R*. Je ne sais pas ce qu'a pu vouloir la chambre en 1836, mais ses registres existent, on pourra les consulter.

M. LE PRÉSIDENT. — Étiez-vous membre de la chambre ?

LE TÉMOIN. — Je n'étais même pas agent de change.

**M. MOREAU,** *agent de change, adjoint au syndic.*

M° BERRYER. — Le tribunal veut-il me pardonner une observation ? Ce n'est pas légèrement que nous avons fait assigner un certain nombre d'agents de change comme témoins ; lorsque nous avons décidé cette mesure entre nous avec l'assentiment des prévenus, nous étions mus par un sentiment de loyauté et de bonne foi que tout le monde comprendra : nous avons beaucoup de titres à produire, beaucoup de documents qui expliquent les opérations diverses des banquiers de la coulisse avec les agents de change. Ces documents sont d'une nature très compromettante en face des lois à l'égard de messieurs les agents de change. Nous voudrions éviter d'en faire la production ; mais on nous rend cette production indispensable, nous la ferons malgré nous, et elle sera faite en présence du ministère public : c'est là le danger du procès.

M. LE PRÉSIDENT. — Si vous demandez des témoins, c'est pour éclairer le tribunal ; si vous produisez des documents, c'est encore pour éclairer le tribunal. Voulez-vous entendre les témoins ou produire vos documents ? C'est à vous d'opter.

M° BERRYER. — Je voudrais que les déclarations des témoins me dispensassent de faire cette production qui, du reste, ne pourrait être utilement faite qu'en présence de ceux qu'elle concerne.

M° DUFAURE. — Il faudrait s'expliquer. Est-ce une délation ou une défense que vous voulez ?

M° BERRYER. — Ce que nous voulons, c'est la manifestation de la vérité de la manière la moins compromettante pour vous.

M. LE PRÉSIDENT. — Eh bien ! nous allons entendre les témoins ; nous préciserons les questions, nous tâcherons d'éclaircir surtout celle des compensations.

M° MATHIEU. — Puisqu'on parle de documents, il en est qui pourraient jeter une vive lumière sur les débats : ce sont les livres des prévenus.

Mᵉ BERRYER. — Il est évident que si des documents écrits doivent être produits, tout doit être produit. Nous avons, nous, des pièces qui émanent de personnes avec lesquelles nous avons fait des affaires ; mais nous ne voulons les produire que pour provoquer des explications de leur part.

Je demande au tribunal un moment de suspension pour que les pièces auxquelles je fais allusion soient apportées et déposées pour être lues au moment où nous entendrons chaque témoin.

M. LE PRÉSIDENT. — Chaque fois que vous aurez une pièce à consulter, nous ordonnerons qu'elle soit apportée. Maintenant, ce que nous demandons, c'est de bien préciser les questions à poser à M. Moreau, témoin appelé par vous. Il faut parler nettement : est-ce une remise qu'on veut, est-ce une simple suspension ? Le tribunal veut s'éclairer, mais il ne veut pas perdre de temps. Nous allons suspendre pendant dix minutes ; vous voudrez bien poser les questions à adresser à M. Moreau.

Après dix minutes de suspension l'audience est reprise.

M. Moreau est rappelé.

M. LE PRÉSIDENT. — Mᵉ Berryer, quelles questions voulez-vous que je pose au témoin qui, en sa qualité de partie civile, n'est entendu qu'à titre de renseignements ?

Mᵉ BERRYER. — Monsieur le Président voudrait-il demander au témoin si, quoique membre de la chambre syndicale, il n'a pas fait avec plusieurs banquiers de la coulisse des compensations pour des sommes très importantes ?

M. MOREAU. — C'est très vrai. J'avais des clients qui se trouvaient aussi des clients de la coulisse, et qui me donnaient quelquefois des noms de coulissiers pour compenser à la fin du mois.

Mᵉ BERRYER. — M. le syndic, bien qu'on parlât tout à l'heure des énormes amendes auxquelles on condamnait les agents de change qui employaient les coulissiers comme intermédiaires, n'a-t-il pas fait lui-même des négociations très importantes avec plusieurs banquiers de la coulisse ?

LE TÉMOIN. — Je n'ai jamais fait de compensations. J'ai toujours obligé le coulissier à me donner un agent de change.

Mᵉ BERRYER. — Vous avez dit le contraire il y a un instant.

R. Je me suis mal expliqué ou j'ai été mal compris. Je n'ai jamais compensé directement ; on m'a toujours donné un agent de change.

M. LÉVY-CRÉMIEUX, *de sa place*. — M. Moreau a fait des compensations directes, aussi directes que possible ; il en a fait avec moi, et si celles-là n'ont pas été directes, il n'y a rien de direct au monde.

M. MOREAU. — Jamais de ma vie je n'en ai fait sans un agent de change.

M. LÉVY-CRÉMIEUX. — M. Moreau a tort de contester un fait très exact, et si M. le Président veut entendre M. Vieyra-Molina, ancien agent, présent à l'audience, il pourra se convaincre que ce que je dis est la vérité pure.

M. LE PRÉSIDENT, *à M. Lévy-Crémieux*. — Je ne saurais permettre de semblables interpellations. Vous trouverez ici un président poli, très poli, mais très sévère. Tout à l'heure nous avons réprimé des rires indécents et des dénégations inconvenantes ; maintenant c'est l'un des prévenus qui se permet d'interpeller les témoins, qui se pose ici comme un spectateur. Nous trouvons cette conduite parfaitement étrange, et nous ne sommes pas d'humeur à la tolérer ; nous espérons qu'il sera compris de ceux qui n'ont pas l'habitude de nos audiences, qu'ils doivent tenir une attitude décente ; que, quand ils ont une interpellation à faire, cette interpellation doit passer par la bouche du Président, qui a le droit d'accorder la parole si elle est nécessaire à la manifestation de la vérité, le devoir de la refuser si elle est inutile ou manque au respect qui est dû à la justice. Que ceci soit dit pour l'éducation de ces messieurs, et que nous n'ayons pas à le leur rappeler.

M⁰ BERRYER. — M. Moreau n'a-t-il pas deux associés ?

M. LE PRÉSIDENT. — M⁰ Berryer, vous ne devez pas vous adresser directement aux témoins. Expliquez votre question, nous la poserons nous-même au témoin, s'il y a lieu.

M⁰ BERRYER. — C'est bien ainsi que je l'entends, monsieur le Président.

M. Moreau a deux associés, MM. Rodrigues et Favart. Ces messieurs n'ont-ils pas fait des opérations de vente et d'achat avec M. Guastalla ? N'a-t-il pas été payé à la caisse même de M. Moreau différentes commissions pour transmission d'actions du Grand-Central, de Mulhouse, des Petites-Voitures et d'autres valeurs ?

LE TÉMOIN. — Je n'en ai aucune connaissance ; je n'ai jamais eu de rapports avec les membres de la coulisse qu'en percevant mon courtage. Si mes associés ont fait des opérations de ce genre, pour leur compte personnel, ces opérations n'étaient pas pour ma maison.

M⁰ BERRYER. — La commission qui était due par vos associés a-t-elle été payée, oui ou non, à votre caisse ?

R. Je désirerais savoir quelles sont ces opérations ; je n'en ai aucune connaissance.

M⁰ BERRYER. — Je vous l'ai déjà dit : il s'agit de l'émission des actions de Mulhouse, de l'ancien Grand-Central, des Petites-Voitures, etc. Eh bien ! dans ces opérations M. Guastalla, chargé comme banquier intermédiaire de placer les valeurs de ces entreprises, n'en a-t-il pas vendu à vos associés, et ne lui a-t-il pas été dû une commission qui a été payée à votre caisse ?

R. Je n'en sais rien absolument.

M⁰ BERRYER. — Nous justifierons du payement à votre caisse ?

R. Ces messieurs ont un compte courant à ma caisse, et ma caisse a pu et dû payer sans mon intervention.


M. ROBLOT, *membre de la chambre sydicale.*


M. LE PRÉSIDENT. — Maître Berryer, quelle question désirez-vous que j'adresse au témoin ?

M⁰ BERRYER. — Voudriez-vous lui demander si, comme agent de change, il n'a pas eu à faire des opérations avec les banquiers de la coulisse en les chargeant de ventes et d'achats en des lieux, en des jours et à des heures qui n'étaient pas le palais, ni les jours, ni les heures de la Bourse ?

M. ROBLOT. — Je me rappelle en effet, avoir été chargé par un de mes clients de faire vendre des rentes dans la coulisse il y a de cela trois ou quatre ans.

M⁰ BERRYER. — N'était-ce pas un jour férié ?

R. Je dois dire la vérité, c'était un jour férié.

M. LE PRÉSIDENT. — Dans quelle voie entrons-nous, Mᵉ Berryer? Je vous préviens que les questions ne seront posées qu'autant qu'elles seront utiles à la manifestation de la vérité.

Mᵉ BERRYER. — J'espère ne faire poser que des questions utiles à la solution du procès. J'explique que ces questions sur les opérations et les personnes qui ont opéré ont pour but de montrer au tribunal qu'il est impossible de faire peser sur les prévenus, comme prévention d'immixtion dans les fonctions d'agent de change, des actes qui non-seulement n'entrent pas dans ces fonctions, mais qui leur sont contraires, tels, par exemple, que d'avoir fait des opérations un dimanche ou à des heures autres que celles de la Bourse.

LE TÉMOIN. — Je répète ce que j'ai déjà dit, que l'opération dont il s'agit je l'ai faite pour un client et non pour moi.


M. GANNERON, *membre de la chambre syndicale.*


Mᵉ BERRYER. — Je désirerais savoir si M. Ganneron, agent de change, n'a pas eu recours aux coulissiers pour la vente de différentes valeurs, notamment pour l'émission d'actions du Sud-Autriche et de Mulhouse?

M. GANNERON. — Je ne me suis jamais servi des coulissiers et je n'ai jamais reconnu l'utilité de m'adresser à eux. D'ailleurs les Mulhouse n'étaient pas cotés à la Bourse.

Mᵉ BERRYER. — Voici cependant une lettre de vous dans laquelle je lis :

« Je vous prie de vouloir bien compenser avec M. Werner sur le prix de vente des vingt-cinq Mulhouse que vous avez vendus pour mon compte. »

LE TÉMOIN. — Je ne me rappelle pas du tout cette affaire. De quelle date serait-elle?

Mᵉ BERRYER. — Du 25 janvier 1854.

LE TÉMOIN. — Il se pourrait en effet que j'eusse été chargé de cette opération par un client, mais à cette époque je n'étais pas agent de change.

Mᵉ BERRYER. — N'avez-vous pas fait, en 1859, une opération de 12924 fr. 25 cent. avec M. Gallet, votre associé?

LE TÉMOIN. — Je ne sais pas ce qu'a pu faire mon associé, je ne me mêle pas de ses affaires, je ne parle ici que pour moi.

Mᵉ BERRYER. — Ces messieurs repoussent toute solidarité. Il faudrait savoir cependant quelle est la position des agents de change vis-à-vis de leurs associés.

M. LE PRÉSIDENT. — Il faudrait qu'on voulût bien nous éclairer, car enfin nous ne sommes pas des gens de Bourse. En quoi consistent les compensations?

Mᵉ BERRYER. — Le voici. Je vous ai vendu 3000 fr. de rente, je dois vous les livrer fin de mois puisque je vous les ai vendus à ce délai. Au lieu de vous livrer les 3000 francs de rente, je vous applique 3000 francs de rente que j'ai achetés de monsieur un tel de la coulisse, et vous, agent de change, vous acceptez cette application : voilà la compensation entre coulissiers et agents de change.

M. LE PRÉSIDENT. — Voulez-vous établir que les agents de change ont fait directement des opérations en dehors de leurs attributions?

M⁰ BERRYER. — Oui, je veux établir qu'ils ont donné des ordres d'achats et de ventes.

M. LE PRÉSIDENT. — Il est énoncé que les agents de change auraient fait directement des opérations avec les coulissiers, monsieur le syndic reconnaissez-vous ce fait?

LE SYNDIC. — Je n'en sais rien. Mais si des agents de change ont fait des opérations avec des coulissiers, je dis ce que disait tout à l'heure M. Roblot, qu'ils les ont faites pour des clients et non pour leur compte personnel.

M⁰ BERRYER. — Je n'accuse pas les agents de change d'avoir fait des affaires pour leur compte, je dis que comme intermédiaires légaux, ils ont pris des banquiers de la coulisse, et j'ajoute que cela a duré des années.

LE SYNDIC. — Quant à la question de savoir si nous avons donné des ordres à des coulissiers, je réponds en ce qui me concerne, que jamais je n'en ai donné pour moi, mais pour mes clients. Je crois que les agents de change qui ont donné des ordres les ont donnés pour des clients, et jamais aux heures où la Bourse n'était pas ouverte.

M. LE PRÉSIDENT. — Est-ce un fait établi ?

M⁰ BERRYER. — Non, c'est un fait à établir.


M. POLLET, *agent de change.*


M⁰ BERRYER. — M. Morel-Fatio ayant vendu des Marseille et des Mulhouse, n'en a-t-il pas donné livraison par ordre de M. Pollet?

M. POLLET. — Jamais.

M⁰ BERRYER. — Voici le bordereau, votre signature est au bas.

LE TÉMOIN. — Je vous demande pardon, ce n'est nullement ma signature qui est au bas de ce bordereau.

M. MOREL-FATIO. — Si monsieur le Président veut bien m'y autoriser, je vais donner des explications précises. M. Pollet et la plupart des personnes de sa maison m'ont donné sur plusieurs valeurs, notamment sur celles de Mulhouse et du Grand-Central, des ordres très nombreux et très répétés pour un grand nombre de leurs clients. M. Pollet, ici présent, m'a apporté de ces affaires pour dix ou douze de ses clients, et voici les mandats avec lesquels j'ai payé les bonifications de courtage.

M. POLLET. — Je le nie de la manière la plus formelle.

M. MOREL-FATIO. — Voilà les pièces.

M. POLLET. — Il est possible que des clients vous aient donné des ordres, il est possible encore que vous ayez donné des ordres à des gens de ma maison, mais je suis toujours resté étranger à ces sortes d'affaires.

M. LE PRÉSIDENT. — Ainsi vous niez avoir donné des ordres, soit pour vous, soit pour des tiers?

M. POLLET. — Oui, monsieur le Président. Mais je ne nie pas que des gens de ma maison aient pu donner des ordres à M. Morel Fatio ; il est arrivé à des commanditaires, même à des employés de la maison, de donner des ordres dans la coulisse ; ce sont des choses que je ne puis empêcher, qui se passent en dehors de moi et même à mon insu.

M. LE PRÉSIDENT. — Nous avons les deux affirmations, nous apprécierons.

**M. Morel-Fatio.** — Voici les comptes qui m'ont été remis par la maison Pollet elle-même.

**M. le Président.** — Nous verrons toutes les pièces. Quant à présent nous ne pouvons constater que deux affirmations contraires. M. Pollet dit que ce n'est pas sa signature qui est au bas du bordereau qu'on lui présente, que c'est quelqu'un de sa maison qui a pu faire l'opération, c'est ce que nous examinerons.

**Mᵉ Paillard de Villeneuve.** — M. Morel-Fatio a-t-il fait des affaires avec un M. Sellier ?

**M. Morel-Fatio.** — Oui, sous la garantie de M. Pollet.

**Mᵉ Paillard de Villeneuve.** — C'est bien ; nous tirerons plus tard les conséquences de ce fait.


**M. BILLET,** *agent de change.*

**Mᵉ Berryer.** — M. Billet n'a-t-il pas donné à M. Morel-Fatio jusqu'à la poursuite des ordres de vente ? Ces ordres, jusqu'aux premiers mois de 1859, ne se sont-ils pas élevés à 859 500 francs ? Les achats n'y figurent-ils pas notamment pour 183 000 francs, et les reports pour 36 000 francs.

**M. Billet.** — Je ne puis pas préciser les chiffres, mais je déclare avoir fait beaucoup d'affaires avec M. Morel-Fatio. Comme le marché n'était plus au parquet, mais dans la coulisse, je faisais vendre ou acheter là où l'on vendait et où l'on achetait.

**Mᵉ Berryer.** — Le témoin reconnaît-il avoir fait des opérations avec la coulisse à des cours qui n'étaient pas cotés ?

**Le Témoin.** — Jamais.

**Mᵉ Berryer.** — Qu'est-ce que c'est donc que des opérations à 67 1/2, 72 1/2, que je trouve sur votre bordereau ?

*R.* Sans doute le cours supérieur et le cours inférieur ; c'est avec ces deux extrêmes qu'on fait la moyenne.

**Mᵉ Berryer.** — On ne cote au parquet que par cinq centimes ; je demande si vous avez acheté ou donné ordre d'acheter à des cours autres que ceux du parquet ?

*R.* Jamais. Mais je fais tous les jours des cours moyens avec mes collègues ; nous ne comptons pas entre nous de cinq en cinq centimes, nous fractionnons. (Bruit dans une partie de la salle.)

**M. le Président.** — Qu'est-ce que c'est que ce monsieur qui gesticule et s'agite au milieu des prévenus.... Monsieur, un banc est réservé aux prévenus, un mot encore, et je vous y fais asseoir.


**M. DECAEN,** *agent de change.*

**M. le Président.** — N'avez-vous pas fait des opérations avec MM. Guastalla et Morel-Fatio, coulissiers ?

**M. Decaen.** — J'ai fait des opérations avec ces messieurs comme avec d'autres.

*D.* Est-ce pour le compte d'autrui, ou pour votre compte ?

*R*. Pour le compte d'autrui, jamais pour mon compte personnel.

M. LE PRÉSIDENT. — Je vois parmi les pièces que m'a fait passer Me Berryer une opération au 1er janvier, une autre en mars : ce sont des reports à 2 1/2 de commission.

*R*. A 2 1/2, non monsieur le Président ; mais quand mes clients me donnaient des ordres, je les exécutais.

### M. SAUVAGE, *agent de change.*

M. LE PRÉSIDENT. —Vous avez fait des opérations avec MM. Sureau, Morel-Fatio, Aron et Gellinard ?

M. SAUVAGE. — Oui, monsieur le Président.

*D*. Était-ce pour votre compte ou pour celui de vos clients?

*R*. Pour le compte de mes clients.

Me BERRYER. — Est-il vrai que pour toutes les grandes émissions d'actions, l'intervention des banquiers de la coulisse soit inutile, en ce sens que les agents de change peuvent les faire eux-mêmes ?

LE TÉMOIN. — Les agents de change ne peuvent pas faire certaines émissions avant que les versements aient été opérés. Tant qu'ils ne le sont pas, ces affaires ne peuvent être faites que par la coulisse.

Me BERRYER. — Nous expliquerons cet intérêt-là. C'est un fait à constater quant à présent.

M. LE PRÉSIDENT, *au témoin*. — Quand vous faisiez des opérations avec M. Morel-Fatio, était-ce avec lui-même directement ?

*R*. Je ne me rappelle pas avoir fait des affaires avec M. Morel-Fatio ; mais j'en ai fait avec MM. Aron et Gellinard.

*D*. Eh bien ! était-ce à eux-mêmes que vous vendiez ou avaient-ils des tiers derrière eux ?

*R*. Je ne sache pas que ces messieurs eussent des tiers derrière eux.

Me BERRYER. — Ces affaires-là ne se font pas franco ?

*R*. Je n'ai jamais fait d'affaires franco avec la coulisse, c'est-à-dire sans rétribution.

Me BERRYER. — Ce point s'éclaircira avec un autre témoin. Ce serait une chose très grave que de renoncer au courtage pour appeler les affaires.

### M. GIBLAIN, *agent de change.*

M. LE PRÉSIDENT. — Vous avez fait des opérations avec la coulisse ?

M. GIBLAIN. — Oui, mais jamais pour mon compte, toujours pour des tiers.

*D*. Que faisait le coulissier ? était-il intermédiaire ? L'opération était faite en apparence entre vous et lui, mais il était le représentant d'un tiers ?

*R*. Je ne puis pas répondre, je ne sais pas au juste ce qu'était le coulissier.

Me BERRYER. — M. Poissonnier faisait-il comme intermédiaire des affaires dans la coulisse ?

LE TÉMOIN. — M. Poissonnier était mon ami ; mais il faisait des affaires de coulisse, et ce faisant, il usurpait les fonctions d'agent de change.

M. LE PRÉSIDENT. — Nous avons bien entendu : M. Poissonnier aurait, selon vous, empiété sur les fonctions d'agent de change ?

*R*. Oui, monsieur le Président.

*D*. MM. Morel-Fatio et Guastalla agissaient-ils comme agents de change ?

*R*. Oui, monsieur le Président.


## M. MARTINI, *agent de change.*

M. LE PRÉSIDENT. — N'avez-vous pas fait des opérations avec MM. Morel-Fatio, Guastalla et Crémieux ?

LE TÉMOIN. — Comme agent de change, c'est évident.

*D*. Pour votre compte ou pour le leur ?

*R*. Pour le leur.

*D*. En quoi consistaient ces opérations ?

*R*. C'étaient des ventes et des achats de rentes.

*D*. N'avez-vous pas fait des opérations à des cours différents de ceux de la Bourse ?

*R*. Jamais.

M. LE PRÉSIDENT. — Il ne faudrait pourtant pas oublier M. Goubie. Est-il mieux ; peut-on le faire rappeler ?

UN DES PRÉVENUS. — Ce n'est pas possible, monsieur le Président, il est malade ; il a une attaque de nerfs en ce moment.

M. LE PRÉSIDENT. — En ce cas, attendons à demain.


## M. LAMBERT, *agent de change.*

M. LE PRÉSIDENT. — N'avez-vous pas fait des opérations avec MM. Morel-Fatio et Guastalla ?

M. LAMBERT. — J'ai fait des opérations avec ces messieurs comme avec toute espèce de clients.

*D*. Vous en avez fait avec ces messieurs par l'entremise de votre associé, M. Billoin ?

*R*. Avec M. Billoin, c'est possible ; mais il devenait mon client au même titre que mes autres clients ; ce n'était pas à titre de coulissier que je traitais avec lui.

*D*. Vous avez chargé ces messieurs de diverses opérations en les prenant comme agents de change ?

*R*. Jamais ni eux ni personne.

Mᵉ BERRYER. — N'est-ce pas pour les émissions des Mulhouse et des nouvelles actions du Nord que vous avez eu recours à M. Guastalla ?

LE TÉMOIN. — Je ne sais pas ce que vous voulez me dire. M. Billoin, mon associé, a pu faire personnellement des affaires de ce genre, mais cela le regarde ; je ne puis pas ici répondre de tout le monde.

Mᵉ BERRYER. — C'est son associé. Ces messieurs ont des associés dont ils se servent, mais dont ils ne répondent pas. Le tribunal appréciera.


## M. MARCOTTE DE QUIVIÈRES, *agent de change.*

M. LE PRÉSIDENT. — N'avez-vous pas fait des opérations avec MM. Guastalla, Crémieux et Morel-Fatio ?

M. MARCOTTE DE QUIVIÈRES. — Oui, monsieur.

*D.* En quoi consistaient-elles ?

*R.* C'étaient des affaires de rentes.

*D.* Quelle était vis-à-vis de vous la position de ces messieurs ?

*R.* Ils étaient pour moi des clients.

Mᵉ BERRYER. — Monsieur le Président voudrait-il demander au témoin si, jusque dans le courant d'avril dernier, quinze jours après les poursuites commencées, il n'a pas proposé à M. Morel-Fatio de vendre pour 300 000 francs de rente ?

LE TÉMOIN. — Comme client, j'ai demandé à M. Morel-Fatio s'il voulait me prendre ces 300 000 francs de rente.

M. LE PRÉSIDENT. — L'opération a-t-elle été faite ?

*R.* Il m'a fait prendre 150 000 francs de rente par deux clients dont le nom ne me revient pas.

Mᵉ BERRYER. — On donne un ordre de vente à un banquier de la coulisse ; voilà l'explication.

*R.* J'ai dit au client de M. Morel-Fatio : Voulez-vous me prendre de la rente ?

M. MOREL-FATIO. — Je prends la liberté de dire que je n'ai pas agi comme client dans l'affaire qu'on mentionne. Ce sont les agents de change qui sont nos clients, toujours nos clients ; nous ne sommes pas les leurs.

M. LE PRÉSIDENT, *à M. Morel-Fatio.* — Il faudrait cependant vous expliquer. Tout à l'heure, quand nous vous interrogions vous disiez : Je n'étais pas intermédiaire ; c'était pour mon compte que j'agissais. Vous ne vouliez pas prendre la position d'agent de change marron. Maintenant, il est possible que nous nous trompions ; mais laissant de côté nos souvenirs, nous vous demandons si vous reconnaissez que vous remplissiez les fonctions d'agent de change marron. Vous dites que MM. les agents de change étaient vos clients ; je vous demande s'ils étaient vos clients parce que vous vous posiez comme intermédiaire dans une opération entre M. Marcotte de Quivières et un de vos clients ?

M. MOREL-FATIO. — Ceci rentre dans les explications que j'ai données dans mon interrogatoire. Je n'ai pas agi pour le compte des agents de change. M. Marcotte m'a donné un ordre de vente ; je n'ai pas vendu, j'ai réalisé.

*D.* Avez-vous agi comme intermédiaire, oui ou non ?

*R.* Je ne comprends pas bien le raisonnement de M. le Président.

*D.* C'est cependant bien clair. Allez vous asseoir.


M. BLERZY, *agent de change.*


M. LE PRÉSIDENT. — Vous avez fait des opérations avec MM. Guastalla, Aron et d'autres coulissiers ?

M. BLERZY. — Oui, mais jamais pour mon compte.

*D.* Quelle était la position de ces messieurs ? N'agissaient-ils pas exactement comme les agents de change ?

*R.* Exactement.

*D.* Se bornaient-ils à faire des affaires à terme ou en faisaient-ils au comptant ?

*R.* On dit qu'ils en faisaient au comptant, mais je n'en sais rien.

M. LE PRÉSIDENT. — Maintenant insiste-t-on sur l'exception ou y renonce-t-on ? En d'autres termes, la défense persiste-t-elle dans les conclusions qu'elle a prises contre les témoins non comparants ?

Mᵉ BERRYER. — Nous avons le regret de persister, monsieur le Président.

Le tribunal se lève pour délibérer.

M. LE PRÉSIDENT. — Le tribunal, attendu qu'en présence des articulations de la défense, il n'y a nulle utilité à ce qu'on procède à l'audition de nouveaux témoins; que cette audition serait complétement inutile à la manifestation de la vérité, ordonne qu'il sera passé outre aux débats.

La partie civile a la parole.

Mᵉ DUFAURE. — Je prie le tribunal de vouloir bien renvoyer à demain, je ne pourrai pas parler aujourd'hui. J'ai une extinction de voix des plus complètes. J'espère que demain je serai en état de prendre la parole; dans tous les cas un de mes collègues aurait la bonté de me suppléer.

M. LE PRÉSIDENT. — En présence de cette situation que nous regrettons, nous ne pouvons pas ne pas remettre l'audience à demain. Pensez-vous en avoir pour longtemps, Mᵉ Dufaure ?

Mᵉ DUFAURE. — Pour une heure et demie à peu près.

M. LE PRÉSIDENT. — Et vous, Mᵉ Berryer ?

Mᵉ BERRYER. — Si Mᵉ Dufaure a fini en une heure et demie, je finirai dans la journée, mais je crains d'être fort long. (Quelques rires au fond de la salle.)

M. LE PRÉSIDENT. — Ces rires sont inconvenants; il n'y a rien de risible dans tout ceci.

Mᵉ BERRYER. — Il se peut encore que la plaidoirie que j'entendrai demain allonge, par les explications qu'elle présentera, ma justification. Je m'engage seulement à répondre immédiatement.

M. LE PRÉSIDENT. — Eh bien ! à demain à dix heures et demie.

Audience du 23 juin 1859.

M. LE PRÉSIDENT. — Nous recevons une lettre d'un des prévenus, M. Savalette, qui nous annonce que l'état dans lequel il est sorti hier de l'audience a fait craindre un accès de fièvre cérébrale, et que le médecin lui a ordonné de partir pour la campagne. Il annonce, au surplus, qu'il se tient à la disposition de la justice; et que, si sa présence est nécessaire, il obéira à la première injonction qui lui sera faite.

Le débat reste donc lié contradictoirement avec M. Savalette entendu hier, et qui déclare se tenir à la disposition du tribunal.

Appelez M. Goubie.

Mᵉ BERRYER. — M. Goubie me fait parvenir un certificat de médecin, qui déclare que l'accident éprouvé à l'audience d'hier par cet inculpé a eu des suites fâcheuses, et que son état ne lui permet pas de revenir aujourd'hui.

lui est impossible de rester dans un lieu fermé, mais il s'engage à donner par écrit les explications que le tribunal pourrait désirer.

M⁰ Dufaure. — Un mot, si le tribunal me le permet.

Mes clients reconnaissent que c'est par erreur que M. Goubie fils a été assigné ; ils croyaient avoir fait citer M. Goubie père. Ils déclarent donc renoncer à toute action civile contre M. Goubie fils.

M. L'Avocat impérial. — Nous ne croyons pas pouvoir abandonner l'accusation contre M. Goubie fils. M. Goubie fils a été interrogé par M. le commissaire de police, et il lui a fait la réponse que font tous les prévenus. Un réquisitoire a été décerné par le parquet, M. Goubie fils a été interrogé : sa réponse a été exactement la même que celle que nous avons trouvée dans la bouche de tous les prévenus. Enfin, un réquisitoire définitif suivi d'une ordonnance le renvoie devant votre juridiction. La situation de M. Goubie étant exactement la même que celle des autres inculpés, nous ne croyons pas que le tribunal puisse se dessaisir de la poursuite contre M. Goubie fils. M. Goubie fils est malade, il produit un certificat de médecin ; le tribunal doit nécessairement disjoindre quant à lui, mais non abandonner la poursuite. Nous concluons donc à ce que le tribunal renvoie l'affaire en ce qui le concerne, mais non à ce qu'il renonce à la poursuite, les faits qui lui sont imputés étant aussi bien établis contre lui que contre ses coprévenus.

M⁰ Berryer. — Je ferai remarquer au tribunal l'absence de toute citation donnée à M. Goubie fils.

M. le Président. — Je crois que vous êtes dans l'erreur. Quel est le prénom que porte la citation ?

Le greffier. — Le prénom de *Jean.*

M. le Président. — Et M. Goubie fils s'appelle Jean.

Le tribunal disjoint quant à M. Goubie.

M⁰ Dufaure, vous avez la parole.

---

## PLAIDOIRIE DE M⁰ DUFAURE.

Messieurs,

Je suis dans une de ces situations où un devoir accepté et qu'il n'est plus temps de résigner, nous impose une entreprise au-dessus de nos forces physiques ; néanmoins je ferai tous mes efforts pour l'accomplir, et je sollicite la bienveillante attention du tribunal de m'aider à accomplir ma tâche.

La poursuite dont le tribunal est saisi est exercée au nom d'un double intérêt : elle est exercée par M. l'avocat impérial réclamant au nom de l'intérêt public, c'est-à-dire du crédit public compromis, de la sûreté et de la moralité des transactions qui interviennent entre les particuliers sur les fonds publics et les valeurs industrielles, et enfin au nom de lois positives et des garanties qu'elles exigent pour cette nature de transactions. Ces poursuites sont intentées par la Compagnie des agents de change pour obtenir la répression des atteintes les plus hardies et les plus désastreuses, qui jamais aient été portées au droit que la loi leur attribue. Une voix moins fatiguée et plus autorisée que la mienne vous soumettra les considérations d'intérêt public qui justifient cette poursuite et doivent amener une condamnation ; quant à moi, je m'efforcerai de ne pas sortir du cercle spécial d'idées qui convient à la position de mes clients et à leur situation au procès. Leur action, vous le verrez, n'est inspirée ni par la haine, ni par l'envie, ni par la cupidité ; elle était imposée comme un devoir impérieux à la chambre syndicale de la Compagnie des agents de change, comme un devoir impérieux qu'il était temps de remplir, qu'elle ne pouvait plus différer de remplir. Mais quelles sont les attributions des agents de change, et d'où leur vient ce droit de se plaindre des actes qu'ils reprochent aux prévenus ? C'est ce que je dois d'abord expliquer en peu de mots au tribunal comme devant servir de fondement à la plainte que je soutiens.

Parmi les diverses natures de biens qui composent la fortune publique, sont comprises des valeurs mobilières dont l'importance s'est accrue depuis quelques années dans d'énormes proportions, et grandit tous les jours, valeurs telles et si multipliées, que leur succès ou leur discrédit intéresse la société tout entière, d'autant plus qu'il existe entre elles une véritable solidarité, que les unes souffrent de la dépréciation des autres, de même qu'elles se soutiennent mutuellement. Les unes, sous le nom d'actions, représentent des parts de propriété dans de grandes entreprises industrielles et commerciales ; les autres, sous le nom d'obligations ou de rentes, sont des titres de créances contre ces grandes entreprises ou contre l'État. Il est heureux que ces titres de propriété ou de créances entrent dans les fortunes particulières, s'y classent et s'y reposent, mais il faut que ce soit naturellement et par suite de la sécurité et des avantages qu'ils présentent : il est, du reste, nécessaire que celui qui les détient ait toute liberté et toute facilité d'en disposer ; le sort des grandes entreprises, la prospérité, quelquefois la sûreté de l'État, en dépendent. La libre circulation de ces titres devient plus facile s'il y a un marché ouvert, où ceux qui veulent vendre puissent, par des intermédiaires, rencontrer ceux qui veulent acheter, et ces transactions ne présentent de danger pour personne si ces intermédiaires offrent toute garantie et s'ils sont obligés de rendre public, chaque jour, le cours, la cote, c'est-à-dire le prix courant des valeurs qu'ils vendent et qu'ils achètent.

De là la création des agents de change ; mais avant de parler du droit privilégié qui résulte de leur création même, je tiens, par-dessus tout, à rendre hommage à un principe dont on pourrait abuser contre nous, la liberté des transactions. Nous serions insensé s'il était dans notre pensée de porter, dans une mesure quelconque, la moindre atteinte à la liberté des transactions. Que chacun puisse vendre ou acheter des rentes, actions, obligations, personne n'en peut douter. Que, pour acheter ou vendre, on n'ait aucun besoin de prendre un intermédiaire, agent de change ou autre, personne n'oserait le mettre en doute. Sauf quelques formalités exigées par le gouvernement ou par les compagnies, à l'effet de constater le transfert de ces actions ou obligations, il y a pleine liberté d'acheter pour ceux qui veulent en devenir propriétaires : nul n'est tenu de prendre un tiers pour acheter ou vendre en son nom. Le ministère des agents de change se présente pour tous comme une garantie utile, mais comme une obligation pour personne.

Mais si, au lieu de vendre ou d'acheter soi-même, on veut prendre un intermédiaire, la loi désigne une compagnie dans laquelle on doit le choisir. La loi a fait, pour cette nature de transactions, ce qu'elle a fait en instituant les courtiers, pour la vente et l'achat de toute nature de marchandises, mais ici avec une bien autre utilité. Le législateur a-t-il bien fait de limiter ainsi le nombre des personnes parmi lesquelles on peut choisir l'intermédiaire de ces sortes de marchés? Si nous n'étions pas devant le tribunal, un tribunal institué par la loi, jugeant en vertu de la loi, nous pourrions débattre cette question. La liberté de choisir son intermédiaire pourrait être soutenue par quelques raisons et les adversaires de cette absolue liberté ne manqueraient pas de raisons non plus pour soutenir que le législateur a dû prendre des précautions et indiquer lui-même l'intermédiaire à choisir. Ils rappelleraient qu'en 1791, l'essai de cette liberté absolue qu'on pourrait réclamer a été fait, qu'il a duré quatre ans, jusqu'à la loi de vendémiaire an IV, et qu'on reconnut qu'on était allé trop loin. Les hommes de l'époque l'ont dit, et si le tribunal voulait se reporter au rapport qui a été fait au Conseil d'État par M. Regnault de Saint-Jean-d'Angely, il verrait les incroyables abus qui, pendant quatre ans, sont résultés de cette liberté dans le choix des intermédiaires. On pourrait ajouter encore que, même dans les pays où règne la liberté commerciale la plus étendue, on a senti le besoin de limiter le choix des intermédiaires et que, lorsque cette limitation n'a pas été imposée par la loi, elle a été faite par les intermédiaires eux-mêmes qui se sont constitués en corporation; que dans ces corporations comme dans celles qui ont été supprimées en France, on accepte qui l'on veut, on rejette ceux qui déplaisent, qu'on a cherché enfin à concentrer en quelques mains le droit de faire ces négociations des effets publics ou des valeurs industrielles. S'attribuant ce droit d'épuration, ceux mêmes contre lesquels nous plaidons ont déclaré hier au tribunal qu'ils sentaient le besoin, au milieu de cette immense coulisse, de faire des choix, des distinctions, de se concentrer en groupes particuliers pour ouvrir leur carnet aux uns et le fermer aux autres; ce sont leurs expressions. De sorte que, vous le voyez, même dans le régime qui prend pour mot d'ordre la liberté on ne la tolère pas, on la reconnaît comme inutile, et entre nous, si nous discutions une question de tribune ou d'académie, la question serait de savoir ce qui vaut le mieux de la limitation faite par la loi, ou par le caprice de ceux qui sont entrés les premiers à la Bourse. Mais, je l'ai dit en commençant, ce n'est pas là une question à discuter. Comme vous jugez sous l'empire de la loi, nous plaidons sous l'empire de la loi, nous l'acceptons et, en l'acceptant, en nous y conformant, nous n'avons qu'à nous demander ce que la loi attribue aux agents de change. Sous ce rapport aucun doute n'est possible.

L'article 74 du Code de commerce s'exprime dans les termes suivants :

« ART. 74. — La loi reconnaît pour les actes de commerce des agents intermédiaires, savoir les agents de change et les courtiers. »

L'article 76 s'exprime ainsi :

« Les agents de change, constitués de la manière prescrite par la loi, ont seuls

droit de faire les négociations des effets publics et autres susceptibles d'être cotés ;
de faire pour le compte d'autrui les négociations des lettres de change ou billets,
ou de tous papiers commerçables et d'en constater le cours. Les agents de change
pourront faire, concurremment avec les courtiers de marchandises, les négociations et le courtage des ventes ou achats des matières métalliques. Ils ont seuls le
droit d'en constater le cours.

» ART. 84 du même code. — Les agents de change et courtiers sont tenus
d'avoir un livre revêtu des formes prescrites par l'article 11. Ils sont tenus de consigner dans ce livre, jour par jour et par ordre de dates, sans ratures, interlignes,
ni transpositions, et sans abréviations ni chiffres, toutes les conditions de ventes,
achats, assurances, négociations et en général toutes les opérations faites par leur
ministère.

» ART. 90. — Il sera pourvu, par des règlements d'administration publique, à
tout ce qui est relatif à la négociation et transmission de propriété des effets
publics. »

Voilà les dispositions de loi qui nous régissent, et quant à la dernière je tiens
à dire au tribunal que les agents de change eux-mêmes, depuis la promulgation du Code de commerce, ont cent fois réclamé l'émission de ce règlement
que promet l'article 90, pour déterminer ce mode de transmission des effets
publics, qu'ils l'ont demandé à tous les ministères des finances, que quelques commissions ont été nommées pour l'élaborer et qu'aujourd'hui encore,
par mon organe, ce qu'ils demandent en grâce, c'est que définitivement un
règlement d'administration publique fixe les conditions de la transmission des
effets publics.

Mais, messieurs, quoique ce règlement n'ait pas été fait encore, les articles
du Code de commerce n'en existent pas moins ; l'art. 74 ne dit pas moins que
les intermédiaires choisis pour les actes de commerce sont les agents de change
et les courtiers, et l'article 76 ne dit pas moins que les agents de change seuls
ont droit de faire les négociations des effets publics et autres susceptibles d'être
cotés à la Bourse. Et l'article 76 ne fait que confirmer une foule de dispositions antérieures qui reconnaissaient aux agents de change les mêmes droits.
Je n'ai pas l'intention de faire au tribunal l'histoire de ces anciens règlements,
mais les lois qui nous régissent maintenant s'appuient sur des règlements qui
remontent à trois siècles. Il serait fort inutile de les rappeler et de les énumé-
rer, je me bornerai à indiquer les motifs par lesquels dans l'article 7 de la loi
de fructidor an IX, on reprenait ces anciennes dispositions placées depuis dans
notre Code de commerce :

« Entre le vendeur et l'acheteur, disait l'exposé des motifs, il est besoin d'intermédiaires qui facilitent, proposent, consomment et garantissent l'exécution des
contrats qui se font entre eux. Il faut que ces intermédiaires, qui sont les agents
de change et les courtiers, offrent par leur moralité, leurs connaissances et même
par l'engagement d'une partie de leur propriété, une garantie à l'administration
publique comme à l'intérêt particulier. Il faut donc qu'ils soient désignés par le
gouvernement à la confiance publique, et que l'État, comme le négociant qui les
emploie, trouve dans un cautionnement le gage de leur bonne conduite ou de
l'expiation de leurs erreurs ou de leurs fautes, s'il leur en échappe. »

Ainsi, messieurs, par les motifs qu'expose l'organe du gouvernement, les agents de change ou courtiers sont les seuls mandataires à l'effet d'opérer la négociation d'effets publics. Et remarquez, comme l'indique encore l'article du Code de commerce, que le droit spécial des courtiers ne leur est donné que sous les sérieuses garanties que la loi exige d'eux. Quelles sont ces garanties? Je les rappelle très sommairement. Ces garanties sont données par le mode de leur nomination : avant d'être nommés, le tribunal de commerce du lieu auquel ils appartiennent donne son avis sur leur aptitude et leur capacité; après le tribunal de commerce, la chambre syndicale de la Compagnie; après le tribunal de commerce et la chambre syndicale, le Préfet du département. Ce n'est qu'après ces trois avis donnés que le gouvernement procède, s'il le juge convenable, à la nomination des agents de change. Donc, première garantie dans les formalités qui précèdent leur nomination. En voici deux autres qui ne sont pas moins efficaces : le cautionnement, qui grève leur fortune (il est de 125 000 francs pour la ville de Paris) et qui, comme le dit l'exposé des motifs du gouvernement, garantit vis-à-vis de l'État et des particuliers les fautes qu'ils pourraient commettre; une surveillance constante de l'autorité sur tous leurs actes, et, pour que cette surveillance soit réelle, la nécessité d'opérer dans un lieu déterminé, et seulement dans ce lieu, dans sa circonscription, pas ailleurs, pas en dehors, et la nécessité encore d'opérer pendant certaines heures déterminées durant lesquelles leurs actes se passeront aux yeux du public. Voilà les conditions, voilà les garanties que la loi a exigées d'eux.

Pourraient-ils abuser de leur qualité d'intermédiaires pour exercer des exactions sur leurs clients? La loi a voulu que leurs commissions fussent fixées par l'autorité publique; il ne dépend pas d'eux de les déterminer à volonté : c'est le tribunal de commerce qui a reçu le mandat de les déterminer. Il leur est interdit, du reste, de faire aucune affaire pour leur compte, ils sont désintéressés dans toutes les opérations commerciales auxquelles ils prêtent leur concours. Ils doivent être des mandataires désintéressés, garantie essentielle, importante, que la loi leur prescrit. Et enfin, ils ont une chambre syndicale qui, selon l'ordonnance du 28 mai 1816, « a sur les membres de la Compagnie la surveillance et l'autorité d'une chambre de discipline, veille avec le plus grand soin à ce que chaque agent de change se renferme strictement dans les limites légales de ses fonctions, qui peut, suivant la gravité des cas, censurer, suspendre les contrevenants de leurs fonctions et provoquer auprès du ministre des finances leur destitution, » dans le cas où ils viendraient à manquer aux devoirs que la loi leur impose.

J'ai énuméré les garanties multipliées dont la loi a entouré les agents de change, en même temps qu'elle leur donnait le droit privilégié d'être les intermédiaires des négociations des effets publics, des valeurs susceptibles d'être cotées à la Bourse.

La loi leur donnant un droit, quelle sera la sanction de ce droit? L'autorité, nous dit-on, se serait bornée à dire : Les agents de change auront seuls le droit de faire les négociations! Quand bien même le législateur se serait borné à cette disposition, ils ne seraient pas pour cela dénués de toute ressource ; ils auraient des réclamations à faire contre quiconque usurperait leurs droits;

seulement, ces réclamations ne viendraient pas devant vous, ce serait une autre juridiction qui en serait saisie. Mais le législateur ne s'est pas borné là ; quand il a accordé le droit exclusif, il y a mis une sanction très sérieuse. Cette sanction est dans la peine infligée à quiconque serait usurpateur du privilége. Je ne m'arrête pas encore aux anciens règlements, j'aime mieux m'en tenir aux lois en vigueur, dont je demande l'application : ce sont la loi du 8 ventôse an IX et l'arrêté des consuls du 27 prairial an X. Voici les termes des art. 7 et 8 de la loi du 8 ventôse :

« ART. 7. — Les agents de change et courtiers qui seront nommés en vertu de l'article précédent auront seuls le droit d'en exercer la profession, de constater le cours du change, celui des effets publics, marchandises, matières d'or et d'argent et de justifier devant les tribunaux ou arbitres la vérité et le taux des négociations, ventes ou achats.

» ART. 8. — Il est défendu, sous peine d'une amende qui sera, au plus, du sixième du cautionnement des agents de change ou courtiers de la place, et au moins du douzième, à tous individus autres que ceux nommés par le gouvernement, d'exercer les fonctions d'agent de change ou courtier ; l'amende sera prononcée correctionnellement, etc. »

Et puis l'arrêté des consuls du 27 prairial an X, art. 4 :

« ART. 4. — Il est défendu, sous les peines portées par les articles 13 de l'arrêté du conseil du 26 novembre 1781, et 8 de la loi du 28 ventôse an IX, à toutes personnes autres que celles nommées par le gouvernement, de s'immiscer en façon quelconque, et sous quelque prétexte que ce puisse être, dans les fonctions des agents de change et courtiers de commerce, soit dans l'intérieur, soit à l'extérieur de la Bourse, etc.

» ART. 5. — En cas de contravention à l'article ci-dessus, les commissaires de police, les syndics ou les adjoints des agents de change et courtiers de commerce feront connaître les contrevenants au préfet de police, à Paris, et aux maires et officiers de police dans les départements, lesquels, après la vérification des faits et audition du prévenu, pourront, par mesure de police, lui interdire l'entrée de la Bourse, etc.

» ART. 6. — Il est défendu, sous les peines portées contre ceux qui s'immiscent dans les négociations sans être agent de change ou courtier, à tous banquiers, négociants ou marchands, de confier ces négociations, ventes ou achats, et de payer des droits de commission ou de courtage à d'autres qu'aux agents de change et courtiers, etc. »

Telles sont, messieurs, les lois pénales qui ont été inscrites à côté et à l'appui de celles qui accordaient aux agents de change comme aux courtiers le droit exclusif de servir d'intermédiaires.

Ces lois pénales sont toujours en vigueur, elles ont été vingt fois appliquées depuis le jour où elles ont été émises, comme j'aurai l'occasion de le prouver au tribunal. Je ne crois pas avoir besoin d'insister sur ce point, que les lois mêmes que je viens de citer sont les règles de la matière.

Vous avez vu dans les articles du Code de commerce que je vous ai lus à quoi s'applique ce droit exclusif de négociation accordé aux agents de change, il s'applique à la négociation des effets publics et de tous autres susceptibles d'être cotés. Que veut dire la loi par ces mots : « susceptibles d'être cotés. » Je n'ai pas besoin de les interpréter moi-même, la Cour de Paris, par trois arrêts en date du 30 mai, du 11 juillet et du 2 août 1851, rapportés ensemble par Sirey, t. LI, 2ᵉ partie, page 508, a indiqué ce que voulaient dire ces mots : « susceptibles d'être cotés. » Voici les motifs de la Cour dans son arrêt du 30 mai 1851; la Cour les a répétés dans les trois espèces où se présentent les mêmes questions :

« Considérant que l'article 76 du Code de commerce attribue aux agents de change le droit exclusif de faire les négociations des effets publics et autres susceptibles d'être cotés ; que cette disposition est claire, précise et absolue ; qu'elle ne comporte pas de distinction ; qu'il s'agit dans l'espèce d'actions industrielles dont le cours est susceptible d'être coté à la Bourse ; que lors même qu'en fait ces actions n'auraient pas été cotés, il suffit que la Bourse soit le marché où elles doivent, par leur nature, se négocier et se coter, pour que l'article 76 du Code de commerce doive recevoir son application ; que les actions des Compagnies anonymes industrielles sont des valeurs d'un caractère spécial, dont le cours représente le crédit de la société et dont la cote est dans l'intérêt du public et de la société même. »

Je conjurerai le tribunal de ne pas oublier ces termes si précis et en même temps si sages des arrêts que la Cour a rendus en 1851. Voilà, messieurs, tous les principes en cette matière.

Maintenant quelle est l'affaire qui vous est soumise ? Le conseil syndical des agents de change reproche aux prévenus d'avoir violé l'art. 76 du Code de commerce et de s'être exposés aux peines édictées par la loi de l'an IX et l'arrêté des consuls du 27 prairial an X. Voilà le reproche adressé aux prévenus.

Les faits sur lesquels repose notre plainte sont-ils vrais ? Les conséquences que nous tirons sont-elles exactes ? Messieurs, je ne puis croire, malgré les singulières explications qui ont été données hier par quelques-uns des prévenus, que l'on ose nier d'abord d'une manière générale qu'il existe à Paris, à la Bourse, autour du parquet, un certain nombre de personnes s'y rendant habituellement sans caractère officiel et se livrant aux mêmes opérations que les agents de change. Je ne puis pas croire à une dénégation sur ce fait qui est de notoriété publique, et qui, malheureusement depuis quelques années où les affaires de la Bourse ont pris une grande extension, est plus notoire que jamais ; je ne crois pas qu'on puisse le nier. Eh ! tenez, permettez-moi de mettre sous vos yeux une peinture de la Bourse très spirituellement faite par quelqu'un qui n'est certainement pas un ennemi de la coulisse, M. Bozérian. Voici comment, en style très pittoresque, il dépeint la Bourse dans son livre : *la Bourse, ses opérateurs et ses opérations.*

« Une heure sonne, un coup de cloche se fait entendre, les portes glissent sur leurs gonds, la foule se précipite. Entrons.

» Nous voici dans une salle plus longue que large, nue, froide, dont les bas côtés sont obscurs, et dont le centre s'éclaire de quelques rayons lumineux, filtrant avec effort au travers du vitrage de leur coupole.

» A l'extrémité orientale de la salle, une grille à hauteur d'appui oppose sa digue de fer au flot qui s'avance et qui monte. Les profanes n'entrent pas dans l'enceinte ; soixante messieurs seulement sortant, au premier coup de cloche, d'une salle voisine, où ils avaient fait une première station, ont seuls le privilége d'y stationner et d'y circuler. Ces messieurs sont les agents de change. Cette enceinte est le *parquet*.

» Au centre du parquet est une autre grille circulaire, autour de laquelle les agents s'alignent et s'accoudent, le carnet à la main gauche et le crayon à la main droite ; l'espace compris entre cette grille se nomme la *corbeille*.

» Aux alentours du parquet et de la galerie, formant les bas côtés de la salle, des groupes d'hommes se pressent, se poussent, se heurtent, se divisent et se confondent. En faisant attention, nous pouvons en compter quatre ou cinq principaux, deux qui stationnent à l'endroit le plus rapproché du parquet et figurent en quelque sorte les deux anses de la corbeille. Au milieu de ces deux groupes s'agitent des messieurs d'aussi bonne apparence que les agents de change ; à leur carnet et à leur crayon, on serait tenté de les confondre avec ces bénéficiaires du monopole officiel.

» A l'autre extrémité de la salle, et formant en quelque sorte bande à part, deux ou trois autres groupes, composés en grande partie d'individus d'allure moins aristocratique, se disputent un étroit espace insuffisant pour les évolutions qui s'y exécutent. Du reste, dans ces groupes comme dans les précédents, nous remarquons des messieurs au carnet et au crayon !

» Mais quels messieurs ! Des industriels de bas étage, qu'entoure un public d'une catégorie non classée !

» La réunion de ces groupes constitue ce qu'on appelle la *coulisse*. »


Il y a donc, messieurs, on ne peut le contester, autour du parquet des agents de change, d'autres messieurs d'aussi bonne apparence que les agents de change, tenant leur carnet de la main gauche, leur crayon de la main droite et se livrant exactement aux mêmes opérations que les agents de change. Vous avez entendu M. le commissaire de la Bourse ; vous avez pu voir à quel point s'accorde sa déclaration avec la peinture si vive et si vraie que je viens de vous lire de notre jeune et honorable confrère. M. Fresne vous a dit hier : « En effet, à côté du parquet se tenaient des messieurs qui avaient un carnet et un crayon, qui criaient les cours, qui essayaient de coter ces cours, de coter toutes les valeurs industrielles, qui criaient les valeurs de l'État. » Cela a été constaté de la manière la plus positive. Si le tribunal pouvait d'abord en douter, la déposition qu'il a entendue ne le lui permettrait plus. Voilà le fait général. Autour du parquet il y a un certain nombre de messieurs qu'on appelle les coulissiers et qui ne font pas autre chose que ce que font les agents de change.

Mon honorable confrère, M<sup>e</sup> Berryer, disait hier avec raison : « Il faut de la précision dans les faits, il ne s'agit pas de savoir d'une manière générale si parmi les coulissiers il en est quelques-uns qui ont eu le tort d'usurper les fonctions d'agent de change. » Eh bien ! nous avons voulu de la précision et le tribunal a toute la certitude désirable, quant aux personnes auxquelles cette imputation pourrait s'appliquer.

Vous avez entendu M. le commissaire de police de la Bourse, nous lui avons demandé : « Reconnaissez-vous les prévenus pour être au nombre de ces personnes

« qui, fréquentant la Bourse journellement et se tenant autour de la corbeille des
» agents de change, se permettent de coter les effets publics et les actions in-
» dustrielles? » Il a dit : « Certainement, on ne peut pas le contester ; tous les
» prévenus sont au nombre de ces personnes. » Les prévenus ont fait assigner
comme témoin à décharge un honorable banquier, et quant à moi, je regrette
beaucoup que les autres banquiers qui ont été assignés ne se soient pas présentés, car nous aurions su de leur bouche les noms des intermédiaires par
lesquels ils opéraient ; mais enfin il en est un qui s'est présenté, c'est M. Calley
Saint-Paul. Il nous a d'abord dit quelles étaient les opérations qu'il avait l'habitude de faire avec les coulissiers ; il nous a dit qu'obligé d'acheter pour son
compte ou le compte de ses clients des valeurs industrielles ou des rentes, il
s'adressait tantôt aux agents de change, tantôt à la coulisse ; et que quand il
s'adressait à un coulissier, ce dernier n'était autre chose qu'un intermédiaire
entre le vendeur de la rente et lui qui voulait l'acheter ; que le coulissier faisait
exactement ce que fait l'agent de change. M. le Président lui ayant demandé
s'il reconnaissait parmi les prévenus quelqu'un qui lui eût servi d'intermédiaire, M. Calley Saint-Paul en a indiqué treize avec lesquels il a fait ces sortes
d'opérations. Ces treize sont : MM. Surreau, Morel-Fatio, Guastalla, Wer-
theimberg, Lévy-Crémieux, Aaron et Gellinard, Cayard, Garzon, les deux Pereire, Destermes et Savalette.

Ainsi, les dépositions que vous avez entendues ne laissent aucun doute sur
ces deux points. Il y a à la Bourse de Paris une coulisse et les inculpés font
partie de cette coulisse.

On s'est plaint hier de ce que la prévention avait fait un choix entre les
personnes qui concourent aux opérations de la Bourse, de ce qu'on n'en avait
pris que vingt-six, au lieu de les prendre toutes. Il nous importe peu que l'on
n'ait pas appelé les cinq groupes dont parle M. Bozérian ; ce n'est pas là la question. On en a appelé vingt-six, toute la question est de savoir si ces vingt-six
ont servi d'intermédiaires pour des négociations d'effets publics et le tribunal
ne peut conserver aucun doute à cet égard. MM. les agents de change n'ont
pas insisté pour la production des livres et des papiers de ceux qui sont prévenus ; mais si le moindre doute pouvait s'élever sur leur participation illicite aux affaires de la Bourse, à coup sûr nous serions obligé de demander
au tribunal d'ordonner la production des livres des coulissiers ; il y trouverait
la preuve évidente que chacun de ces messieurs a négocié pour le compte
d'autrui et que pour autrui il a exercé les fonctions d'agent de change. Au
surplus, nous avons là l'instruction et une observation émise hier par M. l'a-
vocat impérial nous a frappé. Les réponses des prévenus ont singulièrement
varié depuis le jour où M. le commissaire de police s'est présenté chez eux
pour saisir leurs livres. Leurs livres saisis étaient de redoutables témoins et,
en conséquence, pas un n'a nié formellement qu'il eût fait des opérations de
bourse, quelques-uns même l'ont avoué. Ce n'est que plus tard, lorsqu'ils ont
été interrogés par le juge d'instruction, qu'ils ont présenté un système évidemment concerté ; les réponses ont été les mêmes dans toutes les bouches, et les
réponses ne contestent cependant aucun des faits sur lesquels repose essentiellement notre poursuite. Que le tribunal me permette de rappeler quelques-
unes de ces réponses qui sont, je le répète, à peu près toutes dans les mêmes

termes. Voici comment répondait M. Aaron Pereire à M. le juge d'instruction qui l'interrogeait :

« *D.* Vous êtes inculpé de vous être, depuis moins de trois ans, à Paris, immiscé dans les fonctions d'agent de change, en faisant le courtage des effets publics et des valeurs industrielles ?

» *R.* Je suis associé de M. Gellinard, comme banquier, j'ai fait ce que font tous les banquiers de Paris, des marchés à termes et à primes, ce qui a lieu au vu et au su de l'autorité depuis soixante ans, et je ne pense pas m'être immiscé dans les fonctions d'agent de change, puisque les agents de change n'ont pas le droit de faire ces opérations. »

J'en prends une autre, celle de M. Gellinard. Le juge d'instruction lui pose les mêmes questions et il répond :

« Nous ne nous sommes pas immiscés dans les fonctions d'agent de change, n'ayant fait seulement que des affaires à termes qui tombent dans le domaine public, c'est en ce sens que nous avons répondu à M. le commissaire. Les affaires au comptant que nous avons faites, l'ont été par le ministère d'agent de change et nous avons des bordereaux à l'appui, mais agissant alors comme tous les banquiers. »

Enfin M. A. Pereire répond à la même question :

« Je n'ai pas fait d'affaires d'agent de change, je fais de la coulisse et n'ai fait que des opérations à terme, les opérations faites au comptant l'ont été par l'entremise des agents de change.

» *D.* Ne faisiez-vous pas des opérations et ventes de rentes et valeurs industrielles pour le compte des clients auxquels vous demandiez un courtage ?

» *R.* Si, toutes opérations à terme pour lesquelles nous demandions une commission, nous avons suivi dans notre conduite un courant d'opérations tolérées depuis cinquante ans en présence du commissaire de la Bourse même. Nous n'avons jamais pensé à nous immiscer dans les fonctions d'agent de change, ils ne nous semblaient pas plus que nous pouvoir faire des marchés à terme.

» *D.* Comment faisiez-vous les opérations avec les clients ?

» *R.* Les clients nous donnaient l'ordre d'acheter 3000 francs de rentes, nous achetions en Bourse dans le groupe des coulissiers, et nous liquidions ces opérations soit dans le courant du mois, soit à la fin du mois ; elles se terminaient par une perte ou un bénéfice. »

Je le répète, toutes les réponses sont dans ces termes-là. Qu'en conclure ? L'aveu d'un fait et la prétention d'un droit, du droit de faire des marchés à terme, droit qui serait dans le domaine public, la prétention qu'on n'a pas fait autre chose qu'user de ce droit. Et si, hier, dans les réponses qui ont été faites aux questions si précises de M. le Président, il y a eu tant de vague chez quelques-uns des prévenus, la plupart ont été francs et sincères. M. Savalette, par exemple, et je tiens l'aveu pour constant à l'égard de tous, a dit : « C'est vrai, j'ai fait des actes d'agent de change, d'intermédiaire, j'ai cru y être autorisé par l'autorité administrative. » Soit, nous verrons quelle autorisation a pu vous donner l'autorité administrative. Ce qu'il y a de certain, c'est que M. Savalette a avoué et que tous les autres prévenus ont également avoué qu'ils faisaient des opérations à la Bourse sur les effets publics et autres valeurs susceptibles d'être cotées. Voilà l'aveu, et je trouve la preuve du fait dans la déposition de M. le commissaire de police et dans celle de M. Calley Saint-Paul, en même temps que dans les déclarations des prévenus, soit chez le commissaire de police, soit chez le juge d'instruction. Ces deux points établis, que me resterait-il à faire pour justifier ma plainte ? Une seule chose que je ferai aussi sommairement que possible : examiner les moyens de défense que les prévenus paraissent vouloir présenter. Ces moyens auront très certainement dans la plaidoirie qui va être prononcée pour eux, non pas un autre caractère, mais plus de développement et d'éclat qu'ils n'en ont eu dans l'instruction. Pouvant les prévoir, je trouve utile d'en dire quelques mots.

Ces moyens de défense, tels qu'ils sont indiqués, sont au nombre de quatre :

1° Les opérations faites journellement à la Bourse ont été tolérées par l'autorité administrative ;

2° Les agents de change ont eu des relations d'affaires avec les coulissiers qu'ils poursuivent ;

3° Ces coulissiers n'ont pas fait d'autres opérations que des opérations à terme, opérations qui sont dans le domaine public et interdites aux agents de change ;

4° Enfin, les coulissiers percevaient une commission, jamais ils n'ont perçu un droit de courtage.

Voilà, autant que je puis les conjecturer d'après l'instruction orale et l'instruction écrite, les quatre moyens de défense auxquels je dois répondre ; je parle d'abord du premier.

On dit que les opérations auxquelles ils se sont livrés ont été tolérées par l'autorité administrative, et on a indiqué divers actes de tolérance desquels les coulissiers entendent se prévaloir. Messieurs, je ne nie pas qu'en effet l'autorité administrative n'ait quelquefois toléré cette immixtion, qu'elle l'a connue et que, la connaissant, elle ne l'a pas empêchée. Je ne le nie pas, mais je crois qu'on donne beaucoup plus d'importance à cette tolérance qu'elle n'en a en réalité. D'ailleurs, quelle conséquence tirez-vous de cette tolérance ? Que le tribunal doit mettre moins de sévérité dans la détermination de la quotité de l'amende ? Soit ! je n'ai rien à dire, je m'en rapporte au tribunal, et je dois ajouter que la Compagnie des agents de change a été de cet avis lorsqu'elle a décidé la poursuite : elle n'a demandé pour tous dommages-intérêts que le payement des frais du procès ; mais, considérer cette tolérance comme une circonstance atténuante ou la prendre pour une excuse légitime, c'est toute autre chose, et je n'admettrai pas que, parce que l'autorité aurait toléré un acte contraire à la loi, le tribunal se crût autorisé à déclarer licite ce que la loi déclare illicite. Cette tolérance, qui a existé jusqu'à aujourd'hui, voudrait-on qu'elle fût érigée en droit? Bien que l'autorité administrative ait fermé les yeux, je n'en suis pas moins autorisé à soutenir que c'est là un acte illégal qui doit être puni, sauf au tribunal à modérer la peine, s'il le juge convenable. D'ailleurs, les prévenus n'auraient pas dû seulement consulter la tolérance de

l'autorité administrative, il y a d'autres interprètes de la loi dont ils auraient
dû consulter et respecter les décisions. Ces interprètes de la loi, c'est vous,
messieurs, et, toutes les fois que vous avez été interrogés, vous n'avez jamais
permis le doute sur le caractère punissable de cette immixtion : des poursuites
ont été dirigées à différentes époques pour usurpations des fonctions de notaire,
de courtier, d'agent de change, vous n'avez jamais hésité à réprimer ces usurpations. La Cour de Paris, statuant, le 16 décembre 1857, sur une poursuite
en usurpation des fonctions de notaire, disait :

« Considérant que les motifs d'ordre public et d'intérêt général qui ont présidé
à l'institution du notariat ne permettent pas que dans chaque localité, près des
fonctionnaires publics investis de la confiance de l'autorité et réunissant les
garanties exigées par la loi, vienne se placer un agent d'affaires, empruntant ainsi
les formes du notariat, attirant à lui la clientèle par l'appât d'honoraires au rabais
et compromettant par de tels moyens les intérêts les plus précieux des citoyens. »

Je rappelle ces motifs, parce qu'il ne s'y trouve pas un mot qui ne se rapporte aux coulissiers contre lesquels nous plaidons, aussi bien qu'à ceux qui
usurpent les fonctions de notaire. Ce que les tribunaux ont décidé pour l'usurpation des fonctions de notaire, ils l'ont décidé, et cela arrive plus directement
à notre espèce, pour l'usurpation des fonctions de courtier. Les courtiers de
commerce sont protégés par les mêmes lois que les agents de change ; c'étaient
les dispositions de la loi de l'an IX et de l'arrêté de prairial an X, qu'invoquaient les courtiers de commerce pour la garantie de leurs droits, et les
tribunaux n'ont jamais hésité à les appliquer en leur faveur. Je recommande
au tribunal un arrêt de la Cour de cassation et un arrêt de la Cour de Rouen
de 1852 et de 1853, sur une très importante affaire relative à l'usurpation des
fonctions de courtiers, appliquant les mêmes lois que nous invoquons.
Enfin, quant à l'usurpation des fonctions d'agent de change, toutes les fois
que les tribunaux ont été saisis, ils n'ont pas hésité davantage à la réprimer
par des décisions nombreuses bien connues de MM. les coulissiers. La répression a eu lieu tantôt par les tribunaux de commerce, tantôt par les tribunaux
correctionnels. C'est ainsi que le tribunal de commerce de la Seine, le
20 juin 1856, ayant à statuer dans une affaire entre M. de Perigny et des coulissiers, s'est prononcé dans les termes suivants :

« Attendu que les opérations dont il s'agit sont des *ventes et achats d'effets
publics....* sur la fin de non-recevoir tirée de la nullité de l'action pour cause prohibée par la loi ;
» Attendu que les opérations dont s'agit sont des achats et ventes d'effets publics
faits pour le comte de Périgny à la Bourse ; que la veuve Collin ne peut établir
que l'entremise d'un agent de change y ait été employée ; que c'est bien là le fait
d'immixtion dont la prohibition absolue résulte de l'article 76 du Code de commerce et des dispositions spéciales de l'arrêté du 27 prairial an X ;
» Attendu que le tribunal n'a pas à rechercher si les faits actuels ne sont plus en
harmonie avec les intentions du législateur ; que les dispositions précitées, en rendant l'intermédiaire des agents de change obligatoire, doivent avoir eu pour but moins
de rassembler en leurs mains toutes les affaires de la Bourse que d'imprimer à la

transaction un caractère de sécurité et d'authenticité qui autrement lui manque ;

» Attendu qu'en tout état, ces dispositions subsistent dans toute leur vitalité ; qu'elles ne sauraient être écartées, même en présence de la bonne foi de la demande et d'une tolérance plus ou moins publique dont elle excipe. »

Voilà les termes très explicites par lesquels le tribunal de commerce a jugé, en 1856, que les lois que nous invoquons étaient encore, étaient toujours en vigueur. Quant aux tribunaux correctionnels, toutes les fois que la question leur a été soumise, leur décision a été identique. Ainsi, en 1846, une affaire qui a eu de l'éclat a été portée devant la septième chambre. Que le tribunal me permette de lui donner lecture des motifs sur lesquels s'est fondée la septième chambre pour prononcer la condamnation des prévenus. Je le répète, c'est en 1846, le 20 février, que cette condamnation a été prononcée :

« En ce qui touche la prévention contre Bourgoin et Lejolivet, de s'être immiscés dans les fonctions d'agent de change ;

» Attendu en fait, et pour ce qui concerne particulièrement Bourgoin et Lejolivet, qu'il résulte autant de l'instruction et des débats que de leurs aveux, la preuve que, depuis l'origine de leur association, remontant à 1844, ils se sont livrés à la Bourse comme intermédiaires pour le compte d'autrui et moyennant courtage et commission, à la négociation : 1° de divers effets ou valeurs, tels que les fonds anglo-belges et les actions de l'entrepôt des Batignolles, de celui du Nord, du journal l'*Époque*, des gaz d'Arles et de Cherbourg, de la Nouvelle-Montagne, de l'Union linière et des mines de la Chazotte ;

» 2° Et surtout de promesses et récépissés provisoires d'actions de plusieurs Compagnies formées pour soumissionner des chemins de fer autorisés, mais dont les entreprises n'étaient pas encore concédées ou adjugées ;

» Attendu en droit que, d'après les textes combinés des articles 7 et 8 de la loi du 28 ventôse an IX, de l'arrêté du gouvernement du 27 prairial an X et de l'article 76 du Code de commerce, il est interdit à tous ceux qui ne sont pas commissionnés à cet effet, et sous les peines édictées par la première de ces lois, d'exercer les fonctions d'agent de change et de s'immiscer dans lesdites fonctions en aucune façon quelconque et sous quelque prétexte que ce puisse être ;

» Que, pour combattre l'application de ces textes, la défense, principalement celle de Bourgoin et Lejolivet, soutient que les opérations faites par ces deux prévenus, ayant porté pour la plupart, soit sur des effets qui n'étaient pas encore cotés à la Bourse, soit sur des promesses d'actions de chemin de fer dont la négociation était défendue aux agents de change, d'abord par leurs règlements syndicaux, puis par la loi du 15 juillet 1845, il n'y a pas eu usurpation de leurs fonctions ni de leurs droits, puisqu'on n'aurait fait que ce qu'ils ne faisaient pas encore ou ce qu'il leur était interdit de faire ;

» Mais, attendu que l'interdiction d'exercer ou d'usurper les fonctions des agents de change est établie, bien moins pour assurer et maintenir leur monopole que dans l'intérêt général de la société et du commerce ;

» Que le principal but de la loi, en établissant ces officiers publics, a été de créer des intermédiaires qu'elle reconnaît seuls en cette qualité, et qui, seuls aussi, ont le droit d'intervenir entre les contractants dans les transactions commerciales et de bourse, quelles qu'elles puissent être ;

» Qu'à l'égard des actions industrielles que Bourgoin et Lejolivet reconnaissent avoir négociées tant qu'elles n'étaient pas cotées au parquet des agents de change, il y a eu infraction de leur part à la loi qui (art. 76 du Code de commerce) attribue aux agents de change exclusivement les négociations, non-seulement des effets cotés, mais aussi de ceux susceptibles de l'être.

» Qu'on peut en dire autant pour les promesses d'actions, puisque, si la négociation en est temporairement défendue par la loi du 15 juillet, elles deviendront cependant négociables, et seront, par conséquent, susceptibles d'être cotées après la constitution des sociétés anonymes qui doit leur conférer un caractère définitif ;

» Attendu, d'ailleurs, et comme on l'a dit plus haut, que si cette loi du 15 juillet n'a prononcé de peines que contre les agents de change, c'est que, d'accord avec les principes, elle ne reconnaît que ces agents comme ayant qualité, si la défense ne leur en était pas faite, d'opérer la négociation des promesses d'action ;

» Qu'on ne peut pas admettre qu'en frappant les agents de change de l'interdiction dont il s'agit, elle ait voulu, laissant ainsi le champ libre aux opérations scandaleuses qui ont récemment affligé la Bourse et contristé la morale publique, accorder à des individus sans qualité, dont les actes ne pourraient pas être contrôlés, et qui n'offriraient aucune responsabilité, le droit de faire ce qu'elle défendait aux agents qu'elle a accrédités et reconnus ;

» Attendu, en dernière analyse, que se placer comme intermédiaire entre vendeurs et acheteurs, fréquenter habituellement la Bourse en cette qualité, y faire journellement pour autrui des négociations sur des effets commerciaux de leur nature, malgré l'interdiction temporaire qui pèse sur quelqu'un d'eux ; constater ces négociations sur des carnets, sur des livres et par des bordereaux ; percevoir, à raison de ces mêmes négociations, des droits de courtage et de commission, c'est faire ce qui est dans les attributions des agents de change, c'est s'immiscer dans l'exercice de leurs fonctions et usurper cet exercice ; c'est enfin commettre le délit prévu et puni par la loi de l'an IX et par l'arrêté de prairial an X... »

Messieurs, je tenais à vous donner lecture de ce jugement de 1846 à raison du débat solennel qui l'a précédé, et surtout du soin, de la sagesse avec lesquels ses motifs sont rédigés. Depuis 1846, les poursuites contre la coulisse ont-elles cessé et les coulissiers ont-ils manqué d'avertissements ? Non. Le 11 juin 1856, onze coulissiers ont été condamnés par la huitième chambre du tribunal correctionnel pour les mêmes faits que ceux qui étaient imputés aux prévenus traduits devant la septième chambre en 1846. Le 11 mars 1857, la Cour de Paris a condamné MM. Goubie, Alibert et Lacomblez pour faits absolument identiques.

Le 28 mai 1857, la septième chambre a rendu une nouvelle décision dans l'affaire de la *Baleine française*.

Enfin, il y a eu d'autres poursuites ; il y a eu un M. Cauchois qui a été poursuivi et condamné pour s'être immiscé dans les fonctions d'agent de change.

Les prévenus ont donc été souvent avertis par les tribunaux, ils ne peuvent pas prétendre qu'ils ignoraient la loi et la croyaient tombée en désuétude. Non, ils ne le croyaient pas, et vous ne croirez pas non plus qu'en présence de condamnations si souvent prononcées contre eux, ils aient pu ne pas savoir qu'il y avait des lois qui leur interdisaient la négociation des effets publics, et les exposaient à des condamnations s'ils étaient poursuivis. Ils se sont prévalus de la tolérance administrative qu'ils invoquaient en dernier lieu ; vous avez vu à quoi elle se réduit ; mais, grâce à Dieu, ce n'est pas la tolérance des tribunaux qu'ils peuvent invoquer.

On invoque autre chose : les relations que les coulissiers ont eues avec les agents de change. Je demanderai au tribunal la permission de lui donner quelques explications sur ces relations.

De ces relations, il en est quelques-unes qui sont légitimes et qui ne sont reprochables aux agents de change sous aucun rapport. Ainsi, lorsqu'un coulissier vient demander à un agent de change de lui acheter un certain nombre d'actions ou une certaine quotité de rente, l'agent de change peut les acheter sans contrevenir à ses devoirs. Le coulissier pour lui est un client ordinaire qui lui donne un ordre, et l'agent de change achète, ne recherchant ni le but, ni le résultat de l'opération ; sa participation à l'acte du coulissier est parfaitement irréprochable. Mais il en serait autrement, si l'agent allait trouver le coulissier et lui disait d'acheter ou de vendre pour son compte. Les rôles seraient alors changés, ce ne serait plus l'agent de change qui serait l'intermédiaire, ce serait le coulissier. C'est ce qu'on a reproché hier à quelques agents de change appelés comme témoins.

Messieurs, ce reproche est quelque chose d'étrange, car les coulissiers qui l'adressaient aux agents de change ont prouvé par là qu'ils n'étaient pas autre chose que des intermédiaires que les agents de change auraient choisis. Par conséquent, tout en accusant les agents de change, ils établissaient eux-mêmes le fait pour lequel ils doivent être condamnés ; mais les agents de change qui l'ont fait, je ne crains pas de le dire, ont eu tort. Si l'on me demande cet aveu je le fais tout de suite, et en même temps je dis au tribunal qu'il aura à réfléchir dans sa délibération sur ce tort que quelques-uns d'eux ont eu. D'où vient-il ? Comment a-t-il été engendré ? Vous avez entendu hier un agent de change, M. Billiet, il a dit : « Mes clients me demandaient un certain nombre de valeurs, je me suis adressé où était le marché. Le marché était passé aux mains des coulissiers, j'ai demandé aux coulissiers d'acheter pour mon compte. »

Eh bien ! voilà ce qui arrive : en laissant faire les coulissiers vous déplacez le marché et, malgré la surveillance exacte de la chambre syndicale, malgré les peines disciplinaires qu'on peut prononcer contre eux, quelques agents de change sont involontairement portés à faire des opérations avec les coulissiers qui ont des valeurs à vendre. Je veux donc bien en convenir, il y a eu des torts de la part de quelques agents de change, mais cela excuse-t-il les coulissiers ? Cela ne démontre-t-il pas au contraire et mieux qu'autre chose le danger de la coulisse ? Et quand bien même il arriverait que les mandataires de la loi oubliant leurs devoirs, voudraient faire faire des négociations hors de la Bourse et par d'autres que les intermédiaires officiels, ce serait une raison de plus de demander aux tribunaux de supprimer la coulisse tout en reconnaissant que quelques agents de change auraient eu des torts.

Et maintenant si l'on dit à la chambre syndicale : Où voulez-vous arriver ? Vous avez porté une plainte, quel en sera le résultat ? Je répondrai sans hésiter que la chambre syndicale veut arriver à supprimer la coulisse, par conséquent à éviter ces torts qu'on reproche à quelques membres de la compagnie ! Dieu veuille qu'elle y arrive ! Mais c'est son intention d'y arriver. On dit qu'elle a fait des bénéfices considérables avec des coulissiers. Peu importe, son premier intérêt est celui de sa dignité. Quand, par un jugement salutaire, vous aurez frappé la coulisse qui trafique au mépris de toutes les lois, la chambre syndicale aura à se féliciter, parce qu'elle aura fait gagner en honneur et en considération aux membres de sa compagnie tout ce qu'ils auront pu perdre en brisant les relations qui les engageaient un jour ou l'autre avec des coulissiers.

On répétera tant qu'on voudra qu'il y a eu des relations entre quelques agents de change et des coulissiers; cela peut être vrai. Il n'en résulte pas moins que les coulissiers usurpent des fonctions qu'ils n'ont pas, que les tribunaux doivent réprimer ces usurpations, que les coulissiers ne peuvent pas continuer à les exercer plus longtemps, et que les faits même qu'ils invoquent contre les agents de change sont les preuves les plus indubitables des usurpations qu'ils se permettent.

J'aborde le troisième moyen de défense sur lequel on a insisté le plus, on a imaginé devant le juge d'instruction ce moyen de défense, dont les apparences sérieuses ne reposent que sur une équivoque que les débats doivent faire disparaître. On a dit : Les agents de change n'ont le droit d'opérer qu'au comptant ; les marchés à terme sont dans le domaine public. Or nous n'avons fait que des marchés à terme, donc nous n'avons fait qu'user d'un droit qui appartient à tout le monde, nous n'avons pas empiété sur ceux des agents de change.

Quoi les agents de change n'ont le droit de faire des marchés qu'au comptant! Vidons l'équivoque. Parlez-vous de marchés fictifs qui ne constituent que des jeux ou des paris? Vous avez raison, les agents de change, pas plus que vous, n'ont le droit de les faire. Mais parlez-vous de marchés à terme réguliers, véritables, réels, qui n'ont rien de fictif, qui doivent s'exécuter ? Les agents de change en ont fait de tout temps et ils ont la prétention d'en faire toujours ; ce droit ne leur est pas contesté. Et comment pourrait-il l'être? J'ai lu tout à l'heure au tribunal l'article 76 du Code de commerce qui constitue le droit qui leur est accordé par la loi, de faire « les négociations des « effets publics et autres susceptibles d'être cotés à la Bourse, » par conséquent à terme, conditionnelles ou au comptant.

Les mots « les négociations » ne supposent pas seulement les ventes au comptant. Il y a des ventes à terme qui sont également des négociations des effets publics, et les agents de change sont spécialement chargés de ces négociations. L'article 7 de l'arrêté du 27 prairial an X dit également :

« Conformément à l'article 7 de la loi du 28 ventôse an IX, toutes les négociations faites par des intermédiaires sans qualité sont nulles. »

Toutes négociations, c'est-à-dire à terme ou au comptant. Et depuis quand dans nos lois avez-vous trouvé cette restriction que des ventes peuvent être faites au comptant et pas à terme, quand elles sont sérieuses? Je le répète, car je désire que mon explication ne soit pas oubliée ou méconnue, pourquoi serait-il interdit aux agents de change de faire des négociations à terme ou au comptant? Quelle est la loi qui leur interdit de faire des contrats à terme comme au comptant? Et voyez un peu quel caractère on veut donner à nos lois ! Comment ! elles seraient inconséquentes à ce point d'exiger toutes les garanties d'un intermédiaire officiel pour les marchés au comptant et de laisser dans le domaine public les marchés à terme ! Pourquoi ? D'où vient cette distinction ? Mais, si quelques négociations exigent des garanties, ce sont cent fois plutôt les marchés à terme que les marchés au comptant. Une négociation au comptant n'entraîne jamais beaucoup d'agiotage, elle se passe entre celui qui a des effets et qui les donne et celui qui a de l'argent et qui paye. Tout est fini, il ne peut donc y avoir aucune difficulté bien sérieuse dans une négociation de cette nature. Quand je vends à terme, au contraire, je fais une vente d'espérances fondées sur des calculs, sur l'avenir, sur un avenir qui se réalisera plus tard, mais dont les termes sont encore inconnus. S'il y a quelque chose qui puisse influer sur le crédit public, altérer la valeur des effets qui se vendent à la Bourse, les déprécier lorsqu'elles devraient hausser, les relever lorsquelles sont dépréciées, en un mot tromper l'opinion publique, ce sont surtout les marchés à terme, ce sont ceux-là qui, même sérieux, sont dangereux, peuvent compromettre les grandes entreprises et altérer le crédit de l'État. Le législateur aurait exigé des garanties pour les marchés au comptant et n'en aurait pas exigé pour les marchés à terme ! Mais cela est insoutenable. C'est accuser d'une inintelligence incroyable le législateur qui a voulu entourer de garanties spéciales la négociation des valeurs publiques.

Je sais bien que pendant quelque temps on a hésité sur la question de savoir si les marchés à terme étaient des contrats valables. Ce n'était pas précisément le pouvoir des agents de change que l'on contestait, il était reconnu d'une manière absolue : c'était la nature même de l'opération. Vous savez où en est arrivée la jurisprudence, ce qu'elle a décidé. Elle a fini par décider que, quand le marché à terme par sa nature représente une opération sérieuse le juge la valide, et vous savez au contraire que, quand le juge croit y voir un pari, c'est-à-dire un marché fictif, ce marché est déclaré nul. Ce sont là les derniers termes de la jurisprudence, et le tribunal me permettra, pour abréger ma discussion sur ce point, de mettre sous ses yeux les termes de l'arrêt rendu par la 2ᵉ chambre de la Cour de Paris dans une espèce de marché à terme :

« Considérant que les opérations faites par Marion pour le compte de Mismaque n'offrent point, de la part de ce dernier, le caractère de paris et de jeux de bourse ; que, s'agissant d'achat d'effets publics, Marion a pu suivre sa foi dans la solvabilité apparente de Mismaque ;

» Considérant que la situation de fortune de ce dernier paraît de nature à justifier cette confiance ;

» Confirme. »

Ainsi dans cette espèce, messieurs, comme dans un grand nombre d'autres, où il s'agissait de marchés à terme, où les marchés à terme étaient incriminés comme illégaux, la Cour n'a examiné qu'une seule question, si le marché était sincère ; et quand elle l'a reconnu sincère, elle n'a pas hésité à le valider et à en ordonner l'exécution. Je tiens donc pour certain que limiter aux marchés au comptant les pouvoirs que la loi donne aux agents de change, c'est en méconnaître la lettre et l'esprit. La loi leur donne, au contraire, le pouvoir spécial de faire les marchés à terme aussi bien que les marchés au comptant, et la jurisprudence ne brise ces marchés que lorsqu'elle les reconnaît fictifs, cachant un jeu ou un pari. Les coulissiers ont donc tort de dire qu'ils n'ont fait que des marchés à terme et que, par conséquent, ils n'ont pas usurpé les fonctions des agents de change, auxquels ces marchés sont interdits.

Je crois avoir démontré que les marchés à terme, quand ils sont sérieux, et je ne parle que de ceux-là, sont dans les attributions exclusives des agents de change, et que les coulissiers n'ont pu en faire sans contrevenir à la loi. Diront-ils qu'ils n'entendent parler que des marchés à terme fictifs, que ni les agents de change, ni personne ne peut faire? Si on nous opposait cette objection, je dirais, d'un côté, que les coulissiers se calomnient; qu'ils ne peuvent pas ne faire que des marchés fictifs; qu'ils font des marchés sérieux, exécutables et exécutés; par conséquent, qu'ils font de ces marchés à terme que les agents de change ont le droit de faire; et s'ils le contestaient, je demanderais au tribunal de prendre leurs livres, et le tribunal y verrait la preuve irrécusable de ce que je dis, qu'ils font des marchés sérieux. Permettez-moi de vous indiquer une valeur sur laquelle ils font le plus souvent ces sortes de marchés. Ce sont les rentes au porteur : ce sont des valeurs qui peuvent se transférer de la main à la main, sans qu'il soit besoin d'en faire constater le transfert que les agents de change pourraient seuls constater. Par conséquent, les valeurs au porteur échappent, et il en résulte que, très fréquemment, les coulissiers font des opérations réelles, sérieuses sur les rentes au porteur, opérations que la loi accorde exclusivement aux agents de change. Je crois donc pouvoir dire que l'exception opposée par la coulisse est jugée, qu'elle ne vaut rien; qu'elle n'est pas admissible, et que leur prétention de renfermer les agents de change dans la limite étroite des marchés au comptant est aussi contraire à la loi positive qu'à toutes les règles du bon sens.

Enfin, ils ont imaginé devant le tribunal un moyen auquel ils n'avaient pas songé devant le juge d'instruction; ils ont dit : Il y a une différence entre les agents de change et les coulissiers; les coulissiers fournissent une garantie que les agents de change ne peuvent pas fournir.

On veut équivoquer sur les dispositions législatives qui défendent aux agents de change de fournir une garantie expresse, mais il n'en est pas moins vrai que, du moment où ils ont fait un marché à terme il en sont garants, par le fait même de leur négociation sans donner une garantie spéciale. Mais enfin j'admets que les coulissiers donnent une garantie spéciale. Quoi donc! en seraient-ils moins contrevenants à la loi? est-ce que cela enlèverait son caractère à l'opération qu'ils font? est-ce qu'ils ne négocient pas des effets publics ou des valeurs susceptibles d'être cotés? est-ce qu'ils usurpent moins les fonctions d'agent de change, parce qu'ils donnent une garantie?

L'agent de change a un cautionnement : on ne lui demande pas de garantie spéciale. Le coulissier n'a pas de cautionnement; ceux qui le prennent pour intermédiaire lui en demandent un : il n'en fait pas moins une opération exclusivement permise à l'agent de change. Par cela qu'il donne sa garantie, l'opération change-t-elle de nature et entre-t-elle dans le domaine public, comme ils l'ont prétendu?

Enfin, je ne sais pas si on élèvera encore des doutes sur la nature des valeurs qui ont été négociées par les coulissiers; mais veuillez vous rappeler, messieurs, les divers incidents de l'audience d'hier, les explications qu'ils ont données eux-mêmes ont démontré qu'ils ne s'interdisent aucune valeur ; tout, les rentes sur l'État, les actions des chemins de fer, les obligations, les canaux, tout est de leur domaine et leurs livres vous montreront qu'il n'y a aucune limite dans les valeurs dont ils font la négociation. Ainsi cette troisième raison, différence entre les opérations des coulissiers et les opérations des agents de change, je ne crois pas que le tribunal l'admette. Nous avons entendu un témoin, M. Calley Saint-Paul appelé par les inculpés. On lui a demandé : Les coulissiers font-ils des opérations autres que celles des agents de change ? Non, non, a-t-il répondu, c'est la même chose ; les coulissiers font dans la coulisse ce que les agents de change font au parquet. Il aurait pu ajouter : Ils ont un courtage au rabais ; ils opèrent dans les mêmes lieux, mais aussi dans des lieux différents. Il aurait pu ajouter encore : et aussi à toutes les heures de la journée ; ils font leurs opérations dans le passage de l'Opéra, sur le boulevard des Italiens, le dimanche et les jours fériés comme les jours ordinaires, tandis que les agents de change ne font les leurs qu'à la Bourse et les jours de la semaine et aux heures prescrites ; voilà les différences, je les signale ; mais différence dans la nature des opérations, il n'y en a pas.

Quant à l'affectation que les prévenus ont mise à déclarer qu'ils prenaient une commission et pas de courtage, ce n'est qu'un mot. S'ils prétendent prendre une commission de banque, ils trompent le tribunal. Le banquier prend la commission sur le capital qu'il avance, exactement proportionnelle à ce capital ; le coulissier ne fait rien de pareil. La commission des coulissiers est la même que celle des agents de change, sinon quant à la quotité, du moins quant au mode de perception ; en un mot, la commission des coulissiers n'est autre chose que l'imitation de celle des agents de change. Quand ils substituent le mot de *commission* à celui de *courtage*, ils font ce qu'ont fait toutes les lois sur les agents de change. Les actes qui, comme l'arrêté du 3 messidor an IX, règlent à la fois les droits des agents de change et des courtiers, attribuent une commission aux premiers, et un courtage aux seconds. Et le tribunal de commerce, lorsque, conformément aux attributions qui lui sont conférées par la loi, il a eu à déterminer le taux de la commission ou du courtage, s'est ainsi expliqué dans sa délibération du 26 messidor an IX :

« 26 messidor an IX. Délibération du tribunal de commerce du département de la Seine, portant tarif sur lequel les droits de commission et de courtage des agents de change et des courtiers de commerce doivent être perçus dans la ville de Paris.

» Le tribunal de commerce du département de la Seine, pour satisfaire au désir de l'arrêté des consuls du 3 du présent mois, qui ordonne que dans un mois, pour tout délai, il sera dressé par le tribunal un tarif provisoire des droits de commission et de courtage qui seront perçus d'après l'usage local par les agents de change et courtiers de commerce de la ville de Paris, déclare qu'en se conformant à l'usage local de la ville, il est d'avis que la commission des agents de change doit leur être payée ainsi qu'il suit, savoir :

» Pour la négociation du papier tant sur l'étranger que sur les places des départements, à raison du huitième de 1 franc pour 100 francs, payable par le vendeur, et autant par l'acquéreur.

» Pour celle du papier sur Paris, *la même commission* du huitième par 100 francs payable seulement par le vendeur.

» Et pour celle des effets publics, à raison du quart de 1 franc par 100 francs du net produit de la négociation, payable par le vendeur et autant par l'acquéreur.

» A l'égard du *courtage* des courtiers de commerce pour la vente de toute espèce de marchandises.

» Le tribunal, considérant les démarches multipliées qu'ils sont obligés de faire en différentes maisons pour parvenir à la vente définitive d'une partie de leurs marchandises, est d'avis que ce *courtage* doit leur être payé par le vendeur à raison de la moitié de 1 francs par 100 francs du montant de la vente, et autant par l'acquéreur. »

Les coulissiers ont donc raison, c'est une commission qu'ils perçoivent, et en cela encore ils imitent les agents de change.

Voilà les quatre raisons qui nous paraissent avoir été indiquées par la défense des coulissiers ; je dis *paraissent* avoir été indiquées devant le tribunal, comme devant le juge d'instruction ; j'aurais pu dire dans tous les procès de même nature qui ont été portés devant les tribunaux correctionnels, car il n'y en a pas un dans lequel on n'ait dit également : L'office que je remplissais à la Bourse était toléré par l'autorité administrative ; les agents de change le savaient ; c'étaient des marchés à terme que j'opérais, c'était une commission que je percevais. La défense est toujours la même, dans toutes les affaires de ce genre elle vous a toujours été présentée ; toujours la question de bonne foi a été invoquée et toujours vous l'avez repoussée, toujours vous en êtes revenus à l'exécution juste et pleine des lois qui régissent la matière.

Le tribunal voit quel est le délit. Il a des caractères très divers suivant qu'on l'envisage au point de vue de l'intérêt public ou au point de vue de la Compagnie pour laquelle je me présente. Au point de vue de l'intérêt public il faut se demander s'il est utile en effet que d'immenses paris soient incessamment ouverts sur le cours des événements politiques, en dehors de toute surveillance, par des agents qui n'offrent aucune garantie. Ce jeu, ces paris, cet agiotage effréné se présentaient autrefois clandestins, honteux ; ils ne le sont plus maintenant ; vous les voyez hardis, marcher le front haut ; ils ont la prétention de s'installer à la Bourse pour n'en plus sortir.

Quant au point de vue qui concerne plus particulièrement les parties civiles, je n'ai qu'un mot à en dire. Je ne parle pas de l'intérêt pécuniaire ; je ne sais pas même si les agents de change ont à gagner ou à perdre en exerçant la poursuite dont je suis l'organe, je parle d'un intérêt infiniment plus élevé. Est-il utile, lorsque le législateur a organisé un monopole, qu'il tolère à côté de lui une concurrence ? Est-il nécessaire qu'il existe à côté d'une compagnie autorisée des personnes exerçant les mêmes fonctions sans présenter aucune des garanties que cette compagnie est obligée d'offrir ? Remarquez-le bien, je ne veux rien dire de personnel ; je ne veux pas dire un mot qui soit de nature à blesser qui que ce soit, j'admets que ceux que je poursuis soient des hommes très honorables, mais eux-mêmes le disent et s'en plaignent ; à côté d'eux se trouvent d'autres coulissiers, et parce qu'il leur convient de dire, aux uns : Je vous ouvre mon carnet ; aux autres : Je ne veux pas faire d'affaires avec vous, d'après un avis qu'ils ont pris au sein d'une commission ou syndicat, cela empêche-t-il que ces hommes pour lesquels ils n'ont pas d'expressions de mépris assez énergiques, ne fassent des opérations de courtage comme eux, ne s'installent dans la coulisse comme eux, ne s'y livrent au désordre le plus effréné avec le même droit qu'eux? Ils n'ont pas plus un caractère officiel que ceux qu'ils excluent de leur réunion, et qui, en effet, méritent d'en être exclus. C'est, messieurs, l'anarchie à côté de la règle. La loi a voulu, en effet, une règle pour éviter l'ébranlement de ces grandes entreprises qui émettent sur la place ou leur part de propriété ou leurs titres de créance. La loi a voulu la règle, ils y ont substitué l'anarchie. A côté de ces quelques personnes qui procèdent aux opérations avec un caractère légal, s'installent plus nombreuses et la voix plus bruyante, prises de côté et d'autre, une foule de personnes qui ne présentent, quoi qu'elles disent, aucune garantie. Où est l'avis du tribunal de commerce sur leur aptitude et leur conduite? Où est l'avis du préfet de leur département ou du préfet de police à Paris? Où est la nomination du gouvernement? Où est le cautionnement qu'elles fournissent? Où est l'interdiction de se mêler d'affaires autrement que comme intermédiaires? Ne viennent-ils pas soutenir eux-mêmes, en présentant leurs patentes de banquiers, qu'ils se livrent à toute espèce d'opérations de banque ou de spéculations sur les effets publics? Où est la garantie de leur destitution s'ils manquent à leurs devoirs? Frappés par vous aujourd'hui, ils reviendront demain. C'est ainsi que vous voyez fréquemment revenir ceux que vous avez déjà condamnés.

Je le répète, si vous voulez qu'il y ait une règle pour la négociation des valeurs publiques, il est indispensable que vous coupiez court à tous ces abus. La chambre syndicale ne s'est pas dissimulé les conséquences de la décision qu'elle vous demande. Mais la conséquence qu'elle voit dans l'avenir avec bonheur, si vous appliquez fermement la loi, vous mettrez la règle où règne le désordre ; vous supprimerez les tentations qui ont pu écarter quelques agents de change de la ligne du devoir ; vous rendrez à cette Compagnie l'honneur et la considération qu'elle ne doit jamais perdre ! C'est là le résultat qu'elle attend de votre jugement. A côté de celui-là, il en est un autre plus important, l'intérêt du crédit public, cet intérêt-là vous sera recommandé par M. l'avocat impérial, le tribunal ne le perdra certainement pas de vue quand il prononcera sur la plainte que nous lui avons soumise.

---

# RÉQUISITOIRE DE M. L'AVOCAT IMPÉRIAL SÉVÉRIEN DUMAS (1).

Messieurs,

L'éminente plaidoirie que vous venez d'entendre, si elle ne facilite pas notre tâche, au moins la simplifie-t-elle beaucoup ; et, pour le moment, nous ne reviendrons pas sur ce qui a été si clairement exposé.

La loi a été lue et elle a été interprétée avec une autorité incomparable. Le privilége des agents de change existe. — On a dit sa raison d'être ; on a dit également que, bien loin d'être né des circonstances actuelles et de la situation du crédit public dans les sociétés modernes, il a vu le jour à une époque où les fonds publics jouaient un rôle presque insignifiant dans la fortune nationale. On avait déjà compris qu'il fallait confier à des agents spéciaux le monopole de la négociation des effets publics. La nature de ces titres exigeait impérieusement cette concentration entre les mains d'hommes qui sont comme une émanation de la puissance publique. — On a dit aussi quelle était la sanction des principes que le législateur avait posés en pareille matière. Enfin, on a discuté la loi de ventôse an IX, dont nous aurons à demander tout à l'heure l'application. Par conséquent, le terrain est déblayé, si nous pouvons ainsi dire. Nous n'avons pas à nous occuper des intérêts civils : on a abandonné la demande de dommages-intérêts que tout d'abord on vous avait présentée. Il ne nous reste donc qu'à examiner la question au point de vue général, et à présenter au tribunal quelques simples considérations.

Ce que nous tenons surtout à établir, c'est l'immense danger qui résulte pour l'ordre public, pour la société tout entière, de l'organisation de la coulisse. Il y a entre cette organisation et celle du parquet, des différences essentielles, capitales, et chaque manifestation de la coulisse témoigne d'un péril dans l'état actuel des choses.

Quels sont les droits des agents de change? en quoi consistent leurs fonctions? On vous l'a dit, permettez-moi de vous le répéter. Ils ont le monopole de la négociation des effets publics, c'est-à-dire de la vente et de l'achat de ces effets, au comptant et à terme. Je dis à terme. Pourquoi les opérations à terme seraient-elles exceptées? Les termes de l'art. 76 du Code de commerce sont absolus. De quel droit voudrait-on créer cette exception insolite aux principes généraux? Pourquoi, quand il s'agit de ce que tout le monde considère aujourd'hui comme une véritable marchandise, viendrait-on dire : Cette marchandise ne peut pas, comme toutes les autres, être vendue à terme? L'ancienne législation n'a jamais interdit les marchés à terme; elle y avait mis seulement quelques entraves; elle avait voulu que les marchés à terme fussent bien définis, et qu'on ne pût les confondre avec des opérations purement fictives. Et quelles conditions imposait-elle pour que les marchés fussent sérieux? Le dépôt des titres dans les mains d'un agent de

---

(1) Revu et corrigé par l'auteur.

change ou d'un notaire. C'était là une entrave, une gêne considérable pour l'industrie. Les choses se passaient ainsi il y a soixante ans. La fortune mobilière n'avait pas alors le développement immense qu'elle a acquis depuis, et les effets publics ne formaient qu'une partie insignifiante de la fortune publique ; mais aujourd'hui, cette gêne, ces entraves seraient inconciliables avec les nouveaux principes de l'économie politique et j'ajoute, avec les termes et l'esprit de la loi interprétée par la jurisprudence. L'article 422 du Code pénal définit, en effet, les jeux, les paris de bourse ; cette définition, venant se substituer à celle des arrêts du conseil de 1785 et 1786, forme un droit nouveau plus en harmonie avec les besoins du jour et avec les nécessités du crédit public, l'intérêt social en un mot.

Les marchés à terme ne sont-ils pas le levier le plus puissant du crédit public ? Comprendrait-on le développement actuel des affaires, en dehors du développement donné aux marchés à terme ? Si la jurisprudence de 1824 avait été consacrée par les tribunaux, nous ne nous trouverions pas, à coup sûr, en présence d'une prospérité aussi grande, et les progrès réalisés par l'industrie nous manqueraient. Mais la loi et la jurisprudence sont d'accord avec les nécessités nouvelles, et aujourd'hui, grâces au ciel, on peut dire que le crédit public est fondé sur les bases les plus fécondes.

Quel nom donnerons-nous à ces marchés à terme ? Faudra-t-il les appeler de l'agiotage ? Pas le moins du monde : nous les appellerons de la spéculation ; et, pour nous, il y a un abîme entre ces deux choses. La spéculation est un bienfait, l'agiotage est un malheur public. Nous ne sommes donc pas les adversaires de la spéculation ; elle a produit d'immenses résultats ; elle a réalisé des progrès qui, sans elle, n'auraient pas été obtenus. Sans doute il faut reconnaître que donner à la spéculation le développement que nous ne craignons pas de lui voir prendre c'est ouvrir la porte à l'agiotage ; mais la morale publique n'est pas intéressée à ce que la vraie spéculation s'amoindrisse et le crédit public a tout à gagner à ce qu'elle acquière des proportions considérables, à la condition cependant de ne pas sortir des limites tracées par l'article 422 du Code pénal.

A cet égard, les agents de change offrent une garantie sérieuse. Ils stipulent, dans tous les marchés à terme, la clause connue sous le nom d'*escompte*, qui permet à l'acheteur de réaliser, par anticipation, au gré de ses intérêts ou de son caprice, le marché avant l'échéance du terme. Cette clause met le vendeur à la merci de l'acheteur ; elle ne prouve pas, d'une manière absolue, la légalité du marché, puisqu'elle est facultative de la part de l'acheteur ; mais elle est du moins une présomption de la réalité du marché. Elle est de style dans les bordereaux des agents de change ; mais elle est loin d'être une fiction. Les escomptes se pratiquent journellement au parquet. Dans le mois de mai dernier (les registres de la chambre syndicale en font foi), les escomptes se sont élevés au chiffre de 54 millions. Il y a donc eu à la Bourse un capital de 54 millions en circulation. Les vendeurs ont dû se procurer les titres correspondants afin de rendre raison aux acheteurs. L'escompte est donc une garantie, et une très réelle garantie.

Elle a un autre avantage, c'est que, par le fait des escomptes, le parquet tend essentiellement à la hausse, tandis que, fatalement aussi, les opérations de la coulisse ont une tendance constante vers la baisse. Le crédit public, messieurs, et le crédit industriel sont puissamment intéressés à ce que le capital de la rente s'élève ; car, l'intérêt s'abaisse alors, et quand l'intérêt s'abaisse, l'argent est, suivant l'expression vulgaire, à bon marché, et la production dès lors s'effectue à des conditions meilleures qui l'activent et la surexcitent. J'insiste sur cette considération qui est tout à l'honneur du parquet, et qui détermine le rang que vous devez lui donner dans votre sollicitude.

D'où vient donc, messieurs, cette singulière et si colossale prospérité de la coulisse, qui a pu, à juste titre, faire redouter aux agents de change de voir leur marché s'effacer, leur importance s'amoindrir en face de leurs heureux rivaux ?

Le marché de la coulisse a reçu du mouvement industriel de ces dernières années un accroissement considérable. La coulisse fait, à l'heure qu'il est, si nous sommes bien informé, les deux tiers des opérations à terme sur la rente. Elle trafique d'une quantité énorme de valeurs industrielles cotées au parquet. Quant aux valeurs qui ne sont pas cotées, qui ne sont pas encore émises et qui existent sous la seule forme de promesses d'actions, c'est sur ce marché usurpateur seulement qu'elles se négocient.

Quelle est la raison de ce déplacement du marché ? Une foule de circonstances ont contribué à la produire, et ces circonstances sont alarmantes par elles-mêmes et par leurs résultats, pour qui se place au point de vue de l'intérêt public.

Tous les banquiers de Paris, d'abord, s'adressent plutôt à la coulisse qu'au parquet parce que le marché de la coulisse est permanent. Le banquier a besoin de pouvoir à tout instant vendre et acheter de la rente ; c'est un besoin factice, à coup sûr, mais que la coulisse satisfait et encourage. Elle ne se repose en effet, ni la nuit, ni le jour. On sait où la trouver au matin, où la rencontrer le soir. Puis, le coulissier est le plus commode et le plus abordable des hommes ; il est à vous à la Bourse, hors de la Bourse, il est, à toute heure, à votre disposition. Il fait mieux : il va au-devant de vous, il sollicite votre confiance, il fait briller à vos yeux les perspectives dorées des affaires.

Et pour tout cela, il se contente d'un demi-courtage. Or, il y a des banquiers à Paris qui payent par mois 80 000 ou 100 000 francs de courtage, 1 200 000 francs par an ! S'ils s'adressaient aux agents et non à la coulisse, ils perdraient un bénéfice considérable qu'aucune maison de banque, si riche qu'elle soit, n'est disposée à dédaigner.

La coulisse a aussi la facilité des petites primes, des primes à 25 centimes, à 10 centimes même, quand les plus petites qui se font au parquet sont de 50 centimes. Les opérations s'établissent d'une bourse à l'autre ; tous les jours à deux heures, croyons-nous, les petites primes se liquident, et un nombre immense de petits joueurs s'engagent chaque jour pour le lendemain. Jugez, messieurs, de ce que peut la coulisse sur cette fièvre désastreuse de l'agiotage, d'où naissent tant de ruines privées, tant de malheurs publics !

La coulisse a d'autres taux encore pour opprimer le parquet ; la coulisse cote ses cours par 2 centimes et demi, le parquet ne cote les siens que par 5 : cela fait des différences qui peuvent se chiffrer par des sommes considérables quand le marché est important.

Enfin, messieurs, la coulisse garantit l'opération ; elle se place en face de l'acheteur, elle traite le marché pour son propre compte ; elle offre, en un mot, sa garantie à l'acheteur.

En voilà assez pour expliquer l'immense développement de la coulisse en face du parquet stationnaire ou restreint. De tous les périls que nous venons de parcourir le plus grave, à coup sûr, c'est la permanence du marché. Par là, la spéculation se trouve à la merci des nouvelles les plus absurdes, des bruits les plus légers, des alertes les plus habilement répandues, jetées dans le public, colportées d'une bourse à l'autre, et qui ne laissent pas le temps de les contrôler. Opposez à ce terrain plein d'embûches un marché plus calme, qui ne dure que deux ou trois heures, où les opérations s'engagent et se liquident avec plus de réflexion et de loisir, avec des intermédiaires officiels qui n'ont pas besoin de solliciter les affaires, qui éclairent, conseillent, retiennent le client, au lieu d'exciter son ardeur, et dites de quel côté l'intérêt public est menacé, la sécurité du crédit compromise?

Voilà ce que nous avions à dire au point de vue de l'être moral qu'on appelle la coulisse. Il faut dire un mot maintenant de quelques faits particuliers de cette affaire.

Le défenseur des prévenus disait à l'audience d'hier que la preuve des faits était à notre charge. Cela est vrai, mais il ajoutait que la preuve que nous devions, c'était la preuve détaillée de toutes les opérations constitutives du délit. Sans accepter de pareilles exigences, nous tenons la preuve juridique pour faite par les débats mêmes de cette audience. A défaut des registres qu'on a rendus aux prévenus, à défaut du détail de toutes leurs opérations, nous avons eu l'attitude des prévenus à cette audience. Nous les avons vus, sous prétexte d'attaquer la Compagnie des agents de change, livrer des armes contre eux-mêmes. Ils croyaient accabler leurs adversaires, et chaque fait dirigé contre le parquet retombait sur la coulisse. Ils ont allégué la complicité des agents de change, mais l'ont-ils prouvée? D'autre part, des perquisitions faites, des registres et des carnets saisis, des aveux obtenus au début de l'instruction par le commissaire de police, résulte la preuve éclatante qu'il y a eu de la part des prévenus immixtion dans les fonctions d'agent de change.

Au point de vue de l'appréciation diverse que le tribunal pourra faire d'un fait défectueux commun à tous les prévenus, il serait possible de les classer en trois catégories. La première comprendrait les coulissiers qui n'opèrent que sur la rente : Michel, Morel-Fatio, Labrousse, Savalète, Lacomblez et Poissonnier. Dans la seconde seraient rangés ceux qui négocient des valeurs industrielles et de la rente : Guastalla, Werthember, Lévy-Crémieux, Dauga, Aaron, Gellinard, les Pereire, Garzon, Huttin, Pradeau, Goubie, Villetard. Enfin, ceux qui ne trafiquent que des valeurs industrielles : Caperon, Determes, Halimbourg, Surreau, Cayard et Pien.

Quel système de défense les uns et les autres ont-ils essayé? Ils ont dit d'abord qu'ils n'avaient fait que ce que la loi interdit aux intermédiaires légaux. C'était accuser la loi d'anomalie et d'inconséquence. Comment, la loi qui a voulu que les négociations de Bourse fussent confiées à des officiers publics, n'aurait institué cette garantie que pour les cas où le péril est moindre; et là où le danger est le plus grand elle aurait supprimé toute espèce d'intermédiaires? Non, si la loi a créé des officiers publics, c'est pour que toutes les opérations fussent remises en leurs mains, et l'on ne peut, de tout ce qui se fait de licite à la Bourse, détacher une parcelle qui ne soit une usurpation au privilége des agents de change.

Les prévenus avaient fait apparaître un autre système. Ils y ont renoncé, et ils ont sagement fait. Ils ont cessé d'afficher un délit à l'audience, de se targuer de scandale, et de répondre : Ce n'est pas une contravention à la loi de ventôse que nous avons commise, mais un délit prévu par le Code pénal ; nous avons joué! Les prévenus, nous le répétons, ont abandonné ce système, contre lequel nous avons protesté dès que nous en avons aperçu quelques symptômes, et vis-à-vis duquel nous aurions assurément dû prendre une autre attitude si on avait persisté à s'en couvrir.

Il est vrai que les prévenus sont placés dans cette alternative de dire : Ou nos opérations étaient sérieuses, et alors le monopole des agents de change a été violé de leur part ; ou elles étaient fictives, et c'est la loi pénale qui a besoin d'être vengée.

C'est pour échapper à cette alternative que les prévenus ont essayé un troisième système. A les en croire, ils ne seraient pas des intermédiaires chargés de la négociation des effets publics, mais des banquiers-commissionnaires. On a même dit banquiers de la coulisse. Nous ne savons ce que c'est qu'un banquier de la coulisse, mais nous comprenons à merveille l'expression des banquiers-commissionnaires. Les prévenus sont-ils réellement des banquiers? Il y a des signes matériels auxquels se reconnaît l'industrie du banquier. Le banquier escompte des valeurs ; il a des registres de traites et de remises, d'effets entrés et d'effets sortis, il a un compte-courant à la Banque de France. Que les prévenus produisent donc leurs registres de traites et de remises, leurs bordereaux d'escompte avec la Banque de France! Il faut, pour faire un banquier, autre chose qu'une patente.

Mais, ajoutent les prévenus, nous percevons une commission comme les banquiers. Voyons, qu'est-ce que la commission pour le banquier ? C'est une sorte de mandat. Une valeur est acquise, il en paye le montant, il est commissionnaire ; là est le principe de son droit de commission. Dans la coulisse, se passe-t-il rien d'analogue? Par quel jeu de mot puéril essaye-t-on de déguiser un courtage sous l'apparence d'une commission? L'étymologie même vous condamne. Courtage vient de *courratier*, vieux mot dont a fait courtier et qui désignait l'intermédiaire qui se place entre le vendeur et l'acheteur. Le coulissier est par excellence cet intermédiaire. Le mouvement de va-et-vient de l'un à l'autre est son caractère le plus apparent. Dès sept heures du matin, le coulissier est chez le banquier dont il prend lui-même les ordres. Le vrai nom qui lui convient c'est celui de courtier-marron.

La commission a une autre propriété qui la distingue du droit perçu par les coulissiers. Elle est essentiellement proportionnelle au montant de la négociation. Si le coulissier est un banquier, s'il perçoit une commission et non un courtage, son droit ne sera pas fixe, mais proportionnel. Or, il est constant qu'il réclame un droit fixe de 25 francs sur 3000 francs de rente, la moitié du droit perçu par le parquet. Il ne varie pas, soit que le capital de la rente monte à 70, soit qu'il descende à 60. Rien, à coup sûr, ne ressemble plus à un courtage.

Et la garantie dont on a fait si grand bruit peut-elle rien changer, messieurs, à la nature du contrat? Parce que le coulissier répond des suites matérielles de l'affaire, cela modifie-t-il la nature de l'opération elle-même? C'est une variété, une nuance, mais qui ne peut transformer un courtage en droit de commission.

Reste, messieurs, la question de bonne foi. Les prévenus tirent cette excuse de la tolérance de l'autorité et de celle des agents eux-mêmes. Expliquons-nous encore sur ce point.

Si cette tolérance, que nous ne nions pas d'une manière absolue, était invoquée par les prévenus comme une atténuation de la culpabilité au point de vue pénal, nous n'aurions rien à objecter à un adoucissement des prescriptions légales, nous suivrions sans regret, dans cette voie de sage modération, l'éminent avocat de la Compagnie. Mais tel n'est pas l'usage que les prévenus entendent faire de cette excuse. Ils la présentent comme un moyen de dégager leur responsabilité, de s'exonérer de la poursuite. S'ils pouvaient y réussir, messieurs, ce serait le renversement de tous les principes. Non, les prévenus n'étaient pas de bonne foi, des condamnations multipliées, tombées du haut de ce siége, les avaient avertis. Plus d'un coulissier a été frappé par la justice correctionnelle, et dans ce monde, où tout se tient, un coulissier ne peut être frappé sans que tous ne le sachent.

On doit ajouter que l'immixtion dans les fonctions d'agent de change est une contravention, et non pas un délit, et que dès lors l'excuse de bonne foi n'y est pas de mise. Est-il vrai de dire que l'immixtion dans les fonctions d'agent de change n'est pas un délit? Le Code pénal n'a pas donné de classification philosophique ou morale à laquelle on puisse recourir; mais la doctrine et la jurisprudence ont suffisamment posé la distinction. Le délit est toujours puni par une loi positive qui consacre une loi morale. La contravention est punie d'une peine purement positive et qu'on peut, en un certain sens, appeler arbitraire, car aucune loi morale ne l'impose. Le délit est puni dans tous les temps, il n'est pas besoin d'une loi pour frapper de réprobation le vol et l'escroquerie. La contravention, au contraire, ne tient son existence que de la loi positive. La loi de ventôse an IX pouvait, au gré du législateur, exister ou ne pas exister. En Angleterre, par exemple, le privilége des agents de change n'existe pas; l'infraction reprochée aux prévenus n'y est donc pas un délit. Si nous avons bien saisi pourtant la portée de certaines explications demandées à l'audience d'hier, on chercherait dans les plaignants eux-mêmes des complices du délit d'immixtion : s'il n'y a pas de délit, il n'y a pas de complicité possible.

Un mot, en terminant, messieurs, sur les récriminations auxquelles nous venons de faire allusion. Elles ont été et seront très vives, elles peuvent être légitimes. Mais qu'importe au procès? La loi de ventôse existe, elle est la sanction du privilége. Le tribunal n'a pas autre chose à considérer. Cette loi existe, elle a été audacieusement violée, elle a été violée avec scandale, pendant de longues années, au grand jour. Il faut que cette situation, il faut que ce scandale aient un terme, et que, tant qu'on ne l'a pas abrogée, la loi soit respectée.

L'avocat de la Compagnie, messieurs, a fait un aveu que j'attendais de sa franchise. Oui, il y a eu entre les agents de change et la coulisse de trop nombreuses relations; il s'est fait entre eux des *compensations*, le tribunal a appris hier ce que cela veut dire; il y a eu des liquidations faites d'agent à coulissier, et les agents qui se prêtaient à ces transactions savaient à merveille que c'était encourager et reconnaître les violateurs de la loi. C'est là un fait grave; car, ceux qui s'en sont rendus coupables sont des officiers publics chargés par la loi elle-même de la garde du marché, et qui n'ont reçu le monopole que pour assurer aux négociations un caractère licite et sérieux. Ceux-là ont donc manqué à leurs plus impérieux devoirs ; ils ont déserté le caractère qui devait leur être sacré; nous devons ici flétrir leur conduite. La justice sans doute les protégera dans la jouissance paisible de leur privilége; mais elle doit leur dire avec sévérité qu'ils ont à une certaine heure oublié leur mission, trahi leurs devoirs. Que ces paroles, qu'il appartenait à une voix impartiale de faire entendre, soient la juste expiation de tant de manquements professionnels, et qu'à l'avenir la Compagnie des agents de change s'inspire mieux du principe de son institution.

L'impression générale qui ressort de ce procès, messieurs, est déplorable. Il aura établi, au moins par des preuves morales qui sont bien près de devenir des preuves judiciaires, que les opérations du parquet comme celles de la coulisse ont souvent dépassé les limites légales, que la coulisse et le parquet ont souvent franchi la ligne qui sépare le jeu des opérations sérieuses. En dehors des débats de cette audience, le cri de l'opinion publique vous l'avait suffisamment appris. Il y a là, messieurs, un grand péril à conjurer. Non-seulement l'honneur, la fortune des citoyens, mais le crédit public qui pourrait être ébranlé un jour par ces ruines dont le bruit est venu plus d'une fois frapper nos oreilles, sont intéressés à ce qu'un pareil état de choses soit enfin réformé. La loi morale a été trop souvent méconnue. La loi morale n'est pas un mot vague, une loi qu'on puisse violer à l'aise. C'est une règle aussi austère, aussi exigeante que la loi positive. C'est elle surtout qu'ont trop oubliée les deux adversaires qui sont à votre barre.

Nous espérons cependant qu'il ressortira de ce procès des enseignements. En 1823, M. de Villèle prédisait à tous ceux qui, sans être du métier, se livraient à l'agiotage, la perte inévitable de leurs fortunes. Mais il y a pour la société de pires scandales que celui des ruines que fait l'agiotage : je veux parler de ces fortunes soudaines qu'on voit parfois, ici-même, s'afficher avec impudeur. On ne peut, en présence des habitués de la Bourse, réunis dans cette enceinte, avoir pour ces choses des paroles trop sévères. Ces paroles, nous devions les dire, nous espérons qu'elles seront comprises de tout le monde. Que du moins elles soient entendues de tous ceux qui, au travers du tumulte des intérêts et des appétits vulgaires, ont conservé la droiture et la sérénité de la conscience, et qui pensent, comme d'Aguesseau, que pour celui qui veut vivre bien avec lui-même, c'est une grande consolation de n'avoir dans son patrimoine aucune parcelle de fortune équivoque.

Nous requérons contre les prévenus application de la loi de ventôse an IX.

# PLAIDOIRIE DE M<sup>e</sup> BERRYER.

Messieurs,

Les considérations générales que M. le procureur impérial vous invite à méditer, et que je ne me propose pas de réfuter, mais surtout les dernières paroles que mon adversaire a fait entendre, donnent à cette cause son véritable caractère. Elles en ont fait connaître, elles en ont révélé toute la gravité, toute l'étendue ; et déjà vous pouvez apercevoir les conséquences énormes de la décision que l'on a témérairement sollicitée de vous. Il ne s'agit pas ici de quelques faits particuliers. Ce n'est pas un de ces débats sur lesquels vous êtes appelés plus ou moins souvent à statuer, lorsqu'un joueur sans ressources, téméraire, courant à la fortune, incapable de réparer les pertes auxquelles il s'expose, vient, avec déloyauté, mauvaise foi, se refuser à remplir les engagements qu'il a contractés. Ce n'est pas non plus une de ces circonstances dans lesquelles un agent trop avide, trop impatient de multiplier ses relations, a profité des dispositions aventureuses d'un client pour le pousser, l'entraîner, pour lui faire faire des spéculations qui ont amené la ruine de celui-ci ; ce n'est pas une de ces circonstances particulières où, appréciant des faits, vous avez quelquefois laissé fléchir la sévérité de la justice, où, plus souvent indignés contre la déloyauté que contre des procédés illicites, vous avez prononcé des peines conformes aux dispositions de la loi. Ce n'est pas de faits individuels qu'il s'agit dans la cause, mais de questions de principes intéressant une institution que je veux appeler fondamentale. Ce n'est pas, vous le verrez, pour les vingt-cinq personnes qui figurent ici comme inculpés, qui sont l'objet de la poursuite, que je plaide... On a choisi, au milieu de la foule énorme qui se presse, ardente, sous les portiques de la Bourse, qui vient entourer le parquet, qui s'agite, qui spécule, on a choisi quelques hommes honorables considérables, présentant une grande sûreté de solvabilité, en même temps qu'une incontestable moralité dans leurs personnes, et on veut les prendre comme type de cette foule de spéculateurs qui remplissent le palais de la Bourse. Ce que je défends, c'est l'existence, c'est la présence, c'est le travail, c'est l'industrie, c'est l'activité, la variété, la multitude des opérations qui sont faites par ce monde entier qu'on vient attaquer aujourd'hui ; car on vous le dit franchement, c'est la suppression de la coulisse que l'on demande.

Qu'est-ce que la coulisse ? De temps immémorial, je peux le dire, il y a eu en présence deux marchés publics, un marché légal et un marché réservé, un marché réglementé où peuvent seuls fonctionner des officiers publics, et, à côté, le marché de tout le monde, le marché libre, le marché pour chacun dans les termes du droit commun, où, en s'abstenant de ce qui est spécial, de ce qui est propre, de ce qui est particulier, de ce qui est nécessaire à l'existence des agents officiels, où, en s'abstenant de ces actes-là, on peut user de

toute la facilité des contrats, de toute la liberté des négociations, où, par cela
même que l'on spécule sur le bon marché ou l'élévation du prix, on a la liberté de recevoir des mandats et d'attacher à son travail le prix qu'il mérite,
et même d'offrir ce travail. Pour les deux marchés, le marché réglementé et
le marché libre, la liberté existe. Elle existe de temps immémorial et, sans reprendre les choses de bien loin, sans remonter à l'origine, à la création du
crédit, en nous en tenant aux temps modernes, nous voyons que la coexistence, la concurrence, les secours réciproques que les deux marchés, le marché libre et le marché légal ou réservé, se sont donnés, ont établi entre eux
une situation qui n'a pas été sans ombrage, qui n'a pas manqué d'éveiller des
jalousies, et que le besoin d'accroître sa position a été insatiable.

Mais enfin, depuis le commencement de ce siècle, depuis l'ouverture de la
Bourse de Paris, ces deux marchés ont toujours été en présence, et on pouvait croire que, par la marche naturelle des affaires, il n'y aurait pas d'orages
sérieux dans les rivalités du marché spécial et du marché libre. En vérité, on
ne comprend pas qu'on soit arrivé à cette violence, à cette lutte qui tend à la
destruction de l'un des deux. On ne comprend pas que l'on y soit arrivé précisément à l'époque où le concours plus nombreux, presque incalculable des
acheteurs et des vendeurs, où la masse sans cesse accrue de la matière, de la
marchandise, des valeurs négociables, offrait, ce semble, une pâture suffisante
pour que, de part et d'autre, ici soixante agents de change, là le public, on
trouvât une carrière assez large pour faire des bénéfices, les uns en exerçant
leur profession spéciale, l'autre en usant de ce qui est de droit commun, avec
de suffisants avantages. Non, cela ne se comprend pas! Et je ne puis, à cet
égard, me défendre d'un sentiment pénible.

Les prétentions contre la coulisse remontent au temps même où les agents
de change ont reçu un avantage considérable, celui qui leur a été attribué par
la loi de mai 1816, qui a rendu leurs charges transmissibles. Eh bien! déjà la
coulisse leur faisait ombrage; vous les verrez, dès cette époque, demandant
qu'on leur assure l'exclusivité sur le marché. Mais alors il n'y avait, en rentes
inscrites, que 70 millions; il y en a aujourd'hui 320 millions: le marché s'est
donc accru sous ce rapport dans des proportions notables. Depuis 1816, en
même temps que s'accroissait la somme des rentes françaises négociables, la
négociation de beaucoup de fonds étrangers a été autorisée à la Bourse de
Paris, et a donné lieu à des transactions importantes. Pour quel chiffre, quel
capital? je l'ignore, mais pour un chiffre considérable, énorme. Il est une
autre source de richesses pour ceux qui se font trafiquants de ces marchés,
c'est la quantité incalculable, s'élevant aujourd'hui à des milliards, de tous les
titres des compagnies industrielles, dont la négociation à la Bourse est pareillement autorisée. C'est là, messieurs, une situation toujours croissante, et
c'est pour cela que je n'ai pas pu m'empêcher, quand on m'a parlé de ce procès, de montrer mon étonnement. Les agents de change cherchent à renverser
le marché de la coulisse, quand il est évident qu'il porte sur cette masse
énorme, qu'il faut compter par milliards, d'opérations annuelles. Je n'exagère
pas, et on pourrait en faire le calcul. Si on relevait le total du courtage perçu
par la Compagnie des agents de change, la totalité des courtages perçus par
les personnes qui constituent ce que l'on appelle le parquet, vous verriez qu'il

y en a pour plus de 40 milliards. Voilà le marché, et c'est quand ce marché est disputé par deux concurrents, en présence l'un de l'autre depuis au moins le commencement de ce siècle, qu'on élève la prétention de faire tomber l'un des deux.

Ce sera un grand bien, vous a-t-on dit ; la morale publique en profitera, le crédit public y trouvera d'énormes avantages. Ah ! je ne me fais pas prophète, mais je suis intimement convaincu qu'on arriverait à un résultat diamétralement opposé. Vous demandez la suppression du marché libre que vous appelez la coulisse. Prenez-y garde ! Si cette concurrence que le marché libre fait au parquet cessait d'exister ou était interrompue, vous auriez porté un coup mortel au crédit dont le développement tient essentiellement à la multiplicité, à la variété, à la liberté des négociations sur la place où se trouve cette masse énorme de valeurs.

On nous disait tout à l'heure, et j'ai été surpris d'entendre ces paroles, surpris surtout de les entendre de la bouche du ministère public : Le parquet tend à favoriser la hausse et la coulisse la baisse. Qu'est-ce que cela veut dire ? Comment, on proclamerait qu'à l'aide d'un marché unique on parviendrait à faire éprouver à toutes les valeurs une hausse fictive qui ne serait pas en rapport avec les valeurs négociées ! Qu'est-ce que c'est que cette prétention de vouloir favoriser la hausse, de dire que la hausse c'est le jeu du parquet, la baisse le jeu de la coulisse ? Je ne comprends pas où l'on a été chercher ces rôles divers du parquet et de la coulisse. Et d'abord, mettons-nous bien dans l'esprit que les opérations de la Bourse, celles même de la Compagnie des agents de change, ont infiniment peu d'influence sur la valeur des objets livrés à la négociation. Ce n'est pas parce qu'il y aura beaucoup de joueurs à la hausse ou à la baisse que les valeurs varieront essentiellement. On spécule sur la hausse ou sur la baisse, mais la hausse ou la baisse ne s'opère pas par un caprice, par une fantaisie, par un goût qu'on a pour faire monter le prix des valeurs, ou un goût qu'on a pour le faire baisser. Ce qui fait croître ou décroître le prix des objets, c'est l'abondance ou la rareté des valeurs qui sont sur la place. Quand les valeurs sont rares et que l'argent abonde, la hausse arrive ; quand l'argent est rare et la marchandise abondante, la baisse est inévitable. Ne nous faisons donc pas illusion : n'admettons pas que telle idée, tel effort amène à son gré la hausse ou la baisse. Il fut un temps où il y avait peu de valeurs en circulation. A cette époque, il est possible que la coalition de quelques fortunes privées pût avoir une action sur une somme de valeurs qui n'était pas élevée. Mais aujourd'hui, en face de la masse énorme des valeurs qui se présentent aux deux marchés, il n'y a pas de réunion de puissances, de fortunes privées qui puisse agir d'une manière efficace, sérieuse, et toutes ces raisons prises de l'intérêt public pour qu'on ne joue pas à la baisse, mais à la hausse, ces raisons sont très peu réfléchies, j'en demande pardon, elles ne peuvent arrêter que des enfants. Il faut bien remarquer que les joueurs ne sont pas sûrs de vendre quand ils le veulent, ils ne vendent pas quand ils ne trouvent pas d'acheteurs ; et, par conséquent, il y a toujours un spéculateur à la hausse à côté d'un spéculateur à la baisse. Laissons donc ces considérations, qui n'ont pas de vérité, de fondement ; qui, je le répète, ne sont pas suffisamment réfléchies.

Arrivons à la situation des agents de change, des banquiers ou des spéculateurs, je veux sans équivoque appeler les choses par leur nom, qui appartiennent à la coulisse comme intermédiaires; je n'échappe pas à ce mot, j'accepte cette situation, qui détermine la hausse par l'augmentation croissante des matières de travail. Cette situation motive-t-elle l'action que les agents de change intentent aujourd'hui? Je parle, messieurs, comme il faut parler dans cette enceinte. Quelle que soit l'étendue de la question, sa gravité, son importance quant à l'intérêt de l'État, pour que l'État puisse avoir ses ressources, je m'arrête à l'idée qui m'a frappé : est-ce qu'il y a quelqu'un qui doute que la rivalité et la concurrence des opérations soient les seules causes de l'accroissement des valeurs du crédit? Et lorsque dernièrement on a demandé pour l'État un emprunt de 500 millions, et qu'il s'est présenté pour deux milliards de signatures, à quoi l'attribuerez-vous? A quoi, si ce n'est à ce concours de toutes les spéculations. Et si, en même temps que l'État sollicite le crédit pour en obtenir des prêts volontaires, il obtient un chiffre de souscription aussi excessif, tandis qu'il y a trente ans, nous nous le rappelons, pour une somme infiniment moins importante, pour 120 millions, il n'a pas réussi; d'où vient cette différence? de ce que les opérations sur le marché libre n'étaient pas ce qu'elles sont, de ce que les agents de change ne faisaient pas ce qu'ils font aujourd'hui, dans les proportions où ils le font, avec les énormes bénéfices qu'ils réalisent.

Ils se plaignent cependant; sont-ils fondés à se plaindre? Ont-ils éprouvé quelque préjudice? Y a-t-il eu jamais dans les grandes affaires quelqu'un qui ait eu un succès éclatant sans qu'à côté de lui ait apparu un revers? Je ne veux pas faire ici de redites, me constituer l'écho de ces considérations à l'aide desquelles on parle avec des sentiments jaloux de la rapidité de la fortune des agents de change. Il serait indigne du tribunal, et je puis le dire, indigne de moi, de rappeler ces propos vulgaires; arrêtons-nous à cette seule question. Comment êtes-vous arrivés à ce degré de dommages que vous éprouvez et qui est si considérable que vous êtes obligés de demander la mort de votre voisin? Depuis le jour où vos charges ont été déclarées transmissibles quel a été votre sort? Quel a été l'apogée des misères, des détresses où vous êtes arrivés? Quand la transmission vous a été accordée, vos charges valaient de 200 à 250 mille francs, quelques-unes 300 mille; elles étaient rares.

Dans ce moment-ci, vous les négociez sous le fardeau, sous la pression que la coulisse vous cause, à 2 millions. Voilà ce qui est arrivé par suite de la concurrence de la coulisse, de ce travail à côté du vôtre. Vous voulez accroître ces bénéfices résultant d'avances, de capitaux considérables jetés par vous dans le mouvement des affaires, soit; ces bénéfices sont les plus légitimes du monde, je ne fais pas de déclamation inutile, mais enfin ils existent; votre prospérité est grande, et c'est au milieu de cette prospérité que vous venez parler de ruine, d'une concurrence qui ne vous permettra plus d'exister, et vous appelez toutes les sévérités de la loi contre cette concurrence qui vous incommode. Enfin, vous parlez d'intérêt public, car ce n'est pas, à vous entendre, l'intérêt particulier seul des agents de change qui vous détermine à intenter le procès. J'en suis fâché pour vous, mais je n'accepte pas cette excuse. C'est bien une question d'intérêt privé et d'un intérêt privé qui veut s'accroître, qui vous fait agir et non pas l'intérêt public..... Permettez-moi de vous dire, sans vous offenser, que je désire pour l'intérêt public d'autres protecteurs que vous-mêmes, et que ces protecteurs vigilants, éclairés, prudents, n'ont pas manqué. Ils étaient constitués par la loi, ils étaient en charge, ils n'ont pas cessé d'être interpellés par vous; ils ont fait dans l'intérêt général, dont ils étaient les serviteurs plus désintéressés que vous, ils ont fait ce qu'il y avait de mieux à faire, ils ont laissé les choses dans l'état où elles sont.

Que vous vous soyez adressés à l'autorité pour arriver à l'exclusivité, c'est un fait qu'il est très important de mettre sous les yeux du tribunal. Le tribunal verra par les actes de l'autorité, — je ne dis pas seulement toute la bonne foi, sur laquelle je dirai un mot en traitant cette question de contravention dans laquelle M. l'avocat impérial s'est engagé tout à l'heure, — il verra que tout ce qui s'est passé de la part de l'autorité, que son silence comme ses actes constituent de la part de toutes les personnes qui opèrent à la Bourse en dehors du cercle étroit qu'on appelle la corbeille où sont messieurs du parquet, une conduite honnête, droite, légitime, qui doit faire écarter de la prévention tous ceux qu'on veut y comprendre.

En effet, messieurs, les agents de change, à différentes époques, quoique chargés expressément par la loi de signaler au ministère public toutes les contraventions, ont gardé un silence persévérant devant la justice. Jusqu'à ce jour, il n'a pas été intenté un procès au nom de la Compagnie des agents de change, pas une contravention n'a été signalée à la justice par les agents de change, et c'est seulement en sollicitant les faveurs du gouvernement, en se présentant comme une Compagnie qui rend de très grands services, que les agents de change ont espéré deux choses : d'une part, faire modifier la loi qui restreint leurs attributions; d'autre part, faire interdire le marché libre qui vient leur faire une concurrence peu nuisible, ce semble, mais importune et dont ils se préoccupent. De bonne heure, dès 1810, aussitôt après que le Code de commerce a été publié et qu'on y a lu un art. 90, qui promet que l'administration fera un règlement, ils ont demandé à l'autorité deux choses; mais il faut rappeler les termes de l'article auquel je fais allusion :

« ART. 90. — Il sera pourvu par des règlements d'administration publique, à tout ce qui est relatif à la négociation et transmission de propriété des effets publics. »

Dès ce moment, la Compagnie des agents de change s'est adressée au gouvernement. Je rappelle d'abord cette époque de 1810 : la Compagnie demandait alors au ministre de l'intérieur, dans les attributions duquel elle était particulièrement placée, qu'on lui assurât un droit exclusif en exécution de la loi de son institution. Le conseil d'État fut appelé à délibérer; il délibéra, en effet, et il dit qu'il n'y avait pas lieu de donner une satisfaction aux prétentions de la Compagnie des agents de change; qu'il n'y avait pas lieu de faire droit à sa demande, d'interdire les opérations qui se faisaient à côté d'elle dans l'enceinte de la Bourse. Sous ces deux rapports, le conseil d'État a pensé qu'il n'y avait rien à faire, et il n'a rien fait.

M. l'avocat impérial m'a rappelé tout à l'heure l'époque de M. de Villèle. M. de Villèle a servi, ou a voulu servir au moins, et je crois qu'il les a très bien servis, les intérêts de l'État par les opérations financières assurément les plus importantes. Le ministre qui a voulu la réduction de l'intérêt que payait l'État à ses prêteurs, le ministre qui a voulu que les valeurs immobilières en France, que les propriétés territoriales ne fussent plus sur un pied d'inégalité, et que, quelle que fût leur origine, elles circulassent, que le papier eût une valeur égale, et c'est pour cela qu'il imagina l'indemnité ; ce ministre, dis-je, a été un grand ministre, un grand homme d'État. Qu'a donc fait M. de Villèle ? Il a eu recours aux impôts, il en a aperçu toute l'importance ; il n'a pas craint de heurter des priviléges, il a attaqué ouvertement l'intérêt que payait l'État à ses prêteurs ; il a présenté la conversion, et, avec ce génie financier que personne ne lui conteste, il a été sourd aux supplications de la Compagnie des agents de change qui, en 1823, en 1824, sollicitait du ministre des finances la clôture du marché libre de la coulisse. Voilà des faits qui ne peuvent pas être niés ; les dates sont précises, vos lettres existent ; je donnerai lecture de quelques-unes tout à l'heure ; et je ne parle de M. de Villèle que parce que le nom de M. de Villèle a été rappelé par M. l'avocat impérial.

En 1835, les agents de change ont demandé à la justice, non pour la première fois, de faire fermer la coulisse. Ils se sont adressés au préfet de police ; vous le savez, toutes les lois, toutes les ordonnances, tous les règlements, tous les décrets qui ont rapport aux opérations et aux négociations de la Bourse sont placés sous la surveillance de la police, sous l'autorité particulière du préfet de police. En 1835 donc, les agents de change se sont adressés au préfet de police et lui ont dit, en termes exprès, ce qui suit, ce qu'on dit aujourd'hui :

« Un grand nombre de personnes, connues sous le nom de *marrons*, se sont faites intermédiaires des négociations sur effets publics qui ont lieu tant à la Bourse qu'à la porte du café *Tortoni*.

» Celles de ces négociations qui ont lieu à la Bourse, s'y font de la manière la p'us patente et qui peut entraîner le plus d'abus : les individus qui se montrent intermédiaires dans ces transactions, se sont constitués d'une manière ostensible dans les fonctions qu'ils usurpent ; ils reçoivent des commandites et envoient des circulaires ; leurs opérations se font à haute voix, et quelquefois dominent celles du parquet et en influencent les cours.

» Ainsi, toutes les garanties résultant des lois précitées se trouvent éludées et les plus graves inconvénients en résultent tant pour le public que pour la compagnie des agents de change.

» Pour le public, en ce que cet état de choses a créé un foyer de spéculations dans lequel les passions aventureuses ne trouvent aucun frein, et sont, au contraire, excitées de toutes les manières par des intermédiaires qui ne sont comptables ni envers l'autorité, ni envers l'opinion, des abus et malheurs qui peuvent en résulter ; en ce qu'il tend à influencer et dénaturer, par moments, les cours résultant des négociations sur les effets publics, et à soustraire ainsi ces négociations à la protection qui leur est assurée par les lois ; enfin, à ce qu'il a pour effet d'établir plusieurs marchés d'effets publics au lieu d'un seul, que le législateur avait jugé nécessaire à la sécurité des transactions de cette nature.

» Quant à la compagnie des agents de change, elle ne peut souffrir, dans ses intérêts matériels, des empiétements que les individus qui se livrent au *marron-nage* font chaque jour sur les transactions qui leur sont confiées par les lois. »

Le préfet de police est resté sourd, en 1835, à toutes les doléances des agents de change, à tout ce qu'ils appelaient le préjudice énorme que la coulisse allait leur causer. Tout cela s'est trouvé absolument réfuté et démenti par l'élévation même du prix de leurs charges et le développement énorme de leurs affaires.

N'ayant pas obtenu du magistrat spécial ce qu'ils demandaient, la clôture de la Bourse, — car c'était ce qu'ils voulaient, — ils se sont adressés au ministre des finances dans un moment qui paraissait très favorable à leurs sollicitations : des sinistres très graves s'étaient manifestés à la Bourse. Je ne veux pas répondre ici à l'allégation que les sinistres sont causés particulièrement par la coulisse ; il me serait pénible de rappeler des désastres dont des membres de la chambre syndicale ont été la cause ou les victimes. Ce retour sur le passé est parfaitement inutile. Il est incontestable qu'il n'y a pas de liberté utile dans le monde qui n'ait aussi ses inconvénients ; il est incontestable que du moment où l'État prospère, où son crédit augmente par la diversité, la multiplicité des opérations, il y a de malhonnêtes gens, des téméraires, des fous, des insensés, auxquels on ne peut pas fermer la porte de cette liberté, et qui en abusent de manière à ce qu'il arrive des désastres publics ; mais enfin, dans un moment où toutes ces calamités, qui affligent le public, retentissaient beaucoup, où on parlait de sinistres, de gens qui s'étaient suicidés, et ce n'était pas seulement dans la coulisse, les agents de change se sont adressés au ministre des finances et lui ont présenté leurs doléances, pour arriver à la clôture de la coulisse, dans une lettre du 19 novembre 1835 ; je leur en livre la date. Mais pour que l'objet de cette lettre soit bien compris, il est nécessaire d'en mettre un passage sous vos yeux ; elle parle des événements qui ont attristé le public. Voici comment s'exprime la Compagnie des agents de change :

« C'est dans les opérations du *marronnage*, faites avec une multitude d'agents sans caractère, sans responsabilité, sans discipline, opérations qui ne sont astreintes à aucune règle, aucune limite, qui échappent à toute appréciation et se multiplient sous des formes insaisissables, qu'il faut chercher la cause principale des désordres qui affligent le parquet, cette cause se trouve principalement dans le contact incessant du jeu désordonné fomenté par le *marronnage*.

» Quand des rapports de cette nature s'établissent, ils ont encore pour conséquence de rendre impuissante la surveillance de la chambre syndicale, en ne lui permettant plus d'apprécier la véritable situation d'un agent de change dont les engagements ne sont pas tous avec le parquet. »

Ainsi, vous voyez, lorsque des sinistres étaient arrivés dans le sein de la Compagnie des agents de change, on disait que ces sinistres étaient dus au marronnage, que l'action de la chambre était paralysée, que beaucoup, trop de ses membres étaient en relation avec les coulissiers et échappaient ainsi à la surveillance de la chambre, que c'était à cette situation qu'il fallait attribuer tous ces malheurs privés et publics, et qu'il fallait faire quelque chose contre les coulissiers. Malgré les résistances de tous les ministres antérieurs, le ministre d'alors crut qu'il fallait procéder à un examen des faits, et, en conséquence, sur cette demande des agents de change, qui avait pour but ce qu'on vous demande aujourd'hui, de faire fermer la coulisse, le ministre des finances renvoya la pétition au préfet de police. Le préfet de police, messieurs, à ce qu'il paraît, étudia la question à fond ; frappé de ce qui se passait à la Bourse, ou de ce qu'on disait des opérations irrégulières ou illicites qui s'y passaient, il comprit toute la gravité de la situation, et il fit au ministre un premier rapport que je n'ai pas ; mais il en fit un second que j'ai : je le prends dans un livre qui n'est pas inconnu de messieurs de la chambre syndicale. Il m'est impossible de ne pas vous donner lecture de ce document. Voici la réponse grave du magistrat spécial au ministre des finances ; elle est à la date du 8 mars 1842 (je prie le tribunal de vouloir bien me prêter toute son attention pendant cette lecture) :

« Paris, 8 mars 1842.

» Monsieur le Ministre,

» Je n'ai adressé à Votre Excellence, le 14 février dernier, qu'une réponse provisoire à la transmission qu'elle a bien voulu me faire d'une lettre du syndicat des agents de change, signalant les abus du *marronnage* et en sollicitant la répression. Je me suis borné à faire présenter à Votre Excellence les difficultés qui me paraissent se rattacher à cette affaire, en lui annonçant la prochaine communication du résultat de l'examen sérieux et approfondi qu'elle réclamait, et pour lequel je croyais devoir m'entourer des lumières propres à faciliter la solution des diverses questions dont je vais avoir l'honneur de rendre compte à Votre Excellence.

» La chambre syndicale vient réclamer de l'autorité la répression d'un délit qu'elle peut poursuivre elle-même, aux termes de la loi, s'il existe en effet.

» Pourquoi ne prend-elle pas l'initiative que les règlements lui accordent ?

» Pourquoi en réclamant l'application des règlements ne suit-elle pas la marche que ces règlements ont tracée ?

» Je crois en trouver le motif dans le Mémoire même de la chambre syndicale.

» On remarque, en effet, dans ce Mémoire que, loin de préciser les faits caractéristiques du délit qu'elle ignore, la chambre syndicale, en désignant ce délit sous le nom de *marronnage*, emploie les termes les plus vagues pour en déterminer la nature.

» C'est, dit-elle, dans les opérations du *marronnage* faites par une multitude d'agents sans caractère, sans responsabilité, sans discipline, opérations qui ne sont astreintes à aucune règle, à aucune limite, qui échappent à toute appréciation et se multiplient sous des formes insaisissables, qu'il faut chercher la cause principale des désordres qui affligent le parquet ; cette cause se trouve principalement dans le contact incessant du jeu désordonné fomenté par le *marronnage*.

» Mais quand il s'agit de poursuivre contre un individu l'application d'une peine, il ne suffit pas de lui imputer des opérations qui échappent à toute appréciation et se multiplient sous des formes insaisissables ; il faut, au contraire, bien préciser les faits condamnables ; il faut que ces faits se présentent aux tribunaux sous des formes saisissables et qu'ils soient bien reconnus être ceux que la loi a voulu atteindre. Ne serait-ce pas là ce qui fait que la chambre syndicale s'abstient de toute poursuite ?

» MM. les agents de change invoquent pour les fonctions dont ils sont seuls chargés la protection efficace que leur accorde la législation, comme on peut s'en convaincre, disent-ils, par l'édit (c'est une ordonnance ou sentence de police) du

17 juillet 1736, qui condamne vingt-huit courtiers marrons à 6000 francs d'amende chacun, et à l'interdiction de la Bourse.

» Mais on remarque précisément, dans cette ordonnance du lieutenant général de police, d'abord qu'elle a été rendue sur la requête des syndics et adjoints des agents de change de Paris, et en second lieu que ladite requête imputait aux individus dénoncés les faits suivants : « De s'annoncer dans les maisons de négociants » et financiers sous le titre d'agent de change ; de s'immiscer dans leurs fonctions ; » d'y consommer des négociations ; de certifier les signatures des billets ou lettres » de change qu'ils négocient ; de fournir le mémoire des négociations par eux » faites ; d'en recevoir le droit de courtage et d'en donner quittance de la même » manière qu'il se pratique pour les agents de change. »

» Il ne pouvait y avoir de doute ici sur l'usurpation de fonctions ; les actes qui la constituent sont détaillés avec la plus grande précision ; ils sont bien de ceux que la loi attribue exclusivement aux agents de change, point important à constater.

» Pour juger s'il en est de même de ceux qui se rattachent à la nouvelle réclamation des agents de change, il importe de bien se rendre compte de la nature et de l'étendue du privilége que la loi leur accorde.

» L'art. 76 du Code de commerce est ainsi conçu :

» Les agents de change, constitués de la manière prescrite par la loi, ont seuls » le droit de faire les négociations des effets publics et autres susceptibles d'être » cotés ; de faire pour le compte d'autrui les négociations de lettres de change » ou billets et de tous papiers commerçables, et d'en constater le cours. Les agents » de change pourront faire, concurremment avec les courtiers de marchandises, » les négociations et le courtage des ventes ou achats de matières métalliques. Ils » ont seuls le droit d'en constater le cours. »

» De ces diverses opérations, quelles sont celles que la chambre syndicale impute au marronnage ? Elle ne le dit pas ; mais on sait parfaitement que ce n'est pas la négociation des lettres de change ou billets, qui, sans aucune réclamation de sa part, se fait à Paris par une classe de marrons que la loi proscrit et que la chambre tolère.

» Ce n'est pas non plus du courtage des matières métalliques dont elle s'inquiète tout aussi peu ; restent les négociations des effets publics.

» Il importe d'examiner ce que sont les fonctions d'agents de change dans ces négociations.

» D'après l'art. 13 de l'arrêté des consuls du 27 prairial an X, l'agent de change vend les effets qu'il a reçus de ses clients ; il achète ceux pour le payement desquels il a reçu les sommes nécessaires.

» Telles sont les opérations dont la loi a donné, en matière d'effets publics, le privilége aux agents de change, et qu'elle a placées sous la garantie d'ordre public qui dérive de leur institution, la vente d'effets réellement et matériellement déposés, l'achat d'effets dont le prix a été réellement et matériellement reçu.

» Sont-ce là les opérations dans lesquelles s'immisce le marronnage ? Non, sans doute ; personne ne s'en avise, et personne ne pourrait le faire sans que la répression s'ensuivît immédiatement.

» En quoi donc consistent les opérations reprochées au marronnage ? Ces opérations n'ont rien des conditions matérielles que la loi a attachées comme garanties aux véritables négociations d'effets publics placées sous sa protection et à titre de privilége dans les attributions des agents de change ; ce sont des opérations qui ne reposent que sur des valeurs fictives, imaginaires, purement nominales ; des opérations qui n'empruntent aux autres négociations légales que leur vocabulaire commercial et financier, et qui cachent sous cette fausse apparence le véritable caractère, leur véritable nom de jeu.

» Dans la forme, on vend ou l'on achète à tel ou tel prix 2500, 5000, 10 000 20 000 francs de rente 5 pour 100, 1500, 3000, 6000 francs de rente 3 pour 100, livrables à telle ou telle époque ; au fond, au lieu de se terminer par une livraison réelle des effets vendus, l'opération se résout par le payement de la différence entre les prix résultant du cours auquel l'opération a été conclue et de celle du jour fixé pour la livraison supposée.

» Telles sont les seules opérations de la coulisse, telles sont les seules opérations dont le *marronnage* se fait l'entremetteur.

» La jurisprudence des tribunaux est d'accord avec l'esprit de la législation ancienne et moderne, et aussi avec l'opinion publique, pour ne reconnaître dans ces opérations que des paris déguisés sous des formes commerciales et pour leur refuser la protection de la loi, soit qu'elles soient conclues par l'entremise des agents de change qui en ont donné l'exemple, soit qu'elles le soient au moyen du *marronnage*. Dès lors, peut-on dire que ce dernier, comme le prétend la réclamation, s'immisce dans les fonctions des agents de change, en se faisant l'intermédiaire d'opérations que la loi et la morale désavouent, lorsqu'elles sont faites par les agents de change eux-mêmes ?

» Vainement voudrait-on prétendre qu'il y a une apparence entre les mêmes opérations faites par le *marronnage* ou par les agents ; vainement invoquerait-on les garanties que présentent ceux-ci, les désordres qu'entraîne l'intervention de l'autre, les hautes considérations qui, dans l'intérêt public et les convenances de la haute banque doivent faire admettre et légitimer les opérations dont nous venons de parler, pourvu qu'elles soient faites par les agents de change comme marchés à terme fermes ou non et avec une certaine formule d'engagement.

» Toutes ces considérations pouraient être présentées à l'appui d'une législation nouvelle qui certes serait fort utile. Mais au point de vue de la législation actuelle, qui ne donne d'action répressive que contre le fait de s'immiscer dans les fonctions d'agent de change, la question, je le répète, me paraît se résoudre en ces termes : Est-ce s'immiscer dans les fonctions d'agent de change que de se faire avec eux l'intermédiaire d'opérations désavouées par la loi ?

» Que si on voulait appliquer aux opérations de la coulisse l'article 421 du Code pénal, ce n'est pas seulement contre les *marrons*, mais bien contre tous ceux qui prennent part à ces opérations soit en dehors, soit en dedans du parquet que l'action publique devrait être dirigée.

» Personne n'est plus à même que Votre excellence d'apprécier la nature des difficultés que soulèveraient de semblables poursuites, et c'est à elle qu'il appartient surtout de provoquer, s'il est possible, les moyens de concilier dans la législation de la Bourse les hautes considérations qui se rattachent au crédit public et les intérêts non moins importants de la morale publique et du respect des lois.

» Agréez, monsieur le Ministre, etc.

» Signé : G. DELESSERT. »

Voilà, messieurs, la réponse et la solution administratives données en 1842 à cette question. Les agents de change, vous le comprenez, n'ont pas été complétement satisfaits, ils ne l'ont pas même été du tout, de la réponse que l'administration à laquelle appartient la surveillance de ces grands intérêts publics faisait à cette réclamation. En conséquence, ils ont adressé en 1843 un volumineux Mémoire qu'ils ont fait imprimer, qui était appuyé de toute espèce de pièces justificatives, de toute espèce de documents dont j'aurai à parler plus tard. Ce Mémoire était présenté dans un moment bien favorable à la Compagnie ; il était du 17 février 1843, et le 12 janvier de la même année, un agent de change avait été condamné en police correctionnelle. Ce Mémoire avait pour but deux choses : faire fermer la coulisse et relever les agents de change des défenses qui restreignent leurs attributions. Tel est le Mémoire qu'ils présentaient au ministre des finances, dans lequel ils cherchaient à réfuter le rapport que M. Delessert, le préfet de police, avait fait au ministre, qui avait chargé ce magistrat de l'examen de la question. Voilà la conduite de l'administration.

On a parlé de tolérance, de bonne foi. Eh! messieurs, quand il existe notoirement de la part de l'autorité une résistance si persévérante à interdire les opérations de la Bourse, comment croira-t-on que quelqu'un ait pu se rendre coupable d'un délit ou d'une contravention parce qu'il est entré dans la coulisse au vu et au su de tout le monde, sous la protection obstinée de tous les gouvernements depuis un demi-siècle ? C'est pourtant là la question qu'on vient vous déférer aujourd'hui.

Que dit l'article 90 du Code de commerce ? Que, s'il y a lieu de faire de nouveaux règlements, il n'abolit donc pas les anciens, l'administration se réserve de faire tout ce qui est relatif à la négociation des effets publics à la Bourse. Eh bien ! vous avez eu recours à elle ; elle a été sourde à vos prétentions, et aujourd'hui vous venez avec naïveté, sous prétexte de faire un procès particulier à M. Morel-Fatio ou à tout autre, demander la suppression de la coulisse ; car c'est la suppression du marché libre en face du marché réglementé que vous demandez. Voilà le procès, voilà ce qu'on ne vous a pas dit : on veut obtenir de vous ce que depuis 1810 on n'a pu obtenir, au nom de l'intérêt public, d'aucun ministère, d'aucun gouvernement ; on veut l'obtenir de vous par une condamnation et arriver ainsi à faire subrepticement trancher une question de cette nature sur des intérêts si graves, sans se préoccuper de cette complication énorme des besoins privés et des nécessités du crédit public. Accepterez-vous la mission qu'on veut vous donner ? Ferezvous, par une décision en police correctionnelle, ce que tous les gouvernements se sont refusés à faire par des règlements d'administration publique ou des dispositions législatives ? Non ; quand vous verrez les droits de tous, à limite des droits des uns, l'étendue des droits des autres ; non, messieurs, vous ne le ferez pas.

Mais je sais que l'administration n'est pas juge dans un procès après tout, et que vous êtes toujours juges. Les raisons de l'administration ont été bonnes ; je ne veux pas entrer dans les considérations d'un ordre élevé qui lui ont fait garder le silence sur les sollicitations des agents de change ; non, je laisse de côté les considérations qui peuvent se rattacher à ces grands avantages de la concurrence, de la liberté des transactions et aussi de la concurrence, du concours du marché libre, avec le marché réservé ; je laisse ces considérations-là de côté. Arrivons à ce qui est le point du procès, la matière d'une décision en police correctionnelle. Cette décision, messieurs, se réduit à des termes bien simples ; il s'agit de préciser l'objet de la poursuite, de bien préciser, de bien vérifier le titre de l'accusation portée contre nous et d'examiner ce titre de l'accusation, ces termes de la poursuite en face du texte même des lois qui doivent recevoir leur application. En pareille matière, il faut être sobre, je demande pardon de dire cela après le réquisitoire que vous avez entendu, il faut être sobre de considérations générales quand on sollicite un jugement. En police correctionnelle, ce n'est pas par des analogies et par des considérations morales qu'il faut procéder, c'est par l'appréciation des faits et l'application franche de ce qui est précisément invariablement écrit par la loi.

Qu'ai-je à chercher dans ce moment-ci ? le titre de l'accusation.

La plainte a été adressée au ministre de la justice le 5 avril 1859, et c'est à bon droit que la Compagnie des agents de change l'a remise aux mains du ministre de la justice, car le ministre de la justice, en vertu d'une ordonnance du 2 octobre 1809, et conformément à un avis du conseil d'État du 17 mai 1809, le ministre de la justice est expressément chargé de donner l'ordre aux procureurs généraux et aux procureurs impériaux de poursuivre tous les agents de change ou courtiers contrevenant aux dispositions du Code de commerce, même sans dénonciation des syndics ; c'est donc dans ses mains qu'il fallait déposer la plainte. Mais qu'on me pardonne encore une observation : il y a des chefs de la justice en France ; il y en a depuis cinquante ans, il y en avait avant. Ces chefs de la justice sont chargés de poursuivre sans dénonciation tous les contrevenants aux lois relatives aux opérations de la Bourse, aux violations du Code de commerce ; ils doivent le faire sans dénonciation des agents de change. Comment se fait-il donc que, depuis l'institution de la Bourse jusqu'à présent, il n'y ait pas eu un ministre de la justice qui ait poursuivi des infractions de cette nature, s'il en a été commis ? Doutera-t-on que l'occasion ne s'en soit pas présentée ? Non. Les scandales de la Bourse, les désastres, les sinistres, les calamités, les jeux, les paris, tout cela a retenti dans les prétoires de la justice ; il y a eu des poursuites, quelquefois des peines prononcées, et rien de cela n'a été ignoré des ministres qui se sont succédé jusqu'à ce jour. Eh bien ! jusqu'au 5 avril 1859, il n'y a pas eu un ministre, pas un gardien vigilant de l'exécution des lois, pas un de ceux qui étaient au sommet de la hiérarchie judiciaire qui ait, malgré le retentissement de toutes ces clameurs, de toutes ces accusations, je dirai de toutes ces déclamations sur les affaires de la Bourse, il n'y en a pas un qui ait poursuivi ; il n'est jamais arrivé qu'un ministre de la justice ait écrit à un procureur général d'exercer des poursuites quelconques contre qui que ce soit. Ainsi la justice dans ses plus imposants organes, la justice a été muette devant les réclamations de la Compagnie des agents de change, et elle ne l'a pas été moins sur les réclamations retentissant dans le public à l'occasion des jeux de Bourse et des scandales de la coulisse.

Mais enfin, vous avez remis une plainte aux mains du garde des sceaux. Ce magistrat n'a pas dédaigné votre plainte ; il l'a transmise au procureur impérial, qui l'a déférée le 8 avril au juge d'instruction, lequel a rendu un grand nombre d'ordonnances contre des inculpés, inculpés de quoi ? d'immixtion dans les fonctions d'agent de change. On est allé chez ces personnes, on a fait des perquisitions, on a saisi leurs livres, leurs carnets, on a mis tout cela sous les scellés et puis le juge d'instruction a interrogé. Il ne faut pas chercher à amoindrir les personnes, à les mettre dans la position de je ne sais quel délinquant assis entre deux gendarmes, qui n'a aucune persévérance dans ses réponses, qui, après avoir dit une chose la veille, en dit une autre le lendemain.

Il n'y a rien de tout cela ici. Le langage a été uniforme parce que tout le monde était dans la même situation ; le langage a été, chez le commissaire de police, ce qu'il a été devant le juge d'instruction, ce qu'il est à votre audience. Que quelques-uns se soient expliqués en termes qui ne sont pas identiquement les mêmes, c'est possible ; il est arrivé que plusieurs de ces messieurs ont déclaré qu'ils étaient banquiers ou agents d'affaires patentés. Je dois même citer une singularité, c'est que l'administration qui délivre les patentes, les délivre en ces termes, que l'on nous expliquera sans doute : « M. un tel, exer- » çant la profession d'agent d'affaires à la Bourse. » Au reste, peu importe, tous ont uniformément dit : nous sommes patentés et nous faisons des opérations comme intermédiaires pour les personnes qui nous donnent commission d'a- cheter ou de vendre ; nous les faisons quand il s'agit d'opérations à terme : mais quand il s'agit d'opérations au comptant, qui sont dans les attributions des agents de change, nous avons recours aux agents de change.

Vous allez dire : Les opérations au comptant peuvent avoir lieu, mais il est impossible d'en voir la trace. Vous avez raison. A cet égard, vous ne pou- vez rien articuler, et il a été déclaré qu'il n'en existait pas : le fait n'est pas contestable. Pour les opérations au comptant qui doivent se régulariser par un transfert, il n'y en a pas qui aient été faites par les agents de la coulisse sur quel- que valeur que ce soit. Ainsi point d'opérations au comptant. Direz-vous, sans en apporter la preuve, qu'il y en a eu sur certaines valeurs, qu'il existe des valeurs au porteur, et qu'il est très possible qu'un banquier entrant dans la coulisse ait fait des opérations au comptant ? Je n'en sais rien ; vous n'en pouvez rien savoir. C'est possible. Mais si c'est possible, c'est que la loi l'a voulu. Pourquoi donc, après 1834, après des hésitations et des craintes sur la création des valeurs au porteur dont on croyait l'existence dangereuse, dans un temps où l'on se préoccupait autant qu'aujourd'hui du patrimoine des fa- milles, de la sécurité des transmissions, où l'on répugnait sur la création des valeurs au porteur, où l'on voulait des titres certains, des actes authentiques, où l'on craignait aussi des détournements de la part des détenteurs ayant à leur disposition ces valeurs, dans un temps en un mot où l'on faisait valoir les con- sidérations morales les plus élevées, les plus respectables, où l'on montrait la plus grande hésitation à créer ces valeurs au porteur, pourquoi s'est-on dé- cidé à les créer ? C'est que chaque siècle a ses idées et ses besoins, c'est que nous sommes arrivés à un moment où la facilité de la transmission des signes représentatifs de toutes les valeurs est devenue une nécessité indispensable et une facilité même pour l'extension du crédit. C'est pour qu'on n'eût pas besoin du transfert authentique par des agents de change des valeurs qu'on a en portefeuille et pour qu'on pût en disposer à son gré, c'est pour enlever toute entrave, pour débarrasser les valeurs industrielles du fardeau du courtage que les titres au porteur ont été introduits. Nous sommes entrés si largement dans cette voie que les valeurs au porteur sont les plus nombreuses. Les compa- gnies ont ainsi toutes facilités pour l'émission de leurs obligations, aussi les titres au porteur sont-ils devenus, pour ainsi dire, les titres normaux. Il n'y a que les gens tout à fait précautionneux, qui ont peur de perdre ou d'être volés, qui conservent encore des titres nominatifs. Les valeurs au porteur sont en faveur, parce qu'elles se négocient de la main à la main, et que cette négociation est parfaitement régulière. Il est, dès lors, évident que, par la nature même des titres qui ont été créés dans cet intérêt public, s'il se fait des négociations au comptant, ce que j'ignore, ce que vous ne pouvez pas prouver, c'est que le législateur l'a voulu, c'est que c'est le plus grand intérêt de l'industrie comme du trésor, qui émet ses valeurs au porteur afin qu'elles circulent plus facilement, et qui n'aurait pas 2 milliards au lieu de 500 millions, si ce mode de transmission n'était pas consacré. On a voulu exempter ces valeurs de toutes les formalités de la transmission. Que les agents de change s'en plaignent, qu'ils trouvent que cela restreint leurs fonctions, ils peuvent avoir raison : mais ce n'est pas la question. Il est évident que les valeurs au porteur sont des valeurs libres ; que la négociation s'en fait en tous lieux de la main à la main, dans les lieux les plus publics comme dans les plus secrets, sans témoins, de toutes les façons, de toutes les manières. Telle a été la volonté du législateur. Laissons donc la question sur les valeurs au porteur.

Ceci dit, pour répondre à la supposition que vous avez faite qu'il avait pu se faire des transferts de cet ordre par la coulisse, arrivons à ce qui est la réalité, c'est-à-dire à la question des opérations sur des valeurs transmissibles. Je maintiens que les coulissiers faisaient, comme intermédiaires, des négociations à terme, jamais des négociations au comptant. Nous voilà sur le terrain de notre procès.

Mais, dites-vous, vous n'êtes que des spéculateurs, vous arrivez même à un mot plus fâcheux, plus désagréable, vous êtes des joueurs. Eh ! mon Dieu, si l'on veut analyser toutes les opérations humaines, tout ce qui se fait dans ce monde est sujet au négoce, au calcul ; tout ce qui est gouvernement de notre propre fortune cache une idée de négoce, de spéculation. A ce titre, tout le monde est joueur, spéculateur. Il n'y a rien qui ne se fasse hors de la pensée d'un avantage ou d'une crainte, sur une appréciation ; il n'y a point de transaction qui ne soit une spéculation. Le marchand de vin qui est établi sur cette place achète cent pièces de vin, et donne en payement sa signature à quatre-vingt-dix jours. Comment raisonne-t-il ? Il se dit : je vendrai mon vin, je bénéficierai sur la vente ; avec l'argent que j'aurai reçu, je payerai la lettre de change que j'ai souscrite à quatre-vingt-dix jours. Le marchand de vin est un spéculateur. Eh bien ! si vous voulez dénaturer les choses en leur appliquant des termes plus ou moins défavorables, vous direz que tout le monde joue et que le jeu est une rivalité dangereuse, parce qu'il n'y a personne qui ne cherche à se défaire de ce qu'il croit en chance de perte, et d'acquérir ce qu'il croit en chance de gain. Toutes les valeurs humaines sont sujettes à cette loi, même les immeubles. Toutes les spéculations de ce monde sont renversées, non pas par le plus ou moins grand concours de joueurs, mais par des réalités qui gouvernent tout, qui dominent tout : la rareté des marchandises ou du capital, là rareté ou l'abondance de l'argent ou de la marchandise, voilà ce qui fait la variété des prix, voilà les conditions naturelles de la société : la spéculation, ou si vous voulez, le jeu, y font bien peu de chose.

Mais, dites-vous, vous êtes joueur et vous vous qualifiez banquier. Qu'est-ce que c'est qu'un banquier ? C'est ce que nous sommes : c'est un homme qui reçoit des ordres, qui escompte des valeurs, et qui, en général, a un compte courant à la banque. Oh ! je sais bien que tous les banquiers n'ont pas un compte courant à la banque. La banque a son arbitrage ; la banque, quand on lui présente du papier, le flaire, permettez-moi l'expression : elle l'accepte si les signatures lui paraissent bonnes ; elle le rejette pour peu qu'un nom lui paraisse douteux. Et permettez-moi de vous dire qu'à la Bourse on fait exactement ce qui se fait à la Banque. Quand quelqu'un s'y présente pour faire des affaires on demande qui il est, et ceux qui connaissent le nouveau venu disent : nous faisons ou ne faisons pas d'affaires avec un tel. C'est ainsi que les choses se passent à la Bourse comme à la Banque, à la Banque comme partout.

Vous avez affirmé, ce qui est parfaitement exact, que les membres de la Bourse n'étaient pas tous banquiers, parce que tous n'avaient pas un compte courant à la Banque. Mais voici des lettres qu'ils m'écrivent : M. Lévy-Crémieux, par exemple, me dit qu'il escompte pour 10 millions par an, qu'il a un compte courant à la Banque. M. Morel-Fatio est dans la même situation. Enfin la plupart de ceux qui sont là m'ont fait passer des notes où ils me disent qu'ils sont dans la position de vrais banquiers, qu'ils font des opérations de banque et qu'ils font l'escompte du papier.

Ceci me rappelle un souvenir, et malheureusement ce souvenir est celui d'une atteinte grave portée par les agents de change aux attributions des banquiers, en même temps qu'une violation de leurs statuts. Leur règlement leur défend de faire des opérations de banque, et ils en font tous ; ils ne doivent pas avoir de correspondants, et ils en ont tous. Voici, par exemple, un banquier de Vienne, M. Sina. M. Sina ne peut pas faire des affaires de Bourse à Paris, mais il s'adresse à M. de Rothschild, il lui écrit : Je veux acheter 2 ou 3000 livres de rente. M. de Rothschild se chargera de cette commission ; il donnera des ordres à quelqu'un peut-être de la coulisse, peut-être du parquet, c'est selon, et il dira à M. Sina : Vous me devez, pour commission dans telle opération, tant... D'un autre côté, j'ai payé à un agent de change pour courtage, tant. M. Sina payera donc à la fois la commission du banquier et le courtage de l'agent de change. Que font alors les agents de change ? Ils écrivent à leurs correspondants de la province et de l'étranger. Pourquoi vous adressez-vous à un banquier ? Adressez-vous à moi directement, je ne vous ferai pas payer de commission. Les banquiers sont ainsi frustrés d'un grand nombre d'opérations. Voilà ce que fait journellement la Compagnie des agents de change. Je le prouverai en mettant sous vos yeux un nombre considérable de mandats qui ont été acquittés par les hommes de la coulisse à la décharge des correspondants des agents de change, avec lesquels, d'ailleurs, les coulissiers étaient en rapport.

Ceci, du reste, est un épisode de l'affaire complétement indifférent à notre procès. Je n'ai été entraîné à vous en entretenir que parce qu'on a dit que cette qualité de banquier n'était qu'un masque dont les prévenus se couvraient. Non. Ceux qui se sont déclarés banquiers ne le sont pas d'hier ; ils le sont depuis vingt ans, depuis trente ans ; il y en a parmi eux beaucoup qui ont été agents de change, qui se sont retirés et sont venus dans la coulisse. Nous avons parmi eux deux ou trois agents de change qui sont restés dans le marché libre. Ce sont des hommes graves, de véritables banquiers, en remplissant toutes les conditions, et faisant ce que font tous les banquiers. C'est là ce qui a été mal à propos dénié.

Dans cet état de choses, les banquiers, qui sont dans la coulisse de véritables banquiers, ont-ils usurpé les fonctions des agents de change ? C'est là le point auquel il faut absolument en venir.

J'ai, pour repousser la poursuite, à bien préciser la loi, les termes de la plainte et le réquisitoire du ministère public qui a dit, le 21 avril, qu'il y avait charge suffisante contre les inculpés de s'être immiscés, depuis moins de trois ans, dans les fonctions d'agent de change. Le titre de la poursuite a été précisé par l'ordonnance de renvoi. Voilà ce à quoi il faut répondre. Comment y répondre ? D'une part, en définissant les fonctions d'agent de change, et d'une autre en définissant la position faite aux coulissiers. De l'examen de cette double question, à laquelle je suis arrivé lentement, car j'en ai été détourné par les considérations présentées soit par le défenseur de la Compagnie, soit par le ministère public, et je leur devais une réponse ; de l'examen, dis-je, de cette double question doit résulter, selon moi, la solution du procès.

Et d'abord, quelles sont les fonctions d'un agent de change ? Pour bien reconnaître le caractère propre de cet officier ministériel, pour bien déterminer la nature de ses fonctions, de ses attributions spéciales, le cercle de priviléges dans lequel la loi l'a prudemment enfermé, il est indispensable de jeter un coup d'œil sur la législation ancienne et sur la législation nouvelle. Entre ces deux législations, il n'y a pas de contradictions : il n'y a que des différences qui tiennent à des circonstances de temps et de lieu.

Il y a trois siècles, je vous demande pardon, messieurs, de remonter si haut, les fonctions de courtiers de commerce étaient libres et pouvaient être exercées par tout le monde. Ce fut en 1572 que, sous le nom de courtiers de change, furent créés les premiers offices. Les lettres patentes de 1572 ne con tiennent rien de spécial. Il n'en est pas de même de celles de 1595. En 1595, je trouve des lettres patentes émanées d'un roi fort éclairé, fort persévérant, fort sage, qui a bien devancé les temps, et dont il a été malheureux que l'entière succession n'ait pas été recueillie, Henri IV, le grand roi, le plus grand de nos administrateurs et certainement le plus profond de nos législateurs. Henri IV donc, en 1595, fait rendre un arrêt par son conseil et signe des lettres patentes dans lesquelles je lis ce qui suit. Vous allez voir comment, en deux lignes, en peu de mots, ce sage roi, ce grand gouvernant fixe la situation ; comment ce politique profond prévoit les difficultés et les résout ; comment il devine les nécessités, les besoins publics et y satisfait; comment enfin il aperçoit, en 1595, ce que le temps et une longue expérience devaient indiquer à ses successeurs. Permettez-moi, messieurs, de rappeler les termes de cet arrêt :

« A ce que les marchands sçachent d'orénavant à qui s'adresser, pour avec asseurance faire lesdits change et vente en gros desdictes marchandises estrangères : Sa Majesté veut et ordonne qu'en sa bonne ville de Paris, il y aura huit courtiers desdicts change, banque et vente en gros des marchandises estrangères, etc., etc. »

Et l'arrêt se termine par cette phrase, que je signale à votre attention :

« N'entendant néantmoins qu'aucuns soyent contraints de se servir desdits courtiers ès-dites négociations si bon ne leur semble. »

Voilà les deux principes posés à côté l'un de l'autre, les deux marchés dont je parlais en commençant ; c'est-à-dire que, pour la sécurité des hommes qui veulent trafiquer avec sûreté, il y a des fonctionnaires préposés, huit courtiers de change dans « la bonne ville de Paris ». Mais si d'autres plus hardis, plus téméraires, plus aventureux pour leurs propres affaires, veulent se passer du ministère de ces agents, ils en sont parfaitement libres ; voilà le marché libre à côté du marché réglementé, privilégié..

Depuis cette époque, les idées de fiscalité sont nées. On a, sous Louis XIV, décoré les agents de change, qui étaient comme aujourd'hui au nombre de soixante, on les a décorés du titre de conseillers du roi ; on leur a donné des titres très honorables et très beaux, mais, en même temps, on leur a imposé des sacrifices, des charges. Bref, pour obtenir d'eux de l'argent, on les a honorés, décorés, et on leur a accordé certaines immunités.

L'ordonnance de 1673 rendue par Louis XIV ne dit rien de spécial quant aux fonctions des agents de change : elle leur fait seulement défense de faire des opérations de banque. Les édits de décembre 1705, novembre 1714 et août 1720 font défense à toutes personnes de s'immiscer dans les fonctions d'agent de change, et enfin le règlement sur la Bourse, du 24 septembre 1724, défend aux agents de change de s'associer aucune personne. En 1720, on se rapprochait un peu de la situation dans laquelle nous sommes aujourd'hui sous le rapport des tentatives du crédit. C'était l'époque des émissions de la Compagnie des Indes, celle du système de Law, cette grande affaire dont les désastres tiennent beaucoup moins à la diversité des opérations engagées dans la rue Quincampoix qu'à l'absence de toute garantie. Eh bien ! à cette époque le mouvement des esprits a appelé de nouveau l'attention du législateur.

L'arrêt du conseil de 1724, qui a fait pendant soixante ans la loi des agents de change, mérite votre attention, car vous allez voir continuellement se reproduire cette situation du marché officiel et du marché libre. Le règlement, ainsi qu'on l'appelle, qui fut donné le 24 septembre 1724, contenait les dispositions que voici. C'est un règlement général sur la Bourse qui devait être établie à l'hôtel de Nevers, rue Vivienne :

« ART. 1. — Il sera incessamment establi dans la ville de Paris une place appelée la Bourse dont l'entrée principale sera rue Vivienne, et dont l'ouverture sera indiquée et faite par le lieutenant général de police que Sa Majesté a commis et commet pour avoir juridiction sur la police d'icelle.....

» ART. 2. — La Bourse sera ouverte tous les jours, excepté les jours de dimanches et festes, depuis dix heures du matin jusqu'à une heure après midi, après laquelle heure l'entrée en sera refusée à ceux qui s'y présenteront, de quelque estat et condition qu'ils puissent être.....

» ART. 4. — L'entrée de la Bourse sera permise aux négociants, marchands, banquiers, financiers, agents de change et de commerce, bourgeois et autres personnes connues et domiciliées dans la ville de Paris, comme aussi aux forains et estrangers, pourvu que ces derniers soient connus d'un négociant, marchand ou agent de change et de commerce, domiciliés à Paris.

» ART. 5. — Pour empêcher qu'il ne s'introduise à la Bourse d'autres personnes que celles qui auront droit d'y entrer, veut Sa Majesté, qu'il soit distribué par le sieur lieutenant général de police, ou celui qu'il commettra à cet effet, une marque à chacun de ceux qui seront dans le cas de l'article précédent, et sur la réquisition qu'ils en feront ; lesquelles marques seront représentées à l'entrée de la Bourse.....

» ART. 14. — Les femmes ne pourront entrer à la Bourse pour quelque cause ou prétexte que ce soit. »

Voici l'article 17, qui a trait précisément aux marchés à terme considérés alors comme la carrière ouverte à la spéculation, dans des proportions illimitées, sur les valeurs des Indes préconisées par Law.

« ART. 17. — Sa Majesté permet à tous marchands, négociants, banquiers et autres qui seront admis à la Bourse, de négocier entre eux les lettres de change, billets au porteur ou à ordre, ainsi que les marchandises, sans l'entremise des agents de change, et, à l'égard de tous les autres effets et papiers commerçables, pour en détruire les ventes simulées qui en ont causé jusqu'à présent le discrédit, ils ne pourront être négociés que par l'entremise des agents de change de la manière et ainsi qu'il sera cy après expliqué... »

L'arrêt enfin s'exprime ainsi dans les articles 29 et 30 :

« ART. 29. — A l'égard des négociations de papiers commerçables et autres effets, elles seront toujours faites par le ministère de deux agents de change, à l'effet de quoy les particuliers qui voudront acheter ou vendre des papiers commerçables et autres effets remettront l'argent ou les effets aux agents de change avant l'heure de la Bourse, sur leur reconnaissance portant promesse de leur en rendre compte dans le jour, et ne pourront néanmoins, lesdits agents de change, porter ni recevoir aucuns effets ni argent à la Bourse, ni faire leurs négociations autrement qu'en la forme ci-après marquée : le tout à peine contre les agents de change qui contreviendront au contenu du présent article, de destitution et de 3000 livres d'amende payables par corps, dont la moitié appartiendra au dénonciateur, et l'autre moitié à l'hôpital général.

» ART. 30. — Lorsque deux agents de change seront d'accord à la Bourse, d'une négociation, ils se donneront réciproquement leurs billets portant promesse de se fournir *dans le jour*, sçavoir par l'un les effets négociés, et par l'autre le prix desdit effets. »

Ajoutons, pour terminer l'examen de cet arrêt, que l'article 32 défend aux agents de change toute association.

En 1726 l'article 17, qui interdisait toute négociation d'effets et papiers commerçables sans le concours de deux agents de change, était réformé par un arrêt du conseil du 26 février, ainsi conçu :

« Sa Majesté étant informée que les raisons qu'il y a eu d'établir dans le commencement des règles particulières pour la négociation desdits papiers commerçables et autres effets, et de ne la permettre que de la manière prescrite par les articles 17, 18 et 19 dudit arrêt, ne subsistent plus quant à présent ; Sa Majesté a cru nécessaire de rendre cette négociation plus libre dans la Bourse, en ordonnant qu'il en serait usé à l'égard de l'action, ainsi qu'il se pratique par rapport aux lettres de change, sur quoy..... le Roy estant en son conseil a permis et permet à tous marchands, négociants, banquiers et autres, qui ont esté ou seront admis à la Bourse, de négocier entre eux les actions de la Compagnie des Indes et autres effets et papiers commerçables, ainsi et de la même manière que se négocient les lettres de change, billets au porteur ou à ordre, et les marchandises, nonobstant ce qui est porté par la disposition de l'arrêt du 24 septembre 1724, lequel sera au surplus exécuté en ce qui ne se trouvera point contraire au présent. »

Voilà quelles étaient ces lois, qui ont réglé les attributions des agents de change depuis 1724 jusqu'en 1781.

En 1781 interviennent de nouveaux édits, où se manifeste de plus en plus l'esprit de ceux d'Henri IV, l'intention de laisser un marché libre à côté d'un marché réservé et limité, pour lequel des fonctionnaires seront là pour la sécurité des gens qui veulent être assurés de la réalité des transactions qu'ils font. C'est dans un arrêt du 26 novembre 1781 que se trouve un article 13 qu'on invoque contre nous et dont, par conséquent, l'existence ne sera pas niée. Cet article 13 est ainsi conçu :

« ART. 13. — Fait Sa Majesté défense à toutes personnes autres que les agents de change de s'immiscer dans les négociations d'effets royaux et papiers commerçables, comme aussi de prendre la qualité d'agent ou courtier de change, d'avoir et tenir dans la Bourse aucuns carnets, pour y inscrire les cours des effets, et de rester à la Bourse après le son de la cloche qui en indique la sortie; à peine, pour l'une ou l'autre de ces contraventions, de nullité des négociations, de 3000 livres d'amende et en cas de récidive, de punition corporelle. »

Mais, restreignant immédiatement la portée de cet article, l'article 14 s'empresse d'ajouter :

« Il sera néanmoins permis aux marchands, négociants, banquiers et autres qui sont dans l'usage d'aller à la Bourse, de négocier entre eux les lettres de change, billets au porteur, à ordre et de marchandises, sans l'entremise des agents de change, en se conformant au surplus aux règlements. »

En 1785 vient un nouvel arrêt du conseil. Jusque-là vous avez vu qu'aux termes des règlements de 1724 les opérations devaient être au comptant, qu'il ne devait pas y en avoir d'autres ; que l'agent de change devait, en livrant le titre, recevoir le prix de la vente. En 1785, un nouvel arrêt du conseil paraît ; il est précédé de l'exposé des motifs qui suit :

« Le roi est informé que depuis quelque temps il s'est introduit dans la capitale un genre de marché ou de compromis, aussi dangereux pour les vendeurs que pour les acheteurs, par lequel l'un s'engage à fournir, à des termes éloignés, des effets qu'il n'a pas, et l'autre se soumet à les payer sans avoir le fond, avec réserve de pouvoir exiger la livraison avant l'échéance, moyennant l'escompte..... »

C'est ce qui se pratique aujourd'hui dans les marchés à terme. Eh bien, que décide cet arrêt du conseil? Vous venez d'en entendre le préambule, en voici les articles 7 et 8 :

« ART. 7. — Déclare nuls Sa Majesté les marchés et compromis d'effets royaux et autres quelconques *qui se feraient à terme* et sans livraison desdits effets, ou sans le dépôt réel d'iceux, constaté par acte dûment contrôlé au moment même

de la signature de l'engagement. Défend très expressément Sa Majesté d'en faire
de semblables à l'avenir, à peine de 24 000 livres d'amende au profit du dénonciateur, et d'être exclus pour toujours de l'entrée de la Bourse ; ou, si c'étaient
des banquiers, d'être rayés de la liste.

» ART. 8. — N'entend Sa Majesté, par la disposition de l'art. 3 (l'art. 3 veut que
les négociations d'effets royaux et d'autres effets publics ne puissent être faites
validement que par l'entremise des agents de change, ni en d'autres lieux qu'à la
Bourse) préjudicier à la faculté accordée aux marchands, négociants, banquiers et
*autres qui seront admis à la Bourse*, de négocier entre eux les lettres de change,
billets au porteur ou à ordre, les actions de la nouvelle Compagnie des Indes et
autres effets de commerce sans l'entremise des agents de change, en se conformant
aux arrêts du conseil des 24 septembre 1724 et 26 février 1726. »

Enfin cette législation ancienne, qui a été complétement conservée et maintenue, se termine par un arrêt du conseil du roi, du 22 septembre 1786,
arrêt dont je dois reproduire la disposition principale :

« Le roi, étant en son conseil, a ordonné et ordonne : que les arrêts de son
conseil des 7 août et 2 octobre 1785 seront exécutés, et notamment l'art. 7 du premier desdits arrêts, qui déclare nuls les marchés et compromis d'effets royaux et
autres quelconques, qui se feraient à terme, sans livraison desdits effets, ou sans
le dépôt réel d'iceux. Veut en outre Sa Majesté qu'il ne puisse être fait à l'avenir
aucun marché d'effets royaux ou autres effets publics ayant cours à la Bourse, pour
être livrés à un terme plus éloigné que celui de deux mois, à compter du jour de
sa date..... »

Voilà les dispositions de la législation ancienne. Que résulte-t-il de ces dispositions ? Je vais vous le dire : c'est qu'il a été établi un corps d'officiers
publics avec un mandat spécial, ne pouvant opérer qu'au comptant, quoi
qu'en dise l'arrêt du 22 septembre 1786, ne pouvant s'occuper d'aucun
marché à terme, cela leur étant rendu impossible par les conditions écrites
dans l'arrêt de 1785, aux termes desquelles l'agent de change doit toujours
avoir dans les mains le prix des objets qu'il voulait acheter. Il est certain, en
effet, qu'il n'y a pas de marché à terme quand on tient et la marchandise et
son prix. Comment concevriez-vous un marché à terme chez celui qui tien-
drait d'une main la chose et de l'autre le prix ? Les agents de change le savent
à merveille, et c'est pour cela qu'ils ont demandé la réformation de la loi.
L'agent de change est un officier public dont les constatations font foi en
justice, qui certifie des transmissions de titres, qui ne peut délivrer ses certificats que sur des opérations qui se font au comptant, qui se réalisent à
l'instant même, sans autre retard que le temps de remplir les formalités au
Trésor pour les transferts.

Voilà, messieurs les agents de change, ce que vous étiez dans le passé,
sous l'empire des lettres-patentes de 1595. Vous étiez des officiers préposés,
auxquels devaient s'adresser ceux qui voulaient opérer avec sécurité. Mais ces
lettres-patentes n'interdisaient en aucune manière le marché libre, auquel
pouvaient recourir ceux qui ne voulaient pas que leurs opérations fussent
rendues publiques.

La législation nouvelle a-t-elle apporté quelque changement à cette situation ? N'est-il pas certain, au contraire, que les opérations à terme, loin d'avoir été réservées aux agents de change, leur ont été interdites ?

Dans la législation nouvelle, il y a ce qu'a dit mon confrère, une tentative pour l'abolition du marché représenté par des officiers privilégiés, relativement à certaines négociations ; une tentative en faveur du marché libre, mais non pas d'une manière absolue. On disait en 1791 que qui voudrait se faire agent de change le pourrait, à la condition de prendre patente, et personne n'était obligé de se servir d'un agent de change. Cependant cet officier ministériel existait encore.

Nous traversons les temps les plus orageux. Toutes les lois sur la police de la Bourse interdisent aux agents de change les marchés à terme ou à primes. La loi du 28 vendémiaire an IV porte l'interdiction, formelle pour eux, de faire d'autres marchés que des marchés au comptant. Voici comment sont conçus les articles 14 et 15 du chapitre premier :

« Art. 14. — Les agents de change ne pourront faire aucun achat ni aucune vente pour leur compte. Toute contravention de leur part à quelqu'un des articles ci-dessus sera puni de cinq années de fers.....

» Art. 15. — Il est défendu à toute personne de vendre ou d'acheter, ni de prêter son ministère pour aucune vente ou achat de matières ou espèces métalliques à terme ou à prime : aucune vente de ces matières ne pourra avoir lieu qu'au comptant, de telle sorte que les objets vendus devront être livrés et payés dans les vingt-quatre heures qui suivent la vente. »

Et l'art. 4 du chap. II, relatif à la négociation des lettres de change d'ajouter :

« Attendu que les marchés à terme ou à prime ont déjà été interdits par de précédentes lois, tous ceux contractés antérieurement au présent décret sont annulés, et il est défendu d'y donner aucune suite, sous les mêmes peines portées contre les infracteurs de l'article précédent. »

A l'exemple de la législation de 1785, la législation nouvelle interdit formellement aux agents de change toute opération à terme ou à primes.

A primes ! puisque je rencontre ce mot, messieurs, laissez-moi vous dire ce qu'il signifie. Qu'est-ce que c'est que faire des marchés à prime Est-ce que ce n'est pas un acte de pure spéculation ? Est-ce qu'il y a des achats à primes avec la volonté de lever les titres ? Si celui qui achète à prime avait l'intention de lever les titres, il ferait quelque chose de plus simple, il achèterait au comptant. La vente à prime est une spéculation pure que vous faites en violation des fonctions qui vous sont attribuées. Vous faites coter tous les jours le prix des négociations à primes. A la bonne heure ! Cela rentre dans vos calculs : vous êtes à la hausse et vous voulez vous prémunir contre la baisse. Mais c'est là une opération qui n'est autre chose que la violation, le renversement de ce qu'ont fait nos assemblées les plus sages pour empêcher le jeu et l'agiotage. Les ventes à prime sont une spéculation pure, évidente, incontestable, une opération de jeu, en un mot, et non un marché sérieux. Qu'est-ce, en effet, que la prime, sinon la garantie du joueur à la baisse contre les chances de hausse ? Voilà un homme qui a vendu une rente à terme, car la situation des événements généraux lui fait espérer que la rente baissera ; mais

tout à coup il voit surgir des événements prospères pour le pays ; or il est vendeur, il joue à la baisse, il achète alors à prime, afin de limiter sa perte, de
se garantir contre les chances de la hausse si elle survient, et il se dit : Que
perdrai-je, après tout ? ma prime. Si la hausse arrive, je suis ruiné, je ne puis
pas payer : l'abandon que je fais est donc très légitime. Je ne puis être obligé
de tenir un tel marché. Mais pour vous, agents de change, c'est un acte illégal, contraire à vos fonctions, un acte de pure spéculation, de jeu, en un
mot, et le jeu vous est interdit. Je ne cherche en aucune manière à vous
accuser, mais je dis que vous faites des actes contraires à vos attributions.
Je montrerai tout à l'heure qu'il n'est pas une seule de vos opérations qui
ne soit une infraction à vos règlements. Que ces opérations soient licites en
elles-mêmes, peu importe, il vous est interdit de les faire, et c'est parce qu'il
vous est interdit de les faire que vous avez introduit dans votre règlement
tant de précautions minutieuses. Je m'empresse de le dire à votre honneur ;
ce règlement a été conçu, délibéré avec une sagesse infinie ; mais il n'en est
pas moins vrai qu'il n'a été fait que pour favoriser des opérations en dehors
de vos fonctions, des opérations qui vous sont formellement interdites.

Après cette digression sur le mot prime, je reviens à la question principale. J'ai dit que la législation nouvelle avait consacré la législation ancienne,
l'esprit des lettres-patentes de 1595.

M. LE PRÉSIDENT. — M⁰ Berryer, vous paraissez fatigué, voudriez-vous
vous reposer un instant ?

M⁰ BERRYER. — Je vous remercie, monsieur le Président, je ne veux pas
m'interrompre, je pourrais perdre la voix.

Voilà donc le premier acte de la législation nouvelle consacrant l'ancienne
et rappelant, en termes formels, l'interdiction pour les agents de change de
faire des marchés à terme, de faire d'autres opérations que des opérations au
comptant. Postérieurement à cette législation, qu'on peut appeler transitoire,
et je qualifierai ainsi les règlements de la Bourse sous le Directoire, en 1796,
qui contiennent à peu près les mêmes dispositions ; j'arrive au gouvernement
consulaire : c'est l'époque où les bourses de commerce ont été régulièrement
établies ; c'est à cette époque qu'a paru la loi du 28 ventôse an IX, que vous
invoquez contre nous à cause de la prohibition qu'elle renferme ; mais vous
me permettrez de lier les différentes dispositions de cette loi, et de ne m'arrêter à la prohibition que pour en bien préciser les termes. Voici en quels
termes sont conçus les articles de cette loi :


« ART. 6. — Dans toutes les villes où il y aura une Bourse, il y aura des agents
de change et des courtiers de commerce nommés par le gouvernement.

» ART. 7. — Les agents de change et courtiers, qui seront nommés en vertu
de l'article précédent, auront seuls le droit d'en exercer la profession, de constater
le cours du change, celui des effets publics, marchandises, matières d'or et d'argent, et de justifier devant les tribunaux ou arbitres la vérité et le taux des négo
ciations, ventes ou achats. »


Je dis que c'est là la définition exacte de votre profession, nous verrons
plus tard les actes qui vous sont permis dans l'exercice de ces fonctions, qui

font de vous les notaires du commerce. Vous authentiquez les opérations privées, vous justifiez que des opérations sont intervenues entre les parties, vous êtes des intermédiaires officiels, vous constatez le cours réel des valeurs qui se négocient, vous constatez le cours des matières d'or et d'argent, les cours du change, c'est là votre mission.

Eh bien, les cours du change, les constatez-vous? Nous avons soixante agents de change dont pas un ne s'occupe du change, pas un !

Mᵉ DUFAURE. — Je vous demande pardon.

Mᵉ BERRYER. — Je vais vous dire comment vous vous en occupez. D'abord je ne crois pas qu'il y ait un seul changiste dans la Compagnie et je ne crois pas qu'il faille avoir recours à la Compagnie, si on veut savoir le cours du change. Je ne pense pas que des avocats qui auraient à faire régler une contestation sur le change ou que des magistrats qui voudraient avoir une bonne décision s'adressassent aux agents de change. Ce qui est constant, c'est que le change est réglé par les banquiers. Cela produisait peu, je comprends que vous l'ayez abandonné.

Il est vrai cependant que vous constatez le change. Comment? Permettez-moi de vous le dire : vous faites votre office de notaire, de constatateur, après que les banquiers vous ont dit : Le change est dans telles conditions ; c'est sur la déclaration des banquiers que vous constatez le change. Voilà tout ce que vous faites, mais revenons.

Par la loi de l'an IX, dont vous invoquez les dispositions contre nous, vous êtes les notaires du commerce. Tout à l'heure vous avez cherché à appliquer à la coulisse le système des décisions judiciaires rendues en ce qui concerne les notaires et vous nous avez lu les jugements et les arrêts en faveur des notaires pour le maintien de leurs fonctions usurpées, disiez-vous, par des agents d'affaires, qui, placés à côté des notaires, attirent dans leurs cabinets d'agents d'affaires les clients des notaires. Cette jurisprudence est excellente, elle est justifiée par la vérité des choses, parce qu'en effet, lorsqu'un agent d'affaires s'établit à côté du notaire, il fait comme le notaire des actes de vente, de prêt, toutes les transactions sous signatures privées, et il les authentique comme le notaire au moyen de l'enregistrement. C'est donc une véritable rivalité, puisque ce sont exactement les mêmes actes que fait le notaire. Mais il en est tout autrement dans nos opérations. Est-ce que les banquiers qui sont dans la coulisse donnent cette authenticité, cette garantie qui n'appartient qu'aux agents de change ? En aucune manière. Est-ce qu'ils font les opérations que la loi a réservées aux agents de change, comme les agents d'affaires font les opérations réservées aux notaires ? Nullement. Ils disent : Nous faisons ce que vous ne pouvez pas faire, ce qu'il vous est interdit de faire. Je suppose qu'il prenne fantaisie à un notaire de se rendre garant des actes qu'on passe chez lui, et que la compagnie des notaires s'associant à cette idée pour s'attirer beaucoup d'affaires, dise : Nous garantissons les prêts contractés dans nos études, la valeur des biens que nous vendons, la validité des donations que nous recevons, etc., etc. Eh bien, si à côté de cela il y avait des agents d'affaires qui intervinssent et vinssent dire : Je me porte garant de la valeur de telle maison, du payement de tel bail, les notaires viendraient-ils dire : Vous usurpez nos fonctions, vous vous rendez garants, mais nous aussi ? Mais c'est la viola-

tion de votre institution. Que font les agents de change ? Précisément cela.
Il est vrai qu'ils ne peuvent se rendre garants et c'est pour cela que les opérations à terme leur sont interdites, quoi qu'ils aient fait pour les transporter
dans leurs attributions.

La loi nouvelle, que va-t-elle dire ? Elle sera aussi formelle que les lois antérieures. En effet quant au délit même, il est caractérisé dans l'article 8, que
vous avez lu, de l'ordonnance du préfet de police du 1ᵉʳ thermidor an IX, concernant les opérations de la Bourse et qui n'est que la reproduction de la loi
de ventôse an IX.

Voici cet article :

« ART. 8. — Il est défendu, sous les peines portées par l'art. 13 de l'arrêt du
conseil du 26 novembre 1781, à toute personne autre que les agents de change et
courtiers de commerce nommés par le gouvernement, de s'immiscer dans les opérations d'effets publics et papiers de commerce, et de s'entremettre dans les achats
et ventes de matières métalliques, soit dans l'intérieur, soit à l'extérieur de la
Bourse. Les commissaires de police sont spécialement chargés de veiller à ce qu'il
ne soit pas contrevenu à la présente disposition, ils constateront les contraventions. »

A son tour l'arrêté du 27 prairial an X s'exprime ainsi :

« ART. 3. — Il est défendu de s'assembler ailleurs qu'à la Bourse et à d'autres
heures qu'à celles fixées par le règlement de police pour proposer et faire des
négociations, à peine de destitution des agents de change ou courtiers qui auraient
contrevenu, et pour les autres individus, sous les peines portées par la loi contre
ceux qui s'immiscent dans les négociations sans titre légal. Le préfet de police de
Paris et les maires et officiers de police des villes des départements sont chargés
de prendre les mesures nécessaires pour l'exécution de cet article. »

Quant à l'article 4, il reproduit à peu près l'article 8 de l'ordonnance du
1ᵉʳ thermidor an IX.

« ART. 4. — Il est défendu, sous les peines portées par les art. 13 de l'arrêt
du conseil du 26 novembre 1781 et 8 de la loi du 28 ventôse an IX, à toutes personnes autres que celles nommées par le gouvernement de s'immiscer, en aucune
façon quelconque et sous quelque prétexte que ce puisse être, dans les fonctions
des agents de change et courtiers de commerce, soit dans l'intérieur, soit à l'extérieur de la Bourse... »

Voilà le délit bien caractérisé. La loi interdit aux agents de change de faire
des négociations en dehors de la Bourse, la loi punit ceux qui ont exercé leurs
fonctions en dehors de la Bourse.

Il y a deux articles l'un à côté de l'autre ; le premier concerne les agents de
change, et puis viennent les dispositions générales pour les étrangers à la Compagnie des agents de change.

Arrivons maintenant aux fonctions des agents de change eux-mêmes. Elles
sont écrites dans l'article 13 de l'arrêté de prairial. Et qu'est-ce que cet art. 13
de l'arrêté de prairial ?

Ce n'est pas autre chose que la reproduction de l'arrêté de 1785 et, par conséquent, l'interdiction absolue aux agents de change de faire des affaires à terme :

« Chaque agent de change devant avoir reçu de ses clients les effets qu'il vend, ou les sommes nécessaires pour payer ceux qu'il achète, est responsable de la livraison et du payement de ce qu'il aura vendu ou acheté : son cautionnement sera affecté à cette garantie, et sera saisissable en cas de non-consommation, dans l'intervalle d'une Bourse à l'autre, sauf le délai nécessaire au transfert des rentes ou autres effets publics dont la remise exige des formalités. »

Ainsi, les agents de change doivent toujours avoir dans les mains le prix de la valeur vendue ; si cela est, il est évident qu'ils ne peuvent faire que des marchés au comptant et qu'ils ne peuvent se rendre responsables que par une infraction aux fonctions de leur profession qui leur impose l'obligation d'être nantis, de ne rien faire sans avoir reçu le prix de celui qui achète et la valeur de celui qui vend. Voilà sous quelles conditions les agents de change ont un privilége ; sans la condition impérieuse de ne faire que des affaires au comptant. Pourquoi ? Parce qu'il ne faut pas qu'ils courent de risques.

Cet arrêté de prairial an X était parfaitement compris alors par la société des agents de change ; elle entendait si bien qu'elle ne pouvait faire que des affaires au comptant, que voici une de ses délibérations prise en vertu de cet article 13 du 27 prairial an X.

« Le 10 fructidor an X, les syndic et adjoints des agents de change, sur les mêmes motifs et d'après les mêmes principes qui avaient déterminé la délibération des agents de change prise dans leur assemblée générale du 17 floréal dernier, et rédigée de nouveau dans le comité du 9 prairial suivant :

» Vu l'arrêté du 27 prairial an X et notamment l'art. 13 ; vu la lettre du ministre de l'intérieur au conseiller d'État préfet de police en date du 29 thermidor dernier, et à deux communiqués le 9 de ce mois ;

» Considérant qu'il est nécessaire de préciser les délais dans lesquels chaque nature d'effets publics sera livrée et payée, et de prendre des mesures certaines pour assurer l'exactitude des livraisons et des payements ;

» Ont arrêté les dispositions suivantes, sauf l'approbation des autorités compétentes :

» ART. 1. — Tous les effets au porteur seront livrés et payés dans l'intervalle d'une bourse à l'autre. »

Ainsi la législation nouvelle, comme l'ancienne, vous a parfaitement réduits à n'être que des officiers publics, des attestateurs de la valeur des choses qui sont mises en négociation, les certificateurs des conventions qui interviennent entre les parties, qui font foi en justice. Voilà votre mission, vous avez seuls le privilége de pouvoir faires des opérations au comptant, vous êtes le thermomètre en quelque sorte de la valeur des choses. Le gouvernement veut qu'il y ait des cours publics constatés par des officiers assermentés faisant connaître à tout le monde la valeur des choses en circulation, voilà votre mission spéciale : constater les cours, faire les opérations au comptant ; il n'y a que vous qui puissiez les faire. C'est à ces conditions que vous avez été privilégiés. C'est pour s'assurer de votre moralité qu'on vous a examinés, inspectés, qu'on vous a fait passer par toutes les formalités que mon confrère énumérait hier.

Cette législation ancienne, confirmée ainsi par la loi nouvelle, a reçu de persévérantes applications. Je n'ai pas besoin de rappeler toute l'ancienne jurisprudence pour vous prouver que jamais on ne s'est écarté de ce principe qui considère les agents de change comme ne pouvant pas avoir d'action en justice pour toutes les opérations qu'ils font en dehors de leurs fonctions. Il y a un arrêt que vous m'avez cité de la deuxième chambre de la Cour de Paris, où il est dit que les opérations à terme faites par un agent de change en opposition avec les termes de la loi peuvent être validées, si celui-ci a pu avoir foi dans la solvabilité apparente de l'acheteur. Eh bien, l'arrêt est en contradiction avec la loi, il est en opposition flagrante soit avec la loi de 1785, soit avec l'art. 13 de l'arrêté de prairial an X, en contradiction avec toute la législation qui nous régit, en contradiction avec les arrêts de la Cour de cassation. Vous avez prétendu tout à l'heure que ces anciens arrêts du Conseil étaient une législation surannée qui n'était plus en harmonie avec l'état actuel des choses, que c'était une législation abrogée. Permettez-moi de vous dire que vous abrogez du même coup la loi de 1785, l'art. 13 de la loi de l'an X, et les art. 421 et 422 du Code pénal. A l'égard de ces articles, permettez-moi de vous dire encore qu'en les présentant comme ayant apporté une modification radicale à la législation antérieure, vous avez commis une grave erreur ; vous avez confondu ce qu'il ne faut jamais confondre, les dispositions du Code civil avec celles du Code pénal. La loi civile n'a pas été changée, elle reste toujours la même, les opérations à terme sont toujours défendues aux agents de change ; ils ne doivent rien faire sans avoir dans les mains la chose ou le prix de la chose.

Maintenant, pour constituer un délit de jeu ou de pari, on est entré dans des considérations générales ; on a dit dans l'art. 422, qu'il n'y aurait pas jeu lorsqu'à l'échéance on posséderait la chose ou le prix de la chose. Soit ; mais ce n'en est pas moins un marché à terme interdit aux agents de change. Que celui qui l'a fait ne soit punissable qu'autant qu'il est insolvable, je le veux bien ;... mais je ne sais pourquoi je me permets un commentaire quand il en existe un dans la persévérance des arrêts de la Cour de cassation. En voici un du 9 août 1823 qui a une grande importance ; il a été rendu entre M. Forbin-Janson et M. Perdonnet :

« La Cour, sur l'appel (de Forbin-Janson), en ce qui touche le moyen d'incompétence ;

» Attendu qu'il s'agit d'une opération commerciale ;

» En ce qui touche l'appel au fond ;

» Considérant qu'il résulte de l'ensemble des lois et règlements sur les négociations des effets publics et sur les obligations imposées aux agents de change, que la volonté constante du législateur, depuis l'établissement de la Bourse, a été de prévenir les conséquences désastreuses qu'entraînerait pour la société le jeu ou le pari sur la variation du cours des effets publics ;

» Que, dans les marchés à terme, le caractère du jeu et du pari, sur les effets publics, se manifeste principalement par la circonstance que la livraison des effets vendus n'a pas été faite entre les mains des agents de change, et que le dépôt des mêmes effets n'a pas été régulièrement constaté au moment de la signature de l'engagement ;

» Que le caractère du jeu ainsi défini, il s'ensuit que les marchés entachés de ce vice sont entièrement nuls, et que la ratification qui en aurait été postérieurement faite, ainsi que l'obligation à laquelle elle aurait donné naissance, n'ayant pour cause que des opérations illicites, ne peut servir de base à une action judiciaire ;

» Considérant qu'en aucun cas, l'agent de change ne peut avoir d'action contre son client, puisqu'il est tenu d'avoir les mains garnies en opérant pour lui ;

» Que la stricte exécution des lois et règlements en cette matière peut seule mettre un frein à cette ardeur immodérée de s'enrichir qui s'est emparée des pères de famille, qui, au lieu de se livrer à des professions honnêtes et utiles, se précipitent dans des opérations désavouées par la morale et toujours suivies d'une ruine complète ou d'une fortune scandaleuse ;

» Considérant en fait que Perdonnet, contrevenant au devoir de sa profession, n'a jamais fait d'offres réelles de livrer au comte de Forbin-Janson tout ou partie des 150 000 francs de rentes, qu'il ne les a pas désignées par les numéros d'ordre et de série ;

» Qu'il s'est borné à lui faire une sommation le 30 janvier de lui fournir la somme nécessaire au payement des 150 000 francs de rentes, ou bien la différence du prix d'achat au prix de revente ; d'où il résulte la preuve que Perdonnet n'avait pas réellement acquis pour son client une pareille quantité de rentes ;

» Que le dépôt des 300 actions du canal de Bourgogne, exigé à titre de couverture, prouve que Perdonnet n'ignorait point que l'intention du comte de Forbin-Janson était de jouer sur les différences de bourse ;

» Considérant que la mauvaise foi du comte de Forbin-Janson qui, après avoir touché en novembre le produit de ses opérations illicites, refuse de rembourser la perte résultante en janvier de la continuation de ces mêmes opérations, ne peut motiver en faveur de Perdonnet une action que la loi lui dénie ;

» Met l'appellation et ce dont est appel au néant ; émendant décharge le comte de Forbin-Janson des condamnations contre lui prononcées ;

» Déclare Perdonnet non recevable dans sa demande et le condamne aux dépens. »


Voilà, messieurs, la consécration du maintien de la législation. On a dit : Cette législation de 1823 ou 1824, consacrée par quelques arrêts, n'a point été maintenue par la jurisprudence. Voici un jugement du tribunal correctionnel de Paris du 8 juin 1842, qui est plus récent par conséquent, et j'y vois la consécration des principes que j'ai établis tout à l'heure :


« Attendu qu'aux termes des arrêts du conseil des 7 août et 2 novembre 1786, les marchés à terme, quels qu'ils soient, doivent être suivis d'un dépôt dûment constaté des effets publics vendus ou promis, que ces arrêts confirmés par les lois des 8 mai 1791 et 28 vendémiaire an IV réputent nuls et illicites les marchés à terme non suivis de dépôt, qu'ainsi c'est au principe de la livraison ou du dépôt des effets que sont principalement et essentiellement attachées la preuve et la garantie de la réalité, de la sincérité des marchés à terme ; que, sans livraison ni dépôt, le marché à terme n'existe que de nom, n'a rien de sérieux ni de légitime, et cache, sous la dénomination mensongère d'achats fermes ou à prime, une véritable spéculation de bourse, dont les résultats se résument en différences, c'est-à-dire en perte ou en gain coloré des vains noms de report et liquidation ;

» Que, de là, il suit que l'agent de change, chargé d'opérer la vente à terme d'une rente sur l'État, doit se faire remettre l'inscription ou les titres constatant la propriété du vendeur ; qu'il suit encore que, si l'agent de change s'engage à livrer des effets publics, il doit exiger et recevoir immédiatement les fonds nécessaires ;

» Que d'après ses termes et son esprit, l'article 422 du Code pénal ne fait que confirmer la prescription de l'ancienne législation en ce qui touche la justification imposée à l'agent de change sur la remise des titres ou la preuve de l'existence en ses mains du titre dont il devrait opérer la vente, et que c'est en l'absence de cette justification que l'art. 422 imprime à la convention le caractère de pari ou jeu de bourse ;

» Attendu que les prescriptions de l'art. 422 du Code pénal ont eu en vue d'arrêter et prévenir l'agiotage en même temps que de protéger la fortune et l'honneur des citoyens contre les périls et les séductions de la Bourse ; qu'enlever ces garanties, si sagement établies, ce serait indirectement autoriser les spéculations du jeu sur les effets publics, spéculations déjà si difficiles à saisir, et augmenter ainsi les causes de ruine des familles. »

Voilà donc la consécration de la législation par la jurisprudence établie de façon qu'on ne puisse plus la contester. Disons maintenant que la jurisprudence a raison, qu'il est impossible de ne pas le reconnaître, et qu'en dehors des dispositions précises de la loi qui vous interdit le marché à terme sous quelque forme que ce soit, qui le rend impossible pour vous, puisqu'elle exige que vous soyez nantis du prix ou de la chose, ces marchés sont incompatibles avec vos fonctions. Vous avez des fonctions, vous prétendez que nous les avons usurpés. Eh bien, non ! et vous ne pouvez le dire qu'en vous accusant vous-mêmes, puisque la nature de ces fonctions vous interdit d'être intermédiaires d'un marché à terme quelconque. Lisez donc l'art. 85 du Code de commerce, qui dit que vous ne pouvez recevoir ni payer pour le compte de vos commettants ; lisez l'art. 86, qui porte que vous ne pouvez vous rendre garants de l'exécution des marchés dans lesquels vous intervenez. Comment ! vous ne pouvez pas être garants, et vous voulez faire des marchés à terme ? C'est impossible, c'est insoutenable ; c'est vous qui l'avez dit. Si vous ne subissez pas la condition du dépôt, qu'arrivera-t-il ? Que vous serez garants. Or, la loi vous le défend. Que dites-vous dans un de vos engagements que j'ai sous les yeux ?

« Le 16 mai prochain, ou plutôt à volonté, je transférerai à M..... la somme de.... f. de rentes 5 pour 100 consolidé contre le payement de la somme de.....
» Fin courant..... etc. »

Qu'est-ce que cela veut dire ? Si c'était une opération au comptant, l'agent de change aurait reçu l'argent, et il n'aurait pas de garantie à donner, car il n'y a que l'infidélité qui ferait qu'il ne remettrait pas les titres ou le prix. Mais si c'est un marché à terme, c'est l'agent qui vend personnellement ; il prend l'engagement de remettre fin du mois la somme qui lui est demandée. Les agents de change ne font pas connaître celui de leurs confrères à qui ils ont vendu ou de qui ils ont acheté ; tout est ignoré du client. Moi, client, je ne sais qu'une chose, que l'agent de change a vendu ou acheté fin courant telle valeur pour mon compte. Est-ce là une garantie? C'est indubitable.

Je sais bien que vous allez au-devant de cette garantie. Comment? Au moyen des couvertures. Vous dégagez votre responsabilité, que vous ne devriez pas engager, par la remise de certaines sommes calculées sur la prévision des mouvements de hausse et de baisse. Si vous prévoyez un écart de 2 ou 3 francs, vous prenez en couverture 2 ou 3 francs; mais de ce que vous avez une couverture, cela veut-il dire que vous n'engagez pas votre responsabilité que la loi vous défend d'engager? Vous exigez par précaution un peu d'argent de la personne qui traite avec vous; mais si cette garantie n'est pas suffisante, si le mouvement de la Bourse entraîne une hausse ou une baisse plus forte que celle que vous avez prévue, vous êtes débordés, et votre garantie est inévitable. Or, votre intérêt de fonctionnaires, d'officiers publics assermentés, de notaires, de certificateurs des cours, d'officiers ministériels chargés seuls des ventes au comptant, votre titre emporte avec lui l'interdiction d'être jamais garants de quoi que ce soit; il vous interdit, par conséquent, de la manière la plus formelle, la plus absolue, les marchés à terme; vous l'avez reconnu dans tous les temps, et voilà pourquoi, dans tous les temps, vous avez sollicité des ministres d'être relevés des obligations qui vous sont imposées par l'arrêt de 1785 et par l'art. 13 de l'arrêté de prairial an X. Voilà pourquoi vous avez dit aux ministres, dans tous les temps, sur tous les tons : Mais il nous est impossible de faire des marchés à terme, et cependant, avez-vous dit encore avec raison, et cependant les opérations à terme sont les véritables opérations de crédit, les véritables sources de la prospérité publique. Qu'un homme ayant de l'argent fasse des opérations au comptant, ce n'est pas là ce qui constitue le crédit. L'activité du crédit, son mouvement, son impulsion, l'abondance de la circulation, ce qui fait, en un mot, la prospérité et la richesse de l'Etat comme des grandes entreprises particulières, tout cela ne peut se faire que par les marchés à terme. Vous vous émerveillez de voir si belle et si riche cette France accablée de malheurs pendant tant d'années, cette France qui, par ses fautes autant que par les fautes de ceux qui étaient chargés de la gouverner, a été écrasée sous le poids de revers sans nom; eh bien, oui, cette France a dans son sein des ressources qu'aucun Etat ne possède. Il n'en est pas un autre au monde qui n'eût succombé au milieu des secousses financières et politiques qui, pendant cinquante ans, nous ont agités. Eh bien, la France, avec son activité, avec ses ressources merveilleuses, a trouvé moyen de faire face à tout et de se relever plus riche, plus fière, plus puissante, plus féconde, plus belle que jamais. Ses ressources, comme sa générosité, sont sans bornes. Ils sont inconnus encore les désastres, les calamités qui pourraient, je ne dis pas l'abattre, mais l'étonner!

Vous disiez à M. de Villèle, qui ne voulait pas détruire le marché libre à côté de vous, vous lui disiez : Mais voyez, monsieur le ministre, ce qu'a fait la Bourse, ce qu'a fait le marché à terme; c'est lui, c'est lui seul qui, quand nous étions sous la pression d'un million d'étrangers et qu'il nous a fallu racheter par un milliard le prix de nos fautes, le prix de guerres inutiles et insensées, quand l'étranger vainqueur nous demandait pour se venger le prix de la victoire et que nous avons fait face à tout, c'est lui, c'est le marché à terme, c'est la spéculation libre qui nous a libérés, et non-seulement libérés, mais enrichis de nouveau.

La spéculation libre, les marchés à terme, voilà les grands ressorts, les puissants leviers à l'aide desquels nous avons pu réparer nos désastres et marcher.

Voilà ce que vous disiez à M. de Villèle, messieurs, et M. de Villèle devait être bien touché de vos observations en faveur du marché à terme; mais il a compris que s'il vous donnait l'autorisation que vous lui demandiez, il vous imposait la garantie, et que, de ce moment, vous étiez dépouillés de votre grandeur de fonctionnaires publics. Voilà ce qu'il a compris, ce que tous les ministres ont compris. Vous lui demandez l'abrogation des lois de 1785 et 1786, vous lui demandiez une législation toute nouvelle; vous lui demandiez, en un mot, une faveur qui pour vous était le suicide. Permettez-moi de vous rappeler en quels termes vous vous expliquiez aux pages 25 et 26 de votre Mémoire. Cela pose clairement la question entre nous. Vous lui disiez, après avoir parlé de tous les événements auxquels j'ai fait allusion :

« Monsieur le ministre,

» C'est uniquement par le marché à terme que sont praticables les grands placements de fonds que l'on veut rendre productifs, en en conservant toujours la disponibilité : ces placements se réalisent par une opération connue sous le nom de report, qui consiste à acheter au comptant et à vendre simultanément à terme, à un prix plus élevé, la même partie d'effets publics ainsi achetés.

» Les capitaux affluent dans les fonds publics à cause de la commodité de ce placement et de la facilité avec laquelle il s'opère ; cette affluence tend à donner du crédit aux effets, et aide au classement des titres de la dette nationale ; la masse des capitaux qui se porte vers ce genre d'emploi donne au gouvernement le moyen de réaliser ses emprunts à de meilleures conditions et d'assurer le service du Trésor en combinant les époques de livraison avec ses besoins.

» C'est ainsi que depuis la Restauration, des millions de rentes et de valeurs au porteur émis par le gouvernement, ont pu être négociés sur la place de Paris, et que les capitaux nationaux et étrangers sont venus au secours de l'État ; quelle place, en effet, eût pu supporter la vente au comptant des masses de valeurs de crédit admises par le gouvernement depuis 1815 ?

» Tous ces effets utiles ont été produits par le marché à terme.

» Mais si, pour contracter de cette manière, il fallait que les agents de change, médiateurs nécessaires de ces opérations, fussent toujours nantis d'avance des effets ou de l'argent, il est évident que les grands placements dans les fonds publics ne seraient plus possibles et que le gouvernement serait entravé dans ses opérations financières.

» Sans doute, il reste démontré que le marché à terme des effets publics est une chose utile et nécessaire, il est indispensable d'en rendre l'exécution possible. »

Voilà ce que vous demandiez à M. de Villèle, ce que vous avez demandé à tous les ministres : d'être relevés des obligations que vous imposent l'édit de 1785 et la loi de prairial, d'être dégagés des limites qui vous sont si clairement imposées par ces lois.

Qu'avez-vous fait en 1824 pour déterminer M. de Villèle à entrer dans cette voie ? Vous avez fait un parère qui a été signé par les premiers négociants, qui a été revêtu de l'adhésion d'un très grand nombre de maisons de banque ; que disiez-vous dans ce parère ? Et que disaient MM. Laffitte, Périer, enfin les plus grands banquiers de la place qui réclamaient avec vous ? Voici vos expressions et les leurs :

« Par ces motifs, les soussignés estiment que les marchés dont il est question sont indispensables dans la situation présente de la France, et que la jurisprudence adoptée par la Cour royale (qui s'appuie sur d'anciens arrêts du Conseil, rendu à une époque, et dans des circonstances qui ne peuvent être assimilées en aucune manière à celles où nous nous trouvons) est en opposition avec les véritables intérêts politiques et commerciaux de notre pays. »

Et puis MM. Baguenault, Fould, de Rotschild, Ch. Laffitte et autres, signant, en 1842, une adhésion à ce parère, disaient :

« Nous, soussignés, banquiers et capitalistes, après avoir pris connaissance de la déclaration faite en 1824 par les principales maisons de la place de Paris, nous nous empressons de le confirmer de la manière la plus explicite et croyons devoir appeler l'attention du ministère sur la difficulté et même l'impossibilité qu'éprouveraient les grandes opérations financières qui se rattachent au crédit public, si ce mode de négociation, consacré par les habitudes et les nécessités de la place, devait être entravé. »

Ainsi, il ne fallait pas d'entraves pour les marchés à terme ; c'est là ce que vous avez demandé. Vous avez donc reconnu que ces entraves existaient, qu'elles vous gênaient ; vous avez demandé à être dégagés des prescriptions des lois de 1785 et de l'an X. Vous ne l'avez pas obtenu ; voilà ce que je voulais faire remarquer.

Enfin, vous avez adressé un nouveau Mémoire au ministre des finances, en 1843, vous lui avez adressé une demande spécialement sur les obligations qui vous sont imposées par les lois, et vous disiez à la page 12 :

« Par une discussion simple, à l'aide de quelques principes de crédit et du mode des emprunts, qui sont les grands moyens d'action des gouvernements libres, nous serons amenés à justifier le principe et l'utilité des marchés à terme, en nous appuyant sur les considérations morales qu'on veut nous opposer, et sur les considérations politiques qui résultent de la force des choses, des nécessités du gouvernement et des discussions des chambres. Nous en concluons aussi que les marchés à terme doivent être consacrés et régularisés par le règlement que nous sollicitons. »

Je ne lis pas les différents passages de votre Mémoire de 1843 ; mais je ne puis me dispenser de rappeler en quels termes vous en terminiez la première partie ; ces termes-là sont précieux ; ils se réfèrent à ce qu'a dit M. l'avocat impérial dans les observations qu'il a soumises au tribunal.

« La jurisprudence, disiez-vous à la page 57 de votre mémoire au ministre, la jurisprudence de la Cour royale s'est un peu adoucie dans les derniers temps ; elle ne prohibe pas les marchés à terme d'une manière absolue, elle n'exige pas la consignation préalable des effets vendus, ni des fonds destinés à les payer ; elle veut seulement qu'il y ait preuve que ces effets existaient dans la propriété du vendeur au moment de la conclusion du marché. C'est ce que prouvent plusieurs arrêts. »

Et vous ajoutez :

« Mais nous ne pouvons pas admettre le maintien de cette condition, parce qu'elle est une entrave aussi gênante que dangereuse dans l'exécution de nos opérations. »

Les agents de change ont complétement raison. C'est toujours pour eux la même chose qu'on exige, qu'ils aient le titre ou le prix au moment où le marché à terme s'accomplit, c'est leur interdire le marché à terme. Qu'on leur dise : Vous garantissez que la valeur devra se trouver dans les mains du vendeur et le prix dans les mains de l'acheteur à l'échéance du marché à terme, c'est exactement la même chose pour eux ; c'est les rendre garants d'une chose qu'ils ne peuvent pas garantir. D'ailleurs, l'arrêt de la Cour de cassation, que j'ai lu, répond à cette prétention que la législation qui limite vos fonctions aurait été réformée par les dispositions de l'article 422 du Code pénal.

En résumé, la législation est entière, elle a été reconnue par vous et vous vous êtes adressés à tous les gouvernements pour être relevés de cette législation ; vous ne pouvez pas méconnaître qu'elle est impérieuse pour vous, qu'elle règle votre profession d'officiers publics ne pouvant jamais être exposés à une garantie. Un procès d'un agent de change contre un agent de change ou un client est impossible ; car cet officier ministériel doit toujours avoir dans les mains le prix de ce qu'il doit acheter, et la chose qu'il est chargé de vendre. Il n'y a pas de contestation possible, vous ne pouvez pas être exposés à venir devant les tribunaux. Pourquoi y êtes-vous venus ? Parce que vous avez donné des garanties à des gens auxquels vous ne deviez pas les donner, parce que vous deviez dire à celui qui voulait vendre : Donnez-moi votre titre, et à celui qui voulait acheter : Donnez-moi votre argent. Il faut, aux termes de la loi, que vous n'opériez jamais pour votre compte : or, c'est opérer pour son compte que se rendre garant ; telle est la disposition formelle de la loi ; vous l'avez reconnu, en sollicitant d'en être dégagés.

Qu'est-il arrivé de tout ceci ? Il est arrivé que, lorsque vous avez sollicité d'être relevés de cette loi et que vos prétentions ont été repoussées, vous avez été obligés d'établir un règlement nouveau qui ne vous enlevât ni la faculté ni le droit de contracter des responsabilités qui sont antipathiques à la nature de vos fonctions, de faire des marchés à terme qui sont interdits à vos fonctions d'agent de change. Vous avez voulu aller en avant, vous avez fait un règlement que vous vous êtes imposé à vous-mêmes. Ce règlement est sagement conçu, je le reconnais, je le proclame ; mais vous avez fait un règlement qui vous attribue précisément ce que la loi vous dénie. Vous avez fait un règlement qui vous autorise à faire des marchés, soit au comptant, soit à terme. C'est la violation de la loi, la violation la plus claire, la plus flagrante, et je me demande si c'est en vertu de votre règlement que nous avons été traduits comme ayant usurpé vos fonctions. Non, vous vous êtes créé à vous-mêmes le droit de faire ce que la loi vous interdit, c'est pourquoi on ne vous a jamais reconnu aucune action devant les tribunaux. Vous vous êtes attribué à vous-mêmes le droit de faire des marchés à terme. Voulant faire cela vous avez coordonné tout le système de votre instruction dans le but unique de protéger les marchés à terme qui vous sont interdits.

Vous nous avez dit, et permettez-moi d'y revenir par un mot, c'est nécessaire au complet éclaircissement de cette cause, vous nous avez dit et vous avez raison, que le marché à terme est un marché réel. Rien n'est plus vrai. Pourquoi ? Parce que c'est l'engagement très réel de livrer une chose à tel prix à un terme quelconque, c'est un contrat aléatoire, comme tous les contrats aléatoires ; c'est un contrat aléatoire comme la constitution d'une rente viagère à titre onéreux, comme tous les marchés à livrer, enfin un contrat de la nature de ceux qui sont définis par le Code civil. Il est donc licite, considéré en soi-même. Mais ce contrat, parce qu'il est aléatoire, vous est nécessairement interdit. Pour défendre le marché à terme, vous avez dit, avec raison : Puisqu'il doit aboutir à une réalisation, il est réel, c'est certain ; c'est une négociation qui doit se résoudre par une livraison, c'est vrai ; c'est un marché dont la réalisation ne peut pas être empêchée même par une infidélité, c'est encore vrai. Et puis l'escompte, l'escompte qui permet à toute époque de demander livraison, l'escompte est permis. Il procure un avantage énorme aux spéculateurs à la hausse ; il donne la faculté d'opérer comme on veut, d'entraver la baisse, il fait du marché à terme, un marché réel, utile et sérieux.

Les opérations d'escompte, en effet, se font presque tous les mois ; on y a recours pour obliger un vendeur, qui peut être à découvert, à livrer, en un mot, pour obtenir des titres. Au moment où, par l'effet de l'escompte, vous imposez l'obligation de livrer la chose vendue, vous déterminez la hausse ; car vous obligez ainsi les vendeurs à se procurer des titres qui, étant dès lors plus demandés sur le marché, augmentent nécessairement de valeur. Il en résulte que l'escompte, obligeant à livrer, il est bien, comme vous le dites, la consolidation de ce qu'il y a de réel et de sérieux dans le marché à terme ; et ainsi il n'est pas vrai que ce soit une chose fictive que le marché à terme. M. l'avocat impérial considère, lui, toute opération à terme comme une opération de jeu, comme une opération fictive, mensongère et, par conséquent, comme une opération illicite. Je répète, ce que les agents de change ont dit avec raison, et ce qui était la conséquence très vraie de leur système, que le marché à terme est un contrat aléatoire, interdit par conséquent aux agents de change, mais un contrat très légitime, très réel, très légal (articles 1104, 1964 et 1967 du Code civil), et qui doit avoir son efficacité. Mais, nous dit-on, ce contrat se résout le plus souvent par des différences, et cela prouve que ce n'est qu'un jeu, je vous en demande pardon ; savez-vous ce que c'est qu'une différence payée ? Eh bien, c'est tout simplement l'abréviation d'un procès : Je vous ai vendu des valeurs, vous ne me payez pas, je vais donc être forcé de chercher un autre acquéreur ; or, depuis que nous avons conclu notre marché, le prix des actions a baissé, je vendrai donc à un prix inférieur à celui qui était convenu entre nous ; alors je vais vous intenter une action en dommages-intérêts pour me couvrir de la perte que vous me faites subir. Eh bien, cette perte, c'est la différence.

A l'inverse, je vous ai acheté des valeurs, vous ne me livrez pas la chose, je suis obligé de l'acheter et de la payer beaucoup plus cher, j'ai le droit de vous demander des dommages-intérêts : ce sont là des choses très réelles qui entrent dans le commerce le plus légitime, le mieux fondé, ce n'est pas là le jeu, pas le moins du monde. Ainsi que je disais, ce payement des différences n'est pas autre chose qu'une abréviation de procès. Au lieu d'aller faire cette vente à M. un tel aux risques et périls de M. un tel, au lieu d'intenter un procès en dommages-intérêts, on suit le cours, on règle la différence, c'est la compensation. Vous savez en quoi consistent les compensations et comment elles se font entre les agents de change et les coulissiers, j'aurai un mot à en dire tout à l'heure.

Vous avez, messieurs les agents de change, une caisse commune, et votre caisse commune est riche; elle a été constituée je crois, en 1818; elle consistait en 1818, en une somme de 3 millions au moyen du versement de 50 000 francs que chaque agent de change était obligé d'y faire. Vous êtes aujourd'hui, comme alors, au nombre de soixante, mais, je crois que vous êtes obligés de verser 100 000 fr., ce qui fait que vous avez dans votre caisse commune 6 000 000, et votre caisse s'accroît encore tous les jours par certains droits de timbre, d'engagements, etc., etc. Tout cela vous fait une caisse commune énormément riche, vous avez bien fait de l'établir, mais à quoi sert-elle? Vous avez des frais généraux, mais ces frais généraux ne demandent pas 6 000 000. Pourquoi l'avez-vous donc établie? Vous l'avez dit et imprimé dans votre mémoire au ministre, en rappelant les sacrifices que vous aviez faits en faveur d'agents de change, victimes de la mauvaise foi de leurs clients : Nous sommes venus à leur secours, nous n'avons pu dissimuler les désastres de plusieurs membres qu'à l'aide de notre fonds commun. Appelons les choses par leur nom, vous n'avez une caisse commune de 6 000 000 que parce que vous avez des pertes à couvrir, des désastres à dissimuler, que parce que vous avez des confrères qui, faisant des affaires à terme, se sont trouvés à découvert, faute par leurs clients de leur livrer la chose ou le prix, et vous venez au secours de ces grandes irrégularités! C'est pour cela que votre caisse commune est très riche, vous avez bien fait de l'enrichir, d'en doubler le capital, du moment que vous aviez plus de risques à courir. Ah ! vous êtes des hommes sages, mais vous êtes des hommes sages pour protéger ce que vous n'avez pas le droit de faire, pour vous mettre à l'abri des risques que les membres de la Compagnie courent et qu'ils ne devraient jamais courir. Je comprends votre institution, elle est grande, elle est belle, je l'admire; mais elle est illégale !

J'admire encore votre liquidation centrale, elle est belle aussi; mais est-ce qu'il y a besoin fin du mois d'une liquidation pour des opérations au comptant? Non. Pourquoi l'avez-vous? Pour les opérations à terme. C'est quelque chose de merveilleux que la manière dont chaque agent de change vient, le premier jour du mois, apporter l'état de tout ce qu'il a vendu, de tout ce qu'il a acheté. C'est quelque chose d'admirable que la manière dont la concordance des opérations de chacun s'établit. Celui-ci acheteur a acheté pour

200 mille francs de rente ; celui-là vendeur en a vendu pour 150 mille francs ; chacun présente à la fin du mois son chiffre d'achats ou de ventes et on arrive ainsi à la concordance et à la compensation. La compensation se fait à un chiffre moyen ; mais entre agents de change, il y a toujours une différence qui ne touche pas le client. Le premier jour, vous faites la concordance des achats et des ventes des valeurs françaises ; le second jour est consacré aux rentes étrangères et aux valeurs industrielles ; le troisième jour vous faites ce qu'on appelle le pointage ; vous établissez le solde de chacun, chacun se trouve débiteur ou créditeur, et puis il est prescrit dans votre règlement que le lendemain, avant midi, tous ceux qui sont débiteurs apporteront à la Banque le montant de ce qu'ils doivent et ceux qui sont créanciers iront y toucher le montant de ce qui leur est dû. Chacun de ces derniers va à la Banque avec son bordereau de la chambre des liquidations et la banque paie immédiatement sur les fonds qui lui ont été versés dans la matinée. Et puis les agents de change qui ont payé à la Banque ce qu'ils devaient et ceux qui ont reçu ce qui leur était dû font la répartition entre leurs clients. Après la liquidation générale entre les agents de change vient la liquidation directe et particulière entre les agents de change et leurs clients. Votre liquidation est une institution superbe, digne des plus grands éloges ; mais elle vous est défendue, car elle ne fait que protéger les marchés à terme que vous n'avez pas le droit de faire.

Suivons vos opérations. Qu'est-ce qu'un marché à prime ? c'est, comme je vous le disais, un marché de pure spéculation ; il ne peut être autre chose. Il est absurde d'imaginer que celui qui peut la lever, va acheter une rente à prime ; l'acheteur à prime est un homme qui ne peut pas lever, donc le marché à prime est une pure spéculation. Cela est très sage sans doute ; vous limitez par là les risques ; vous vous mettez à l'abri des renversements de fortune. Oui, vous êtes des hommes très prudents, très sages ; mais tous vos règlements, toute votre sagesse, toutes vos lumières ne sont utiles que parce que vous êtes à côté de la loi.

Enfin, vous vous livrez à des opérations dont vous faites le plus grand éloge, et, on peut le dire avec raison, ce sont les opérations de report. C'est vrai ; par ces opérations vous apportez de grands secours, de grandes facilités aux hommes de la place, aux banquiers, à ceux qui ayant en mains des titres ne veulent pas s'en dessaisir, veulent en rester nantis. Cependant ils ont besoin d'argent, ils ne veulent pas faire de dépôt pour emprunter sur leurs titres, ils font des reports. Ils viennent vous trouver et vous disent : Vendez-moi au comptant cette rente que je possède et que je vous remets et puis rachetez-la fin de mois immédiatement, je vous en rendrai le prix, sauf l'intérêt que je subirai. Il est certain, à ce point de vue, que c'est une chose excellente, une facilité extrême pour que l'homme qui ne veut pas se dessaisir de ses titres puisse cependant se procurer de l'argent et renouveler au besoin son opération à la fin du mois en payant deux fois l'écart. Voilà le report ; à ce point de vue il est le plus légitime du monde ; mais il a d'autres côtés, c'est que c'est un grand secours pour le jeu, pour la spéculation, un grand secours pour les opérations à terme qui vous sont interdites. Il arrive, en effet, vous en avez des exemples, que l'écart entre le cours de la rente au comptant et le cours de cette valeur à la fin du mois est quelquefois très considérable, c'est là l'intérêt que subit celui qui fait le report pour se procurer de l'argent. Savez-vous qu'au cours de nos valeurs, à 62, 63, l'écart entre le comptant et la fin du mois se trouve quelquefois de 0,50, 0,65 cent., 1 franc, et que, par conséquent cet écart, qu'il faut considérer comme l'intérêt de l'argent jusqu'à la fin du mois, représente 15, 16, 17 pour cent par an. Il y a aussi sur la place une quantité assez nombreuse de gens aventureux et avides de gros intérêts qui font des reports. Ils ont de l'argent ceux-là ; ils vont trouver un agent de change et lui disent : Achetez-moi au comptant pour 100 mille francs de rente, et revendez-les moi tout de suite pour la fin du mois; d'ici à la fin du mois je veux gagner la différence entre le prix de ce que vous achetez au comptant et le prix de ce que vous vendez à terme. L'homme qui spécule à la hausse a ou n'a pas son argent pour payer à la fin du mois ou bien il croit qu'il vaudra mieux lever plus tard, et, en conséquence, dans l'un ou l'autre cas, il se fera reporter. C'est l'opération qui se fait tous les jours. On dit à l'agent de change : j'ai acheté fin courant, je ne peux pas prendre livraison, trouvez-moi quelqu'un qui prenne livraison pour moi, je lui vendrai, et puis nous ferons un rachat fin courant. Voilà comment opère le spéculateur à la hausse ; il est évident que par cette opération il détermine, jusqu'à un certain point, la hausse. Voilà l'opération du report, qui est très bonne, qui vient au secours de l'industrie, de la Banque, de tous ceux qui sont nantis de titres, mais elle n'en est pas moins dans vos calculs un élément de garantie pour les éventualités fâcheuses d'une opération qui vous est, je ne saurais trop le dire, sévèrement interdite.

C'est ainsi que la Compagnie des agents de change a organisé le mécanisme de ses opérations pour protéger, effectuer, ce qui lui est interdit. J'ajoute que, malgré toutes ses réclamations, malgré ses gémissements pour obtenir la réforme de la législation et la clôture de la coulisse, la Compagnie a toujours reconnu qu'elle ne considérait pas les marchés à terme et les opérations accessoires qu'elle veut protéger comme faisant partie de ses fonctions. La preuve, c'est qu'elle les a toujours encouragées, provoquées chez ses rivaux les hommes de la coulisse. C'est la dernière démonstration que le procès est mal fondé. L'accusation n'a pas d'autre titre à nous opposer que celui de nous être immiscés dans les fonctions d'agent de change ; elle n'a pas d'autre titre, elle n'en peut pas avoir d'autre. Il est démontré que les banquiers de la coulisse n'ont pas fait d'autres opérations que des opérations à primes, des opérations de report, des opérations à terme, lesquelles sont interdites aux agents de change. Voilà qui est arrivé à une démonstration complète.

J'achève la démonstration en montrant que les agents de change ont traité, au moyen d'ordres ou de compensations, avec ceux qui, illicitement, font précisément les opérations qui ne sont pas dans les fonctions d'agent de change.

A propos de compensations on vous a dit hier, au nom de cette Compagnie qui prétend que la coulisse usurpe ses fonctions, en faisant des opérations à terme : « Des compensations ! des compensations ! nous n'en avons jamais fait qu'entre nous » ou avec des personnes que nous considérons comme des clients. Et, d'ailleurs, nous en aurions été bien empêchés : nous aurions été passibles d'une amende énorme. Quant à cette amende énorme, je ne sache pas qu'elle ait été jamais infligée : il est possible que je me trompe. Mais enfin ce qui est constant c'est que, ces compensations, vous les faites, non pas d'agent de change à agent de change, mais avec des clients, des hommes de la Bourse...

Mon Dieu ! vous m'obligez à lire des lettres ; je ne lirai pas toutes celles que j'ai ; mais j'en lirai quelques-unes. Voici un agent de change, il est inutile de le nommer, qui « a l'honneur de saluer M. Morel-Fatio et de le prévenir qu'il a vendu pour son compte, à la Bourse de ce jour, 22 500 francs 3 pour 100 à 69-40 par compensation Manuel. » Eh bien ! M. Manuel n'était pas alors agent de change.

Voici une autre lettre :

« Messieurs Lévy-Crémieux frères, à Paris,
» Conformément à l'avis que vous avez dû recevoir ces jours derniers de M. le prince O....., je passe écriture d'une double compensation entre lui et vous, par suite de laquelle vous devenez acheteur chez moi de 30,000 ferme 3 pour 100 à 68, 05, et vendeur de 60,000 à prime à 68, 90 dont 0, 50. Je passe le ferme à 68, 05 au lieu de 68, 20 afin que votre commission se trouve payée.
» Veuillez m'écrire que vous acceptez et que nous sommes d'accord. »

Il est évident que c'est une opération faite dans la coulisse avec le prince O..., que vous admettiez une compensation et que vous opériez avez la coulisse. Ne dites donc pas que les agents de change n'acceptent pas la compensation directement pour les achats ou les ventes faits par les banquiers de la coulisse avec des clients.

Ce que je suis obligé de dire encore, c'est que vous abusez étrangement d'une facilité singulière que vous vous êtes donnée et qui, à mon avis, ne devrait pas vous appartenir, celle d'avoir des associés. Les anciens règlements vous interdisaient même des intermédiaires. Eh bien ! vous vous êtes autorisés maintenant à vous donner des associés. Vous en inscrivez quatre comme commanditaires et ces quatre commanditaires se fractionnent à l'infini, car tout le monde sait qu'il y a des trentièmes, des quarantièmes, des cinquantièmes d'agent de change qui circulent sur la place de Paris. Je dis que vous ne devriez pas avoir d'associés, que c'était défendu par les anciens règlements, et que c'est antipathique avec les conditions d'officier public. Malheureusement vous avez recours à ces associés commanditaires pour vos opérations avec la coulisse, et quand nous venons vous dire : C'est par un tel que l'opération a été faite ; vous nous répondez : je ne connais pas cette affaire : mon associé a pu la faire, je ne sais pas ce que fait mon associé. Et vous recommandez soigneusement qu'on mette vos affaires à la coulisse sous le nom de vos associés et non sous votre nom propre. Je ne veux pas faire recueillir par la presse les noms et les signatures des lettres que je veux lire, mais enfin ce sont des noms, des signatures d'agents de change.

En voici un qui écrit à M. Lévy-Crémieux :

« Vous pouvez faire toucher demain matin à notre caisse le montant de la double prime sur le mobilier que vous avez faite hier avec L..... (10,000 francs) :

seulement, je vous prierai de faire le reçu,  et l'engagement au nom de D..... qui a l'honneur de vous saluer. »

Un autre écrit à M. Savalette la lettre que voici :

« 28 mars 1859.

»⸱Monsieur Savalette, quand M. Cassagnole vous donnera pour mon compte des ordres d'achats ou de ventes, je vous prie de m'écrire directement, mais sous  le pseudonyme de *Jacques*, ne voulant plus que mon  nom figure sur vos livres comme client, etc..... »

On écrit cela à l'un des prévenus, M. Savalette. Nous pouvons vous fournir la preuve que tous les jours les choses se font ainsi. Je n'attaque pas ; je n'apporte pas, certes, des dénonciations en échange de celle dont nous sommes victimes : mais il m'est impossible de ne pas me prévaloir de vos actes révélés par vous-mêmes sous des prête-noms. Nous savons très bien ce que c'est que M. Cassagnole, c'est un homme puissant : vous le saurez bientôt, si vous ne le savez pas déjà ; il est connu de l'Europe entière. (*On rit.*)

Quoi qu'il en soit, voilà la démonstration que vous agissez directement, publiquement chaque jour avec la coulisse, reconnaissant par là que les opérations auxquelles elle se livre ne sont pas un droit exclusif pour vous. Voici un compte d'agent de change dans lequel il traite des primes au prix de la coulisse à 25 centimes. Par conséquent, vous traitez non-seulement avec les coulissiers comme coulissiers, en leur donnant des ordres d'achats et de ventes, en faisant avec eux toute espèce de négociations, mais vous leur recommandez de mettre ces négociations sous des pseudonymes, afin que votre nom ne figure pas sur leurs livres ; et vous faites ces opérations au taux de la coulisse et non du parquet.

Je vous ai dit hier que, pour attirer la coulisse, vous lui faites des remises sur le courtage, ce qui jamais ne devrait être fait ; car, comme le disait admirablement votre avocat, votre courtage est fixé par des règlements d'administration publique, vous ne pouvez ni l'augmenter ni le diminuer : c'est un tarif réglementaire auquel vous devez être fidèles ; mais vous voulez accroître votre clientèle ; mais il y a des hommes riches dans la coulisse, qui reçoivent des commissions de l'étranger et de la province : vous voulez vous attirer toutes les affaires au comptant, et, en conséquence, vous allez trouver les coulissiers, M. Morel-Fatio, M. Crémieux... Les noms sont inutiles... Voici vos lettres et au bas de ces lettres, qu'est-ce que je vois ? J'y vois, par exemple, le nom d'un agent de change écrivant à M. Morel-Fatio :

« Paris, le 15 janvier 1859.

» Monsieur Morel-Fatio,
» M..., agent de change, a l'honneur de vous prévenir que, d'après vos ordres, il a fait pour votre compte, à la Bourse de ce jour, les opérations suivantes :
» Acheté fin février, 15,000, 3 pour 100 à 70, 35 (affaire franco). »

C'est-à-dire qui n'est pas payée. Voilà une affaire ; j'en ai bien d'autres, dont je puis vous fournir la preuve.

VIII.                                              8

Ainsi tel agent de change fait prévenir un coulissier qu'il a fait pour son compte une opération franco, et il lui donne l'ordre d'acheter pour lui 15 000 francs de rente. Il y a donc des agents de change qui ont constaté eux-mêmes qu'ils ne prenaient pas de courtage à la coulisse. Qu'est-ce que c'est que tout cela, si ce n'est la reconnaissance que ce que nous faisons n'est pas dans le privilége des agents de change, dans la spécialité de leurs fonctions. Ils donnent des ordres d'achats et de ventes purs et simples, dans les termes les plus formels, des ordres d'acheter ou de vendre, non-seulement à l'heure de la Bourse, mais à d'autres heures que celles de la Bourse. Voici un agent de change qui écrit à M. Michel :

« Mon cher Émile,
» Vendez  15,000  à midi ;
15,000  à une heure un quart ;
15,000  à une heure trois quarts.
» Pour vos tous dévoués,                                        *****.

» A titre de revanche, j'espère... »

Et vous dites que vous ne donnez pas des ordres ! (Rires ironiques.)

M. LE PRÉSIDENT. — Je ne vois rien dans ces paroles qui puisse exciter les rires de ces messieurs. Gardes, redoublez de surveillance, et si quelqu'un trouble encore l'ordre, expulsez-le.

Continuez, Mᵉ Berryer.

Mᵉ BERRYER. — Les agents de change donnent les ordres les plus formels aux coulissiers, et c'est la reconnaissance la plus catégorique par eux que les opérations à terme ne rentrent pas dans le cercle de leurs propres fonctions. Tous ces ordres sont ainsi conçus :

« Un tel prie M. un tel de lui vendre 10 000 fr. de rente ou d'acheter pour lui à prime 10 000 fr. de rente. »

Je lis encore deux lettres au hasard, j'en pourrais lire dix, j'en pourrais lire vingt qui constatent ce fait :

« Mon cher Émile,
» Veuillez vendre ce soir tant de rentes pour mon compte. »

« Mon cher Émile,
» Veuillez acheter pour mon compte tant de rentes. »

Toutes ces lettres sont ainsi conçues ; je ne lis pas les noms des signataires ; encore une fois, il ne s'agit pas de dénoncer, de provoquer des destitutions, mais je dis qu'il y a soixante agents de change et qu'ils sont tous, et tous les jours, en contravention flagrante avec la loi qui régit leur institution.

Je tiens sans doute que tout ce que vous faites est utile, que toutes les opérations auxquelles vous vous livrez, celles mêmes, celles surtout que la loi vous a refusées, sont bonnes, sont excellentes, que c'est en les faisant que vous aidez à la prospérité du pays, je dis que vous vivifiez les sources du crédit au moyen des marchés à terme, que toutes ces choses que je suis condamné à vous reprocher multiplient les affaires et qu'en multipliant les affaires, elles enrichissent le pays. Vous en êtes fiers, vous avez raison de l'être, mais vous n'avez pas raison, quand vous dites que le marché à terme est le propre de vos attributions, que c'est votre privilége spécial et qu'en le faisant, on s'immisce dans vos fonctions. Vous dites, à votre honneur, vous répétez sans cesse, et c'est pourquoi je vous en rends hommage, quelque chose qui est très vrai, très exact... J'ai vu de près, pendant de longues années, la marche du crédit, et vraiment il m'a été impossible de ne pas reconnaître que la sagesse, la prudence des institutions que vous avez formées, avait exercé sur elle la plus grande, la plus heureuse influence. Vous êtes les grands instruments, les protecteurs-nés du crédit ; mais ce que vous dites à votre éloge, permettez-moi de vous faire remarquer que le marché libre a le droit de le dire ; car il a participé à tous les bienfaits que vous avez rendus à la société. Que mon langage soit donc une sorte de compensation aux paroles sévères qui ont été prononcées contre vous, contre la compagnie des agents de change. Je viens défendre vos opérations, même celles que vous avez faites en dehors de vos fonctions. Je pense ainsi, parce que je suis de mon temps, de mon pays, que j'en comprends les intérêts, que j'en vois développer le crédit par vous avec une satisfaction, avec un bonheur qui me remue jusqu'au fond des entrailles. Non, non, je ne vous accuserai pas, car je vous suis reconnaissant ; non, non, je ne vous flétrirai pas, comme on a cherché à le faire par des paroles trop sévères, mais je dirai que ceux qui sont dans le marché libre, sans être embarrassés dans vos liens, sans être paralysés comme vous par la loi, ont rendu les mêmes services que vous ; que par conséquent ils ne doivent pas être plus flétris que vous, qu'ils ne doivent pas être traînés devant les tribunaux et condamnés pour avoir eu l'honneur et le bonheur de faire ce que les administrations les plus intelligentes n'ont pas voulu les empêcher de faire.

Non, il n'y a pas un ministre de la justice, il n'y a pas un garde des sceaux qui ait signalé des contraventions à la loi. Sans doute, la justice a eu à statuer dans des cas particuliers de déloyauté, de mauvaise foi, et elle l'a fait sans faiblesse, sans ménagements, à l'égard de tous, agents de change ou non. Mais la question qui nous occupe, c'est la lutte entre les agents de change et les coulissiers, c'est la lutte entre le privilége et le droit commun, entre le marché libre et le marché réglementé. Vous ne pouvez pas prétendre que vous avez les droits de la liberté, quand vous avez les bénéfices du privilége. Les priviléges, nous en admettons, quand ils sont utiles à la chose publique ; nous les admettons au point de vue de leur utilité. Comme notaires du commerce, comme officiers publics assermentés, constatateurs du cours des valeurs publiques, on vous a accordé un privilége, on a bien fait de vous l'accorder, mais ce privilége ne doit pas s'étendre au delà de ses limites, mais ce privilége ne peut pas détruire la liberté des transactions.

Que vient-on nous dire? qu'il y a à côté de vous des hommes honorables, des hommes recommandables qui travaillent dans la coulisse, qui sont connus du gouvernement, qui ont été maintenus par la tolérance, j'ai tort de dire la tolérance, par la législation, dont la bonne foi a été reconnue par vous, et c'est entre ces hommes que vous allez discuter une question de contravention et réclamer une amende, dont la quotité dépasse de beaucoup l'amende en matière de contravention? Mais il y a ici une question de fait, une question légale, une question de jurisprudence, une fin de non-recevoir contre vous qui avez provoqué, suscité les actes dont vous prétendez avoir droit de vous plaindre. En définitive, ce qui constitue le procès, c'est la parfaite bonne foi d'un corps tout entier qui n'a pas pu s'immiscer dans les fonctions des agents de change en se livrant à des opérations interdites aux agents.

Ah! nous disait tout à l'heure l'organe du ministère public, l'arrêté de prairial an X ne défend pas seulement de s'immiscer dans les fonctions d'agent de change, il interdit le jeu, et les marchés à terme ne sont pas autre chose qu'un jeu. Je me suis assez expliqué, je crois, pour prouver que les marchés à terme étaient des marchés sérieux. Il me faudrait quelques explications encore pour vous dire comment les marchés à terme sont nécessairement licites...

M. L'AVOCAT IMPÉRIAL. — Vous avez mal compris ma pensée.

Mᵉ BERRYER. — Si la pensée que je vous prêtais n'est pas la vôtre, je n'ai pas besoin de discuter un argument qui n'existe pas.

Je m'arrête, messieurs, et je dis que le seul fait d'avoir été des intermédiaires dans des négociations d'effets publics n'est pas un délit; qu'en s'immisçant dans la négociation d'effets publics, on ne s'immisce pas nécessairement dans les fonctions des agents de change. Toutes les lois, les lois nouvelles comme les lois anciennes, vous interdisent les marchés à terme. Malgré toutes les bonnes raisons que vous pouvez donner, tous les services que vous pouvez rendre, la loi dit que vous ne pouvez pas être garants, la loi dit que vous devez avoir en main la chose ou le prix, objet d'un marché, et vous avertit suffisamment par là que vous ne pouvez pas faire des marchés à terme. Donc, ceux qui les font, ne peuvent pas s'immiscer dans vos fonctions; ils sont libres et vous ne l'êtes pas.

Je vous en conjure, messieurs, envisagez bien ce procès; ce n'est pas une de ces petites affaires dans lesquelles il s'agit d'apprécier la loyauté, la bonne foi de deux contractants; il ne s'agit pas ici de savoir si tel ou tel exécute bien les conventions qu'il a faites; ce n'est pas ici une de ces questions que vous jugez tous les jours; c'est une question de principe, c'est l'existence de la coulisse en face du parquet. Je maintiens qu'il y a eu sagesse et prudence à l'administration à refuser la clôture de la coulisse, sagesse et prudence à tous les gardes des sceaux qui sont restés immobiles en face de toutes les dénonciations, de toutes les clameurs publiques sur les opérations qui se font dans la coulisse. Je maintiens que tous, en cela, ont fait acte de sagesse et de prudence. Ce qu'on n'a pas obtenu de l'administration et de la loi, on veut l'obtenir d'un jugement correctionnel. Eh bien! je vous en conjure, rendez-vous compte un moment des conséquences que pourrait avoir une décision qui fermerait immédiatement ce marché secondaire libre, ce marché de concurrence à côté du parquet sur toutes les valeurs de l'État et de l'industrie. Je vous assure qu'il est impossible, pour peu qu'on ait de notions sur de telles affaires, de ne pas être effrayés des conséquences d'une résolution semblable, si elle était prise.

Qu'est-ce qui résultera de ces débats? Non pas une condamnation, vous ne pouvez pas la prononcer. Mais de graves révélations ont été faites sur les faits plutôt que sur les personnes. Eh bien! de ce procès il résultera que l'administration suffisamment éclairée, après cinquante années, sur l'intérêt du crédit public, se trouvera en mesure de faire un règlement définitif, elle le fera, et elle verra ce que voyait si bien Henri IV il y a trois siècles, elle aura un marché spécial, des fonctionnaires, des officiers spéciaux qui authentiqueront les conventions, les enregistreront, leur donneront un caractère légal; mais elle aura à côté d'eux un marché libre, des banquiers qui feront les opérations interdites aux agents de change. Non, non, jamais il n'y aura en France un gouvernement qui détruira ce qui est l'intérêt de l'État et de l'industrie.

Je demande, pour messieurs les agents de change, qu'ils perdent leur procès, non que je croie une condamnation possible contre nous, mais j'ai dit que leur poursuite était pleine de dangers et de périls, leur action imprudente; et tenez, la perte de leur procès est ce qui peut leur arriver de plus heureux.

Supposons qu'ils le gagnent, il faudra recomposer immédiatement la compagnie; car ce n'est plus soixante agents de change qu'il faudra, on en doublera, on en triplera le nombre.

Voilà ce que l'on fera. Au nom de la compagnie, dans ses intérêts, j'espère, messieurs, que vous repousserez complétement la demande formée par la chambre syndicale.

———

## RÉPLIQUE DE Mᵉ DUFAURE.

Messieurs,

Le tribunal doit bien penser qu'avant de porter la plainte qu'ils ont portée, les membres de la chambre syndicale ont examiné quelles pouvaient en être les conséquences.

On demande que leur plainte soit rejetée au nom de leur propre intérêt. Je le répète pour leur Compagnie, pour la dignité, l'honneur de leur Compagnie, les membres de la chambre syndicale demandent au tribunal d'accepter leur plainte. On les menace de l'augmentation du nombre de leurs charges; cette menace ne les effraye pas; qu'on leur donne des confrères au même titre qu'eux, présentant les mêmes garanties qu'eux, assujettis aux règles de leur chambre syndicale, soumis à sa surveillance, ils n'ont rien à dire; le gouvernement à cet égard est le maître, il fera ce qu'il voudra, mais ne leur imposera pas par jugement des confrères dégagés de toute responsabilité, sans règles, sans frein, ne pouvant offrir ni au public, ni à l'État, ni aux agents de change eux-mêmes, aucune des conditions de garanties qu'ils ont le droit d'exiger.

J'ai été étonné d'entendre mon confrère dire que ce n'étaient pas seulement les préfets de police qui avaient rejeté la demande des agents de change, que jamais aucun ministre de la justice n'avait poursuivi contre ceux qui usurpaient leurs fonctions. Y pense-t-il? Mais en 1846, lorsqu'une plainte a été portée devant le tribunal de police correctionnelle et qu'une condamnation a été prononcée, mais, plus tard, lorsque des condamnations sont intervenues; le ministre de la justice était-il étranger à ces manifestations persévérantes des tribunaux?

On disait tout à l'heure : Ces condamnations sont intervenues dans des cas particuliers, pour des actes spéciaux de mauvaise foi. Non, ce sont des coulissiers, et quelques-uns même de ceux qui sont l'objet de la poursuite actuelle, qui ont été poursuivis et condamnés; leurs actes étaient les mêmes, leur défense la même; ils ont été condamnés pour des faits de même nature, pour s'être immiscés comme vous dans les fonctions d'agent de change; mais il n'y avait rien qui caractérisât une déloyauté particulière de la part de ceux qui étaient condamnés. Non. La question a été nettement et définitivement jugée. Il n'est pas arrivé un seul jour qu'un individu ayant usurpé les fonctions d'agent de change ait été acquitté lorsqu'il a paru devant la justice.

La défense d'aujourd'hui, pour avoir été plus éclatante, obtiendra-t-elle un autre résultat? On est obligé de le reconnaître, et je remercie mon confrère d'avoir commencé par cet aveu, c'est comme intermédiaires que les coulissiers ont concouru aux opérations de Bourse; ils l'avouent. Mais on nous dit que c'est le marché libre à côté du marché privilégié : je m'attendais à l'objection. Ce n'est pas le marché libre à côté du marché privilégié; le soutenir, c'est donner à tous les arrêts qui ont été rendus en cette matière un sens qu'ils n'ont pas. On oublie qu'à côté du droit privilégié des agents de change qui existe, rien n'existe au profit d'autres qu'eux qu'en violation de la loi et au mépris de leur droit.

Une autre objection, prévue également par nous, consiste à dire que les coulissiers n'ont pas usurpé le privilége des agents de change, qu'ils se sont bornés à faire des transactions défendues aux agents de change : les marchés à terme.

Non, les marchés à terme ne sont pas plus permis aux coulissiers que les marchés au comptant, et, toutes les fois que la question a été soumise à la justice, la justice l'a tranchée en faveur des agents de change et contre les coulissiers. Il n'y a donc plus que la tolérance de la part de l'autorité, et je m'en suis déjà expliqué.

Puisqu'on a cité la lettre de M. Delessert, qu'on veuille bien se reporter aux termes de cette lettre. Elle exprime l'opinion que les opérations de la Bourse ne sont que de véritables jeux, et qu'à cet égard les agents de change n'ont pas de privilége. Si les coulissiers voulaient prendre ces paroles pour leur défense, ils avoueraient un délit pour échapper à la poursuite; et M. l'avocat impérial les a félicités de ne l'avoir pas fait. Voilà les raisons pour lesquelles M. le préfet de police déclarait au ministre des finances que les agents de change étaient étrangers aux opérations que se permettaient les coulissiers.

Les agents de change n'ont pas le droit de négocier des marchés à terme. Encore un mot sur ce point :

Il n'y a pas de loi qui interdise aux agents de change de faire des marchés à terme ; l'arrêté de prairial an IX, qu'on invoque, ne dit pas qu'il est interdit aux agents de change de faire des marchés à terme, il dit seulement que les agents de change, avant de faire un marché à terme, devront se faire faire le dépôt des titres à livrer ou du prix à payer ; à défaut de cette précaution les agents de change seront responsables. Voilà ce que dit l'arrêté de prairial an IX. Ainsi, les agents de change peuvent faire des marchés à terme, mais on leur ordonne de prendre certaines précautions. Plus tard le Code de commerce est venu, qui a déclaré en termes positifs qu'ils pouvaient faire toutes négociations sur les effets publics.

On se méprenait étrangement lorsqu'on ne les présentait que comme des notaires certificateurs. Ils le sont certainement ; il est très vrai qu'ils constatent le cours de la rente et font d'autres opérations analogues ; mais quand la loi dit qu'ils sont les intermédiaires pour tous les actes de commerce, quand l'article 76 du Code de commerce dit qu'ils font les négociations sur les effets publics et sur toutes les valeurs susceptibles d'être cotées, ils ne sont plus de simples certificateurs, ce sont des intermédiaires institués par la loi, la loi le dit elle-même, ils ont un autre caractère, ils sont les intermédiaires de toutes les négociations qui se font à la Bourse.

Admettons au surplus cette règle dans toute sa rigueur. Les agents de change, chargés de toutes les négociations qui se font à la Bourse, peuvent faire des marchés à terme comme des marchés au comptant, mais ils sont obligés de prendre quelques précautions. Que font les coulissiers ? imitent-ils en quelque chose les opérations des agents de change ? Ils viennent à la Bourse, ils crient les cours, ils constatent un cours de la coulisse, ils font des marchés à terme.

Mais, disent-ils, nous ne prenons pas les précautions auxquelles sont astreints les agents de change, aux termes de l'article 3 de l'arrêté de prairial an IX. Et que m'importe ? Ne faites-vous pas des marchés à terme ? ne faites-vous pas des opérations permises aux seuls agents de change ? Et quand même il serait vrai que les agents de change ne peuvent faire les marchés à terme, les coter et les publier que dans certaines conditions, n'est-il pas évident que, lorsque vous les faites vous-mêmes, vous empiétez sur les droits des agents de change ? Et puis de l'arrêté de prairial an IX, il faut se référer à l'édit de 1785 pour voir quel a été son caractère. L'édit de 1785, en exigeant le dépôt des valeurs, vous en aurez la certitude en le lisant, n'avait qu'un seul but, d'éviter l'inconvénient des marchés à terme, qui n'étaient que de simples jeux, des paris. Ce n'est pas pour les marchés à terme véritables que l'édit de 1785 a été fait, c'est pour ceux qui n'étaient en réalité que des jeux, des paris. Aussi, quelle a été la jurisprudence ? Il est vrai qu'en 1823, la cour de Paris a fait une stricte application de ces lois dans l'affaire Perdonnet contre de Forbin-Janson. Elle a accueilli avec une extrême sévérité la réclamation de l'agent de change et a dit, non pas que l'agent de change n'avait pas le droit de faire des marchés à terme, mais que, comme il n'avait pas pris les précautions prescrites par l'arrêté de prairial, il devait être soupçonné d'avoir fait une opération de jeu. Le tribunal verra cet arrêt et se convaincra qu'il n'interdit en aucune façon les marchés à terme aux agents de change. Plus tard le juge s'est demandé : n'y a-t-il pas, pour distinguer un marché réel d'une opération fictive d'autres moyens que le dépôt des valeurs qu'on veut vendre ou de l'argent destiné à payer les valeurs qu'on veut acheter ?

La jurisprudence est constante. Vous avez vu qu'elle s'est adoucie, qu'elle a été s'adoucissant de jour en jour ; elle n'a plus admis d'autre règle que l'appréciation consciencieuse du juge et a validé la transaction toutes les fois que les circonstances indiquaient qu'elle avait été faite avec intention de l'exécuter.

J'ai cité le dernier arrêt de la deuxième chambre de la cour de Paris. On m'a répondu que la cour de Paris s'était mise en contradiction avec la loi. Non, messieurs, cette décision s'est répétée bien des fois, et la cour ne s'est pas mise en contradiction avec la loi. Recherchons les motifs de son arrêt. Vous exigez le dépôt des valeurs, la jurisprudence a dit que ce dépôt des valeurs pouvait être remplacé par d'autres circonstances qui indiquent la réalité du marché. Il résulte de là que le marché à terme est essentiellement dans les attributions des agents de change. On s'est attaché à leur règlement pour montrer qu'il avait eu pour but de régulariser les marchés à terme. Je ne dis pas le contraire. Toutes les institutions auxquelles mon adversaire a accordé tant d'éloges n'ont pas eu d'autre objet que de prévenir les inconvénients des marchés à terme, mais il n'a jamais été reconnu que les agents de change n'avaient pas le droit de les faire. Ils ont demandé, non pas la permission de faire des marchés à terme, mais l'affranchissement de formalités qui rendaient ces marchés extrêmement difficiles. Voilà tout ce qu'ils ont demandé. Ils n'ont pas dit : Nous n'avons pas le droit de faire les marchés à terme ; ils ont dit : Nous demandons l'affranchissement des formalités qui les rendent trop difficiles.

Il y a près des agents de change d'autres hommes qui cotent les effets publics, qu'ils négocient, qui font des marchés à terme ; il est évident qu'ils usurpent des fonctions que la loi déclare privilégiées. C'est ce que le tribunal a décidé maintes fois, c'est ce que, je l'espère, le tribunal décidera encore.

M. LE PRÉSIDENT. — A demain pour le jugement.

---

Audience du 25 juin 1859.

**JUGEMENT.**

« Le tribunal, statuant à l'égard de tous les prévenus, à l'exception de Goubie, vis-à-vis duquel la disjonction a été prononcée ;

» Attendu qu'aux termes des articles 7 de la loi du 28 ventôse an IX, et 76 du Code de commerce, a été posé dans l'intérêt général de la société et du commerce le principe salutaire que le droit d'opérer, en qualité d'intermédiaire, la négociation des effets publics et autres valeurs susceptibles d'être

cotées n'appartient qu'aux agents de change, seuls officiers publics, dont
l'institution, à raison de ses règles et conditions, présente de sérieuses garanties, tant au point de vue du crédit public qu'à celui de l'intérêt privé des
particuliers ;

» Attendu qu'en édictant ces dispositions qui fondent le privilége des
agents de change, le législateur a défini les fonctions de ces derniers en énon-
çant les actes dont la réunion a pour but et pour résultat l'accomplissement
des négociations desdits effets et desdites valeurs ; qu'il a en même temps formellement interdit à tous les autres de s'immiscer dans ces fonctions en
aucune façon quelconque et sous quelque prétexte que ce puisse être, et qu'il
a prononcé, aux termes de la loi de l'an IX et de l'arrêté de l'an X, la peine
qui sert de sanction à cette interdiction positive et absolue ;

» Attendu, en fait, qu'il résulte tant des documents produits que des
débats, et notamment des aveux des prévenus, que ces derniers, qui n'étaient
pas revêtus du caractère d'agent de change, ont agi comme intermédiaires
entre vendeurs et acheteurs d'effets publics et valeurs susceptibles d'être
cotés ; qu'ils ont proclamé et constaté des cours et perçu vis-à-vis des tiers
contractants un profit de commission ou de courtage ; que tous ces actes sont
précisément ceux dont l'ensemble constitue les fonctions exclusivement consacrées aux agents de change ;

» Attendu que c'est en vain que les prévenus objectent pour leur défense
que la loi qui punit l'immixtion dans ces fonctions ne leur est pas applicable,
à raison de ce que la plupart des négociations qu'ils auraient consommées
seraient interdites aux agents de change, et, par suite, ne rentréraient pas
dans les fonctions de ces derniers ;

» Attendu, en effet, qu'il faut, en premier lieu, retenir qu'il demeure
établi, par les explications que les prévenus ont produites à l'audience, que
du moins, quant aux valeurs au porteur, ils sont intervenus entre spéculateurs, et ont procédé à des négociations dites au comptant, qui sont dans les
attributions des agents de change, notamment à l'occasion des opérations
dites de report, opérations complexes et qui se composent d'un marché au
comptant et d'un marché à terme, et que ce fait seul restant constaté à leur
charge suffit pour les rendre passibles des peines édictées contre celui qui
s'immisce dans les fonctions des officiers légalement constitués ;

» Qu'en second lieu et à l'égard des marchés à terme, dont les prévenus
ont été les intermédiaires, il faut distinguer entre les marchés sérieux et les
marchés fictifs ; que les premiers peuvent être accomplis sans engager la
garantie des agents de change, s'ils sont contractés dans les conditions voulues
par la loi ; qu'ils sont par conséquent de la fonction desdits agents de change,
et que nul autre que ces derniers ne peut les négocier comme intermédiaire
sans encourir la peine prononcée par le législateur ; que les seconds, au contraire, stipulations illicites, que la loi condamne, sont en effet interdits à
l'agent de change comme à tous autres ; mais qu'il y a lieu de reconnaître,
d'une part, que les prévenus n'ont pu consommer ces opérations condamnables qu'en passant par les actes qui constituent les fonctions de l'agent de
change, et, par conséquent, qu'ils ont violé l'interdiction prononcée de la
façon la plus absolue par les dispositions législatives ;

» Que d'autre part, admettre ce système conduirait à conclure que la loi, après avoir dans sa sagesse interdit aux officiers publics qu'elle créait toute négociation réputée jeu de bourse ou pari, avait voulu laisser en dehors du parquet le champ libre à ces opérations scandaleuses, et accorder à des individus sans qualité, sans contrôle et sans responsabilité, le droit de faire ce qu'elle défendrait aux agents de change qu'elle constituait régulièrement ; que cette conclusion est inadmissible ;

» Qu'en présence des abus signalés, il est plus logique et plus vrai de reconnaître et constater qu'en prévision de ces abus le législateur a fait preuve de prudence en ne constituant comme intermédiaires légaux des opérations de Bourse que des officiers publics que les prescriptions de leur profession devaient prémunir contre l'entraînement qui porte à faciliter les marchés illicites ;

» Qu'il reste donc établi que les prévenus se sont, en s'immisçant dans les fonctions de l'agent de change, rendus coupables de la contravention prévue et punie par les articles 8 de la loi du 28 ventôse an IX et 4 de l'arrêté des consuls du 27 prairial an X ;

» Que ces lois n'ont pas été abrogées, que la tolérance même dont auraient profité les prévenus est de sa nature inefficace pour faire considérer ces lois comme tombées en désuétude, et qu'elle l'est surtout en présence des condamnations que la justice n'a cessé de prononcer toutes les fois que des faits d'immixtion dans les fonctions d'agent de change ont été constatés devant elle ;

» Que ces décisions de justice ont été des avertissements salutaires qui suffiraient pour faire rejeter le moyen tiré de la bonne foi des prévenus, mais en tout cas ce moyen ne peut être admis, puisque d'une part, en matière de contravention, il est de principe que la bonne foi ne peut innocenter, et que d'autre part l'infraction établie à la charge des prévenus constitue une contravention.

» En ce qui touche les circonstances atténuantes :

» Attendu qu'il s'agit d'une contravention punie par des dispositions législatives antérieures à la promulgation du Code pénal ; que l'art. 463 dudit Code ne dispose qu'à l'égard des contraventions prévues par ce Code, qu'il ne peut donc y avoir lieu d'en faire application dans l'espèce.

» A l'égard des conclusions des parties civiles :

» Attendu qu'elles ne demandent que l'allocation des dépens pour réparation du dommage qui, pour elles, a été la conséquence de la contravention constatée ;

» Vu les art. 8 de la loi du 28 ventôse an IX et 4 de l'arrêté du 27 prairial an X ;

» Vu la loi du 9 janvier 1818 qui fixe à la somme de 125 000 francs le taux du cautionnement des agents de change de Paris ;

» Condamne tous les prévenus par corps chacun en une amende de 10 500 francs, applicable aux Enfants trouvés ;

» Fixe à un an la durée de la contrainte par corps,

» Et les condamne aux frais pour tous dommages-intérêts. »

———————

PRÉSIDENCE DE M. PERROT DE CHEZELLES.

Audience du 2 août 1859.

LA

# COMPAGNIE DES AGENTS DE CHANGE DE PARIS

CONTRE

## LES COULISSIERS.

**Immixtion dans les fonctions d'Agents de change.**

Tous les inculpés en première instance ont interjeté appel.

Deux, MM. Wertheimber et Morel-Fatio, se sont désistés depuis.

La défense des inculpés est confiée à MM<sup>es</sup> Berryer, Crémieux, et J. Bozérian.

Les parties civiles sont assistées de MM<sup>es</sup> Dufaure, Mathieu et Paillard de Villeneuve.

Le siége du ministère public est occupé par M. l'avocat-général de Gaujal.

On procède à l'interrogatoire des prévenus.

MM. Cayard et Caperon ne répondent pas à l'appel de leurs noms.


### RAPPORT DE M. LE CONSEILLER METZINGER.

Messieurs, les prévenus sont appelants d'un jugement qui les a condamnés pour immixtion dans les fonctions d'agent de change à 10,500 fr. d'amende.

Le 5 avril dernier, le syndic et les adjoints de la Compagnie des agents de change ont adressé à M. le garde des sceaux une plainte ainsi conçue :

« Monsieur le Ministre,

» Les lois et règlements sur les Bourses de commerce interdisent toute immixtion dans les fonctions des agents de change (arrêt du Conseil du 26 novembre 1781 ; loi du 28 ventôse an IX ; arrêté des consuls du 27 prairial an X).

» Malgré ces prescriptions formelles, un grand nombre d'individus usurpent à Paris de la façon la plus audacieuse toutes les attributions des agents de change. Ils se sont constitués ostensiblement. Ils reçoivent des commandites et envoient des circulaires : on assure même qu'ils se sont organisés en corporation et qu'ils ont formé une chambre syndicale. Leurs réunions se tiennent à toute heure et en tous lieux, sur la voie publique, aux abords et dans l'intérieur même de la Bourse, où leurs transactions se font à haute voix et dominent celles du parquet : ces opérations absorbent aujourd'hui la presque totalité de celles qui se traitent sur la rente. De plus, ils ont un marché considérable de toutes les valeurs industrielles, qu'elles soient, ou non, dans les conditions légales qui en permettent l'admission aux négociations de la Bourse.

» Ces usurpations atteignent les agents de change dans leurs intérêts matériels, dans leur considération, attendu que l'opinion publique les rend responsables des désastres qui affligent trop souvent les familles, quelque étrangers qu'ils y aient été. Le crédit public lui-même se trouve fréquemment compromis par des opérations consommées sans aucune des conditions de concurrence et de publicité si largement établies, et dans des proportions que n'expliquent que trop les facilités de toute nature qui se rencontrent sur ce marché.

» En présence d'un pareil état de choses, la chambre syndicale de la Compagnie des agents de change près la Bourse de Paris a pensé qu'il était de son devoir envers le gouvernement, de ses obligations vis-à-vis de la Compagnie dont les intérêts lui sont confiés, de recourir à la protection des lois. Se fondant sur le droit qui lui en est conféré, notamment par l'art. 6 de l'arrêté du 27 prairial an X, et après avoir consulté à cet égard M. le Ministre des finances qui a bien voulu lui donner son adhésion, elle vient, M. le Ministre, vous dénoncer les immixtions dont elle se plaint, et vous signaler parmi ceux qui s'en rendent coupables les individus qu'une notoriété incontestable indique comme se livrant à ce courtage illicite sur une plus grande échelle. (*Suivent les noms des prévenus.*)

» La chambre syndicale n'hésite pas, M. le Ministre, à invoquer votre sollicitude pour le respect dû à la loi, en vous demandant de vouloir bien provoquer l'action de la justice contre les individus ci-dessus désignés, si, comme nous n'en doutons pas, les faits que nous signalons sont reconnus exacts. Signé : le syndic et les adjoints de la Compagnie des agents de change. »

A la suite de cette plainte une instruction a été ordonnée. Des perquisitions domiciliaires ont été faites le même jour chez trente-trois personnes. Les saisies opérées partout ont présenté partout le même caractère. On a saisi des livres de commerce, des carnets, des notes, des signes incontestables d'opérations à la Bourse. A la suite de cette perquisition une ordonnance de non-lieu a été rendue à l'égard de huit inculpés, vingt-cinq sont restés au procès.

Devant le juge d'instruction les prévenus ont été interrogés. Ces interrogatoires ont été, quant au fond, identiques. Il en a été de même des interrogatoires subis par les prévenus devant le tribunal de police correctionnelle. Nous n'en ferons connaître ici que la substance, par une raison que tout le monde comprendra, c'est que, s'il y a quelques différences quant à la forme, il y a identité quant au fond. Il est cependant une déposition qu'il importe de faire connaître ; nous en lirons le texte, puis nous exposerons le système présenté par la défense.

On a interrogé M. Fresne, commissaire de police près la Bourse. Voici sa déposition telle que nous la trouvons dans la *Tribune judiciaire.* (Voy. ci-dessus page 29.)

Telles ont été les réponses recueillies de M. Fresne. Nous allons maintenant vous lire le texte de la réponse recueillie de l'un des inculpés, de M. Morel-Fatio, qui aujourd'hui n'est pas appelant. Nous choisissons cette déposition, parce qu'elle est la plus étendue et qu'elle résume toutes les autres. Nous l'empruntons au même recueil. (Voy. page 10 et suivantes.)

M. LE PRÉSIDENT. — Je dois faire remarquer que les documents qui viennent d'être lus sont extraits d'un compte rendu sténographié qui nous a été distribué et qui est conforme aux notes d'audience. Cependant, avant d'aller plus loin, il serait bon de savoir s'il est accepté par tout le monde.

(MM<sup>es</sup> Berryer et Crémieux déclarent, au nom des inculpés, l'accepter comme parfaitement exact. M<sup>e</sup> Dufaure fait la même déclaration au nom de la compagnie des agents de change.)

M. LE RAPPORTEUR. — Les lectures que je viens de faire me dispenseront d'examiner en détail chacun des interrogatoires. Il me suffira de rappeler que tous les prévenus ont présenté le même système. Nous le résumons en ces termes que nous croyons très exacts. Les prévenus soutiennent qu'ils se sont livrés à une industrie licite et utile au crédit public, à une industrie dans laquelle ils ont été encouragés ouvertement par l'autorité publique. Cette circonstance est à leurs yeux constitutive de la bonne foi.

Quant à leurs actes en eux-mêmes, ils reconnaissent tous qu'ils se sont livrés exclusivement à des marchés à terme et leur défense est celle-ci : Les marchés à terme sont interdits aux agents de change par les lois qui constituent leur profession ; en nous livrant exclusivement à ces actes, nous n'avons pas pu nous immiscer dans les fonctions d'agent de change, puisque ces fonctions ne les comprennent pas. Voilà la défense tout entière ; nous croyons l'avoir résumée en peu de mots.

Après l'interrogatoire devant le commissaire de police et le juge d'instruction, on est venu à l'audience. Je n'ai pas à présenter l'analyse des débats ; la Cour me permettra seulement une observation très courte. Ce procès n'est pas un procès nouveau. Bien des fois déjà la question s'est présentée et bien des fois elle a été résolue. Cependant ici, messieurs, le nombre des prévenus, l'importance de leurs positions, la moralité de la plupart d'entre eux avaient donné au procès une solennité sans précédent. Les débats ont été très développés, très complets, les discussions très brillantes. Sans les analyser, nous en dirons un mot. On a discuté avec beaucoup d'habileté l'utilité, l'opportunité de la coulisse. Le défenseur des prévenus s'est étendu sur le marché libre. Il a soutenu que le marché libre était indispensable à côté du marché réglementé. Ce système n'est pas nouveau non plus, il s'est présenté souvent. Les uns voient dans le marché libre un danger pour les mœurs publiques, une surexcitation au jeu qui vient chercher la fortune, alors que la fortune devrait être la récompense réservée au travail utile et honnête. D'autres ont signalé dans le marché libre un concours nécessaire, indispensable au crédit de l'État, un élément, dès lors, favorable aux intérêts de tous.

Cette partie de la discussion peut présenter un intérêt sérieux, mais elle ne semble pas devoir trouver sa place dans cette enceinte. Dans les conseils du gouvernement cette discussion peut offrir une gravité, une opportunité même, que nous ne contestons pas. Mais le côté judiciaire de la question doit seul nous préoccuper ici. Il a été soutenu dans la plaidoirie de M⁰ Berryer qu'en se livrant à ce qu'il appelait les marchés à terme, les coulissiers n'avaient pas empiété sur les fonctions des agents de change, aux termes des lois qui constituent les agents de change, les marchés à terme leur étant interdits. Vous examinerez ce point qui est un des plus intéressants de la question. Il n'est pas nouveau, mais il a emprunté un air de nouveauté au talent des défenseurs entendus devant les premiers juges. Vous rechercherez les droits des agents de change. Vous verrez ensuite si, après la solution de cette question, il ne s'en présente pas d'autres, celle de savoir par exemple si, alors même que les marchés à terme seraient interdits aux agents de change, les prévenus qui s'y sont livrés ne seraient pas tombés encore dans une infraction prévue par la loi de prairial an X.

C'est à ces termes, selon nous, que se réduit la question du procès. Autour de cette question se présentent des considérations que nous n'indiquons pas, que vous apprécierez. Nous ne vous en dirons pas un mot ; nous voulons seulement vous signaler la question telle qu'elle se présente. Voici maintenant le jugement qui a été rendu par le tribunal de première instance. (Voy. ci-dessus, pages 123 et suivantes.)

Sur vingt-quatre condamnés, vingt-deux ont interjeté appel de ce jugement.

M. LE PRÉSIDENT. — Les prévenus ont-ils des observations personnelles à faire ou s'en réfèrent-ils à ce qu'ils ont déclaré devant le juge d'instruction et le tribunal, ainsi qu'à ce qui sera dit par leurs défenseurs ?

UN DES PRÉVENUS. — Nous nous en référons à ce que nous avons dit dans l'instruction et devant le tribunal.

M. LE PRÉSIDENT. — Aucun autre des prévenus ne demandant à présenter des observations, il est acquis aux débats qu'ils persistent dans ce qu'ils ont dit.

M⁰ Crémieux, l'un de leurs défenseurs, a la parole :


## PLAIDOIRIE DE M⁰ CRÉMIEUX.


Messieurs,

J'ai voulu préciser, fixer les divers points du débat ; je rentre d'ailleurs complétement dans les idées du rapport que vous venez d'entendre. Voici des conclusions sur lesquelles j'appelle toute l'attention de la Cour ; elles disent le procès tel qu'il est, tel que vous pouvez, que vous devez le juger.

« Plaise à la Cour,

» Attendu, quant aux agents de change, que le délit dont ils demandent, comme parties civiles, la répression aux tribunaux, est le délit d'immixtion dans les fonctions d'agent de change ;

» Attendu qu'en supposant l'existence du délit, les agents de change seraient les auteurs réels des infractions qu'ils ont dénoncées et dont les appelants ne seraient que les instruments ;

» Qu'en effet la prévention repose sur des faits d'achats et de ventes à terme de rentes, effets publics et de toutes sortes de valeurs cotées à la Bourse, et enfin sur des faits de reports : achats, ventes et reports dont les agents de change prétendent avoir le privilége exclusif ;

» Mais, attendu que par des ordres multipliés d'achats, de ventes à terme et de reports, ordres donnés par eux-mêmes et par leurs associés, aux banquiers connus sous le nom de coulissiers, aussi bien que par l'exécution des ordres multipliés d'achats, de ventes à terme et de reports, donnés par les coulissiers aux agents de change, les agents de change ont encouragé, favorisé l'intervention des coulissiers ;

» Que, de plus,

» 1° Par des *remises* partielles ou complètes aux coulissiers du courtage dû par eux aux agents de change pour les affaires à terme, affaires que les agents de change négociaient en exécution des ordres des coulissiers ;

» 2° Par le payement aux coulissiers du courtage dont les agents étaient les débiteurs, pour les affaires à terme, que les coulissiers négociaient en exécution des ordres des agents de change, les agents de change étant ainsi successivement agents et clients des coulissiers pour ces opérations à terme ;

» 3° Par des compensations directes entre les agents et les coulissiers ;

» 4° Par des compensations indirectes entre les agents de Paris, les coulissiers, leurs clients communs et même les agents de change étrangers à la bourse de Paris, les agents de change se prêtaient à la consommation des actes qui, d'après eux, constitueraient le délit d'immixtion dans les fonctions d'agent de change ;

» Attendu que les complices évidents, et dans l'espèce les fauteurs du délit, ne sauraient être admis à en demander la répression sans s'accuser eux-mêmes, et se trouvent repoussés dans leur action en justice par la maxime : *Nemo auditur turpitudinem suam allegans* ;

» Qu'ainsi les conclusions prises par les agents de change devant le tribunal étaient irrecevables, et leur demande en déclaration de culpabilité et en condamnation aux dépens à titre de dommages-intérêts contre les prévenus, ne devait et ne pouvait être accueillie. »

Voilà quant aux agents de change ; je leur oppose une fin de non-recevoir. Voici maintenant le fond du procès, c'est-à-dire la prévention que nous impute le ministère public, à qui personne ne peut contester son droit.

« En ce qui concerne l'action publique :

» Attendu que le délit qu'elle impute aux prévenus est celui d'immixtion dans les fonctions d'agent de change ;

» Attendu que le ministère public n'impute pas à chacun des appelants tel ou tel fait dont il fasse résulter le délit ; qu'il les poursuit tous pour les faits qu'ils reconnaissent et qu'il prétend constituer le délit dont il demande la répression ;

» Attendu que les aveux des prévenus, seule base de la prévention actuelle, ne portent que sur les faits suivants : achats et ventes à termes et reports de rente, de tous effets publics ou valeurs cotées à la Bourse, pouvant se liquider par des différences et engageant la responsabilité ; que les aveux renferment encore cette restriction : point de ventes au comptant, point de levées ni de livraisons de titres sans le ministère des agents de change ;

» Attendu que d'une part le jugement attaqué confond le report ayant pour objet un placement réel d'argent contre un titre acheté au comptant et revendu à terme avec le report ayant pour objet la continuation d'opérations à terme ; que ce sont là deux opérations bien distinctes, dont la première, dans ses deux branches, appartient aux agents de change, dont la seconde leur est interdite ;

» Attendu que, d'autre part, les appelants n'ont jamais fait comme intermédiaires d'opérations au comptant, n'ont jamais fait comme intermédiaires des négociations de titres au porteur ; qu'ainsi rien dans la cause n'autorise à faire sortir les appelants du cercle dans lequel il se sont toujours renfermés : vente et achat à terme de rentes, d'effets publics, de valeurs de bourse, établissements de reports, c'est-à-dire toutes négociations pouvant se liquider par une différence ;

» Attendu qu'il ne s'agit pas au procès de savoir si ces opérations sont interdites aux appelants ; mais si, en s'y livrant, ils se sont immiscés dans les fonctions des agents de change ; que c'est là le seul délit qu'on impute aux prévenus, le seul dont ils aient à répondre devant la justice ;

» Attendu à cet égard que tous les actes, quels qu'ils soient, reprochés aux prévenus, sont interdits aux agents de change qui n'ont jamais eu le droit de faire des opérations à terme ; que sous l'empire de l'arrêt du Conseil de 1724, comme sous les lois de fructidor an III, de vendémiaire an IV, de ventôse an IX, et sous les dispositions des arrêtés du 2 ventôse an IV et du 27 prairial an X, les marchés à terme leur ont été interdits, soit implicitement par des prescriptions inconciliables avec de pareils marchés, soit explicitement par les termes mêmes des lois et sous les peines les plus rigoureuses, toujours à peine de destitution ;

» Que si, un moment, l'arrêt de 1785 et l'arrêt de 1786 ont paru concéder aux agents de change le droit de faire des opérations à terme, il est évident que le dépôt exigé par ces arrêts était l'équivalent d'une prohibition, et plaçait dès lors ces marchés, sans inconvénients, sur la même ligne que les opérations au comptant ;

» Mais, attendu que ces marchés eux-mêmes ont été abolis par les lois postérieures ; que ce que l'on appelle aujourd'hui marché à terme est évidemment le marché que l'ancienne législation avait absolument prohibé et que prohibe, depuis la loi de fructidor an III, toute la législation moderne ;

» Attendu que chercher le droit pour les agents de change de faire des opérations à terme dans l'art. 76 du Code de commerce, c'est remplacer par une disposition créée par les agents de change la disposition précise de cet article ;

» Que cet article n'abroge aucune des dispositions législatives qui réglaient, en 1810, les devoirs des agents de change ; qu'il les rappelle au contraire ; qu'il n'avait pas besoin d'interdire formellement *les marchés à terme* aux agents de change, puisque ces marchés leur étaient interdits par les lois spéciales de leur institution ; que les négociations dont il est question dans l'art. 76 sont les négociations autorisées par la loi et non les négociations illicites et prohibées ;

» Attendu que l'art. 86, qu'il ne faut pas détacher de l'art. 76, est la condamnation la plus positive des marchés à terme, puisque, dans ces marchés, l'agent de change est toujours garant et que l'agent de change ne peut, à peine de destitution, être garant d'aucun marché ;

» Attendu dès lors qu'aucun des actes reprochés aux appelants ne peut constituer l'immixtion dans les fonctions d'agents de change, puisqu'ils ne font que des opérations interdites aux fonctions de ces agents, »

Devant le jugement du tribunal, là finissait ma tâche ; mais j'ai prévu ce que M. le rapporteur a prévu lui-même dans la dernière partie de son court et substantiel exposé, ce dont le tribunal ne s'est pas occupé : une question nouvelle. En supposant que les faits établis soient interdits aux agents de change, ces faits étaient-ils permis aux coulissiers et ne constituaient-ils pas un délit prévu par la loi ? Sur ce point, voici mes conclusions :

« Attendu que si ces opérations, dans lesquelles ils se sont immiscés, pouvaient être poursuivies en vertu des dispositions qui les frappent dans l'art. 12 de l'arrêt de 1724, dans l'art. 13 de l'arrêt du 26 novembre 1781 (lesdites dispositions renouvelées par l'arrêté du 1er thermidor an IX), la prévention ne s'en est pas occupée ;

» Que, d'ailleurs, cette mesure, s'appliquant dans l'espèce à des objets interdits aux agents de change, n'est plus qu'une mesure d'ordre et de police ;

» Que cette mesure tombe devant l'autorisation formelle et persistante de l'autorité même chargée de son exécution ;

» Que l'admission des coulissiers dans l'enceinte de la Bourse, une demi-heure avant la séance, la liberté d'annoncer publiquement leurs transactions à côté de la corbeille même des agents de change et pendant la durée de la Bourse officielle, les tables mises à leur disposition pour leurs liquidations mensuelles, les officiers de police chargés de protéger leurs opérations, ne laissent aucun doute sur cette vérité que, depuis l'immense impulsion donnée aux affaires, l'autorité ne comprenait plus le besoin d'empêcher de se livrer à des opérations qui, d'une part, étaient interdites aux agents de change, et qui, d'autre part, étaient devenues indispensables ;

» Qu'enfin, plus encore que toutes ces preuves de la désuétude de ces dispositions réglementaires, les ordres donnés à toute heure et les jours fériés par les agents de change aux coulissiers rendent d'une évidence palpable l'abolition virtuelle de ces dispositions sans objet et contraires à la situation des affaires ;

» Par ces motifs,

» Recevoir en la forme l'appel du jugement rendu par la 6e chambre de police correctionnelle ;

» Disant droit sur l'appel, infirmer ladite sentence ; émendant et faisant ce que les premiers juges auraient dû faire ;

» Rejeter l'intervention des agents de change de la Bourse de Paris comme irrecevable et mal fondée ;

» Dire que le délit d'immixtion dans les fonctions d'agent de change n'est pas établi contre les appelants ;

» Déclarer mal fondée la poursuite du ministère public ;

» Décharger les appelants de toutes condamnations ;

» Condamner les agents de change en tous les dépens. »

La Cour voit que dans ces conclusions je n'expose que des moyens de droit. Les considérations élevées, les réflexions puissantes qui allaient si merveilleusement à la bouche de l'avocat dont la voix s'est fait entendre aux premiers juges et dont la parole avait par elle-même une si grande autorité, restent acquises au procès, elles en éclairent en quelque sorte la route ; mais elles n'entrent pas dans le cadre que j'ai adopté. Pour moi, je veux simplement conduire la Cour sur le terrain du droit, examiner avec elle si, d'une part, les agents de change ont légalement qualité pour nous attaquer ; si, d'autre part, nous nous sommes illégalement immiscés dans les fonctions des agents de change ; si enfin nous tomberions sous le coup d'un délit particulier que la loi définit : immixtion dans les négociations d'effets publics.

Je prie la Cour de me soutenir et de me suivre avec une bienveillance plus grande encore que de coutume. Ce n'est pas ici une simple affaire entre une partie civile et des prévenus, c'est une affaire immense dans ses résultats possibles. Les agents de change, si le jugement du tribunal était confirmé, obtiendraient de la justice, par une voie détournée, ce qu'ils ont vainement sollicité à deux genoux de l'administration depuis le Code de 1810.

Ils avaient bien tort ceux qui disaient aux agents de change : « Vous n'avez » aucun intérêt à poursuivre les coulissiers ; vous vous plaignez que la mariée » est trop belle. Depuis que la coulisse est là, vous avez vu vos charges » monter successivement, rapidement, de trois ou quatre cent mille francs à » deux millions. » Il semble, en effet, que lorsqu'on est parvenu à pouvoir se retirer de la Bourse, en réalisant 2 millions par la vente d'une charge, on n'a pas beaucoup à se plaindre. Détrompez-vous ; les agents de change veulent que leurs charges atteignent le prix de trois, de quatre millions. Deux millions ne suffisent plus. Quel moyen emploieront-ils? Etouffer la coulisse? non, ne le croyez pas. La coulisse leur est nécessaire, indispensable ; mais ils auront conquis par votre arrêt le droit de faire des marchés à terme. Ce qu'aucun ministre des finances n'a voulu leur accorder, c'est la justice qui le consacrera. Eh bien ! messieurs, vous aurez mis dans leurs mains un instrument de ruine, contre laquelle la loi a toujours voulu les protéger. La loi les prémunit contre eux-mêmes en fermant avec soin la porte à leurs spéculations, vous la leur ouvrirez à deux battants. Occupée avec une égale sollicitude et des officiers publics qu'elle créait et des clients qui auraient recours à leur ministère, la loi avait posé une barrière qui devait être infranchissable, c'est à un arrêt qu'on demande de l'enlever. Entre l'agent de change et le client (car le mot est le même pour l'agent de change et pour l'avocat), il ne peut y avoir qu'une seule chose : garantie de moralité, jamais garantie d'argent. L'argent, la spéculation, la possibilité d'une réclamation de client sont impossibles devant la loi. Ce n'est que quand il a violé son devoir que l'agent de change peut être attaqué en justice par un client. Un arrêt confirmatif du jugement que nous attaquons rend les agents de change spéculateurs, met à leur merci les affaires d'argent; ils ne seront plus seulement les certificateurs du marché légal, ils seront les directeurs des jeux de Bourse ; la coulisse se composera de leurs croupiers, qu'ils se garderont bien de repousser.

Et maintenant que cette première observation vous aura fait comprendre la portée de cette affaire pour les agents de change, permettez-moi, pour leur interdire l'accès de votre sanctuaire, de vous exposer leur situation vis-à-vis des coulissiers qu'ils attaquent. En ce moment, je ne discute pas la loi à notre égard ; j'admets par hypothèse l'existence du délit qu'on nous impute. Ma première demande est celle-ci : Qui nous a signalés au ministère public et appelés devant le tribunal ? Qui s'est adressé au ministre de la justice pour demander les poursuites contre nous ? Ce sont les agents de change. Que nous reprochent-ils? de nous être immiscés dans leurs fonctions. Eh bien ! oui ; nous nous sommes immiscés dans leurs fonctions. Est-ce que les agents de change ont le droit de poursuivre les coulissiers ? Est-ce qu'ils peuvent les appeler en justice? Si nous avions commis le délit d'immixtion dans les fonctions d'agent de change en dehors des agents de change, je comprendrais leur poursuite; mais si les agents de change n'ont pas même attendu que nous allions à eux, s'ils sont venus à nous, s'ils ont sollicité les actes par lesquels nous nous sommes immiscés dans leurs fonctions, pourront-ils demander contre nous la punition de ce délit, dont ils seraient, je ne dis pas seulement les premiers complices, mais les véritables auteurs, les coulissiers n'étant en réalité que leurs instruments? Comment! il est possible, non pas qu'on ne les poursuive pas (nous ne demandons pas qu'on les poursuive), mais il est possible qu'on accueille leurs réclamations contre nous, quand non-seulement ils se sont prêtés à tout, mais quand ils nous ont demandé tout ce que nous avons fait? Comment! ils auraient le droit de nous traîner devant vous, quand eux-mêmes nous auraient fait commettre les actes qu'ils viennent aujourd'hui nous reprocher, quand ils en auraient tiré d'immenses profits?

Voici ce que nous disons aux agents de change : Nous avons fait des actes d'achat, des actes de vente, des actes de report, en rentes ou en valeurs publiques *à terme, pouvant engager notre responsabilité, pouvant se réduire à des différences.* Que la Cour entende bien ces mots : ventes, achats, reports, à terme, pouvant engager notre responsabilité, pouvant se réduire à des différences. Qui nous a commandé ces actes? les agents de change.

Voyez, messieurs, cette immense corbeille. Elle est pleine jusqu'aux bords de la preuve des opérations entre les agents de change et les coulissiers. J'en ai extrait quelques-unes pour faire savoir à la Cour comment ils ont procédé. Tel coulissier a payé en peu de temps 1 200 000 francs de courtage aux agents de change, tel autre en a, dans un mois, payé pour 170 000 francs : les agents de change ont reçu des millions par les mains des coulissiers.

Je veux commencer par des agents de change qui ne le sont plus, car nos relations sont bien vieilles ; nous arriverons ensuite aux agents de change qui sont en ce moment au parquet.

Écoutez, messieurs :

« Je prie M. Morel-Fatio de me faire acheter *ce matin* 7500 de 70,20 à 70,30, et de m'envoyer quelqu'un me rendre réponse *avant la Bourse.* »

Un seul mot sur ce premier écrit : j'y trouve par hasard (je ne l'ai pas cherché) toutes les violations des règles de la profession d'agent de change. D'abord c'est *ce matin* qu'il veut l'opération et la loi lui interdit toute affaire *avant l'ouverture de la Bourse,* sous peine de destitution. On pourrait prétendre que *ce matin* peut vouloir dire une heure, deux heures, pendant la Bourse. A Paris, en effet, on ne distingue dans la langue du monde que le matin et le soir. Mais il ajoute... « et de m'envoyer quelqu'un me rendre réponse *avant la Bourse.* » Et la Cour voudra bien se rappeler qu'il ne s'agit ici que d'une opération à terme. Le prix n'est pas même fixé ; c'est de 70 fr. 20 cent. à 70 fr. 30 cent. ; et elle a lieu avant la Bourse.

Cette opération, nous l'avons faite, l'agent de change l'avait ordonnée. En voici une autre :

« Mon cher Michel, vendez au mieux 6000 dont 50 pour fin prochain. »

Celui-ci fait vendre à prime. Le marché à prime est frappé de l'interdiction la plus absolue pour les agents de change ; nous y reviendrons.

« Mon cher monsieur, je vous prie d'acheter pour mon compte 3000 francs 3 pour 100 au mieux fin courant.                                    *** »

Arrêtons-nous là pour les anciens agents de change ; je répète qu'ils ont toujours donné des ordres pour des millions, toujours pour des opérations à terme ; *fin courant*, ou *fin prochain*, ou *en liquidation*.

Venons aux agents de change actuellement titulaires, c'est absolument la même chose. Je ne remonterai pas au delà de trois ans, parce que, au delà de trois ans, il y aurait prescription. Je ne nommerai personne, je ne dénonce pas, je raconte pour me défendre :

« M. Morel-Fatio a l'honneur d'informer M. *** qu'il a acheté, fin janvier 1858, 15 000 fr. 3 pour 100 à 68 10/1.

» Débité 128 fr. pour courtages.

» D'accord. »

» Mon cher Émile,

» Vendez 15 000 à midi (la Bourse n'ouvrait alors qu'à 1 heure) ; 15 000 à 1 h. 1/4 ; 15 000 à 1 heure 3/4.

» Pour vos tout dévoués, à titre de revanche, j'espère,        *** »

« M. *** a l'honneur d'informer qu'il a vendu fin janvier 45 000 3 pour 100 à 76,30 dont 1.

» Débité de 375 pour courtages.

» D'accord. »

« M. Michel,

» Veuillez vendre 6000 de 67,80 à 67,85. Tâchez d'obtenir mieux de chez... (Un autre agent de change.) »

« M. *** prie M. Michel de vouloir bien vendre pour son compte *ce soir* (la Bourse est fermée à 3 heures) 15 000 de 64 à 63,80 : il le prie d'acheter par contre 30 000 à prime dont 50 de son mieux. Il peut vendre le ferme sans acheter les primes, mais ne pas acheter les primes sans vendre le ferme. Il ira chercher la réponse sur le boulevard vers les 8 heures... »

Et les hommes qui font avec les coulissiers de pareils trafics osent les poursuivre ! C'est à n'y pas croire ! Je ne parle pas ici de la poursuite en elle-même, de celle qui émane du ministère public, mais de l'action en condamnation portée contre nous par les agents de change. Le ministère public agit dans l'intérêt de tous, il s'élève au-dessus de toutes passions mesquines, de toute déplorable jalousie. Avec lui, je lutterai autrement. Mais vis-à-vis des agents de change, voici ma question : Ai-je assez prouvé que vous m'aviez donné à moi, coulissier, des ordres de vendre et d'acheter à terme et à prime ? Laissez-moi citer deux opérations de reports :

« M. *** présente ses salutations à M. un tel et lui renouvelle l'ordre de reporter 45 009 fr. à 0 fr. 52 1/2. (Avis immédiat S. V. P.)

» 29 avril 1857. »

« M. *** a l'honneur de saluer M. un tel et de le prier de lui *reporter ce soi*
s'il y a lieu, 30000 de rente 3 pour 100 à 80 centimes. Franco. »

Nous expliquerons plus tard le mot *franco*.

Ils ont fait des affaires à prime, vous l'avez vu ; ils soutiennent qu'ils ont
fait des affaires à prime de 1 franc, de 50 centimes qui leur sont permises.
Permises ! Les affaires à prime ! Où donc serait leur droit ? La prime, c'est le
jeu, ce n'est que le jeu. Et voici des masses d'affaires à primes qu'ils nous
ont ordonnées. Voici un seul agent qui nous en donne pendant sept ans de quoi
remplir une caisse immense de lingots d'or : ce sont les millions remués à la
pelle. Et croyez-vous qu'il ne s'agisse que des primes de 1 franc et des
primes de 50 centimes ? Non, non. Ils ont fait des opérations à prime de 25 centimes. J'ai ici un compte de liquidation fourni à MM. Lévy Crémieux frères,
par M. un tel, et dans lequel je trouve une opération de 30 000 à 67 fr.
50 c. *dont* 25. C'est écrit textuellement de la main de l'agent de change.

Ainsi, vous nous avez donné des ordres d'achats, des ordres de ventes, des
ordres de reports, soit à terme, soit à prime, et à prime non pas de 50 centimes
ou de 1 franc, comme vous le faites d'ailleurs sans aucun droit, contre les
lois qui vous régissent, mais à prime dont 25 centimes, que vous déclarez
vous-mêmes n'avoir pas le droit de faire.

Ce n'est pas tout : vous n'agissiez pas seulement pour vous. Ceux d'entre
vous qui ne voulaient pas qu'on le sût, et qui voulaient travailler cependant
avec nous, dans l'ombre, nous écrivaient, en se cachant sous des pseudonymes ; lisons :

« Quand M. Cassagnole vous donnera pour mon compte des ordres d'achats ou
de ventes sur la rente, je vous prie de m'écrire directement, mais sous le pseudonyme de *Jacques*, ne voulant pas que mon nom figure sur vos livres comme
*client*.                                          ***

    ﹍ 28 mars 1859. »

A un autre :

« Vous pouvez faire toucher demain matin à notre caisse le montant de la
double prime sur le mobilier que vous avez faite hier avec L. *** (10 000 fr.),
seulement je vous prie de faire le reçu et l'engagement au nom de D. ***, qui a
l'honneur de vous saluer. »

Ainsi, vous avez même des prête-noms, vous vous cachez, tant vous sentez
le délit ! On est allé plus loin encore ; ce que je vais conter, j'ai peine à le
croire, mais je parle preuve en mains.

Les agents ont dit qu'ils voulaient supprimer la coulisse. Allons donc, ils
n'y songent pas. Ils veulent un arrêt qui autorise leurs spéculations à terme.
Supprimer la coulisse ! au contraire, ils veulent l'accroître. Voici ce que l'un
d'eux écrivait à un de ces hommes qui ont dans la coulisse une autorité qu'ils
doivent à une fortune aussi honorablement acquise que celle des agents de
change, par les mêmes moyens :

« Monsieur,

» Connaissant votre bienveillance, je viens vous recommander tout particulièrement M. un tel, mon cousin, qui désire faire partie de la coulisse. J'espère que
vous voudrez bien lui réserver un accueil favorable. »

Ah ! vous faites des coulissiers par recommandation, et puis vous attaquez
la coulisse comme ayant violé la loi ! Que dites-vous de tout ceci, messieurs ?

Et il ne faut pas vous figurer que nous faisons ces achats et ces ventes, en
amis, seulement pour être agréables aux agents de change ; non, non, ils
payent nos commissions, nous en avons pour des sommes considérables payées
aux coulissiers par les agents de change. Quelques-uns de ces messieurs ont
dit : « Les affaires allant à la coulisse, c'est à la coulisse que nous nous adres-
sions. » A la bonne heure, mais franchement, livrer à la coulisse tant de
millions de négociations à terme, n'est-ce pas vous associer à la coulisse ? Les
agents de change payaient donc les coulissiers, ils faisaient mieux encore, ils
leur faisaient un lit de roses. Ce n'était pas assez de les prendre comme
principaux agents des agents de change, de leur recommander des amis
pour les recevoir dans leurs rangs ; nous allons les avoir pour agents.
Oui, ils sont les agents de la coulisse, c'est nous qui leur donnerons nos ordres
et il les exécuteront ; nous leur ordonnerons de travailler pour nous, ils tra-
vailleront absolument comme nous travaillons pour eux ; c'est le plus délicat
échange que vous puissiez vous figurer. Voici une masse d'ordres d'achats et
de ventes *à terme* donnés par les coulissiers aux agents de change et exécutés
par les agents de change sur les ordres des coulissiers : ordres d'achats, ordres
de ventes, ordres de reports, toujours, entendons-le bien, toujours à terme ou
à prime. Nous les payons comme ils nous payent ; la seule différence est dans
le prix et la qualification : nous recevons une commission, eux reçoivent un
courtage ; notre commission, c'est presque toujours la moitié de leur courtage.

Mais comme ils nous encouragent dans notre œuvre commune ! Tenez, voyez
ces comptes réglés à chaque fin de mois. Il se déclarent créditeurs d'une
somme de.... pour prix de leur courtage, puis ils en déduisent une somme
qu'ils nous abandonnent à titre de remise. Cette réduction, ils n'ont pas le
droit de la faire, car ils sont obligés de prendre les courtages que la loi
indique ; mais entre eux et nous que leur fait la loi ? Ils nous abandonnent
33, souvent 36, quelquefois même 40 pour 100 sur leur courtage légal !
D'autres fois, ils font l'abandon complet : ils ne perçoivent pas de droit.
Ils nous envoient, il est vrai, des comptes de liquidation, mais dans la colonne
où doit se trouver la somme de droits à payer, on lit tout simplement *franco*,
et ce mot magique nous dispense des courtages.

Un autre fait plus caractéristique encore : quand nous amenons des clients
chez les agents de change, ils nous payent des remises. Tenez, voici des
comptes qui le prouvent.

Reste la compensation. L'honnête et savant président qui tenait l'audience
a dit : « Il faut nous éclairer un peu sur tous ces mots ; nous ne sommes
pas des gens de Bourse. Ces matières nous sont étrangères. Qu'est-ce
qu'une compensation ? Apprenez-nous le. » Et cette précieuse ignorance du
magistrat, chacun d'y applaudir au milieu de nous ; nous étions heureux d'en-

tendre dire que tout ce langage était nouveau pour lui. C'est qu'entre magistrats et avocats, il y a je ne sais quelle honorable sympathie qui fait que tou ce qui relève les uns, relève les autres. Seulement, le jugement s'est un peu ressenti, ce me semble, de la situation.

Que je vous dise donc, messieurs, ce que c'est que la compensation. Posons-la pour un petit chiffre, afin de la mieux comprendre, Un agent de change achète 6000 francs de rente pour M...... un autre agent de change a vendu 6000 francs de rente pour N.... ; l'achat et la vente sont faits *à terme*, c'est-à-dire fin de mois. A la fin du mois, l'opération se liquide. Supposons l'achat fait à 70, la vente faite à ce même taux ; mais le prix de la liquidation est 71. L'acheteur gagne 1 franc, le vendeur perd 1 franc. *Il y a compensation à faire.* La compensation se fait entre les agents de change, puis l'agent de change de l'acheteur paye l'acheteur, l'agent de change du vendeur se fait payer par le vendeur.

Cette compensation entre agents de change se conçoit naturellement. Mais quand ils ont traité avec la coulisse, que les coulissiers ont tel agent de change qui leur doit, et que des agents de change ont des coulissiers pour débiteurs, entre agents de change et coulissiers, on agit absolument comme entre agents de change. Écoutez, messieurs, cette lettre :

« Mon cher Michel,
» Voulez-vous avoir l'obligeance d'acheter pour  moi en liquidation au mieux 6000 fr. 3 pour 100 ?
» Vous les compenserez avec D. *** (Un coulissier.) »

Ainsi, messieurs, entre eux et nous, la plus parfaite égalité. J'aurais bien encore mille détails à vous donner, et curieux, je vous assure, mais il faut s'arrêter.

Voilà bien établie, je pense, la situation des agents de change à l'égard des coulissiers. Je suppose dans cette première partie du débat que nous nous sommes immiscés dans les fonctions des agents de change, n'est-il pas évident que les agents de change nous ont appelés, qu'ils ont fait avec nous toutes les opérations qu'on nous reproche, qu'ils sont les véritables auteurs du délit, ou tout au moins les complices volontaires, perpétuels. Encore une fois, je ne les accuse pas ; ce n'est pas mon affaire, je leur dis seulement : C'est vous qui nous traduisez devant les tribunaux correctionnels pour nous être immiscés dans vos fonctions, c'est vous qui demandez contre nous une condamnation ; mais c'est vous qui nous avez pris par la main, nous conduisant jusqu'à votre corbeille privilégiée ; c'est vous qui nous avez excités au délit, c'est vous qui nous avez facilité le moyen de l'accomplir, de le consommer, vous êtes, autant qu'on peut y être, dans l'article 49 du Code pénal. Le délit est notre œuvre commune, notre travail commun de tous les jours. Est-ce que vous pouvez être admis à nous poursuivre ? Si nous sommes coupables, nous ne demandons pas l'impunité, nous demandons seulement que le complice de notre délit ne soit pas appelé à en profiter. Qu'il nous dénonce en se dénonçant lui-même, c'est son droit ; mais qu'il nous poursuive, c'est le renversement de tout principe ! Dans la discussion du fond, vous comprendrez, messieurs, quelle importance il y a pour nous à n'avoir pas pour adversaires légaux les agents de change; en ce moment, je les repousse de cette enceinte, où ils ne devraient paraître qu'au même titre que nous. Je leur dis avec la loi : Non-seulement vous vous êtes prêtés à toutes les opérations que vous signalez comme des immixtions dans vos fonctions par les coulissiers, mais vous nous avez encouragés, appuyés, secondés; dans cette situation, s'il y a délit d'une part, il y a complicité d'autre part, il y a même plus : le véritable auteur du délit, c'est vous. Et l'on a pu vous admettre à poursuivre ceux qui ne sont coupables qu'avec vous et par vous! Non, non, s'il y a délit, la honte est pour vous comme pour nous. La jurisprudence tout entière, fondée sur une maxime vieille et sainte comme la morale, vous repousse par ces mots : *Nemo auditur turpitudinem suam allegans.* Oh! retirez-vous du sanctuaire de la justice qui ne peut s'ouvrir pour vous; votre présence ici est un scandale; laissez au ministère public, qui va réclamer la punition d'un délit avec l'autorité qui convient à sa parole, le soin de discuter du haut de son siège avec l'avocat à la barre, la question de savoir s'il y a eu délit d'immixtion dans les fonctions d'agent de change.

J'arrive maintenant au fond du procès. Sommes-nous coupables du délit qui nous est inculpé? Je débarrasse d'abord la cause de toute équivoque. Point de discussion entre le ministère public et moi sur le point de fait. Je dis point de discussion, parce que j'ai été étonné d'un motif du jugement que je ne puis encore comprendre.

Le tribunal a dit que nous avions déclaré avoir fait des négociations de valeurs au comptant. Où a-t-on vu cela? Nous ne l'avons dit dans aucun temps, dans aucune circonstance; au contraire, nous avons dit à l'audience ces mots : « Inutile de parler des négociations de valeurs au comptant qui sont impossibles à prouver. » La réalité, la voici, et c'est tout le débat : Il est certain que quand les agents de change nous ont donné l'ordre d'acheter, de vendre, de reporter des affaires à terme, nous avons acheté, vendu, reporté des affaires à terme; quand ils nous ont donné les mêmes ordres d'achats, de ventes, de reports à prime, nous avons acheté, vendu, reporté à prime.

Ce que nous avons fait là, c'est peut-être un délit d'immixtion dans des négociations, délit dont on ne nous a pas dit un mot, et dont nous n'avons pas eu à nous défendre; mais est-ce le délit d'*immixtion dans les fonctions d'agent de change?* Ne faut-il pas pour cela avoir accompli des actes qui appartiennent à l'agent de change par la loi, et que nul autre que lui ne peut faire? Si les faits qu'on m'impute sont des faits que non-seulement la loi n'a pas confiés à l'agent de change, mais qu'elle lui a interdits de la manière la plus complète et la plus solennelle, comment, en m'y livrant, me serais-je immiscé dans les fonctions d'agent de change?

Je pose en principe, et je crois pouvoir me faire fort d'établir de la manière la plus nette, que jamais les agents de change n'ont eu le droit de faire des opérations *à terme*, qu'elles leur ont été sévèrement interdites par le législateur ancien comme par le législateur moderne, par le Code de commerce comme par l'arrêt de 1724.

Ici est le véritable nœud de la difficulté. Cette question n'a jamais été discutée, ni résolue *in terminis*. On s'est demandé bien des fois si, entre l'agent de change et le client, ces marchés à terme pouvaient être validés (et nous dirons tout à l'heure un mot sur la jurisprudence), mais jamais on n'a posé nettement devant un tribunal cette double question : « Les marchés à terme ne sont-ils pas interdits aux agents de change? Lorsqu'ils font des marchés à terme, les agents de change ne sortent-ils pas de leurs fonctions? Je veux résoudre ces deux questions par l'affirmative, et de la solution je tirerai cette conséquence : « Ceux qui, n'étant pas agents de change, font des marchés à terme, ne s'immiscent pas dans les fonctions des agents de change, puisque les agents de change n'ont pas le droit de faire des marchés à terme, et sortent de leurs fonctions quand ils font de pareils marchés. » Discutons :

Les agents de change ont été établis dès le XIII° siècle, peut-être même dès le XII°. Nous n'avons pas besoin d'aller les chercher si loin. Je veux seulement vous donner un article d'un règlement de Henri IV, de ce roi, dont Berryer a fait grandement l'éloge, éloge si bien renfermé dans ce vers si connu :

Le seul roi dont le peuple ait gardé la mémoire.

Henri IV, ou, pour parler constitutionnellement, Sully, son ministre, grand homme et remarquable esprit, avait mis dans un règlement de 1595 l'article que voici :

« A ce que les marchands sçachent dorénavant à qui s'adresser, pour avec asseurance faire lesdits change et vente en gros desdictes marchandises estrangères : Sa Majesté veut et ordonne qu'en sa bonne ville de Paris, il y aura huit courtiers desdicts change, banque et vente en gros des marchandises estrangères, etc., etc.

» N'entendant néanmoins qu'aucuns soient contraints de se servir desdits courtiers et dites négociations si bon ne leur semble. »

Ainsi, dès cette époque, on avait placé ce qu'on appelle le marché libre à côté du marché restreint, c'est-à-dire du marché organisé par privilége.

Arrivons de suite à la période qui va constituer les agents de change, la période de 1720 à 1785. Nous étions alors en pleine exaltation du système de Law. Les grandes fortunes et les grandes ruines s'accumulaient comme de nos jours. Le gouvernement s'émut. On se demanda comment on pourrait surtout empêcher ces marchés à terme, qui avaient pris si vite un développement si considérable. Le premier marché à terme remonte à Law.

« C'est à Law que le premier marché à prime doit sa naissance, » dit Horace Say, dans le *Dictionnaire d'économie politique*, au mot *Agiotage*. Jusqu'en 1719, rien n'indique le marché à terme. En 1719 le voici établi par l'homme qui a tant bouleversé les finances de ce pays, et dont le système n'est pas définitivement jugé encore aujourd'hui.

Cinq ans après, en 1724, le législateur parlait en ces termes dans un de ces arrêts du conseil d'État, qui étaient les lois de l'époque :

« ART. 29. — A l'égard des négociations de papiers commerçables (on appelait alors papiers commerçables non pas les papiers de commerce, mais les papiers qui appartenaient aux villes, à certaines communautés, les papiers de la Compagnie des Aides, de la ville de Paris, de la Compagnie des Indes et divers autres papiers), elles seront toujours faites par le ministère de deux agents de change, à l'effet dequoy les particuliers, qui voudront acheter ou vendre des papiers commerçables et autres effets, remettront l'argent ou les effets aux agents de change avant l'heure de la Bourse, sur leur reconnaissance portant promesse de leur en rendre compte dans le jour : et ne pourront néanmoins, lesdits agents de change, porter ni recevoir aucuns effets ni argent à la Bourse, ni faire leurs négociations autrement qu'en la forme ci-après marquée : le tout à peine contre les agents de change qui contreviendront au contenu du présent article, de destitution et de 3000 livres d'amende payables par corps, dont la moitié appartiendra au dénonciateur, et l'autre moitié à l'Hôpital général. »

On exigeait deux agents : l'un pour recevoir l'argent qui devait servir à acheter les effets, l'autre pour donner les effets qui devaient servir à l'emploi de l'argent donné. C'est ce qu'ajoute l'article 30 :

« Lorsque deux agents de change seront d'accord à la Bourse d'une négociation, ils se donneront réciproquement leurs billets portant promesse de se fournir *dans le jour*, savoir : *par l'un, les effets négociés, et par l'autre, le prix desdits effets*, et non-seulement chaque billet sera timbré du même numéro sous lequel la négociation sera inscrite sur le registre de l'agent de change qui fera le billet, mais encore il rappellera le numéro du billet fourni par l'autre agent de change, afin que l'un serve de renseignement et de contrôle à l'autre; lesquels billets seront régulièrement acquittés de part et d'autre *dans le jour*, à peine d'y être contraints par corps, même poursuivis extraordinairement en cas de divertissements de deniers ou d'effets. »

Nous sommes en 1724. Sous l'empire de cet arrêt est-ce qu'on oserait dire que les agents de change ont le droit de faire des *marchés à terme*, qu'ils ne leur sont pas explicitement interdits ? Que veut dire le législateur quand il déclare qu'on leur apportera les effets *le matin avant la Bourse* et qu'ils seront obligés *dans le jour* de donner l'argent; qu'il faut deux agents de change, l'un pour recevoir les effets, l'autre pour donner l'argent, et qu'il faut que *dans le jour* l'opération soit consommée, *à peine de destitution et de contrainte par corps?*

N'est-ce pas l'interdiction rigoureuse, absolue, des marchés à terme ? C'est le point de départ de toute notre affaire, et voici un acte d'exécution bien remarquable. Un an s'était à peine écoulé que déjà les agents de change de l'époque modifiaient à leur gré ce règlement. Un nommé Marion *n'avait pas fait sa liquidation dans le jour;* on voulait faire un exemple, et le 17 mars 1725, l'agent de change Marion fut destitué, *faute par lui d'avoir consommé dans le jour une négociation faite avec ses confrères.*

Le législateur de 1724 ne plaisantait pas ; il y allait de main vive. Il avait déclaré qu'il ne fallait pas *dépasser un jour :* un agent de change dépasse le jour, on le destitue.

Voici maintenant l'arrêt du conseil, du 26 novembre 1781, qui interdit sous des peines spéciales à ceux qui ne sont point agents de change de s'immiscer dans les négociations, dont les derniers ont le monopole.

Nous avons fait déjà un grand pas dans la question qui nous occupe.

En présence des dispositions légales de toute cette époque, n'est-il pas vrai que les marchés à terme sont rigoureusement interdits aux agents de change? Lisons maintenant l'arrêt du conseil du 7 août 1785.

Malgré les défenses de la loi, les marchés à terme avaient inondé le pays; voici comment le roi voulut remédier au désordre :

« Le roi est informé que, depuis quelque temps il s'est introduit dans la capitale un genre de marché, ou de compromis, aussi dangereux pour les vendeurs que pour les acheteurs, par lequel l'un s'engage à fournir, à des termes éloignés, des effets qu'il n'a pas, et l'autre se soumet à les payer, sans en avoir les fonds, avec réserve de pouvoir exiger la livraison avant l'échéance, moyennant l'escompte.....

Je ne connais pas de définition plus nette et plus claire des marchés à terme.

Que fait la loi de 1785 pour frapper l'abus? Elle déclare à l'article 7 :

« Déclare nuls, Sa Majesté, les marchés et compromis d'effets royaux et autres quelconques *qui se feraient à terme et sans livraison desdits effets ou sans le dépôt réel d'iceux, constaté par acte dûment contrôlé au moment même de la signature de l'engagement.* »

Vient enfin l'arrêt de 1786, qui, renouvelant les prohibitions de l'arrêt de 1785, défend de faire aucun marché d'effets royaux ou autres effets publics, pour être livrés à un terme plus éloigné que celui de deux mois.

Croirait-on que dans ces deux arrêts de 1785 et de 1786 mon habile contradicteur a trouvé la consécration des marchés à terme, l'autorisation donnée aux agents de change de les négocier?

Ils s'étaient perpétués, ils envahissaient le marché malgré les dispositions iégislatives; on ne pouvait arriver à les abolir. Vainement le roi avait mis dans ses arrêts tout ce que nous venons de lire; vainement il avait dit, le 2 octobre 1785 :

« Autant Sa Majesté est résolue de les maintenir religieusement (les droits de la propriété et de la liberté sociale), autant elle est éloignée d'admettre pour conséquence de ce principe inviolable, qu'il soit permis de tendre des piéges à la foi publique en vendant ce qu'on n'a pas, ce qu'on ne peut livrer, ce qui même n'existe pas ;..... »

Le jeu était plus fort que la loi.

Pour détruire le jeu, l'arrêt de 1785, complété par l'arrêt de 1786, déclare qu'entre le vendeur et l'acheteur un délai de deux mois pourrait être accordé pour la consommation du marché, mais à cette condition que le vendeur déposerait les effets entre les mains, soit d'un notaire, soit d'un agent de change, et que le dépôt serait constaté par un acte qui serait contrôlé le jour même de la signature. Certes, remettre les effets en dépôt, c'était l'équivalent d'un marché au comptant; seulement, le propriétaire des effets, en accordant un délai pour le payement, facilitait le placement de ses effets; le *marché à terme*, au contraire, n'a point d'autre objet que celui-ci : *Je n'ai point d'effets, vous n'avez point d'argent.* A la fin du mois, *vous ne me livrerez pas les effets promis, je ne vous livrerai pas le prix des effets*, mais nous nous tiendrons compte de *la différence entre le prix des effets au jour de l'opération et leur prix à la fin du mois.*

La révolution de 1789 survint; en 1791, les fonctions d'agent de change furent supprimées. Disons en passant, pour rendre à chaque époque sa vérité, que ces charges furent liquidées et payées. Cependant les agents de change ayant été rétablis, je vais appeler votre attention plus spéciale sur les lois nouvelles, afin de mieux préciser encore l'objet de notre débat.

C'est d'abord la loi de fructidor an III. Elle renferme un article qui est resté jusqu'en 1810, à la promulgation du Code pénal, la base de la législation. En l'an III, il n'y avait plus d'agents de change, plus de billets royaux. On avait ouvert en 1792 le grand livre de la dette publique; mais le propriétaire de rentes sur l'État, qui voulait transférer son titre, se rendait chez un notaire ou chez un juge de paix et disait : Je demande que ma rente soit mise sous le nom d'un tel. Les agents de change conservaient néanmoins les autres valeurs négociables, et voici comment s'exprimait la loi du 13 fructidor an III :

« Il est défendu à tout individu de vendre des matières d'or et d'argent, des effets et des marchandises, *dont il ne serait pas propriétaire au moment de la vente,* sous peine d'être déclaré agioteur et d'être puni de deux années de détention, de l'exposition en public avec un écriteau sur la poitrine, portant ce mot : *agioteur*, et de la confiscation de tous ses biens au profit de la république. »

Certes, c'était une rude loi pour frapper l'agiotage ; les marchés à terme étaient singulièrement et vigoureusement proscrits.

Survint la loi du 28 vendémiaire an IV, dont l'art. 3 était ainsi conçu :

« Toute négociation à terme ou à prime de lettres de change sur l'étranger est réputée agiotage, et tous les coopérateurs ou intermédiaires de pareilles transactions seront poursuivis comme agioteurs ou complices et punis de la peine portée par la loi du 13 fructidor an III. »

Me direz-vous que cela ne concerne que les lettres de change sur l'étranger ? attendez :

« ART. 15. — Il est défendu à toute personne de vendre ou d'acheter, ni de prêter son ministère pour aucune vente ou achat de matières ou espèces métalliques à terme ou à prime : aucune vente de ces matières ne pourra avoir lieu qu'au comptant, de telle sorte que les objets vendus devront être livrés et payés dans les vingt-quatre heures qui suivent la vente. »

Et l'article 16 déclare que toute contravention à cet article sera regardée comme agiotage.

Ce n'est pas tout : l'article 17 porte :

« Attendu *que les marchés à terme ou à prime ont déjà été interdits par de pré-cédentes lois*, tous ceux contractés antérieurement au présent décret seront annu-lés, et il est défendu d'y donner aucune suite sous les peines portées contre les infracteurs de l'article précédent. »

Nous lisons encore dans l'arrêté du 2 ventose an **IV**, portant règlement concernant la Bourse :

« Art. 2. — Nul ne pourra y vendre ou échanger des matières ou espèces métalliques, ni des assignats, et faire aucun traité y relatif, si, conformément au vœu de la loi du 12 fructidor, il ne justifie qu'il est actuellement possesseur des objets à vendre ou échanger, et ce, par la production d'un certificat de dépôt des-dits objets, soit chez un des vingt agents de change, soit chez un des notaires publics du canton de Paris. »

Enfin :

« Art. 3. — L'annonce qui se fait à haute voix de chaque marché conclu par un des agents de change, comprendra le nom et le domicile du dépositaire de la chose vendue, et il en sera fait mention sur le registre tenu par l'écrivain crieur, et dont un double, remis chaque jour au bureau central, mettra cette administra-tion à portée de vérifier la réalité du dépôt, *et surtout s'il y a eu tradition de l'objet vendu dans les vingt-quatre heures.* »

Où trouverons-nous une interdiction plus complète des marchés à terme ? Dans les vingt-quatre heures la tradition de l'objet vendu doit être non-seule-ment faite, mais attestée par ces déclarations géminées que demande le légis-lateur.

Nous voici en l'an IX. La législation va-t-elle changer ? La loi du 28 ven-tose an IX établit définitivement les Bourses de commerce. Voici maintenant ce que nous trouvons dans l'article 13 de l'arrêté du 27 prairial an X, qui mérite aussi votre attention particulière :

« Chaque agent de change *devant avoir reçu de ses clients les effets qu'il vend, ou les sommes nécessaires pour payer ceux qu'il achète*, est responsable de la livraison et du payement de ce qu'il aura vendu ou acheté. Son cautionnement sera affecté à cette garantie, et sera saisissable, *en cas de non-consommation d'une Bourse à l'autre*, sauf le délai nécessaire au transfert des rentes ou autres effets publics dont la remise exige des formalités. »

Que voulez-vous de plus ? Où puis-je aller chercher des preuves plus évi-dentes et plus palpables contre les marchés à terme ? Où trouver des inter-dictions plus formelles aux agents de change ? En présence de dispositions aussi rigoureuses serait-il possible de déclarer qu'en l'an III, en l'an IV, en l'an IX, en l'an X, les agents de change pouvaient faire des marchés à terme, même avec le dépôt ?

« Chaque agent de change doit avoir reçu de ses clients les effets qu'il vend et les sommes nécessaires pour payer ceux qu'il achète, et il est saisissable *en cas de non-consommation d'une Bourse à l'autre,* sauf le délai nécessaire au transfert des rentes ou autres effets publics dont la remise exige des formalités. »

On sait que si l'on vend un titre de rente, il faut aller signer au bureau du transfert l'abandon de cette rente en faveur de l'acheteur, et ordinairement il s'écoule deux ou trois jours avant qu'on vous donne le titre transféré.

« A compter de la publication du présent arrêté, dit l'art. 15, les transferts d'inscriptions sur le grand livre de la dette publique seront faits au Trésor public en présence d'un agent de change de la Bourse de Paris, qui certifiera l'identité du propriétaire, la vérité de sa signature et des pièces produites. »

Le législateur a parlé. Voyons comment les agents de change, à cette époque, interprétaient la législation.

Le 10 fructidor an **X**, la chambre syndicale prend un arrêté pour assurer l'exécution du décret du 27 prairial, et dans cet arrêté elle déclare que tous les effets au porteur seront livrés et payés *dans l'intervalle d'une Bourse à l'autre ; que*, quant aux effets soumis aux formalités du transfert, il n'est accordé d'autres délais pour leur livraison *que ceux nécessaires à l'accomplissement de ces formalités.*

Je demande si cette interprétation des lois par la chambre syndicale n'est pas la preuve la plus éclatante de la prohibition la plus absolue des marchés à terme.

J'arrive enfin à la dernière disposition législative, au Code de commerce. Voici les termes de l'article 76 :

« Les agents de change, *constitués de la manière prescrite par la loi*, ont seuls le droit de faire les négociations des effets publics et autres susceptibles d'être cotés ; de faire, pour le compte d'autrui, les négociations des lettres de change des billets et de tous papiers commerçables, et d'en constater le cours. Les agents pourront faire concurremment, avec les courtiers de marchandises, les négociations et le courtage des ventes ou achats de matières métalliques. Ils ont seuls le droit d'en constater le cours. »

C'est de cet article 76 que mon contradicteur a tiré la preuve évidente du droit concédé à ses clients de faire les négociations à terme.

Vous demandez sans doute où se trouve ce droit dans l'article 76. On répond : *Négociations*, cela veut tout dire. Cela veut dire négociation actuelle, négociation conditionnelle, négociation au comptant, négociation à terme.

Comment ! est-ce que l'article 76 abroge d'une façon quelconque les lois qui régissent votre institution ? Au contraire, il a soin de vous y rappeler : « Les agents de change *constitués de la manière prescrite par la loi.* » Il y a donc une loi. Quelle est cette loi ? La loi de votre institution. Que déclare cette loi ? Elle déclare que vous avez le droit de faire les négociations des effets publics, *mais elle vous interdit de les faire à terme.* Elle déclare que vous devez avoir les effets le matin avant la Bourse, et que vous devez donner l'argent le lendemain avant la Bourse. Si c'est là votre loi et que l'article 76 ne l'abroge pas, comment voulez-vous tirer de l'article 76 le droit de faire des marchés à terme ? Jusqu'alors vous n'aviez pas ce droit, vous le prenez dans l'article 76 ! Il faudrait au moins, pour l'abolition de tant de lois, de tant de décrets, de tant de déclarations fondées sur des intérêts publics si graves, il faudrait, au moins dans la loi moderne une ligne, une phrase, un mot qui indiquât l'abolition de tout ce passé législatif. Rien.

Attendez ! nous allons à l'article 86, celui-ci nous laisse-t-il un doute possible ?

« L'agent de change ne peut se rendre *garant* de l'exécution des marchés dans lesquels il s'entremet. »

Quels sont donc les marchés qu'il peut faire ? Tous les marchés pour lesquels il ne se rend pas garant. Dès qu'il ne peut être garant, dans aucun cas, des marchés qu'il fait, s'il est garant d'un marché, ce marché lui sera interdit. J'espère qu'on ne me contestera pas cette incontestable redite. Eh bien ! Je vais vous démontrer *que tous les marchés à terme, tous, sans aucune exception*, entraînent la garantie de l'agent de change.

Notre adversaire disait dans sa plaidoirie devant le tribunal de police correctionnel que notre prétention reposait sur une équivoque. Non, ce n'est pas nous qui voulons équivoquer, nous savons que l'agent de change peut être garant sans donner une garantie spéciale.

Il s'est produit un fait qui a eu un immense retentissement, et qui est certainement considérable à la connaissance spéciale de l'honorable syndic que nous avons aujourd'hui pour adversaire, je veux parler de l'affaire Bagieu. Ce fut un grand bruit, un grand scandale que le procès Bagieu ; il réclamait d'un nommé de Vilette le montant d'opérations à terme. Le tribunal de police correctionnelle fut saisi de l'affaire et condamna de Villette comme coupable du délit de jeux et de paris sur les effets publics, prévu par les articles 421 et 422 du Code pénal. L'agent de change avait été acquitté, mais la Cour le déclara complice. Cette condamnation devint pour les agents de change une effroyable menace, une incessante terreur.

Alors, et c'est maintenant que vous allez entrer dans le vif de la question, ils se retournèrent vers le ministre des finances :

« Il nous faut, disaient-ils, le règlement promis par l'art. 90 du Code de commerce ; car les opérations qui nous sont données aujourd'hui *sont inexécutables*. Ce sont les marchés à terme qu'il faut nécessairement régulariser et consacrer ; sans les marchés à terme, il n'y a pas de crédit possible ! »

Dans cette supplique la coulisse était violemment attaquée. Les agents de change réclamaient du ministre la suppression des coulissiers ; ils ne s'adressaient pas aux tribunaux, c'est un règlement d'administration qu'ils sollicitaient. Le ministre renvoya la pétition au préfet de police, qui, d'après le décret de thermidor an VIII, a remplacé en ce qui concerne les agents de change l'ancien lieutenant général de police. Je me hâte de dire que ce préfet de police s'appelait *Gabriel Delessert*. Gabriel Delessert, c'était l'honneur, la loyauté, le savoir ; le plus bel héritage qu'il a laissé à sa famille, ce n'est pas sa grande et honorable fortune, c'est l'héritage de sa probité, de la considération publique dont il était si justement environné, de ses vertus privées dont sa famille était heureuse, comme elle était fière de ses vertus publiques. Après un mûr examen, le 8 mars 1842, M. Delessert envoyait au ministre la lettre que voici ; je la livre à vos méditations. Quand je l'aurai lue, le procès actuel n'aura plus d'obscurité :

« Paris, 8 mars 1842.

» Monsieur le Ministre,

» Je n'ai adressé à Votre Excellence, le 14 février dernier, qu'une réponse provisoire à la transmission qu'elle a bien voulu me faire d'une lettre du syndicat des agents de change, signalant les abus du *marronnage* et en sollicitant la répression. Je me suis borné à présenter à Votre Excellence les difficultés qui me paraissent se rattacher à cette affaire, en lui annonçant la prochaine communication du résultat de l'examen sérieux et approfondi qu'elle réclamait, et pour lequel je croyais devoir m'entourer des lumières propres à faciliter la solution des diverses questions dont je vais avoir l'honneur de rendre compte à Votre Excellence.

» La chambre syndicale vient réclamer de l'autorité la répression d'un délit qu'elle peut poursuivre elle-même, aux termes de la loi, s'il existe en effet.

» Pourquoi ne prend-elle pas l'initiative que les règlements lui accordent ?

» Pourquoi en réclamant l'application des règlements ne suit-elle pas la marche que ces règlements ont tracée ?

» Je crois en trouver le motif dans le Mémoire même de la chambre syndicale.

» On remarque, en effet, dans ce Mémoire que, loin de préciser les faits caractéristiques du délit qu'elle signale, la chambre syndicale, en désignant ce délit sous le nom de *marronnage*, emploie les termes les plus vagues pour en déterminer la nature.

» C'est, dit-elle, dans les opérations du *marronnage* faites par une multitude d'agents sans caractère, sans responsabilité, sans discipline, opérations qui ne sont astreintes à aucune règle, à aucune limite, qui échappent à toute appréciation et se multiplient sous des formes insaisissables, qu'il faut chercher la cause principale des désordres qui affligent le parquet ; cette cause se trouve principalement dans le contact incessant du jeu désordonné, fomenté par le *marronnage*.

» Mais quand il s'agit de poursuivre contre un individu l'application d'une peine, il ne suffit pas de lui imputer des opérations qui échappent à toute appréciation et se multiplient sous des formes insaisissables ; il faut, au contraire, bien préciser les faits condamnables ; il faut que ces faits se présentent aux tribunaux sous des formes saisissables et qu'ils soient bien reconnus être ceux que la loi a voulu atteindre. *Ne serait-ce pas là ce qui fait que la chambre syndicale s'abstient de toute poursuite ?*

» MM. les agents de change invoquent pour les fonctions dont ils sont seuls chargés la protection efficace que leur accorde la législation, comme on peut s'en convaincre, disent-ils, par l'édit (c'est une ordonnance ou sentence de police) du 17 juillet 1736, qui condamne vingt-huit courtiers marrons à 6000 francs d'amende chacun, et à l'interdiction de la Bourse.

» Mais on remarque précisément, dans cette ordonnance du lieutenant général de police, d'abord qu'elle a été rendue sur la requête des syndics et adjoints des agents de change de Paris, et en second lieu que ladite requête imputait aux individus dénoncés les faits suivants : « De s'annoncer dans les maisons de négociants » et financiers sous le titre d'agents de change ; de s'immiscer dans leurs fonctions ; » d'y consommer des négociations ; de certifier les signatures des billets ou lettres » de change qu'ils négocient ; de fournir le mémoire des négociations par eux » faites ; d'en recevoir le droit de courtage et d'en donner quittance de la même » manière qu'il se pratique pour les agents de change. »

» Il ne pouvait y avoir de doute ici sur l'usurpation de fonctions ; les actes qui la constituent sont détaillés avec la plus grande précision ; ils sont bien de ceux que la loi attribue exclusivement aux agents de change, *point important à constater.*

» Pour juger s'il en est de même de ceux qui se rattachent à la nouvelle réclamation des agents de change, il importe de bien se rendre compte de la nature et de l'étendue du privilége que la loi leur accorde.

» L'art. 76 du Code de commerce est ainsi conçu :

» Les agents de change, constitués de la manière prescrite par la loi, ont seuls
» le droit de faire les négociations des effets publics et autres susceptibles d'être
» colés ; de faire pour le compte d'autrui les négociations de lettres de change
» ou billets et de tous papiers commerçables, et d'en constater le cours. Les agents
» de change pourront faire, concurremment avec les courtiers de marchandises,
» les négociations et le courtage des ventes ou achats de matières métalliques. Ils
» ont seuls le droit d'en constater le cours. »

» De ces diverses opérations, quelles sont celles que la chambre syndicale impute au marronnage ? Elle ne le dit pas ; mais on sait parfaitement que ce n'est pas la négociation des lettres de change ou billets, qui, sans aucune réclamation de sa part, se fait à Paris par une classe de marrons que la loi proscrit et que la chambre tolère.

» Ce n'est pas non plus du courtage des matières métalliques dont elle s'inquiète tout aussi peu ; *restent les négociations des effets publics.*

» Il importe d'examiner ce que sont les fonctions d'agents de change dans ces négociations.

» D'après l'art. 13 de l'arrêté des consuls dn 27 prairial au X, l'agent de change vend les effets qu'il a reçus de ses clients ; il achète ceux pour le payement desquels il a reçu les sommes nécessaires.

» Telles sont les opérations dont la loi a donné, en matière d'effets publics, le privilége aux agents de change, et qu'elle a placées sous la garantie d'ordre public qui dérive de leur institution : *la vente d'effets réellement et matériellement déposés, l'achat d'effets dont le prix a été réellement et matériellement reçu.*

» Sont-ce là les opérations dans lesquelles s'immisce le marronnage ? Non, sans doute ; personne ne s'en avise, et personne ne pourrait le faire sans que la répression s'ensuivît immédiatement.

» En quoi donc consistent les opérations reprochées au marronnage ? Ces opérations n'ont rien des conditions matérielles que la loi a attachées comme garanties aux véritables négociations d'effets publics, placées sous sa protection et à titre de privilége, dans les attributions des agents de change ; ce sont des opérations qui ne reposent *que sur des valeurs fictives, imaginaires, purement nominales* ; des opérations qui n'empruntent aux autres négociations légales que leur vocabulaire commercial et financier, et qui cachent sous cette fausse apparence leur véritable caractère, leur véritable nom de jeu.

» Dans la forme, on vend ou l'on achète à tel ou tel prix 2500, 5000, 10 000 20 000 francs de rente 5 pour 100, 1500, 3000, 6000 francs de rente 3 pour 100, livrables à telle ou telle époque ; au fond, au lieu de se terminer par une livraison réelle des effets vendus, l'opération se résout *par le payement de la différence* entre les prix résultant du cours auquel l'opération a été conclue et de celui du jour fixé *pour la livraison supposée.*

» Telles sont les seules opérations de la coulisse, telles sont les seules opérations dont le *marronnage* se fait l'entremetteur.

» La jurisprudence des tribunaux est d'accord avec l'esprit de la législation ancienne et moderne, et aussi avec l'opinion publique, pour ne reconnaître dans ces opérations que des paris déguisés sous des formes commerciales et pour leur refuser la protection de la loi, *soit qu'elles soient conclues par l'entremise des agents de change* QUI EN ONT DONNÉ L'EXEMPLE, soit qu'elles le soient au moyen du *marronnage*. Dès lors, peut-on dire que ce dernier, comme le prétend la réclamation, *s'immisce dans les fonctions des agents de change, en se faisant l'intermédiaire d'opérations que la loi et la morale désavouent, lorsqu'elles sont faites par les agents de change eux-mêmes?*

» Vainement voudrait-on prétendre qu'il y a une apparence entre les mêmes opérations faites par le *marronnage* ou par les agents; vainement invoquerait-on les garanties que présentent ceux-ci, les désordres qu'entraîne l'intervention de l'autre, les hautes considérations qui, dans l'intérêt public et les convenances de la haute banque, doivent faire admettre et légitimer les opérations dont nous venons de parler, pourvu qu'elles soient faites par les agents de change comme marchés à terme, fermes ou non, et avec une certaine formule d'engagement.

» Toutes ces considérations pouraient être présentées à l'appui d'une législation nouvelle qui certes serait fort utile. Mais au point de vue de la législation actuelle, qui ne donne d'action répressive *que contre le fait de s'immiscer dans les fonctions d'agent de change*, la question, je le répète, me paraît se résoudre en ces termes : *Est-ce s'immiscer dans les fonctions d'agent de change que de se faire avec eux l'intermédiaire d'opérations désavouées par la loi?*

» Que si on voulait appliquer aux opérations de la coulisse l'article 421 du Code pénal, ce n'est pas seulement contre les *marrons*, mais bien contre tous ceux qui prennent part à ces opérations, soit en dehors, soit en dedans du parquet, que l'action publique devrait être dirigée.

» Personne n'est plus à même que Votre Excellence d'apprécier la nature des difficultés que soulèveraient de semblables poursuites, et c'est à elle qu'il appartient surtout de provoquer, s'il est possible, les moyens de concilier dans la législation de la Bourse les hautes considérations qui se rattachent au crédit public et les intérêts non moins importants de la morale publique et du respect des lois.

» Agréez, monsieur le Ministre, etc.

» Signé : G. DELESSERT. »

Quelle plaidoirie peut valoir cette réponse?

Le ministre ne s'occupe plus de la pétition des agents de change; tous les ministres des finances se sont endormis dans la même quiétude. Pas un n'a songé à modifier la législation, pas un n'a voulu faire le règlement que l'article 90 du Code de commerce laissait au gouvernement le soin de publier. Nous sommes donc aujourd'hui dans la situation légale de 1822. De 1822 à 1859 qu'ont fait les agents de change contre les coulissiers? Ont-ils eu seulement la pensée de les actionner? Non.

En 1836, la chambre syndicale avait pris une délibération qui interdisait tout acte avec les coulissiers, toute compensation avec la coulisse. La délibération ne fut qu'une lettre morte. Les documents que j'ai fait passer sous vos yeux, et qui remontent à cette époque même, vous disent mieux que mes paroles ce qu'il est advenu depuis.

J'ai cité les lois; j'ai dit les plaintes des agents de change, j'ai dit la réfutation de leurs plaintes par le préfet de police. Laissez-moi revenir à la loi : vous vous rappelez tout ce qu'il y a de sagesse dans cet article 86 du Code de commerce, et comment, avec ce seul article, il est facile de démontrer l'interdiction absolue des marchés à terme pour les agents de change.

Relisons l'article 86 :

« L'agent de change ne peut se rendre garant de l'exécution des marchés dans lesquels il s'entremet. »

Prenez maintenant le mémoire adressé au ministre par ces messieurs, vous lirez ces mots :

« *Dans les marchés à terme nous sommes garants du marché.* L'agent de change qui doit nous livrer est garant envers nous. L'agent de change qui doit vendre est garant envers l'autre. Nous avons là notre garantie. »

C'est ce qu'a répété mon honorable adversaire devant le tribunal.

Laissez-moi vous dire, messieurs, que la garantie née des marchés à terme a produit une belle institution chez les agents de change. Si, pour les nécessités de ma cause, je fais connaître ce qu'ils font en dehors de la loi, je ne veux attaquer ni les hommes en eux-mêmes ni leurs bonnes résolutions : ils ont constitué ce qu'ils appellent la *caisse commune.* C'est très beau. Elle a évité des bouleversements financiers; elle a évité des désastres sanglants, des suicides, pas toujours, mais plus d'une fois. Chaque agent de change, au moment de son entrée en fonctions, donne une somme importante. Dans ce moment la caisse a six millions qui peuvent faire face à beaucoup de malheurs.

Mais pourquoi cette caisse commune? *Parce que vous faites des marchés à terme dont vous êtes garants.* Vous disiez au ministre en lui écrivant :

« Nous avons rendu de grands services avec cette caisse commune, nous avons évité de grands malheurs. Ainsi, quand la rente est arrivée à un tel prix qu'on ne pouvait plus y suffire, quand l'État était menacé, à l'époque de l'invasion ou de la retraite des alliés, d'un désastre qui aurait été affreux sur la place, qu'avons-nous fait? Nous nous sommes entendus avec les principaux banquiers de Paris, pour fixer à une somme de..... *les différences à payer pour cette liquidation,* et nous avons pris sur notre caisse commune une somme qui ne s'est pas élevée à moins de 1 600 000 fr. ou de 1 800 000 fr. pour payer notre part. »

Quelle était donc cette part que vous avez payée? *La part qu'appelait votre garantie dans les marchés à terme.* Si vous n'aviez fait que des opérations au comptant, que des négociations permises par la loi, vous n'aviez rien à risquer. Vous aviez reçu d'un côté les titres, de l'autre l'argent; vous rendiez les titres et l'argent; c'était une affaire finie. Qu'est-ce qui a rendu nécessaire la caisse commune ? *Les opérations à terme, les différences existant au moment de la liquidation.*

Et savez-vous où vous ont conduits les opérations à terme, les différences de liquidation? A la banqueroute. Oui, vous avez fait banqueroute en 1848. La rente avait fermé le 23 février à 73 fr. 35 c. Nous n'avons permis de rouvrir la Bourse que le 5 mars; elle rouvrit à 58 fr., avec une baisse de 15 fr. 30 c.

En prenant pour cours de compensation le taux moyen des opérations engagées pendant la première heure de la bourse de réouverture, on se trouvait en présence d'une différence de plus de 15 francs; c'était un désastre : alors les agents fixèrent eux-mêmes, de leur seule volonté, le cours de compensation à 73 francs. Un cri général s'éleva parmi ceux que frappait cette résolution : Qu'importe, s'écria-t-on, le chiffre de la baisse? Payez, vous êtes garants. Jugez, messieurs, cette situation inouïe. Que se passa-t-il au sein de la Compagnie? Je l'ignore, mais enfin elle daigna s'arrêter définitivement au chiffre de 70 fr. 50 c. Les agents de change imposèrent à tous ce chiffre de compensation. Il fallut le subir et se taire. Pourquoi? Parce que la différence, c'est le jeu. Or, la loi ne reconnaît pas les dettes du jeu. Mais ces différences proviennent des marchés à terme, et les agents de change sont garants des marchés à terme. Tirez la conséquence légale, messieurs, notre procès est jugé.

Et tenez, messieurs, à cause des marchés à terme, la dernière quinzaine a été déplorable pour certains agents de change. Le traité de paix sur lequel on comptait si peu et qui est venu, d'une part, combler tant d'espérances, d'autre part, raviver tant de regrets, devait produire, il a produit une grande hausse; mais personne ne l'attendait : les marchés à terme *à la baisse* ont jeté le désordre sur la place. Si vous n'aviez que des opérations faites au comptant, peu importerait la hausse ou la baisse. La rente a monté de 7 à 8 francs, et la débâcle s'est mise parmi les vendeurs. Que répondraient les agents de change, si les vendeurs venaient leur dire : En 1848, vous n'avez pas voulu payer 15 fr. de différence; en 1859, nous ne voulons pas payer 8 francs. Ils n'auraient pas un mot à répondre. Et ils sont garants! La bourse commune suffirait-elle?

Voilà ce que c'est que les marchés à terme, la honte et la plaie de la Bourse. Ils sont interdits aux agents de change, vous voyez pourquoi. Quand des hommes comme ceux que nous avons pour adversaires sont obligés d'en venir là; quand avec toute l'honorabilité que nous leur connaissons, de tels résultats sont possibles; quand, au milieu d'eux, des hommes pleins d'honneur peuvent, par une liquidation désastreuse, arriver à la misère, au suicide; quand les marchés à terme seuls occasionnent ces désastres, comment ne pas bénir la loi qui interdit les marchés à terme? Opérations au comptant, rien à craindre; tout se passe à la face du soleil, à la clarté du jour, d'un agent de change à l'autre. Je donne mon argent, je reçois mon titre, je donne mon titre, je reçois mon argent. Qu'importent tous les événements politiques, financiers, qui viendront se jeter à la traverse? Est-ce que les agents de change ont été créés pour réfléchir sur la politique? Ils ont été créés pour négocier les effets publics et en constater le cours, le cours réel, non le cours factice. Qu'il n'y ait pas de marchés à terme, n'est-il pas évident que la vérité des cours prendrait la place de toutes ces exagérations? Ceux d'entre vous qui ont disparu, écrasés par les tempêtes politiques et financières, ceux qui se sont dérobés à la vie, parce qu'ils ne pouvaient pas, hommes d'honneur qu'ils étaient, arriver au payement de leur liquidation ; dites-moi ce qui a creusé l'abîme où ils se sont engloutis? Les marchés à terme. Vous avez accusé la coulisse de ces désastres. La coulisse! Mais alors comment avez-vous le courage de travailler avec elle, de la provoquer, d'envoyer dans son sein, pour en faire partie, vos parents et vos amis? La coulisse! Mais vous avez dans votre compagnie des hommes qui, il y a trois ou quatre ans à peine, appartenaient à la coulisse; mais la coulisse a dans son sein des hommes qui, il y a trois ou quatre ans à peine, appartenaient à votre compagnie. Est-ce que vous n'avez pas les uns pour les autres la considération que vous méritez les uns et les autres? Ne dites pas que la coulisse a causé vos malheurs, c'est votre garantie sur les marchés à termes qui les a fatalement produits. Si vous n'étiez pas garants, pas de désordres financiers, pas de ruines, pas d'attaques à cette grande et belle morale qui doit présider à toutes les transactions humaines. Nous comprenons ce qui se passe à la Bourse en présence de cette agitation fébrile qui emporte tout le monde vers la fortune bien ou mal acquise. Mais les tribunaux n'ont pas pour mission ni de protéger, ni de restreindre de pareils résultats. Ils ont pour mission de faire exécuter la loi, de la ramener dans les termes de sa simplicité souveraine et majestueuse.

L'art. 86 du Code de commerce, c'est votre loi suprême; toute garantie vous est défendue; mettons l'art. 76 en regard de l'art. 86 et nous les comprendrons facilement tous deux. Nous dirons à nos adversaires : Vous avez fait des marchés à terme. Qu'est-ce qu'un marché à terme? C'est, dites-vous, un marché qui peut être sérieux ou ne pas l'être, suivant telle ou telle circonstance donnée. Je veux bien admettre cette définition, elle me suffit. Dès le moment que le marché *peut ne pas être sérieux*, vous n'avez pas le droit de le faire, vous n'avez pas, fût-il sérieux, le droit de le faire, *parce que vous en êtes garants*, et l'art. 86 vous interdit tout marché dont vous êtes garants. Mais que parlez-vous de marchés à terme sérieux? Voulez-vous me dire les marchés sérieux que vous allez liquider cette semaine? D'où provient ce mouvement désordonné? Oseriez-vous déclarer devant la Cour qu'aujourd'hui même, à la liquidation, les membres du syndicat, auxquels nous avons laissé la liberté de se rendre à la Bourse, ne simuleront pas des achats de titre sans titre, et ne liquideront pas les marchés à terme par des différences?

Vous me dites : Le titre que je donne est si sérieux, que je me réserve le droit d'escompte. L'escompte! mais c'est le jeu dans toute son étendue, il faut que je vous dise en quoi consiste l'escompte.

Je fais le marché à terme que voici : Je vends 3000 francs de rente à 70, 80, livrables fin du mois. Mais on ajoute sur le titre : *Ou livrables plus tôt à la volonté de l'acheteur*. Or, dit-on, que faut-il pour qu'un marché soit sérieux ? Qu'il soit fait au comptant, soit; mais il faut entendre ce mot au comptant humainement. Or, si j'ai le droit de faire escompter quand je veux une opération indiquée pour la fin du mois, c'est bien comme si je traitais au comptant. A cette objection, deux réponses : d'abord l'escompte n'est pas vrai. Voici comment vous le faites. Vous écrivez aux clients et vous leur dites : Nous faisons l'escompte, mais nous vous prévenons qu'on y échappe par 7 et demi pour 100. C'est le déport. Alors le client paye le déport et par conséquent échappe à l'escompte. Que voulez-vous? c'est la Bourse. Et ils appellent cela un marché sérieux ! Ensuite, à qui peuvent-ils imposer l'escompte? Je ne veux pas le subir, cela ne me plaît pas. Qu'est-ce qu'ils feront pour me contraindre? Rien; car s'ils viennent devant les tribunaux, c'est du jeu. Entre agents de change ils peuvent faire ces escomptes; avec les clients, le marché est nul.

Enfin, votre escompte était flétri par les anciens arrêts du Conseil comme un des plus mauvais éléments des marchés à terme. En effet, c'est l'opération la plus fictive et la plus déplorable. On vous dit que l'escompte fait la hausse. Comment ! la hausse, quand vous liquidez deux ou trois millions d'opérations entre gens qui n'ont pas 1000 fr. dans leur caisse? Qu'est-ce que vous faites? De la hausse factice. Vous dites que la hausse est favorable à l'État. Elle ne lui est favorable que si elle est réelle : si elle est fictive, vous aurez demain une baisse affreuse, et c'est ainsi que, par vos opérations illicites, aujourd'hui élèvent au sommet de la roue de la fortune des hommes qui la veille végétaient ignorés de tous, et demain vous précipiterez dans l'abîme des hommes qui, la veille, avaient toutes les jouissances du luxe et de la richesse.

Il me reste à dire un mot de la jurisprudence dans ces derniers temps, elle a, dit-on, modifié sa rigueur première.

Mon contradicteur disait en première instance : « Le droit de l'agent de change n'étant pas contesté, s'il a cru que ce qu'il faisait pour son client n'était pas quelque chose de trop considérable pour sa fortune, il a pu croire le marché sérieux ; alors la jurisprudence maintient le marché. »

S'il y a quelques arrêts qui aient ainsi jugé le droit, qu'on me permette de le dire, ce ne sont pas de bons arrêts. Les bons arrêts sont ceux qui ne fléchissent jamais devant les principes, qui déclarent nettement ce qui est et ne font pas composition avec les personnes. Agents de change, avez-vous ou n'avez-vous pas le droit de faire des marchés à terme? Vous n'en avez pas le droit, car l'article 86 du Code de commerce, qui n'est en cela que la répétition de tous les autres articles des anciennes lois, déclare que vous ne pouvez pas être garants. Dès que vous êtes garants, vous n'avez pas le droit de faire l'opération. C'est ainsi que la Cour de cassation, dans un arrêt rendu le 13 janvier dernier, vient de poser les principes d'une manière parfaitement nette, en disant :

« Attendu que l'agent de change préposé comme officier public à la négociation des effets cotés à la Bourse, doit, aux termes des règlements de sa profession, avant d'agir, exiger de son commettant la remise des sommes nécessaires à l'exécution des marchés traités par lui, et dans lesquels les parties intéressées doivent rester inconnues et étrangères l'une à l'autre; qu'il lui est interdit par les articles 85 et 86 du Code de commerce, de payer pour le compte de ses commettants et de cautionner les marchés faits par son entremise, que c'est donc en contravention formelle à la loi qu'il solde de ses deniers personnels les opérations de son client. »

Que résulte-t-il de cet arrêt? Que si, comme vous le disiez au tribunal, quand il y a un marché à terme qui n'est pas accompli par le client, l'agent de change paye, il se trouve en contradiction avec les articles 85 et 86 du Code de commerce. Nous n'avons pas dit autre chose. Que signifient d'ailleurs ces mots : *L'état de fortune de son client lui a permis de croire qu'il faisait un marché sérieux.* Mais si ce client a fait dix marchés semblables ou plus considérables encore avec dix agents de change et s'il est ruiné par la liquidation, qui payera? Les agents de change, parce qu'ils sont garants.

Voilà votre situation réelle. Et dans cette situation vous venez nous dire que vous avez le droit de faire des marchés à terme!

La Cour examinera maintenant avec sa sagesse accoutumée. Pour moi, je répète ces mots désormais irréfutables : Les marchés à terme sont interdits aux agents de change.

A côté des marchés *à terme ferme*, et par extension, il y a des marchés *à terme à prime* dont je vais dire quelques mots.

Voici la différence entre le marché à terme *ferme* et le marché à terme *à prime*. Dans les premiers jours du mois, la rente est à 68, je crois à la hausse, j'achète à terme, c'est-à-dire fin du mois à 68 fr. 25. A la fin du mois, la rente, au lieu d'avoir haussé, est en baisse, elle est à 67 fr. ; il faut que je paye 1 fr. 25 c., différence entre le cours fin du mois et mon cours d'achat. Mais, au lieu d'acheter *à terme ferme* à 68 fr. 25, j'ai acheté à terme *à prime dont* 50, à 69 fr. fin du mois. Si la rente eût dépassé 69 fr., j'aurais gagné le surplus, mais elle est tombée à 67. Faudra-t-il donc que je paye 2 francs pour la différence? Non, j'abandonne ma prime dont 50, c'est-à-dire je paye 50 cent. de différence et tout est fini. Qu'en dites-vous, messieurs? La loi permet-elle de pareils marchés aux agents de change? N'est-ce pas le jeu dans son essence? Eh bien ! les agents de change se sont autorisés par un règlement à faire de ces primes à 1 fr. 50 cent., à 1 fr., à 50 c., et ils en font avec nous par brassées. Ils font plus : les règlements qui leur permettent les primes à 1 fr. 50 c., à 1 fr., à 50 c., violent ouvertement la loi ; ils violent leur règlement qui les gêne encore, et voici comment : les coulissiers font des primes à 25 cent. fin du mois, les agents de change en font avec les coulissiers; je vous ai déjà montré des comptes de primes à 25 cent. entre eux et nous. Mais en vérité, messieurs, ce sont eux qui chassent sur nos terres et ils nous accusent de nous immiscer dans leurs fonctions!

Messieurs, les marchés à terme ferme sont interdits aux agents de change, les marchés à terme à prime sont interdits aux agents de change; les seuls marchés que nous ayons faits sont des marchés à terme ferme, des marchés à terme à prime. La conséquence vient d'elle-même. Puisque nous ne faisons que ce que les agents de change n'ont pas le droit de faire, nous n'empiétons pas sur leurs droits, puisque nous ne faisons que ce qui leur est interdit par leurs fonctions, nous ne nous immisçons pas dans leurs fonctions. C'est le résumé de la lettre du préfet de police de 1822 au ministre des finances.

Est-ce qu'un doute serait encore possible? Je veux que les agents de change prononcent eux-mêmes.

La loi leur accorde par privilége la négociation des effets au comptant ; elle leur défend les marchés à terme, elle leur défend les marchés à prime. Eh bien ! voyez comment ils procèdent.

Voici une opération au comptant ; le titre imprimé est ainsi conçu :

« NÉGOCIATION DU 24 MARS. *Vendu pour MM. Lévy-Crémieux frères* 250 actions. »

Voici une affaire à terme ; le titre imprimé est ainsi conçu :

« LIQUIDATION DU 15 AVRIL. VENDU D'ACCORD et pour compte de MM. Lévy-Crémieux frères, 250 actions. »

Voici enfin une affaire à prime ; le titre imprimé est ainsi conçu :

« MARCHÉ LIBRE. Liquidation de fin mars : 150 mobiliers à 1680 dont 20. »

Ainsi eux-mêmes font la distinction. Il n'y a pour eux de *négociation* que la négociation au comptant ; l'affaire à terme est un MARCHÉ D'ACCORD en liquidation ; l'affaire à prime est un MARCHÉ LIBRE. Le mot est curieux, mais il émane de nos adversaires.

Je finis ici cette partie si importante de la discussion. Si long que j'aie été, je n'ai pas dit la moitié de ce que j'aurais à dire pour vous faire entrer dans ce dédale ; mais vous et moi nous finirions par perdre le fil et je n'irai pas plus loin.

Qu'est-ce que la loi a voulu dans tous les temps, dans toutes les circonstances ? Elle a voulu mettre la moralité dans la négociation des fonds publics. Le moyen d'y mettre la moralité, c'est de ne permettre que les opérations au comptant ; là point de chance mauvaise, point d'avide spéculation.

Si, au contraire, vous laissez pénétrer les marchés à terme, voyez quelles désastreuses conséquences ! Nos contradicteurs ont dit : Sans les marchés à terme le crédit public s'évanouirait. Je n'en sais rien ; franchement, j'avoue mon impuissance à répondre ; je craindrais de m'égarer. Dans le temps où nous vivons avec le jeu qui passionne, qui domine tout, il est possible qu'il faille des opérations à terme, qu'elles soient nécessaires pour ne pas voir tomber le crédit public ; c'est possible, mais cela ne vous regarde pas. Vous n'êtes ici ni administrateurs, ni législateurs, vous êtes juges.

Les agents de change attachent tant d'importance à ces mots de hausse et de baisse, qu'ils en ont parlé même au ministre de la justice ; les coulissiers font la baisse et parfois la hausse, ont-ils dit au ministre, qui ne s'en préoccupe guère. Les coulissiers font la baisse, ont dit encore nos adversaires. Devant le tribunal, la haute éloquence de Berryer a fait justice de ce ridicule reproche, moi je n'en parlerai que pour en faire connaître un curieux incident.

A peine le jugement rendu, la presque unanimité de la presse a blâmé la poursuite des agents de change contre les coulissiers. Un seul journal, c'est le *Constitutionnel*, a pris le parti de nos adversaires dans son *premier Paris*. En tête du journal on lisait :

« On ne peut que se féliciter de la suppression de la coulisse dans l'intérêt du public, de la sûreté et de la moralité des transactions. *Depuis que la coulisse a disparu, la rente n'a pas cessé de se relever.* »

Ceci est textuellement écrit à la première page. Veuillez vous porter à la quatrième, article *Bourse*. Voici ce que vous y lisez aussi textuellement : « LA RENTE A ENCORE BAISSÉ AUJOURD'HUI. » (Rire général.)

Un seul mot sur la manière dont la coulisse procède. Elle est garante de tous ses marchés, de tous. Chacun des coulissiers traite pour son client, et sous sa garantie personnelle, avec un autre coulissier. Il reçoit à titre de commission une somme qui dépasse rarement la moitié du courtage légal des agents de change ; il n'a pas de courtage ; le courtage est le prix du marché fait entre deux agents de change, pour qui les clients respectifs sont inconnus ; il est donné à l'officier public non garant du marché ; le coulissier a une commission ; la commission est à la fois le prix du service rendu et de la ga-

rantie promise ; tous les banquiers du monde la reçoivent. Impossible de confondre les coulissiers avec les agents de change. La coulisse fait des affaires à
toutes les heures, et les services qu'elle peut rendre, dans des moments de
crise, sont incalculables ; les agents de change le savent mieux que personne.

Maintenant, messieurs, à vous de juger. La loi parle, dites-nous ce qu'elle
ordonne. Le président Faber disait aux magistrats : « Suivez la loi, c'est le
soleil. » Oui, la loi, c'est le soleil. En matière criminelle surtout, vous ne vous
tromperez jamais en l'appliquant. Ne vous inquiétez pas de ce qui pourra
suivre votre arrêt. Il y a dans les hautes fonctions des hommes qui porteront
remède, s'ils le jugent convenable, au mal qui peut exister. Vous n'avez qu'à
donner votre sanction à la loi, qu'à la proclamer. Soyez certain qu'elle s'exécutera par votre arrêt.

Dirai-je maintenant un mot sur une dernière question, sur un délit qu'on
pourrait nous imputer, autre que le délit qu'on nous a reproché jusqu'à
présent ?

M. LE PRÉSIDENT. — Il n'y a pas d'appel du ministère public.

Mᵉ CRÉMIEUX. — Il est encore dans le délai.

M. L'AVOCAT-GÉNÉLAL. — Je ne fais pas d'appel ; mais il est bien entendu
que je me réserve toute poursuite ultérieure.

Mᵉ CRÉMIEUX. — Je n'ai rien à répondre ; seulement, dans l'intérêt même
de ma cause, j'ai besoin d'appeler quelques instants l'attention de la Cour
sur cette différence essentielle entre *l'immixtion dans les fonctions d'agent
de change et l'immixtion dans les négociations d'effets publics.* C'est pour
mon procès un grand avantage si j'établis que le législateur a prévu les deux
faits distinctement, qu'il les a punis d'abord de peines semblables, puis de
peines différentes.

Si le ministère public a confondu le délit d'immixtion dans les fonctions
avec le délit d'immixtion dans les négociations, son erreur doit me profiter.
Plus tard nous compterons ensemble, aujourd'hui je demande l'acquittement.

Les dispositions des lois sont formelles.

Voici d'abord l'arrêt du conseil de 1724, l'arrêt qui, vous le savez, est
l'acte de constitution des agents de change ; j'en cite les art. 12 et 17.

« ART. 12. — Toutes les négociations de lettres de change, billets au porteur ou
à ordres, marchandises, papiers commerçables et autres effets, se feront à la
Bourse de la manière et ainsi qu'il sera ci-après expliqué. Défend Sa Majesté à
tous particuliers, de quelque état et condition qu'ils soient, de faire aucune assemblée, et de tenir aucun bureau pour y traiter de négociations, soit en maisons bourgeoises, hôtels garnis, chambres garnies, cafés et limonadiers, cabaretiers, et partout ailleurs, à peine de prison et de 6000 livres d'amende contre les contrevenants,
payables, avant de pouvoir être élargis et applicables moitié au dénonciateur, et
l'autre moitié à l'Hôpital général..... »

Voilà bien le délit qu'on nous impute et pour lequel on nous poursuit :
*immixtion dans les fonctions.*

« ART. 17. — Sa Majesté permet à tous marchands, négociants, banquiers et
autres qui seront admis à la Bourse, de négocier entre eux les lettres de change,

billets au porteur ou à ordre, ainsi que les marchandises, sans l'entremise des agents de change, et, à l'égard de tous les autres effets et papiers commerçables, pour en détruire les ventes simulées qui en ont causé jusqu'à présent le discrédit, *ils ne pourront être négociés que par l'entremise des agents de change de la manière et ainsi qu'il sera cy après expliqué... »*

Voilà bien le délit qu'on aurait pu nous imputer et pour lequel on ne nous poursuit pas : *immixtion dans les négociations.*

Après la loi de 1724, je vais de suite à la loi du 26 novembre 1781. Voici comment elle s'exprime à l'article 13 :

« Fait Sa Majesté défense à toutes personnes autres que les agents de change de *s'immiscer dans les négociations d'effets royaux et papiers commerçables, comme aussi de prendre la qualité d'agent ou courtier de change,* d'avoir et tenir dans la Bourse aucuns carnets, pour y inscrire les cours des effets, et de rester à la Bourse après le son de la cloche qui en indique la sortie ; à peine, pour l'une ou l'autre de ces contraventions, de nullité des négociations, de 3000 livres d'amende et en cas de récidive, de punition corporelle. »

Cet article prévoit les deux délits : 1° s'immiscer dans les négociations d'effets royaux et papiers commerçables ; 2° prendre la qualité d'agent ou de courtier de change. Il les frappe tous deux de la même peine.

Nous arrivons à l'ordonnance du 1er thermidor an IX, rendue par le préfet de police en vertu d'une loi de thermidor an VIII, qui lui en donnait le droit :

« ART. 8. — Il est défendu sous les peines portées par l'art. 13 de l'arrêt du Conseil du 26 novembre 1781, à toute personne autre que les agents de change et courtiers de commerce nommés par le gouvernement, de s'immiscer dans les *opérations* d'effets publics et papiers de commerce..... »

Voilà le délit d'immixtion dans les négociations publiques ; l'ordonnance le frappe des peines écrites dans l'arrêt du conseil de 1781, c'est-à-dire de 3 000 livres d'amende ; la punition corporelle n'existant plus.

Si donc on eût poursuivi les coulissiers en vertu de ces lois, il aurait fallu combattre une prévention réelle. Mais par cela même que le délit d'immixtion dans les négociations est un autre délit que l'immixtion dans les fonctions d'agent de change, il est facile de comprendre combien de force vient d'acquérir ma défense. Voici, en effet, le raisonnement : Les agents de change ont : 1° le privilége absolu de la négociation des effets publics, cotés ou susceptibles de l'être, mais au comptant ; ceux qui, sans être agents de change, s'immiscent dans ces négociations au comptant dont les agents de change ont le privilége, s'immiscent évidemment dans leurs fonctions ; 2° il est interdit aux agents de change de faire des marchés à terme fermes ou à prime ; ceux qui, sans être agents de change, font des marchés à terme ferme ou à prime, faisant ce que les agents de change n'ont pas le droit de faire, ne s'immiscent évidemment pas dans les fonctions d'agent de change ; 3° il est défendu à toute personne, à peine de 3 000 livres d'amende, de s'immiscer dans les négociations d'effets publics ; donc, toute personne qui, sans être agent de change, s'immisce dans les négociations d'effets publics, encourt l'amende de 3 000 livres. Tout cela me semble d'une clarté saisissante.

Comment donc le ministère public a-t-il pris un délit pour l'autre ?

Voulez-vous toute ma pensée ? Le ministère public a voulu nous poursuivre pour le premier délit, parce que la poursuite sur le second était impossible, quoique les faits qui le constituent se commettent à la lumière du jour.

Le délit d'immixtion dans les négociations viole une mesure d'ordre et de police ; c'est au préfet qu'il appartient de l'empêcher. Il a le droit de faire expulser de la Bourse le contrevenant. Qu'a-t-il fait au contraire ? Consulté par le ministre des finances, le préfet de 1822 a reconnu que les coulissiers n'étaient pas coupables, puisqu'ils ne faisaient que ce que les agents de change n'avaient pas le droit de faire ; tous les préfets leur ont ouvert le sanctuaire, ils se sont placés près de la corbeille sacrée, tenant à la main gauche le carnet, le crayon à la main droite ; ils marquent les opérations à terme comme l'agent de change marque les opérations au comptant ; pendant que le préposé légal des agents de change crie le cours des marchés au comptant, un coulissier crie le cours des marchés à terme, là, dans le même local, sous les yeux de la police ; la police, aux jours de leurs liquidations, fait sortir des caves du palais de la Bourse des tables autour desquelles s'asseient ou se tiennent les coulissiers pour procéder à leurs comptes, à leurs payements, protégés par les gardes et les officiers de paix. Le préfet de 1822 les avait soutenus contre la clameur des agents de change, le préfet de 1855 les a mandés dans son cabinet et leur a dit :

« Les fonds étrangers enrichissent le marché ; les agents de change ont reçu l'ordre de ne coter que les fonds autorisés par le ministre, j'attends de votre patriotisme que vous ferez comme eux. Et les coulissiers ont répondu : Nous n'opérerons que sur les fonds autorisés. »

Après tout cela, comment voulez-vous qu'on les poursuive, pour s'être immiscés dans les négociations d'effets publics ? C'était plus qu'impossible, car ce serait inique.

Maintenant, messieurs, le tableau est sous vos yeux.

Nous vous demandons un de ces arrêts de principes qui restent, en quelque sorte, comme des phares lumineux pour éclairer la jurisprudence. Sur l'intervention des agents de change, chassez du sanctuaire de la justice ceux qui seraient, s'il existait, les véritables auteurs, ou tout au moins les complices perpétuels du délit et qui osent cependant nous poursuivre ; c'est la morale et la justice qui commandent cette expulsion. Sur la plainte du ministère public, déclarez, comme le disait si bien le préfet de police, qu'en faisant ce que la loi interdit aux agents de change, les prévenus ne s'immiscent pas dans les fonctions des agents de change. Laissez à l'administration, vivement éveillée par ce grand procès, le soin de prendre les mesures qui lui appartiennent. Vous, en prononçant l'arrêt tel que nous l'espérons, vous proscrirez le jeu du parquet des agents de change ; vous les ramènerez à leurs véritables fonctions. La condamnation des coulissiers ne serait qu'un incident sans grande portée; leur acquittement frappera l'agiotage au cœur. Service immense au milieu de ces ardeurs effrénées; service digne de votre haute et souveraine mission !

L'audience est suspendue après la plaidoirie de Me Crémieux.

Après quelques instants de suspension, elle est reprise.

Me Dufaure se lève.

M. LE PRÉSIDENT. — Me Dufaure, vous avez la parole pour prendre vos conclusions.

Me DUFAURE. — Mes conclusions tendent à la confirmation pure et simple du jugement de première instance.

M. LE PRÉSIDENT. — La cause est entendue en ce qui vous concerne. (Mouvement.)

M. l'AVOCAT GÉNÉRAL DE GAUJAL. — Nous n'avons pas alors, pour le moment du moins, à prendre la parole.

M. LE PRÉSIDENT. — La parole est à Me Berryer.

Me Berryer, ému et surpris, paraît hésiter quelques instants; puis il se décide à prendre la parole sans qu'on ait contredit le système de Me Crémieux.

---

## PLAIDOIRIE DE Me BERRYER.

Messieurs,

La situation inattendue qui m'est faite demanderait quelques moments de réflexion; il est vrai que j'ai longuement médité et réfléchi sur cette affaire avant de me rendre à votre audience. J'ai consacré bien des soins, bien des veilles à l'examen des questions sur lesquelles vous avez à statuer. L'étude de ces matières, qui touchent au crédit public et privé, a été souvent l'occupation de ma vie, je puis donc présenter à l'instant même quelques réflexions à la Cour, bien que le silence imprévu de nos adversaires ne me permette pas de mettre l'ordre désirable dans mes idées.

Messieurs, ce procès se présente avec un caractère particulier et nouveau. Nous sommes en appel et j'attends encore qu'on me signale les faits constitutifs du délit, les opérations incriminées, les personnes avec lesquelles les prévenus auraient traité, les circonstances dans lesquelles ils auraient violé la loi. On n'a précisé, indiqué aucun fait spécial. Au contraire, on a semblé éviter avec un soin extrême tout ce qui pouvait servir à préciser le délit. Une plainte avait été déposée par le syndicat de la compagnie des agents de change contre une masse d'individus, car c'est une multitude qui se porte et trafique chaque jour à la Bourse; dans cette masse, dans cette multitude, dans cette foule on a choisi, et le choix a été plus ou moins habile, les principaux, les plus importants banquiers ou spéculateurs, et de ce choix arbitraire il est resté trente et quelques prévenus, seuls chargés désormais d'un prétendu délit qui serait celui de tout un monde. Alors on a fait des recherches, des perquisitions chez chacun d'eux. Tous, à la première demande, se sont empressés d'ouvrir

leurs archives, de présenter leurs livres, leurs correspondances, leurs carnets,
On a saisi tous ces documents et on les a placés sous le scellé. Et puis ces
documents qui devaient constater des faits caractérisés par la loi et pouvaient
servir de base à des poursuites, de motifs à une condamnation, on a eu peur
de les connaître, et l'on s'est empressé de dire aux prévenus même avant de
les avoir interrogés : Tenez, voilà vos carnets, nous vous les rendons ; tenez,
voilà votre correspondance, nous ne l'avons pas examinée ; tenez, voilà vos
livres, vos registres. Voyez, les cachets ne sont pas rompus, le scellé sous lequel
on les avait placés est intact. C'est là, messieurs, un fait étrange, bizarre, auquel
nous ne sommes pas accoutumés. C'est là peut-être, au temps où nous sommes,
un acte de haute prudence administrative ; mais ce qui est certain, c'est qu'on
n'a pas voulu examiner les documents qui, seuls, pouvaient permettre de préciser le délit.

On ne nous dit pas quel jour, à quelles conditions, à quel prix, avec le concours et pour le compte de quelles personnes les opérations imputées aux prévenus ont été réalisées. Sur tout cela on a gardé le silence et nous sommes restés
dans une ignorance complète. C'est par une déclaration générale des prévenus,
comme l'a dit M. le rapporteur, qu'on a su que beaucoup de banquiers faisaient
des opérations d'après les ordres de leurs correspondants français et étrangers,
de leurs correspondants habitant les départements, comme de leurs correspondants habitant Paris ; qu'on a su qu'ils ont opéré avec la pensée de la parfaite liberté qu'ils avaient de se livrer à ces opérations auxquelles ils se livrent
depuis trente ans ouvertement, patemment, sous les yeux de l'administration
publique, sous sa protection, et avec le concours même de la compagnie qui
élève aujourd'hui une plainte contre eux. Ils se croyaient sérieusement, consciencieusement à l'abri de toute espèce de poursuites ; ils s'en croyaient à
l'abri par la raison qu'ils n'avaient jamais fait que des opérations à terme.
Quand on leur a reproché le délit d'immixtion dans les fonctions des agents
de change, ils ont tous répondu : Jamais les marchés à terme que nous faisons
ne font partie en aucune manière des fonctions des agents de change ; au contraire les lois spéciales de la matière les interdisent aux agents de change, —
et j'ajouterai moi, les interdisent nécessairement aux agents de change, — ces
opérations sont les seules auxquelles nous nous soyons livrés ; et au procès on
n'a pas établi, on n'a pas essayé d'établir le contraire, de signaler, de soulever
aucun fait qui pût ébranler cette déclaration, base de la procédure, que les
prévenus n'ont fait autre chose que ce qu'ils croyaient avoir le droit de faire,
c'est-à-dire des opérations multiples, variables suivant les usages et les habitudes de la Bourse, mais en définitive se réduisant toutes à des achats ou à des
ventes à terme, soit de rentes sur l'État, ou au porteur, ou inscrites et nominatives, soit d'actions industrielles.

Je ne voudrais pas revenir sur la nature des marchés à terme, j'ai à cet
égard des opinions réfléchies que rien ne peut ébranler et je crois qu'on ren-
contrerait peu de personnes expérimentées, je ne dis pas à la Bourse, mais à
Paris et dans le monde, qui eussent à l'égard des marchés à terme les opinions
sévères que j'entends souvent exprimer devant les tribunaux. Je les regarde
moi, au point de vue des intérêts de l'État et du crédit public, comme le seul
moyen de faire prospérer les opérations d'emprunt, et dans l'intérêt de l'in-

dustrie, comme le mode nécessaire au placement de toutes les valeurs industrielles, comme le seul moyen de classer et d'accréditer ces valeurs. Sans les marchés à terme rien de pareil ne peut exister. Il est évident que si les opérations que fait l'État pour ses emprunts, que si les opérations que font les grandes compagnies pour le placement de leurs actions, se réalisaient uniquement par des opérations au comptant, l'aliment le meilleur et le plus fécond de tout crédit disparaîtrait. Il ne resterait que le placement des capitaux qu'un père de famille pourrait bien mettre dans la rente ou dans les chemins de fer, s'assurant ainsi un revenu plus ou moins élevé en raison du capital qu'il aura engagé, avec de bonnes garanties, mais ce ne serait plus la spéculation qui enrichit. Il n'y aurait plus le mouvement dont la société actuelle vit et dont elle a besoin pour vivre.

Je ne veux pas rappeler ce que j'ai dit en première instance, puisque mes paroles sténographiées sont sous vos yeux, ce que j'ignorais en entrant à cette audience. Vous voudrez bien cependant me permettre d'en reproduire un passage ; car j'ai présenté aux premiers juges non pas de simples considérations générales, mais la saine interprétation des lois suivant la justice, suivant le besoin des temps et les nécessités actuelles du pays. Je rappellerai donc mes paroles :

Je disais aux premiers juges, avec une parfaite vérité : Croyez-vous que si la spéculation n'existait pas, que si elle ne se réalisait pas par les marchés à terme, que si elle ne se réalisait que par les ventes au comptant ; croyez-vous que si la spéculation des marchés à terme ne se portait pas sur les valeurs de l'État, croyez-vous que, voulant emprunter 500 millions, l'État obtiendrait 2 milliards de souscriptions, sans la perspective de la différence qu'on peut trouver entre les conditions favorables auxquelles l'État propose son emprunt et le prix auquel se négocient, en même temps, d'autres valeurs de même nature à la Bourse ? L'État emprunte 500 millions en disant qu'ils seront payables dans dix-huit mois, que les prêteurs entreront en jouissance immédiate des intérêts ; tout compte fait, il se trouve qu'au moment où la rente se négocie à la Bourse à 62 francs, l'État la donne à 58 fr. 50 cent. ; la spéculation se jette alors sur l'emprunt et l'absorbe. Les membres de la chambre syndicale confirmeront ce que je dis là. Voilà pourquoi les spéculateurs (et tout le monde est spéculateur aujourd'hui) répondent à l'appel de l'État ; ils y répondent, parce qu'ils comprennent à merveille qu'ils peuvent incontinent vendre à terme ce qu'ils livreront quand la souscription qu'ils ont faite sera réalisée dans leurs mains, et qu'ils peuvent vendre à un prix qui leur présente à l'instant même, un bénéfice considérable. Or, ce bénéfice ne se réalise que par la vente à terme.

A l'égard des entreprises industrielles, mais ce sont les ventes à terme, les négociations interdites formellement au parquet des promesses d'actions de toutes les grandes entreprises, ce sont les ventes à terme qui procurent à l'industrie les ressources immenses dont profite le pays, et enfantent les grandes merveilles qui, chaque jour, viennent surprendre les hommes de mon âge et de mon temps. Ces voies de fer qui parcourent l'Europe et le monde, multiplient les affaires en rapprochant les distances, est-ce que toutes ces grandes opérations auraient pu s'accomplir par le marché au comptant ?

Est-ce que ces associations puissantes auraient pu parvenir à se constituer à l'aide de la seule compagnie des agents de change? Une société anonyme, avant de se faire autoriser, doit s'assurer du placement de ses promesses d'actions, ce placement ne peut pas se faire à la Bourse : pour réaliser les prodiges dont nous avons été les témoins, il fallait ce qui s'est créé, le marché libre. N'équivoquons pas sur ce qu'on a dit du marché libre, c'est le marché de la spéculation, marché qui n'est pas soumis aux règlements particuliers imposés aux officiers publics. Eh bien ! je soutiens que sans l'existence de ce marché libre, aucune de nos grandes entreprises industrielles, aucune de nos grandes compagnies n'aurait pu s'établir, qu'aucune n'aurait pu même solliciter du conseil d'État l'émission de ses valeurs, si elle n'avait pas préparé cette émission en dehors du parquet, ou si les agents de change n'avaient pas opéré dans ce but en dehors des conditions spéciales de leurs fonctions. Je n'en dis pas davantage, je ne les accuse pas.

En première instance, le ministère public, qualifiant le marché à terme avec une excessive sévérité, s'est servi contre la compagnie des agents de change du mot de *flétrissure ;* je me suis permis de relever ces paroles et de protester contre elles au nom de mes clients, comme au nom des agents de change qui, par leur intervention dans toutes les natures de négociations, ont contribué à la création du crédit et satisfait ainsi aux besoins généraux de l'État et de l'industrie.

Il ne faut donc pas proscrire les marchés à terme systématiquement ; il faut, au contraire, reconnaître que c'est grâce à eux que l'État et les grandes industries ont été placés dans les conditions de crédit les plus puissantes. Mais, dans ce procès, il ne s'agit pas d'apprécier en eux-mêmes ces sortes de marchés. Ce dont il s'agit, c'est d'examiner si les marchés à terme faits par qui que ce soit à la Bourse, même par les hommes qu'on appelle les coulissiers, rentrent ou ne rentrent pas dans les fonctions spéciales attribuées par la loi aux agents de change. Si, malgré leur utilité, ils en sont exclus; s'ils sont interdits aux agents de change particulièrement, s'ils doivent, en effet, leur être interdits nécessairement à raison de leur qualité de fonctionnaires publics, il est évident que celui qui a fait des marchés à terme ne peut pas être considéré comme coupable d'immixtion dans les fonctions d'agents de change.

La défense du marché à terme va me conduire, la Cour me le pardonnera, à exprimer sur ses arrêts une opinion peut-être téméraire, mais je crois toucher ici au fond des choses et à la parfaite vérité en ces matières. Il ne s'agit pas de réformer la loi, mais d'examiner la jurisprudence, de l'apprécier et de voir si nous ne sommes pas à une époque, en un temps où des nécessités d'intérêt public obligent à modifier la jurisprudence. Voilà le point de vue sous lequel j'envisage toutes les questions soulevées par ce procès.

Je crois que rien n'est plus respectable que le sentiment qui a animé jusqu'à ce jour la magistrature. Je crois qu'il ne peut y avoir de considérations plus nobles que les considérations qui ont déterminé les arrêts que vous avez rendus. Mais je crois que la magistrature est arrivée, précisément par ces arrêts, à un résultat contraire au but qu'elle se proposait. On a confondu toujours deux choses parfaitement différentes l'une de l'autre : la spéculation, élément de prospérité; la spéculation qui ne se réalise que par les marchés à terme et le jeu qui est un fléau public. La magistrature, dans sa gravité et dans sa vieille sagesse, s'attachant avec trop de scrupule au texte même des lois, a essayé de proscrire le jeu en interdisant jusqu'à l'action civile qui pouvait être intentée en vertu d'opérations très sérieuses faites sous la forme de marchés à terme, ou par des agents de change ou par d'autres que les agents de change.

Eh bien ! j'ai d'abord une considération grave à vous présenter et qui me semble de nature à frapper vivement vos esprits en ce moment. Comment pourra-t-on dire que la négociation des marchés à terme est un acte d'immixtion dans les fonctions des agents de change, quand les monuments de la jurisprudence refusent aux agents de change toute action civile pour raison de ce qui pourrait leur être dû par suite d'une opération à terme qu'ils auraient faite; quand les archives judiciaires sont remplies d'une foule d'arrêts semblables à l'arrêt Perdonnet, cet arrêt qui, en 1823, a été, à vrai dire, le point de départ de la jurisprudence moderne? Or, comment se peut-il que, quand cette jurisprudence tout entière dénie aux agents de change le droit de réclamer d'un client ce que celui-ci pourrait leur devoir en raison d'un marché à terme, comment se peut-il qu'en même temps le même tribunal vienne dire que les marchés à terme entrent dans les fonctions spéciales des agents de change? Il est évident qu'il y a là une grande inconséquence. Ah ! pourquoi, au lieu de dénier l'action civile pour raison des engagements pris dans les marchés à terme, n'a-t-on pas maintenu tous les droits de la loyauté, le respect et l'inviolabilité des engagements? Pourquoi n'a-t-on pas condamné l'homme qui a fait un marché à terme et qui n'en remplit pas les conditions ? Pourquoi, au lieu de dénier l'action en justice aux agents de change qui réclament de ce client déloyal le prix d'un pareil engagement, ne l'a-t-on pas condamné et ne lui a-t-on pas dit : Vous avez fait une opération de bourse, un acte de commerce, non-seulement vous avez pris un engagement que vous devez exécuter, mais vous êtes contraignable par corps. Comprenez donc, messieurs, la situation des deux parties. Quand un marché à terme se conclut, qui peut dire que l'homme qui vient de donner l'ordre de vendre ne sera pas en mesure de livrer à l'échéance? Rien, absolument rien. Celui qui se rend l'intermédiaire de cette opération court évidemment un risque, c'est que, se rendant garant de la réalisation de l'achat ou de la vente, il sera tenu de payer pour celui qui a pris un tel engagement, mais il n'est pas autorisé à se dire : Ce monsieur ne veut que jouer, c'est un homme qui ne veut faire qu'un jeu, un pari, c'est-à-dire une opération qui ne saurait avoir d'autre objet que le bénéfice qu'il espère trouver entre la vente et l'achat en raison de la différence des prix. Cet homme, en effet, peut avoir, pendant la durée du terme convenu un immense intérêt à se faire livrer la rente, ou à s'en dessaisir ; ce sont là des circonstances qui se peuvent produire et qui font que l'agent, l'intermédiaire, n'est pas nécessairement le complice d'un jeu, parce que toute opération à terme, indépendamment de la faculté d'escompte, peut être sérieuse, parce qu'il n'y a pas de circonstance dans laquelle, lorsque le marché à terme est proposé, l'intermédiaire ne puisse admettre, soit qu'il soit agent de change, soit qu'il soit membre de la coulisse, que l'opération se terminera par une réalisation de livraison ou de payement. Il ne faut pas considérer le seul fait d'une opération à terme comme étant nécessairement une opération de jeu, elle ne l'est que lorsque l'homme qui l'a faite est décidé d'avance à ne pas remplir son engagement, qu'il n'a pas et ne doit pas avoir les valeurs à livrer à l'échéance ou le prix de ces valeurs. Celui qui, à l'échéance du marché à terme, ne livre pas ou ne paye pas, doit être condamné comme un homme déloyal qui a pris un engagement qu'il était certain de ne pouvoir pas remplir, il doit être condamné au payement par corps, condamné comme joueur. Voilà la marche que les tribunaux auraient dû suivre pour atteindre leur véritable but. Car je suis très convaincu que les hommes comme M. de Forbin-Janson, qui a refusé de payer 300 000 francs, y auraient regardé à deux fois. Je suis bien convaincu que si M. de Forbin-Janson avait couru le risque d'être condamné à payer, condamné par corps, et condamné comme joueur, M. de Forbin-Janson n'aurait pas joué, et l'arrêt de 1823 n'aurait pas été rendu, et la jurisprudence qui s'est établie derrière cet arrêt, passez-moi l'expression, n'existerait pas. Là jurisprudence aurait atteint l'imprudent, le téméraire, l'aventurier qui, n'ayant rien et voulant courir la fortune, s'abandonne à ses illusions, se livre à des opérations hasardeuses, chimériques, déloyales.

Il ne faut pas, messieurs, parce qu'il y a des abus dans le monde, il ne faut pas, parce qu'il y a eu un jeu effréné à la Bourse, tarir les sources de la prospérité publique; il ne faut pas que la répression du jeu détruise l'action de la spéculation. Je l'ai dit, et je le démontrerais s'il fallait soutenir cette thèse, et j'invoquerais le mémoire même des agents de change, j'invoquerais les parères qui, à toutes les époques, ont été produits par eux, j'invoquerais les faits matériels pour établir que la spéculation à laquelle se sont livrés les hommes aujourd'hui traduits devant vous, et dont ils n'ont été que les intermédiaires, est utile, légitime, et qu'il n'y a de condamnables que ceux qui n'exécutent pas les engagements pris dans des opérations de cette nature.

Quoi qu'il en soit des opinions qu'on peut avoir à cet égard, il faut arriver au point de la décision du tribunal de police correctionnelle. Eh bien ! cette décision doit être réformée, je le maintiens à côté, en présence du droit écrit : il n'y a de saine justice que par l'application des lois aux choses du temps, et quand les choses du temps, je ne dirai pas quand les mœurs, mais quand les besoins, la prospérité, le développement de la fortune publique et privée d'un pays l'ont conduit à des situations toutes nouvelles, il ne faut pas s'en tenir à la lettre d'une législation faite pour une époque très éloignée où les mêmes besoins, les mêmes nécessités n'existaient pas. Mon Dieu ! messieurs, il s'est écoulé des siècles depuis le commencement du siècle où nous vivons; il s'est écoulé des siècles depuis la législation qui a précédé celle de l'an IX, depuis les folies du système, depuis la Terreur et ses lois sur l'agiotage. Écho des idées, des craintes, des passions publiques, cette législation de l'an IX et de l'an X est vieille elle-même de plusieurs siècles, et pourtant cinquante-neuf ans seulement nous en séparent; cette législation est plus vieille que les plus anciennes de nos lois, elle est plus vieille que celles du temps de Henri IV, qui comprenait, pour la bonne administration des intérêts généraux, ce qui est nécessaire, ce qui est vrai encore dans l'état même des institutions présentes. Ainsi, quand Henri IV, par son arrêt du conseil de 1595, crée des agents de change, il les crée pour la sécurité des commerçants, il les crée comme officiers publics, il les crée en leur imposant certains devoirs. Tout négociant, dit-il, qui voudra opérer en bourse en s'adressant à eux, sera sûr de s'adresser à des individus qui lui offriront toutes garanties pour les choses objet du marché. Mais ce roi sage et habile ne voulait pas briser la liberté des transactions, et en conséquence, dans le même arrêt du conseil et dans les lettres patentes qui l'ont suivi, il a soin de dire : qu'il n'impose à personne l'obligation d'avoir recours à ces officiers publics.

Oui, il faut des fonctionnaires publics pour régulariser les transmissions des valeurs de l'État ; il faut des agents de change, c'est-à-dire, comme on l'a dit avec raison, des notaires du commerce constatant la sincérité des titres, l'identité de la personne qui les vend ou qui les achète, constatant les opérations, le cours des négociations, et faisant foi en justice comme fonctionnaires publics. Voilà les agents de change qu'il faut maintenir dans leurs priviléges spéciaux.

Mais, messieurs, à côté de ces fonctionnaires publics, et c'est là une des nécessités de notre temps, à côté de ces fonctionnaires publics auxquels peut s'adresser l'homme timide, inquiet, capitaliste prudent, qui veut des garanties solides et sérieuses ; à côté de ces fonctionnaires constituant une compagnie qui tient à son honneur, qui a ses règlements particuliers, qui même, à l'aide d'une caisse commune, vient au secours de ceux de ses membres qui, infidèles à leur mandat, auraient éprouvé des pertes, à côté, dis-je, de ces fonctionnaires publics, existe, et il faut qu'il opère librement, le banquier, le négociant, le spéculateur, l'homme qui a de l'argent ou des titres et qui veut spéculer sur le placement de son argent ou des titres qui sont dans son portefeuille. Voilà ce que j'appelle le marché libre à côté du marché réglementé. D'un seul coup d'œil, le roi qui fut à la fois grand guerrier, grand politique, grand administrateur, le plus grand administrateur peut-être que la France ait eu, l'homme auquel nous devons le germe de nos meilleurs établissements, Henri IV, avait bien compris qu'il fallait qu'une garantie fût donnée aux citoyens ; mais à côté de cette garantie il avait laissé la liberté à ceux qui veulent être téméraires, qui veulent courir des risques qu'un homme revêtu d'un caractère public ne doit pouvoir ni courir lui-même, ni faire courir aux autres. Ce que pensait Henri IV, je le pense dans l'état actuel de nos finances, de notre industrie, de nos intérêts ; il faut protéger la liberté de la spéculation en même temps que maintenir dans toute la sévérité de ses règlements la compagnie des agents de change.

Quelle est la conséquence de ce que je viens de dire, quant au point légal qui nous occupe ? Elle est immédiate. Si l'agent de change est revêtu du caractère que je viens de tracer, il est évident qu'il ne doit pas être exposé à la plus petite des responsabilités ; il est évident que c'est une anomalie monstrueuse d'admettre qu'un fonctionnaire, un officier public préposé pour la garantie des transactions privées en faveur de ceux qui s'adressent à lui, puisse être par les facultés qu'on lui attribuerait, par le monopole créé en sa faveur, exposé à devenir responsable, à être garant, par conséquent à tomber dans un état d'insolvabilité. Quand je disais tout à l'heure que le marché à terme, que je m'étonne de trouver prévu dans leurs règlements, est interdit aux agents de change et qu'il devait l'être nécessairement, je disais ce qui me paraît à moi de la plus grande vérité, c'est qu'un pareil marché est antipathique à l'existence de leur profession. C'est que pour introduire le marché à terme, qui jusqu'ici a été l'objet d'une interdiction, dans les fonctions des agents de change, il faudrait un règlement nouveau, une institution toute nouvelle et conçue par des hommes expérimentés dans les affaires de finances aussi bien que dans les questions d'administration publique. Jusque-là les marchés à terme ne seront pas dans les attributions des agents de change et ne peuvent pas y être.

Si vous jetez les yeux sur cette législation qu'on a tant de fois citée, si vous voulez parcourir les arrêts du conseil de 1724, de 1780, de 1785, 1786, et cet autre arrêt du conseil, dont on ne parle pas, de 1787, dans lequel on abandonne au marché libre la négociation des actions de la compagnie des Indes, à des époques où la situation était quelque peu analogue à la nôtre quant à l'esprit d'entreprise et d'opérations industrielles ; si, dis-je, vous voulez parcourir toute cette législation, il est incontestable que les agents de change sont investis par elle de fonctions dans l'exercice desquelles on ne leur permet pas les marchés à terme. Les conditions qui leur sont imposées par l'arrêt de 1785 sont antipathiques à la nature et à l'objet de ces marchés ; prétendre que l'agent de change doit avoir d'avance dans ses mains soit le titre, soit son prix, pour opérer légalement des marchés à terme, c'est prescrire une impossibilité. Pourquoi vendre à terme, régler au prix d'aujourd'hui la valeur d'une chose que je ne livrerai que dans quinze jours, trois semaines, un mois, si je l'ai dans les mains et si je suis obligé de la déposer dès aujourd'hui chez l'agent de change qui en fait la vente pour moi ? Pourquoi régler aujourd'hui le prix d'une rente, d'un titre que je ne recevrai que dans six semaines, quand l'argent pour payer ce titre et le titre lui-même sont, au moment du contrat, dans les mains de l'agent de change et que nous pouvons les échanger immédiatement l'un contre l'autre ? Il est bien évident qu'il ne peut y avoir là d'opération à terme. Sans doute ceux qui ont dit : Si l'on supprimait les marchés à terme, les opérations du crédit seraient arrêtées, ceux-là ont dit une exacte vérité, et ils ont parfaitement fait comprendre l'impossibilité de concilier les nécessités du crédit public avec la suppression des marchés à terme de la spéculation.

Mais là n'est pas la question ; la question est de savoir si cependant, à aucune époque, les marchés, soit au comptant, soit à terme, ont jamais été autorisés, sans que les agents de change, intermédiaires de ces marchés, dussent être nantis soit du titre, soit de sa valeur. Les agents de change l'ont vainement demandé à plusieurs ministres ; aucun n'y a consenti, aucun d'eux n'a voulu qu'un agent de change fît une opération de vente ou d'achat sans avoir reçu préalablement le titre ou l'argent. Et pourquoi cela ? Parce que, sans cette remise préalable, l'agent se rendrait responsable, garant vis-à-vis du client et du confrère avec lequel il aura fait cette opération, et que cette garantie serait une violation de la loi.

Comprenez donc bien, messieurs, qu'il n'est pas possible de faire une opération à terme sous la condition du dépôt préalable exigé pour couvrir la responsabilité de l'agent, c'est évident et de la dernière évidence. Quelle est la législation qui cependant exige qu'il en soit ainsi ? C'est celle de l'an IX qui rappelle l'édit de 1785 ; c'est l'art. 13 de la loi de l'an IX où vous lisez que l'agent de change devra toujours avoir en main les titres des actions qu'il vend, le prix des actions qu'il achète, et c'est là une prohibition absolue des marchés à terme.

Il est pourtant certain que les agents de change n'ont pas cessé d'être soumis à ces obligations, et que par conséquent aux termes de ces lois, les marchés à terme leur sont interdits.

Mais, dit-on, le Code de commerce a modifié cette législation. Il a dit, à la vérité, dans son article 76 dont les termes sont généraux, que les agents de change ont seuls le droit de faire des négociations en Bourse ; ces messieurs en ont conclu qu'ils ont par là le droit de faire des marchés à terme. Cette conclusion est on ne peut plus fausse. L'article 76 n'abroge pas la loi de l'an IX ; or, la loi de l'an IX, conformément aux anciennes lois, conformément aux principes des arrêts de 1785 et de 1786, défend à l'agent de change d'être garant, et de ces diverses dispositions légales il résulte qu'il est contraire aux fonctions des agents de change de faire des marchés à terme. Voilà ce qui me semble logiquement, incontestablement établi.

Maintenant va-t-on équivoquer sur les différentes formes et conditions sous lesquelles peuvent être conclus des marchés à terme ? On ne parlera plus sans doute des primes, comme ont essayé de le faire les premiers juges ; ce mode d'opérer est fort ancien. Il découle, il est vrai, d'un principe général du droit en matière de vente.

Les primes sont les arrhes d'un marché. J'achète de la rente à prime (dont 1 dont 50) ; s'il ne me convient pas de prendre livraison de cette rente, j'abandonne la prime et je perds mes arrhes. Mais ce pacte emprunté au droit civil, se lie essentiellement dans les opérations de la Bourse aux marchés à terme, puisque la réponse des primes, c'est-à-dire leur règlement, ne se fait qu'à la fin de chaque mois. Ce mode d'achat a été adopté pour protéger la spéculation, pour diminuer le risque du vendeur à terme, du vendeur de quantités de rentes plus ou moins considérables ; c'est, en un mot, le moyen de sécurité du spéculateur à la baisse.

Ici, messieurs, gardez-vous d'adopter une idée puérile que j'ai entendu proclamer en première instance. Ceux qui disent : « Les joueurs de la coulisse » font la baisse et ceux du parquet font la hausse, » prouvent qu'ils n'ont aucune expérience des affaires. Il ne faut pas croire que sur la masse immense des valeurs de toute nature qui se négocient à la Bourse de Paris, le système ou les combinaisons de quelques spéculateurs puissent déterminer les variations des cours. D'ailleurs les opérations dans un sens ou dans l'autre se font également et par le parquet et par la coulisse. Qu'est-ce qui fait la hausse ou la baisse des fonds publics ? C'est la situation dominante de la place : l'abondance ou la rareté de l'argent. Si les titres abondent sur le marché et si l'argent y est rare, il y aura baisse ; si les titres sont rares, et si l'argent abonde, il y aura hausse. Les prévisions ou l'incertitude sur l'une ou l'autre chance ont donné l'idée aux spéculateurs des ventes et des achats à prime. Je crois, moi banquier, moi homme pratiquant les affaires financières, connaissant la situation de la place, et sachant plus ou moins ce qui se passe dans les conseils de l'Europe, je crois que l'argent va être rare, que les valeurs se déprécieront, par conséquent je spécule à la baisse. Cependant il peut survenir quelque événement qui fasse monter les valeurs dont je me suis constitué le vendeur. Eh bien, alors, j'achète à prime. S'il y a hausse, je serai couvert de ce que j'ai vendu ; s'il n'y a pas de hausse, j'abandonnerai la prime et je pourrai profiter de la baisse qui se sera réalisée. Les opérations à prime sont donc essentiellement un accessoire ou une modification des marchés à terme, et par conséquent elles ne peuvent être considérées comme faisant partie des attributions spéciales de la compagnie des agents de change, comme l'un des actes de leurs fonctions légales.

Il en est de même des *reports* où les premiers juges, fort à tort, ont voulu voir principalement l'opération d'achat au comptant, attribution spéciale des agents de change en leur qualité d'officiers publics. Mais les reports ne consistent pas seulement dans l'opération d'un propriétaire de titres qui, pour se procurer l'argent dont il a un besoin momentané, vend ses titres au comptant et les rachète à terme le même jour ; ce qui n'est qu'une opération d'emprunt, ou de la part d'un capitaliste dans l'opération d'acheter des titres au comptant et de les revendre immédiatement à terme ; opération qui n'est qu'un mode de prêt, dont l'intérêt consiste dans la différence du cours des valeurs au comptant ou à terme. Dans la pratique la plus fréquente à la Bourse, les *reports*, comme le mot même l'indique, n'ont pour objet que d'atermoyer (reporter) d'un mois à un autre le règlement d'un marché à terme. Ces reports s'opèrent au moyen d'un achat fictif au comptant et d'une vente fictive au terme nouvellement convenu. C'est une combinaison qui doit favoriser les bonnes chances de la spéculation, ou diminuer les mauvaises, mais ce n'est pas une des fonctions légales de l'agent de change.

Quoi qu'il en soit de ces opérations, il est impossible de maintenir ici ce qu'ont dit les premiers juges : qu'il faut distinguer dans les marchés à terme, qu'il y a des cas où le dépôt préalable n'est pas nécessaire, parce que d'après le Code pénal, pour qu'on ne soit pas coupable du délit prévu par les art. 421 et 422, il suffit qu'on puisse prouver qu'on avait au temps de la convention ou qu'on pouvait avoir au temps de la livraison, soit le titre, soit le prix de la valeur dont on s'est constitué vendeur ou acheteur. Cela est bien dans le Code pénal ; mais la Cour de cassation qui a eu plus d'une fois l'occasion de faire l'application de ces articles, n'a jamais admis qu'ils fussent applicables aux procès purement civils. Elle a dit avec raison que ce qui est écrit dans le Code pénal pour déterminer le jeu, le caractère du pari, était sans influence sur les conditions essentielles à la validité des marchés faits par les agents de change ; et que ces officiers publics ne sont pas dégagés par la loi pénale de la condition du dépôt préalable exigé par les arrêts du conseil et par la législation ancienne et nouvelle. Voilà ce qu'a toujours décidé la Cour de cassation, voilà ce qu'elle décidait encore le mois dernier de la manière la plus explicite.

Si la loi confirmée par la jurisprudence de la Cour suprême est toujours en vigueur, n'est-il pas évident que les marchés à terme ne peuvent pas être faits par les agents de change ; ces marchés en effet supposent nécessairement l'absence du dépôt préalable. Mais l'absence du dépôt préalable entraîne nécessairement aussi la garantie, la responsabilité de l'agent ; or la loi ne veut pas qu'il soit garant responsable, qu'il soit exposé à des pertes. C'est pour cela qu'elle exige que l'agent de change vendeur ait dans les mains le titre qu'il doit livrer, que l'agent de change acheteur ait dans les mains le prix de la valeur qu'il achète. Voilà les conditions dans lesquelles sont enfermés les agents de change, voilà pourquoi vous ne leur avez pas accordé l'action civile quand ils ont opéré en dehors de cette loi. En les livrant ainsi sans défense à la mauvaise foi et à la déloyauté de leurs clients, vous avez par là même décidé implicitement que les opérations à terme sont antipathiques aux conditions d'existence des fonctionnaires publics appelés agents de change, et qu'elles sont nécessairement en dehors de leurs fonctions.

Les agents de change, du reste, l'ont eux-mêmes reconnu. Veuillez jeter les yeux sur les mémoires qu'ils ont adressés aux ministres des finances, au gouvernement sous différentes formes. A toutes les époques, en même temps qu'ils ont manifesté l'impossibilité pour eux de faire, sous l'obligation du dépôt préalable, aucune opération à terme, et qu'ils ont exposé la nécessité de ces marchés pour le crédit de l'État, de l'industrie, de la spéculation, ils ont sollicité la faveur d'être relevés des obligations qui leur étaient imposées par la loi et qui leur rendaient ces marchés impossibles. C'est pour obtenir ce résultat que, le 19 novembre 1841, ils ont adressé au ministre des finances un volumineux mémoire dont on a bien souvent parlé.

Dans un autre mémoire non moins volumineux, présenté par eux en 1842, ils ont été bien plus loin. La Cour de Paris, s'écartant une fois des principes qu'elle-même, et après elle la Cour de cassation, avait si nettement posés en 1823 dans l'affaire Forbin-Janson, la Cour, faisant à tort des modifications à la loi, avait dit que pour la validité du marché à terme il suffisait que les parties contractantes eussent en leurs mains à une époque quelconque, mais antérieure à celle fixée pour l'exécution du marché à terme, ou le titre ou le prix du titre. C'était une immense concession ; c'était la dispense du dépôt préalable. Eh bien, cette concession n'a pas satisfait les agents de change.

Ils ont répondu qu'ils ne pouvaient pas accepter cette situation, et qu'ils ne doivent pas plus se rendre garants que leur client aura le titre ou l'argent à l'expiration du délai qu'ils ne peuvent exiger du client le dépôt préalable.

Ainsi veut-on astreindre les agents de change à l'obligation de ce dépôt, ils vous déclarent qu'il rend le marché à terme impossible ; consent-on à les en dispenser, et à leur imposer simplement l'obligation de garantir l'existence de la chose ou du prix entre les mains du client à l'échéance, ils repoussent cette garantie, et vous déclarent encore qu'avec une telle condition le marché à terme est impossible.

N'est-il pas encore une fois évident, messieurs, que les marchés à terme non-seulement ne sont pas dans les fonctions des agents de change, mais qu'ils sont antipathiques à leurs fonctions, contraires à leur existence, par cela seul qu'ils entraînent fatalement leur responsabilité ?

Cette preuve résulte plus évidemment de la façon même dont sont conçus les engagements des agents de change. Voyez ces engagements : Un tel, agent de change, vend pour M. un tel (et par conséquent il est obligé de livrer), ou achète pour M. un tel (et par conséquent il contracte également l'obligation de payer) tant de rentes ou d'actions.

C'est là, messieurs, je le répète sans cesse, le point de solution du procès qui vous est soumis : le marché à terme engage la responsabilité et la garantie de l'agent de change. Les lois spéciales et l'article 76 du Code de commerce lui interdisent de se rendre garant de l'exécution des marchés dans lesquels il intervient ; il est donc vrai que sous aucune forme le marché à terme ne fait partie des opérations pour lesquelles la loi a accordé un privilége aux agents de change.

On se récrie bien haut contre les abus des marchés à terme. Ce n'est, dit-on, qu'un jeu qui se résout par un simple payement de différences. Mais il n'y a dans ce règlement des marchés à terme par le payement des différences qu'une application des règles du droit commun. Quand un vendeur ne fait pas livraison de la chose qu'il a vendue, on est en droit de l'acheter à ses risques et périls ; de même pour tout acheteur qui ne prend pas livraison, on vend à ses risques et périls. C'est ainsi que le marché à terme qui n'est pas exécuté reçoit sa réalisation par le payement de la différence que présente le cours des valeurs entre le prix du jour où le marché a été conclu et celui du jour de son échéance. On ne comprend pas pourquoi vous refusez l'action civile à celui qui réclame le payement d'un tel règlement, dont la simplicité est favorable à la rapidité et à la sécurité de toute opération sur les effets publics.

Poursuivez, condamnez celui qui, à l'échéance ne peut ou ne veut pas remplir son engagement ; celui qui s'est engagé sans avoir les valeurs ou l'argent, celui qui est coupable aux termes du Code pénal, qu'il subisse l'application sévère de la loi, et vous verrez bientôt les abus disparaître ou au moins diminuer. Si dans les tribunaux civils, ne consultant que le texte de la loi, vous jugez qu'un agent de change ne doit pas être admis à réclamer judiciairement l'exécution des marchés à terme dans lesquels il est intervenu ; si vous n'abandonnez pas une jurisprudence qui, après tout, protége la mauvaise foi, sanctionne la violation des engagements et consacre, à vrai dire, l'escroquerie, certes vous ne voudrez pas, par une inconséquence cruelle, décider dans les tribunaux correctionnels que ces marchés à terme sont une attribution légale du privilége des agents de change. Vous devez même reconnaître que vos propres arrêts ont induit en erreur les spéculateurs de la Bourse et particulièrement les prévenus ; qu'enfin ceux-ci, depuis longues années, ont évidemment dû croire de bonne foi qu'ils n'usurpaient point les fonctions des agents de change.

Qu'ont fait les premiers juges pour écarter cette question de bonne foi et prononcer une condamnation ? Tenant l'infraction pour constante, ils l'ont considérée, on ne vous a pas parlé de cela, mais j'ai été pour mon compte très frappé sur ce point de la rédaction du jugement, ils l'ont considérée comme une simple contravention. Or, messieurs, j'avais soutenu et je soutiens encore que si l'infraction existe, elle constituerait non pas une contravention, mais un délit légalement caractérisé.

Je ne veux pas entrer dans une longue discussion, je m'en tiendrai à une seule observation. L'immixtion dans les actes réservés aux officiers publics, aux fonctionnaires publics, cette immixtion est un délit caractérisé par la loi ; il est formellement prévu par l'art. 258 du Code pénal.

Il est vrai que l'immixtion dans les actes réservés aux agents de change est punie par une loi spéciale ; mais, messieurs, de ce qu'une loi spéciale attache à un délit une peine spéciale, différente de celle qui y est attachée par la loi générale, il n'en résulte pas que la nature de cet acte soit altérée, et cesse d'être caractérisée par la loi générale. Il ne se peut pas que la modification de la pénalité fasse perdre au fait le caractère qui lui appartient. Vous m'accusez de m'être immiscé dans les fonctions d'officiers publics, je vous réponds que c'est un délit prévu par l'art. 258 du Code pénal ; quant à la pénalité, vous la chercherez dans la loi spéciale qui a été invoquée contre moi ; d'après l'art. 258 du Code pénal, vous auriez pu m'infliger la prison : d'après les lois de l'an IX et de l'an X, vous ne pourrez m'infliger qu'une peine moindre, une amende. Mais je le répète, cette modification de la pénalité ne dénature pas le caractère du fait ; et, d'après la loi pénale, le fait est un délit et non une simple contravention.

Or, messieurs, si c'est pour un délit caractérisé que les prévenus ont été poursuivis devant le tribunal correctionnel, est-ce qu'il me sera défendu de parler de la bonne foi, de la bonne foi qui est exclusive de toute culpabilité ? Est-ce que vous refuserez de reconnaître cette bonne foi quand je vous parlerai de la concurrence de la coulisse et du parquet, coexistence qui s'est prolongée publiquement depuis plus d'un demi-siècle ; quand aux réclamations incessantes des agents de change j'opposerai le silence persévérant de l'autorité ; quand je vous rappellerai la déclaration si nette, si claire, si précise, faite en 1842 par M. le préfet de police Delessert, déclaration de laquelle il résulte que les marrons ou les coulissiers, quelque nom qu'on leur donne, en un mot les hommes qui ont opéré librement à la Bourse, n'ont pu s'immiscer dans les fonctions des agents de change, puisqu'ils n'ont fait que des opérations formellement interdites aux agents de change.

Est-ce que vous refuserez de reconnaître cette bonne foi, vous qui savez que chaque jour, soit à la Bourse, soit en dehors de la Bourse, la compagnie des agents de change opère par l'intermédiaire des coulissiers une partie de ses ventes et de ses achats ; vous qui, la preuve est en vos mains, connaissez les relations quotidiennes de la coulisse et du parquet ; vous qui savez qu'il ne se passe pas de liquidation sans que des agents fassent des compensations avec des coulissiers ; pas de mois, pas de semaines, sans que les agents payent des courtages aux coulissiers, ou leur accordent des remises sur leurs propres courtages ; vous qui savez que cela dure depuis le commencement de ce siècle, mais surtout depuis que le crédit a été réellement fondé en France, depuis 1817 ou 1818. Voici une malle remplie de documents qui constatent ces faits. Eh bien ! si le fait relevé contre les prévenus a le caractère d'un délit et non d'une contravention, je dis, messieurs, qu'il n'est pas possible en conscience que vous rejetiez l'excuse de la bonne foi. Voyons, est-il un homme, un homme parmi ceux qui m'écoutent, parmi vous, messieurs, parmi les membres de la chambre syndicale qui sont assis devant moi, en est-il un seul qui méconnaisse la multiplicité des opérations journalières échangées entre le parquet et la coulisse, qui méconnaisse que les plus grosses affaires négociées par l'État, ou dont nos grandes entreprises ont été l'occasion, ont été faites dans la coulisse, parce qu'elles ne pouvaient l'être au parquet ? Qui sont ceux qui méconnaissent qu'en assurant le placement des promesses d'actions, dont l'émission a été plus tard consacrée par le conseil d'État, la coulisse a fait une chose éminemment utile et qu'elle a bien mérité du crédit et de l'industrie ?

La liberté des marchés à terme entraîne, dit-on, d'immenses abus ! Mais quelle est donc celle des transactions sociales dans laquelle n'interviennent pas des hommes qui ont démérité, des téméraires, des fourbes, des voleurs, des escrocs, des hommes cupides ? Quelle est la nature de contrats que sous ce prétexte il ne faudrait pas proscrire ? Quelle est la profession qu'il ne faudrait pas interdire ? De toutes les institutions de la société, de toutes les corporations, la nôtre, assurément la plus noble de toutes, n'a-t-elle pas été trahie quelquefois ? Est-ce que l'indignité de quelques avocats ternirait l'honneur de ma robe, par hasard ? Non, vous ne le croyez pas.

Ah ! messieurs, dans cette cause on fait valoir trop de considérations vulgaires. Il est temps d'écarter toutes celles qui lui sont étrangères. Ce qu'il s'agit uniquement de savoir, c'est d'une part si les opérations à terme entrent dans les attributions des agents de change ; et d'autre part si, pour prévenir le jeu qu'on redoute, il faut frapper la spéculation, qui est la vie du crédit de l'État et de tous nos grands établissements industriels. Voilà ce que je demande à la sagesse des magistrats d'examiner avec sa maturité et son indépendance ordinaires.

En vous livrant à cet examen, messieurs, vous reconnaîtrez, je l'espère, que les agents de change n'ont point dans leurs fonctions les opérations à terme, parce que ces opérations les exposent à une garantie, et que toute garantie leur est formellement interdite ; vous reconnaîtrez d'autre part qu'il n'est pas établi que les prévenus se soient livrés à d'autres actes que les actes d'opérations à terme, et que par conséquent ils ne se sont pas immiscés dans les fonctions d'agent de change, qu'enfin ils ont agi de bonne foi. Vous infirmerez donc la sentence des premiers juges, sur la plainte de la compagnie des agents de change, vous la déclarerez non recevable ; sur les conclusions de M. l'avocat général, vous prononcerez que les prévenus sont excusables dans les faits qui leur sont imputés.

Le ministère public leur imputera-t-il un autre délit ? Oui, on pourrait les en accuser. Vous lirez attentivement, je ne veux pas les lire ici, les lois diverses qui règlent la matière ; vous lirez en particulier l'édit de 1781, les lois de l'an IX, et vous y verrez deux délits prévus à côté l'un de l'autre : l'un, le délit spécial d'immixtion dans les fonctions d'agent de change ; l'autre, plus général, le délit d'immixtion dans les négociations d'effets publics. C'est pour l'immixtion dans les fonctions d'agent de change, c'est pour l'usurpation de ces fonctions qui sont le monopole des agents de change, et dans lesquelles ils sont des certificateurs publics, des notaires publics, c'est, dis-je, pour cette usurpation, pour ce délit que les prévenus ont été traduits en police correctionnelle, c'est le seul titre de l'accusation aujourd'hui dirigée contre eux. Mais la loi définit un autre délit, qui est celui de s'être constitué entremetteur dans les négociations. Ces deux délits sont bien distincts. Suivant les lois anciennes, l'immixtion dans les fonctions d'agent de change était punie d'une amende de 6000 livres, tandis que l'entremise en dehors du parquet était punie d'une amende de 3000 livres seulement. Les lois nouvelles ont porté l'amende pour l'usurpation des fonctions d'agent de change au dixième de leur cautionnement. Mais reste dans la législation actuelle la peine particulière de 3000 francs d'amende qui frappe l'entremise de tout autre citoyen que l'agent de change dans les négociations d'effets publics, et c'est là ce qu'on pourrait appliquer à mes clients. Au surplus, comme ce n'est pas pour ce fait qu'ils sont en ce moment poursuivis, je n'ai pas besoin de m'en inquiéter davantage.

Vous ne seriez pas plus autorisés à invoquer dans le procès actuel les dispositions des articles 421 et 422 du Code pénal. Vous examinerez, messieurs, le véritable sens et la portée de ces articles. Il est évident que dans la présente instance et à l'égard des prévenus, ces articles ne trouveraient pas leur application. Il n'y a pas dans la cause le moindre élément acquis pour prétendre qu'ils se sont livrés au jeu et aux paris. Il faudrait prouver à quel jour ils s'y sont livrés, avec qui, pour quelles sommes. Or, aucun fait de ce genre n'est précisé ou articulé dans la cause. Il est évident que je n'ai pas besoin de combattre l'application possible dans ce procès des articles 421 et 422 du Code pénal.

Messieurs, un dernier mot. Je ne voudrais pas témérairement parler des bruits qui circulent en ce moment sur le compte de certains agents de change ; mais j'ai entendu dire que pour la liquidation de ce mois on a des appréhensions graves ; je me permettrai moins encore de dire sur quelles personnes peuvent porter ces appréhensions, mais enfin on affirme qu'il y a des pertes considérables subies au parquet. Quelques agents auraient perdu, dit-on, des sommes énormes dans le courant de ce mois. Y aura -t-il quelques désastres, quelques agents de change seront-ils obligés de vendre leurs charges ou de recourir à la bourse commune, je l'ignore ; mais ce que je sais, c'est que cette fois, du moins, on ne pourra pas dire que ces désastres sont arrivés par suite de l'intervention des coulissiers. Ils se sont retirés depuis ce procès, ils n'ont pas reparu à la Bourse, et si, pendant leur absence, des malheurs ont éclaté sur la place, à quoi cela tient-il ? A ce que des agents de change ont fait des opérations à terme pour leurs clients, parce que cette fois, comme toujours, ils ont contrevenu aux sages prescriptions de la loi ; parce que cette fois, comme toujours, ils ont fait des marchés qui leur sont formellement défendus. Or, ces opérations sont précisément les seules auxquelles les prévenus se soient livrés.

Les faits auxquels j'ai droit de faire allusion n'achèvent-ils pas la démonstration que j'avais entreprise, et n'est-il pas évident que les prévenus ne sauraient être maintenus sous le coup de la condamnation qui les a frappés, puisqu'il est établi, ou rien ne peut l'être dans le monde, que les opérations auxquelles ils se sont livrés sont précisément des opérations interdites aux agents de change ? Je persiste dans mes conclusions.

M. L'Avocat général de Gaujal. — L'éloquent avocat que vous venez d'entendre a dit au début de sa plaidoirie un mot que je ne puis laisser sans réponse. Lorsqu'il recherchait les origines de la poursuite, et qu'il essayait d'en préciser le point de départ, il a dit qu'après avoir saisi les carnets des membres de la coulisse, on s'était abstenu de les ouvrir, qu'on les avait laissés sous les scellés, et qu'on les avait immédiatement rendus sous le cachet non rompu, *parce qu'on avait eu peur de les ouvrir.*

Il importe que personne ne se méprenne sur les mobiles qui ont inspiré le parquet au début de la poursuite, et sur les motifs qui ont déterminé le juge d'instruction à rendre les carnets sans les ouvrir. On a saisi ces carnets, parce qu'on devait les saisir : c'était là, en effet, qu'était la preuve du délit ; c'était

de l'examen des carnets que devaient sortir avec précision toutes les constatations. La preuve était là, matérielle, flagrante, inévitable. Mais qu'arrive-t-il ?
Les carnets étant saisis, on appelle les inculpés, on les interroge, et on leur
dit : Le fait qui vous est reproché est patent, notoire, il est de tous les jours ;
chez vous le délit est à l'état permanent ; il est de notoriété publique ; l'examen de vos carnets va d'ailleurs nous en fournir la preuve matérielle. Le
reconnaissez-vous ? Tous ont immédiatement fait les aveux les plus complets
et les plus explicites.

L'examen des carnets devenait dès lors inutile. S'il avait fallu les examiner,
la justice les eût examinés, soyez-en bien convaincus. La *justice n'a jamais
peur de rien*. Mais de même qu'elle n'a peur de rien, elle n'a pas non plus
de curiosités indiscrètes et inutiles. La preuve des faits incriminés étant doublement acquise par la notoriété publique, les témoignages et les aveux des
prévenus, il lui importait fort peu de promener des regards investigateurs sur
les opérations consignées aux carnets. Dans cette circonstance, comme toujours, la justice a fait acte tout à la fois de modération et de sagesse.

Mᵉ BERRYER. — Un seul mot pour expliquer ma pensée dans les premières
paroles que j'ai prononcées.

J'ai voulu faire comprendre à la Cour que c'était ici un procès à part. Dans des
considérations générales, dans l'exposé de faits généraux, j'ai dit que, par une
circonstance étrange, l'accusation ne signalait pas de faits particuliers caractérisés par la loi et judiciairement établis ; qu'il n'y avait au procès que la
déclaration générale émanée des prévenus, qu'ils ont opéré à la Bourse, qu'ils
ont fait des marchés à terme. Mais quel jour, avec qui, pour quelles sommes ?
C'est ce que vous ne déterminez pas. Dans quelle opération spéciale, à quel
moment les coulissiers se seraient-ils rendus coupables d'immixtion dans les
fonctions d'agent de change, c'est ce que vous ne pouvez pas dire, c'est ce que
vous ne voulez pas savoir, et c'est à ce sujet que j'ai dit que même avant
d'interroger les prévenus, on leur avait remis leurs carnets et leurs livres,
qui seuls pourraient faire contre eux une preuve juridique.

M. LE PRÉSIDENT. — On les avait interrogés.

Mᵉ BERRYER. — Je demande à M. le Président la permission de lui dire
avec une parfaite exactitude, comme si ce fait m'était personnel, et les prévenus qui sont ici, qui m'entendent, ne me désavouent pas, qu'aussitôt
les interrogatoires commencés, on leur a rendu leurs papiers, notes, carnets,
tout ce qui avait été saisi ; on les a rendus même à ceux qui n'avaient pas été
interrogés. J'ai donc raison de dire que dans la cause on n'a pas cherché à
connaître les faits ; il n'y a donc dans l'accusation que des généralités, et ce
n'est pas sur des généralités qu'on juge.

M. L'AVOCAT GÉNÉRAL. — Les aveux de ceux qui étaient déjà interrogés
suffiraient pour établir que les faits étaient constants.

Mᵉ BERRYER. — Enfin, on a rendu ces carnets même à ceux qui n'avaient
pas été interrogés. M. l'avocat général, qui n'a pas ouvert ces carnets et
ces livres, vous a dit qu'en agissant comme elle a agi, la justice avait fait
un acte de sagesse et de modération. M. l'avocat général a raison ; car moi,
messieurs, qui les ai ouverts, je puis vous affirmer qu'en ne les ouvrant pas,
la justice a fait, en faveur de certains personnages, un acte de haute prudence.

<h1 align="center">ARRÊT.</h1>

« En ce qui touche la fin de non-recevoir opposée à l'action civile :

» Considérant que les plaignants agissent comme syndics de la Compagnie des agents de change et dans l'intérêt collectif de la Compagnie ;

» Que si les prévenus soutiennent avoir été encouragés dans les actes qui leur sont imputés par un certain nombre d'agents de change, la situation de ces derniers est distincte de celle qui appartient à la Compagnie tout entière se présentant comme corps privilégié ;

» Au fond, considérant qu'aux termes des articles 7 de la loi du 28 ventôse an IX, 76 du Code de commerce et 4 de l'arrêté du 27 prairial an X, maintenus en vigueur et appliqués jusqu'à ce jour, la loi, dans un intérêt d'ordre public et de sécurité des transactions, a investi les agents de change du privilége exclusif de la négociation des effets publics ou autres susceptibles d'être cotés ;

» Considérant que de l'instruction et des débats, aussi bien que de l'aveu même des prévenus à l'audience, il résulte que ces derniers ont, depuis moins de trois ans, agi comme intermédiaires, moyennant une commission ou un courtage, entre vendeurs et acheteurs d'effets publics ou de valeurs susceptibles d'être cotées ; qu'ils ont proclamé et constaté des cours à la Bourse et en dehors de la Bourse ; que ces faits constituent l'immixtion dans les fonctions réservées aux agents de change ;

» Considérant que vainement les prévenus allèguent s'être bornés à des opérations à terme, qui, d'après eux, seraient interdites aux agents de change, circonstance exclusive de l'infraction qui leur est imputée ;

» Qu'en effet la loi ne distingue pas dans le privilége accordé aux agents de change entre les opérations à terme et les opérations au comptant ; que dès lors toute négociation d'effet public ou susceptible d'être coté, soit à terme, soit au comptant, lorsqu'elle est sérieuse et doit être suivie d'une livraison réelle, appartient exclusivement aux agents de change sous la garantie des conditions fixées par la loi ;

» Considérant que si, pour la livraison réelle des titres dans certaines opérations à terme, les prévenus déclarent avoir eu recours à l'intervention des agents de change, qu'il est constant et qu'ils reconnaissent que la négociation préalable de ces marchés était suivie par eux et moyennant une commission ;

» Qu'en agissant ainsi, ils se sont immiscés dans les fonctions d'agents de change et rendus coupables de l'infraction prévue et punie par les articles 8 de la loi du 28 ventôse an IX et 4 de l'arrêté des consuls du 27 prairial an X ;

» En ce qui touche l'exception de bonne foi :

» Adoptant les motifs des premiers juges ;

» Rejette la fin de non-recevoir opposée aux parties civiles, met l'appellation au néant ; ordonne que ce dont est appel sortira son plein et entier effet : déclare la partie civile responsable, suivant la loi, envers l'État. »

COUR DE CASSATION (CHAMBRE CRIMINELLE).

**PRÉSIDENCE DE M. VAÏSSE**, président.

M. Bresson, rapporteur. — M. Martinet, avocat général.

———

Audience du 13 janvier 1860.

———

# AFFAIRE DES COULISSIERS.

M<sup>es</sup> Ambroise Rendu et Ferdinand Herold soutiennent le pourvoi au nom des coulissiers ;

M<sup>e</sup> Delaborde le combat au nom du syndicat de la compagnie des agents de change.

———

## RAPPORT DE M. LE CONSEILLER BRESSON.

M. le conseiller, après l'historique du procès et un exposé très lucide des moyens de cassation dont les détails trouveront leur place dans les plaidoiries des avocats et dans le réquisitoire de M. l'avocat général, s'exprime en ces termes :

Messieurs,

Il nous serait permis peut-être, après cet exposé sans réserves des moyens des parties, de nous abstenir de toute réflexion. La Cour a en effet, dès à présent, sous les yeux, tous les éléments du débat. Il suffira de notre part de les résumer en quelques courtes et rapides observations.

Arrêter d'abord sur ce vaste marché de la Bourse l'attention de la Cour peut paraître inutile. Les valeurs de toute nature, mais en particulier les fonds publics et les valeurs industrielles susceptibles d'être cotées, s'y comptent aujourd'hui par milliards. Tout ce qui se fait là, tout ce qui peut être fait, pour le crédit public et privé, pour la fortune de tous et la fortune de chacun, est par soi-même manifeste.

Que l'on ait préposé à ce champ sans limites de négociations des officiers publics, institués par le souverain, qui deviennent les régulateurs du marché, qui en cotent le cours, qui garantissent la solidité des valeurs offertes en vente, qui s'interposent comme intermédiaires nécessaires et légaux entre vendeurs et acheteurs, qui recueillent leurs conventions, qui en fournissent le témoignage et la preuve devant les tribunaux, tout cela se révèle comme une nécessité non moins frappante, et découvre en même temps l'utilité, la nature, le but, les priviléges exclusifs de la corporation des agents de change.

Qu'après avoir fondé le privilége, on l'ait défendu par une sanction pénale ; que l'on ait créé le délit d'immixtion ; qu'on poursuive l'usurpation sous toutes les formes où elle peut se produire, soit qu'elle tente de déplacer le lieu du marché et de le transporter hors de l'enceinte de la Bourse, sur les places publiques, dans les rues, dans les cafés, dans les réunions publiques ou privées ; soit que des individus sans caractère, sans solvabilité, à la Bourse même, couverts par la concurrence, la publicité et le libre accès donné à tous, s'emparent des négociations, il n'y a rien là encore que la conséquence nécessaire et forcée de la disposition prohibitive que l'on promulguait.

Ces prémisses rappelées, que lisons-nous dans l'arrêt attaqué ? Il pose d'abord, dans un premier considérant, le principe du privilége et de la prohibition. Il ajoute, dans le considérant qui suit :

« Que de l'instruction et des débats, aussi bien que des aveux mêmes des prévenus à l'audience, il résulte que ces derniers ont, depuis moins de trois ans, agi comme intermédiaires moyennant une commission ou un courtage, entre vendeurs et acheteurs d'effets publics et de valeurs susceptibles d'être cotés ; qu'ils ont proclamé et constaté des cours à la Bourse et en dehors de la Bourse ; que ces faits constituent une immixtion dans les fonctions réservées aux agents de change. »

Ainsi, avoir agi comme intermédiaires, moyennant une commission ou un courtage, être vendeurs et acheteurs d'effets publics ; avoir proclamé et constaté des cours à la Bourse et en dehors de la Bourse : voilà ce qu'ont fait les demandeurs, selon l'arrêt, et ils se défendent d'avoir usurpé les fonctions d'agents de change !

Nous devons l'avouer, en face de ces premières constatations, il nous est bien difficile de ne pas le croire, la cause semble jugée ; mais les demandeurs soutiennent que ce considérant ne doit pas être isolé de ceux qui le suivent ; que tout est restrictif dans ceux-ci ; que, conformes aux conclusions qui avaient tracé la limite du débat, les considérants qui suivent ne s'occupent que des marchés à terme, seules négociations opérées par eux. Puis commence le développement de cette thèse, cause unique et commune des deux premiers moyens de cassation, qu'en matière de marchés à terme il n'y a pas d'usurpation possible des fonctions d'agents de change, puisque ces marchés leur sont interdits ; qu'il n'y a pas place dès lors à l'action civile de la Compagnie, pour un empiétement dont elle n'a pu souffrir ; qu'il n'y a pas place non plus à l'action publique pour un délit d'immixtion qui ne s'est jamais réalisé, qui n'a pu jamais se réaliser.

Avant d'aborder l'examen de cette proposition en apparence si nouvelle, nous devons à la Cour une autre observation. Dans toutes les parties du mémoire, les demandeurs ont pris le plus grand soin de séparer l'arrêt du jugement. Selon eux, les motifs de celui-ci n'ont point été adoptés. C'est donc avec intention, ajoutent-ils, que l'arrêt a été moins explicite sur beaucoup de points. Ils se croient autorisés à en conclure qu'il repousse tout ce qu'il ne s'est pas approprié, et par exemple, tout ce qui avait été dit sur les marchés au comptant.

Nous n'attaquons point ce mode d'argumentation ; mais en même temps ne faut-il pas convenir que là où l'arrêt reproduit textuellement le jugement, il fait plus qu'en adopter les motifs, et parle nécessairement comme lui ? Or, quel est le premier motif en fait du jugement lui-même ?

Je lis : « Qu'en fait, il résulte, tant des documents produits et des débats que des aveux des prévenus, que ces derniers, qui n'étaient pas revêtus du caractère d'agents de change, ont depuis moins de trois ans agi comme intermédiaires entre vendeurs et acheteurs d'effets publics et de valeurs susceptibles d'être cotés ; qu'ils ont proclamé et constaté des cours et perçu vis-à-vis des tiers contractants un droit de commission ou de courtage ; que tous ces actes sont précisément ceux dont l'ensemble constitue les fonctions attribuées aux agents de change. »

Ainsi on le voit, même et unique langage, reproduction textuelle et identique dans le jugement et dans l'arrêt, sur ces deux points : 1° que les demandeurs, moyennant commission ou courtage, « ont agi comme intermédiaires entre vendeurs et acheteurs d'effets publics ; 2° qu'ils ont proclamé et constaté des cours. »

N'est-ce pas avec raison que la chambre syndicale, dans ses défenses, a pressé les demandeurs de s'expliquer sur ces deux points et de sortir à leur égard d'un silence affecté ? Même en se renfermant dans les opérations à terme, qui ont abouti à une levée de titres par l'intervention de l'agent de change, la chambre syndicale n'a-t-elle pas pu dire, avec le dernier considérant de l'arrêt, que, dans la proposition du marché, dans les phases qui l'ont suivie jusqu'au transfert, les demandeurs ayant agi comme intermédiaires, ont empiété sur les attributions de l'agent de change ? Qu'il en est de même, et d'une manière plus patente encore ; pour la proclamation et la constatation des cours. N'est-ce pas là, en effet, un des priviléges exclusifs des agents de change ? Que devient la Bourse si elle perd cette règle d'un cours authentique et public ? Quel dommage ne pourrait pas souffrir le crédit public ou privé devant des cours partis de directions différentes, se combattant ou se détruisant entre eux ?

Une dernière remarque sur cette première phase, à nos yeux capitale, du procès, frappera peut-être la Cour. Les demandeurs ont été amenés par les nécessités mêmes de leur défense à plaider la question du marché libre. Considérant chacun comme maître de faire toute opération de Bourse qui convient à ses intérêts ou à ses vues, ils revendiquent le même droit pour tout commissionnaire s'engageant en son nom, ou tout mandataire choisi ; ceux-ci se confondent, à leurs yeux, avec le commettant lui-même.

On a indiqué que la force des choses, sur ce point, élève la pratique aujourd'hui à la hauteur d'un fait public, impérieux, irrésistible ; que ce fait a été toléré, patronné, encouragé par l'autorité publique ; que les prohibitions des anciens règlements, s'il en a existé, tombent en désuétude. On imprime dans des écrits particulièrement favorables, il nous semble, à la cause, que la compagnie des agents de change est depuis longtemps débordée, qu'elle ne suffit plus à son marché où les valeurs se sont sextuplées par milliards, que la coulisse est maîtresse de ce marché ; que par ses prix réduits, par sa permanence, par son droit d'opérer sur de plus petites fractions, elle a depuis longtemps attiré dans ses mains le plus grand nombre des opérations. On cite telle maison de banque qui, en négociant avec la coulisse, paye en courtages 600 000 fr. par année, au lieu de 1 200 000 fr. qu'elle payerait aux agents de change. Et l'on plaide cependant devant la Cour que l'immixtion dans les fonctions des agents de change est chimérique, impossible, qu'elle n'a jamais existé !

Nous n'avons point à concilier ces contradictions ; nous revenons à la thèse du pourvoi, pour nous en expliquer une dernière fois le plus brièvement possible.

D'abord, prohibition directe des marchés à terme pour les agents de change, et la coulisse n'a fait que des marchés à terme.

Cette prétendue prohibition directe des marchés à terme pour les agents de change, qui serait écrite dans la loi, a été faiblement soutenue par les demandeurs eux-mêmes. Il faudrait, pour une réfutation, embrasser ici l'ensemble de la législation sur la matière, depuis l'arrêt du conseil de 1724, jusqu'aux articles 421 et 422 du Code pénal. Ce soin doit être laissé à la discussion. Qu'il suffise de dire que les arrêts de la Cour des 29 novembre 1836, 30 mai 1838, 30 novembre 1842, 1er avril 1856, rendus par la chambre des requêtes, et l'arrêt de la chambre criminelle, à notre rapport, du 9 mai 1857 (*Bullet.*, n° 186), ont proclamé la validité des marchés à terme ; qu'ils les déclarent licites, consacrés par la pratique, protégés par la loi dès qu'ils sont sérieux et non fictifs, dès qu'on ne poursuit pas sous leur nom le jeu et le payement de différences, mais la délivrance réelle et l'achat des titres ; qu'en cette matière, comme en toute autre, on est revenu au principe du droit commun, qu'on peut vendre ce qu'on n'a pas, ce que l'on attend d'un jour à venir, ce que l'on n'aura qu'à l'instant de la livraison ; que c'est la disposition formelle de l'article 422 du Code pénal, qui répute seulement pari un jeu illégal, et punit correctionnellement comme la loi civile la frappe de nullité, « toute convention de vendre ou de livrer des effets publics qui ne seront pas prouvés par le vendeur avoir existé à sa disposition au temps de la convention, ou avoir dû s'y trouver au temps de la livraison. »

Mais si, dans les conditions ainsi déterminées, le marché à terme est permis, s'il est un des plus puissants éléments du crédit public et du commerce en général, s'il fait l'objet des opérations quotidiennes de la Bourse, s'il a son cours public, sa cote de chaque jour, comment donc pourrait-il être soustrait au privilége des agents de change et ne pas rentrer dans leurs attributions exclusives ? Comment pourrait-il être livré à d'autres intermédiaires qu'eux, sans règle, sans contrôle, sans garantie ni pour le crédit public, ni pour le crédit privé ?

Ces seules observations paraissent démontrer l'impossibilité de rencontrer dans la loi une disposition, qu'on n'a pas citée d'ailleurs, qui interdirait aux agents de change la négociation des marchés à terme.

Mais la prohibition, reprennent les demandeurs, si elle n'est pas formelle et directe, est du moins indirecte. Elle résulte de toute l'économie de la loi.

Dans le marché à terme, l'agent de change viole toutes les conditions dans lesquelles il doit traiter. Il viole tous les devoirs de sa profession. Il devient garant là où il ne doit jamais l'être. Il s'associe à tous les périls de son client. Il s'expose avec lui à toutes ces brusques et désastreuses fluctuations de la Bourse. Il court le plus souvent avec lui à une ruine certaine. Et l'on remonte, au nom des demandeurs, à l'origine première des courtiers et agents de change, à l'assimilation complète établie entre eux, à ce caractère de simple intermédiaire, de témoin ou de régulateur désintéressé du marché que la loi lui a partout imprimé. On insiste sur cette disposition encore écrite dans l'article 13 de l'arrêté organique du 27 prairial an X, qui dit que « chaque agent de change doit avoir reçu de ses clients les effets qu'il vend, ou les sommes nécessaires pour payer ceux qu'il achète. » On insiste sur les défenses si fortement renouvelées par les articles 85 et 86 du Code de commerce touchant la garantie.

Toutes ces sages dispositions, on ne peut le méconnaître, sont dans la loi. Elles nous retracent les traits dominants et primordiaux des fonctions de l'agent de change et du courtier. Elles étaient prescrites aux auteurs des arrêts du conseil de 1785 et 1786, quand ils continuaient à proscrire tout marché à terme qui n'était pas accompagné de la remise des effets ou d'un certificat authentique constatant le dépôt réel. Elles se sont représentées à l'esprit du pouvoir réglementaire de l'an X, quand il a écrit dans l'arrêté de cette époque l'article 13.

Le fait, si on peut le dire, a été néanmoins plus fort que le droit ! Le marché à terme, après 1724, en 1785, en l'an X et depuis, a continué, affranchi de la remise ou du dépôt préalable des titres. Par les articles 421 et 422 du Code pénal, le législateur est enfin rentré dans la voie ouverte par l'expérience, et il a cessé de lutter contre une pratique qui a surmonté toutes les résistances. Il admet comme légale la négociation des effets publics, quand on ne les a pas encore à sa disposition au moment de la convention, quand on ne les aura qu'au temps de la livraison, par conséquent quand on ne peut ni les remettre ni les déposer aux mains de l'agent de change.

Certes par là, — c'est un point que la moindre réflexion révèle, — la situation et la responsabilité de l'agent de change ont été gravement modifiées. S'il procède à la légère, s'il ne s'éclaire pas sur la fortune, la solvabilité, les intentions de son mandant; si, lorsqu'il vend à terme, en vue de la baisse, des valeurs considérables, la hausse se fait ; si, lorsqu'il achète en vue de la hausse, la baisse a lieu, perdant son recours contre un client insolvable, il peut subir des contre-coups désastreux ; et, contre ces coups, la couverture, on a pu le dire avec raison, est le plus souvent un gage bien illusoire.

Vos arrêts l'ont aussi prévu ; au milieu de cette fièvre du jeu qui envahit si fréquemment le marché de la Bourse, l'agent de change peut se faire l'instrument des pratiques les plus condamnables. On avait voulu soutenir que, sous son nom, sous son manteau, le jeu prohibé était impossible ; que même lorsqu'on ne poursuivait que des différences, lorsque chaque liquidation, à l'aide des opérations de report, à l'aide de la prime, ne se terminait que par le payement de ces différences, le jeu n'avait pas lieu et la loi n'était pas violée, le marché portait toujours sur des valeurs détenues par l'agent de change.

Votre dernier arrêt, du 9 mai 1857, proscrit un tel système. Il permet au juge d'aller toujours au fond des choses, et s'il trouve le jeu, de frapper correctionnellement, d'abord les joueurs, et ensuite l'agent de change lui-même, entre les mains de qui la loi civile tout premièrement annule les marchés.

C'est cette disposition de la loi pénale, introductive d'un droit véritablement nouveau, que les demandeurs nous paraissent avoir complétement perdue de vue. Cette erreur les a empêchés d'apercevoir tout un côté des suites nécessaires des engagements de l'agent de change. Ils nous semblent forcer, exagérer le caractère de simple intermédiaire qui lui appartient. Ils s'écrient qu'il n'est que courtier ; qu'il ne peut devenir commissionnaire, stipulant et s'engageant en son nom, responsable et garant par là même. Ils citent les arrêts des 24 juillet 1852, 30 avril 1852, 13 janvier 1855, qui, je crois, ont été assez mal compris.

Vis-à-vis du client qui lui remet des valeurs pour être vendues, ou des fonds pour l'achat, l'agent de change stipule en son nom. Il est responsable, il s'oblige comme un commissionnaire ou un mandataire en général. Vis-à-vis du confrère avec lequel il traite, puisque le client ne peut être nommé, puisqu'un secret inviolable doit être gardé, l'agent de change ne contracte pas des engagements moins étroits. Qu'il ne livre pas les valeurs qu'il a vendues, ou qu'il ne paye pas celles qu'il a achetées, qu'il y ait eu ou non remise de ces valeurs, qu'il y ait eu ou non dépôt des fonds, le confrère contractant ne connaît que lui, ne poursuivra que lui, n'amènera à payement que lui seul. Un auteur cité par les défendeurs, qui a fait un traité spécial sur les Bourses de commerce, M. Mollot, dans vingt passages de son ouvrage, établit à côté des engagements personnels de l'agent de change la responsabilité et la garantie qui en résulte. Il en fait ressortir avec force la double qualité de mandataire dans les termes des art. 1984 et suivants, et de commissionnaire.

Deux de vos arrêts de la chambre civile, l'un du 19 août 1823, l'autre du 16 novembre 1832 (D. 1852, p. 321), ont prononcé dans le même sens. Nous nous bornons à citer le premier. (M. le rapporteur donne lecture de cet arrêt.)

La Chambre criminelle en 1852, 1853, et surtout le 13 janvier 1855, au rapport de M. Senéca, n'a rien jugé de contraire. Il s'agissait de déterminer, vis-à-vis d'une compagnie de courtiers qui se plaignait d'immixtion, le caractère et la fonction du commissionnaire en général, le caractère et la fonction de ces mandataires spéciaux choisis par les maisons de commerce pour aller les représenter sur les marchés divers, offrir, vendre ou acheter au nom de leur mandant. On touchait là au rôle de l'intermédiaire. Dans le mandataire cependant nous n'avons vu que le mandant lui-même, se confondant avec lui, l'engageant comme il s'engagerait lui-même. Vous vous êtes prononcés pour le principe de liberté, et vous avez refusé de reconnaître le délit d'immixtion. Voilà le sens véritable de vos arrêts, qui n'ont rien à faire ici.

De tout ce qui précède, la Cour verra s'il ne résulte pas que la loi n'a ni indirectement ni directement interdit les marchés à terme aux agents de change. La deuxième branche du premier et du deuxième moyen des demandeurs tomberait ainsi. Et en vérité peut-il donc en être autrement ? Voilà le marché à terme des effets publics passé en nos mœurs de finances ; il y apparaît avec sa puissance, avec ses dangers, avec toutes les fraudes et les calculs d'un jeu effréné ; il est en même temps l'un des véhicules les plus actifs du crédit public, et c'est ce genre de négociations qu'on aurait soustrait à l'intervention de l'officier public préposé à la négociation de tous les effets publics sans distinction ! Cette exception serait écrite dans la loi, au profit de qui ? Au profit du premier venu à qui il plairait d'entrer dans les rangs pressés de cette foule sans nom qu'on a appelée la coulisse. Est-ce que c'est proposable ?

Troisième moyen. Il nous paraît porter, nous ne devons pas le taire, sur une équivoque. Nous avouons l'immixtion dans les négociations des fonds publics et autres, disent les demandeurs en cassation, mais ce n'est pas l'immixtion dans les fonctions d'agents de change. Ceux-ci n'ayant pas été atteints dans leur intérêt, ajoute-t-on, n'auraient point d'action civile, le débat ne s'engagerait qu'avec le ministère public. Les textes qui punissent l'immixtion dans les négociations sont : L'article 12 de l'arrêt du conseil de 1724, l'article 13 de l'arrêt du conseil du 26 novembre 1781, l'article 2 de l'arrêt du conseil du 7 août 1785, et l'article 8 de l'ordonnance de police du 1er thermidor an IX. Ils prononcent une amende fixe de 6000 francs. On a appliqué, au contraire, l'amende proportionnelle au cautionnement, édictée par l'article 8 de la loi de ventôse an IX, et l'arrêté du 4 prairial an X contre le délit d'immixtion dans les fonctions d'agents de change. Il y a donc fausse application et violation nouvelle de ces lois.

Un mot nous semble répondre à cette argumentation. C'est par l'article 13 de l'arrêt du conseil du 26 novembre 1781 que serait puni, selon les demandeurs, le délit qu'ils auraient commis. Or l'article 4 de l'arrêté du 27 prairial an X, dont on leur a fait l'application, porte en toutes lettres : « Il est défendu sous les peines portées par les articles 13 de l'arrêt du conseil du 26 novembre 1781 et 8 de la loi du 28 ventôse an IX, à toutes personnes autres que celles nommées par le gouvernement, de s'immiscer en façon quelconque et sous quelque prétexte que ce soit dans les fonctions des agents de change. »

La peine de l'article 13 de l'arrêt du conseil du 26 novembre 1781, et celle de l'article 8 de la loi du 28 ventôse an IX se confondent donc aujourd'hui. Elles ont été réunies, pour n'en former qu'une qui vient atteindre un même et unique fait. Si, en effet, la négociation des fonds publics n'appartient qu'aux agents de change, si c'est là leur privilége exclusif, comment celui qui s'immisce dans cette négociation ne s'immiscerait-il pas dans leurs fonctions ?

Les arrêts du conseil de 1724, 1781, 1785, que l'on cite, et les dispositions législatives nouvelles qui en ont maintenu la force en se les appropriant, aboutissent tous à la même pensée. « Défend Sa Majesté, disait l'article 12 de l'arrêt de 1724, à tous particuliers, de tenir aucun bureau pour y traiter de négociations, etc..... »

L'article 17 : « Permet Sa Majesté, à tous marchands, négociants, etc., de négocier entre eux les lettres de change, billets, etc. A l'égard de tous les autres effets et papiers commerçables, pour en détruire les ventes simulées qui en ont causé le discrédit, ils ne pourront être négociés que par l'entremise des agents de change, etc. »

L'article 18 : « Toutes négociations de papiers commerçables et effets faites sans le ministère d'un agent de change seront déclarées nulles, etc..... »

L'arrêt du conseil de 1781, à son tour, dans son article 13, qu'on invoque, pris dans un sens absolu : « Fait, Sa Majesté, défense à toutes personnes autres que les agents de change, de s'immiscer dans les négociations d'effets royaux, etc..... »

Et l'arrêt du 7 août 1785, non moins explicite dans son article 1er, répète : « Fait, Sa Majesté, défense à toutes personnes, à quelque état, qualité et quelque condition qu'elles soient..., autres que les agents de change, de s'immiscer dans aucune négociation publique, etc..... »

Puis l'arrêté du 25 prairial an X intervenait pour l'exécution de la loi de ventôse an IX, qui a renouvelé sur ses anciennes bases l'institution des agents de change, et prévu l'immixtion dans leurs fonctions ; l'arrêté, dis-je, résume dans ses premiers articles toutes les dispositions pénales des anciens arrêts.

Mêmes défenses, à qui que ce soit, de proposer et faire des négociations ailleurs qu'à la Bourse (article 3).

Mêmes défenses, à toute personne, sous les peines de la loi de ventôse an IX, de s'immiscer en façon quelconque, dans les fonctions d'agent de change (article 4).

Mêmes défenses, enfin, à tous négociants, banquiers, etc., de confier des négociations, ventes ou achats, à d'autres qu'aux agents de change (art. 6).

Même nullité de toutes les négociations faites par des intermédiaires sans qualité (art. 7).

Pour le dire en terminant, les demandeurs proposaient, comme prémisse de leur troisième moyen de cassation, la question du marché libre. La condamnation du marché libre est écrite dans chacune des dispositions que nous venons de rappeler. Les demandeurs ne voient dans chaque coulissier qu'un commissionnaire, qu'un mandataire ordinaire, stipulant et s'engageant en leurs noms et se confondant avec le mandant lui-même. La loi, par les plus hautes raisons d'intérêt public, n'a pas permis les commissionnaires en fonds publics, mais elle a permis les commissionnaires en marchandises. C'est tout ce qu'il suffit de répondre.

Quatrième moyen. — La question que soulève ce moyen a été tranchée par un arrêt *in terminis* émané de la Chambre criminelle. Nous nous bornons à citer cet arrêt, qui est à la date du 28 août 1857 (*Bullet.*, n° 325).

---

## PLAIDOIRIE DE Me AMBROISE RENDU.

**Messieurs,**

Le rapport si substantiel et si complet que vous venez d'entendre, tout en combattant les conclusions du pourvoi, lui a rendu un signalé service. Il a fixé la portée du débat, il a mis en relief les grandes questions qui s'agitent au procès, il a placé la controverse sur le terrain du droit. M. le Conseiller rapporteur a bien voulu reconnaître que nos raisons ne manquaient ni de force ni de puissance. J'espère montrer qu'elles sont décisives, et que l'arrêt qui vous est déféré doit encourir votre censure.

De temps immémorial, et notamment depuis la réorganisation des agents de change, s'est exercée au grand jour une profession issue de certaines nécessités sociales. A côté de la négociation des effets publics, réservée aux agents de change, dit la loi, c'est-à-dire de la transmission des valeurs que l'un a, que l'autre paye, s'est organisée la spéculation, c'est-à-dire les opérations à terme et à découvert pratiquées par la coulisse.

Un coulissier achète 3000, 6000, 30 000 livres de rente à un autre coulissier, souvent pour son propre compte, souvent pour le compte d'autrui, mais toujours à ses risques et périls, comme fait un commissionnaire.

Il les achète à terme et à découvert, c'est-à-dire sans être nanti de valeurs ou d'argent, mais sous sa garantie absolue.

Puis, ce qui a été acheté est revendu au même terme ; les deux opérations se compensent ; et à la liquidation elles se terminent par le payement de la différence. Ou bien elles sont prolongées au moyen d'un report à un autre terme, qui consiste dans le rachat en liquidation de ce qui a été vendu, avec revente immédiate à la liquidation suivante.

La coulisse, opérant ainsi, a été tolérée toujours, souvent protégée et favorisée par tous les gouvernements, toutes les administrations, tous les régimes. Les dynasties, les ministères les plus opposés de principes : M. Mollien sous l'Empire, MM. Louis et de Villèle sous la Restauration, MM. Humann et Laplagne sous Louis-Philippe, ont été d'accord sur ce point qu'il fallait conserver la coulisse comme un rouage nécessaire de notre mécanisme financier, et l'ont défendue contre les réclamations des agents. Sous le second Empire, la police a ouvert à la coulisse les portes de la Bourse avant l'heure légale, lui a prêté le secours de ses commissaires, et jusqu'au matériel de ses opérations. Ceux qui l'attaquent aujourd'hui traitaient journellement avec elle, échangeaient des ordres, trouvaient chez elle une source féconde de bénéfices.

Et tout cela a duré soixante ans à la lumière du soleil, quand un ordre, quand un mot, quand un signe du pouvoir, quand une simple mesure de police pouvait tout faire cesser en un jour !

Je ne tire pas de là une fin de non-recevoir contre les poursuites, mais je dis : on se résout difficilement à voir un délit dans un fait public et patent dont la durée suppose non pas la tolérance, mais la connivence de tous les pouvoirs. Je dis qu'à tous ces pouvoirs, parmi lesquels il faut comprendre celui qui nous régit, on doit faire l'honneur de croire qu'ils ont eu de bien graves motifs, de bien sérieuses raisons.

Ces motifs seront les arguments de notre pourvoi, et ils ont le droit d'être écoutés, car la défense de la coulisse est la défense morale de tous les hommes d'État qui l'ont maintenue jusqu'à nos jours.

Le pourvoi a deux adversaires : la partie civile, le ministère public.

Le premier moyen de cassation s'attaque à la première. C'est le seul que je discute, mon habile confrère présentera les autres.

Une première fin de non-recevoir a été opposée en première instance et en appel à la partie civile.

Les prévenus disaient aux plaignants : « Vous êtes nos complices. »

Cette défense a produit une certaine émotion, et l'honnêteté comme le bon sens s'étonnaient de voir poursuivre des faits par ceux qui avaient excité à les commettre, comme le vulgaire s'étonnait aussi en voyant saisir les livres des coulissiers par le même commissaire de police qui la veille leur ouvrait, avant l'heure du parquet, les portes de la Bourse.

Pourtant, en droit, les parties civiles ont répondu : « Nous ne sommes pas complices, parce que c'est une contravention, et non un délit, que nous vous avons aidés à commettre, et que la loi n'admet pas de complicité en matière de contravention. »

Et puis encore : « Ce sont les individus composant la compagnie des agents, tous peut-être, qui ont agi avec vous ; mais c'est le corps, être moral, qui vous poursuit. L'indignité de tous les membres pris individuellement n'affecte pas l'être moral. »

Ces deux réponses étaient vraies, légales. On a eu le droit de les faire, et l'arrêt a eu le devoir de les accueillir.

Peut-être ont-elles coûté à ceux qui les ont faites ; c'est leur affaire et celle de l'opinion. Nous nous inclinons devant leur attitude, et le pourvoi ne critique pas cette partie de l'arrêt.

Mais nous opposons une fin de non-recevoir bien plus profonde, et que le premier moyen de cassation formule ainsi :

« *Fausse application, et, par suite, violation des articles 76 du Code de commerce et de la loi du 28 ventôse an IX et de l'arrêté du 27 prairial an X, et violation des articles 85 et 86 du Code de commerce et 13 de l'arrêté du 27 prairial an X,* en ce que l'arrêt attaqué a, à tort, déclaré recevable l'action civile de la compagnie des agents de change, laquelle n'était fondée que sur des faits relatifs à des opérations non comprises dans les attributions exclusives des agents de change. »

Messieurs, ce moyen tiré du défaut de qualité des agents de change pour exercer des poursuites contre les coulissiers, ce n'est pas nous qui l'avons inventé, il n'est pas nouveau ; il remonte à 1842, il a été formulé par le préfet de police, M. Delessert, qui refusait formellement aux agents de change les opérations à découvert et le droit d'exercer des poursuites contre les coulissiers. Il s'exprimait en des termes qu'on peut résumer en deux mots avec le mémoire de nos adversaires : « Les agents de change, disait M. le préfet de police Delessert, ne peuvent pas se prétendre atteints dans leurs fonctions par les coulissiers, attendu que ceux-ci font des opérations non reconnues par la loi, et qui sont nécessairement en dehors des attributions légales des agents de change. »

L'opinion de M. Delessert s'appuyait sur le fameux arrêt Forbin-Janson, de 1823. Nous la reprenons avec un arrêt bien plus récent, celui du 13 juillet 1859, rendu par la chambre des requêtes dans l'affaire Sévelinge, qui reproduit la thèse même que proclamait le préfet de police en 1842.

Nous disons : Les agents de change sont non recevables par deux raisons qui vont faire les deux parties de cette discussion. Ils sont non recevables par ces deux motifs : d'une part ; nous faisons des opérations qui non-seulement n'entrent pas dans leurs fonctions, mais qui leur sont interdites ; en second lieu, nous agissons en une qualité, celle de commissionnaires, qu'ils n'ont pas et ne peuvent pas avoir. Ainsi le moyen soulève cette double question : Les attributions des agents de change comprennent-elles les opérations que nous faisons, c'est-à-dire les opérations à terme et à découvert? La qualité des agents de change est-elle celle de commissionnaires? Leur mémoire en défense le soutient ; M. le conseiller rapporteur l'admet ; et, par conséquent, le débat s'engage très nettement sur ce point.

Messieurs, la poursuite des agents de change a produit un singulier résultat. Une vaste enquête s'est ouverte sur leur profession même ; on a dû se demander quelles étaient au juste ces attributions qu'ils prétendent usurpées. Cette enquête, commencée devant le tribunal et la cour, s'est poursuivie naguère dans un procès tristement célèbre, et qui doit apporter ses graves enseignements dans l'affaire que vous avez à examiner. Aujourd'hui on se demande, avec un doute de plus en plus grand, si certaines attributions que se sont arrogées les agents de change, et qui quelquefois les conduisent à des catastrophes, leur appartiennent bien réellement. Je viens, la loi et la jurisprudence à la main, achever cette enquête, et je ne crains pas de dire que si je parviens à jeter la lumière sur les choses qui font l'objet du débat, bien qu'elles soient étrangères à nos études et à nos préoccupations habituelles, si je parviens à vous montrer clairement ce que nos yeux ne sont pas habitués à voir, j'aurai gagné mon procès.

La première branche de notre moyen pose cette question : Quelle est la nature des attributions des agents de change? Et la première proposition du pourvoi, la voici : L'action civile (et dans ce moment nous ne contestons pas encore le droit du ministère public, mais nous disons que l'action ne peut pas être exercée par des agents de change), l'action civile n'est recevable, à l'égard des agents de change, que si leurs fonctions ont été usurpées. Or nos opérations non-seulement ne rentrent pas dans les fonctions des agents de change, mais leur sont formellement interdites. Donc l'action n'est pas recevable. — Ce moyen peut être présenté à la Cour de cassation avec une force particulière ; car il a été formulé, d'une manière nette et précise, dans les conclusions qui ont été présentées à la Cour impériale de Paris, et sur lesquelles la Cour a statué :

« Attendu que les aveux des prévenus, seule base de la prévention actuelle, ne portent que sur les faits suivants : achats et ventes *à terme* et reports de rente, de tous effets publics et valeurs cotées à la bourse, pouvant se liquider par des différences *et engageant la responsabilité* ; que les aveux renferment encore cette restriction : point de vente au comptant, point de levées ni de livraisons de titres sans le ministère des agents de change ; attendu que tous les actes, quels qu'ils soient, reprochés aux prévenus, sont interdits aux agents de change *qui n'ont jamais eu le droit de faire des opérations à terme,* etc. »

Voilà comment les conclusions étaient posées dans les débats. Et, tout d'abord, il faut reconnaître ici que l'arrêt attaqué a écarté absolument le jugement de première instance, puisque ce jugement n'est adopté dans ses motifs qu'en ce qui concerne la bonne foi des prévenus et les conclusions des parties civiles sur un point relatif aux dépens. Voilà sur quoi les motifs du jugement sont adoptés. Dès lors on ne peut pas légalement devant vous rechercher dans le jugement des constatations de faits. Si l'on retrouve une sorte d'identité entre certaines expressions du jugement et d'autres expressions de l'arrêt, qu'en résulte-t-il? Que l'arrêt a pris dans le jugement quelque chose, et que ce qu'il a pris, on peut s'en servir; mais ce qu'il n'a pas pris, il faut le laisser. Ainsi restreignons-nous aux motifs de l'arrêt et à ceux du jugement adoptés par l'arrêt. Eh bien, nous disons que l'arrêt a repoussé la prétention des coulissiers par un moyen de droit et nullement par un moyen de fait. En effet, les coulissiers disaient : Nous ne faisons que des opérations à terme, à découvert. Or l'arrêt attaqué, après avoir commencé par un motif très général sur toutes les opérations faites à la Bourse, ajoute ceci :

« Considérant que vainement les prévenus allèguent s'être bornés *à des spéculations à terme* qui, d'après eux, seraient interdites aux agents de change, *circonstance exclusive de l'infraction qui leur est imputée;* qu'en effet, *la loi ne distingue pas, dans le privilége accordé aux agents de change entre leurs opérations à terme et leurs opérations au comptant;...* »

Or si l'arrêt avait voulu écarter ce moyen de défense par une déclaration de fait, il aurait ajouté ceci : Mais attendu que les opérations auxquelles les prévenus se sont livrés, ne sont pas seulement des opérations à terme, qu'il y a d'autres opérations, et que, par conséquent, le moyen de défense n'a pas été établi.

Mais ce n'est nullement ce que dit l'arrêt. Comment, en effet, justifie-t-il le rejet du moyen? Le voici. Il dit qu'en droit la loi ne distingue pas dans le privilége des agents de change entre les opérations à terme et les opérations au comptant, que dès lors elle s'applique à toute négociation d'effets publics susceptibles d'être cotés, soit à terme, soit au comptant, lorsqu'elle est sérieuse. L'arrêt conclut de là que les opérations à terme appartiennent aux agents de change, et que les prévenus, en s'entremettant dans ces opérations, se sont en conséquence immiscés dans les fonctions d'agents de change.

Vous le voyez, par l'arrêt même que nous attaquons, la question est posée sur le terrain du droit : la loi n'attribue pas seulement aux agents de change les opérations au comptant, elle leur attribue également les opérations à terme.

Ce motif de l'arrêt nous suggère deux observations essentielles. La première, c'est que le motif, fût-il légal, serait insuffisant. Pourquoi? Parce que l'arrêt dit : Les agents de change ont le monopole de *certaines* opérations à terme seulement, à savoir, des opérations qui doivent aboutir à des livraisons. Mais si l'arrêt ne fait entrer dans le monopole que les opérations qui doivent aboutir à des livraisons, l'arrêt lui-même met donc en dehors des attributions des agents de change les opérations à terme faites à découvert et de nature à se régler par des différences. Or que disaient les coulissiers : Nous faisons des opérations où nous donnons notre garantie; des opérations qui aboutissent à des compensations et à des différences, et non à une livraison,

sauf quelques exceptions que nous verrons tout à l'heure. Qu'est-il répondu dans l'arrêt à cette partie de la défense ? Rien : l'arrêt ne se justifie
pas sur ce point. En ce qui concerne les opérations qui se règlent par des
différences, l'arrêt est donc incomplet dans ses motifs, alors même qu'en
droit sa doctrine serait légale.

Mais nous ajoutons : En envisageant les choses au point de vue où l'arrêt
se plaçait, au point de vue qu'il examinait, et auquel il se bornait, c'est-à-
dire aux opérations devant aboutir à des livraisons, nous disons que la thèse
est posée en pur droit ; et si nous venons à démontrer que les opérations à
terme et à découvert, quoique devant aboutir à la livraison, ne sont pas dans
les attributions des agents de change, il faudra en conclure que les agents
de change n'étaient pas recevables à se plaindre de ce que ces opérations
avaient été faites par d'autres.

Nous disons d'autre part que s'il y a eu erreur dans l'arrêt, c'est une erreur
de principe, et que, l'erreur démontrée, l'arrêt se condamnera lui-même.

Ainsi la question pour nous est celle-ci : Les marchés à terme tels que l'arrêt les envisage, et qu'on n'a considérés comme des usurpations de la fonction
des agents de change que parce que ces marchés à terme rentreraient dans
les attributions de ces officiers publics, ces marchés appartiennent-ils effectivement aux agents de change?

Messieurs, les marchés à terme dont il s'agit ici (il faut préciser parfaitement) sont définis, tant par l'arrêt lui-même, que par le rapprochement
avec cet arrêt des conclusions et du mémoire de la défense. Il s'agit bien
de marchés à terme sérieux, et devant être suivis d'une livraison réelle, dit
l'arrêt, mais contractés *à découvert*, c'est-à-dire sans remise, soit de l'argent,
soit des valeurs, au moment où le marché se conclut. C'est sur ce terrain
que s'engage le débat ; c'est incontestable. Et les adversaires ne disent pas
autre chose dans leur mémoire ; ils disent que les marchés à terme que les
agents de change revendiquent avec tant d'énergie, sont précisément des
marchés n'étant précédés ni de la remise de l'argent, ni de la remise des effets.
Voilà quels sont les marchés que les agents de change revendiquent. Eh bien,
nous disons que ces marchés à découvert, dans lesquels on ne livre d'avance
aux officiers publics ni l'argent ni la valeur, ne leur sont pas permis, et que
leur action est irrecevable.

Nous avons prouvé, dans notre mémoire, que les marchés à découvert
étaient interdits aux agents de change et que la prohibition expresse résultait soit des textes qui les interdisent, soit des textes qui les déclarent incompatibles avec les fonctions de l'agent de change, telles qu'elles sont définies
par la loi. Nous ne pensions pas, en présence des justifications que renferme
notre mémoire, qu'il pût être soutenu devant vous que nous n'avons pas
justifié l'interdiction expresse des marchés à terme. Sur ce point nous serons
très bref : la Cour a les textes sous les yeux, il lui suffira de les vérifier. Nous
allons seulement très rapidement parcourir les dispositions, en choisissant,
pour ne pas prolonger inutilement ce débat, celles qui contiennent les prohibitions les plus formelles des marchés à terme, et nous n'aurons qu'à nous demander si, en présence de ces dispositions légales, il y aurait d'autres dispositions qui viendraient les abroger.

Vous savez qu'en 1724, au lendemain des catastrophes amenées par le système de Law, est intervenu un arrêt du Conseil qui exige, à l'égard des négociations de papiers et autres effets, que ceux qui voudront contracter remettent l'argent ou les effets à l'agent de change, avant l'heure de la bourse, avec promesse de la part de celui-ci de leur rendre compte dans le jour, et qui prohibe, à peine de destitution, de faire des négociations à terme.

De là résultait interdiction expresse, non-seulement de tous marchés à découvert, mais de tous marchés à terme. Ainsi à l'origine, lors de l'édit du 24 septembre 1724, les marchés à terme étaient prohibés d'une manière absolue.

Le 7 août 1785, nous trouvons un arrêté du Conseil qui commence par blâmer de la manière la plus formelle toute espèce de marché à terme, et puis, dans son dispositif, renouvelle la prohibition pour les ventes à découvert sans dépôt réel des effets.

Le 2 octobre de la même année, un nouvel arrêté substitue au dépôt réel des effets la possibilité d'un certificat de propriété.

Le 22 septembre 1786, nouvel arrêté qui autorise certains marchés à terme, à deux mois seulement ; mais les ventes à terme demeurent défendues, et l'on continue à exiger le dépôt réel des effets. De telle sorte qu'au moment le plus favorable que les agents de change puissent trouver dans la législation, on leur permet seulement une partie des marchés à terme sans dépôt préalable des valeurs, c'est-à-dire les achats, et on leur interdit toujours d'une manière tout aussi sévère les ventes à terme à découvert, en vertu des dispositions précédentes maintenues.

Cette faculté limitée subsistera-t-elle? Non ; elle est détruite de la manière la plus expresse par toute la législation postérieure, depuis le 28 vendémiaire an IV jusqu'au Code de commerce. Le décret du 28 vendémiaire an IV, qui est cité par le mémoire, page 19, rétablit les bourses de commerce. Il ne s'occupe pas des inscriptions de rentes, elles étaient du ressort des juges de paix, mais de la négociation des effets de commerce et des matières métalliques. Or, pour ces divers objets, les seuls qui appartinssent aux agents de change, toute espèce de marché à terme est formellement prohibée, et l'on exige que le marché soit consommé et accompli dans le jour. Eh bien, à cette époque, on avait eu à choisir entre deux systèmes, le système de 1724 et celui de 1786. Entre ces deux systèmes, on n'hésite pas, on reprend la disposition prohibitive de l'art. 15 du chapitre I<sup>er</sup> du décret du 28 vendémiaire an IV :

« Il est défendu à toute personne de *vendre* ou d'*acheter*, ni de prêter son ministère pour aucune vente ou achat de matières ou espèces métalliques à *terme* ou à *prime* ; aucune vente de ces matières ne pourra avoir lieu *qu'au comptant*, de telle sorte que les objets vendus devront être *livrés et payés dans les vingt-quatre heures qui suivront la vente...* »

Voilà une prohibition absolue, ou il n'y en eut jamais.

Nous arrivons à la loi organique du 28 ventôse an IX qui, dans son article 7, ne fait autre chose qu'ajouter les effets publics aux matières métalliques et effets de commerce frappés de l'interdiction de l'opération à terme. Cet article 7 de la loi de ventôse an IX dit que les agents de change auront seuls le droit de négocier les effets publics, outre les matières métalliques. D'après l'art. 8, il est défendu, sous peine d'amende, à tous autres individus que ceux nommés par le gouvernement, d'exercer les fonctions d'agent de change et de courtier. C'est l'article qui a été appliqué aux coulissiers.

Or quelles seront, en présence de cette loi, les fonctions des agents de change et des courtiers ? Elles consisteront évidemment dans celles qui ont été définies par la loi de l'an IV, c'est-à-dire dans les négociations au comptant des effets publics, sans aucune possibilité de marché à terme.

Y aurait-il un doute à cet égard ? Il serait levé de la manière la plus positive par les dispositions expresses de l'arrêté du 27 prairial an X, dont l'article 12 est ainsi conçu :

« *Chaque agent de change devant avoir reçu de ses clients les effets qu'il vend, ou les sommes nécessaires pour payer ceux qu'il achète*, est responsable de la livraison et du payement de ce qu'il aura vendu ou acheté. Son cautionnement sera affecté à cette garantie, et sera saisissable, *en cas de non-consommation d'une bourse à l'autre*, sauf le délai nécessaire au transfert des rentes ou autres effets publics dont la remise exige des formalités... »

On ne saurait trouver de prohibition plus clairement applicable à deux genres d'opérations, je veux dire : les opérations à terme qui ne se consommeraient pas d'une bourse à l'autre, et les opérations à découvert qui ne seraient pas précédées de la remise de l'argent ou des effets. Il n'y a pas de doute à cet égard, et j'admire l'assurance de ceux qui qualifient cette disposition de simple *conseil !*

Voilà donc, en l'an X, la prohibition formelle des opérations à terme et des opérations à découvert, prohibition constamment renouvelée et constamment maintenue depuis.

Il intervient un règlement des agents de change, le 10 fructidor an X, règlement que ces officiers publics ont formulé, afin de régler leurs attributions d'après les termes de la loi. Ce règlement, bien loin de permettre les marchés à terme, les interdit de la manière la plus formelle ; il n'admet que les opérations au comptant, et exige qu'elles soient consommées d'une bourse à l'autre. Si alors des poursuites avaient été exercées par le syndic des agents de change contre les coulissiers faisant les opérations à terme et à découvert, très évidemment, d'après l'arrêt attaqué lui-même, il aurait été déclaré non recevable. Ce qui est non moins incontestable, c'est que la loi n'a pas changé depuis cette époque : la prohibition est restée la même. Nous allons la retrouver maintenue de la manière la plus formelle par le Code de commerce, dans les dispositions consacrées à régler la profession de l'agent de change. L'article 76 s'exprime ainsi :

« Les agents de change établis de la manière prescrite par *la loi*, auront seuls le droit de faire la négociation des effets publics et autres susceptibles d'être cotés. »

Et d'abord, de quelle loi parle l'art. 76 ? De la loi existante, c'est-à-dire de la loi de l'an IX et de l'arrêté de l'an X, prohibant les marchés à terme.

Remarquez ceci, messieurs : quoique le mot *négociation* semble un mot général, il devait, dans la pensée du législateur, signifier non pas les opérations à terme, mais exclusivement les opérations au comptant. Le mot *négociation* est employé précisément pour signifier les marchés au comptant dans la législation alors en vigueur. Et, chose singulière ! aujourd'hui même les agents de change ont deux sortes de livres : un qu'ils appellent le *compte des négociations*, l'autre qu'ils appellent le *compte de liquidation*. Or le livre des négociations est relatif aux opérations au comptant, et le livre des liquidations aux négociations à terme. Tant il est vrai que dans le langage de la loi comme dans le langage des affaires, ce mot de *négociation* indique les opérations au comptant.

Rapprochons cet article 76 des art. 85 et 86 du même Code, nous allons voir qu'ils sont tellement inconciliables avec les marchés à terme à découvert sans dépôt préalable des effets ou des valeurs, qu'il est absolument impossible que dans la pensée du législateur ces marchés aient jamais pu être permis. Ces articles s'expriment ainsi :

« Art. 85. Un agent de change ou courtier ne peut, dans aucun cas et sous aucun prétexte, faire des opérations de commerce ou de banque pour son compte. Il ne peut s'intéresser directement ou indirectement, sous son nom ou sous un nom interposé, dans aucune entreprise commerciale. *Il ne peut recevoir ni payer pour le compte de ses commettants.* »

« Art. 86 : *Il ne peut se rendre garant de l'exécution des marchés dans lesquels il s'entremet.* »

Chose assez remarquable, le Code de commerce reproduit ici presque textuellement les termes de l'arrêté de l'an **X** que nous avons lus tout à l'heure : nouveau symptôme de la persistance du même système, celui de la prohibition des marchés à terme non précédés du dépôt préalable de l'argent ou des effets. C'est le système qui est entré dans la législation, qui s'y est établi d'une manière inébranlable, et que nous venons encore invoquer.

L'agent de change ne peut pas payer pour le compte de ses commettants : qu'est-ce que cela veut dire ? Qu'il doit avoir d'avance en main l'argent nécessaire pour payer les valeurs qu'il achète. Il ne peut pas se rendre garant de l'exécution des marchés dans lesquels il s'entremet : or ceci rend les marchés à terme absolument impossibles. Il suffit d'avoir la plus simple notion pratique de ce qui constitue les marchés à terme pour en être profondément convaincu. Au surplus, les explications que nous pourrions répéter ici et que nous avons présentées avec développement dans l'instruction écrite, seraient parfaitement superflues de notre part. Nous les retrouvons dans le mémoire de nos adversaires, qui reconnaissent, sans hésiter, l'exactitude de ce que nous disons au sujet de l'incompatibilité du dépôt préalable avec les marchés à terme.

« Les nécessités du crédit, disent-ils, ont introduit les marchés à terme, afin que les opérations de bourse ne fussent pas limitées aux personnes qui ont les valeurs en mains. » Qu'est-ce qui se fait entre deux personnes ayant, l'une l'argent, l'autre les effets? Celle qui vend reçoit immédiatement le prix de la chose vendue; il est évident que l'opération se consomme à l'instant même et qu'on ne conçoit pas, dans ce cas, la possibilité d'un terme. Or, quand s'est introduit ce marché à terme que revendiquent aujourd'hui les agents de change? C'est lorsqu'on a voulu opérer n'ayant pas en mains soit l'argent, soit les effets. Celui qui n'avait pas l'argent, mais espérait l'avoir plus tard, s'est adressé à l'agent de change et lui a dit : « Achetez toujours, et je vous payerai au jour où le marché s'exécutera. » Celui qui, n'ayant pas les effets, a espéré les avoir ultérieurement, s'est adressé aussi à l'agent de change et lui a dit : « Vendez toujours; le jour où le marché s'exécutera je vous remettrai les effets. » Voilà comment s'est organisé le marché à terme, dont la pratique a été reconnue inconciliable avec le dépôt préalable. En effet, avec le dépôt préalable, il n'avait plus de raison d'être. Il ne se concevait qu'à l'effet d'acheter non pas avec son argent, mais avec son crédit; et c'est parce qu'on achetait, non avec son argent, mais avec son crédit, qu'on achetait à terme au lieu d'acheter au comptant.

Eh bien, messieurs, si l'opération s'est ainsi établie et organisée, est-ce qu'il est possible d'admettre qu'elle soit dans les prévisions de l'art. 86 du Code de commerce, qui vous dit que l'agent de change ne peut se rendre garant de l'exécution du marché pour lequel il s'entremet? Et en effet, pour qu'il y ait contrat, l'agent est obligé de garantir le marché à terme qu'il a passé avec son confrère, et de le garantir *personnellement* dès lors qu'il n'est pas nanti *réellement*; mais en même temps la loi lui dit qu'il ne sera pas garant. Comment alors fera-t-il légalement un marché à terme, si on ne lui a pas remis les fonds, si on ne lui a remis qu'une simple couverture? M. le conseiller rapporteur faisait remarquer avec beaucoup de justesse que la couverture n'est qu'une somme approximative garantissant le risque, et que souvent les prévisions sont complétement déjouées par les événements. La couverture n'empêche pas qu'on se rende garant, elle limite seulement le danger de la garantie. Ceci est incontestable, évident.

Comment l'agent de change fera-t-il pour contracter un marché à terme, s'il n'est couvert qu'en partie, ou s'il ne l'est pas du tout? Que fera-t-il autre chose, si ce n'est de prendre l'opération à ses risques et périls, ou de se rendre garant pour celui qui contracte sous son nom? Il ne peut pas opérer autrement pour faire un marché à terme, si on ne lui a remis ni les effets ni l'argent. Ce marché est donc absolument inconciliable avec la prohibition imposée à l'agent de change, de se rendre garant des marchés dans lesquels il s'entremet.

Je sais parfaitement bien qu'aujourd'hui on a changé tout cela ! que les agents de change, sans s'inquiéter des textes, revendiquent le droit de faire ces opérations que la loi rend impossibles. Je sais bien qu'un auteur qu'on a invoqué assez souvent, et dont il faudra, une fois pour toutes, écarter les hasardeuses théories, a dit que les agents de change pouvaient, à titre de commissionnaires, se porter garants des marchés dans lesquels ils s'entremettent. Ceci est une violation flagrante de l'article 86 du Code de commerce. Je ne discute pas ce point en ce moment, parce qu'il m'entraînerait en dehors de la série d'idées que je poursuis ; mais je puis dire et je vais prouver que le sens et la portée de l'article 86 du Code de commerce ont été maintenus de la manière la plus formelle par la jurisprudence comme par le texte de la loi.

Il ne faut pas équivoquer.

Quand la loi dit en propres termes : Vous ne pouvez pas vous rendre garants de l'exécution des marchés ; il ne faut pas qu'on vienne dire que cela a rapport à d'autres marchés que des marchés de bourse, à des contrats quelconques, auxquels les agents ne pourraient pas donner leur garantie. Non, non, n'équivoquons pas ; la loi vous dit qu'il vous est interdit de vous porter garants pour les marchés *dans lesquels vous vous entremettez.* Qu'est-ce à dire, si ce n'est ceux dont vous êtes légalement les intermédiaires ? La loi est tellement claire, qu'il n'est pas besoin de la discuter. La jurisprudence est non moins formelle. Je rappellerai seulement deux précédents à ce sujet. J'ai déjà cité l'arrêt de 1823, l'arrêt Forbin-Janson, qui est devenu la base de la jurisprudence, et dans lequel on disait : « L'agent de change est tenu d'avoir les mains garnies en opérant pour son client ; parce qu'ayant les mains garnies, il ne peut pas engager sa garantie... »

M. LE PRÉSIDENT : A demain.

<hr>

Audience du 14 janvier 1860.

SUITE DE LA PLAIDOIRIE DE M<sup>e</sup> AMBROISE RENDU.

Je crois, messieurs, avoir établi hier que la loi interdit les marchés à découvert aux agents de change, dont les coulissiers ne sauraient, par conséquent, usurper les fonctions en faisant ces marchés.

J'ai démontré que l'interdiction faite aux agents de change existait formellement en l'an X, c'est-à-dire sous l'empire de la loi organique de l'an IX dont l'article 13 nous est appliqué par l'arrêt attaqué. J'ai démontré enfin que cette prohibition était maintenue par le Code de commerce (art. 85 et 86), qui impose aux agents de change des obligations et prohibitions incompatibles avec le marché à découvert, c'est-à-dire avec tous les marchés non précédés du dépôt préalable. Jusqu'ici je crois que j'ai gain de cause ; car si ces articles 85 et 86 du Code de commerce interdisent aux agents de change les négociations à découvert, on ne peut se prévaloir contre nous du seul article 76 qui doit être combiné avec les articles qui suivent, et où se trouve la prohibition. Je sais qu'on l'a contesté, en présentant de l'article 86 une interprétation bizarre, impossible. M. Mollot, dont on a invoqué l'autorité, a prétendu que cet article avait uniquement pour but d'interdire aux agents de change de donner des avals. A cette prétention nous avons opposé l'arrêt Forbin-Janson de 1823, qui exige que les agents de change n'opèrent que les mains garnies. Nous opposons encore un arrêt catégorique et formel de la Cour de cassation, chambre des requêtes, en date du 13 juillet 1859, qui doit désormais dominer toute la discussion (affaire Sévelinge). Il est ainsi conçu, et je le recommande à toutes les méditations de la Cour.

« Attendu que l'agent de change, préposé comme officier public à la négociation des effets cotés à la Bourse, DOIT, AUX TERMES DES RÈGLEMENTS DE SA PROFESSION, AVANT D'AGIR, EXIGER DE SON COMMETTANT LA REMISE DES SOMMES NÉCESSAIRES A L'EXÉCUTION DES MARCHÉS TRAITÉS PAR LUI, ET DANS LESQUELS LES PARTIES INTÉRESSÉES DOIVENT RESTER INCONNUES ET ÉTRANGÈRES L'UNE A L'AUTRE; — QU'IL LUI EST INTERDIT, PAR LES ART. 85 ET 86 DU CODE DE COMMERCE, DE PAYER POUR LE COMPTE DE SES COMMETTANTS ET DE CAUTIONNER LES MARCHÉS FAITS PAR SON ENTREMISE ; que c'est donc en contravention formelle à la loi qu'il solde de ses deniers personnels les opérations de son client;

» Attendu que, s'il lui est néanmoins accordé une action contre celui-ci pour le remboursement des sommes ainsi payées, on ne saurait, pour déterminer la nature de cette action, s'arrêter à la nature des rapports qu'auraient établis entre les clients des deux agents de change les opérations conclues par ces intermédiaires, puisque, d'une part, aucune relation ne se forme ni ne doit se former entre ces clients, puisque d'autre part, la défense faite aux agents de change de s'intéresser dans ces opérations, d'en cautionner l'exécution, ne leur permet d'invoquer aucune subrogation aux droits de ces clients, et que LA RESPONSABILITÉ PERSONNELLE A EUX IMPOSÉE N'EST, LORSQU'ELLE EST ENCOURUE, QUE LA PEINE DE LEUR DÉSOBÉISSANCE A LA LOI. »

Voilà l'article 86 du Code de commerce, appliqué dans toute son énergie. Il est bien entendu que les agents de change DÉSOBÉISSENT A LA LOI *quand ils traitent sans s'être fait remettre les valeurs*. Voilà ce qui est jugé par la Cour suprême le 13 juillet 1859. Je sais que les agents de change ne veulent pas de cet arrêt qui les blesse. Il est repoussé, lui aussi, par l'auteur qui s'est fait le patron de leurs prétentions les plus exagérées, M. Mollot, lequel, il y a quelques jours, le 6 janvier 1860, dans la *Gazette des tribunaux*, combattait cet arrêt en face et pied à pied. Mais ces critiques des agents de change m'inquiètent peu ; ils ont contre eux la loi et la jurisprudence. Ils s'abusent étrangement, s'ils croient que votre arrêt sera la revanche de l'arrêt Sévelinge.

La situation est nette et claire. Aux termes de la jurisprudence et de l'article 86 du Code de commerce, il est incontestable que tous les marchés à terme à découvert, c'est-à-dire tous les marchés qui *impliquent* la garantie de l'intermédiaire, sont interdits aux agents de change.

Nous arrivons à des arguments qui deviennent graves, car ils ont pour eux l'autorité des observations si lumineuses que M. le conseiller rapporteur vous présentait hier. Nous devons donc les traiter avec tout le soin que peut comporter notre discussion.

Le premier de ces arguments est tiré de l'article 422 du Code pénal, lequel aurait modifié la législation antérieure. Ce serait de là que daterait le droit pour les agents de change de faire des marchés à terme et à découvert. L'article 422 ne *punit* que les ventes à terme ayant le caractère de pari. Par là il aurait fait entrer dans les attributions des agents de change les marchés à terme dits sérieux, quoique faits à découvert.

C'était là ce que M. le rapporteur vous disait hier, et nous vous prions de vous référer aux observations de ce rapport qui sont aujourd'hui dans la *Gazette des tribunaux.*

Les réponses se pressent à cette argumentation. Ce serait l'abrogation de l'article 86 du Code de commerce par l'article 422 du Code pénal. On sait, on reconnaît que les opérations à découvert sont impossibles sans que les agents en soient garants, et par conséquent sans que l'article 86 du Code de commerce disparaisse de nos lois. Or le Code pénal de 1810 et le Code de commerce de 1808 font partie à titre égal de notre législation. Que s'est-il passé entre les deux ? Est-ce qu'on ne savait pas, en 1808, ce qu'on a su en 1810 sur les marchés à terme ? Mais quoi ! une législation récente et toute une législation spéciale seraient abrogées, et il n'y aurait pas un mot dans la loi pour signaler un tel résultat ! Et ce qui serait plus singulier encore, il n'y aurait pas une phrase à cet égard, pas une expression révélatrice dans l'exposé des motifs, où tout, au contraire, stigmatise les jeux de bourse et en aggrave la répression ! Tout le monde sait combien l'empereur Napoléon I<sup>er</sup> était ennemi de l'agiotage ; tout le monde sait qu'il soutenait les fonds publics par d'énormes achats au comptant avec les fonds de cette caisse militaire qu'il alimentait par ses victoires. Voilà comment l'empereur entendait élever le niveau du crédit public, et non par les opérations à découvert. Tel est l'esprit dans lequel est conçue la loi.

Mais c'est bien plus encore, si l'on considère la nature de l'article 422 du Code pénal. Ce serait un résultat tout contraire à son essence même qu'on voudrait lui faire produire. L'article 422 est une loi exclusivement *pénale ;* comment abrogerait-il une loi essentiellement *civile* qui a statué sur les attributions des agents de change ? Que dit-elle, cette loi pénale dans son article 422, rapproché de l'article 421, qu'il ne faut pas en isoler ? Elle range parmi les délits certains faits dénommés *paris.* Faut-il en conclure que les faits qu'elle ne qualifie pas délits deviennent civilement permis à ceux auxquels civilement ils sont interdits par l'article 86 du Code de commerce ? Non. La loi pénale qualifie délits divers faits de fraude, elle les punit, elle ne s'occupe pas des autres faits de fraude civile auxquels s'applique la loi civile. C'est pour cela qu'il est impossible de dire qu'une disposition de la loi pénale entraîne par elle-même l'abrogation de la loi civile ou des principes qui y sont posés.

Telle est, à cet égard, la doctrine des jurisconsultes les plus distingués. Merlin, auquel on avait prêté l'opinion contraire, a énergiquement protesté dans ses *Questions de droit.*

Un auteur spécial, Coffinière, réfute la doctrine que nous combattons, et la réduit à néant d'après les principes du droit commun. Nous renvoyons, pour la citation de ces auteurs, à M. Bozerian, dans son livre intitulé *la Bourse,* qui adopte la même doctrine, et qui réfute victorieusement ce singulier système, d'après lequel l'article 422 du Code pénal aurait abrogé l'article 86 du Code de commerce.

Et qu'on le remarque bien, il ne s'agit pas seulement, au moyen de l'article 422 du Code pénal, de rendre licite, mais de faire entrer dans le privilége des agents de change le marché à découvert. Or, comment cet article se serait-il proposé de modifier du tout au tout leur monopole, puisqu'il ne les nomme même pas? Comment supposer qu'il ait voulu de cette manière, pour ainsi dire subreptice, étendre si largement leurs attributions?

Qui le croira, surtout d'après l'effet qu'on lui fait produire!

C'est un changement de système radical, car son résultat serait de permettre aux agents de change toutes opérations à découvert sous la seule condition de l'appréciation faite par eux-mêmes de la fortune de leurs clients. Auparavant, sous l'empire de l'arrêté de l'an X, il y avait une distinction toute simple à faire : l'opération était-elle faite avec dépôt, elle était permise aux agents de change ; les agents de change n'avaient-ils pas les mains garnies, l'opération leur était interdite.

Mais voici aujourd'hui la distinction qu'on propose. L'opération est sérieuse, c'est-à-dire en rapport avec la fortune du client, ou elle n'est pas sérieuse, c'est-à-dire qu'elle est en disproportion avec la fortune du client ; et c'est entre ces deux appréciations que les agents vont avoir à choisir pour savoir s'ils ont ou non le droit de faire l'opération. Est-ce qu'on ne voit pas tout ce que cette appréciation a de délicat et de périlleux, puisqu'elle substitue le hasard à la règle si simple de l'arrêté de l'an X et des articles 85 et 86 du Code de commerce?

Veuillez y réfléchir, messieurs. S'il avait fallu une législation modifiée, différente de celle qui avait régi la matière jusqu'alors, est-ce qu'il n'aurait pas fallu en même temps une réglementation particulière pour pourvoir aux nécessités, que dis-je! aux périls du nouveau système! Est-ce qu'on aurait laissé subsister la disposition de l'article 89 du Code de commerce, qui frappe comme banqueroutier, tous les agents qui manquent à leurs engagements? Après avoir permis à un agent de change l'appréciation de la fortune de son client, après l'avoir exposé à se tromper, à se ruiner de bonne foi, le maintien de l'article 89 serait impossible, car il serait injuste et cruel. L'agent de change, ayant le droit de se guider sur la solvabilité apparente de son client, ne saurait être déclaré banqueroutier frauduleux pour avoir commis une erreur. L'article 422 est une disposition qu'il faut laisser dans le Code pénal. Elle s'applique à tout le monde et non aux agents de change. Évidemment elle n'a rien ajouté à leurs attributions antérieures.

Au surplus, pourquoi discuter quand la jurisprudence est formelle? Le mémorable arrêt du 13 juillet 1859 ne déclare-t-il pas que, depuis le Code pénal, comme depuis le Code de commerce, l'*agent de change* DÉSOBÉIT à la loi quand il fait un marché à découvert?

On a bien cité un certain nombre d'arrêts qui déclarent licites, c'est-à-dire ne considèrent pas comme des délits les opérations à découvert dites sérieuses, mais on ne peut pas en citer un seul qui les ait formellement attribuées aux agents de change, et le dernier arrêt de la Cour suprême les leur interdit en termes sévères. Voilà la réponse la plus péremptoire à l'argument tiré du Code pénal.

On voit bien que la loi est inflexible et formelle. Aussi faut-il en venir à l'argument héroïque des agents de change, qui fait la base de toute leur discussion, qui perce sous toutes leurs propositions, quand ils luttent péniblement contre des textes qui les condamnent. La nécessité sociale, le besoin du crédit, des habitudes, des usages désormais indestructibles, l'autorité du fait accompli, les mœurs, enfin, plus fortes que la loi : tels sont leurs titres ! Ce n'est pas sans quelque étonnement que nous avons entendu retentir ici ces paroles : « Les faits ont été plus forts que le droit. » Est-ce vrai, messieurs ! Nous ne le croyons pas, et nous avons à opposer à cette argumentation une réfutation absolument irrésistible.

Les mœurs, les usages et les faits peuvent beaucoup sans doute. Ils peuvent même abroger les lois par la désuétude... je vais bien loin ; mais il est une chose qu'ils ne peuvent faire, c'est créer une loi. Or, ce dont il s'agit ici, ce n'est pas d'abroger une loi, c'est d'en faire une qui confère un privilége aux agents de change. Il existe des textes qui limitent ce privilége, il faut nécessairement un texte pour l'étendre. La désuétude pourra augmenter les droits du public, jamais les droits du monopole. Elle pourra peut-être rendre licite ce qui jusqu'alors était défendu, mais elle ne pourra jamais faire qu'un droit devienne privilége. Or, nous ne discutons pas ici le point de savoir si les marchés à terme sont licites ou s'ils ne le sont pas, mais le point de savoir s'ils sont un privilége pour les agents de change, puisque nous combattons l'action qu'ils exercent en vertu de leur privilége, action qui n'existe pas, s'il n'y a pas de privilége.

Disons-le avec toute la fermeté de nos convictions : non, le privilége des marchés à découvert ne leur est pas donné par la loi écrite.

Est-ce que l'usage le leur donnera ? Peut-être les marchés à terme peuvent devenir licites par l'usage, mais non privilégiés ; ils peuvent appartenir à tout le monde, mais non à quelques-uns.

Et voyez comme votre argument se retourne contre vous-mêmes. Vous invoquez l'usage et les nécessités sociales. Qui a créé la coulisse, si ce n'est l'usage? Qui l'a maintenue et protégée, si ce n'est la nécessité reconnue par tous les pouvoirs?

Vous invoquez la cote officielle où le taux des marchés à terme est mis tous les jours sous nos yeux. Mais cette partie de la cote, est-ce qu'elle résulte d'autre chose que de cette tolérance que vous invoquez à votre profit? Et si l'on vient dire aujourd'hui que la cote officielle et la permission administrative peuvent militer en faveur des agents de change, est-ce qu'on ne voit pas que je puis rétorquer l'argument, que je puis invoquer à mon tour la protection administrative ; que je puis dire : La loi a si longtemps sommeillé, qu'il n'est pas possible de la réveiller! Si votre argument vaut quelque chose, il ressuscite notre moyen de défense tiré de la désuétude des prohibitions contre la coulisse.

Ainsi, ou il faut écarter l'argument, ou reconnaître qu'il est bien moins puissant pour les agents de change que pour les coulissiers. Les coulissiers invoquent l'usage purement et simplement ; les agents de change voudraient trouver dans cet usage une loi et la constitution d'un privilége.

Avant de donner cette puissance contre la loi aux mœurs et aux usages qui seraient plus forts qu'elle, qui la feraient fléchir, il faut pourtant que vous sachiez ce qu'on vous demande et ce qu'a introduit l'usage-loi. Il faut que vous sachiez comment s'applique la doctrine de l'arrêt que nous attaquons. Nous disons, et nous ne serons pas démentis : Ce que l'usage a introduit, ce n'est pas seulement le marché à découvert, c'est dans toute sa crudité le marché se réglant par des différences. On a invoqué la cote, nous l'invoquons nous-mêmes; et en prenant le premier numéro venu du *Moniteur*, nous verrons les opérations se réglant par des différences autorisées aussi par les mœurs et l'usage, et qui auraient les mêmes raisons pour se faire reconnaître.

La première chose que nous voyons sur la cote, ce sont les marchés à primes qui sont cotés comme les marchés à terme proprement dits. Or, la Cour sait ce que sont les marchés à primes: ce sont des marchés qui, sauf des cas extrêmement rares, ne se règlent pas autrement que par des différences, et qui sont organisés pour mettre les spéculateurs, qui n'opèrent que sur les différences, à l'abri des variations trop fortes des cours. Suivant le cours, ils lèvent ou abandonnent les primes. Cette faculté est une sauvegarde contre les chances du jeu proprement dites. Il suffit des plus simples notions des affaires de bourse pour en être convaincu. Eh bien ! les primes figurent sur la cote officielle. C'est l'usage qui les y a introduites.

Nous trouvons encore sur la cote officielle les cours de compensation. Qu'est-ce que c'est que le cours de compensation ? C'est un cours établi précisément pour opérer entre les agents de change le règlement des différences. Le cours de compensation figure sur la cote officielle, et c'est l'usage qui l'y a introduit.

Mais il y a quelque chose de plus saisissant encore, sur quoi il nous est impossible de ne pas arrêter un instant votre attention. Les agents de change tout récemment ont publié un règlement où l'on constate les exigences de l'usage. Savez-vous ce qu'ils ont fait ? Ils ont ramassé dans les traditions de la coulisse ce qui avait été condamné le plus énergiquement, et ils ont organisé ce qu'on appelle le marché des petites primes.

En effet, je lis dans ce règlement du 28 octobre 1859 :

« Pourront également se traiter, MAIS NE SERONT PAS COTÉES, *les primes de 10 cent.* sur la rente. Les engagements se feront sur papier libre, d'après une formule qui sera déterminée par la chambre syndicale. Pour les primes levées, il sera échangé un nouvel engagement sur timbre et dans la forme ordinaire.

» Pour les primes abandonnées, IL NE SERA PAS EXIGÉ DE COURTAGE. Pour celles qui seront levées, le courtage devra être perçu conformément au tarif. »

Or, ce marché des petites primes, voici ce que c'est. Ce sont des opérations qu'on fait moyennant des arrhes minimes. Avec quelques centimes, avec deux sous par 3 francs de rente, on obtient le droit de faire une opération qu'on pourra abandonner moyennant la perte des deux sous. Ces petites primes, aujourd'hui revendiquées par les agents de change, ne servent pas à autre chose qu'à faciliter, qu'à exciter un jeu qui jamais ne donne lieu au moindre dépôt de titres.

Et savez-vous encore ce qu'on nous dit? Que ces primes pourront se traiter, mais qu'*elles ne seront pas cotées.*

Ainsi voilà les agents de change qui, au nom de l'usage, revendiquent des opérations qui ne seront pas cotées à la Bourse, qui n'y auront pas de cours authentique, de telle sorte que s'il survenait un nouveau procès

Giblain, on pourrait voir un homme spéculant sur ses propres clients, leur infliger les cours les plus élevés de la Bourse pour prendre les plus favorables, et l'on n'aurait pas même la triste ressource de renfermer la perte dans les limites extrêmes de la cote.

Voilà des primes qui seront faites par les agents de change et qui ne seront pas cotées. Ce n'est pas tout, et voici ce qu'on ajoute : « Pour les primes abandonnées, *il ne sera pas perçu de courtage !* » Et cela en présence de la loi, qui dit qu'il est interdit aux agents de change de faire jamais des remises sur les courtages, à plus forte raison d'y renoncer.

Je vous devais ces exemples, messieurs, pour vous montrer quelle a été la puissance de l'usage, puissance devant laquelle la loi doit s'incliner, disent les agents, et qu'on vous demande de consacrer par votre jurisprudence. Mais nous, n'aurons-nous pas le droit de dire en présence de ces faits : Le législateur de 1808 n'ignorait rien de tout cela quand il a promulgué sa loi? Si donc il a refusé aux agents de change les marchés à terme à découvert, c'est qu'il avait de graves motifs de le faire. Ces motifs, il les tirait de l'intérêt public et de l'intérêt privé, de la morale en péril, et du caractère même des officiers publics auxquels étaient confiées les affaires de la Bourse.

Le caractère des officiers publics ! Il faut tout d'abord que nous en disions quelque chose.

Qu'est-ce que c'étaient que les agents de change dans l'intention du législateur? Des officiers publics, des fonctionnaires étrangers aux intérêts qui s'agitent, au-dessus des passions qui se combattent à la Bourse, afin qu'ils pussent véritablement être les notaires des contrats qui s'y traitent. Écoutez, messieurs, ce sera très court, mais c'est indispensable, les graves paroles du législateur, lorsqu'il définissait les fonctions de l'agent de change :

Dans l'exposé des motifs, M. Regnault de Saint-Jean-d'Angely s'exprimait ainsi :

« Le gouvernement a senti qu'il fallait des espèces de *notaires commerciaux* indiqués à la confiance des nationaux et des étrangers. »

Le tribun Jard-Panvilliers disait au Corps législatif :

« Il ne faut pas que les agents de change puissent s'exposer à compromettre les intérêts de leurs clients, en compromettant leur propre fortune par une entreprise hasardée ou aventureuse..... La *garantie* à laquelle quelques agents de change ne craignent pas de s'engager par l'appât d'un droit de commission plus ou moins fort, *pour un marché dans lequel le vendeur et l'acheteur négocient des choses qu'ils n'ont pas*, et que souvent le décuple de leur fortune effective ne pourrait pas réaliser, compromet, non-seulement leur honneur personnel, mais encore la réputation de leur compagnie. »

Or, messieurs, quand hier, en quelques lignes saisissantes le rapport vous a représenté les périls auxquels les marchés à découvert entraînent le public et les intermédiaires, quand il vous a dépeint le rôle que l'usage a créé pour ces derniers, à ces traits avez-vous reconnu l'agent de change tel que le définit le législateur? Avez-vous retrouvé ces garanties si soigneusement prises pour le maintien de son caractère, les conditions de son honorabilité et la sécurité des particuliers?

Au lieu de cet agent irresponsable dont vous parle le législateur de 1808, voici un homme exposé à chaque instant à des recours illusoires contre ceux qui l'entourent. La loi de 1808 ne laissait pas même supposer la possibilité d'une contestation entre un agent de change et son client. L'agent de change n'avait jamais rien à demander à son client : il s'était fait remettre d'avance les sommes qui devaient le couvrir de tous les résultats possibles de l'opération. Et ce que l'on propose aujourd'hui, c'est que l'agent de change soit, à chaque pas, exposé à des discussions, à des contestations, à ces procès scandaleux que nous voyons se renouveler trop souvent! Hélas! l'agent de change n'a-t-il pas déjà perdu complétement cette situation inébranlable, sereine, dans laquelle il était placé à l'abri des coups de la fortune qui frappent sur ses clients.

L'honorable et savant conseiller rapporteur vous le disait hier :

« Le marché à terme des effets publics est passé dans nos mœurs avec tous ses périls!...... »

Oh! sans doute ; et c'est précisément à cause de toutes ces commotions inséparables des marchés à découvert, qu'il fallait mettre l'officier public en dehors de leurs atteintes et le maintenir dans la sphère supérieure où le législateur de 1808 l'avait placé. Il savait très bien, le législateur de 1808, que les marchés à terme engendraient les combinaisons les plus étranges, les spéculations les plus hasardeuses ; il savait très bien qu'il arrive un moment dans les opérations de bourse, où les consciences hésitent, où les regards se troublent, où les plus fermes se sentent défaillir en présence de ce gouffre où s'engloutissent des fortunes entières, et parfois avec elles les agents qui ont prêté leur ministère. C'est pour cela que le législateur de 1808 a interdit aux officiers publics le terrain des opérations téméraires, afin qu'ils demeurassent irréprochables, à l'abri, non pas seulement des accusations, mais des soupçons.

Messieurs, il y a un intérêt suprême, un intérêt sacré qui domine tout. C'est l'intérêt du public, celui de tout le monde, le mien comme le vôtre. Qu'est-ce qu'on a voulu en instituant les agents de change? Que les intérêts privés qui sont obligés de s'adresser à eux eussent une garantie absolue. La loi exige, et personne ne le nie, le dépôt préalable pour tous les marchés au comptant qui sont du ressort exclusif de l'agent de change. Il faut donc que l'agent de change, avant de contracter, soit le dépositaire de toutes les valeurs qu'il s'agit de négocier. Les femmes mariées et les mineurs pour l'emploi ou le remploi de leur fortune, les administrations hospitalières et autres pour le placement de leurs capitaux, le Trésor pour l'exercice de l'amortissement, sont *contraints* de verser leurs fonds au préalable entre les mains de l'agent de change. Or qui peut répondre de la conservation de ces fonds, si l'agent de change lui-même, par des appréciations inexactes de la fortune des clients pour lesquels il opère à découvert, se trouve sous le coup d'un de ces bouleversements qui tant de fois sont venus atteindre la Bourse? Nous en avons cité dans notre mémoire un exemple terrible. Lorsque le 24 février une révolution éclatait en France, où il faut mettre toujours dans les prévisions ce qui est imprévu, qu'est-il arrivé? La Bourse a fermé, et quelques jours après, elle rouvrait avec 25 pour 100 de baisse. Les agents de change engagés dans les opérations à découvert déclaraient leur impuissance à les couvrir, à les exécuter; il fallait solennellement proclamer pour la liquidation un cours factice à 3 francs de baisse seulement, au lieu de 25 pour 100. Il fallait interdire aux vendeurs de titres de livrer les titres qu'ils avaient vendus. C'est à cela qu'a été contrainte la compagnie des agents de change, quand le dépôt préalable eût tout sauvé!

Voilà ce qui arrive quand on opère à découvert. Lorsqu'on apprécie la fortune de ses clients, ce qui peut être vrai aujourd'hui ne le sera pas demain; tel qui paraît bon aujourd'hui pour 25 000 francs de rente, les laissera demain au compte de l'agent de change.

Cette année même un fait inverse a eu lieu, et il a produit les mêmes conséquences. Tout à coup l'empereur, par un effort inouï, arrête court dans sa marche rapide son char de triomphe. A la stupéfaction de l'Europe, il signe la paix de Villafranca. Les diplomates sont tous pris à l'improviste; comment les agents de change ne l'auraient-ils pas été? En trois jours la Bourse hausse de 7 francs, et des sinistres suivent la victoire comme ils avaient suivi la catastrophe révolutionnaire. La hausse impose de larges sacrifices aux agents; les démissions se produisent; plusieurs ont recours à la caisse syndicale. Pourquoi? Parce que les agents de change s'étaient trompés dans leurs prévisions. Voilà ce que produit le marché à découvert. Voilà ce qui fait que la paix de Villafranca, comme la révolution de février 1848, a été la cause de ruines et de désastres. Et au milieu de ces désastres, les intérêts de tous, ceux des mineurs, ceux des femmes, ceux du Trésor peuvent être engloutis.

Or, je le demande à vos consciences. Concevez-vous, je ne dis pas seulement d'après le texte et l'esprit de la loi, mais d'après le simple bon sens, le même officier public, *dépositaire forcé* de tous ces capitaux, gardien de tous ces intérêts sacrés qu'il ne peut compromettre *sans un crime* (art. 89 du Code de commerce), devenant tout à la fois le *garant*, sans cesse exposé, d'opérations aléatoires que l'erreur même de bonne foi sur la solvabilité d'un client peut changer en désastres! l'officier public, en un mot, pouvant risquer de perdre ce que la loi oblige à lui confier!

Est-ce là ce qu'a entendu le législateur? Est-ce ce que veut la raison?

Si l'intérêt public exige le développement du crédit, n'exige-t-il donc pas aussi impérieusement la sécurité de ces intérêts universels que la loi remet exclusivement aux agents de change? Et ne comprend-on pas que si la loi a dû interdire aux notaires de se faire banquiers, elle a dû défendre non moins justement aux agents de change, ces *notaires du commerce*, le rôle dangereux du commissionnaire?

De tout cela il résulte pour nous un argument décisif et qui sera la justification du pourvoi en quelques mots.

On reconnaît avec nous que le marché à terme est infiniment plus péril-

leux que le marché au comptant, qu'il exige de plus grandes garanties. Or,
je fais cette observation toute simple, à laquelle je ne vois pas de réponse.
Pour les marchés au comptant qui n'impliquent pour ainsi dire pas de
dangers, la loi n'a pas cru devoir prendre des précautions trop minutieuses ;
elle a exigé le dépôt préalable, la consommation dans le jour ; les agents de
change ont accepté ces règlements, ils donnent à leurs clients ces garanties.
Et il serait possible qu'à côté de ces opérations exclusivement réservées aux
agents de change, des précautions n'eussent pas été prises pour l'exécution
des marchés à terme infiniment plus périlleux que les marchés au comptant,
pour des opérations qui, dans certains cas, ne sont pas même cotées ! Cela
n'est pas possible. M. le conseiller rapporteur vous disait lui-même que la
précaution de la couverture était bien souvent insuffisante. Cela est vrai, et
nous ne croyons pas qu'il y ait d'argument plus saisissant pour vous faire apprécier la force de la première partie du moyen qui vous est soumis.

Donc, quand les agents de change triomphent, et disent : « Si notre ministère est nécessaire pour les marchés au comptant, à plus forte raison l'est-il
pour les marchés à terme, » je retourne l'argument, et je réponds : Si les
marchés au comptant n'ont été confiés aux agents qu'à certaines conditions
rigoureuses pour la sécurité des fortunes, à savoir, le dépôt préalable et la
réalisation dans le jour, il était bien plus nécessaire de soumettre à des conditions protectrices des marchés plus dangereux. Or, ces conditions n'existent
pas ; vous déclarez vous-mêmes que les marchés à terme sont affranchis de
ces conditions exigées pour les marchés au comptant. J'en conclus que ces
marchés vous sont refusés, car ils ne peuvent pas vous avoir été accordés sans
garanties légales.

Nous en avons fini sur ce point que les agents de change étaient irrecevables
contre nous, parce que nous avons fait des opérations qui ne leur appartenaient pas. Nous croyons que rien ne manque à notre démonstration ; elle est
fondée sur des arguments concluants, péremptoires.

Il s'agit maintenant, et c'est la seconde partie de notre discussion, *de la
qualité* dans laquelle les opérations sont faites. Les coulissiers disent à leurs
adversaires. *En droit*, les agents de change sont *courtiers* et ne peuvent agir
que comme courtiers. *En fait*, nous sommes *commissionnaires*, et nous
n'avons agi que comme tels. Dès lors vous êtes non recevables, en vertu du
droit commun, à nous poursuivre.

Si ce système est vrai, pas un mot de l'arrêt ne reste debout. En effet, la
loi distingue à l'égard des mêmes objets de commerce deux classes d'intermédiaires : les courtiers privilégiés et les commissionnaires. Le privilége des
premiers n'exclut pas l'industrie des seconds. Donc si nous avons agi en commissionnaires, nous n'avons pas porté atteinte à votre privilége de courtiers.
Vous concédez que les particuliers peuvent librement négocier entre eux et
directement les effets publics. Or le commissionnaire se confond avec son
mandant. Nul ne peut savoir s'il traite pour lui ou pour autrui. Aussi le
privilége des courtiers n'a jamais fait obstacle à la liberté des commissionnaires.

Ce système a été présenté à la Cour impériale ; vous connaissez les conclusions plusieurs fois rappelées au débat, dans lesquelles on dit : Les coulissiers

agissaient sur des opérations devant se régler par des différences et *engageant leur responsabilité,* c'est-à-dire faites par eux en qualité de commissionnaires. L'arrêt se borne à dire qu'ils ont agi comme intermédiaires; ce n'est pas répondre, puisque les commissionnaires et les courtiers sont également des intermédiaires. L'arrêt ne discute donc pas notre système ; mais le mémoire en défense le relève et soutient avec énergie que les agents de change cumulent la double qualité de courtiers et de commissionnaires. Ils nous disent : Nous ne contestons pas que vous ayez agi comme commissionnaires ; mais peu nous importe : vous n'en avez pas moins porté atteinte à notre droit, puisque nous sommes nous-mêmes commissionnaires. Et ils invoquent l'autorité d'un auteur dont nous avons déjà signalé les bizarres doctrines, de M. Mollot, qui distingue les commissionnaires des courtiers en ce que ces derniers traiteraient entre présents et les premiers entre absents, qui supprime le dépôt préalable, qui admet la garantie des agents de change, en un mot qui soutient tout ce que repoussent la loi et la jurisprudence.

Ici la controverse s'établit nettement sur une question de principe du plus haut intérêt. La différence qui existe entre les courtiers et les commissionnaires, et qui est parfaitement applicable à la matière, va immédiatement justifier notre thèse. Un arrêt au rapport de M. le conseiller Foucher a résumé la doctrine sur la distinction des courtiers et des commissionnaires.

« Le courtier, dit cet arrêt du 24 juillet 1852, est un officier public privilégié, dont les fonctions consistent à mettre en rapport les vendeurs et les acheteurs, préparer, faire et constater tous les actes tendants à la consommation du marché, sans pouvoir y prendre un intérêt personnel, ni rien recevoir ou payer pour le compte des contractants, *ni se rendre garant de l'exécution des marchés* dans lesquels ils interviennent. Ces fonctions ainsi déterminées, le mandat public que les courtiers tiennent de la loi est essentiellement distinct des contrats de commission et de mandat privé, puisque le commissionnaire commercial proprement dit est l'intermédiaire qui conclut en son propre nom, s'oblige seul, peut seul être actionné ou actionner, et qui est tenu envers son commettant. »

Les courtiers ont donc cela de commun avec les commissionnaires, que les uns et les autres sont des intermédiaires. Ils ont cela de différent, que l'un s'entremet sans s'engager lui-même, et que l'autre s'entremet à ses risques et périls sous sa garantie personnelle. L'individu qui prend ce dernier rôle est libre de contracter, soit pour son compte, soit pour le compte d'un commettant auquel il demande un salaire. Il n'y a courtage illicite que s'il rapproche les parties sans s'engager.

Ces principes sont applicables à tous les objets de commerce, qui peuvent être librement achetés ou vendus par tous ceux qui traitent ou s'engagent personnellement. Il n'y a privilége et exception que pour celui qui traite sans s'engager lui-même.

*Théoriquement,* ces principes s'appliquent aux valeurs de Bourse.

*En fait,* les coulissiers se sont prévalus de la qualité de commissionnaires en valeurs de Bourse, puisqu'ils n'ont fait que des opérations impliquant leur garantie personnelle. Ils ont répondu : Nous sommes des banquiers.

On a dit que les agents de change avaient la double qualité de courtiers et de commissionnaires. Nous nous élevons énergiquement contre cette doctrine ; nous la croyons contraire à la loi et à la jurisprudence, et nous en ferons voir les conséquences aussi désastreuses qu'illégales.

*En droit*, les agents de change sont exclusivement des courtiers, nullement des commissionnaires. Il suffit, pour le démontrer, de se rappeler leur origine. Avant le XVII° siècle, ils étaient qualifiés partout courtiers de change. La loi organique du 28 ventôse an IX, comprend à la fois dans le titre II les agents de change et les courtiers. Le Code de commerce fait la même chose dans le titre V, § 2. L'article 74 les réunit encore dans la même qualification. L'article 78 leur confère au même chef les mêmes attributions pour un objet spécial. Le titre VI traite des commissionnaires séparément sans corrélation de l'un à l'autre titre. On ne trouverait pas dans le titre V un seul renvoi des fonctions de commissionnaire à celles de courtier. Ce sont des attributions qui ne rentrent nullement les unes dans les autres. D'ailleurs les articles 85, 86 et 89 arrivent précisément à prohiber à l'égard des agents de change ce qui constitue les opérations du commissionnaire. Ils défendent aux agents de change de faire des opérations pour leur compte, d'être garants, de payer pour leurs commettants, de s'intéresser aux opérations dans lesquelles ils s'entremettent. Au contraire, les commissionnaires sont tenus, sous peine de manquer à leur devoir, de faire les opérations en leur nom propre, sous leur responsabilité, en engageant leur garantie d'une manière complète et absolue. Les commissionnaires se rendant garants peuvent de très bonne foi faire des pertes qui les exposent à la faillite ; les courtiers ne le peuvent jamais, puisque, ne pouvant pas être garants, ils ne peuvent pas être exposés aux pertes de leurs clients. La banqueroute forcée de l'agent de change garant serait une injustice cruelle : aussi la loi n'a-t-elle pas voulu qu'il fût garant. Donc il n'est pas commissionnaire.

Or, voici l'objection qui se trouve dans le mémoire des agents de change, et qui a été reproduite par M. le conseiller rapporteur.

On dit : « Les agents de change ne doivent pas faire connaître leurs commettants, et, d'un autre côté, ils sont responsables de l'exécution du marché et de la livraison des valeurs, d'après l'arrêté du 27 prairial an X. Or, puisque, d'une part, ils ne doivent pas mettre les parties en présence, et que, d'autre part, ils sont responsables de l'exécution des opérations, ils sont forcément garants de ces opérations ; en d'autres termes, ils sont commissionnaires. » La réponse est facile.

L'article 86 est formel et clair ; il dit que les agents de change ne peuvent pas être garants des opérations dans lesquelles ils s'entremettent. Nous ne nions pas, d'un autre côté, que les agents de change ne peuvent pas faire connaître leurs commettants. Comment concilier ces deux dispositions ? Comment s'expliquer que, ne pouvant pas mettre les parties en présence, que n'étant pas garants, que n'étant pas commissionnaires, ils sont cependant responsables, aux yeux de la loi, de l'exécution du marché ?

La difficulté est apparente, elle n'est pas réelle, et une disposition spéciale concilie des principes qui semblent contradictoires. C'est la disposition de l'arrêté de l'an X qui exige la *remise préalable des valeurs*. S'il est certain que les agents de change ne peuvent pas nommer leurs commettants, si cependant ils ne peuvent pas se rendre garants, c'est qu'ils sont tenus à autre chose, à savoir : se faire remettre les titres ou les valeurs réciproquement, de part et d'autre, avant l'opération ; ce qui assure l'exécution du marché sans engager *la garantie* personnelle des agents. En effet, on comprend et l'on s'explique de deux manières comment le courtier peut répondre de l'exécution de l'opération qu'il a fait contracter, sans se rendre lui-même garant ; et ces deux manières, les voici : c'est de mettre en présence ou les parties qu'il veut rapprocher, ou les objets mêmes du contrat. Si l'on met les parties en présence, le courtier s'effacera derrière elles ; il se bornera à les mettre face à face, et le contrat s'exécutera entre elles. Si, au contraire, il met en présence, comme la loi l'exige pour les agents de change, les objets du contrat, les deux agents arriveront l'un et l'autre, l'un ayant en main les valeurs, l'autre la somme, et le contrat se réalisera, sinon personnellement, du moins réellement. Les deux objets du contrat sont en présence, le courtier ou l'agent de change s'efface ; le contrat n'en est pas moins conclu.

L'agent de change couvre les personnes, c'est vrai, mais il découvre les valeurs. En couvrant les unes et en découvrant les autres, conformément à la loi qui l'exige, il arrive au même résultat que s'il rapprochait et découvrait les personnes. Il rend assurée la conclusion du marché, aussi bien que s'il était garant.

En d'autres termes : d'une part, il y a un intérêt de premier ordre à ne pas permettre aux agents de change courtiers de faire ce que font les courtiers ordinaires, c'est-à-dire de nommer les parties et de les livrer l'une à l'autre ; d'autre part, les agents de change ne sont pas garants, parce que, officiers publics, ils doivent conserver la dignité de leur caractère. Mais alors, qu'est-ce que leur a dit la loi ? Vous serez nantis d'avance, vous aurez vos valeurs ou vous aurez votre agent, et vous vous retirerez au moment de la conclusion de l'opération, comme doit toujours faire le courtier qui n'agit que jusqu'à ce que le contrat soit noué par sa réalisation. L'agent se retire, laissant l'argent d'une main et prenant la valeur de l'autre. Le contrat est irrésistiblement accompli. L'agent ne peut être déclaré responsable que s'il a manqué à son devoir d'une manière formelle, s'il ne s'est pas fait remettre l'argent ou les valeurs. Il est justement puni alors d'avoir omis le préliminaire qui l'affranchissait de toute garantie ; il est puni de sa *désobéissance à la loi*. Voilà le sens de la législation, la vérité simple et claire, nettement précisée par l'arrêt Sévelinge.

Assurément, il est superflu d'insister ; mais il est de votre haute sagesse d'éclaircir par votre arrêt ces difficultés, et de poser définitivement les principes, compromis par la témérité de certains auteurs.

Ainsi, il est établi que l'agent de change n'est nullement commissionnaire, qu'il n'a nullement besoin d'engager sa garantie, ni de rapprocher les personnes ; que le marché reste parfaitement lié par le rapprochement des deux objets, et que s'il lui arrive de se rendre personnellement responsable, c'est par une faute, c'est parce qu'il a encouru la juste peine de sa désobéissance. Il ne peut jamais être garant ; si quelquefois il devient responsable, c'est une peine, ce n'est pas une condition de l'exercice de sa profession. Vous relirez l'arrêt Sévelinge, messieurs, et vous verrez qu'il réfute de la manière la plus péremptoire la doctrine qu'on voudrait faire prévaloir, que l'agent de change est commissionnaire en même temps que courtier.

Il existe un ancien arrêt du 23 août 1823 qu'on nous oppose, mais la doctrine qu'il consacre est abandonnée. Nous la trouvons implicitement écartée par un autre arrêt signalé par M. le conseiller rapporteur, quoiqu'il ne l'ait pas lu. Cet arrêt, en date du 16 novembre 1852 (Dall., 52, 1. 321), porte que l'agent de change peut devenir commissionnaire lorsqu'*en dehors de ses fonctions*, il souscrit pour ses clients des actions de chemin de fer. L'agent de change intéressé dans cette affaire disait : « Je suis courtier; comme courtier je ne m'engage pas pour mes clients, je ne puis pas être responsable de la souscription des actions. » On lui répondit : « Vous êtes en dehors de vos fonctions. Vous vous êtes constitué commissionnaire; c'était une qualité en dehors de celle d'officier public que vous avez prise librement et dont vous devez subir les conséquences. » Tel est le système adopté par la Cour de cassation, qui a précisément distingué comme exclusives l'une de l'autre la qualité d'officier public et celle de commissionnaire.

Cet arrêt est donc en opposition formelle avec la doctrine par laquelle la qualité de commissionnaire est attribuée à l'agent de change qui, comme officier public, doit se renfermer dans ses fonctions de courtier.

Nous croyons avoir établi de la manière la plus formelle que l'agent de change, resté dans le cercle de ses fonctions, conserve la qualité de courtier que la loi lui a donnée, et qu'il ne saurait prendre la qualité de commissionnaire que lorsqu'il sort de ses fonctions. C'est l'arrêt de 1852 qui le dit. Mais s'il sort de ses fonctions, s'il descend dans le droit commun, si de courtier qu'il était, il veut se faire commissionnaire, alors il ne peut plus se plaindre des effets d'une profession qu'il usurpe ; et s'il rencontre un rival, il n'a plus le droit de lui reprocher de s'être immiscé dans ses fonctions.

La loi qui a donné à l'agent de change la qualité de courtier, lui a partout refusé la qualité de commissionnaire. Qu'il demeure donc courtier, et vous allez voir l'utilité de notre doctrine. Toutes les fois que, devant rapprocher préalablement les objets de contrat, il aura manqué de le faire, rien ne sera plus facile que de le convaincre de prévarication. Mais s'il peut faire des opérations à découvert en se rendant commissionnaire, est-ce qu'il est possible de savoir s'il agit pour son propre compte ou pour le compte d'autrui ? Est-ce qu'il ne se trouve pas dans une situation fausse qui prête à tous les abus, parce qu'il n'y a pas de contrôle possible? Aussi, qu'est-il arrivé? Des scandales, des procès douloureux comme celui dont nous avons parlé et dont on ne saurait trop méditer les enseignements. On a vu un agent de change qui, croyant pouvoir se faire commissionnaire, avait ouvert ce fameux *compte Saint-Prix* pour les opérations personnelles auxquelles il se livrait.

Ce procès nous a montré encore une des conséquences les plus effrayantes de cette qualité de commissionnaire que revendiquent les agents de change. Un homme dont l'honorabilité est au-dessus de toute espèce d'attaque, et dont par conséquent nous devons parler avec les plus grands égards, un homme de la plus entière bonne foi, mais égaré par la funeste doctrine de M. Mollot, le syndic des agents de change, est venu dire à la justice : « Chargé par le Trésor public de faire une négociation, je l'ai annoncée faite un jour où elle ne l'était pas, je ne l'ai réalisée que le lendemain. » Pourquoi? C'est parce qu'il se croyait commissionnaire garant, et qu'en offrant sa garantie, il pensait se dégager suffisamment. Assurément il n'aurait jamais rien fait de semblable, s'il se fût cru courtier seulement, car, dans ce cas, il eût commis un faux.

Eh! messieurs, si ce lendemain où le syndic a effectué la vente prise la veille à son compte avec une perte légère, si ce lendemain eût été le 24 février, si la Bourse eût été fermée, si une baisse de 25 p. 100 sur les effets publics eût entraîné une perte que l'agent n'aurait pas pu couvrir, que serait-il arrivé? Que serait-il devenu cet homme honorable qui se croyait en sûreté en faisant cette opération comme commissionnaire!

Voilà où mène la théorie de l'agent de change garant, de l'agent de change commissionnaire.

Rendez donc, messieurs, rendez de tels abus impossibles; rendez ces opérations fatales impraticables aux agents de change, et ils vous devront le plus grand service qu'ils puissent attendre de la justice. Et nous vous disons, au nom des femmes mariées, au nom des enfants mineurs, au nom du Trésor dont la fortune serait si souvent exposée, que la qualité de commissionnaire n'appartient pas aux agents de change, et qu'il y aurait le plus grand péril, pour la société comme pour eux, à la leur laisser usurper, même pour les affaires au comptant.

Les banquiers, qui sont commissionnaires, font tous les jours dans leur cabinet des opérations de commission sur les fonds publics, sans que les agents de change aient pu y trouver à redire, du moment que pour les transferts on vient s'adresser à eux. Mais les banquiers ont dans leur caisse leurs valeurs et celles de leurs clients. Dès qu'ils font une affaire à leur compte, est-ce qu'on vient leur demander si les valeurs qu'ils transmettent sont à eux ou à leurs clients? Cela n'est pas possible vis-à-vis du commissionnaire, et cela n'a pas d'intérêt, puisque tout ce qu'il fait, c'est le commettant qui le fait, et que légalement l'un et l'autre se confondent.

Voilà la pratique, elle a son enseignement: car enfin on a tant parlé des faits et de leur empire, que nous pouvons bien nous-mêmes invoquer la puissance des faits.

Mais les agents s'écrient : « Quand même nous ne pourrions pas être commissionnaires, vous ne pourriez pas l'être davantage. La loi n'admet pas d'autres intermédiaires que nous. Elle vous interdit donc implicitement la commission en effets publics. »

Ceci est une question, elle sera examinée plus tard. S'il y a un délit particulier, on pourra le punir, mais ce ne sera pas sur la plainte des agents de change; auxquels on n'emprunte rien au monde, et le moyen qui leur est opposé n'en sera pas moins justifié.

Si maintenant vous rapprochez les deux branches, isolément établies, de notre moyen, vous verrez combien notre argumentation est puissante, combien elle apparaît invincible. Nous croyons avoir démontré avec la clarté de l'évidence, que les opérations à découvert n'appartiennent pas aux agents de change. Nous avons démontré de plus que nous opérons, nous, en qualité de commissionnaires, nous distinguant essentiellement des courtiers en ce que les courtiers ne sont pas garants des opérations qu'ils font, et que nous, commissionnaires, nous sommes garants de celles que nous faisons. N'en résulte-t-il pas irrésistiblement que les agents de change n'ont ni à revendiquer des opérations qu'ils n'ont pas le droit de faire, ni à se plaindre de ce que nous aurions pris leur qualité, puisque nous nous présentons avec une qualité différente?

Cette démonstration faite, nous allons, très rapidement et pour conclure, reprendre les trois considérants de l'arrêt. Vous verrez qu'il n'en reste rien, au point de vue de l'action civile :

« Considérant que de l'instruction et des débats, aussi bien que de l'aveu même des prévenus à l'audience, il résulte que ces derniers ont, depuis moins de trois ans, agi comme intermédiaires... »

Comme *intermédiaires*, nous ne le nions pas; mais il y a deux sortes d'intermédiaires, et notre qualité est celle de commissionnaires et non de courtiers. Ce motif ne justifie donc pas l'action civile, puisque nous n'avons pas agi en la qualité des agents de change.

« ... Moyennant une commission ou un courtage entre vendeurs et acheteurs d'effets publics et de valeurs susceptibles d'être cotées; qu'ils ont constaté et proclamé des cours à la bourse et en dehors de la Bourse ; que ces faits constituent l'immixtion dans les fonctions réservées aux agents de change. »

A cela je réponds d'abord : Si vous ne pouvez vous plaindre que nous fassions des opérations à terme, vous ne le pouvez que nous les constations. Tous nos raisonnements, concernant les marchés à terme eux-mêmes, s'appliquent à la manière de conclure ces marchés.

Je dis en second lieu : Nous avons fait tout cela comme commissionnaires et tout cela peut se faire par des commissionnaires ordinaires à côté des courtiers.

Si c'est comme commissionnaires que nous avons fait ces choses, est-ce que nous en sommes responsables vis-à-vis des agents de change? Nous avons constaté des cours! Mais est-ce que les commissionnaires ne constatent pas des cours pour les marchandises qu'ils vendent ou achètent? Qu'importe donc que nous ayons constaté des cours, puisque nous donnons notre garantie à titre de commissionnaires !

Transportez-vous à une halle de marchandises quelconque : à côté des courtiers il y a des commissionnaires qui sont admis à opérer, qui font des marchés entre eux, et qui les annoncent entre eux. Voilà ce qui se passe tous les jours, et parce qu'à côté de nous se trouvent des courtiers privilégiés, on en conclut qu'il y a eu de notre part immixtion dans leurs opérations. Cette conclusion est insoutenable.

Poursuivons l'examen de l'arrêt.

« Considérant que vainement les prévenus allèguent s'être bornés à des spéculations à terme qui, d'après eux, seraient interdites aux agents de change, circonstance exclusive de l'infraction qui leur est imputée; qu'en effet, la loi ne distingue pas dans le privilége concédé aux agents de change entre les opérations à terme et les opérations au comptant ; que dès lors toute négociation d'effets publics cotés ou susceptibles d'être cotés, soit au comptant, soit à terme, lorsqu'elle est sérieuse et doit être suivie d'une livraison réelle, appartient exclusivement aux agents de change sous la garantie des conditions fixées par la loi. »

Ce deuxième considérant de l'arrêt dit que la loi ne distingue pas, dans le privilége concédé aux agents de change, entre les opérations à terme et les opérations au comptant, et que les agents de change ont le droit de faire toutes les opérations sérieuses qui peuvent être suivies d'une livraison réelle.

Eh bien, nous avons démontré que c'était là une violation de la loi ; que deux sortes d'opérations seulement étaient prévues par les textes : celles où l'agent de change a les mains garnies et celles où il n'a pas les mains garnies, et que ces dernières lui étaient interdites. L'agent de change doit avoir en caisse l'argent nécessaire à l'opération, et non se régler sur la fortune apparente de son client. Nous avons montré jusqu'à la dernière évidence que cette appréciation n'est pas permise par la loi, attendu qu'elle est pleine d'écueils et de périls. L'arrêt est donc entaché, sous ce rapport, d'une *erreur de droit* qui le ruine tout entier.

Enfin le dernier motif de l'arrêt est ainsi conçu :

« Considérant que, si, pour la livraison réelle des titres dans certaines opérations à terme, les prévenus déclarent avoir eu recours à l'intervention des agents de change, il est constant et ils reconnaissent que la négociation préalable de ces marchés était suivie par eux et moyennant une commission. »

Voilà un considérant sur lequel, dans le Mémoire, on a cru devoir s'appuyer beaucoup. Il est, en effet, de jurisprudence que quand on prépare une opération, même sans la consommer, on empiète sur les fonctions des agents de change courtiers. C'est vrai, mais dans quel cas ? C'est lorsqu'on a agi sans s'engager soi-même, quand on a rapproché les parties sans garantir l'opération. Mais, quand ce sont des commissionnaires qui ont préparé l'opération entre eux, quand ce sont deux banquiers qui se sont entre eux transmis la propriété des effets, est-ce qu'ils se sont immiscés dans les fonctions de l'agent de change auquel ils ont réservé le transfert ? Ils ont eu parfaitement le droit de ne réserver au courtier que le transfert pour une opération accomplie entre commissionnaires. Les coulissiers disent donc avec raison que c'est comme commissionnaires qu'ils ont préparé l'opération en s'en rendant garants, et qu'à ce point de vue, ils ne se sont pas immiscés dans les fonctions de l'agent de change.

Nous arrivons au terme de notre discussion, nous ne dirons plus qu'un mot pour préciser nettement les situations.

Nous sommes au temps où les questions sociales se posent, où les malentendus s'expliquent. Un malaise de plus en plus grand travaille le monde des affaires. La Bourse, en théorie ce libre rendez-vous des intérêts légitimes et universels, la Bourse est devenue un terrain suspect où l'on ne pose le pied qu'en tremblant, où chacun se dit qu'il y a une moralité spéciale, des consciences à part, des gains et des pertes sans nom.

La cause de ce mal, et il est grand, voulez-vous la savoir? C'est que la fonction publique qui doit être à la fois la sauvegarde et l'honneur de la Bourse, est sortie de sa voie et s'égare dans des routes inconnues; c'est que, sous prétexte d'échapper à des lois surannées, elle ne sait plus reconnaître ses droits ni ses devoirs.

Ce procès vous montre les agents voulants s'affranchir à la fois du dépôt préalable des valeurs et de la qualité de courtiers, pour agir avec la liberté, mais aussi avec tous les risques des commissionnaires garants, et ils trouvent des autorités pour seconder leur entreprise! Mais vous, messieurs, au sommet de l'ordre judiciaire, appuyés sur la loi qui vous soutient toujours, car vous ne la faites jamais fléchir, vous résistez à ces prétentions aussi dangereuses qu'illégales. La chambre des requêtes, dans son mémorable arrêt du 13 juillet dernier, a commencé l'œuvre de résistance et de salut. Vous l'achèverez avec énergie, et vous ne déclinerez pas la grande mission que cette affaire vous donne à remplir.

Messieurs, au nom de tant d'intérêts compromis, au nom du crédit public lui-même qui s'abaisse, car il n'est pas au niveau des grandeurs de la France, on demande partout la réforme de la Bourse. Je le dis avec conviction, aucune réforme n'est possible tant que vous n'aurez pas posé les principes, tant que vous n'aurez pas rappelé la profession des agents de change aux règles essentielles qu'elle oublie, tant que votre jurisprudence n'aura pas rendu impossibles des règlements tels que celui où les officiers publics qui avaient reçu le beau nom de notaires du commerce, s'attribuent comme un privilége le déplorable jeu des petites primes! Aucune réforme n'est possible, tant que vous n'aurez pas proclamé du haut de votre autorité suprême, que jamais, devant la justice de notre France, les faits ne sont plus forts que le droit!

Les avertissements se multiplient : notre procès en est un nouveau; puisse-t-il être compris!

Que les agents de change ne se méprennent pas, au reste; nous ne sommes pas leurs ennemis.

Avant le procès, la coulisse était leur fortune; ils le savent aujourd'hui. Depuis le procès, elle les défend contre l'opinion, en leur rappelant leurs fonctions qu'ils méconnaissent, et l'arrêt qu'elle demande les sauvera peut-être d'une tempête qui gronde, en leur montrant le port loin duquel ils pourraient bien périr.

----

## PLAIDOIRIE DE M<sup>e</sup> FERDINAND HÉROLD.

Messieurs,

La plaidoirie développée que vous venez d'entendre me fait un devoir de restreindre autant que possible les observations que j'ai à présenter à la Cour. Mon confrère a, d'ailleurs, grandement facilité ma tâche.

On vient de vous parler de l'*action civile* ; j'ai à vous entretenir un instant de l'*action publique*.

Mon confrère a établi que l'action civile de la chambre syndicale des agents de change n'était pas recevable ; j'ai maintenant à rechercher si l'action publique est bien fondée. La question que je soumets à votre examen est donc celle de savoir *s'il y a délit* ; et, dans le cas de l'affirmative, *quel est ce délit ?*

Trois hypothèses sont possibles : la première est celle où existerait le délit d'immixtion dans les fonctions d'agent de change ; la seconde est celle où existerait un délit quelconque, mais non pas celui d'immixtion dans les fonctions d'agents de change ; enfin, la troisième est celle où il n'existerait pas du tout de délit.

Tout d'abord, nous devons écarter la première de ces trois hypothèses, celle du délit d'immixtion dans les fonctions d'agents de change. Nous devons l'écarter : car, contre l'action publique nous pouvons invoquer ici les mêmes arguments qu'on vient d'opposer à l'action civile. Comme le rappelait hier M. le conseiller rapporteur, là où l'action civile et l'action publique naissent du même fait, si l'action civile n'est pas fondée, il est évident que l'action publique ne l'est pas davantage. Je me borne donc, sur ce premier point, à m'en référer à la plaidoirie que vous avez entendue ; et je constate que si notre premier moyen de cassation est justifié, le second l'est également.

Quant à la troisième hypothèse, celle où il n'y aurait pas de délit du tout, c'est l'hypothèse de la *liberté du marché*.

Liberté limitée, très limitée : car elle s'appliquerait seulement aux opérations non comprises dans le privilége des agents de change. Liberté non-seulement limitée, mais précaire : car elle ne pourrait s'exercer que sous le contrôle de l'administration et sauf le droit de police qui appartient à l'autorité.

Mais enfin liberté, quoique limitée et précaire.

Eh bien ! cette thèse de la liberté du marché, l'économie politique peut souhaiter qu'elle triomphe, et l'avenir peut-être lui réserve le succès. Ajoutons que, dans le passé, une pratique presque constante, que mon confrère vous a rappelée, a admis cette liberté restreinte dans les limites que j'indiquais tout à l'heure. Mais, en droit, et sous l'empire de la législation actuelle, devons-nous revendiquer cette liberté devant vous ? Je ne le pense pas. Et pourquoi ? C'est que toute la législation dont les monuments ont, hier et aujourd'hui, passé sous les yeux de la Cour, toute cette législation ancienne et nouvelle est une législation d'entraves, de prohibitions, de restrictions. Il serait bien étonnant qu'elle eût laissé subsister la liberté quelque part, même une liberté limitée et précaire ; et l'examen des textes va confirmer cette impression.

Il nous reste donc la deuxième de nos trois hypothèses, l'hypothèse intermédiaire. Il y a un délit, mais ce n'est pas le délit d'immixtion dans les fonctions d'agent de change ; c'est un délit plus largement défini, c'est celui *d'immixtion dans les négociations qui se font à la Bourse.* On comprend que ce délit est à celui d'immixtion dans les fonctions d'agent de change, ce que le genre est à l'espèce. Une négociation de bourse peut ne pas rentrer dans les fonctions d'agent de change ; faite sans qualité, échappera-t-elle alors à la répression ? Non, elle rentrera dans le délit d'immixtion dans les négociations de bourse.

Ce délit général, nous le trouvons dans les textes.

D'abord, dans l'arrêt du Conseil du 24 septembre 1724. Il nous faut lire deux articles de cet arrêt, l'article 12 et l'article 17.

L'article 12 est ainsi conçu :

« *Toutes les négociations* de lettres de change, billets au porteur ou à ordre, marchandises ou autres effets se feront à la Bourse de la manière et ainsi qu'il sera ci-après expliqué. Défend S. M. *à tous particuliers*, de quelque état et condition qu'ils soient, de faire aucune assemblée, et de tenir aucun bureau pour y traiter de *négociations* soit en maisons bourgeoises, hôtels garnis....., à peine de prison et de 6000 livres d'amende, etc. »

Ainsi, *toute négociation* est interdite *à tout particulier*. Voilà un délit bien général, bien largement défini.

Maintenant, il se peut que la négociation ait été attribuée par la loi aux agents de change. Alors, c'est l'art. 17 qui s'applique :

« S. M. permet à tous marchands, négociants, banquiers et autres qui seront admis à la Bourse, de négocier entre eux les lettres de change, billets au porteur ou à ordre, ainsi que les marchandises, sans l'entremise des agents de change, et à l'égard de tous les autres effets et papiers commerçables, pour en détruire les ventes simulées qui en ont causé jusqu'à présent le discrédit, ils ne pourront être négociés *que par l'entremise des agents de change de la manière et ainsi qu'il sera ci-après expliqué*, à peine de prison et de 6000 livres d'amende, etc. »

Ici, il ne s'agit plus, on le voit, que des opérations qui peuvent et doivent être faites par les agents de change. Si, par conséquent, une opération est interdite aux agents, celui qui l'aura faite sans être agent, ne tombera pas sous le coup de l'article ; mais il tombera sous le coup de l'art. 12.

Ainsi, deux délits distincts sont prévus et punis par cet arrêt de 1724.

Dans les deux cas, il est vrai, la même peine est édictée, la prison et 6 000 livres d'amende ; mais cela ne fait pas disparaître la distinction des deux délits. Cela lui enlève bien un intérêt tant que cette assimilation dans la peine subsiste : il ne servira à rien à un délinquant d'avoir écarté l'application de l'art. 17 s'il tombe sous le coup de l'art. 12. Mais supposons que plus tard, la pénalité cesse d'être la même dans les deux cas : aussitôt l'intérêt naîtra. Or, c'est ce qui va arriver, nous allons le voir.

En attendant, constatons l'existence de deux délits, l'un général, l'immixtion dans les négociations de bourse ; l'autre spécial, l'immixtion dans les fonctions d'agent de change.

Nous retrouvons ces deux délits dans l'arrêt du Conseil du 26 novembre 1781, article 12, qui porte :

« Fait S. M. défenses à toutes personnes autres que les agents de change, de s'immiscer dans les négociations d'effets royaux et papiers commerçables, *comme aussi* de prendre la qualité d'agent ou courtier de change, d'avoir et tenir à la Bourse aucuns carnets pour y inscrire le cours des effets, et de rester à la Bourse après le son de cloche qui en indique la sortie : à peine, *pour l'une ou l'autre de ces contraventions*, de nullité des négociations, de 3000 livres d'amende et, en cas de récidive, de punition corporelle. »

Comme aussi !... l'une ou l'autre de ces contraventions !... il y en a deux, c'est bien clair.

C'est, on le voit, le même système que celui de l'arrêt de 1724 : deux contraventions, une seule peine. Notons que l'amende de 6000 livres est réduite à 3000.

L'arrêt du conseil du 7 août 1785 a encore consacré la distinction dans ses articles 2 et 3. Je ne lis pas ces articles pour ne pas fatiguer la Cour. Ils ont de nouveau porté l'amende à 6000 livres et rétabli la prison dont l'arrêt de 1781 ne parlait plus.

Voilà l'ancienne législation. Elle distinguait les deux délits ; M. le conseiller rapporteur le reconnaissait hier, lorsqu'il se bornait à nous répondre que ces délits avaient été confondus par l'arrêté de prairial an **X**, dont nous parlerons tout à l'heure ; s'ils ont été confondus, c'est que jusque-là, ils avaient été distincts.

La législation nouvelle nous offre d'abord la loi du 28 ventôse an **IX**, article 8 :

« Il est défendu sous peine d'une amende (proportionnelle au cautionnement des agents de change ou courtiers) à tous individus autres que ceux nommés par le gouvernement *d'exercer les fonctions d'agents de change et courtiers.* »

Il est clair qu'il ne s'agit ici que de la contravention qui consiste à usurper les fonctions d'agent de change. Quant à l'immixtion dans les négociations de bourse en général, il n'en est plus question. Mais que résulte-t-il de là ? Que cette immixtion est permise quand il s'agit d'une négociation non comprise dans le privilége des agents ? En aucune façon, car les anciens arrêts n'ont pas été abrogés : ils restent en vigueur dans les parties où il n'y a pas eu d'innovations qui soient venues modifier leurs textes spéciaux.

En voulez-vous la preuve ? Elle se trouve dans un monument qui n'a pas l'importance d'un acte du pouvoir législatif, mais qui tout au moins peut être invoqué par nous comme un argument puissant, puisqu'il fait connaître la pensée de l'autorité administrative : c'est une ordonnance de police du 1er thermidor an **IX**, postérieure, par conséquent, de quelques mois, à la loi de ventôse. Nous lisons dans son art. 8 :

« Il est défendu sous les peines portées *par l'art. 13 de l'Arrêt du Conseil du 24 novembre 1781*, à toute personne autre que les agents de change et courtiers de commerce nommés par le gouvernement de *s'immiscer dans les opérations d'effets publics et de papiers de commerce*, et de s'entremettre dans les achats et ventes de marchandises, matières premières ou métalliques, soit dans l'intérieur, soit à l'extérieur de la Bourse. »

L'ordonnance considère donc le délit d'immixtion dans les négociations en général, alors même qu'elles ne rentrent pas dans les fonctions d'agents de change, comme existant toujours ; et elle le distingue du délit d'immixtion dans les fonctions : car, apparemment, elle n'a pas la prétention d'abroger la loi de ventôse. Remarquons, au surplus, qu'elle applique non la pénalité de l'arrêt de 1785, mais celle de l'arrêt de 1781.

Objectera-t-on que cette ordonnance n'a pas force de loi ? Que résultera-t-il de là ? C'est qu'elle aura été impuissante à rétablir la pénalité de 1781, et que nous serons toujours sous l'empire de l'arrêt de 1785, qui avait rétabli l'amende de 6000 livres. Mais l'argument tiré de l'ordonnance subsistera toujours, et les anciens arrêtés qui distinguent ces deux délits n'en seront pas moins en vigueur, puisque aucune loi ne les a abrogés.

J'arrive au dernier des textes que j'ai à mettre sous les yeux de la Cour, c'est l'arrêté des Consuls du 27 prairial an X, art. 4. C'est le texte qu'on opposait hier, et, d'après les observations de M. le conseiller rapporteur, c'est celui qui aurait confondu en un seul les deux délits jusqu'alors distincts. Le voici :

« Il est défendu sous les peines portées par les articles 13 de l'Arrêt du Conseil du 26 novembre 1781 et 8 de la loi du 28 ventôse an IX, à toutes personnes autres que celles nommées par le gouvernement, de s'immiscer en aucune façon quelconque et sous quelque prétexte que ce puisse être, dans les fonctions des agents de change et courtiers de commerce, soit dans l'intérieur, soit à l'extérieur de la Bourse. »

Vous le voyez, disait M. le conseiller rapporteur, les deux pénalités ne sont plus séparées ; par suite, les deux délits sont confondus.

Je proteste contre cette argumentation. L'article 4 rappelle *et applique* les deux pénalités de l'arrêt de 1781 et de la loi de ventôse an IX ; la première qui, dans l'ancienne législation, frappait l'immixtion dans les négociations en général ; la seconde qui est venue frapper plus sévèrement l'immixtion dans les fonctions d'agent de change. Eh bien ! si ce ne sont pas deux délits différents qu'on veut atteindre, à quoi bon ces deux pénalités ? Est-ce que la première ne devra pas disparaître, s'il ne s'agit que d'un seul délit ? A quoi bon cette juxtaposition, dans le même article, de deux peines dont la dernière peut seule être applicable ? Voilà ce que, dans le système de M. le rapporteur, on ne peut expliquer et ce que, moi, j'explique de la façon suivante :

On a rappelé les deux pénalités, parce que implicitement on s'est référé aux deux délits, quoiqu'on n'en ait nommé qu'un seul. Avec l'article tel qu'il est rédigé, supposons une poursuite pour faits d'immixtion dans les fonctions d'agent de change. Le prévenu oppose (comme dans notre affaire) qu'il n'a pas usurpé les fonctions d'agent de change, qu'il n'a fait que des opérations interdites aux agents (il y a de ces opérations, de l'aveu de tout le monde). Eh bien ! s'il n'y avait que la loi de ventôse, la poursuite devrait échouer :

mais restent les anciens arrêts et le prévenu sera condamné, mais aux peines de ces arrêts et non à celle de la loi de ventôse. Voilà ce que l'art. 4 de l'arrêté de prairial permet de faire et ce qu'il a sans doute voulu permettre.

Ainsi, je tire de cet article un argument tout contraire à celui de M. le rapporteur. L'article vient encore à l'appui de la distinction des deux délits.

Depuis l'arrêté de prairial, rien. Les deux délits distincts existent donc toujours.

Le système que je propose à la Cour me paraît avoir un grand avantage, outre le mérite de sa conformité à la loi, il donne satisfaction à toutes les exigences. Il permet de frapper les coulissiers sans mettre la justice dans la nécessité, pour arriver à ce résultat, d'attribuer aux agents de change le droit, le privilége de faire ces opérations qu'on a si bien caractérisées tout à l'heure à côté de moi !

D'ailleurs, les textes sont précis, et nous ne voyons pas comment ils pourraient être écartés.

En résumé, messieurs, voici l'état de notre législation :

Il est défendu à toute personne de faire, comme intermédiaire, des affaires de bourse et spécialement de s'immiscer dans les fonctions des agents de change. Si on fait l'une ou l'autre de ces choses, un délit existe. Seulement, dans le premier cas, il est réprimé par une amende de 3000 francs ou de 6000, selon que l'arrêt de 1785 ou celui de 1781 est en vigueur. Dans le second cas, c'est-à-dire si le fait constitue l'usurpation des fonctions des agents de change, c'est l'amende proportionnelle, beaucoup plus sévère, qui est encourue.

Or, dans l'espèce du pourvoi, s'il est vrai que les opérations à terme, à découvert, ne rentrent pas dans le monopole des agents de change, c'étaient les anciens arrêts qui, seuls, étaient applicables aux coulissiers. C'est cependant la loi de ventôse qui leur a été appliquée. En cela la loi a été violée : notre troisième moyen de cassation est justifié.

Quant au quatrième moyen, nous avons cru devoir le présenter comme soulevant une question délicate, mais ce serait abuser des moments de la Cour que de ne pas nous en rapporter sur ce point au Mémoire que nous avons fait distribuer.

---

## PLAIDOIRIE DE Mᵉ DELABORDE.

**Messieurs,**

Toute question d'atteinte portée aux prérogatives d'une classe d'officiers publics est déjà, à elle seule, digne d'exciter la sollicitude de l'autorité judiciaire ; mais, quand à la lésion des droits de ces mêmes officiers publics se joint la mise en jeu d'intérêts généraux, dans la combinaison desquels leur intérêt personnel vient s'absorber ; quand il s'agit, en d'autres termes, du crédit de l'État, du crédit commercial et industriel, de la libre expansion et de la sincérité de transactions relatives à l'une des principales branches de la fortune publique, en un mot, d'une masse énorme d'opérations affectant des intérêts sociaux de premier ordre, en même temps que de nombreux intérêts privés, la question s'agrandit, ses bases s'élargissent ; et, loin de demeurer circonscrite dans les bornes étroites d'une question de corporation et de privilége, elle se produit au sein d'une sphère supérieure, et acquiert, aux yeux du juge, d'immenses proportions.

Or, telle est la question complexe qui se pose aujourd'hui devant la Cour suprême. Elle relève de deux ordres distincts d'idées et de principes, que d'étroites affinités rattachent l'un à l'autre. Comme question primordiale, elle revêt au plus haut degré le caractère de question d'intérêt public ; comme question secondaire, elle offre l'aspect d'une grave question d'attributions professionnelles.

Qu'il me soit permis, messieurs, avant d'entrer dans l'examen de cette question, d'exprimer l'étonnement que me cause l'attitude qu'ont prise devant vous les demandeurs en cassation.

Ils s'érigent en défenseurs de la liberté commerciale, de l'administration supérieure, de la morale publique, et même des intérêts ainsi que de l'honneur des agents de change : singuliers défenseurs, en vérité ! qui n'aspirent à la liberté que pour eux-mêmes ; qui s'efforcent d'établir entre leurs actes et ceux de l'administration une solidarité dérisoire que celle-ci est loin d'accepter ; qui font retentir bien haut les mots de morale publique, alors que les enseignements et la pratique de cette même morale procèdent d'un tout autre ordre d'idées et de faits que de celui dans les limites restreintes duquel s'agite la coulisse ; qui, enfin, prétendent sauvegarder les intérêts et l'honneur des agents de change en dirigeant contre eux, tantôt de captieuses et malveillantes insinuations, tantôt d'injustes et violentes accusations ! !

Cette attitude des coulissiers est jugée d'avance : elle porte en elle-même sa propre condamnation.

Non, les coulissiers n'avaient pas le droit d'importer dans le débat actuel, comme ils ont cependant osé le faire, les éléments d'un procès auquel la chambre syndicale et la compagnie des agents de change étaient demeurées totalement étrangères, et qui, dans une autre enceinte que celle-ci, s'est terminé, il y a quelques jours, par un verdict déclarant la non-culpabilité de l'officier public poursuivi. Non, les coulissiers n'avaient pas le droit de venir, sous l'influence de je ne sais quelle aberration d'idées, et en foulant aux pieds les plus simples convenances judiciaires, prendre à partie devant vous, messieurs, à l'occasion de ce même procès, un homme que son caractère personnel et sa haute position recommandent à si juste titre à l'estime de tous, en un mot, l'honorable syndic de la compagnie des agents de change de Paris.

Que les coulissiers sachent donc qu'une cause se justifie, non par de téméraires accusations, mais par la valeur morale et légale des éléments sur lesquels elle repose.

Ces éléments se rencontrent-ils dans la cause des coulissiers ? C'est ce qu'il s'agit d'examiner.

Certaines notions préliminaires doivent être exposées ici, pour servir à déterminer le milieu juridique dans lequel ne tardera pas à venir se placer la véritable question du procès. C'est assez dire qu'il est nécessaire d'apprécier, avant tout, comment se dessinent et se caractérisent les divers intérêts commerciaux, industriels, financiers et même politiques, qui, sous le double rapport de leur intime connexité et de leur importance, ont provoqué la création des agents de change; puis d'esquisser à grands traits les conditions constitutives de l'organisation, des devoirs et des prérogatives de ces intermédiaires officiels.

La fortune publique se compose de deux classes génériques de biens : d'immeubles et de meubles.

Pendant de longs siècles, dans l'antiquité et jusques dans les temps modernes, la richesse immobilière a été prépondérante, au point d'apparaître comme à peu près seule digne de fixer, quant à son maintien et à son développement, l'attention du législateur.

Trop longtemps méconnue dans son principe et ses effets, comprimée dans son essor, et réduite à de mesquines proportions, la richesse mobilière s'est peu à peu dégagée des entraves qui l'enserraient; et grâce à l'extension de l'industrie et du commerce, dont les progrès incessants secondaient sa force d'expansion, elle s'est enfin développée, de nos jours, dans de telles proportions, que, chez les nations civilisées, la richesse immobilière trouve en elle désormais une émule et non plus une subordonnée.

A ne parler que de la France, nous y voyons la fortune mobilière, de laquelle seule nous devons nous occuper ici, se composer de deux vastes classes de valeurs se rattachant, les unes, au crédit privé, les autres, au crédit public.

Au crédit privé se rattachent, en premier lieu, l'immense série des marchandises corporelles de tous genres, de toutes espèces, et, en second lieu, l'ensemble des marchandises incorporelles ou valeurs proprement dites, empreintes de commercialité, savoir : d'un côté, les papiers de commerce ou titres de créances, soit sur des particuliers, soit sur des sociétés, tels que lettres de change, billets à ordre, billets à domicile, mandats, lettres de grosse, polices d'assurance et autres valeurs négociables par endossement ou au porteur; et d'un autre côté, ici les actions ou titres représentatifs de parts de propriété dans les sociétés et compagnies commerciales ou industrielles, là, les obligations ou titres de créances contre ces mêmes sociétés et compagnies.

Au crédit public se rattachent d'une part, les reconnaissances de dettes souscrites par l'État ou effets dus par lui, tels que les rentes diverses 4 1/2, 4, et 3 pour 100, les rentes viagères, les bons du trésor; et d'autre part, les actions et obligations de certaines compagnies garanties par l'État, puis aussi certains effets qui ne peuvent être émis qu'avec son autorisation.

Dans la double sphère du crédit privé et du crédit public se meuvent, en France, indépendamment des valeurs françaises ci-dessus énumérées, des valeurs provenant de l'étranger et émanant soit de simples particuliers, soit de sociétés, soit de divers gouvernements, lesquelles se coordonnent, çà et là, dans les vastes proportions de la richesse mobilière possédée par des Français.

Toutes les marchandises corporelles et valeurs mobilières, dont je viens de parler, françaises ou étrangères, entraînées dans le torrent de la circulation, ont pour condition nécessaire d'être négociées, c'est-à-dire, achetées et revendues.

Plus elles abondent et alimentent incessamment la masse des transactions, plus se fait sentir la nécessité de lieux de réunion déterminés, de marchés, sur lesquels l'offre et la demande puissent régulièrement se trouver en présence, et dont l'établissement favorise le mouvement, la conclusion et la solidité des négociations entre les individus qui y affluent de toutes parts.

Ces lieux de réunion, ces marchés, sont les bourses de commerce, créées et surveillées par le gouvernement.

Sur ces marchés spéciaux règne dans sa plénitude, comme principe de droit commun, le principe fondamental de la liberté des transactions; et si certaines restrictions sont apposées à son exercice, c'est uniquement sous l'influence de considérations supérieures, déduites des légitimes exigences du crédit public et privé.

Et d'abord, ce principe s'applique dans toute son étendue, en matière de négociations ayant pour objet, soit les marchandises corporelles, soit les marchandises incorporelles ou valeurs empreintes de commercialité, qui toutes se circonscrivent dans la sphère du crédit privé.

Chacun est libre, à leur égard, de contracter personnellement, sans intermédiaire.

Écho fidèle des enseignements du droit naturel et de l'économie politique, la loi positive déclare formellement, en effet, sur ce point (arrêté du 27 prairial an **X**, art. 4) :

« Qu'il est permis à tous particuliers de négocier entre eux et par eux-mêmes les lettres de change ou billets à leur ordre ou au porteur, et tous les effets de commerce qu'ils garantiront par leur endossement, et de vendre aussi par eux-mêmes leurs marchandises. »

Mais quelqu'un sent-il que ses relations personnelles ne lui suffisent pas pour trouver le placement de ses marchandises et valeurs, ou pour se procurer, par voie d'achat, celles dont il a besoin, et force lui est-il, par cela même, de recourir à un intermédiaire capable d'aller de l'un à l'autre et de rapprocher l'offre de la demande : la loi veut alors qu'on ne puisse pas s'adresser à d'autres intermédiaires qu'à ceux dont elle a reconnu l'aptitude et la probité, et qu'elle a officiellement institués en les signalant à la confiance du public.

Ces intermédiaires légaux, en ce qui concerne, soit les négociations ayant pour objet les marchandises corporelles, soit les contrats d'assurance, d'affrètement et de transport par terre ou par eau, sont les courtiers en titre, courtiers de marchandises, courtiers d'assurance, courtiers interprètes et conducteurs de navires, courtiers de transport par terre ou par eau. (Code de commerce, articles 74, 75, **77** et suivants.)

Ainsi, pour toute négociation relative, tant aux marchandises corporelles qu'aux marchandises incorporelles ou valeurs commerciales, le principe de la liberté reste entier, le recours à un agent intermédiaire est purement facultatif ; mais, lorsque l'emploi d'un tel agent est jugé opportun, le seul auquel il soit permis de recourir est celui qui est investi d'une mission officielle.

La raison de cette restriction est simple et parfaitement légitime : la loi veut que les commerçants puissent, au point de vue complexe de la facilité et de la sincérité des négociations, ainsi que de l'authenticité des cours, trouver dans le ministère d'agents intermédiaires officiels, accrédités par l'État en connaissance de cause, les garanties solides qu'ils seraient exposés à ne pas rencontrer chez une foule d'individus qui, ne relevant que d'eux-mêmes, et sans consistance morale comme sans aptitude, réussiraient trop souvent à abuser de la confiance d'autrui.

De là, à titre de sanction des dispositions légales constitutives de l'institution des courtiers, l'économie des dispositions répressives du courtage illicite.

Nous venons de voir que le principe de la liberté commerciale régit toutes les négociations sur marchandises, soit corporelles, soit incorporelles, qui se rattachent au crédit privé, et que c'est uniquement à titre purement facultatif que se juxtapose à l'application de ce principe la mise en jeu du ministère des courtiers, alors qu'il s'agit, soit de négociations sur marchandises corporelles, soit de la formation de contrats d'assurance, d'affrètement ou de transport par terre ou par eau.

Constatons maintenant que c'est aussi à titre purement facultatif que se juxtapose à l'application du principe de la liberté commerciale l'emploi du ministère d'agents intermédiaires officiels autres que les courtiers, en matière de négociations dans lesquelles ceux-ci ne peuvent pas intervenir, c'est-à-dire en matière de négociations relatives à la généralité des valeurs commerciales ou marchandises incorporelles proprement dites.

En effet, la loi, en même temps qu'elle confère exclusivement (Code de commerce, art. 76) à une classe spéciale d'officiers publics, en d'autres termes, aux agents de change seuls, le droit « de faire, pour le compte d'autrui, les négociations des lettres de change ou billets et de tous papiers » commerçables, et d'en constater le cours, » permet néanmoins (arrêté de prairial an X, art. 4) « à tous particuliers, ainsi que nous l'avons déjà vu, » de négocier entre eux et par eux-mêmes les lettres de change ou billets à » leur ordre ou au porteur, et tous les effets de commerce qu'ils garantiront » par leur endossement, etc. »

Mais telles sont les bornes dans lesquelles se renferme le recours facultatif au ministère des agents de change.

Là, au contraire, où, sortant de la sphère du crédit privé, les négociations ont pour objet exclusif la classe générique de valeurs que caractérise la dénomination d'*effets publics*, et qui se compose tant des effets dus par l'État que de ceux ou qu'il a garantis, ou qui ne peuvent être créés et mis en circulation qu'avec son assentiment, le principe de la liberté, tout en étant alors maintenu dans son essence, trouve cependant dans son exercice une certaine limitation.

Sans doute chacun, à titre d'appréciateur souverain de ses intérêts personnels et de ses propres convenances, est parfaitement libre de traiter ou de ne pas traiter telle ou telle opération légale sur des effets publics ; mais nul n'est libre de conclure avec autrui directement et sans intermédiaire, une opération quelconque de ce genre, du moins quand il s'agit d'effets publics nominatifs. Le ministère des agents de change s'interpose aussitôt ici entre les parties intéressées comme obligatoire. (Loi du 28 ventose an IX, § 2, art. 7. — Arrêté de prairial an X, art. 4, 6, 7. — Code de commerce, art. 73, 76.)

Ainsi l'exigent des considérations d'un ordre supérieur.

Le législateur a presque toujours senti la nécessité d'entourer de garanties précises les transactions qui se rattachent aux mutations de propriété des effets publics, car ces mutations sont celles qui présentent le plus de chances de dol et de fraude, celles dans lesquelles peuvent le plus aisément se pratiquer les manœuvres destinées à tromper ceux qui achètent ou qui vendent, sur la valeur véritable de la chose qu'ils doivent acquérir ou céder. Pour mettre le public à l'abri de toutes surprises, pour protéger la faiblesse et l'ignorance contre les intrigues de ceux qui pouvaient les circonvenir, la législation, tant ancienne que moderne, a prescrit que toutes les transactions sur les effets publics auraient lieu dans un local et à des heures déterminés ; qu'elles se concluraient par le ministère d'officiers publics (les agents de change), et que les conditions de légitime concurrence et de publicité viendraient y servir de garantie à tous les intérêts.

En 1791, on s'avisa de penser qu'il en pouvait être autrement, et le législateur inaugura, quant à l'exercice de la profession d'agent de change, le régime d'une liberté indéfinie, dont les abus désastreux ont été signalés en ces termes par M. Regnault de Saint-Jean d'Angely, conseiller d'État et orateur du gouvernement, dans un discours prononcé devant le Corps législatif, le 29 ventose an IX, sur le projet de loi relatif à l'établissement des bourses de commerce :

« Que servirait d'appeler, de rassembler dans une même enceinte, les hommes destinés à contracter ensemble, si on ne leur préparait les moyens de traiter avec facilité, avec sécurité, avec bonne foi, si on ne leur montrait la garantie de leurs transactions, si on n'en assurait l'exécution ?

» L'institution des agents de change et courtiers, qui remonte à 1572, sous Charles IX, et qui a été successivement consacrée depuis, avait pour objet cette garantie, cette assurance ; ils ont été érigés plusieurs fois en titre d'office ; jamais ils n'ont existé sans commission ou autorisation spéciale du gouvernement. Jamais cette profession n'a été exercée indistinctement et librement avant 1791. On avait toujours jugé qu'il était de l'intérêt de la société de soumettre à des examens d'obliger à fournir un cautionnement, d'assujettir à une police vigilante, des hommes qui sont les agents des plus importantes transactions, de transactions qui atteignent, dans leurs résultats de tous les jours, la fortune publique, comme les fortunes particulières.

» Il est temps de remédier aux nombreux abus, je dirai plus, aux maux pressants qui ont été le résultat d'une liberté indéfinie.

» Toutes les bourses de commerce offrent le spectacle décourageant du mélange des hommes instruits et probes avec une foule d'agents de change ou de commerce qui n'ont pour vocation que le besoin, pour guide que l'avidité, pour instruction que la lecture des affiches, pour frein que la peur de la justice, pour ressource que la fuite et la banqueroute.

» . . . . . . Le crédit public et particulier est arrêté dans son essor, contrarié dans ses développements par la composition scandaleuse et effrayante de cette masse d'agents de la Bourse, qui, à Paris, sont au nombre de six cents et plus ; qui, à Paris, comme dans les départements, se rendent arbitres des cours en vendant et achetant ce qu'ils n'ont pas, peut-être ce que personne n'a, ce qu'ils savent ne pouvoir livrer, ce qu'ils savent bien plus sûrement ne pouvoir payer ; qui s'interposent entre le véritable vendeur, le véritable acheteur, qui gênent, embrassent, nuisent, étouffent les transactions de toute espèce.

» La bonification des fonds publics, comme l'activité, la facilité du commerce, tiennent à la direction des capitaux vers les effets publics, vers les opérations commerciales, vers l'escompte des engagements particuliers. Cette direction si importante, si utile, tient à la confiance ; la confiance tient autant à la moralité des intermédiaires qu'à la solidité des vendeurs et des acheteurs, qu'à la solvabilité des contractants. Si les intermédiaires sont trompeurs, ou même s'ils ne sont pas reconnus pour sûrs et fidèles, rien ne se fait par l'homme prudent et aisé ; tout est livré à l'homme intrigant, avide et sans moyens effectifs, qui risque tout pour gagner, et fait banqueroute s'il s'est mépris.

» C'est cette classe qu'il faut expulser de tous les grands marchés de commerce qui vont s'ouvrir. »

Voilà, certes, la nécessité des intermédiaires officiels parfaitement démontrée, parfaitement légitimée.

Ceci posé, jetons un coup d'œil sur l'organisation légale et réglementaire des agents de change, sur les garanties que présente leur institution, sur les négociations diverses qui entrent dans leurs attributions, ainsi que sur les voies de répression édictées contre l'immixtion dans leurs fonctions.

Et d'abord, la législation nouvelle résume en quelques textes clairs et précis les nombreux monuments de l'ancienne législation relatifs à l'organisation et aux attributions des agents de change.

Le Code de commerce porte :

ART. 74. « La loi reconnaît pour les actes de commerce des agents intermédiaires, savoir : les agents de change et les courtiers. »

ART. 76. « Les agents de change, constitués de la manière prescrite par la loi, ont seuls le droit de faire les négociations des effets publics et autres susceptibles d'être cotés, de faire pour le compte d'autrui les négociations des lettres de change ou billets, ou de tous papiers commerçables, et d'en constater le cours. Les agents de change pourront faire, concurremment avec les courtiers de marchandises les négociations et le courtage des ventes ou achats des matières métalliques. Ils ont seuls le droit d'en constater le cours. »

ART. 84. « Les agents de change et courtiers sont tenus d'avoir un livre revêtu des formes prescrites par l'article 11. Ils sont tenus de consigner dans ce livre, jour par jour, et par ordre de dates, sans ratures, interlignes ni transpositions, et sans abréviations, ni chiffres, toutes les conditions des ventes, achats, assurances, négociations, et en général, toutes les opérations faites par leur ministère. »

Disons de suite que le privilége dont la loi investit les agents de change ne leur est conféré par elle que sous les plus sérieuses garanties.

Ces garanties se déduisent :

1° Du mode même de leur nomination, que précèdent l'accomplissemen de graves formalités et la constatation de leur moralité, de leur solvabilité, de leur aptitude ;

2° Du cautionnement exigé d'eux, et qui est affecté, vis-à-vis de l'État et des particuliers, à la garantie des fautes qu'ils pourraient commettre ;

3° De la surveillance incessante que l'autorité exerce sur tous leurs actes ;

4° De l'obligation pour eux de n'opérer que dans un lieu public déterminé et qu'à un moment donné ;

5° De la fixation de leur droit de courtage par l'autorité ;

6° De l'interdiction de faire aucune affaire pour leur propre compte ;

7° De la valeur de leurs charges ;

8° Du fonds commun de la caisse syndicale ;

9° Du pouvoir disciplinaire dont la chambre syndicale est investie par l'ordonnance du 29 mai 1816, à l'égard de chacun des agents de change ; pouvoir tellement pris au sérieux par la Compagnie tout entière des agents de change de Paris, que le règlement général de cette Compagnie, en date des 12, 16 et 19 novembre 1832, porte notamment :

TITRE Iᵉʳ, ART. 8. « La chambre syndicale ayant sur les membres de la Compagnie la surveillance et l'autorité d'une chambre de discipline, conformément à l'ordonnance du 29 mai 1816, est chargée de surveiller avec la plus grande attention la manière dont chaque agent traite les affaires. En conséquence, elle censure, elle suspend de leurs fonctions, ou provoque la destitution de tout agent de change qui ne se renferme pas strictement dans les limites de ses fonctions, ou qui introduit dans ses opérations ou dans le prélèvement de ses droits des innovations nuisibles aux intérêts du public et de la Compagnie ; et, comme ces cas ne peuvent être prévus ni définis, la chambre syndicale est investie sur ce point d'un pouvoir discrétionnaire qu'elle emploiera à défendre l'intérêt général contre les atteintes d'un intérêt particulier mal entendu. »

TITRE III, ART. 2. « Toutes les opérations en effets publics auxquelles un agent de change prête son ministère, doivent être faites avec concurrence et publicité. En conséquence, nul agent de change ne peut, dans ses courses ni dans son cabinet, conclure une affaire, soit en ventes, achats ou reports d'effets publics nationaux ou étrangers ; il ne peut que recevoir des ordres ou commissions qui devront être exécutés sur le parquet de la Bourse, aux cours qui y seront cotés, tant au comptant qu'à terme, ou par reports, soit qu'il traite avec un confrère, soit qu'il traite de client à client. »

Le règlement particulier des 12, 16 et 19 novembre 1832 porte :

TITRE Iᵉʳ, ART. 4. « La chambre syndicale mande devant elle tout agent de change qu'elle soupçonne d'être en contravention avec les règlements, afin d'obtenir les justifications et éclaircissements nécessaires. La chambre syndicale devant veiller à la sûreté de la Compagnie et à celle de chacun de ses membres, mande aussi devant elle tous agents de change dont les opérations donneraient de l'inquiétude à la Compagnie, pour s'assurer s'ils ont pris toutes les précautions nécessaires pour l'exécution de leurs engagements. Elle exige d'eux, à cet égard, les garanties qu'elle juge indispensables, même les dépôts des valeurs dans la caisse syndicale, etc., etc. »

Quelques indications sommaires sur la nature des achats et ventes conclus par le ministère des agents de change doivent trouver ici leur place.

Les négociations de ce genre s'opèrent, à la Bourse, soit *au comptant*, soit à *terme*.

La négociation *au comptant* a-t-elle pour objet des effets *au porteur* : elle se consomme par la simple tradition manuelle et par le payement du prix entre agents de change. A-t-elle pour objet des effets *nominatifs* : les formalités du transfert deviennent indispensables pour que s'effectue une mutation de propriété qui, dans le cas précédent, s'opère par la seule livraison du titre.

Les marchés d'effets publics ou d'autres valeurs réalisables *à terme* sont soumis aux principes qui régissent les achats et ventes au comptant, avec cette seule différence, que l'acheteur se réserve la faculté de prendre livraison des effets négociés, avant le terme fixé, et à sa volonté, en payant immédiatement le prix convenu par le marché.

Au moyen de cette clause, le marché *à terme* peut se transformer, à toute heure, en marché au comptant. C'est ce que, en langage de Bourse, on appelle, assez improprement d'ailleurs *escompte*. Si la réalisation n'a lieu qu'à l'expiration du délai convenu, le marché se consomme alors de la même manière que les achats et ventes au comptant.

La faculté d'*escompte*, toute au profit de l'acheteur, est aussi toute à l'avantage de la hausse des effets.

Cette faculté constitue, en même temps, une garantie de la réalité des marchés à terme, puisqu'elle a pour effet de les convertir, à volonté, en marchés au comptant, par anticipation sur le terme. De là ressort la preuve de la sincérité des transactions et de la solvabilité des contractants qui admettent une pareille clause.

Quoi de plus significatif à cet égard que les chiffres snivants que j'emprunte aux registres tenus à la chambre syndicale de la Compagnie des agents de change de Paris!

*Escomptes.*

| | | |
|---|---:|---|
| En 1849 pour. . . . . . . . . . . . . . . . . . . . . . . | 34,862,042 | 50 |
| 1850. . . . . . . . . . . . . . . . . . . . . . . | 41,826,812 | 50 |
| 1851. . . . . . . . . . . . . . . . . . . . . . . | 318,847,850 | » |
| 1852. . . . . . . . . . . . . . . . . . . . . . . | 46,805,693 | 30 |
| 1853. . . . . . . . . . . . . . . . . . . . . . . | 73,037,175 | » |
| 1854. . . . . . . . . . . . . . . . . . . . . . . | 239,477,125 | » |
| 1855. . . . . . . . . . . . . . . . . . . . . . . | 22,229,350 | » |
| 1856. . . . . . . . . . . . . . . . . . . . . . . | 8,966,250 | » |
| 1857. . . . . . . . . . . . . . . . . . . . . . . | 29,270,875 | » |
| 1858. . . . . . . . . . . . . . . . . . . . . . . | 25,363,145 | » |
| 1859, du 1er janvier au 1er décembre. . . . . | 209,001,275 | » |
| Total. . . . . . . . . . . . . . | 1,049,687,593 | 30 |

Les marchés *à terme* se contractent de deux manières : ou purement et simplement, ou sous une condition résolutoire.

Les marchés *fermes* doivent être exécutés par les parties, au terme convenu ;

l'effet doit être livré et le prix payé, quelle que soit la hausse ou la baisse survenue dans l'intervalle sur la valeur de l'effet.

Les marchés *à prime* peuvent être résiliés par l'acheteur, lorsque cela lui plaît, s'il déclare qu'il abandonne au vendeur la somme payée d'avance comptant, à titre de prime.

Au contraire, lorsque le marché se consolide, la prime s'impute toujours sur le prix à payer par l'acheteur.

Daignez me permettre, messieurs, de vous faire remarquer que l'*escompte* ne constitue pas seul la preuve du caractère sérieux des marchés à terme, et qu'une preuve d'une portée plus étendue encore, sur ce point, ressort de l'énorme capital que représentent, d'après les registres de la Chambre syndicale, les titres levés et livrés, en liquidations centrales, pendant ces quatorze dernières années.

Je laisse parler les chiffres :

| | | |
|---|---:|---:|
| 1846. . . . . . . . . . . . . . . . . . . . . | 579,138,162 | » |
| 1847 (moins décembre) . . . . . . . . . . . . | 471,105,992 | 50 |
| 1848 et décembre 1847 . . . . . . . . . . . | 143,722,630 | 92 |
| 1849. . . . . . . . . . . . . . . . . . . . | 193,035,986 | 55 |
| 1850. . . . . . . . . . . . . . . . . . . . . | 229,509,027 | » |
| 1851. . . . . . . . . . . . . . . . . . . . . | 268,271,715 | 75 |
| 1852. . . . . . . . . . . . . . . . . . . . . | 975,973,577 | 50 |
| 1853. . . . . . . . . . . . . . . . . . . . . | 1,282,238,367 | 50 |
| 1854. . . . . . . . . . . . . . . . . . . . . | 847,247,007 | 50 |
| 1855. . . . . . . . . . . . . . . . . . . . . | 1,417,412,279 | 25 |
| 1856. . . . . . . . . . . . . . . . . . . . . | 2,110,165,914 | 25 |
| 1857. . . . . . . . . . . . . . . . . . . . . | 1,479,015,336 | 75 |
| 1858. . . . . . . . . . . . . . . . . . . . . | 1,212,918,104 | 25 |
| 1859 (moins décembre) . . . . . . . . . . . . | 848,405,387 | 75 |
| Total. . . . . . . . . . . . . . . . | 12,058,159,489 | 47 |

Ainsi, de 1846 à fin novembre 1859, les titres réellement échangés contre des capitaux, dans les liquidations centrales, se sont élevés, indépendamment du montant des escomptes, *à douze milliards cinquante-huit millions cent cinquante-neuf mille quatre cent quatre-vingt-neuf francs 47 centimes!*

Ce résultat n'est-il pas de nature à frapper l'esprit, surtout si l'on considère que les liquidations centrales ne représentent que le solde des opérations à terme, et que le chiffre ci-dessus serait beaucoup plus considérable si l'on y ajoutait celui des opérations réglées par les agents de change, dans l'intérieur de leurs maisons.

Il est enfin une dernière négociation qui mérite d'être signalée ici, et qui se produit comme un mélange de marché au comptant et de marché à terme.

Cette négociation est le *report.* Il consiste à acheter et revendre simultanément une valeur à des termes différents.

Voici en quels termes M. le conseiller *Bresson,* dans son remarquable rapport sur une affaire que j'ai eu l'honneur de plaider devant la Chambre criminelle, caractérisait le report sérieux, qu'il qualifiait d'opération simple, pratique, parfaitement légitime (*Dalloz,* 1857, I, 147) :

« Cette opération, disait l'honorable magistrat, s'offre au capitaliste qui veut faire, pour un temps ordinairement court, l'emploi utile d'un capital disponible en ses mains. Il achète pour le montant de ce capital de la rente ou des valeurs industrielles. Contre les titres qu'il reçoit il verse de l'argent. Puis, ces mêmes titres dont il est nanti, il les revend livrables à la quinzaine suivante ou fin du mois. Il se paye, par un prélèvement modéré, de l'intérêt jusqu'au terme, et de l'amélioration du titre, qui se bonifie en s'avançant vers l'échéance du semestre ou du dividende. Si la revente s'accomplit, si le nouvel acheteur, d'abord vendeur, ou un autre à sa place, verse le prix et lève les titres, le capitaliste rentre à son tour dans le capital prêté. Cette opération qui a pu se faire à la première quinzaine ou à la première fin du mois, peut être reportée à la quinzaine ou fin du mois suivant, et ainsi de suite. Elle n'en reste pas moins vraie, réelle. Elle porte sur des valeurs existantes, certaines, connues. Le report réalise ainsi un véritable prêt sur nantissement. »

L'arrêt rendu par la Chambre criminelle, à la suite de ce rapport, le 9 mai 1857 (*Dalloz*, 1857), consacre la légalité du report sérieux, en disant de lui :

« Que dans les opérations de Bourse, il se produit souvent, comme un moyen efficace et légitime d'employer utilement un capital ou des valeurs commerciales. »

La loi, en même temps que, dans l'intérêt général, elle réglait les obligations qu'elle jugeait nécessaire d'imposer aux agents de change, a voulu aussi les défendre contre toute usurpation de leur ministère. Elle offrait ainsi une garantie à l'ordre public, au maintien duquel les fonctions des agents de change sont étroitement unies, et faisait acte de justice envers ces officiers publics.

Les dispositions de l'ancienne législation qui prohibent et répriment toute immixtion dans les fonctions des agents de change sont formelles ; on les trouve consignées dans les documents ci-après :

1° Arrêt du Conseil du 15 avril 1595 ;

2° Arrêt du Conseil du 2 avril 1639 ;

3° Lettres patentes d'août 1697, contenant l'homologation des statuts des 5 et 8 juillet 1684, sur la profession d'agent de change ;

4° Édit de décembre 1705 ;

5° Arrêt du Conseil du 10 avril 1706 ;

6° Édit d'août 1708 ;

7° Déclaration royale du 3 septembre 1709 ;

8° Édit de novembre 1714 ;

9° Ordonnance du 28 mars 1720 ;

10° Arrêt du Conseil du 30 août 1720 ;

11° Arrêt du Conseil du 25 octobre 1720 ;

12° Édit de janvier 1723 ;

13° Arrêt du Conseil du 24 septembre 1724 ;

14° Arrêt du Conseil du 22 décembre 1733 ;

15° Arrêt du Conseil du 17 mai 1740 ;

16° Arrêt du Conseil du 30 mars 1774 ;

17° Arrêt du Conseil du 26 novembre 1781 ;

18° Arrêt du Conseil du 7 août 1785 ;

19° Déclaration royale du 19 mars 1786 ;

20° Arrêt du Conseil du 2 décembre 1786, portant homologation de statuts pour la Compagnie des agents de change.

21° Arrêt du Conseil du 10 juin 1788.

Je n'emprunterai de citations qu'à deux de ces nombreux et importants documents :

### Arrêt du Conseil du 24 septembre 1724.

ART. 12. « Toutes les négociations de lettres de change, billets au porteur ou à ordre, marchandises, papiers commerçables et autres effets, se feront à la Bourse, de la manière et ainsi qu'il sera ci-après expliqué. Défend Sa Majesté *à tous particuliers, de quelque état et condition qu'ils soient, de faire aucune assemblée et de tenir aucun bureau pour y traiter de négociations, soit en maisons bourgeoises, hôtels garnis, chambres garnies, cafés et limonadiers, cabaretiers, et partout ailleurs, à peine de prison et de 6000 livres* d'amende contre les contrevenants, payables avant de pouvoir être élargis, et applicables, moitié au dénonciateur, et l'autre moitié à l'hôpital général ; et seront tenus les propriétaires, en cas qu'ils occupent leurs maisons, ou les principaux locataires, aussitôt qu'ils auront connaissance de l'usage qui en sera fait en contravention au présent article, d'en faire déclaration au commissaire du quartier et d'en requérir acte ; faute de quoi, ils seront condamnés par corps en pareille amende de 6000 livres applicables comme ci-dessus. »

ART. 13. « Défend très expressément Sa Majesté aucuns attroupements *dans les rues, aux environs de la Bourse, et dans toutes les autres rues de la ville et faubourgs de Paris, pour y faire aucunes négociations, et sous quelque cause ou prétexte que ce soit.* Enjoint Sa Majesté au sieur lieutenant général de police de faire arrêter les contrevenants et de les faire constituer prisonniers. »

L'article 39 relatif aux agents de change qui cumulaient alors avec les fonctions dont ils sont investis aujourd'hui celles de courtiers, porte :

« Leur défend pareillement Sa Majesté, sous les peines établies par l'article 29, de faire *ailleurs qu'à la Bourse* aucune négociation de lettres, billets, marchandises, papiers commerçables et autres effets. »

### Arrêt du Conseil du 26 novembre 1781.

ART. 13. « Fait Sa Majesté défense à toutes personnes autres que les agents de change de s'immiscer dans les négociations d'effets royaux et papiers commerçables, comme aussi de prendre la qualité d'agent ou courtier de change, d'avoir et tenir dans la Bourse aucuns carnets pour y inscrire les cours des effets, et de rester à la Bourse après le son de cloche qui en indique la sortie, à peine pour l'une ou l'autre de ces contraventions, de nullité des négociations, de 3000 livres d'amende, et, en cas de récidive, de punition corporelle. »

Quant à la législation nouvelle, prohibitive et répressive de l'immixtion dans les fonctions d'agents de change, en voici les textes :

Loi du 28 ventôse an IX (19 mars 1801), relative à l'établissement des Bourses de commerce :

TITRE II, Art. 6. « Dans toutes les villes où il y aura une Bourse, il y aura des agents de change et des courtiers de commerce nommés par le gouvernement. »

Art. 7. « Les agents de change et courtiers qui seront nommés en vertu de l'article précédent auront seuls le droit d'en exercer la profession, de constater le cours du change, celui des effets publics, marchandises, matières d'or et d'argent, et de justifier devant les tribunaux ou arbitres, la vérité et le taux des négociations, ventes et achats. »

(On n'a pas perdu de vue que l'article 76 déjà cité, du Code de commerce, qui détermine les attributions des agents de change, est encore plus explicite.)

Art. 8. « Il est défendu, sous peine d'une amende, qui sera au plus du sixième du cautionnement des agents de change ou courtiers de la place, et au moins du douzième, à tous individus autres que ceux nommés par le gouvernement, d'exercer les fonctions d'agent de change ou courtier. L'amende sera prononcée correctionnellement par le tribunal de première instance, payable par corps, et applicable aux enfants abandonnés. »

Arrêté du 27 prairial an X (16 juin 1802).

Art. 3. « *Il est défendu de s'assembler ailleurs qu'à la Bourse et à d'autres heures qu'à celles fixées par le règlement de police pour* PROPOSER *et faire des négociations*, à peine de destitution des agents de change ou courtiers qui auraient contrevenu, et, pour les autres individus, sous les peines portées par la loi contre ceux qui s'immisceront dans les négociations sans titre légal. Le préfet de police de Paris et les maires et officiers de police des villes des départements, sont chargés de prendre les mesures nécessaires pour l'exécution de cet article. »

Art. 4. « Il est défendu, sous les peines portées par les articles 13 de l'arrêt du Conseil du 26 novembre 1781, et 8 de la loi du 28 ventôse an IX, à toutes personnes autres que celles nommées par le gouvernement, de s'immiscer, en façon quelconque et sous quelque prétexte que ce puisse être, dans les fonctions des agents de change et courtiers de commerce, soit dans l'intérieur, soit à l'extérieur de la Bourse. Les commissaires de police sont spécialement chargés de veiller à ce qu'il ne soit pas contrevenu à la présente disposition. Il est néanmoins permis à tous particuliers de négocier entre eux et par eux-mêmes les lettres de change ou billets à leur ordre ou au porteur, et tous les effets de commerce qu'ils garantiront par leur endossement, et de vendre ainsi par eux-mêmes leurs marchandises. »

Art. 5. « En cas de contravention à l'article ci-dessus, les commissaires de police, les syndics ou les adjoints des agents de change et courtiers de commerce, feront connaître les contrevenants au préfet de police à Paris et aux maires et officiers de police dans les départements ; lesquels, après la vérification des faits et audition du prévenu, pourront, par mesure de police, lui interdire l'entrée de la Bourse. En cas de récidive, il sera, par le gouvernement, déclaré incapable de pouvoir parvenir à l'état d'agent de change ou courtier ; le tout, sans préjudice de la traduction devant les tribunaux, pour faire prononcer les peines portées par les lois et arrêt du Conseil ci-dessus cités. »

Art. 6. « Il est défendu, sous les peines portées contre ceux qui s'immiscent dans les négociations, sans être agents de change ou courtiers, *à tout banquier, négociant* ou *marchand, de confier ses négociations, ventes* ou *achats*, et de payer des droits de commission ou de courtage à d'autres qu'aux agents de change et courtiers. Les syndics et adjoints des agents de change et courtiers, le préfet de police de Paris et les maires et officiers de police des autres places de commerce, sont spécialement chargés de veiller à l'exécution du présent article, et de dénoncer les contrevenants aux tribunaux. Le commissaire du gouvernement sera tenu de les poursuivre d'office.

ART. 7. Conformément à l'article 7 de la loi du 28 ventôse an IX, toutes négociations faites par des intermédiaires sans qualité sont déclarées nulles. »

*Avis du Conseil d'État du 17 mai 1809.*

« Le Conseil d'État, qui, d'après le renvoi ordonné par Sa Majesté, a entendu le rapport de la section de l'intérieur sur celui du ministre de ce département, relatif aux moyens de réprimer l'exercice illicite des fonctions d'agents de change et de courtiers sur les places de commerce, par des individus non commissionnés à cet effet, et en contravention aux dispositions de la loi du 28 ventôse an IX, qui a réorganisé les Bourses de commerce ;

» ..... est d'avis..... qu'il convient d'appliquer à toutes les Bourses de commerce les dispositions des articles 2 et 3 du décret du 10 septembre 1808, rendu pour l'établissement de la Bourse d'Amiens, portant, article 2, *que le grand-juge, ministre de la justice, donnera aux procureurs généraux l'autorité de poursuivre, selon la rigueur des lois, tous agents de change, courtiers et négociants contrevenant aux lois sur les Bourses de commerce, et au Code de commerce, même par information et sans procès-verbaux préalables, ni dénonciation des syndics et adjoints, des courtiers et agents de change ;*

» Que le ministre de la police générale donnera des ordres particuliers aux commissaires de police pour veiller à l'exécution des lois sur cette matière, et informera les cours et tribunaux des faits parvenus à sa connaissance ;

» Et que le présent avis soit inséré au *Bulletin des lois.* »

En exécution de cet avis du Conseil d'État, M. le ministre de l'Intérieur adressa aux Chambres de commerce, le 21 juillet 1809, une circulaire dans laquelle se trouvait ce passage :

« Le gouvernement, pénétré de la justice d'assurer aux agents reconnus par lui l'exercice d'un état que doit leur garantir le cautionnement auquel ils sont assujettis, désire qu'il soit mis enfin un terme aux abus qui se sont introduits dans cette partie d'administration et qui ont excité des plaintes unanimes ; mais il essayerait en vain de les réprimer si le commerce lui-même contrariait ses vues, *en confiant, de préférence, à des individus sans caractère le soin de ses négociations.* Indépendamment des risques particuliers auxquels il s'exposerait, en se servant de personnes non commissionnées et dont les opérations ne seraient point avouées dans les tribunaux, en cas de contestations, il encourrait aussi la peine de l'amende infligée aux contrevenants et applicable à ceux qui les emploient. L'intérêt des négociants se trouve donc ici d'accord avec le vœu de la loi, et j'aime à croire que les commerçants de votre place, instruits des intentions du gouvernement, ne chercheront aucuns motifs de refuser aux agents légalement institués une confiance que l'autorité n'a pas besoin de commander, parce que le commerce les en a luimême investis dans le principe. En effet, aucune nomination n'a lieu sans que les individus qui en sont l'objet n'aient été choisis et présentés d'abord par un jury de négociants que désigne le tribunal de commerce. Ainsi, la loi qui a réorganisé les Bourses de commerce dans l'intérêt particulier et d'après la demande même de chaque localité, a voulu que le mode de nomination présentât la garantie la plus sûre de la bonté du choix, et fût un premier témoignage de la confiance déjà acquise aux candidats. »

L'état de la législation prohibitive et répressive de l'immixtion dans les fonctions d'agent de change étant ainsi précisé, j'arrive aux constatations et déclarations de l'arrêt attaqué.

Je n'insisterai pas sur le rejet par cet arrêt d'une fin de non-recevoir invoquée originairement par les demandeurs en cassation, et qui était tirée des relations qu'ils avaient eues avec tel ou tel agent de change individuellement, car cette fin de non-recevoir est aujourd'hui abandonnée ; et d'ailleurs le rejet qui en a été prononcé se justifie de lui-même. Il n'y a rien à objecter, en effet, à un considérant tel que celui-ci :

« En ce qui touche la fin de non-recevoir opposée à l'action civile, considérant que les plaignants agissent comme syndics de la Compagnie des agents de change et dans l'intérêt collectif de la Compagnie ; que si les prévenus soutiennent avoir été encouragés, dans les actes qui leur sont imputés, par un certain nombre d'agents de change, la situation de ces derniers est distincte de celle qui appartient à la Compagnie tout entière, se présentant en corps privilégié. »

Au fond, l'arrêt dit d'abord :

« Considérant qu'aux termes des articles 7 de la loi du 28 ventôse an IX, 76 du Code de commerce, et 4 de l'arrêt du 27 prairial, maintenus en vigueur et appliqués jusqu'à ce jour, la loi, dans un intérêt d'ordre public et de sécurité des transactions, a investi les agents de change du privilége exclusif de la négociation des effets publics et autres susceptibles d'être cotés ;

» Considérant que de l'instruction et des débats, aussi bien que de l'aveu même des prévenus à l'audience, il résulte que ces derniers, depuis moins de trois ans, agissent *comme intermédiaires, moyennant une commission ou un courtage, entre vendeurs et acheteurs* d'effets publics ou de valeurs susceptibles d'être cotées ; *qu'ils ont proclamé et constaté des cours, à la Bourse, et en dehors de la Bourse ;* que ces faits constituent une immixtion dans les fonctions réservées aux agents de change. »

Quant au premier fait constaté, celui pour les prévenus n'étant point agents de change, d'avoir agi comme intermédiaires, moyennant une commission ou un courtage, entre vendeurs et acheteurs d'effets publics ou de valeurs susceptibles d'être cotées, cette constatation générale est amplement suffisante pour caractériser l'immixtion, puisque nous avons vu qu'il est de principe, qu'en matière de négociations d'effets publics ou autres valeurs susceptibles d'être cotées, on ne peut et ne doit jamais recourir à d'autres intermédiaires qu'aux agents de change, soit que le recours à leur ministère ne se produise que comme facultatif, quand il s'agit de négociations d'effets ou de valeurs au porteur, en ce sens du moins que chacun peut d'ailleurs, si bon lui semble, opérer personnellement l'acquisition ou la cession de ces valeurs ; soit que ce même recours demeure obligatoire quand il s'agit de la négociation d'effets publics nominatifs, nécessitant un transfert qui ne peut s'effectuer que par l'intervention de l'officier public. Or, dans un cas comme dans l'autre, les prévenus ont agi à titre d'intermédiaires salariés, dans des proportions plus ou moins étendues : ici, avec plénitude d'action, en consommant la négociation

qui avait pour objet des effets au porteur, là, par voie préparatoire, en rapprochant l'offre de la demande, et en poussant aussi loin que possible la négociation vers son terme, alors qu'elle avait pour objet des effets publics nominatifs.

A ce double point de vue, pleine ou restreinte, peu importe, l'interposition
des intermédiaires non officiels n'en était pas moins réelle ; et, à quelque degré
qu'elle existât, sur quelque nature de valeurs qu'elle portât, elle constituait
toujours une immixtion dans les fonctions des agents de change, auxquels seuls
appartenait tout aussi bien le droit de préparer chaque négociation, que celui
de la compléter.

L'immixtion des coulissiers quant à la consommation de négociations d'effets *au porteur*, de même que quant à l'élaboration de négociations relatives à
des titres *nominatifs*, ne ressort pas seulement, en fait de la formule générale
employée par l'arrêt attaqué, que je viens de reproduire ; elle ressort également des déclarations consignées par le jugement dont était appel, dans
ceux de ces motifs que l'arrêt attaqué a certainement, en cette partie, implicitement maintenus, et qui portaient :

« Attendu qu'il demeure établi par les explications que les prévenus ont produites à l'audience, que, du moins quant aux valeurs *au porteur*, ils sont intervenus entre spéculateurs, et ont procédé à des négociations dites *au comptant*, qui
sont dans les attributions des agents de change, notamment, à l'occasion des opérations dites de report, opérations complexes qui se composent d'un marché au
comptant et d'un marché à terme ; et que ce fait seul, constaté à leur charge,
suffit pour les rendre passibles des peines édictées contre celui qui s'immisce dans
les fonctions des officiers légalement constitués. »

Les coulissiers ont servi d'intermédiaires non-seulement pour la négociation d'effets soit au porteur, soit nominatifs, en opérant *au comptant*, mais
aussi et surtout pour des opérations *à terme* sur ces deux mêmes classes
d'effets. C'est encore ce que déclare expressément l'arrêt attaqué dans le
*considérant* suivant :

« Considérant que, si, pour la livraison réelle des titres, dans *certaines* opérations (c'est-à-dire celles qui portaient sur des titres nominatifs nécessitant un
transfert), les prévenus déclarent avoir eu recours à l'intermédiaire des agents de
change, il est constant et ils reconnaissent que la négociation préalable de ces marchés était suivie par eux et moyennant une commission ;
» Qu'en agissant ainsi ils se sont immiscés dans les fonctions d'agents de
change. »

Et, en effet, ce que la loi défend et punit (arrêté du 27 prairial an X, article 3), ce n'est pas seulement, ainsi qu'elle l'exprime, de *faire des négociations* réservées exclusivement aux agents de change ; c'est même simplement
de *les proposer*, et, à plus forte raison, d'en suivre les diverses phases prépara-
toires, jusqu'à la limite du transfert à opérer.

Ainsi, interposition salariée des coulissiers dans des négociations d'effets publics ou d'autres valeurs susceptibles d'être cotées, soit au comptant, soit à terme, et, soit pour préparer, soit pour mener à fin, par leurs agissements, ces mêmes négociations : tel est le premier fait générique, constaté au procès, à la charge des prévenus, comme constitutif de l'immixtion dans les fonctions d'agents de change.

Voici maintenant le second fait générique, également constaté comme répréhensible, au même titre :

« C'est, de la part des coulissiers, d'avoir *proclamé et constaté des cours à la Bourse et en dehors de la Bourse.* »

La constatation régulière des cours est de la plus haute importance, au point de vue de l'intérêt public et de l'intérêt privé, puisqu'elle doit être l'expression fidèle du produit de négociations légalement conclues. De là, le droit réservé à des officiers publics, en d'autres termes, aux seuls agents de change, de dresser la cote des cours.

La loi est précise à cet égard :

« Les agents de change..... auront *seuls* le droit..... *de constater* le cours du change, celui des effets publics, marchandises, matières d'or et d'argent, et de justifier devant les tribunaux ou arbitres la vérité et le taux des négociations, ventes et achats (loi du 28 ventôse an IX, tit. II, art. 7). »

L'article 76 du Code de commerce n'est pas moins explicite.

Si jamais usurpation flagrante des fonctions d'agents de change s'est produite, c'est assurément celle qui se résume dans ce fait inouï d'individus s'arrogeant le droit de constater des cours, non-seulement à l'heure même où les agents de change opèrent, au parquet de la Bourse, mais dans l'édifice même où ils opèrent, et, de plus, en dehors de cet édifice, à toute heure du jour, et pendant plusieurs heures de la nuit.

Que deviendraient le crédit de l'État et le crédit privé, si le résumé des opérations qui se rattachent à l'un et à l'autre ne trouvait plus sa sincère expression dans les légales et authentiques constatations émanées des seuls officiers publics que, selon le vœu de la loi, l'autorité supérieure a investis du mandat de certifier les cours ?

Comment comprendre, comment admettre un seul instant le parallélisme, si ce n'est même fréquemment l'antagonisme de deux cours journellement constatés, d'un cours officiel et d'un cours non officiel, différant d'ailleurs souvent l'un de l'autre par des écarts considérables ? Qui n'apprécie tout de suite les conséquences désastreuses qu'entraînerait une telle anarchie ? La loi y a obvié par les dispositions énergiques que je viens de rapporter, et l'arrêt attaqué a sainement appliqué la loi à ceux qui, ainsi qu'il le reconnaît, en fait, l'avaient audacieusement enfreinte.

J'arrive maintenant à la réfutation des moyens de cassation invoqués par les demandeurs à l'appui de leur pourvoi.

Le premier moyen est tiré d'une prétendue fausse application, et, par suite,

d'une prétendue violation de l'article 76 du Code de commerce, de la loi du
28 ventôse an IX, de l'article 4 de l'arrêté du 27 prairial an X, ainsi que
d'une prétendue violation des articles 85 et 86 du Code de commerce et 13
de l'arrêté du 27 prairial an X, en ce que l'arrêt attaqué aurait à tort déclaré
recevable l'action civile de la compagnie des agents de change, laquelle n'était
fondée que sur des faits relatifs à des opérations (*des marchés à terme*) non
comprises dans les attributions exclusives des agents de change.

Toute l'argumentation des demandeurs, à l'appui de ce moyen, se réduit
à ceci :

L'arrêt attaqué constate que les seules opérations que les coulissiers aient faites
sont des marchés à terme : or, ces marchés, tout licites qu'ils sont, rentrent si
peu dans les attributions des agents de change, qu'au contraire la loi les leur
interdit directement, par certains textes, et indirectement, par d'autres ; d'où il
suit, qu'en faisant des marchés à terme que les agents de change n'avaient pas le
droit de faire, les coulissiers ont usé d'un droit, et n'ont commis aucun empiétement sur les attributions des agents de change, et que, dès lors, la plainte de la
Chambre syndicale devait être déclarée non recevable.

Une telle thèse se réfute aisément.

Son seul énoncé est déjà tout au moins étrange, car le plus simple bon
sens indique de suite qu'il est impossible que le législateur se soit mis avec
lui-même en contradiction flagrante, en environnant de la plénitude des
garanties offertes par le ministère d'intermédiaires officiels les seuls marchés
au comptant, les moins importants de tous, et en dépouillant de garanties
semblables les marchés à terme qui, précisément, sont ceux qui intéressent
et affectent au plus haut degré le crédit public et privé.

Ce que le bon sens indique est au surplus immédiatement confirmé par
l'étude de l'esprit et du texte de la loi.

A cette première observation s'en joint naturellement une autre : c'est
que, à supposer même, contre toute raison, contre toute évidence, que les
coulissiers n'eussent pas empiété sur les attributions des agents de change en
s'immisçant dans des marchés à terme, il n'en demeure pas moins constant
que les coulissiers ont commis un autre fait d'immixtion, celui *de coter et de
constater des cours* à la Bourse et en dehors de la Bourse, qui, à lui seul,
suffisait amplement pour légitimer la plainte portée par la chambre syndicale,
comme partie civile, et la condamnation prononcée contre les demandeurs.

Ces derniers ne se préoccupent guère plus de ce fait que s'il n'avait pas
été déclaré à leur charge, à peine en disent-ils quelques mots insignifiants.
Cependant, il eût été tout au moins convenable que, devant la Cour suprême,
ils prissent la peine de s'expliquer catégoriquement à cet égard. Il est vrai
qu'il leur eût été singulièrement difficile d'invoquer sur ce point un argument justificatif quelconque ; mais la Cour suprême ne perdra pas de vue,
qu'en dehors de la question d'immixtion en ce qui touche les marchés à
terme, il est d'autres faits d'immixtion suffisamment caractérisés pour justifier pleinement la recevabilité et le bien fondé de la plainte des agents de
change accueillie par l'arrêt attaqué, puisqu'il ressort d'ailleurs de cet arrêt,

qu'en fait, les coulissiers ont constaté des cours et, en outre, négocié, moyennant salaire, des opérations au comptant.

Sous le bénéfice de cette double observation, j'arrive au premier moyen, envisagé en lui-même.

Et d'abord, est-il vrai, ainsi que le prétendent les demandeurs, que les seules opérations par eux faites, au dire de l'arrêt attaqué, soient des opérations à terme ? Non.

Ainsi que je l'ai précédemment établi avec les expressions mêmes de l'arrêt et avec celles du jugement auxquelles il se réfère implicitement, il est certain que les demandeurs ont opéré tout aussi bien au comptant qu'à terme.

Le point de départ adopté, en fait, par les demandeurs est donc inexact.

Au surplus, à supposer, pour un moment, qu'il fût exact, leur thèse ne se justifierait toujours pas en droit.

Ici encore se présente une observation préliminaire.

On soutenait jadis que les marchés à terme, non les marchés fictifs de cette nature, mais même les marchés sérieux étaient prohibés par la loi, non pas parce qu'ils étaient conclus par les agents de change, mais parce qu'il n'appartenait à personne d'en conclure. Aujourd'hui les coulissiers procèdent par une assertion inverse. Selon eux, les marchés à terme sérieux sont parfaitement légaux, mais pourvu que ce ne soient pas des agents de change qui les concluent.

Aux coulissiers seuls revient le mérite de cette découverte juridique.

Examinons comment ils tentent de la justifier.

Leur formule est pompeusement absolue : les marchés à terme sérieux, s'écrient-ils, de prime abord, sont interdits aux agents de change par une double prohibition qu'édicte la loi : prohibition directe et prohibition indirecte.

Les coulissiers ne semblent pas faire grand fond sur leur découverte d'une prohibition légale directe, car ils se bornent à citer, comme en constituant la base, plutôt qu'ils ne s'attachent à discuter divers textes qu'ils rapprochent laborieusement les uns des autres ; savoir : les articles 29 et 30 de l'arrêt du Conseil du 24 septembre 1724, les articles 5 et 7 de celui du 7 août 1785, l'article 6 de celui du 2 octobre 1785, l'arrêt du 22 septembre 1786, l'article 3 de la loi du 13 fructidor an III, le décret du 28 vendémiaire an IV, chapitre 1, articles 15 et 16, chapitre 2, articles 3 et 4, la loi du 2 ventôse an IV, articles 2 et 3, la loi du 28 ventôse an IX, titre 2, article 7 et l'arrêté du 27 prairial an X, article 13.

Pour établir le sens et la véritable portée de ces mêmes textes et pour prouver que la législation actuellement en vigueur et la jurisprudence, dans son dernier état, admettent, en dépit des assertions des coulissiers qui affectent de passer sous silence l'une et l'autre, la légalité des marchés à terme sérieux et l'intervention nécessaire des agents de change dans ces marchés, je ne puis mieux faire que de reproduire une partie des observations si substantielles et si justes du rapport présenté sur l'affaire *Lacaze*, le 9 mai 1857, (Dall. 1857, 1, 146, 147), par M. le conseiller *Bresson*.

Je lis dans ce rapport :

« En matière de marchés à terme, nous nous hâtons de le dire, l'autorité des anciens arrêts du Conseil des 7 août et 12 octobre 1785, du 22 septembre 1786, paraît désormais fixée. Ils voulaient la possession des titres au moment de l'engagement, ou le dépôt préalable à la livraison, ou au moins la preuve de la continuité de la libre propriété. Ils frappaient comme jeux tous les marchés qui ne satisfaisaient pas à ces conditions.

» Les lois du 13 fructidor an III, 28 vendémiaire an IV, et l'arrêté du 2 ventôse de la même année, encore toutes marquées de l'esprit des temps les plus agités de notre révolution, renchérissent sur cette sévérité. Les deux premières prescrivaient le marché à terme d'une manière absolue, sur effets publics comme sur marchandises, sans même admettre la condition de la possession actuelle ou dépôt préalable des titres.

» La loi du 28 ventôse an IX sur l'établissement des Bourses de commerce, l'arrêté du 27 prairial an X, rendu pour son exécution, gardèrent le silence sur le marché à terme. L'arrêté même, qui, dans son article 13, parle des effets et des fonds qui doivent toujours être remis dans les mains de l'agent de change vendeur ou acheteur, ne semble prévoir que le marché au comptant.

» Sous l'empire de ces lois, néanmoins, et après la promulgation du Code de commerce en 1807, et de son article 90, après celle du Code pénal de 1810, et de ses articles 421 et 422, le marché à terme sur les marchandises comme sur les effets publics reparut dans la pratique des affaires, ramené par les besoins usuels et vrais du commerce, ramené par les besoins non moins impérieux du crédit public.

» Dans une affaire devenue célèbre, l'affaire Forbin-Janson, la Cour de cassation, dans son arrêt du 11 août 1824, ayant à stigmatiser, après la Cour de Paris, de véritables jeux de bourse qui avaient emprunté la forme de marchés à terme, releva comme existantes les dispositions des arrêts du Conseil de 1785 et 1786. Elle ne considéra pas ces dispositions comme inconciliables avec les articles 421 et 422 du Code pénal. La doctrine qu'elle établit alors et qu'on peut encore invoquer aujourd'hui, c'est que, parmi le signes auxquels se révèlent le plus ordinairement les jeux de bourse et les marchés à terme fictifs, se placent surtout ceux résultant de l'inexistence ou de l'absence du dépôt préalable des titres vendus.

» Donner à cet arrêt une extension plus grande, dire d'une manière générale que les arrêts du Conseil de 1785 et 1786 sont encore en pleine vigueur, dire qu'ils n'ont reçu aucune modification de l'article 422 du Code pénal, ce serait s'engager dans une voie où la Cour de cassation a refusé elle-même de marcher, ce serait surtout heurter la pratique la plus constante, les habitudes publiques et quotidiennes de la bourse et du commerce, les nécessités du crédit public.

» Le marché à terme, en effet, s'y opère au grand jour, sans la possession actuelle des titres, sans le dépôt préalable à l'engagement. Que le vendeur prouve seulement qu'ils ont existé à sa disposition, au temps de la convention, ou qu'ils ont dû s'y trouver au temps de la livraison, la loi pénale, l'article 422 qui pose ici une condition irritante et rigoureuse, n'en exige pas davantage.

» C'est qu'en réalité, à cette condition, le marché à terme peut devenir sérieux et vrai ; c'est qu'il portera sur des choses existantes et non sur la fiction et le néant.

» Quoi de plus ordinaire, en effet, sous l'empire de la loi générale et du droit commun, que de vendre ce que l'on n'a pas encore, ce qu'on doit se procurer plus tard, ce qu'on aura seulement au temps de la livraison ? Les spéculations les plus utiles et les plus productives du commerce roulent presque toutes sur cet objet.

» Pourquoi une disposition exceptionnelle viendrait-elle en exclure les effets publics, valeur essentiellement commerciale, aliment du marché public qui se tient à la Bourse, et aux opérations de laquelle on a préposé un parquet, des officiers publics, des agents intermédiaires obligés.

» Les arrêts les plus récents de la Cour de cassation l'ont dit aussi, en principe. Partout où le marché à terme est sincère et véritable, dès qu'il porte sur un titre existant et réel, dès qu'il y a, d'un côté, intention et possibilité de livrer, dès qu'il y a, de l'autre, intention et possibilité de prendre livraison, que les titres soient ou ne soient pas dans les mains du vendeur au moment de l'engagement, qu'ils n'y arrivent que plus tard, le marché à terme n'en mérite pas moins toute la protection de la loi, et aucune nullité ne vient l'invalider. »

Cette doctrine a pour appui trois arrêts de la Cour de cassation des 30 novembre 1842, 1er avril 1856 et 9 mai 1857, et les opinions émises par MM. Troplong ( *Traité des contrats aléatoires*, articles 1965 et 1966, nos 97 et suivants), Mollot (*Des Bourses de commerce*, nos 450 et suivants), Frémery (*Études de droit commercial*, chap. 45), et Vincent (*Législation commerciale*, liv. 6, chap. 5).

On le voit, l'économie de la législation si bien exposée par M. le rapporteur, se résume, ainsi que la jurisprudence actuelle, dans cette solution parfaitement judicieuse : qu'il faut, par application d'un principe de droit commun, proclamer la légalité des marchés à terme d'effets publics comme nécessairement compris dans la sphère des opérations de Bourse, à la conclusion desquelles *on a préposé un parquet, des officiers publics, des agents intermédiaires ;* ce qui est assez dire, par cela même, que, loin d'être interdits aux agents de change, les marchés à terme d'effets publics et des autres effets susceptibles d'être cotés, rentrent au contraire dans leurs attributions exclusives.

N'est-il pas évident, en réalité, que tous les arrêts, que tous les auteurs qui proclament la légalité des marchés à terme admettent péremptoirement leur consommation par l'intermédiaire des agents de change, et que tous s'accordent à reconnaître que, puisque ces marchés appartiennent au vaste ensemble des opérations de Bourse, ils peuvent et doivent être conclus uniquement par les officiers publics que la loi a institués, à titre d'agents intermédiaires privilégiés, pour fonctionner au parquet de la Bourse ?

Et comment pourrait-il en être autrement ?

Si les marchés à terme d'effets publics sérieux sont légaux, qui donc aurait le droit de les conclure, si ce n'est les agents de change, alors qu'il s'agit, suivant la nature des valeurs à négocier par cette voie, ou d'une négociation avec emploi obligatoire des agents de change, ou même simplement d'un recours facultatif au ministère de ces agents ?

Les principes que j'ai précédemment exposés ne cessent pas de trouver ici leur application.

S'agit-il d'une négociation d'effets publics nominatifs? Le ministère de l'officier public est, on le sait, obligatoire, puisque lui seul peut régulariser un transfert légalement reconnu indispensable. Or, où est la disposition de loi qui déclare ou qui admette un seul instant, même d'une manière implicite, que, lorsque le marché, au lieu d'être au comptant, sera à terme, l'officier public cessera de pouvoir opérer un transfert ? Cette disposition n'existe nulle part et ne saurait exister, car elle serait le renversement du principe fondamental de l'organisation, des devoirs et des droits des agents de change.

Libre aux coulissiers d'accumuler textes sur textes, sans en consulter d'ailleurs l'esprit, à l'appui de leur inimaginable thèse, de la prétendue prohibition directe qui, selon eux, pèserait sur les agents de change, en fait de marchés à terme ; ce qu'il y a de certain, c'est que cette thèse viendra toujours échouer contre la nécessité absolue du recours au ministère des agents de change pour opérer le transfert des effets publics nominatifs.

S'agit-il d'une négociation à terme d'effets publics au porteur ou autres de même espèce, susceptibles d'être cotés, que les parties intéressées, au lieu de conclure personnellement comme elles le pourraient, veulent au contraire conclure par le ministère d'un agent intermédiaire : ici encore prévaudra dans son irrésistible énergie, abstraction faite d'ailleurs de toute opération de transfert, le principe qui veut que le seul agent intermédiaire auquel les parties intéressées puissent s'adresser soit un agent de change.

Et non-seulement cela, mais une règle générale prédominante vient fortifier en matière de marchés à terme d'effets publics nominatifs ou au porteur, l'argument déduit de la nécessité de recours au ministère de l'agent de change, soit spécialement pour régulariser un transfert, soit pour opérer comme intermédiaire officiel, du moment que l'intervention d'un agent intermédiaire est requise par les parties. Cette règle fondamentale est celle qui spécifie les attributions des agents de change et qu'on trouve inscrite dans l'article 76 du Code de commerce.

Quoi de plus large, quoi de plus expressif que cette disposition.


« Les agents de change, constitués de la manière prescrite par la loi, ont seuls le droit de faire les négociations des effets publics et autres susceptibles d'être cotés, etc. ! ! »


Les négociations !... cela dit tout, cela comprend tout. Les négociations !... cela ne signifie pas une classe de négociations plutôt qu'une autre ; cela n'a rien de limitatif : bien au contraire. Les négociations ! cela veut dire toutes les négociations indistinctement, par conséquent les négociations à terme aussi bien que les négociations au comptant.

C'en est assez sur la réfutation de la thèse de la prétendue prohibition légale directe en fait de marchés à terme.

Que penser maintenant de la thèse de la prétendue prohibition légale indirecte ?

Voici comment les coulissiers cherchent à établir l'existence de cette prohibition.

Les agents de change, disent-ils, ne peuvent se rendre garants des opérations dans lesquelles ils s'entremettent ; or, les opérations à terme nécessitent toujours la garantie de l'agent intermédiaire qui les conclut, parce qu'elles ne sont et ne peuvent jamais être précédées de la remise préalable de l'argent ou des titres ; donc, les agents de change ne peuvent faire aucune opération à terme.

A l'appui de cette étrange assertion, les coulissiers invoquent un arrêt de la Chambre des requêtes, en date du 13 juillet 1859.

Il faut écarter de suite du débat cet arrêt, par la raison fort simple, que la question qu'il résout est tout autre que celle qu'il s'agit d'examiner en ce moment.

J'arrive donc immédiatement à la réponse que nécessite l'assertion des coulissiers, et cette réponse la voici :

L'agent de change opère en deux qualités différentes : soit comme mandataire, soit comme commissionnaire.

De là la double responsabilité qui lui incombe. Comme mandataire, il répond envers ses clients, selon les règles du droit commun, des fautes ou négligences qu'il lui arriverait de commettre dans l'exercice de ses fonctions.

Comme commissionnaire, il est, de même que tout individu agissant, à ce titre, en son propre nom, pour compte d'autrui, personnellement garant de l'exécution des négociations auxquelles il prête son ministère ; et cela, encore bien qu'il n'ait commis ni faute, ni imprudence.

Ainsi le veulent les articles 13 et 19 combinés de l'arrêté du 27 prairial an **X**, qui portent :

« Art. 13. L'agent de change, *devant avoir reçu* de ses clients les effets qu'il vend ou les sommes nécessaires pour payer ceux qu'il achète, *est responsable* de la livraison et du paiement de ce qu'il aura vendu et acheté. Son cautionnement est affecté à cette garantie, etc. »

« Art. 19. Les agents de change devront garder le secret le plus inviolable aux personnes qui les auront chargés de négociations, à moins que les parties ne consentent à être nommées ou que la nature des opérations ne l'exige. »

De la loi du secret, formellement imposée par l'article 19, dérive, pour l'agent de change, la responsabilité relative à la livraison ou au payement.

L'article 13 n'a rien d'impératif, il ne fait pas de la remise préalable dont il s'occupe une condition absolue ; loin de là : il se borne à supposer que la remise préalable aura été accomplie, mais il ne transforme pas son inaccomplissement en contravention ou en délit. Il admet même qu'elle peut n'avoir pas été effectuée, et la conséquence qu'il déduit de son inexistence est, non pas la nullité de l'opération, mais uniquement la responsabilité encourue par l'officier public.

Et non-seulement cela ; mais la validité du marché à terme sérieux, conclu sans le fait de la remise préalable, ressort virtuellement de la disposition précise de l'article 422 du Code pénal.

Je n'ai nullement à entrer ici dans le détail des circonstances qui peuvent fréquemment et très légitimement porter l'agent de change à opérer sans remise préalable et à faire crédit à son client.

J'insisterai seulement sur une considération décisive, savoir que le fait même d'opérer à découvert ne froisse aucun intérêt, aucun droit. Qui se plaindrait, en effet, d'une opération à terme conclue sans remise préalable mais aboutissant en définitive à une remise réelle des titres et du prix ? —Serait-ce le client ? — Mais son agent de change en opérant, de confiance pour lui, lui rend service. Serait-ce le collègue de l'agent de change traitant directement avec lui ? — Mais l'agent de change satisfait précisément à l'engagement qu'il a contracté envers ce collègue.

Revenons donc à la sincérité de l'opération conclue. L'agent de change a-t-il vendu ou acheté sans avoir reçu les effets ou le prix : sa responsabilité existe ; elle est nécessaire, elle est légitime ; la loi qui la prescrit ne comporte pas d'exception.

Vainement, pour tenter d'éliminer la responsabilité que l'agent de change, comme commissionnaire, assume vis-à-vis de son collègue, invoque-t-on, à grand bruit, les art. 85 et 86 du Code de commerce, car ces articles prohibent uniquement les faits de recette, de payement et de cautionnement relatifs à des actes placés en dehors de l'exercice professionnel, et étrangers à l'exécution des négociations dont l'agent de change est chargé comme officier public.

La règle invariable, posée par la loi est que, toute négociation professionnelle et légitime entraîne pour l'agent de change la nécessité d'en garantir l'exécution, comme commissionnaire, de payer à son collègue les effets qu'il achète de lui, et de recevoir de ce collègue le prix des effets qu'il lui vend.

La jurisprudence s'est nettement, et à très juste titre, prononcée dans ce sens.

Je me bornerai à citer parmi plusieurs arrêts auxquels je pourrais me référer sur ce point, un arrêt de la Cour de cassation du 19 août 1823, qui caractérise péremptoirement la position de commissionnaire occupée par l'agent de change, et un arrêt de la Cour de Paris du 9 juin 1836 (Dall. 1836, 2, 126), qui réfute l'objection tirée des articles 85 et 86 du Code de commerce.

Voici l'arrêt de la Cour de cassation :

« La Cour, vu les articles 30 et 36 de l'arrêt du Conseil du 24 septembre 1724, les articles 13 et 19 de l'arrêté des consuls du 27 prairial an X.

» Considérant, en droit, qu'il résulte des arrêts du Conseil et des lois et arrêts intervenus sur la matière, que dans les négociations d'effets publics à la Bourse, les agents de change sont, par leurs fonctions mêmes, les intermédiaires nécessaires des parties intéressées ; que le vendeur et l'acheteur ne traitent pas personnellement, et que, le plus souvent, ils ne se connaissent même pas ; que le contrat ne se forme *que par et entre leurs agents de change respectifs,* qui stipulent en leur nom personnel, pour le compte de leurs commettants, et agissent, non comme mandataires des parties, mais comme de véritables commissionnaires, dans le sens de l'article 91 du Code de commerce ; que l'article 36 de l'arrêt du Conseil du 21 septembre 1724 et l'arrêté de prairial an X, font même un devoir aux agents de change de garder le secret le plus inviolable aux parties qui les ont chargés de négociations ; que de là il résulte que le vendeur et l'acheteur, n'ayant aucune espèce de relation entre eux, ne peuvent avoir d'action directe l'un contre l'autre, mais seulement contre les agents de change qui seuls ont consommé le marché. »

Quant à l'arrêt de la Cour de Paris, on y lit :

« Relativement aux objections prises de ce qu'un agent de change ne peut rien recevoir ni payer pour le compte de ses commettants, et de ce qu'il ne peut se rendre garant de l'exécution des marchés dans lesquels il s'entremet, attendu que *Mène* (le client) ne saurait s'autoriser d'un crédit fondé sur la confiance que *Dabrin* (l'agent de change) avait pu avoir en lui pour se délier de ses engagements ; —

attendu, d'un autre côté, que *Dabrin* n'est pas intervenu comme caution dans un traité que *Mène* aurait fait directement avec un tiers ; seul cas auquel se rapporte la disposition prohibitive de l'article 86 du Code de commerce. »

Un dernier argument en faveur du droit pour l'agent de change d'opérer à découvert, est celui que j'emprunte aux nombreux monuments de la jurisprudence des Cours impériales et de la Cour suprême, qui, en matière de marchés à terme sérieux, accordent à l'agent de change contre son client une action en payement des avances qu'il lui a faites.

Ainsi tombe la preuve de la prétendue prohibition indirecte des marchés à terme édictée, dit-on, contre les agents de change.

De cette discussion de droit je dois passer maintenant à la réfutation d'allégations et d'accusations diverses contre les agents de change auxquelles se sont laissé entraîner les coulissiers.

L'un de leurs défenseurs, je regrette de le dire, s'est constitué à cette barre l'écho trop fidèle d'un système de dénigrement que je ne condescendrai pas, pour ma part, à discuter dans quelques-uns de ses détails. Qu'il me suffise de répondre à des assertions de fait par des assertions contraires qui, je n'en doute pas, demeureront désormais à l'abri de toute controverse.

Et d'abord, on critique la formule des bordereaux de négociation adoptée par les agents de change. A cela je réponds par une justification décisive : c'est que la formule adoptée est en parfaite harmonie avec la position que les agents de change occupent légalement comme commissionnaires.

On critique ensuite l'institution de la caisse commune des agents de change, en disant qu'elle est destinée à venir au secours des agents atteints par des désastres, et que ces désastres n'ont lieu que parce que ceux qui les subissent ont illégalement contracté des engagements personnels.

Quelques mots seulement sur les circonstances qui ont amené la création de la caisse commune et sur la légitimité de son existence.

En 1818, sévissait une crise financière des plus intenses ; la rente pesait tellement sur la place que les marchés n'auraient pas pu être liquidés sans les sacrifices énormes que s'imposa volontairement la Compagnie des agents de change de Paris pour faciliter la liquidation de plusieurs agents, victimes de la mauvaise foi ou de la témérité de leurs clients : la Compagnie prévint par là l'avilissement progressif du cours de la rente.

M. le comte *Corvetto*, ministre des finances, écrivit à ce sujet au syndic de la Compagnie :

« Je vous félicite des efforts honorables qu'a faits votre Compagnie pour rassurer les intérêts et conserver l'honneur de la place. Le peu de bien que j'ai pu faire est dû en grande partie à la franche et loyale coopération de la Chambre syndicale ; soyez auprès d'elle l'organe de ma reconnaissance. »

L'honorable procédé de la Compagnie des agents de change fut mentionné en termes favorables par M. *Roy*, dans un rapport fait à la Chambre des députés, en 1819, sur la loi des comptes. Il est dit dans ce document :

« Le 30 octobre 1818 (la veille de la liquidation) on apprit que la banque de France avait inopinément restreint ses escomptes à quarante-cinq jours, après les avoir prodigués à quatre-vingt dix jours sur des effets de circulation et avoir fait des prêts considérables sur des certificats de l'emprunt. La crise la plus violente fut le résultat de cette mesure ; les agents de change se donnèrent des secours réciproques et surent faire d'honorables sacrifices. »

Ce fut à cette époque et au milieu de ces graves événements que la Compagnie des agents de change de Paris créa dans son sein un fonds commun de trois millions à la formation duquel chacun de ses membres concourut pour un soixantième. Ce fonds avait pour destination essentielle de mettre la Compagnie en état de supporter les sacrifices que les circonstances pourraient encore lui imposer.

Il était en même temps pour le public un accroissement donné à la garantie matérielle que déjà chaque agent de change lui offrait par son cautionnement et par la propriété de sa charge. Cet accroissement de garantie avait de plus le mérite d'être entièrement volontaire de la part de la Compagnie.

Le fonds commun est aujourd'hui de six millions.

La question de légalité d'existence de la caisse commune fut portée naguères devant la Cour de Paris, et voici en quels termes s'exprima dans un réquisitoire remarquable M. l'avocat général *Perrot de Chezelles :*

» La Caisse commune peut avoir plusieurs résultats utiles et importants : elle tend à égaliser, comme dans d'autres Compagnies, les produits des charges, retenant en réserve une partie de ces produits, pour ensuite les distribuer également à chaque membre, elle donne les moyens de subvenir à des dépenses communes indispensables ; aux frais généraux de l'agence et du syndicat, elle met à même d'accorder des secours à d'anciens agents de change malheureux, ainsi qu'à leurs veuves, des pensions aux employés de la Compagnie, *et de subvenir à des souscriptions honorables dont la Compagnie a plusieurs fois donné l'exemple ;* enfin en faisant des prêts à des agents de change momentanément embarrassés (ce qui, il faut en convenir, a été surtout le but de sa création), elle a souvent été utile à ce †officiers publics dont elle a prévenu la faillite et la ruine, à la Compagnie des agents de change dont elle a conservé le crédit et la considération aux clients de ces officiers publics qui ont reçu avec les fonds avancés par elle des payements qui sans ces fonds n'eussent pas eu lieu, à la place de Paris sur laquelle elle a évité ou atténué des crises toujours si funestes, et enfin au crédit public auquel des faillites d'agents de change ou des ventes forcées de fortes parties de rentes auraient pu momentanément porter atteinte.

» Le résultat des prêts faits par la caisse commune indique assez hautement qu'elle a procédé avec désintéressement et qu'elle a été non moins utile au public qu'à la Compagnie qui l'a créée. Depuis la révolution de juillet elle a prêté 4,344,500 francs ; elle est rentrée seulement dans 2,064,944 francs. La différence eût probablement été perdue par le public, si elle ne l'avait pas été par la Compagnie des agents de change. Cette masse de prêts a dû nécessairement prévenir de nombreux et graves sinistres et rendre d'éminents services. »

De l'attaque contre la caisse commune les coulissiers passent à l'attaque contre la fixation d'un cours de compensation. Ils invoquent sur ce point, disent-ils, un fait *historique.*

Quand on prétend écrire l'histoire il faut au moins parler le langage de la vérité ; or, voici celui que tiennent les coulissiers :

« En 1848, disent-ils, le 5 mars, la Bourse de Paris rouvrit avec une baisse considérable des valeurs. Le 3 pour 100, de 73 fr. 35 c. était tombé à 58 fr. Si la liquidation des opérations engagées se fût faite sur le taux de ce dernier cours, les agents de change auraient tous succombé sous le poids de leurs engagements. La chambre syndicale prit le parti de fixer comme cours de compensation le cours de 70 fr. 50 c., et, ainsi de débarrasser (moyen facile) la Compagnie d'une différence de 15 fr. 65 c. en la réduisant à 2 fr. 85 centimes. »

Le fait est ici représenté sciemment comme si, *ex post facto*, les agents de change eussent le 5 mars fixé un cours de compensation et réduit un chiffre différentiel de 15 francs 65 centimes au chiffre de 2 francs 85 centimes.

Voici la rectification : ce n'est pas le 5 mars, c'est le 28 février 1848 que les agents de change ont établi un cours de compensation sur une différence de 2 francs 85 centimes (73 fr. 35 c.), dernier cours ; 70 fr. 50 c. cours de compensation ; 2 fr. 85 c. (différence).

Les agents de change, en établissant le 28 février 1848, le cours de compensation dont il s'agit, ignoraient assurément quel cours donnerait la Bourse le 5 mars.

Voilà la preuve parfaitement nette de la bonne foi des coulissiers quant à leur allégation d'un fait historique.

Mais ce qu'ils ont soin de taire devant vous, messieurs, c'est que, à cette même date, ils ont liquidé eux-mêmes à un cours inférieur à celui de 2 fr. 85 c. adopté par les agents de change.

Les coulissiers taisent autre chose encore, mais je me charge de parler pour eux. Or, ce que j'ai à dire, c'est que ce cours de compensation de 2 fr. 85 c. qu'ils incriminent a été formellement approuvé : 1° par l'administration supérieure ; 2° par la haute banque de Paris ; 3° par l'autorité judiciaire.

Il a été approuvé par l'administration supérieure, car les agents de change ne l'ont établi qu'après en avoir conféré avec M. le ministre des finances.

De son côté la haute banque de Paris formula, le 11 mars 1848, la déclaration suivante dont l'original a été déposé en minute le 21 du même mois chez un notaire :

» La Chambre syndicale des agents de change ayant décidé que, vu les circonstances, il ne serait pas fait livraison des valeurs en liquidation de février et du 15 mars, et qu'elles resteraient la propriété des détenteurs actuels, nous avons cru devoir en ce qui nous concerne nous soumettre à cette mesure nécessitée par un cas de force majeure ; et nous déclarons de plus qu'il n'y avait pas d'autre moyen possible de liquider les marchés à terme dans de pareilles circonstances. »

» Paris, le 11 mars 1848.

» (Signé) : Mallet, frères. — G. Odier. — Thurneyssen. — Pillet-Will. — J. A. Blanc-Mathieu. — A. Marcuard. — Hardouin. — D'Eichtal. — Paccard-Dufour. — J. Odier. — De Gouraiff. — Hottinguer. — Fould et Fould-Oppenheim. — A Gouin.)

Quant à l'autorité judiciaire, elle a validé le cours de compensation précité en s'exprimant (arrêt de la Cour de Paris du 22 août 1849) dans les termes suivants :

» La Cour, considérant qu'il est constant que par l'effet des circonstances graves où se trouvait à la fin de février 1848 la place de Paris, il n'était pas possible de réaliser l'opération ainsi qu'elle avait été convenue et arrêtée entre les parties, et qu'à raison des circonstances de force majeure le mandataire, en réglant ladite opération au cours de compensation adopté alors par la Compagnie des agents de change, *sous l'approbation de l'administration*, a agi au mieux des intérêts de son mandant. »

D'un autre côté les coulissiers taxent d'arbitraire la fixation par la Compagnie des agents de change : 1° des quantités de rente sur lesquelles on peut opérer à terme ; 2° des délais pour l'exécution des marchés à terme. Mais cette double fixation est intrinsèquement empreinte du caractère de mesure d'ordre et elle se justifie en droit comme en pratique, par une foule de précédents sur le sérieux desquels il serait superflu d'insister.

Pour la coulisse on plaide encore que l'établissement des cours de compensation substitue un cours factice aux cours réels, et que les liquidations centrales n'ont jamais en vue que des différences à solder pour opérations fictives. Mais le cours de compensation n'est ni factice ni arbitraire ; il est déterminé par la chambre syndicale. Chaque jour de liquidation il se fixe pendant la bourse à deux heures, et pour chaque effet, d'après le cours du moment. Ce cours de compensation ne sert que pour les liquidations centrales, lesquelles ont si peu pour objet des différences, qu'il s'y échange, ainsi que cela a déjà été dit, des capitaux contre des titres, *par milliards*.

Les coulissiers qui ne se font faute ni d'insinuations, ni d'arguties, ni d'allégations téméraires, avancent, en abordant le terrain des personnalités, que la fortune et la consistance individuelle de tout agent de change sont à la merci de tels ou tels évènements qui affectent à l'improviste les cours, et ils s'écrient avec une imperturbable assurance : Voyez ce qui s'est passé lorsqu'arriva à Paris la nouvelle de la paix de Villafranca ! Cette nouvelle causa à la Bourse une sensation telle que plusieurs agents de change furent forcés de se démettre de leurs fonctions et que d'énormes emprunts furent faits à la caisse syndicale pour venir en aide à des positions gravement compromises.

Au nom de la chambre syndicale et de la Compagnie tout entière je déclare nettement que cette allégation est radicalement erronée.

Non, il n'est pas vrai qu'une seule démission forcée ait été donnée à l'époque dont il s'agit.

Non, il n'est pas vrai qu'à cette même époque, un seul emprunt ait été fait à la caisse syndicale.

Qu'on juge d'après cela ce que valent les assertions de la défense des coulissiers.

Enfin, les coulissiers font grand bruit d'un rapport adressé le 8 mars 1842 par M. le Préfet de police *Delessert* à M. le Ministre des finances ; mais ce rapport se résume uniquement en ceci : que les agents de change ne peuvent pas se plaindre d'une immixtion dans leurs fonctions par les coulissiers, en 1842, attendu que ceux-ci se livrent exclusivement à des opérations désavouées par la loi, et nécessairement exclues à ce titre de la sphère d'action légale des agents de change.

Ce rapport est donc la condamnation des coulissiers comme auteurs du délit de jeu sur les effets publics. Il paraît que je m'étais trompé en me croyant, jusqu'à présent, dispensé de rappeler aux coulissiers qu'il existe en droit un adage ainsi conçu : *Nemo auditur propriam turpitudinem allegans !*

Les développements dans lesquels je suis entré sur le premier moyen de cassation invoqué par les demandeurs, moyen avec lequel se confondent le second et le troisième, me dispensent du soin de répondre spécialement à ceux-ci.

Quant au quatrième moyen, je n'ai rien à en dire, puisqu'il a été abandonné à cette audience.

Quelques mots encore, messieurs, et je termine.

Les coulissiers font de vains efforts pour se réhabiliter en excipant : 1° de l'assentiment tacite que l'autorité aurait donné à leurs opérations ; 2° du principe de la liberté du marché ; 3" des services rendus par la coulisse ; et, se relevant de toute la hauteur de leur prétendu droit méconnu, ils formulent le dilemme suivant : Ou il faut désormais que l'opération à terme disparaisse, ou il faut laisser subsister la coulisse.

A cela une triple réponse.

Quelle qu'ait été la tolérance de l'autorité à l'égard des coulissiers, elle n'a jamais pu soustraire leurs actes à l'appréciation légale que les tribunaux devaient en faire et qu'ils en ont faite.

Le principe de la liberté du marché trouve sa limitation nécessaire dans de hautes et légitimes exigences du crédit public et privé.

Il est plus que permis de révoquer en doute les services rendus par la coulisse, alors qu'ils se produisent soit sous la forme d'opérations sérieuses, mais qu'elle n'a consommées qu'en s'immisçant au détriment du public dans les fonctions réservées aux agents de change, institués par la loi comme agents intermédiaires seuls dignes de confiance, soit sous la forme de jeux et de paris dont le code pénal fait justice.

Quant au dilemme rien de plus naturel, rien de plus légal, que de le transformer en une proposition parfaitement claire qui corresponde au double vœu de la loi positive ainsi que de la loi morale, et que voici :

Il faut, d'une part, que l'opération à terme sérieuse subsiste et soit pratiquée par ceux-là seuls qui, à titre d'intermédiaires officiels, ont seuls aussi le droit de la conclure ; et, d'autre part, il faut que, loin de subsister, la coulisse cesse d'exister.

En résumé, le débat actuel se caractérise comme une lutte engagée dans le monde des affaires entre les promoteurs de l'anarchie et les représentants de l'ordre.

J'ai pleine confiance dans le succès de ces derniers, car la Cour suprême appréciera dans toute son étendue la haute mission dont elle est aujourd'hui investie, et qui consiste, en interprétant la loi positive, à sauvegarder, en même temps, au double point de vue de la morale et de la loyauté des transactions, un ensemble de salutaires principes, trop souvent méconnus, et à affermir, par l'autorité d'un arrêt énergique, les bases sur lesquelles reposent tout à la fois le crédit public et le crédit privé.

# RÉQUISITOIRE DE M. L'AVOCAT GÉNÉRAL MARTINET.

Messieurs,

Lorsqu'on se met en face des prohibitions de la loi et des constatations de l'arrêt attaqué, on est tout d'abord tenté de se demander s'il est bien nécessaire de défendre cet arrêt contre tous les reproches qui lui sont adressés. Les termes de la loi sont si clairs et la décision des juges du fond si précise, que la discussion serait en vérité bien vite épuisée si, avec un zèle et une habileté qu'on ne peut méconnaître, on n'avait pris soin de la faire sortir du cercle dans lequel on aurait peut-être pu la laisser enfermée. Quand, en effet, j'entendais, à la dernière audience, discuter, à l'appui du pourvoi, toutes ces grandes questions de crédit public et de liberté du marché de la Bourse, je me demandais si c'était bien l'application et non pas la modification des lois existantes qu'on venait réclamer de votre justice ; car assurément la liberté du marché financier, telle au moins que la comprend le pourvoi, cette liberté absolue qui n'a jamais fait que des ruines, aussi bien dans l'ordre financier que dans l'ordre politique, cette liberté est condamnée par tous les textes qu'on invoque, et on n'a pu abriter le pourvoi derrière une pareille thèse qu'en se plaçant précisément en dehors des lois au nom desquelles on a la prétention singulière de le faire triompher.

Au point où en est arrivé le débat, je voudrais bien ne pas imposer à la Cour la fatigue d'une nouvelle revue de la législation ancienne et moderne sur la matière, je n'en rappellerai donc que ce qui sera nécessaire à l'appréciation des moyens proposés.

Ces moyens, la Cour le sait, sont au nombre de quatre ; mais si l'on y regarde de près, on s'aperçoit bien vite qu'à part le dernier, qui ne saurait tenir un instant devant votre jurisprudence, les trois autres n'en forment, à vrai dire, qu'un seul, qui peut se formuler ainsi : « Les coulissiers ne se sont pas immiscés dans les fonctions des agents de change, car ils n'ont fait que des opérations interdites par la loi aux agents de change.

Étrange système de défense que celui-là, il faut en convenir, et bien fait, sans doute, si jamais l'exécution de la loi avait besoin d'être justifiée, pour démontrer la nécessité et la moralité des poursuites dont les demandeurs ont été l'objet ; car, enfin, quelle est donc cette prétention réduite à son expression vraie ? Celle de faire des opérations à terme et à découvert, devant se liquider par des différences, opérations interdites aux agents de change.

Interdites aux agents de change ! Je le crois bien, et à tout le monde comme aux agents de change, car de pareilles négociations ne sont que des marchés fictifs, c'est-à-dire des jeux de Bourse, c'est-à-dire des délits réprimés par la loi. Le langage des demandeurs est donc celui-ci : Nous ne vivons que de jeu, les agents de change ne doivent pas jouer, donc nous n'usurpons pas leurs fonctions.

Si cette prétention était fondée en fait ; si, en effet, il était dans la destinée de la coulisse de ne s'entremettre que dans des jeux de Bourse, dans ce qu'à toutes les époques on a appelé l'agiotage, qu'on a toujours considéré comme un fléau et puni comme une atteinte aux lois et au crédit public, il faudrait convenir que cette liberté illimitée du commerce dont les coulissiers se prétendent ici les champions et les martyrs, est une liberté bien peu regrettable, puisqu'elle ne peut porter que de pareils fruits.

D'un autre côté, en tenant ce fait pour constant que les demandeurs ne se seraient entremis que dans des opérations de jeu, il importerait encore d'examiner si, pour arriver à ces liquidations sur les différences, seul terme de leurs opérations, ils n'ont pas dû nécessairement toucher aux fonctions des agents de change. L'immixtion dans les fonctions d'agent de change ou de courtier ne consiste pas seulement dans la consommation complète d'un des marchés dont la loi leur réserve l'exécution. Il y a empiétement, et conséquemment délit, toutes les fois qu'on a fait un seul des actes nécessaires pour arriver à une négociation qui appartient à ces fonctionnaires spéciaux. Vous l'avez formellement décidé, en matière de courtage illicite, par votre arrêt du 30 avril 1853, au rapport de notre honorable collègue M. Nouguier. — La loi de ventôse et l'arrêté de prairial défendent de s'immiscer, *sous quelque prétexte que ce soit et d'une façon quelconque*, dans les fonctions d'agents de change ; il ne serait sans doute pas difficile d'établir qu'en négociant des effets publics ou d'autres valeurs de Bourse, alors même que ces négociations ne tendaient pas à la livraison des titres, les coulissiers s'immisçaient dans des attributions qui sont dans le domaine exclusif des agents de change. Sans doute, dans ce cas, ils usurpaient les fonctions d'agent de change pour en abuser, ainsi que fait celui qui prend faussement la qualité de commissaire de police pour pratiquer illégalement une arrestation. Mais celui-ci, comme celui-là, usurpe des fonctions auxquelles la loi lui défend de toucher.

Mais, disons-le, une pareille discussion serait vaine. Les demandeurs, heureusement pour eux, se calomnient, ils n'ont pas fait seulement des opérations fictives ; ils en ont fait beaucoup sans doute, — il faut bien les en croire, mais ils en ont fait d'autres aussi, — l'arrêt attaqué ne permet pas d'en douter.

Ils ont fait des marchés à terme, et les marchés à terme sont des contrats légaux lorsqu'ils sont sérieux ; — ils ont fait des reports, c'est-à-dire des opérations qui tiennent à la fois du marché à terme et du marché au comptant, opérations aussi légales qu'utiles au crédit public. Ils ont proclamé et constaté des cours, opération bien légale aussi sans doute, puisque la loi en attribue l'exécution exclusive aux agents de change.

Aussi est-il qu'ils n'ont pas soutenu jusqu'au bout cette prétention insoutenable devant les termes de l'arrêt, de n'avoir jamais fait que des marchés sur les différences, et qu'ils ont été amenés par la nécessité de leur situation à vous proposer de décider que les marchés à terme, sérieux ou non, sont, d'une manière absolue, interdits aux agents de change, et que c'est sur cette prétention unique, et à coup sûr nouvelle, que pivote toute l'argumentation qu'ils vous ont présentée.

Permettez-moi d'abord d'écarter du débat le quatrième moyen, celui qui est tiré de la fausse application et, par suite, de la violation de la loi de ventôse an IX; de la loi du 28 avril 1816 et de l'ordonnance du 9 janvier 1818, violation qui résulterait de ce que, pour déterminer le *quantum* de l'amende à laquelle il a condamné les demandeurs, l'arrêt attaqué s'est reporté aux lois et ordonnances de 1816 et 1818, qui fixaient le cautionnement des agents de change à Paris à la somme de 125 000 francs, au lieu de se reporter comme il aurait dû le faire, selon le pourvoi, à la loi de ventôse an IX, qui ne fixait le chiffre de ce cautionnement qu'à 60 000 francs seulement.

La réponse à cette objection, vous l'avez, ce me semble, faite dans un arrêt dont on vous a rappelé le texte; je la trouve d'ailleurs dans le texte même de cet article 9, qu'on prétend avoir été méconnu par l'arrêt attaqué. Cet article 9 n'a pas déterminé une amende fixe et invariable, de façon qu'il eût été impossible d'en infliger une autre en l'absence de tout texte ultérieur sur ce point. Au lieu d'édicter une amende fixe et invariable, la loi de ventôse a fixé la base sur laquelle cette amende serait calculée. Cette base est le sixième du cautionnement; d'où il suit que l'amende n'est pas fixe, mais proportionnelle.

Rien de plus juste qu'une pareille disposition. Le délit est en effet plus ou moins grave, le dommage causé aux officiers publics plus ou moins considérable, le gain illicite plus ou moins élevé, selon le chiffre du cautionnement des agents de change dont on aura usurpé les fonctions. L'amende suit la proportion du délit. Voilà toute l'économie de l'article 8. Cet article n'a pas dit et ne pouvait pas dire que l'amende serait toujours calculée sur le cautionnement tel qu'il a été fixé en l'an IX; il a dit seulement que le chiffre de l'amende serait fixé suivant le taux du cautionnement. Or, pour que le cautionnement soit utilement, justement imposé, il est nécesaire, indispensable, qu'il suive le progrès ou la décadence des places de commerce, qu'il soit proportionnel en un mot à l'importance de ces places, et, par conséquent, à la responsabilité de l'agent de change. Voilà, je le répète, tout le système de la loi de ventôse an IX, il est impossible de le comprendre autrement, et en l'appliquant ainsi, l'arrêt attaqué l'a sainement interprété; j'en ai pour garant l'arrêt de 1857 que vous avez rendu, au rapport de M. Plougoulm, et qui me dispense d'insister plus longtemps sur ce premier point.

J'arrive maintenant à l'examen des deux premiers moyens; je dis des deux premiers moyens, car en vérité leur formule suffit à prouver qu'ils n'en forment qu'un seul, et qu'on ne saurait les détacher l'un de l'autre dans la discussion. Ils sont ainsi libellés : Fausse application et, par suite, violation de l'article 76 du Code de commerce, de l'article 8 de la loi de ventôse, de l'arrêté du 27 prairial an X, et enfin des articles 85 et 86 du Code de commerce; en ce que l'arrêt attaqué aurait à tort vu le délit d'immixtion dans les fonctions d'agent de change, dans des opérations non comprises au nombre des opérations réservées aux agents de change; et que, sous ce rapport, il y avait lieu d'écarter l'action des agents de change en la déclarant irrecevable, et que, d'un autre côté, l'action publique devait être également écartée, puisque les faits incriminés ne tombaient pas sous le coup de la loi de ventôse an IX.

Précisons bien d'abord en quoi consistent les faits incriminés; et, sur ce point, je veux complétement désintéresser le pourvoi en m'en référant au texte de l'arrêt, et en laissant de côté toutes les constatations du jugement, expressément confirmé pourtant par cet arrêt.

Voici donc ce que je lis dans l'arrêt attaqué :

« Attendu que de l'instruction et des débats, aussi bien que de l'aveu même des prévenus à l'audience, il résulte que ces derniers ont, depuis moins de trois ans, agi comme intermédiaires, moyennant une commission ou un courtage, entre vendeurs et acheteurs d'effets publics et de valeurs susceptibles d'être cotées ; qu'ils ont proclamé et constaté des cours à la Bourse et en dehors de la Bourse ; que ces faits constituent l'immixtion dans les fonctions réservées aux agents de change. »

Je m'arrête ici un instant pour me reporter à votre arrêt du 28 août 1857, au rapport de M. Plougoulm dont j'avais l'honneur d'entretenir la Cour il y a un instant, et pour lui rappeler que, dans cette espèce de 1857, il s'agissait aussi pour elle d'apprécier la légalité d'un arrêt de la Cour de Paris qui avait condamné deux coulissiers pour immixtion dans les fonctions d'agent de change. On soutenait alors, comme on le soutient aujourd'hui, que les faits tels qu'ils étaient retenus par l'arrêt attaqué, et qui étaient en tout semblables à ceux qui nous occupent, ne constituaient pas le délit qu'avaient voulu réprimer la loi de prairial et la loi de ventôse. Voici ce que vous avez répondu :

« Attendu sur le premier moyen, tiré de la fausse application des articles 8 de la loi du 28 ventôse an IX et 4 de l'arrêté du 27 prairial an X, en ce que le délit d'immixtion dans les fonctions d'agent de change, ne résulterait pas suffisamment des faits constatés par l'arrêt ;

» Attendu que le jugement confirmé par l'arrêt attaqué déclare que les prévenus se sont immiscés, tant à l'intérieur qu'à l'extérieur de la Bourse de Paris, dans les fonctions d'agent de change, en vendant et achetant des valeurs sur les fonds publics, pour le compte d'autrui ; — Que ces faits d'achat et de vente rentrent exclusivement dans les fonctions d'agent de change, qu'ils sont compris dans les négociations dont parle l'article 76 du Code de commerce, et spécialement réservées à ces officiers publics ; qu'ils constituent donc de la part d'individus étrangers, l'immixtion illicite, prévue par la loi ; d'où il suit que le délit, tel qu'il résulte de l'arrêt, est légalement caractérisé. »

Ainsi d'après cet arrêt de 1857, le fait d'acheter ou de vendre pour le compte d'autrui des effets publics, que ces achats ou ces ventes aient lieu à terme ou au comptant, apparemment, puisque l'arrêt de 1857 ne distingue pas, ce fait d'achat ou de vente constitue bien le délit d'immixtion dans les fonctions d'agent de change. Or, c'est précisément ce fait qui est reconnu constant par l'arrêt attaqué, lequel ajoute que les demandeurs se sont livrés à ces achats et ventes d'effets publics moyennant commission ou courtage ; lequel ajoute encore que leurs opérations n'ont pas porté seulement sur des effets publics, mais sur d'autres valeurs susceptibles d'être cotées ; lequel ajoute enfin, comme la Cour le sait, qu'ils ont proclamé et constaté, tant à l'intérieur qu'à l'extérieur de la Bourse, les cours de ces diverses valeurs. Tous ces faits, messieurs, sont essentiellement constitutifs du délit d'immixtion dans les fonctions d'agent de change. Il suit de là que l'arrêt attaqué serait pleinement justifié déjà par le premier considérant. — Mais c'est ici que le pourvoi intervient pour soutenir que ce premier considérant isolé de ceux qui le suivent ne rend pas la pensée de l'arrêt attaqué sur le genre d'opérations auquel se sont livrés les prévenus. Qu'en effet, si on lit dans le premier considérant, conçu en termes généraux, qu'il résulte de l'instruction et des débats, qu'ils se sont livrés à la négociation d'effets publics, il est certain que le genre de négociations auquel se sont livrés les demandeurs ayant été déterminé d'une manière invariable par leurs conclusions devant la Cour, l'arrêt attaqué n'a entendu parler que de négociations à terme, et ce qui le prouve, c'est que dans le deuxième considérant, la Cour s'expliquant sur cette allégation des prévenus, ajoute :

« Qu'il n'y a pas de distinction entre les négociations au comptant et les négociations à terme, lorsqu'elles sont sérieuses, parce que les unes et les autres rentrent également dans les attributions des agents de change. »

Messieurs, je veux bien admettre, mais par pure concession, car sans cela il n'y aurait plus de discussion, que l'arrêt peut être ainsi interprété. Et cependant cette explication, je ne puis m'empêcher de le dire, pourrait être facilement contestée, car enfin les conclusions des demandeurs n'ont pas pu (nous sommes en matière correctionnelle) fixer d'une manière invariable le genre d'opérations que la Cour de Paris a déclarées constantes ; ces conclusions ont pu être parfaitement modifiées par les aveux des demandeurs à l'audience, aveux sur lesquels l'arrêt attaqué appuie expressément ses constatations.

Enfin, en admettant cette explication de l'arrêt si peu admissible qu'elle soit, il reste encore à la charge des demandeurs le fait d'avoir proclamé et constaté des cours, fait à lui seul suffisant pour ruiner le pourvoi.

A cela on objecte encore que les cours dont il s'agit ici ne sont que des cours de marchés à terme, que les opérations à terme étant interdites aux agents de change, ces derniers sont sans qualité pour se plaindre, que l'on constate les cours d'opérations auxquelles ils sont et doivent rester entièrement étrangers. C'est peut-être un peu abuser de la prétendue prohibition des marchés à terme faite aux agents de change, alors que l'arrêt ne s'y prête, sur ce point au moins, en aucune façon.

Le premier considérant de cet arrêt déclare, en effet, que les coulissiers ont fait des négociations et constaté des cours. Admettons que ces négociations ont été toutes des négociations à terme, puisque aussi bien le second considérant s'explique sur la légalité des marchés à terme, il n'y a pas d'autre motif. Mais ce second considérant est muet sur la constatation des cours dont parle le premier. Je suis donc fondé à conclure de l'ensemble des deux considérants que si les demandeurs n'ont fait que des négociations à terme, dans tous les cas ils ont constaté des cours de tout genre, aussi bien des cours de marchés à terme que des cours de marchés au comptant, aussi bien des cours d'effets publics que d'autres valeurs susceptibles d'être côtées, et, sous ce premier rapport, ils ont violé la loi puisque, aux termes de l'article 76 du Code de commerce, toutes ces opérations rentrent dans les opérations exclusives des agents de change. Sous ce premier rapport, la peine prononcée contre eux est donc complétement justifiée.

Maintenant ce point bien établi qu'ils ont proclamé des cours, j'arrive à la question fondamentale du pourvoi.

« Servir d'intermédiaire, moyennant courtage ou commission, pour acheter ou pour vendre *à terme*, pour le compte d'autrui, des effets publics ou autres valeurs de Bourse, est-ce s'immiscer dans les fonctions d'agent de change? »

Si l'on se place devant l'article 76 du Code de commerce, qui dispose expressément que les agents de change ont seuls le droit de faire les négociations sur les effets publics et autres valeurs susceptibles d'être cotées, — le doute, en vérité, ne paraît guère possible. Cet article, en effet, ne distingue pas, comme on voit, entre les négociations à terme et les négociations au comptant. Si donc les opérations à terme sont licites comme les opérations au comptant, il en résultera nécessairement que celles-ci sont aussi bien que celles-là dans le domaine exclusif des agents de change.

Le pourvoi, il faut lui rendre cette justice, n'élude pas la difficulté, et, quittant le terrain des jeux de Bourse proprement dits, il vient soutenir devant vous, d'une manière absolue, que les lois constitutives des Bourses de commerce ne reconnaissent que les négociations au comptant, et qu'elles prohibent formellement les marchés à terme.

Cette proposition juridique, au moins nouvelle, on l'a déjà dit, repose, selon le pourvoi, d'abord sur les défenses directes de la loi, qui prohibent expressément les opérations à terme, — en second lieu, sur la nature des prescriptions professionnelles qui sont imposées aux agents de change, et qui, indirectement au moins, ne leur permettent pas de s'entremettre dans des marchés à terme.

Le pourvoi reconnaîtra au moins que s'il en est ainsi, et que, s'il est dans le vrai, le gouvernement, le monde financier et la magistrature sont singulièrement dans le faux, et depuis longtemps. Car enfin, nous voyons chaque jour dans tous les journaux, le *Moniteur* en tête, publier les cours, non pas seulement des opérations au comptant, mais aussi ceux des opérations à terme, les uns et les autres officiellement constatés par les agents de change, selon le vœu de la loi. Nous voyons en même temps ces sortes de négociations prendre chaque jour de plus grands développements, pour le plus grand bien du crédit public et du crédit privé, puisqu'elles se chiffrent aujourd'hui par milliards. Enfin nous voyons les Tribunaux et les Cours reconnaître la parfaite légalité de pareils marchés, faits par des agents de change, lorsqu'ils ne cachent pas un pari, un jeu de Bourse, c'est-à-dire lorsqu'ils sont sérieux, comme ils le sont tous jusqu'à preuve contraire.

Et remarquez que l'arrêt attaqué n'impute ou ne relève contre les demandeurs que des marchés à terme sérieux.

Il faudrait donc, pour que le délit d'immixtion illicite n'ait pas été commis, que les marchés à terme sérieux soient interdits aux agents de change, c'est-à-dire contraires à la loi; car si, encore une fois, ce sont des négociations légales comme les autres, les agents de change ayant seuls le droit de faire toutes négociations sur les effets publics, il s'ensuivra que les demandeurs auront aussi bien usurpé leurs fonctions en négociant à terme qu'en négociant au comptant.

L'illégalité des marchés à terme résulte, selon le pourvoi, des défenses de l'arrêt du Conseil du 24 septembre 1724, qui dispose, article 29, qu'à l'égard des négociations de papiers commerçables et autres effets, elles seront toujours faites par le ministère de deux agents de change, à l'effet de quoi les particuliers qui voudront acheter ou vendre des papiers commerçables ou autres effets, *remettront l'argent et les effets* aux agents de change avant l'heure de la Bourse, sur leur reconnaissance portant promesse de leur *rendre compte dans le jour.*

Jusqu'ici, il faut bien le reconnaître, les opérations à terme étaient absolument impossibles sous l'empire d'une pareille législation, mais qui ne connaît l'histoire de cet arrêt?

On était au lendemain des désastres du système de Law, qui avait entraîné dans sa ruine tant de fortunes, y compris celle de l'État; l'émotion causée par ce triste épisode de notre histoire financière avait fait dépasser le but qu'on voulait atteindre, et il faut dire qu'avec une législation aussi ignorante des véritables notions de crédit, en voulant frapper l'agiotage qui jouissait alors de cette liberté illimitée qu'on regrette et qui avait si cruellement compromis la fortune publique, on portait un nouveau coup au crédit dont il ne se serait peut-être jamais relevé s'il était resté garrotté dans de pareilles entraves. Aussi est-il que ce règlement, malgré sa sévérité et peut-être à cause de cette sévérité, ne fut guère obéi, et que les nécessités du commerce ramenèrent bientôt l'usage des opérations à terme qui se pratiquaient librement d'ailleurs sur les grands marchés étrangers, et qu'on laissa aller ainsi les choses pendant soixante ans, jusqu'en 1785. Mais à cette époque, une nouvelle crise financière, désastreuse pour l'État, provoqua de nouvelles mesures de rigueur contre les marchés à terme.

L'arrêt du Conseil du 7 août 1785 renouvela les défenses de celui de 1724 et rendit de nouveau les opérations à terme impossibles, par la nature des prescriptions qu'il imposait à la conclusion de ces marchés.

Mais cette fois, au moins, on comprit vite qu'on avait été trop loin, et quelques mois après, le 2 octobre 1785, parut un nouvel arrêt qui permit de remplacer le dépôt réel du titre à vendre, exigé par le précédent arrêt, par le dépôt des pièces probantes de la propriété de ce titre, — ce qui était déjà fort différent. Cet arrêt fut bientôt suivi d'un autre du 22 septembre 1786, qui autorisa les marchés à livrer, dans le délai de deux mois au plus. Le marché à terme était dès lors sanctionné par la loi, encore enveloppé sans doute de prescriptions inconciliables avec les nécessités de la spéculation; mais enfin le principe du marché à terme était posé sous les conditions qu'on vient de rappeler.

Les lois révolutionnaires, j'épargne à la Cour la fatigue de leur énumération, ne changèrent rien aux prohibitions de l'ancien régime, pas même, quoi qu'en dise le pourvoi, la loi de vendémiaire an IV, qui déclare nulles les ventes fictives d'effets et *les marchés à terme et à prime déjà interdits par de précédentes lois,* c'est-à-dire dans les termes où ils avaient été interdits par les précédentes lois. Ces dernières expressions, ainsi que le fait remarquer, avec beaucoup de raison M. le premier président Troplong, sont remarquables en ce qu'elles donnent une nouvelle vie aux arrêts du Conseil que nous avons rappelés, et qu'elles prouvent que le législateur de l'an IV n'a pas voulu revenir aux prohibitions absolues de l'arrêt de 1724. Les lois révolutionnaires ne changèrent donc rien à l'ancien état de choses, elles maintinrent les anciennes prescriptions, elles ne firent rien de moins, mais elles ne firent rien de plus; et, il faut le dire, on comprend que la révolution ne put aller plus loin. — Dans la situation que lui avaient faite les événements, en présence de l'agiotage effronté auquel servaient de pâture les assignats, tristes et derniers débris de la fortune publique écroulée, on comprend qu'elle ne fut pas tentée d'ouvrir, par des mesures plus libérales, qui, en 1791, ne lui avaient pas d'ailleurs réussi, un champ plus large à cet agiotage dont elle eut tant à souffrir, au milieu de tous les maux qui affligeaient alors notre malheureux pays. Le maintien des anciennes prohibitions fut peut-être une nécessité. Mais les événements marchaient, et les idées longtemps effrayées ou obscurcies par les malheurs publics, commençaient à s'ouvrir aux vérités sociales et économiques. Les intérêts, rassurés par un gouvernement réparateur, reprenaient confiance; les affaires, par suite, retrouvèrent bientôt cette activité que heureusement en France elles ne perdent jamais bien longtemps.

Une nouvelle loi, la loi de ventôse an IX, bientôt suivie de l'arrêté de prairial an X, avait créé et organisé les Bourses de commerce; loi et arrêté bien incomplets sans doute, puisque, ne s'expliquant pas sur les marchés à terme, ils laissent encore sur ce point le champ libre à toutes les interprétations tirées des anciens textes. Mais, tels qu'ils sont, ces deux documents législatifs posèrent les principes essentiels en matière de négociations d'effets publics et autres valeurs susceptibles d'être cotées. Aux termes de ces dispositions toujours en vigueur, les négociations ne peuvent plus se faire qu'à la Bourse et à des heures déterminées, afin qu'une surveillance nécessaire puisse s'exercer sur ces transactions si importantes. Les négociations ne peuvent plus se faire que par le ministère des agents de change. Les agents de change sont définitivement constitués avec les priviléges qui leur appartiennent encore aujourd'hui ; les conditions de leur nomination sont déterminées, leur responsabilité est créée et leur cautionnement affecté à cette responsabilité. Sans doute, leur office n'est pas obligatoire dans tous les cas, il ne l'est réellement que pour le transfert des rentes nominatives; leur ministère n'est pas obligatoire en ce sens qu'on peut acheter et vendre soi-même, sans recourir à eux, des effets publics. Mais toutes les fois que, pour ces achats ou ces ventes, on a besoin d'un intermédiaire, cet intermédiaire ne peut être que celui de la loi, c'est-à-dire l'agent de change. La raison de ce privilége, nous la trouvons dans l'exposé des motifs de la loi de ventôse. La voici telle qu'elle y est exprimée :

« Entre vendeurs et acheteurs, lit-on dans ce document, il est besoin d'intermédiaires qui facilitent, proposent, consomment *et garantissent* l'exécution de contrats ; il faut que leur moralité, *leur fortune même*, leurs connaissances, soient une garantie pour les citoyens ; il faut qu'ils soient désignés par le gouvernement à la confiance publique ; que l'État et les particuliers trouvent un gage dans un cautionnement contre les erreurs ou les fautes qu'ils peuvent commettre. »

Voilà, je le répète, la raison du privilége des agents de change, la garantie que, par le mode de leur nomination et par leur cautionnement, ils offrent à l'État et au public, et que ne sauraient présenter les coulissiers, quelque honorables qu'ils puissent être d'ailleurs. A ces garanties sont venues depuis s'en joindre d'autres, telles, par exemple, que celles de la chambre syndicale. Permettez-moi de rappeler en quels termes s'exprime sur cette institution le préambule de l'ordonnance du 29 mai 1846 qui l'a créée :

« Il est utile, dit le préambule, de rendre la Compagnie en quelque sorte gardienne de sa propre considération, en établissant dans son sein une autorité surveillante, composée de ses membres les plus instruits et les mieux famés. »

Et la chambre syndicale est investie en effet par cette ordonnance de pouvoirs étendus sur tous les membres de la Compagnie.

Il faut le reconnaître toutefois, après la loi de ventôse an IX et l'arrêté de prairial an X, les opérations à terme restaient toujours enlacées dans les dispositions répressives des anciens règlements, puisqu'ils n'avaient été, sur ce point, ni rapportés, ni modifiés.

Mais arriva bientôt le Code pénal de 1810, qui, en cette matière comme en bien d'autres, modifia le Code pénal de l'ancien régime. Ayant à définir pour les punir, comme l'avaient fait les anciens règlements, les marchés fictifs ou jeux de Bourse ou paris, l'article 422 du Code pénal posa un principe au moyen duquel le marché à terme se trouve désormais affranchi des vieilles entraves. Cet article 422 est en effet ainsi conçu :

« Sera réputé pari de ce genre, toute convention de vendre ou de livrer des effets publics qui ne seront pas prouvés par le vendeur avoir existé à sa disposition au temps de la convention, ou *avoir dû s'y trouver au temps de la livraison.* »

Qui n'aperçoit à l'instant la différence profonde qui existe entre cette définition de l'article 422, et celle des anciens règlements ? Aux termes de ces anciens règlements, en effet, tout marché à terme qui avait été fait à plus de deux mois de terme et qui n'avait pas été précédé, soit du dépôt réel du titre à vendre, soit du dépôt des pièces probantes de la propriété de ce titre dans les mains du vendeur, était réputé fictif, partant nul, partant punissable, comme jeu de Bourse, de l'amende édictée. Aujourd'hui, et d'après l'article 422, il n'est plus question du délai du terme pas plus que du dépôt réel du titre ou du certificat de propriété. Le délit ne consiste plus, selon la très juste observation des savants auteurs de la *Théorie du Code pénal*, que dans la convention de livrer avec la connaissance qu'on ne pourra pas la tenir. — Hors de là, pas de délit, partant, pas de marché nul. Et qu'on ne vienne pas dire que les articles 421 et 422 du Code pénal, qui sont des dispositions purement répressives, ne sauraient avoir aucune influence sur la validité des marchés à terme devant la loi civile, par la raison qu'un fait peut n'être pas délictueux et cependant être entaché d'un vice radical au point de vue purement civil. — C'est là un principe incontestable en soi, mais sous lequel on abrite une conséquence absolument fausse dans la matière qui nous occupe. Pourquoi ? — Parce que le signe auquel l'article 422 du Code pénal reconnaît un pari est précisément le même que celui auquel la jurisprudence civile de la Cour reconnaît un marché nul, atteint par l'article 1965 du Code Napoléon. Parce que faire un marché à terme qui ne tend pas à la livraison du titre, mais seulement au payement d'une différence, en d'autres termes, faire un marché à livrer avec la connaissance qu'on ne peut ou qu'on ne veut pas le tenir, au moins dans ses termes apparents, c'est là l'opération déguisée, frappée pénalement par l'article 421 du Code pénal, et civilement par l'article 1965 du Code Napoléon.

C'est ainsi qu'il ne faut pas détacher l'article 422, qui contient la sanction pénale du pari, de l'article 1965, qui contient la sanction civile qui frappe de nullité les marchés fictifs. Ainsi, aujourd'hui pas de délit, et par suite, pas de marché nul, si on a eu la volonté, l'intention, la possibilité de tenir le marché au moment où on le contractait.

Puis, remarquez en outre, messieurs, que le vendeur seul, ainsi qu'il en était d'ailleurs sous l'empire des derniers règlements de 1785 et de 1786, est assujetti aux prescriptions de l'article 422 du Code pénal, parce qu'en effet c'est le vendeur seul qui joue à la baisse et qui fait ainsi fraude au crédit de l'État, tandis que l'acheteur joue nécessairement à la hausse, quel que soit le but auquel il tend.

Mais on insiste et on dit : L'article 422, qui n'est qu'une disposition pénale, n'a pu modifier les dispositions civiles antérieures qui régissaient les négociations de Bourse. — C'est précisément là qu'est l'erreur. Avant le Code pénal de 1810, les opérations de Bourse, quant à leur condition de validité, étaient régies par les règlements de 1785 et 1786 ; mais il faut se garder d'en conclure que ces règlements fussent des lois civiles, c'étaient au contraire des dispositions essentiellement pénales qui prononçaient des peines sévères contre les jeux de Bourse, tels qu'elles les définissaient, et qui ne faisaient découler la nullité civile des marchés fictifs que de leur caractère délictueux ; — de même qu'aujourd'hui, l'article 1965 du Code Napoléon prononce la nullité des marchés fictifs ou paris, que punit l'article 422 du Code pénal. Et c'est ainsi qu'on arrive à se convaincre que les articles 422 du Code pénal et 1965 du Code Napoléon ont abrogé les règlements de 1785 et 1786 sur les jeux de Bourse, puisque aussi bien, ce qui était puni et annulé autrefois comme pari, est, depuis 1810, innocent et valable au point de vue civil.

Je ne veux pas fatiguer la Cour de citations à l'appui de ma thèse. Je me bornerai à lui rappeler qu'elle a pour elle l'autorité de l'éminent commentateur des contrats aléatoires, ce traité qu'on ne peut lire sans étonnement, lorsqu'on voit l'auteur devancer si hardiment la jurisprudence encore bien hésitante en ces matières, au moment où il écrivait et marquer d'un doigt si sûr et si longtemps à l'avance le point où elle devrait nécessairement arriver, et où elle est depuis arrivée en effet après lui.

Votre jurisprudence civile en effet, et c'est par là que je termine sur ce point, n'exige plus des marchés à terme, pour les réputer valables, aucune des conditions imposées par les anciens arrêts du Conseil ; elle ne leur demande plus que d'être sérieux. Et quand j'invoque ici la jurisprudence civile de la Cour, j'entends parler de celle des trois chambres de la Cour, même de la vôtre qui a posé en cette matière dans un récent arrêt, les véritables principes ; je veux parler de votre arrêt du 9 mai 1857, au rapport de l'honorable M. Bresson.

Il s'agissait, dans cette espèce, d'un individu condamné pour jeux de

Bourse. La Cour avait donc à apprécier ce qu'est un marché à terme sérieux, et ce qui le différencie d'un jeu de Bourse.

Voici ce que vous avez dit :

« Attendu que si les marchés à terme sur les effets publics, lorsqu'ils sont sérieux et qu'ils tendent à la délivrance et au payement réel des titres, *que le vendeur ait possédé ou non ces titres au temps de l'engagement ou qu'il n'en soit devenu possesseur qu'au temps de la livraison*, sont licites (est-ce clair?), consacrés par la pratique *et protégés par la loi ;* cette protection ne peut s'étendre à des opérations de Bourse qui, empruntant mensongèrement la forme des marchés à terme, cacheraient en réalité le jeu et ses spéculations hasardeuses. »

Cela est donc bien certain, les marchés à terme sont licites, à la seule condition d'être sérieux, c'est-à-dire de *tendre* à la délivrance des titres qu'on ait possédé ou qu'on n'ait pas possédé au temps du marché, les effets dont on a parlé, qu'on se les soit procurés d'avance ou qu'on n'ait pu se les procurer qu'au moment de la livraison ; les marchés à terme sont licites pourvu qu'ils soient sérieux.

Si donc de pareils marchés sont valables dans ces conditions, quel motif pourrait donc empêcher les agents de change de les faire, eux qui sont exclusivement chargés par la loi de toutes les négociations sur les effets publics, et surtout comment pourraient-ils être faits par d'autres que par eux ?

C'est, disent d'abord les demandeurs, pour protéger le public contre les catastrophes auxquelles s'exposent les agents de change qui s'entremettent dans des opérations à terme, que nous voulons faire décider qu'ils n'ont pas le droit d'en faire ; c'est dans l'intérêt des agents de change eux-mêmes. — C'est, eu vérité, bien du souci ; mais comment les demandeurs ne voient-ils pas dans quel dédale de contradictions ils vont s'égarer à la suite d'une pareille prétention ? Car enfin ils disent, et avec raison, que les opérations à terme sont essentiellement fécondes pour le crédit public ; ils ne veulent donc pas les supprimer. Ils ajoutent, — et encore avec raison, — que ces opérations sont dangereuses pour les intermédiaires. La conséquence logique de ces prémisses serait, il semble, qu'il importe d'exiger de ces intermédiaires le plus de garanties possibles, au point de vue de la fortune, des connaissances, de la probité, de la prudence. — Non, la conséquence, selon eux, c'est qu'il faut abandonner au premier venu le soin de s'entremettre dans des opérations aussi délicates. — Voyons, je ne dis plus : Est-ce légal ? je dis seulement : Est-ce raisonnable ? — Mais, ajoutent les demandeurs, l'opération à terme amène des sinistres dans la Compagnie des agents de change. — Hélas ! elle en amène partout, même dans la coulisse, je suppose, surtout quand elle sert à déguiser des opérations de jeu. Seulement il y a une différence, si je ne me trompe, entre les sinistres qui affligent la Compagnie des agents de change et ceux qui éclatent à côté, dans la coulisse. C'est que l'agent de change atteint commence par répondre sur son cautionnement et sur sa fortune, et qu'il est ensuite immédiatement remplacé dans ses fonctions par un candidat nommé sous les garanties déterminées par la loi et assujetti aussi à un cautionnement, tandis que le coulissier, sans cautionnement et sans responsabilité, lorsqu'il est frappé d'un sinistre, ne quitte pas la place et reste ce qu'il était auparavant.

N'invoquez donc pas de pareilles considérations, qui sont au moins suspectes dans votre bouche. Sans doute il y a eu des sinistres dans la corporation des agents de change, comme il y en a eu dans d'autres corporations honorables. Mais est-ce une raison pour enlever aux agents de change les plus délicates des attributions dont ils sont investis, et pour les livrer sans contrôle à la merci d'hommes sans responsabilité parmi lesquels il y en a beaucoup d'honorables, assurément, mais parmi lesquels il y en a, ou il peut y en avoir qui ne le sont pas.

Est-ce une raison aussi pour proscrire les marchés à terme, comme on voudrait vous y amener indirectement, en vous faisant décider qu'ils sont inconciliables avec la législation existante ? L'opération à terme doit être au contraire fermement maintenue, parce que tous les grands ministres dont la France s'honore, ont été d'accord pour penser qu'elle était le soutien et le pivot du crédit public. Sans doute, les marchés à terme servent trop souvent à déguiser des opérations de jeu. C'est un motif de les surveiller, non de les supprimer. Le moyen serait plus commode sans doute, mais il serait désastreux.—Dans l'industrie, dans le commerce, les grandes entreprises amènent quelquefois aussi de grandes catastrophes. Est-ce une raison de supprimer les grandes entreprises sans lesquelles vous n'auriez ni chemin de fer, ni canaux, ni rien de ce qui fait la grandeur, la force et la prospérité des États ? Pas plus que, par crainte du jeu, de prohiber les marchés à terme sans lesquels on verrait bientôt s'affaisser le crédit public et privé.

Voyons donc maintenant pourquoi les agents de change ne pourraient pas s'immiscer dans les marchés à terme, sans heurter et violer les prescriptions réglementaires auxquelles ils sont assujettis ?

C'est, dit d'abord le pourvoi, c'est qu'aux termes des dispositions de l'article 13 de l'arrêté de prairial, ils doivent préalablement au marché dans lequel ils s'entremettent, exiger de leurs clients les effets qu'ils vendent ou les sommes nécessaires pour payer ceux qu'ils achètent. Or, disent les demandeurs, aucun agent de change de Paris ne remplit cette clause de la charte à laquelle il est assujetti.

Je réponds d'abord que je n'en sais rien, que l'arrêt attaqué ne dit rien de semblable, que toute cette partie de la discussion n'est basée que sur les allégations du pourvoi, et que, jusqu'à preuve contraire, je dois croire que les agents de change observent les lois de leur profession ; que, dans tous les cas, lorsqu'ils ne prennent pas leurs sûretés vis-à-vis de leurs clients, ils ont tort sans doute, mais qu'ils ont tort sous leur responsabilité qui est écrite dans la loi.

Ce que j'affirme encore, c'est que la loi reconnaît, même lorsqu'ils ne prennent pas cette précaution, la validité des marchés à terme, quand ils sont sérieux. Et puis, allons au fond des choses, voyons, est-ce que cet arrêté de prairial qu'on invoque sur ce point, est-ce que cette prescription de l'article 13 qui porte que l'agent de change devra avoir dans les mains les effets qu'il doit vendre ou les sommes nécessaires pour payer ceux qu'il achète, est-ce que cette prescription est applicable aux marchés à terme ?

J'ai déjà fait remarquer que l'arrêté ne dit pas un mot des marchés à terme. J'en conclus donc ou que cette prescription ne s'applique qu'aux opérations au comptant, ou que, si l'on veut la rendre applicable aussi aux opérations à terme, il est nécessaire de lui donner une interprétation raisonnable et **qui** puisse se concilier avec la nécessité des marchés à terme tels qu'ils sont reconnus par la jurisprudence, laquelle n'exige pas encore une fois, pour la validité de pareils contrats, le dépôt préalable du titre ou de l'argent. Comment comprendre, en effet, la possibilité du dépôt préalable dans un marché à terme? Rien de plus simple, de plus facile, cela se fait tous les jours, que de remettre à son agent de change un titre de rentes qu'on veut échanger contre de l'argent comptant, ou de lui remettre l'argent au moyen duquel on veut acquérir immédiatement un titre de rentes ; mais si je vends à terme, c'est qu'apparemment je n'ai pas le titre que je veux vendre ; si j'achète à terme, c'est qu'apparemment je n'ai pas d'argent pour payer comptant. Comment voulez-vous donc que je garnisse alors les mains de l'agent de change de l'intégralité de la somme nécessaire pour que l'agent de change puisse payer les effets qu'il a ordre d'acheter?

Ou je me trompe fort, ou l'arrêt du 13 juillet 1859 de votre Chambre des requêtes dont on a fait si grand état à la dernière audience, ne dit rien de contraire à ce que j'ai l'honneur de soutenir ici. Que dit cet arrêt, et d'abord qu'a-t-il jugé? Uniquement ceci : que l'agent de change qui a payé pour le compte d'un commettant sans avoir les mains garnies, a eu tort de ne pas se faire garnir, mais qu'il a cependant une action contre son client de mauvaise foi, pour le remboursement des sommes qu'il a ainsi payées pour lui. Seulement, considérant très justement à mon sens que le contrat qui existe entre le client et l'agent de change est un contrat purement civil, qui ne saurait, en conséquence, créer aucun lien commercial entre eux, l'arrêt a décidé que l'action de l'agent de change n'était que civile et non commerciale, et qu'ainsi il ne pouvait réclamer la voie de la contrainte par corps pour le remboursement de ses avances.

Voilà tout l'arrêt. Il en résulte trois choses, que l'agent de change qui a payé pour son client, alors qu'il avait eu tort de ne pas prendre la précaution de se faire garnir ou couvrir, avait action contre son client pour le remboursement des sommes par lui avancées ; que cette action n'était pas commerciale, et par conséquent, si l'on veut, que l'agent de change ne peut pas être considéré comme commissionnaire, mais qu'il n'en a pas moins une action civile, dérivant du mandat qui lie, dans chaque opération, l'agent de change et le client ; et enfin il décide que l'agent de change doit avoir les mains garnies au moment où il accepte l'obligation de s'entremettre dans une opération.

Eh bien, cet arrêt ainsi compris, et il me semble impossible de le comprendre autrement, se concilie à merveille avec toute votre jurisprudence. Jamais on n'a prétendu que l'agent de change ne dût pas prendre ses précautions, ses sûretés vis-à-vis de ses clients, l'arrêté de prairial lui en fait une obligation. Qui prétend le contraire ici? Seulement on dit, et, pour mon compte, je soutiens qu'il est impossible que ses sûretés consistent dans le dépôt réel du titre, comme vous voudriez le faire dire à l'arrêté de prairial an **X**, ou dans le dépôt intégral de toutes les sommes nécessaires pour payer les effets.

S'il en était ainsi, le marché à terme deviendrait impossible, et la jurisprudence l'a déclaré très valable. Il deviendrait impossible, parce que vous arriveriez, en interprétant ainsi la disposition de l'arrêté de prairial, à vous montrer plus sévères pour de pareils contrats que ne l'étaient eux-mêmes les arrêts de 1785 et de 1786, car enfin les arrêts de 85 et de 86 n'exigeaient pas le dépôt réel du titre, ils n'exigeaient que le dépôt des pièces probantes de la propriété en ce qui concernait le vendeur, et, en ce qui concernait l'acheteur, ils n'exigeaient rien du tout. Tandis qu'aujourd'hui, avec la thèse du pourvoi, il faudrait que le vendeur déposât son titre et l'acheteur l'argent nécessaire à l'acquisition du titre qu'il désirerait acquérir, ce qui est impossible.

Je le disais tout à l'heure, il faut concilier cette prescription de l'arrêté de prairial an X avec les nécessités du marché, telles qu'elles ont été légalement reconnues par vos arrêts. Sans doute l'agent de change doit prendre des sûretés contre son client, mais des sûretés possibles ; il doit exiger les sommes nécessaires pour se couvrir, ce qu'on a pour ce motif appelé la *couverture ;* mais il est impossible de croire que la loi lui commande des exigences qui seraient la négation du marché à terme que la loi sanctionne.

Maintenant on ajoute qu'il n'y a pas de marché possible sans la garantie de l'intermédiaire, et l'on soutient que cette garantie est inconciliable avec les obligations professionnelles de l'agent de change.

D'abord, je me demande si la garantie de l'intermédiaire n'est pas aussi nécessaire dans les marchés au comptant que dans les marchés à terme. Voyons, je dépose chez un agent de change un titre que je veux échanger contre de l'argent, ou bien de l'argent que je veux échanger contre un titre. C'est une affaire au comptant et qui peut et doit ainsi se conclure rapidement, mais il y a cependant un intervalle nécessaire pendant lequel je suis dénanti, pendant lequel je n'ai plus mon titre, si c'est de l'argent que j'ai voulu avoir, ou bien mon argent, si c'est un titre que j'ai voulu me procurer. Eh bien, dans ce cas, tant que ne sera pas réalisé le marché, un marché au comptant, comme vous voyez, l'agent de change ne sera pas responsable envers moi, il ne sera pas garant de l'exécution du mandat dont je l'aurai chargé, alors que seul il a le droit de le faire en vertu de son privilége ! Allons donc ! qui pourrait le soutenir ?

On l'essaye cependant, et l'on dit qu'aux termes de l'article 86 du Code de commerce, l'agent de change ne pouvant se rendre garant des opérations dans lesquelles il s'entremet, ne saurait être responsable de l'inexécution de ces opérations, et, c'est ici qu'on se livre à cette argumentation plus spécieuse peut-être que solide, et tirée des articles 85 et 86 du Code de commerce, qui ne permettrait pas à l'agent de change qui ne peut jamais être revêtu de la qualité de commissionnaire (ce que je ne conteste pas), d'être garant de la livraison des titres qu'il a été chargé d'acheter.

Ma réponse sera très sommaire, parce qu'il me semble évident que toute cette argumentation repose sur une équivoque. Il suffit, pour s'en convaincre, de bien se pénétrer des termes des articles 85 et 86 du Code de commerce.

L'agent de change ne peut être considéré comme commissionnaire, très bien. Il ne peut se rendre garant de l'exécution des marchés dans lesquels il s'entremet? cela est encore vrai. Mais qu'est-ce que cela veut dire? Uniquement ceci : c'est que l'article 86 du Code de commerce a modifié formellement le dernier paragraphe de l'article 10 de l'arrêté de prairial an X, lequel portait expressément qu'il n'était point dérogé à la faculté qu'avaient les agents de change de donner leur aval pour les effets de commerce. Eh bien, cette faculté qu'ils avaient, ils ne l'ont plus. Ils ne peuvent plus garantir la valeur des effets qu'ils négocient ; ils ne peuvent plus donner leur caution. Mais est-ce à dire que l'agent de change ne sera pas responsable et garant vis-à-vis de son client de l'exécution loyale du marché qu'il s'est engagé à contracter, de la livraison du titre qu'il s'est engagé à livrer? Est-ce que cela est possible, messieurs? Cette responsabilité est écrite partout : je vous lisais au commencement de cette discussion l'exposé des motifs de la loi de ventôse ; elle y est exprimée de la manière la plus formelle. Passant à l'arrêté de prairial, nous y trouvons cette garantie dans l'article 13. Elle est partout, parce qu'elle est indispensable. Aux termes des lois constitutives de leur profession, les agents de change ne peuvent pas divulguer le nom de leurs clients. De telle sorte que jamais un client ne peut connaître la partie avec laquelle il traite ; ce sont les agents de change qui traitent, qui contractent directement, personnellement. Ils contractent directement, personnellement, pour le compte de leurs clients, et ils ne seraient pas responsables, et ils ne seraient pas garants, non-seulement vis-à-vis de leurs clients, mais aussi vis-à-vis de leurs confrères! Vous voyez bien que cela n'est pas raisonnable, et que par conséquent cela n'est pas possible. Du reste, le principe de la responsabilité et de la garantie des agents de change n'a jamais été jusqu'à ce jour contesté par personne, que je sache.

Je terminerai sur ce point en rappelant à vos souvenirs un dernier arrêt, un arrêt de votre Chambre des requêtes du 1ᵉʳ décembre 1856, et qui, je crois, devra clore cette partie de la discussion, car cet arrêt proclame précisément les deux vérités que je me suis efforcé de mettre en lumière, depuis le commencement de cette discussion, à savoir que les agents de change ont le droit de faire des opérations à terme, et qu'ils ont le devoir de les garantir.

Je n'ajoute plus un mot sur les deux premiers moyens. Ils sont conçus dans les mêmes termes, ils devront être rejetés par les mêmes motifs ; la solution ne saurait être que la même pour l'un et pour l'autre.

Je n'ai plus à m'occuper que du troisième moyen, la Cour le voit, le dernier dans l'ordre de ma discussion et dont je n'ai qu'un mot à dire. Je pourrais en effet le passer sous silence, car dans la pensée du pourvoi et dans la réalité, il n'est que subsidiaire.

Je me borne à rappeler à la Cour qu'il est tiré d'une prétendue fausse application des textes déjà cités, en ce que les faits constatés à la charge des demandeurs, en les supposant constants, constitueraient non le délit d'immixtion dans les fonctions d'agent de change, prévu et puni par la loi de ventôse, mais le délit de négociation des effets royaux ou publics, prévu et réprimé par l'arrêt du Conseil du 26 novembre 1781 d'une amende fixe, inférieure à celle qui a été infligée par l'arrêt attaqué aux demandeurs.

Ce moyen, je le répète, devient sans objet, après la discussion à laquelle nous

nous sommes livré. Il prend pour base ce fait que les demandeurs ont négocié des effets publics pour le compte d'autrui. Or, nous venons de voir que le fait de négociation des effets publics pour le compte d'autrui est essentiellement, nécessairement constitutif du délit d'immixtion dans les fonctions d'agent de change, par conséquent ce troisième moyen devra tomber en même temps et par les mêmes motifs que les deux premiers.

J'ai examiné les quatre moyens proposés, et aucun d'eux, dans ma pensée, n'est fait pour arrêter longtemps la Cour. J'aurais donc pu abréger cette discussion, mais il m'a semblé que dans une affaire de cette gravité, non par la difficulté des questions qu'elle soulève, mais par l'importance des intérêts qui sont en jeu, il était nécessaire de répondre à chacune des prétentions à l'aide desquelles on entendait ériger en droit, jusque devant la Cour de cassation, la violation flagrante de la loi.

Il est un terrain toutefois où je pourrais peut-être me dispenser de suivre le pourvoi, c'est celui où il se place, lorsqu'il s'écrie : Le développement de la prospérité du temps est dû principalement à l'opération à terme. Or, ou il faut que l'opération à terme disparaisse, ou il faut maintenir les mandataires libres, c'est-à-dire la coulisse.

J'ai dit ce que je pense de l'opération à terme sérieuse, la seule qui puisse concourir à la prospérité financière d'un État ; j'ai démontré, la loi et la jurisprudence à la main, que les marchés à terme étaient permis aux agents de change, et n'étaient permis qu'à eux ; je n'ai rien à ajouter.

Quant à la liberté absolue des négociations, j'ai démontré encore, je crois, que cette liberté était condamnée par tous les textes qu'on invoque. Ce n'est donc pas devant nous que doit se poser le dilemme derrière lequel, en dernière analyse, se retranche le pourvoi.

Des considérations économiques et sociales, alors même qu'elles auraient chance d'être écoutées du législateur, ne sauraient faire fléchir la loi existante devant la justice. J'ajoute, et pourquoi ne le dirais-je? que je tiens, pour mon compte, cette loi pour aussi sage que prudente, et que je suis loin d'être édifié sur les mérites de cette liberté qu'on nous prêche par le spectacle des bienfaits de la coulisse.

Les demandeurs, nous dit-on, sont des hommes honorables; je l'admets avec empressement, mais les demandeurs ne sont pas, hélas ! toute la coulisse de Paris. Derrière ces hommes honorables et loin d'eux, s'ils le veulent, il y en a d'autres qui le sont moins. Ce n'est pas moi qui le dis, c'est un homme dont très certainement ils ne repousseront pas l'autorité, car ils l'ont invoquée plusieurs fois dans la discussion, c'est M. Bozerian qui le proclame dans un livre fort curieux, intitulé *La Bourse, ses opérations et ses opérateurs*, et dans lequel, décrivant l'aspect de la coulisse, il nous montre, d'un côté, des groupes de spéculateurs en apparence et en réalité honorables, et de l'autre, d'autres groupes entièrement composés de ce qu'il appelle *des industriels de bas étage, entourés d'une catégorie de public non classée.*

Eh bien ! ce n'est pas ma faute, mais j'arriverai difficilement à croire que ces industriels, si rudement qualifiés par un des défenseurs de la coulisse, qui ont d'ailleurs tout juste autant de droits, en fin de compte, que les autres coulissiers et qu'on ne saurait par conséquent expulser de la Bourse si les autres y sont admis, j'ai peine à croire, dis-je, que de pareils spéculateurs puissent rendre de grands services au crédit de l'État, et je suis, par contre, fort disposé à penser qu'ils en rendent, à l'occasion, de détestables à leur malheureuse clientèle. Non, je ne saurais voir dans cette cohue confuse et irresponsable la personnification de l'opération à terme qui est et qui restera, en effet, on a raison de le dire, l'une des plus vives sources du crédit public, — mais à une condition, c'est qu'elle ne demeurera pas confiée à des mains inconnues et souvent impures, mais qu'on la maintiendra fermement au contraire dans les attributions des officiers choisis par la loi, c'est-à-dire d'hommes attachés au devoir par une responsabilité sérieuse. Chacun y gagnera; le public qui retrouvera les garanties que la loi a voulu lui assurer; enfin, et cela est légitime aussi, les agents de change qui, se sentant efficacement protégés par la justice, comprendront mieux encore les obligations que cette protection leur impose.

C'est pourquoi nous estimons que l'arrêt attaqué n'est pas seulement conforme aux lois dont il a fait aux demandeurs une juste application, mais qu'il ne l'est pas moins aux intérêts que ces lois ont entendu protéger et servir.

Par ces motifs, et attendu d'ailleurs que cet arrêt est régulier dans la forme, nous estimons qu'il y a lieu de rejeter le pourvoi.

---

## ARRÊT.

» La Cour :

» Ouï en son rapport M. Bresson, conseiller ; MM^es Rendu et Hérold, pour les demandeurs en cassation ; M^e Delaborde pour les défendeurs, en leurs observations, et M. Martinet, avocat général, en ses conclusions ;

» Après en avoir délibéré en la chambre du conseil :

» Sur les 1^er et 2^e moyens, tirés de la fausse application, et par suite de la violation des articles 76 du Code de commerce, 8 de la loi du 28 ventôse an IX, et 4 de l'arrêté du 27 prairial an X, 85 et 86 du Code de commerce, et 13 de l'arrêté du 27 prairial an X, en ce que la Chambre syndicale a été déclarée recevable dans son action, et que les peines du délit d'immixtion dans les fonctions d'agent de change ont été appliquées aux demandeurs pour des faits relatifs à des opérations non comprises dans les attributions exclusives des agents de change ;

» Attendu que l'arrêt attaqué déclare que, depuis moins de trois ans, les demandeurs ont agi comme intermédiaires, moyennant une commission ou un courtage, entre vendeurs et acheteurs d'effets publics et de valeurs susceptibles d'être cotées; qu'ils ont proclamé et constaté des cours à la Bourse et en dehors de la Bourse ;

» Attendu que s'entremettre, moyennant commission ou courtage, entre vendeurs et acheteurs de fonds publics et de valeurs susceptibles d'être cotées, ou, ce qui est la même chose, mettre en rapport les vendeurs et les acheteurs, préparer et passer les actes tendant à la consommation des achats et des ventes, c'est faire les négociations de ces fonds publics et valeurs ;

» Attendu que de telles négociations rentrent dans les fonctions de l'agent de change ; qu'elles n'appartiennent qu'à lui seul, en vertu d'un droit exclusif, aux termes d'article 76 du Code de commerce ; que l'article 7 de la loi du 28 ventôse an IX, organique des Bourses de commerce et de l'institution des agents de change, et le même article 76 ne donnent pareillement qu'à eux seuls le droit de constater le cours du change et celui des effets publics ; qu'ainsi, sous ces deux premiers rapports, l'arrêt attaqué a justement regardé comme établi que les demandeurs s'étaient immiscés dans les attributions des agents de change ;

» Attendu que les vendeurs ont vainement soutenu que toutes leurs opérations ayant été des opérations à terme, celles-ci sont interdites à l'agent de change, ou parce qu'il ne peut traiter qu'après remise des fonds et dépôt préalable des titres, ou parce qu'elles entraînent une obligation de garantie ;

» Attendu que la disposition de l'article 76 du Code de commerce est générale et absolue ; qu'elle n'a pas distingué entre les négociations à terme et les négociations au comptant ; qu'elle comprend virtuellement les unes comme les autres dans les attributions exclusives des agents de change ; que les opérations à terme ont été réputées licites, à la seule condition qu'elles soient sérieuses, qu'elles tendent à la délivrance réelle des titres et ne cachent pas des marchés fictifs et de jeu ; qu'on ne concevrait pas que la négociation à terme, qui offre plus de périls et peut devenir plus facilement un moyen de fraude à la loi, soit précisément celle que le législateur eût interdite à l'officier public qu'il instituait, pour la livrer à des intermédiaires sans qualité et dépourvus de toutes les garanties professionnelles qu'il exigeait :

» Attendu qu'il suit de là que, fût-il vrai, ce qui, d'ailleurs, n'est pas constaté par l'arrêt attaqué, que les demandeurs n'auraient fait que des opérations à terme, ils n'en auraient pas moins usurpé, à cet égard, les fonctions d'agent de change ; qu'en le décidant ainsi, en déclarant l'action civile de la Chambre syndicale recevable, et en prononçant contre eux les peines de délit d'immixtion, l'arrêt, loin d'avoir violé les articles 76 du Code de commerce, 7 et 8 de la loi du 28 ventôse an IX, 4 et 13 de l'article 27 prairial an X, 85 et 56 du Code de commerce, en a fait une juste et saine application ;

» Sur le troisième moyen, consistant à soutenir qu'il y aurait eu seulement immixtion dans des négociations d'effets publics ;

» Attendu que ce qui vient d'être dit de la juste application de la loi quant au délit d'immixtion dans les fonctions d'agent de change, rend inutile l'examen de ce troisième moyen ;

» Sur le quatrième moyen, tiré de la fausse application, et, par suite de violation des articles 8 de la loi du 28 ventôse an X, 90 de la loi du 28 avril 1816 et de l'ordonnance du 9 janvier 1838, en ce que l'arrêt attaqué, pour déterminer la quotité de l'amende à laquelle il a condamné les prévenus, s'est reporté audit article 90 de la loi de 1816 et à l'ordonnance de 1818, qui fixent le cautionnement des agents de change à Paris à la somme de 125 000 francs et non à l'article 9 de la loi du 28 ventôse an IX elle-même, qui fixait ce cautionnement à la somme de 60 000 francs seulement ;

» Attendu qu'il ne résulte pas de la loi du 28 ventôse an IX, que, pour la fixation de l'amende, cette loi se soit invariablement attachée au taux du cautionnement de cette époque ; que les fonctions d'agent de change ayant pris plus d'importance, et imposant à l'officier public une responsabilité plus grande, son cautionnement a dû être augmenté, comme il l'a été, en effet, par la loi de 1816 ;

» Que l'usurpation de la fonction devenant un délit plus grave, soit par le dommage causé aux agents de change, soit par le gain illicite qu'en retirent les délinquants, il y a juste motif que l'amende suive la même progression et puisse être proportionnée au délit lui-même ;

» Attendu que la peine ne prend pas ainsi un caractère variable, l'amende ayant toujours pour base le taux du cautionnement, comme l'a voulu la loi de l'an IX ;

» Par ces motifs,

« La Cour rejette le pourvoi, etc.

PRÉSIDENCE DE M. LE PREMIER PRÉSIDENT DEVIENNE.

Audience du 12 novembre 1859.

# LA COMPAGNIE DU CANAL SAINT-MARTIN

CONTRE

## M. LE PRÉFET DE LA SEINE

REPRÉSENTANT LA VILLE DE PARIS.

M<sup>e</sup> Dufaure, avocat, assisté de M<sup>e</sup> Déroulède, avoué, se présente pour la Compagnie ;

M<sup>e</sup> Paillard de Villeneuve, avocat, assisté de M<sup>e</sup> Baumé, avoué, pour M. le Préfet de la Seine ;

M. de Gaujal, premier avocat général, occupe le siége du ministère public.

### PLAIDOIRIE DE M<sup>e</sup> DUFAURE.

Messieurs,

La contestation très grave sur laquelle nous appelons l'attention de la Cour, concerne le canal Saint-Martin établi, comme la Cour le sait, entre le bassin de la Villette et la Bastille. La création de cette voie d'eau est l'exécution d'une pensée qui remonte à deux siècles. Conçue et étudiée avant 1802, en 1802, elle a été formulée en une loi dont l'exécution a été commencée sous le premier Empire et bientôt suspendue à cause de nos guerres ; elle a été reprise sous la Restauration en 1821, et en 1822, elle a été mise à exécution avec une admirable rapidité. Cette pensée consistait à établir un moyen de communication facile entre la haute et la basse Seine au-dessus et au-dessous de Paris. On évitait ainsi pour la navigation les embarras de la traversée de la capitale ; on a pu établir cette communication au moyen de deux canaux l'un qui partait de la Seine, en amont de Paris pour arriver au bassin de la Villette, et l'autre qui, partant du bassin de la Villette, arrivait vis-à-vis du jardin des Plantes. Ces deux canaux venaient se réunir au bassin de la Villette qui leur servait de point de partage, et pour leur alimentation, on creusait un canal sur la petite rivière d'Ourcq qui devait prendre ses eaux à 20 lieues de Paris, et les conduire au bassin de la Villette.

Voilà la pensée qui a été l'objet d'un décret de prairial an X, et plus tard l'objet de deux lois, l'une de 1818, l'autre de 1821.

Indépendamment de la facilité de navigation, il y avait encore pour la ville de Paris cet autre avantage, que les eaux conduites par la canalisation de l'Ourcq au bassin de la Villette étaient employées jusqu'à concurrence de plusieurs milliers de pouces à l'alimentation de la capitale.

Le canal de l'Ourcq était depuis longtemps entrepris. Le canal Saint-Denis fut concédé à une Compagnie financière par une convention provisoire du 19 avril 1818, passée entre le préfet de la Seine, agissant pour la ville de Paris, et MM. de Saint-Didier et Vassal, représentant la Compagnie, convention provisoire approuvée par la loi du 20 mai 1818. Ce n'est pas le canal Saint-Denis qui a donné lieu au procès actuel, c'est un autre canal qui en est la continuation, le canal Saint-Martin, partant de la Villette pour aboutir à la gare de l'Arsenal, et autorisé par une seconde loi du 5 août 1821. L'article 3 de cette loi est ainsi conçu :

« Le traité à conclure pour l'exécution du canal Saint-Martin sera fait sous l'approbation du Gouvernement avec publicité et concurrence, et pourra conférer la concession dudit canal pour une durée de quatre-vingt-dix-neuf ans au plus. »

L'article 4 portait :

« Le tarif des droits de navigation et de stationnement établi par la loi du 20 mai 1818, sur le canal Saint-Denis, sera applicable au canal Saint-Martin. »

L'adjudication eut lieu le 12 novembre 1821, et par le résultat de cette adjudication, M. Vassal, représentant de la Compagnie des canaux, fut déclaré concessionnaire. L'enchère portait sur une subvention à fournir par la ville de Paris, faite sur un cahier des charges dont voici les principales dispositions :

« ARTICLE PREMIER. — La Compagnie s'engage à exécuter, à ses frais, risques et périls, et au profit de la ville de Paris, d'ici au 1<sup>er</sup> janvier 1826, tous les travaux et ouvrages d'art, nécessaires pour la confection et l'entier achèvement du canal Saint-Martin et de ses dépendances, depuis sa sortie du bassin de la Villette jusqu'à son débouché dans la Seine.

» ART. 2. — Le canal sera exécuté conformément au plan général, n° 1, aux profils en longueur et en travers n<sup>os</sup> 2, 3, 4, 5, 6, 7, et au tableau coté A, contenant l'indication et la description sommaire des ponts, écluses, égouts et autres ouvrages formant l'ensemble de l'entreprise ; lesquels plan, profils et tableau demeureront annexés au présent traité, et il ne pourra y être apporté aucune modification sans l'approbation préalable du préfet de la Seine.

» ART. 3. — La largeur du terrain à occuper par le canal sera de 60 mètres, dont 27 mètres entre les quais, et 16<sup>m</sup>,50 pour chacun des quais.

» Cette largeur, déterminée par le plan général n° 1, et par le profil en travers n° 7, sera uniforme dans toute la longueur du canal, excepté :

» 1° Dans les fossés de l'Arsenal où les quais seront limités par les murs actuels, sauf les modifications qui devront résulter des travaux à faire pour la restauration de ces murs, et qui sont indiqués article 10 du tableau coté A, ci-annexé.

» 2° Sur la rive droite du canal, entre les rues Grange-aux-Belles et du Faubourg-du-Temple, où il sera formé une place contiguë aux quais, et destinée principalement aux dépôts des marchandises à embarquer ou à débarquer. Cette place aura 300 mètres de longueur sur 150 mètres de largeur, non compris le quai.

» La Compagnie aura la faculté d'élever autour de cette place, sur trois côtés, dans une largeur de 25 mètres, conformément au plan n° 1, et ainsi qu'il est stipulé, article 11 du tableau coté A, des magasins d'utilité publique dont la propriété comme dépendance du canal demeurera à la ville de Paris, à l'expiration de la concession.

» Art. 4. — Tous les terrains nécessaires pour l'emplacement du canal, dans les dimensions prescrites par l'article précédent, seront fournis par la ville de Paris et à ses frais ; ils seront mis à la disposition de la Compagnie, savoir :

» Ceux déjà acquis, sur sa première réquisition ; et ceux restant à acquérir à mesure des besoins ou de l'avancement des travaux, et de manière à ne pas en retarder l'exécution.

» Art. 6. — La Compagnie sera également et exclusivement passible, pendant toute la durée de sa concession, des indemnités de toute nature auxquelles pourront donner lieu les filtrations du canal, les ruptures de digues, les détériorations de terrains, et en général tous dommages causés aux propriétés particulières, soit par l'effet des travaux, soit par suite de l'existence du canal et de ses dépendances.

» Art. 7. — Toutes contestations qui pourraient s'élever entre la Compagnie et les particuliers pour raison des indemnités dont elle sera passible, en vertu des deux articles précédents, ou pour quelque autre motif que ce soit, seront portées devant les tribunaux.

» Art. 10. — L'administration s'engage à continuer, après l'expiration de la concession, le service des cours d'eau qui auront été établis pour l'entretien des usines, à la condition que les propriétaires de ces usines payeront à la ville de Paris, pour la jouissance desdits cours d'eau, un prix de location qui sera alors fixé à l'amiable ou par une expertise contradictoire, qui sera renouvelée à chaque période de vingt-cinq ans.

» Art. 12. — La Compagnie sera tenue d'entretenir à ses frais, pendant toute la durée de la concession, tous les ouvrages du canal Saint-Martin et d'y faire toutes les réparations et améliorations de quelque nature qu'elles soient. Sont exceptés de cet entretien, les travaux qui auront été faits par la Compagnie pour le raccordement des chaussées des rues, aux abords des quais et ponts du canal. L'entretien de ces chaussées de raccordement faisant partie de la voie publique, rentrera à la charge de l'administration aussitôt après la réception desdits travaux, laquelle devra être faite après le premier relevé à bout du pavé.

» Art. 15. — Pour compenser l'excédant des dépenses à la charge de la Compagnie sur le capital représentatif des revenus présumés, la ville de Paris payera à la Compagnie, à titre de forfait, une somme de cinq millions quatre cent soixante-dix mille francs, montant du prix d'adjudication. Cette somme sera payée en numéraire aux termes et de la manière ci-après indiquée.

» Art. 23. — Pour garantie des engagements résultant du présent traité, la Compagnie s'oblige à fournir un cautionnement de la valeur *d'un million en immeubles*, ou de cinquante mille livres de rentes sur l'État ou la ville de Paris, lequel cautionnement ne sera rendu que progressivement au fur et à mesure de l'avancement des travaux et dans des proportions relatives à la portion des dépenses pour laquelle la Compagnie doit contribuer dans l'exécution du canal.

» Art. 24. — Faute par la Compagnie d'exécuter les travaux et de remplir les diverses obligations qu'elle contracte dans le présent traité, elle encourra la déchéance ; et, dans ce cas, tous les ouvrages construits ou en exécution, les approvisionnements, matériaux et équipages, ainsi que le cautionnement ou la partie qui resterait encore en dépôt, deviendront la propriété de la ville de Paris, sans qu'il y ait lieu à aucun recours de la part de la Compagnie ni de celle des intéressés, privilégiés et autres ayants-droit.

» La présente stipulation n'est pas applicable au cas où la cause de l'interruption ou de la non-confection des travaux proviendrait de force majeure.

» Art. 26. — A l'époque de l'expiration de la concession, la Compagnie sera obligée de remettre à la ville de Paris, en bon état d'entretien, le canal Saint-Martin, avec les ouvrages d'art et autres dépendances indiqués dans l'état descriptif, qui aura été dressé en vertu de l'article précédent.

» La ville de Paris rentrera immédiatement dans la jouissance des droits de navigation, de stationnement, de location de cours d'eau employés aux usines, enfin de tous les droits quelconques qui se trouveront alors établis sur le canal Saint-Martin et dont la perception lui sera rendue.


Telles étaient, messieurs, les conditions du cahier des charges rédigé en vertu de la loi de 1821, et qui forme le contrat entre le préfet de la Seine et la Compagnie concessionnaire.

Vous venez de voir dans l'article 23 que la Compagnie concessionnaire devait fournir un cautionnement de 1 000 000 fr. environ : il n'est pas inutile pour l'examen de la question que la Cour aura à décider, de voir comment ce cautionnement a été fourni. Plusieurs banquiers de Paris se sont présentés comme cautions jusqu'à concurrence de 633 000 francs et ont été acceptés par la ville de Paris ; les 377 000 francs qui restaient ( nous avons l'acte de cautionnement dans les mains), ont été fournis par la Compagnie concessionnaire du canal Saint-Denis qui déjà l'avait exécuté ; la ville de Paris a accepté comme cautionnement une hypothèque sur la jouissance de quatre-vingt-dix-neuf ans des produits du canal Saint-Denis, qui avait été concédé en vertu d'un traité absolument semblable à celui que je viens d'analyser pour le canal Saint-Martin. Je le répète, les termes du contrat qui intervint, ne laissent aucun doute sur la nature de la chose qui était donnée à titre d'hypothèque, c'était la jouissance du canal Saint-Denis.

Le canal Saint-Martin a été exécuté, l'exécution en a été excellente, il a été du reste construit sous la surveillance des ingénieurs de l'État. Il est devenu le théâtre d'une navigation considérable, et, à raison des droits de stationnement qui avaient été accordés à la Compagnie sur ses bords, il s'est établi des magasins nombreux très riches, qui ont été pour la Compagnie l'occasion de droits considérables à titre de chargement, de déchargement, et à titre de stationnement. La Compagnie usait d'un autre droit. La Cour vient de voir dans un des articles du cahier des charges qu'on lui accordait pour quatre-vingt-dix-neuf ans la jouissance de chutes d'eaux qui lui permettaient la création d'usines importantes.

Tout cela avait duré plus de trente ans, lorsqu'un décret du 10 août 1857 a déclaré d'utilité publique un nouveau boulevard qui, partant du carrefour formé près du Château-d'Eau par la rencontre des boulevards du Temple et

Saint-Martin, des rues du Faubourg-du-Temple, de Bondy et des Fossés-du-Temple arrivera directement à la place du Trône. Plus tard un autre décret a donné à ce boulevard le beau nom du Prince-Eugène. Ce boulevard ainsi tracé traversera le canal Saint-Martin. Comment le traversera-t-il? Si l'on élève le pont pour laisser la navigation libre, il est évident que, dans une certaine mesure, la circulation sera gênée sur le boulevard du Prince-Eugène. Si le pont est de niveau, la navigation n'est plus possible qu'à la condition d'abaisser le plan d'eau du canal.

Dans le projet mis aux enquêtes pas plus que dans le projet primitif, on ne disait rien sur la manière dont on entendait traverser le canal Saint-Martin. La Compagnie fit un dire pour déclarer qu'elle n'aurait à s'expliquer sur cette question que lorsqu'elle connaîtrait les vues de l'administration, relativement à la traversée du canal par le boulevard.

Le 16 janvier 1858, par un avis inséré au *Moniteur*, le projet spécial de la traversée du canal Saint-Martin était mis aux enquêtes. À la suite de cette annonce, on trouvait un article assez développé, dans lequel l'administration municipale de Paris appelait l'attention des intéressés sur deux projets différents. D'abord, pour l'un et l'autre projet, il y avait une mesure qui paraissait nécessaire, et que l'administration soumettait aux enquêtes. Pour l'un et pour l'autre l'abaissement du plan d'eau était nécessaire, et il ne peut pas être opéré seulement au point spécial où le pont sera établi. L'abaissement commencera à la rue du Faubourg-du-Temple pour se continuer jusqu'à la place de la Bastille dans une longueur de 1669$^m$,50 et cet abaissement s'opérera par un moyen dispendieux, mais très simple. Il y a à la place de la Bastille une écluse double dont l'effet est de faire descendre les eaux du canal de 5$^m$,55 et de les mettre au niveau de la gare de l'Arsenal qui communique directement avec la Seine. On transportera cette écluse au-dessus de la rue du Faubourg-du-Temple, et l'on aura dès la rue du Faubourg-du-Temple cet abaissement de 5$^m$,55 que l'on continuera jusqu'à la gare de l'Arsenal, il n'y aura plus ainsi d'inégalité de niveau jusqu'à l'entrée du canal dans la Seine. Voilà le projet qui était présenté pour l'abaissement d'eau du canal. Jusque-là rien d'extraordinaire. La navigation seulement devait être interrompue et un long chômage imposé à la Compagnie, laquelle serait obligée de s'y résigner, sauf l'indemnité qu'elle aurait à faire régler administrativement. Tout cela paraissait simple.

Mais on ne se bornait pas là. Cet abaissement opéré, comment traverserait-on le canal? Dans l'article du *Moniteur* on indiquait deux projets pour l'établissement du boulevard. Dans l'un de ces projets on acceptait le canal tel qu'il était, on lui laissait la largeur qu'il a, on lui laissait ses communications à l'extérieur, il restait ouvert jusqu'à la gare de l'Arsenal comme il l'est en ce moment, il conservait son cours d'eau et les usines qui en dépendent.

L'autre projet, pour lequel l'administration avouait sa préférence, beaucoup plus nouveau, plus hardi, plus aventureux que celui dont je viens de parler, proposait de réduire de 27 mètres à 12 mètres la largeur du canal qui sert à la navigation, de le couvrir dans toute la longueur qui s'étend depuis la rue de la Tour, voisine de la rue du Faubourg-du-Temple jusqu'à la gare de l'Arsenal, c'est-à-dire sur une longueur de 1450 mètres, d'établir sur ce canal, ainsi couvert, un boulevard avec des arbres, des fleurs, des squares, toutes sortes d'ornements ; l'administration ouvrait l'enquête pour que les intéressés fissent connaître quel était des deux projets celui qu'ils préféraient, et elle leur demandait les observations qu'ils auraient à soumettre sur l'un et l'autre.

La Compagnie protesta contre l'un et l'autre projet, mais en particulier contre le dernier, qui lui paraissait une véritable expropriation de son canal dans toute l'étendue où il aurait été rétréci et couvert.

Le 30 novembre 1858 le préfet de la Seine demanda et obtint un jugement prononçant l'expropriation de toutes les propriétés nécessaires à l'ouverture du boulevard du Prince-Eugène. Dans ce jugement rien ne fut dit pour la Compagnie du canal Saint-Martin ; elle n'était pas en cause.

Le 30 avril 1859 un décret déclare d'utilité publique le deuxième projet du boulevard du Prince-Eugène sur le canal Saint-Martin, c'est-à-dire le projet qui rétrécit le canal sur une étendue de près de 1500 mètres.

Je dois dire qu'une légère modification y avait été apportée par le ministre des travaux publics. Le ministre des travaux publics avait facilement remarqué qu'en rétrécissant le canal, qu'en le réduisant à 12 mètres au lieu de 27, il ne serait plus propre à la navigation dans son cours ascendant et descendant, que deux bateaux de moyenne grandeur ne pourraient plus s'y croiser. Il exigea qu'on lui laissât 16 mètres au lieu de 12. Sous le mérite de cette modification, le projet fut déclaré d'utilité publique.

Dès ce moment il n'y avait plus de représentations à faire, il n'y avait plus qu'à se résigner, qu'à obtenir la réparation du préjudice considérable qui allait être causé par le nouveau projet du préfet de la Seine. La Compagnie écrivit au préfet de la Seine, lui déclarant que désormais toute résistance de sa part était impossible, qu'elle demandait purement et simplement à être soumise à l'expropriation pour tout ou partie du canal Saint-Martin, et à être renvoyée devant le jury pour la détermination de l'indemnité. Le préfet répondit que cette manière de procéder n'entrait pas dans ses vues, qu'il règlerait l'indemnité administrativement.

A la date du 5 septembre 1859, le préfet prit un arrêté de chômage par lequel il prescrivait à la Compagnie de suspendre l'exploitation du canal pendant un an, qui était nécessaire, disait-il, pour exécuter les travaux à entreprendre sur le canal Saint-Martin. Je crois devoir donner lecture à la Cour des termes mêmes de cet arrêté de chômage :

« Vu le décret en date du 30 avril 1859, inséré au *Bulletin des lois*, le 28 mai suivant, qui a déclaré d'utilité publique l'exécution des travaux d'abaissement et de couverture du canal Saint-Martin, conformément au plan annexé au décret.

» Arrête :

» Art. 1er. — Sera mise en chômage, à partir du 1er novembre prochain, la partie du canal Saint-Martin située entre l'entrepôt des Marais et le bassin de l'Arsenal inclusivement.

» Art. 2. — La durée du chômage est fixée à douze mois, temps présumé nécessaire à l'exécution des travaux. »

Ainsi, la Cour le voit, l'arrêté de chômage était pris en vertu du décret qui ordonnait l'abaissement et la couverture du canal Saint-Martin, et la durée du chômage était fixée à un an parce que c'était le temps nécessaire approximativement pour l'exécution des travaux entrepris par le préfet de la Seine.

Le 27 septembre, l'administration du canal Saint-Martin adressa au préfet de la Seine sommation d'avoir à faire procéder à l'expropriation. Mais cette sommation devint inutile ; le préfet avait décidé que le chômage commencerait le 1<sup>er</sup> novembre, et le 1<sup>er</sup> novembre le préfet fit procéder au commencement des travaux nécessaires, soit pour exécuter le boulevard, soit pour mettre en chômage le canal Saint-Martin.

Le 24 octobre, assignation en référé devant le président du tribunal de première instance. Le président renvoya à l'audience toutes choses en état. Mais toutes choses en état ne fut qu'une formule illusoire : les travaux commencés par le préfet continuèrent. La Compagnie fit dresser un procès-verbal de constat des lieux dont je vous donnerai tout à l'heure lecture.

Nous sommes arrivés à l'audience, nous avons soutenu, aux termes de l'art. 545 du Code Napoléon, que nul ne peut être dépouillé de sa propriété sans une juste et préalable indemnité, que nous demandions, et que nous avions le droit de demander qu'avant de dépouiller la Compagnie du canal Saint-Martin du droit qu'elle avait sur ce canal, exécuté par elle, il était nécessaire de faire procéder à l'expropriation, et qu'au jury seul appartenait d'en régler l'indemnité. On a soutenu que le tribunal était incompétent, que la question était toute administrative, et à la date du 15 novembre 1859 le tribunal a rendu le jugement dont est appel, et qui est ainsi conçu :

« Attendu que la concession faite à la Compagnie du canal Saint-Martin n'a pour objet que la jouissance et l'exploitation temporaire d'une voie publique de navigation ;

» Qu'une telle concession n'attribue à ladite Compagnie aucun droit de propriété immobilière ;

» Qu'ainsi la Compagnie concessionnaire ne peut invoquer le bénéfice des lois qui régissent la propriété et l'expropriation pour cause d'utilité publique ;

» Par ces motifs ,

» Se déclare incompétent et dit qu'il n'y a lieu à référé. »


Telle est, messieurs, la sentence dont la Compagnie du canal Saint-Martin a interjeté appel, sentence sur laquelle vous me permettrez de m'expliquer avec quelques développements que je crois nécessaires. Il ne vous échappera pas que cette décision introduit dans notre droit comme dans nos pratiques administratives une innovation considérable ( je le montrerai plus tard à la Cour); elle soumet à un régime nouveau toutes les concessions de canaux comme de chemins de fer, toutes les entreprises de travaux publics dont se charge l'industrie privée, à condition d'être indemnisée de ses sacrifices par une longue jouissance.

Avant d'examiner les motifs adoptés par le tribunal, je veux apprécier des objections de moindre portée qui étaient présentées par la Ville, et que l'on pourra reproduire, quoique le tribunal les ait laissées de côté. Elles étaient au nombre de trois. 1° On disait : Le préfet procède en vertu d'un arrêté de chômage pris dans l'étendue de ses pouvoirs, et auxquels les tribunaux ne peuvent faire obstacle. 2° Il n'y a pas urgence dans la réclamation de la Compagnie du canal Saint-Martin, et par conséquent il n'y a pas lieu à référé. 3° Il s'agit d'interpréter un acte administratif, et les tribunaux ne peuvent pas interpréter un acte administratif.

A mon sens aucune de ces trois objections ne mérite de vous arrêter. La première est prise de l'arrêté de chômage. La Cour a remarqué dans plus d'un procès de la nature de celui qui lui est soumis les inconvénients qui résultent de la confusion des pouvoirs divers qui résident dans les mains du préfet de la Seine. Ainsi, par exemple, dans l'espèce qui nous occupe, le préfet de la Seine a, en réalité, trois caractères différents pour agir vis-à-vis de la Compagnie du canal Saint-Martin. 1° Comme administrateur de la ville de Paris, il est tenu, cela je pense est incontestable, de l'exécution des contrats que la ville de Paris a passés avec les tiers. La ville de Paris est propriétaire du canal Saint-Martin ; elle est obligée de reconnaître les droits de ceux qui l'ont établi, avec lesquels elle a traité, et sans les travaux desquels elle n'en serait pas propriétaire, car le canal n'existerait pas. Voilà une première qualité du préfet de la Seine : comme administrateur de la ville de Paris, il est tenu d'exécuter les engagements qu'elle a contractés à l'égard des tiers.

En second lieu, comme administrateur encore de la ville, le préfet est tenu d'exécuter les engagements qu'elle a pris envers l'État en vertu de la loi du 28 mai 1858. Or, la loi du 28 mai 1858 oblige la ville de Paris à construire un certain nombre de boulevards, parmi lesquels se trouve celui du Prince-Eugène, à les construire dans un délai de dix ans, à payer à ses risques et périls toutes les indemnités qui pourraient être dues, et cela moyennant une subvention de 50 millions que l'État consent à payer à la ville de Paris.

Voilà donc le préfet qui, ayant contracté au nom de la ville de Paris, avec la Compagnie du canal Saint-Martin, est expropriant au nom de la ville de Paris.

3° Le préfet est le représentant de l'autorité centrale. Ce n'est pas comme administrateur de la ville de Paris qu'il a pris son arrêté de chômage du 5 septembre 1859, c'est comme agent du ministre des travaux publics, qui seul a le droit de prendre des arrêtés de chômage, seulement il les prend par l'intermédiaire des préfets qui sont placés hiérarchiquement sous ses ordres.

Maintenant que se trouve-t-il dans la cause ? c'est que le préfet a mis à la disposition de lui expropriant comme administrateur de la commune de Paris, le pouvoir qu'il a comme représentant de l'autorité centrale ; c'est en cette qualité qu'il a pu arriver à prononcer le 5 septembre 1859, l'arrêté de chômage qu'il a prononcé contre la Compagnie du canal Saint-Martin. Il a mis sa qualité de délégué du ministre au service de ses intérêts de propriétaire. Néanmoins, messieurs, je m'empresse de dire que quelque usage que le préfet de la Seine ait fait de son pouvoir, il est clair que les tribunaux n'ont pas le droit de mettre obstacle à l'exécution d'un arrêté de chômage, ni d'apprécier les dommages qui en résultent.

Si la question s'était présentée sous ce point de vue, il est évident qu'elle n'était pas même discutable. L'arrêté a été pris en vertu des pouvoirs qu'a le préfet comme représentant le ministre des travaux publics, l'arrêté ne peut être soumis qu'à la juridiction administrative. Par conséquent, s'il n'y avait que l'arrêté de chômage, si nous n'avions réclamé que contre cet arrêté, qu'une indemnité pour le dommage qu'il cause, le tribunal de première instance aurait eu raison de dire que l'autorité judiciaire n'était pas compétente pour rendre une sentence qui aurait mis obstacle à l'arrêté de chômage. Ce n'est pas contre cela que la Compagnie a réclamé, quoique l'arrêté de chômage fût rappelé dans ses conclusions, et le tribunal l'a bien compris, car dans son jugement il n'a pas dit un mot de l'arrêté de chômage.

Du 1<sup>er</sup> au 3 novembre, malgré la décision du président qui ordonnait que toutes choses restassent en état, voici ce qu'on avait fait, et ici je demande à lire à la Cour le procès-verbal de constat qui a été dressé à la requête de la Compagnie :

« L'an mil huit cent cinquante-neuf, le deux novembre, etc.

» Me suis transporté sur les bords du canal Saint-Martin :

» A la hauteur de la rue de la Douane, j'ai parcouru les deux rives du canal, jusqu'au pont du Faubourg-du-Temple, et ai reconnu et constaté que les bornes qui sont la propriété de la Compagnie, bordant le canal, ont été arrachées et renversées, que la berge sur le quai Valmy est encombrée de matériaux et moellons, et que par suite de cet état de choses il devient impossible de faire aucun embarquement ou débarquement sur l'une ou l'autre rive.

» Du pont du Faubourg-du-Temple au pont de la rue d'Angoulême :

» Sur le quai Jemmapes, le passage est barré pour le service municipal ; les arbres gisent abattus encombrant les berges, les bornes ont été arrachées des deux côtés ; j'ai remarqué en outre, sur le quai Valmy, que les bornes avaient été replacées à plus de 3 mètres en arrière, et qu'une quantité considérable de matériaux et moellons obstruaient les abords du canal en face la rue de la Tour.

» Du pont de la rue d'Angoulême au pont de la rue Ménilmontant.

» J'ai reconnu que le passage et les rives du canal étaient interceptés et barrés pour le service municipal, et les bornes arrachées des deux côtés.

» Du pont de la rue Ménilmontant au pont de la rue Saint-Sébastien.

» Les bornes ont été également enlevées et replacées à environ 3 mètres en arrière ; j'ai de plus reconnu et constaté, sur le quai Valmy, un dépôt de bois de traverses destinées à établir un chemin de fer de service et des coussinets.

» Du pont de la rue Saint-Sébastien au pont de la rue Amelot.

» Sur les rives du canal sont déposés : des traverses, des coussinets et des rails pour l'établissement du chemin de fer de service. Divers ouvriers sont employés à ce travail.

» Sur la bordure de la berge du quai Valmy, une quantité considérable de wagons pour le transport des matériaux est rangée sur une seule ligne et barre complétement le canal.

» Des deux côtés du canal les bornes ont été également déplacées et reportées à environ 3 mètres en arrière.

» J'ai en outre reconnu, ainsi qu'il résulte des constatations qui précèdent, que l'exploitation du canal Saint-Martin est devenue impossible dans toute l'étendue du parcours sus-mentionné.

» Et de ce que dûment j'ai fait et dressé, etc., etc. »

Voilà donc en pleine activité les travaux d'utilité publique ordonnés par le décret d'avril 1859. On s'était donc emparé de la propriété de la Compagnie, de son canal, de ses chutes d'eau ; on l'avait expropriée et sans indemnité préalable. C'est contre cette entreprise, contre ces travaux, c'est pour en demander la suspension que le référé avait été introduit devant le président du tribunal. On ne demandait pas au président du tribunal, pas plus qu'on n'a demandé au tribunal plus tard, pas plus que nous ne le demandons à la Cour, de déclarer que l'arrêté de chômage n'a pas été régulièrement pris, c'est une instance administrative qui sera portée au conseil d'État par laquelle des indemnités seront réclamées. Ce qu'on demandait alors, c'était la suspension des travaux en vertu du principe sacré écrit dans l'article 545 du Code Napoléon.

On nous opposait une seconde objection. On nous disait : « Vous vous êtes pourvus en référé, mais on ne peut se pourvoir en référé qu'autant qu'il y a urgence, or, il n'y a pas urgence ; vous pouvez nous laisser continuer nos travaux. » A quoi nous répondions que cette objection nous paraissait porter à faux. Et en effet il m'est impossible de la comprendre lorsque l'art. 545 du Code Napoléon, qui n'est pas seulement un article de droit civil, mais qui depuis 1791 est un article de toutes nos constitutions politiques sans exception sous tous les régimes, déclare que nul ne peut être contraint à céder sa propriété, s'il n'a reçu une juste et préalable indemnité. Eh bien, lorsque, malgré cet article, on a envahi la propriété d'un citoyen, lorsqu'on s'en empare, il n'y a pas, dites-vous, urgence à demander la suspension des travaux ! Mais rien de plus urgent que la réclamation du légitime propriétaire qui vient se plaindre d'une usurpation sans indemnité préalable. Je le répète, ce n'était pas une objection à réfuter et vous avez vu que le tribunal ne s'y est pas arrêté.

Ici permettez-moi de vous répéter les termes d'un arrêt rendu par le conseil d'État à une époque récente et dans lequel vous verrez comment on peut se pourvoir contre ces envahissements, ces usurpations de la propriété sans indemnité préalable.

Voici comment est conçu cet arrêt ; il est du 15 décembre 1858, et rapporté par Dalloz (1859, 3<sup>e</sup> partie p. 49.)

« Considérant qu'il s'agissait dans l'espèce de l'ouverture dans des propriétés privées d'un chemin vicinal de grande communication ; que les travaux avaient été commencés sur deux parcelles de terrains situées au territoire d'Aubigny-la-Ronce, sans que les sieur et dame Bouthier de Rochefort, propriétaires de ces parcelles, en aient fait la cession amiable, et sans que les formalités prescrites par l'article 16 de la loi du 21 mai 1836 aient été remplies par l'administration ; que dans ces circonstances par le référé porté devant le président du tribunal civil de Beaune, et en appel devant la Cour impériale de Dijon, les sieur et dame Bouthier de Rochefort ont demandé la discontinuation des travaux entrepris sur leurs propriétés jusqu'au règlement de l'indemnité à laquelle ils avaient droit ;

» Considérant qu'aux termes de la loi du 21 mai 1836 l'administration ne pouvait faire commencer les travaux sur les terrains compris dans le tracé du chemin dont il s'agit qu'après une cession amiable ou après l'accomplissement des formalités prescrites en matière d'expropriation pour cause d'utilité publique ; qu'il n'est justifié ni d'une cession de cette nature ni d'une expropriation régulièrement prononcée ; que dès lors l'autorité judiciaire était compétente pour connaître de la demande des sieur et dame Bouthier de Rochefort ;

» ART. 1<sup>er</sup>. — L'arrêté de conflit pris par le préfet de la Côte-d'Or est annulé. »

Vous le voyez, toutes les fois qu'il est porté atteinte à ce grand principe que nul ne peut être dépouillé de sa propriété sans indemnité préalable, le moyen légitime pour demander la discontinuation des travaux, c'est de se pourvoir d'urgence en référé, de se présenter devant le juge, de lui demander la discontinuation des travaux ; c'est l'arrêt du conseil d'État qui l'a lui-même déclaré.

Devant le tribunal on nous disait que pour le préfet de la Seine les travaux étaient urgents. Les travaux étaient urgents pour le préfet de la Seine ! Il a 10 ans pour les exécuter, aux termes de la loi du 28 mai 1858. D'ailleurs le titre 7 de la loi du 3 mai 1841 lui donne un moyen de procéder en cas d'urgence, et il lui est loisible de recourir à ce moyen. Enfin, s'il y a urgence pour le préfet et pour la Compagnie, c'est une double raison pour que l'affaire puisse être portée en référé devant le président ou devant le tribunal.

La troisième objection à laquelle le tribunal ne s'est pas arrêté, c'est qu'il s'agit de l'interprétation d'un contrat administratif et l'on disait : Le tribunal est incompétent. Vous demandez l'interprétation de la concession passée en vertu de la loi de 1848 : cet acte est administratif ; or, les tribunaux ordinaires ne peuvent pas procéder à cette interprétation.

Nous répondions que c'était là une complète erreur, que nous n'avions aucune interprétation à demander, qu'il s'agissait de lire l'acte de concession, que cet acte était parfaitement clair, qu'il ne pouvait être contesté par aucune des parties, qu'il fallait en tirer seulement les conséquences que la loi y attache, conséquences qui ne permettaient pas à l'administration de s'emparer de notre canal sans une préalable et juste indemnité.

En quoi consiste le droit de la Compagnie ? La Compagnie est concessionnaire d'un canal qu'elle a exécuté, elle en est concessionnaire pour quatre-vingt-dix-neuf ans, elle en est concessionnaire en vertu de différentes dispositions qui lui donnent les droits les plus étendus. Que voulez-vous ? Il n'y a pas là à interpréter. Examinez les conséquences légales du contrat d'emphytéose tant que vous voudrez, mais du contrat vous n'avez rien à dire, les clauses en sont claires et nous ne demandions pas au tribunal de les interpréter, mais de les faire observer. Ce que je dis là, messieurs, est le résumé d'une incontestable jurisprudence. Permettez-moi de vous lire un arrêt de la Cour de cassation du 17 août 1858, rapporté par Dalloz (1858, 1ʳᵉ partie, p. 367) :

« Attendu que s'il est interdit aux tribunaux ordinaires de s'immiscer dans l'examen des actes de l'administration, et par suite, lorsque le sens de ces actes est douteux, de s'exposer à le méconnaître en prétendant l'interpréter, la compétence des tribunaux ne peut être contestée lorsque l'acte émané d'une autorité administrative présente un sens ne donnant lieu à aucun doute, et, par conséquent, n'ayant pas besoin d'interprétation..... »

C'est le cas dans lequel nous nous trouvons. L'objection n'était donc pas une raison de repousser la compétence du tribunal de première instance.

Voilà donc les trois objections préliminaires dont je n'ai pas pu me dispenser de parler, parce qu'elles peuvent être reproduites, mais sur lesquelles je n'insiste pas plus longtemps, d'autant plus qu'elles ont été écartées par le tribunal.

Maintenant je vais examiner les motifs que le tribunal a donnés (je les rappelais tout à l'heure) pour se déclarer incompétent et dire qu'il n'y avait pas lieu à référé. Le tribunal, comme vous savez, a été frappé de deux choses : 1° a-t-il dit, il s'agit d'une voie publique de navigation ; 2° sur cette voie publique de navigation la Compagnie n'a qu'une jouissance et une exploitation temporaires sans aucun droit de propriété. C'est par ces deux motifs combinés dans une seule phrase que le tribunal a déclaré qu'il était incompétent pour connaître du référé porté devant lui. J'examinerai distinctement l'une et l'autre raisons indiquées dans les motifs du jugement.

Le tribunal a dit : Le canal Saint-Martin est une voie publique de navigation. Messieurs, sous quelques rapports je n'ai nul intérêt à nier que le canal Saint-Martin ne soit une voie publique de navigation. Seulement, j'aurais voulu que le tribunal se demandât quelles étaient au juste les conséquences de ce caractère du canal Saint-Martin, qu'il appelle voie publique de navigation. Je puis les indiquer par un extrait de l'exposé des motifs que présentait le ministre des travaux publics à la Chambre des députés, en 1844, en lui proposant la loi sur la police des chemins de fer. Cet extrait montrera mieux que tout ce que je pourrais dire ce que signifient ces mots, que le canal Saint-Martin est une voie publique de navigation.

Le ministre des travaux publics s'exprimait ainsi :

» ..... Les voies publiques sont placées sous la protection de règles spéciales. A toute époque, on a compris que l'intérêt général de la circulation devait être défendu contre les entreprises de l'intérêt privé par des moyens de répression aussi prompts qu'efficaces. De là, messieurs, est né le régime de la grande voirie pour les grandes routes, pour les canaux et pour les rivières. Aucune atteinte ne peut être portée à ces parties importantes du domaine public, qu'elle ne puisse être réprimée à l'instant même et punie par des peines sévères.

» Si les chemins de fer diffèrent des routes et des voies navigables par le mode de locomotion, ils ont cependant la même destination publique ; ils servent comme les routes de terre et les voies navigables, au transport des personnes et des marchandises, et comme leur principal avantage réside dans la régularité et surtout la promptitude du service et que le moindre accident causé à ces voies nouvelles peut engendrer les plus fatales conséquences, il est plus nécessaire encore de les protéger par une législation qui confère à l'autorité une action vive et rapide. Tel est le but de l'art. 1ᵉʳ du projet de loi, qui dispose que les chemins de fer construits ou concédés par l'État font partie de la grande voirie et qui leur déclare applicables les lois concernant l'alignement, les plantations, la conservation des fossés, talus, levées, ouvrages d'art, les dépôts de terres, fumiers et autres objets quelconques, l'exploitation des mines, minières, carrières et sablières, l'interdiction du pacage des bestiaux. L'expérience de tous les jours démontre les avantages nombreux que procure l'application de ces lois et règlements. »

Voilà, messieurs, l'état légal des voies de communication déclarées voies publiques. Mais le tribunal aurait dû se demander si, à ce caractère, il était possible d'en ajouter un autre, de dire que les voies publiques ne peuvent être l'objet ni d'une propriété privée, ni de droits accordés sur cette propriété privée, ni d'usage, d'usufruit, de servitude, ou même de simple location.

Que voulez-vous? Si le tribunal avait poussé son examen jusque-là, il aurait reconnu que, quoi qu'on puisse dire, sous quelque rapport que l'on envisage le canal Saint-Martin comme voie publique de navigation, il n'y a rien à en tirer pour la contestation que nous soumettons à la Cour. Encore bien que ce canal soit une voie publique de navigation, il peut être soumis à certains droits dont on ne peut s'emparer moyennant expropriation et préalable indemnité. Je dis certains droits, tels que ceux qui touchent à la propriété. Le canal du Midi, qui est aussi une voie publique de navigation, a été pendant près de deux siècles la propriété privée d'une famille. Il n'a pas cessé pour cela d'être une voie publique : est-il jamais entré dans la pensée de personne d'exproprier cette famille du canal que Riquet avait construit, sans lui accorder une juste et préalable indemnité?

Mais pourquoi irais-je chercher le canal du Midi? Le canal Saint-Martin est une propriété publique, dites-vous? à qui appartient-il? A la ville de Paris. Eh bien, je ne peux pas croire que la ville de Paris vienne appuyer de son autorité l'étendue que le tribunal a donnée à ces mots : « voie publique de navigation, » et prétendre que le canal Saint-Martin ne doit être l'objet d'aucun droit privé. Le canal Saint-Martin a été construit, partie aux frais de la ville de Paris, partie aux frais de la Compagnie ; il doit être la propriété et rentrer dans la possession de la ville de Paris à l'expiration des quatre-vingt-dix-neuf ans de concession, comme le déclare le cahier des charges. Le tribunal ne peut donc pas en induire qu'il n'est pas une propriété privée, et qu'il ne peut être soumis à aucun des droits de servitude ou d'usage qui peuvent grever la propriété. Je ne puis pas croire que, sur ce point, je me trouve en contradiction avec mon adversaire plaidant pour la ville de Paris, qui abdiquerait au profit de l'État la propriété qu'elle a des canaux Saint-Denis et Saint-Martin.

Ces principes ont été parfaitement posés dans un arrêt de la Cour de cassation du 17 juillet 1849 que j'ai à la main, mais que je ne vous lirai pas en entier pour ne pas abuser de votre bienveillante attention. Il s'agissait du canal du Nivernais ; les propriétaires riverains résistaient à un empiétement sur leurs propriétés. On leur opposait que leur résistance était une atteinte portée au domaine de l'État. Notez que, pour le canal du Nivernais, il y avait cette différence qu'à l'expiration de la concession il rentrera dans les mains de l'État, tandis que le canal Saint-Martin rentrera dans les mains de la ville de Paris. Eh bien ! la Cour de cassation, appelée à examiner cette question du domaine public auquel elle ne voulait pas porter atteinte, s'est prononcée en ces termes dans son arrêt du 17 juillet 1849, sous la présidence de M. Lassagny :

« Attendu qu'il ne s'agit pas du domaine public ancien et reconnu, dont le caractère soit incontestable, le canal du Nivernais forme une partie nouvelle et récemment constituée du domaine public sous des conditions imposées et acceptées par des conventions volontaires et réciproquement obligatoires. Les lois protectrices du domaine public sont donc sans application à l'espèce. » (Dalloz, 49, 1, 3, 5.)

Je rappelle seulement les motifs, et la Cour en sent parfaitement la justesse. Comment ! vous appelez immeuble du domaine public un canal qui n'existait pas quand la Compagnie a traité avec la ville de Paris, qui n'existe que parce que la Compagnie l'a exécuté, et ne l'a exécuté pour le compte de la ville de Paris que d'après certaines conditions écrites dans le cahier des charges, cahier des charges qui formait les bases de l'adjudication à laquelle elle s'est présentée! Il est évident que c'est mal à propos que le tribunal a rappelé que c'était une voie publique de navigation. J'ai dit dans quelles limites on devait lui accorder ce caractère. La Cour voit que cela ne permettait de rien conclure sur la question que l'on était appelé à juger. Mais le tribunal continue : « La Compagnie, dit-il, en vertu de ce contrat, n'a qu'une jouissance temporaire. »

Messieurs, à cette objection, qui est la principale du jugement que j'attaque, on pourrait faire plusieurs réponses. 1° L'article 545 du Code Napoléon, dont la disposition protectrice n'a rien qui la restreigne au droit pur de propriété immobilière, prononce l'interdiction d'exproprier sans une juste et préalable indemnité. La Cour de cassation a décidé, le 23 février 1825, sous la présidence de M. Henrion de Pensey (arrêt rapporté par Dalloz, 1825, partie 1<sup>re</sup>, page 123), que cet article 545 est applicable, même à l'expropriation d'un droit de péage. Nous examinerons tout à l'heure quel est le droit de la Compagnie sur le canal Saint-Martin, mais, dès à présent, je suis autorisé à dire que le tribunal a tort d'attribuer à l'article 545 une limite aussi étroite que celle qu'il lui attribue. Lorsqu'on consulte la loi du 3 mai 1841 qui a pour but de mettre en pratique l'article 545 du Code Napoléon, on s'aperçoit très bien qu'il y a d'autres indemnisés que le propriétaire. Voici en effet ce que porte l'article 21 :

« ART. 21. — Dans la huitaine qui suit la notification prescrite par l'article 15, le propriétaire est tenu d'appeler et de faire connaître à l'administration les fermiers, locataires, ceux qui ont des droits d'usufruit, d'habitation ou d'usage, tels qu'ils sont réglés par le Code civil, et ceux qui peuvent réclamer des servitudes résultant des titres mêmes du propriétaire ou d'autres actes dans lesquels il serait intervenu; sinon il restera seul chargé envers eux des indemnités que ces derniers pourront réclamer.

» Les autres intéressés seront en demeure de faire valoir leurs droits par l'avertissement énoncé en l'article 6, et tenus de se faire connaître à l'administration dans le même délai de huitaine, à défaut de quoi ils seront déchus de tous droits à l'indemnité. »

Et l'article 39 dit :

« Le jury prononce des indemnités distinctes en faveur des parties qui les réclament à des titres différents, comme propriétaires, fermiers, locataires, usagers et autres intéressés dont il est parlé à l'article 21. »

Ainsi le tribunal a tort lorsqu'il déclare que, si l'on n'a pas un droit entier de propriété, on ne peut pas réclamer une indemnité au jury d'expropriation. Les termes de l'art. 545 sont généraux. La loi du 3 mai 1841, qui interprète l'art. 545, attribue à d'autres qu'aux propriétaires exclusifs le droit de réclamer des indemnités du jury d'expropriation.

Remarquez-le, messieurs, les conséquences de ces articles renversent immédiatement le jugement, même en admettant que le contrat n'attribue qu'une jouissance purement temporaire semblable à celle d'un locataire ordinaire. Remarquez que, même dans ce cas, la Compagnie du canal Saint-Martin, ne fût-elle que usufruitière, usagère, locataire, aux termes de la loi, a droit à une indemnité fixée par le jury d'expropriation. De manière que les mots *jouissance temporaire* que le premier juge a insérés dans son jugement n'autorisent pas le tribunal ordinaire à se déclarer incompétent pour statuer sur l'instance en référé qui lui est soumise, à moins que l'on n'oppose que le jury n'est plus apte à régler l'indemnité parce qu'il n'aurait devant lui que l'usager, le locataire et non le propriétaire. Voici les raisons qu'on pourrait donner : le propriétaire c'est la ville de Paris, l'expropriant c'est la ville de Paris. Or la ville expropriante n'ira pas s'assigner devant le jury pour se faire allouer à elle-même une indemnité. Donc l'usufruitier, l'usager et le locataire ne pouvant pas comparaître sans le propriétaire, ne peuvent demander le jury d'expropriation.

C'est une erreur complète. Les usufruitiers, les usagers, ceux qui ont droit à des servitudes et même les simples locataires peuvent être appelés devant le jury d'expropriation sans que le propriétaire y soit présent. C'est ce qui a été décidé par un arrêt du conseil d'État du 9 janvier 1850 pour un propriétaire de servitude et, par un arrêt du 18 août 1859 pour un locataire. (Voy. Dalloz, 1851, 3, 7, et 1850, 3, 5.)

Le conseil d'État, dans l'une et l'autre affaire, a décidé que le propriétaire avait pu lui régler à l'amiable l'indemnité qui lui était personnellement due par l'administration qui l'expropriait, sans que pour cela les propriétaires de servitude ou les locataires fussent privés du droit de réclamer une indemnité ; qu'il était radicalement impossible que le locataire, alors même que le propriétaire s'était entendu avec l'expropriant, fût privé de la juridiction du jury d'expropriation. Nous avons eu à Paris cent exemples de locataires qui se sont présentés devant le jury après que le propriétaire s'était entendu avec la ville. Ainsi, la Compagnie, ne fût-elle, comme l'a dit le tribunal, qu'un locataire ordinaire, n'eût-elle que la jouissance temporaire, aurait le droit de demander que le jury appréciât l'indemnité qui lui est due. C'est la loi qui le dit en termes positifs. La ville est en même temps expropriante et propriétaire. Si les travaux avaient été faits par l'État, on aurait été obligé d'exproprier la ville, propriétaire du canal. La Compagnie usufruitière ou locataire aurait été indemnisée par le jury. La situation ne peut pas changer, parce que la ville elle-même exproprie.

Mais j'ajoute que c'est méconnaître les termes du contrat passé entre la ville de Paris et la Compagnie du canal Saint-Martin que de considérer la Compagnie du canal Saint-Martin comme un simple locataire. Il est impossible de n'être pas frappé des circonstances qui établissent une différence notable entre la concession qui a été faite à la Compagnie du canal et un locataire ordinaire. Remarquez qu'il s'agit d'un objet qui n'existait pas ; ce n'est pas un objet que la ville de Paris a loué à la Compagnie, dont la ville de Paris fût propriétaire et dont la Compagnie soit devenue locataire ; c'est un canal qui n'existait pas, que la Compagnie s'est engagée à construire. Celui que vous appelez un locataire est le véritable auteur de l'objet que vous considérez comme loué. Par suite de l'obligation qu'il prenait de le construire, on a déclaré qu'il aurait pendant quatre-vingt-dix-neuf ans l'exercice de droits qui ont été caractérisés dans plusieurs articles du contrat, et qui sortent des droits habituels des locataires.

Quatre-vingt-dix-neuf ans ! y pensez-vous? Et où trouvez-vous que la durée de la concession faite s'accorde avec un bail ordinaire! Est-ce que vous appelez jouissance temporaire un fait de cette nature? Non, quatre-vingt-dix-neuf ans ne sont pas un temps ordinaire de jouissance ; cette durée exceptionnelle constitue, d'après tous les jurisconsultes, une attribution partielle du droit de propriété.

Et puis vous imposez à cette Compagnie des obligations pour toute la durée de sa jouissance, qui ne sont nullement d'accord avec les obligations d'un preneur ordinaire. Lisez donc les articles du cahier des charges, et vous y verrez mille choses qu'un preneur ordinaire n'est pas tenu de faire.

La jouissance est donc caractérisée, soit par l'objet auquel elle s'applique, soit par la durée qu'elle doit avoir, soit par les conséquences qu'elle entraîne ; elle est tout à fait étrangère au bail ordinaire, et constitue ce que notre droit nouveau, comme notre droit ancien, appelle l'emphytéose.

Je ne veux pas engager une longue discussion de droit sur cette question d'emphytéose ; il me suffira de dire que la plupart des jurisconsultes considèrent l'emphytéose comme un droit immobilier susceptible d'hypothèques ; que l'emphytéose constitue en quelque sorte un droit de propriété. C'est l'opinion de presque tous les jurisconsultes, plus d'une fois consacrée par la Cour de cassation. Pour ne pas éterniser ma plaidoirie, je prends dans la table générale de Sirey les notes suivantes :

« 1° L'emphytéose existe-t-elle sous l'empire du Code civil?

» Oui : Merlin, Q. de Dr., verso Emphytéose, Toullier, Favard, Duranton, Carré, Proudhon, Duvergier, Championnière et Rigaud, Troplong, Hyp. 2, n. 405, louage 1250.

» 2° L'emphytéose est sous le Code civil, comme anciennement, un droit immobilier susceptible d'hypothèque.

» Arrêt de Paris, 10 mai 1831, D. 31, 2, 221 ; arrêt de Douai, 15 novembre 1832, D. 33, 2, 195; Merlin, Favard, Persil, Proudhon, Troplong, Hyp. 2, n° 405, louage 1, n° 45. Duranton, Championnière et Rigaud, Duvergier, Battur, Delvincourt, Toullier, Grenier, Zacharie.

» 3° L'emphytéose est translative de propriété ou de partie de la propriété de la chose baillée.

» Cour de cassation, 1<sup>er</sup> avril 1840, s. V, 40, 1, 433 ; même Cour, rejet, 1<sup>er</sup> avril 1840, s. V, 40, 1, 433.

» 4° L'emphytéose, même temporaire, transmettant au preneur un droit de propriété un *jus in fundo* ou *quasi-domaine*, il s'ensuit que les juges peuvent, sans violer aucune loi, assimiler le preneur emphytéotique à un usufruitier, et, dans le cas d'expropriation pour cause d'utilité publique de la chose baillée, lui attribuer la totalité de l'indemnité pour en jouir pendant toute la durée de son bail.

» Cour de cassation, Chambre des requêtes, 12 mars 1845. D. 45, 1, 105.

» La stipulation d'une redevance ou canon emphytéotique n'est plus aujourd'hui essentielle à la perfection de l'emphytéose. Il a été jugé, en conséquence, que la concession temporaire d'un terrain faite par une commune à un individu sous la condition qu'il y construira un marché dont la commune sera propriétaire à l'expiration de la jouissance du preneur, a le caractère d'une véritable emphytéose, bien qu'il n'y ait stipulation d'aucune redevance particulière au profit de la commune. Cette redevance se trouve représentée par l'obligation de construire imposée au preneur. (Paris, 3 février 1836, D. 1836, 276.)

J'appelle en particulier l'attention de la Cour sur l'arrêt de la Chambre des requêtes du 12 mars 1845, rendu sur le rapport de M. Troplong, alors conseiller, aujourd'hui premier président de la Cour de cassation (arrêt rapporté par Dalloz, 1845, première partie, p, 105). Je prie la Cour de vouloir bien prendre connaissance de ce rapport, dans lequel sont développés avec une parfaite netteté tous les principes relatifs à l'emphytéose, et que M. le conseiller Troplong terminait dans les termes suivants :

» La Cour ne pouvait faire moins que de comparer l'emphytéote à un usufruitier, lorsqu'on sait que, s'il est quelque chose de moins que le propriétaire, il est quelque chose de plus que l'usufruitier.

Voilà, messieurs, le résumé de la doctrine relative à l'emphytéose, qui me permet de dire que c'est un contrat de cette nature qui a été passé entre la ville de Paris et la Compagnie du canal Saint-Martin, et que la Compagnie du canal Saint-Martin a un de ces droits qui l'autorise à se présenter devant le jury d'expropriation pour réclamer une juste indemnité.

Cette doctrine, au surplus, a été constamment admise par la ville de Paris.

Je vous ai déjà signalé que la ville de Paris, à l'époque où le canal Saint-Martin a été adjugé à la Compagnie que je représente, a exigé, à titre de cautionnement, une hypothèque sur la jouissance du canal Saint-Denis ; je rapporte le contrat. Or, messieurs, pour constituer une hypothèque sur une jouissance du canal, il faut qu'elle soit autre chose que cette jouissance simple et temporaire dont parle le tribunal dans son jugement. Il faut qu'elle ait un autre caractère, précisément le caractère que les jurisconsultes reconnaissent à l'emphytéose.

En 1836, une contestation s'était élevée devant la Cour même qui me fait l'honneur de m'écouter, pour un marché qui avait été concédé par la ville de Paris à un nommé Testard, et voici le jugement du tribunal dont la Cour adopta les motifs :

« Attendu que l'emphytéose est un contrat par lequel le propriétaire d'un héritage en aliène temporairement le domaine utile, à la charge d'y faire des améliorations qui doivent profiter au propriétaire ; que l'emphytéose a encore d'autres caractères qui lui sont propres et auxquels il est facile de le reconnaître ; que, dans le contrat, les réparations de toute nature, le payement de tous les impôts, et, en général, toutes les charges grevant la propriété, doivent être supportés par le preneur ;

» Qu'il est aussi de l'essence du bail d'être fait pour un long temps ;

» Attendu que tous ces caractères se montrent dans le bail fait par la ville de

Paris à Testard; que le terrain a été concédé à Testard sous la condition qu'il y construirait un marché dont la Ville serait propriétaire à l'expiration du bail, et que Testard a été chargé de tous les travaux d'entretien, grosses et menues réparations, du payement de tous les impôts et de toutes les charges grevant la propriété : qu'enfin le bail est fait pour un temps de soixante-dix ans ;

» En ce qui touche le défaut de revenu dans le bail ;

» Attendu que l'emphytéose n'est pas aujourd'hui soumise de plein droit aux règles de l'ancienne jurisprudence, et que son effet doit se régler d'après les principes généraux des contrats ; qu'il en résulte que la redevance connue anciennement sous le nom de *canon* ou *phytéotique*, et qui prenait sa source dans les idées de féodalité, ne peut plus être considérée comme essentielle à la perfection de l'acte, que la seule chose essentielle est que le contrat contienne un prix ; que, dans l'espèce, le prix se rencontre dans les obligations imposées au preneur de faire effectuer les travaux énoncés audit acte ;

» Attendu que c'est ainsi que la ville de Paris a considéré le bail par elle fait à Testard, qu'elle a, en effet, qualifié de bail emphytéotique ; que l'acte, soit qu'on l'apprécie dans sa substance, soit qu'on ait égard aux termes dont les parties se sont servies pour le qualifier, doit être considéré comme bail emphytéotique ;

» Attendu que cet acte était ainsi rappelé à son véritable caractère, il en résulte que le Trésor ne peut prétendre au privilége attaché seulement par la loi au nantissement d'une chose mobilière ; que, dès-lors, le droit de faire procéder à la vente lui échappe entièrement, puisque ce droit ne pouvait dériver que du privilége, et que ce privilége n'existe pas. »


La Cour voit que c'est absolument la même situation que la concession faite par la ville de Paris à la Compagnie du canal Saint-Martin ; le concessionnaire contractait l'obligation de construire, moyennant un droit de jouissance de soixante-dix ans. Et, quoiqu'il n'y eût pas parfaite bonne foi de la part de celui qui, l'ayant donné en nantissement au Trésor, soutenait que le nantissement était nul, parce que la chose était immobilière au lieu d'être mobilière, la Cour reconnut que cette chose étant en effet immobilière, le gage ne pouvait pas être maintenu.

Voici qui est encore plus direct. La ville de Paris a été pour le canal Saint-Denis, dont le contrat est absolument semblable à celui du canal Saint-Martin, exposée à des expropriations lorsqu'on a construit près de Paris la tête du chemin de fer du Nord. La ville de Paris et la Compagnie des canaux ont été toutes les deux comprises au nombre des expropriés. Un jugement d'expropriation a été rendu contre elles le 4 juin 1844, et la signification de ce jugement contient un tableau sur lequel figurent cinq articles relatifs à l'expropriation d'une partie des berges et du lit du canal, au nom de la ville de Paris et de la Compagnie des canaux.

Pour l'indemnité la ville de Paris et la Compagnie des canaux se présentent devant le jury d'expropriation. Là il s'agit de savoir comment le jury, qui va avoir deux indemnités à déterminer, caractérisera les droits de la Compagnie du canal Saint-Denis. On soutient devant lui que la Compagnie du canal Saint-Denis, en vertu de son acte de concession est un véritable emphytéote. Les droits de l'emphytéote étant plus étendus que ceux de l'usufruitier, on demandait la fixation d'une indemnité alternative, une indemnité pour le cas où le tribunal déciderait que la Compagnie était emphitéote, et une indemnité pour le cas où le tribunal déciderait qu'elle était usufruitière. C'est ce que fit le jury, deux indemnités alternatives furent déterminées.

Comment se réglera la question ? La ville était intéressée à ce que l'indemnité fût aussi faible que possible ; elle profitait de la différence. Elle proposa à son comité consultatif la question de savoir si la Compagnie du canal Saint-Denis était emphytéote ou usufruitière ; enfin quels étaient les droits qui lui étaient conférés par l'acte de concession. Le comité consultatif donna son avis après avoir délibéré dans deux séances, le 2 juillet et le 25 août 1845. Dans ce conseil consultatif figuraient des hommes d'un caractère si honorable et qui ont laissé un souvenir si respecté que je ne puis me dispenser de vous lire leurs noms. C'étaient MM. Boinvilliers, vice-président ; Choppin, Mala, Paillet, Gaudry, Duvergier, Mirabel-Chambaud, Picard, Beaumé et Jacquemin, secrétaire. Or, voici les termes de l'avis que ce comité donna à la ville, et que le préfet déclara prendre pour base de l'indemnité à allouer :

« Le Comité,
» Vu la décision du jury du 24 avril 1845, qui fixe l'indemnité due à la ville de Paris, et à la Compagnie des canaux pour l'expropriation des parcelles de terre situées terroir de la commune de Saint-Denis ;
» Vu la loi du 20 mai 1818, le traité du 19 avril 1818, et l'ordonnance du 20 juin de la même année, relatif à la concession des canaux de l'Ourcq et de Saint-Denis ;
» Considérant que le jury d'expropriation, par sa décision du 24 avril 1845, a fixé deux indemnités différentes pour la Compagnie des canaux, selon qu'elle serait reconnue posséder les parcelles de terrain expropriées, à titre d'usufruit, ou en vertu d'un bail emphytéotique ;
» Considérant qu'aux termes du traité du 19 avril 1818, la Compagnie s'est engagée à exécuter à ses frais les canaux de l'Ourcq et de Saint-Denis ; qu'à cet effet la ville de Paris lui a concédé tous les terrains nécessaires, et s'est engagée à lui fournir une somme de 7 500 000 francs pour indemniser la Compagnie de ses travaux, pendant l'espace de quatre-vingt-dix-neuf ans, à partir du 1er janvier 1823 ;
» Qu'il est impossible à la vue de ce titre, de considérer la Compagnie comme usufruitière ;
» Qu'en effet la loi n'admet pas d'usufruit successif : qu'elle ne suppose pas, en d'autres termes, que l'usufruit puisse s'étendre au delà de la vie de celui ou de ceux au profit de qui il est constitué ; que tel est le sens qu'attribuent tous les auteurs à l'article 617 du Code civil ;
» Qu'ainsi la stipulation qui fixe la durée de la jouissance à quatre-vingt-dix-neuf ans, est seule suffisante pour faire décider que cette jouissance n'a pas le caractère d'un usufruit ;
» Considérant, au contraire, qu'une doctrine constante a établi que le contrat par lequel un terrain nu ou stérile est concédé temporairement ou perpétuellement pour l'améliorer par des plantations ou constructions, moyennant une modique redevance réservée au propriétaire, à tous les caractères de l'emphytéose ;
» Que, dans l'espèce, la ville de Paris a concédé à la Compagnie des canaux des terrains dont elle était propriétaire ;
» Qu'elle lui a fait cette concession pour que la Compagnie construisît ses canaux, et donnât ainsi aux terrains concédés une valeur considérable ;
» Qu'enfin cette concession a été faite pour la durée la plus longue qui soit autorisée par la législation actuelle ;

» Qu'à tous ces signes il faut reconnaître une véritable emphytéose ;

» Qu'à la vérité, et c'est la seule différence qui puisse être signalée entre les emphytéoses ordinaires et celle dont il s'agit dans l'espèce, la Compagnie n'a point été assujettie à payer une redevance à la ville ;

» Mais que cette circonstance ne peut seule ôter au contrat le caractère qui résulte de tous ses autres éléments ; que l'emphytéose qui ne paye point sa redevance, pendant toute la durée de sa concession, n'en a que plus de ressemblance avec le propriétaire ; que c'est ce qui a été jugé par arrêt de la Cour royale de Paris, en date du 3 février 1836 ;

» Considérant enfin, que si le silence du Code civil sur l'emphytéose a jeté d'abord quelque incertitude sur l'existence possible de ce contrat, l'hésitation a bientôt cessé. Que tous les auteurs s'accordent aujourd'hui à reconnaître que le contrat d'emphytéose, avec les caractères et les conséquences que lui attribuait notre ancien droit, peut être formé sous l'empire du Code civil (voy. Duranton, t. IV, n° 80 ; Troplong, *Traité du louage*, t. I, n° 50), que plusieurs arrêts ont également adopté cette doctrine (voy. notamment l'arrêt précité de la Cour de Paris, et deux arrêts de la Cour de cassation du 1<sup>er</sup> avril 1840). Qu'on trouve même plusieurs actes de la législation, dans lesquels la qualification de bail emphytéotique est employée dans le sens où elle était prise dans l'ancien régime (voy, notamment avis du conseil d'État, du 7 mars 1808, du 2 février 1808, et plusieurs lois qui autorisent des baux emphytéotiques des biens de la couronne).

» Qu'en présence de tous ces documents si précis et si concordants, il ne peut s'élever un doute sérieux sur la légalité du contrat d'emphytéose. Qu'il est d'ailleurs bien établi que dans l'espèce, c'est une véritable emphytéose qui est intervenue entre la ville de Paris et la Compagnie des canaux lorsque le traité du 19 avril 1818 a été fait par elles.

» Par ces motifs,

» Est d'avis : que la Compagnie des canaux peut réclamer l'indemnité allouée par la décision du jury, pour le cas où elle serait reconnue posséder les terrains expropriés, à titre de bail emphytéotique. »

Voilà l'avis qui a été donné et dont on attribue la rédaction à M. Duvergier. En effet, cette rédaction est telle que l'on peut penser qu'elle est son ouvrage. L'avis donné au préfet de la Seine fut immédiatement exécuté.

Le chemin de fer de Strasbourg a eu d'autres expropriations à faire sur le canal de l'Ourcq, elles ont été faites sur le même principe ; l'indemnité a été distribuée partie à la ville de Paris, partie à la Compagnie des canaux.

Telle est la situation, messieurs, je l'ai développée un peu longuement, il m'a paru que l'importance de la question le commandait. La Cour verra des plans qui lui ont été remis et qui indiquent les modifications apportées au canal. Le canal a 27 mètres de largeur, ces 27 mètres doivent être réduits à 16. Le canal a 17 mètres de francs-bords sur lesquels pouvaient s'exercer les droits de la Compagnie. Ces 17 mètres de francs-bords vont être réduits à 3, et 3 mètres ne peuvent pas servir à l'usage auquel les francs-bords étaient affectés, aux chargements et aux déchargements, au stationnement d'une partie des marchandises que l'on déposait sur le canal pour la consommation de Paris. Avec un canal couvert, tout cela est impossible. Il y a par le fait de l'exécution du boulevard du Prince-Eugène, retranchement d'une portion considérable des terrains que la ville de Paris avait abandonnés pour une longue jouissance à ceux qui construiraient le canal Saint-Martin. La suppression de cette jouissance porte sur l'étendue de 1450 mètres, ce qui représente 25,000 mètres carrés. Il y a suppression du chargement et du déchargement, il y a suppression de la faculté accordée à la Compagnie de concéder des usines au moyen de ses chutes d'eau. Cela est si vrai, qu'une usine avait été concédée par la Compagnie à M. Thuret qui ne peut la conserver en présence du retranchement que l'on fait subir au canal. Eh bien ! la Compagnie est exposée à payer une indemnité à M. Thuret ; M. Thuret a introduit un référé pour demander la nomination d'un expert ; la Compagnie a mis en cause la ville de Paris. Sur ce référé est intervenue une ordonnance qui prescrit le constat entre la Compagnie et M. Thuret, mais qui, d'après la décision que le tribunal a rendue met la ville hors de cause.

Voilà les conséquences du jugement du tribunal de première instance. Je les signale et je demande à la Cour si notre affaire n'est pas une de celles où la loi du 3 mai est applicable et si le dédommagement auquel a droit la Compagnie du canal Saint-Martin ne doit pas être fixée par le jury d'expropriation.

Si l'État lui-même prenait pour l'établissement du boulevard ces 25 000 mètres de terrain, supprimait ces francs-bords à ciel ouvert et tous les droits qui y sont attachés, il devrait deux indemnités que réglerait le jury, l'un à la ville propriétaire, l'autre à la compagnie concessionnaire, cela n'est pas douteux ; la confusion des qualités d'expropriant et de propriétaire exproprié dans la personne du préfet de la Seine ne peut rien changer au droit du concessionnaire.

Telle est notre cause, messieurs, je la soumets avec confiance à l'appréciation souveraine de la Cour.

------

## PLAIDOIRIE DE Mᵉ PAILLARD DE VILLENEUVE.

Messieurs,

La cause a pris devant la Cour des développements qu'elle n'avait pas en première instance, et que, je dois le dire, elle ne comporte pas, si on ramène la question aux termes de la demande. Le débat est grave par l'intérêt qu'il soulève, je le reconnais, mais sa gravité ne rend pas plus grande la difficulté de le résoudre. De quoi s'agit-il, en effet ? Un décret a déclaré d'utilité publique les travaux à exécuter pour le percement du boulevard du Prince-Eugène, qui doit relier Vincennes au quartier du Temple. Sur leur parcours, ces travaux rencontreront le canal Saint-Martin auquel ils causeront un préjudice que je ne méconnais pas. Un projet a été étudié, il a été soumis aux enquêtes, et un décret du mois de mars 1858 porte que le boulevard du Prince-Eugène aura sur toute la partie du canal, qui s'étend depuis l'entrepôt des Marais jusqu'à la Bastille, la même largeur que sur le reste de son étendue.

Pour arriver à l'exécution de ce décret, le préfet de la Seine a rendu un arrêté de chômage qui interdit la navigation du canal Saint-Martin pendant douze mois. Indépendamment de ce décret, le préfet a donné ordre en vue des travaux, et avant de les commencer, de déposer sur les berges du canal des matériaux assez considérables, mais rien de ce qu'on peut appeler la propriété de la Compagnie n'a été usurpé ; il y a eu un simple dépôt de matériaux. Aujourd'hui, nous sommes en état de référé, et il s'agit de savoir si vous pouvez, contrairement au titre de la loi, qui règle les compétences prononcer sur le sens et l'exécution d'un contrat administratif ; il s'agit de savoir si vous pouvez intervenir dans l'exécution de travaux d'utilité publique. Ce qu'on demande, c'est qu'aucuns travaux ne soient faits ; il ne s'agit plus de l'arrêté de chômage, ce sont les travaux que l'on veut à tout prix empêcher.

Telles sont les seules questions du procès, et il importe peu pour les résoudre de rechercher quelle est là nature du droit qui résulte pour les appelants du contrat de concession qui leur a été consenti par l'administration.

Sans doute nous avons soutenu et nous soutenons encore, qu'ils n'ont aucun droit de propriété dans le sens de la loi de 1841, et en cela nous repoussons une prétention qui, en fait et en droit, est inadmissible. Mais si le jugement n'a relevé que ce point de la défense présentée au nom de l'administration, je reconnais que le principe de cette défense était ailleurs, et qu'il était pris dans la loi qui, dans un intérêt d'ordre public, trace à chaque juridiction la limite devant laquelle elle doit s'arrêter.

Cette loi quelle est-elle ? c'est d'abord la loi du 28 pluviôse an VIII ; dont voici le texte :

« Le conseil de préfecture prononcera :
» Sur les difficultés qui pourraient s'élever entre les entrepreneurs de travaux publics et l'administration concernant le temps et l'exécution des clauses de leurs marchés ;
» Sur les réclamations des particuliers se plaignant de torts et de dommages causés par le personnel des entrepreneurs et non de l'administration ;
» Sur les demandes et contestations concernant les indemnités dues aux particuliers à raison des terrains pris ou fouillés pour la confection des chemins, canaux et autres ouvrages publics. »

Voilà, messieurs, les termes de la compétence bien nettement traités. Toutes les fois qu'il s'agira de rechercher quel doit être le sens ou l'exécution d'un arrêté administratif, la justice ordinaire n'est pas compétente. Toutes les fois qu'il s'agira de statuer sur le dommage qui a pu être causé par le fait d'un entrepreneur de travaux publics, la justice ordinaire ne sera pas compétente, le pouvoir administratif seul devra prononcer.

Entendons-nous bien, il ne résulte pas de cette doctrine que les droits privés devront être sacrifiés dans un cas, et protégés dans l'autre, et que le grand principe posé par le Code Napoléon, et reproduit dans toutes nos constitutions politiques, devra être violé, suivant que l'intérêt privé se trouvera en présence de l'intérêt public ou de l'intérêt administratif, non ; dans tous les cas le droit privé devra être protégé, dans tous les cas l'indemnité devra être accordée à celui qui éprouvera un préjudice dans le droit qu'il possède. Mais, suivant que le droit dont il sera privé sera de telle ou telle nature, la juridiction changera, l'indemnité sera accordée ou par le jury d'expropriation, ou par le tribunal de la compétence administrative.

Dans quelle situation nous trouvons-nous aujourd'hui ? S'agit-il d'une expropriation? C'est là le seul point de la thèse posée par l'administration que le tribunal ait relevé dans les considérants de son jugement. Nous présenterons d'autres moyens tout aussi décisifs que celui-là, sur lesquels le tribunal ne s'explique qu'incidemment.

Ces moyens, quels sont-ils? Nous demandions aux concessionnaires du canal Saint-Martin : Qui êtes-vous? Des propriétaires, des emphytéotes, des usufruitiers, dites-vous? Et dans les pièces qu'invoquait tout à l'heure mon honorable contradicteur, je vois qu'en effet, à une certaine époque, en 1827, on appelait leur droit un usufruit, et à une autre époque, en 1847, on l'appelait une emphytéose.

Messieurs, on se donne quelquefois bien du mal pour assigner à un contrat son véritable caractère, et chercher le nom qui lui convient, lorsqu'il serait tout simple de lui conserver le nom qu'il porte. Sans rechercher si celui qui nous occupe, est un usufruit ou une emphytéose, appelons-le comme il s'appelle, cela rendra notre discussion plus claire, appelons-le une concession, la concession d'un droit d'exploitation, de l'exploitation d'un canal. En quoi consiste ce droit d'exploitation? A percevoir un péage comme pour le passage d'un pont. C'est une concession, une concession qui implique, je le reconnais, dans les mains du concessionnaire un droit respectable et qu'il faut respecter; qu'on l'appelle mobilier ou immobilier, c'est un droit qu'il faut respecter, mais n'indemniser que dans les termes où la loi dit qu'il y a lieu à indemnité, si un préjudice a été causé.

Je crois qu'il n'est pas d'une très grande importance de rechercher ici avec toutes les subtilités du droit ancien quel doit être le véritable caractère du droit : je l'appelle, et il s'appelle lui-même un droit de concession, un droit d'exploitation.

A qui est-il accordé et en vertu de quel contrat? Il est accordé à une Compagnie en vertu d'un contrat que j'appelle un marché administratif. L'acte de 1822 a été fait dans la forme d'une adjudication comme se font tous les marchés administratifs. Incontestablement ce caractère ne peut pas être dénié. Or, que dit la loi dont tout à l'heure j'avais l'honneur de mettre les termes sous les yeux de la Cour? Que toutes les fois qu'il s'agit de statuer sur le sens et l'exécution d'un marché administratif, le conseil de préfecture est seul compétent.

Mon adversaire a fait une distinction, mais qu'il y prenne garde! l'opinion qu'il a émise ne s'applique pas aux marchés administratifs. Il y a une règle de droit qui veut que toutes les fois qu'il s'agit d'un marché administratif, la justice s'arrête, s'il y a lieu de l'interpréter. Une jurisprudence que je reconnais et devant laquelle je m'incline, a dit que toutes les fois qu'un acte administratif n'était pas clair et qu'il laissait place au droit d'interprétation, il n'y avait pas lieu de renvoyer devant le tribunal administratif, que les tribunaux ordinaires pouvaient et devaient protester. Pourquoi? parce que la loi dit que l'incompétence judiciaire résultera de la nécessité de l'interprétation, tandis qu'ici, en ce qui touche le marché administratif, lors même que le marché est clair, ou que des difficultés s'élèvent sur son exécution, les tribunaux ordinaires doivent se déclarer incompétents. Partant c'est au conseil de préfecture seul qu'il appartient de prononcer sur l'exécution du marché.

Or, quelle que soit la nature du droit que détiennent en ce moment les concessionnaires du canal Saint-Martin, peut-on nier qu'ils le détiennent en vertu d'un contrat administratif, que ce marché porte expressément dans ses articles que le préfet de la Seine pourra faire tous les travaux dont il reconnaîtra la nécessité, dans l'intérêt de la grande voirie? Il est dans le contrat de concession un article qui dit que les concessionnaires seront tenus de mettre en état les raccordements des voies publiques qui aboutissent au canal Saint-Martin, qu'ils seront tenus d'entretenir toutes les parties du canal, à l'exception des voies publiques qu'ils ont mises en état une première fois, et dont l'entretien appartiendra à l'autorité municipale. N'y a-t-il pas dans cette réserve que faisait l'administration de son droit de surveillance, n'y a-t-il pas précisément l'exercice du droit que réclame le préfet en vertu des nécessités qu'impose le percement d'une voie nouvelle, du boulevard du Prince-Eugène, dont je vous parlais tout à l'heure?

Est-ce que la compétence peut être un instant douteuse? Non-seulement il s'agit d'un acte de l'autorité publique dont on vous demande d'entraver l'exécution, mais il s'agit de travaux d'utilité publique. Et d'ailleurs les concessionnaires du canal Saint-Martin peuvent-ils élever un droit de propriété lorsqu'il s'agit d'une chose qui n'est pas aliénable, d'une voie de communication qui, comme les rues, est la propriété de la ville de Paris, de même que les grandes routes et les chemins de fer sont la propriété du domaine de l'État? Il en est évidemment d'un canal comme d'une rue, d'un chemin de fer, comme de toutes les voies de communication. Ainsi que l'a dit Pascal, il y a longtemps : « les rivières et les canaux sont des chemins qui marchent, » et voilà pourquoi il est impossible d'admettre qu'entre les mains d'un particulier la commune aliène ce qui n'est pas aliénable. Elle peut donner seulement un droit d'exploitation ainsi que les revenus qui peuvent résulter du droit de circulation, elle ne peut pas donner autre chose, elle ne peut pas aliéner la grande voirie. Si cela est incontestable, si le canal Saint-Martin fait partie de la grande voirie, de quelle nature sont les travaux auxquels l'administration veut faire procéder? Évidemment ce sont des travaux d'utilité publique.

Voyons, je suppose, et ma supposition est une réalité qui se révèle tous les jours, je suppose qu'il s'agisse de l'abaissement du niveau d'une rue. Il est incontestable que les propriétaires riverains de cette rue souffriront dans leurs intérêts. Quelle sera la juridiction chargée d'apprécier la nature, l'étendue du dommage? La juridiction administrative. Et croyez-vous que parce qu'un propriétaire, se plaindra que l'abaissement d'une rue porte atteinte à sa propriété, une ordonnance de référé viendra faire défense au préfet de faire l'abaissement de la rue? Ce qui est vrai pour l'abaissement d'une rue, est également vrai pour l'abaissement d'un canal, ce sont des travaux de même nature que réclame le même besoin, et qui participent au même privilége.

Oh! j'entends très bien que, si, dans le cours de ces travaux, il est nécessaire d'enlever une partie de la concession et d'arrêter l'exploitation, il faudra nécessairement recourir à la mesure de l'expropriation pour cause d'utilité publique, mais quels sont les principes qui ont été posés et appliqués d'une manière indiscutable par la jurisprudence, en matière de dommages qui ne sont pas la dépossession? Il y avait autrefois dans la jurisprudence une très grande divergence entre la Cour de cassation et le conseil d'État. Le conseil d'État se prononçait pour la compétence administrative, que le dommage résultant des travaux publics fût temporaire ou permanent; la Cour de cassation décidait que s'il s'agissait d'un dommage permanent la juridiction ordinaire était seule compétente pour régler l'indemnité. Le tribunal des conflits a été appelé en 1850 et en 1851, à donner son avis sur la question, et il l'a résolue par plusieurs arrêts en assimilant le cas du dommage permanent au cas du dommage temporaire. La Cour de cassation, en présence de cette division, n'a pas tardé à revenir sur sa jurisprudence, et à poser le même principe. Voici ce qu'on lit dans un arrêt de cette cour du 22 mars 1852 :

« Attendu en droit, que l'attribution de compétence qui résulte de la loi de l'an VIII en faveur de l'administration relativement aux réclamations des particuliers pour les torts et dommages provenant de l'exécution de travaux publics, s'applique, hors les cas d'expropriation, à toute espèce de dommage résultant soit du fait des entrepreneurs, soit du fait ou de la faute de l'administration elle-même, sans qu'il y ait lieu de distinguer entre les dommages purement temporaires et les dommages permanents, etc »

Ce n'est donc plus une question à discuter. Toutes les fois qu'il s'agit d'un dommage même permanent, la jurisprudence ordinaire est incompétente, elle n'est compétente qu'en cas d'expropriation.

Mais, dit-on, on va vous exproprier. D'abord, on ne vous a pas encore exproprié, et il ne s'agit même pas dans ce moment de vous exproprier. Et, à supposer que vous fussiez propriétaire d'une parcelle de terrain quelconque, de quoi auriez-vous à vous plaindre? De l'arrêt de chômage ? Mais ce n'est là qu'un fait temporaire, rendu nécessaire par des travaux publics, et qui ne constitue pas une expropriation. Qu'en résulte-t-il? Que des matériaux sont déposés sur les berges du canal, et c'est là un fait autorisé par la loi sur les travaux publics. La loi de pluviôse an VIII dit formellement qu'en ce cas le Conseil de préfecture est seul compétent pour régler l'indemnité. J'ajoute que le procès-verbal invoqué prouve que l'Administration a respecté le *toutes choses en état* ordonné par le juge du référé.

Mais on ajoute que les travaux auront pour résultat de supprimer des prises d'eau, et que la Compagnie se trouve exposée à des recours à raison des sous-concessions qu'elle a faites. Ici encore nous nous trouvons en présence d'une jurisprudence conforme à la doctrine de tous les auteurs, et qui pose en principe que la suppression d'une prise d'eau, d'un droit d'usine, par suite de travaux publics, appartient, quant à l'appréciation de l'indemnité, à la juridiction administrative (Conseil d'État, 13 avril 1851. — 28 mars 1852. S., 1852. 2. 78).

Il y a, poursuit-on, envahissement d'une partie des berges. Je trouve encore dans la jurisprudence une décision qui s'applique à des faits analogues à ceux de la cause, à des faits plus graves, car il s'agissait d'enlèvement de terrains. Voici l'espèce : le canal de Luçon avait été concédé pour quarante-neuf ans. Une ordonnance royale, postérieurement au traité de concession, avait donné à la ville de Luçon une partie des berges du canal pour y établir une gare.

Le concessionnaire soutenait, comme aujourd'hui la Compagnie du canal Saint-Martin, qu'il avait un droit de propriété, qu'on lui enlevait une partie du terrain concédé, et il demandait l'application de la loi du 3 mai 1841. Le Conseil d'État a jugé qu'il n'y avait là qu'un dommage, et non une expropriation, et que la juridiction administrative était seule compétente.

Il n'y avait pas là seulement des matériaux déposés sur les berges, il n'y avait pas seulement un canal qui serait ou ne serait pas couvert, et sur lequel la navigation pourrait être interrompue, il y avait une partie de ses rives non pas affectée à un travail d'utilité publique, mais gratuitement accordée à la ville pour qu'elle en fît ce qu'elle voudrait. Or voici en quels termes le conseil d'État a statué :

« Vu la loi du 3 mai 1841 et celle du 28 pluviôse an VIII, considérant qu'il résulte de l'instruction que la jouissance gratuite et révocable accordée par l'État à la ville de Luçon d'une portion de digue dépendant du canal de Luçon dont la concession avait été adjugée pour quarante-quatre ans, au sieur Dairand, ne constitue pas une expropriation au préjudice du concessionnaire, mais un simple trouble dans sa jouissance pouvant donner lieu à une indemnité en sa faveur : que dès lors le conseil de préfecture était compétent pour statuer sur la quotité du dommage causé audit sieur Dairand et le chiffre de l'indemnité à lui due.

» Art. 1. La requête du sieur Dairand est rejetée. (*Dalloz*, Cour d'appel, II, p. 470, 1852.) »

C'est là, messieurs, l'application du principe que nous trouvons toujours non-seulement dans la jurisprudence administrative, mais dans votre propre jurisprudence. Vous avez constamment décidé que toutes les fois qu'il s'agissait d'un dommage résultant de travaux publics le règlement de l'indemnité était une question administrative, et que le juge ordinaire était incompétent, non pas seulement au fond, mais pour statuer en état de référé. Voici en quels termes vous avez prononcé, le 29 août 1857, dans une instance entre la Compagnie de l'Est et un sieur Meunier.

« La Cour : Considérant qu'il s'agit de travaux publics, et qu'en supposant que l'exécution ait causé des dommages aux propriétés voisines, il n'appartient qu'à l'autorité administrative de contrôler ces dommages et d'en ordonner la réparation ; qu'ainsi les mesures provisoires ne sont pas plus que les mesures définitives dans la compétence des tribunaux ordinaires ;

» Annule comme incompétemment rendue l'ordonnance attaquée et renvoie devant qui de droit. »

Il y avait eu ordonnance de référé nommant un expert pour constater un dommage causé par inondation.

Même décision, le 26 décembre 1857 (*Journal du Palais*, 1858, p. 183), et le 16 janvier 1858 (*Journal du Palais*, 1858, p. 1163).

C'est là, messieurs, une thèse qui a été consacrée par les trois chambres de la Cour, à savoir que dès l'instant que le tribunal n'est pas compétent pour statuer au fond sur la partie du dommage causé, il ne peut l'être davantage pour statuer en état de référé.

VIII.                                                            19

Vous avez appliqué ce principe dans une question identique à la nôtre. Il s'agissait d'une demande en dommages-intérêts du sieur Beau, et voici en quels termes vous avez statué dans un arrêt du 7 août 1855 :

« Considérant que le régime, les sources, l'administration des eaux de la ville de Paris et les contestations qui s'y rattachent sont essentiellement du ressort et de la compétence du tribunal administratif, déclare nulle comme incompétemment rendue ladite ordonnance de référé, renvoie les parties devant qui de droit. »

Je pourrais citer une foule d'arrêts semblables rendus par la Chambre qui me fait l'honneur de m'écouter. Toutes les fois que vous vous êtes réunis dans une situation analogue à celle qui vous est soumise aujourd'hui, vous avez déclaré que votre autorité devait s'incliner devant ce grand principe de la division des pouvoirs qui ne doivent jamais être confondus l'un dans l'autre, qui doivent se renfermer dans certaines limites que la nature même des choses leur trace, et que si quelquefois il arrivait aux tribunaux, même sous prétexte de référé, de venir entraver les actes de l'administration, il en résulterait un trouble, un désordre que la loi n'a pu autoriser. Voilà pourquoi je disais tout à l'heure que lorsque les premiers juges se sont bornés à viser cet unique moyen qui n'était pas le seul de notre défense, que les concessionnaires n'avaient pas un droit de propriété dans le sens de la loi de 1831, ils n'avaient pas dit tout ce qu'ils auraient pu dire, ils n'avaient indiqué la solution que par un mot très implicite qui se trouve dans leur jugement, à savoir qu'il s'agit d'un canal qui est une voie de navigation appartenant au domaine de la ville.

Vous êtes en présence d'un contrat administratif entre la ville et un concessionnaire qui est un entrepreneur de travaux qu'on n'a pas payé moyennant une somme fixe, mais moyennant une jouissance, en lui disant : « Pendant un certain nombre d'années (peu importe la durée), vous jouirez du droit d'exploitation, mais vous ne serez pas pour cela affranchi des règles qui protégent les intérêts des grandes villes, qui veulent que toutes les fois que des difficultés s'élèvent sur le sens d'un contrat administratif, l'administration seule soit appelée à prononcer. »

Faut-il en appeler à des analogies? Cela rendra peut-être la situation plus claire. Il règne ici une certaine confusion parce qu'il s'agit d'un canal. Je suppose qu'il s'agisse d'un chemin de fer. Il y a une Compagnie de chemin de fer qui n'est pas plus propriétaire de son chemin de fer que les concessionnaires ne le sont de leur canal, car je le dis en passant, ils en sont si peu propriétaires qu'ils ne payent pas l'impôt de main-morte, impôt établi pour remplacer le droit de mutation qui frappe tous les dix ou quinze ans la propriété privée. Or le conseil d'État a jugé que les Compagnies concessionnaires des chemins de fer, des canaux, etc., n'étant pas propriétaires, sont dispensés du droit de main-morte.

Eh bien ! je suppose que voilà une Compagnie de chemin de fer qui jouit d'un droit de concession : on appelle cela emphytéose, je le veux bien, le nom ne fait rien à l'affaire. Le chemin de fer passe à niveau sur une grande route ; il faut abaisser le sol de cette grande route comme cela se fait en ce

moment, je crois, pour les travaux du midi contre les inondations. La conséquence c'est que immédiatement le préfet doit prendre un arrêté de chômage
qui interdise la circulation sur le chemin de fer, lequel est une voie de
grande voirie, et n'a qu'un propriétaire, l'État. L'État accorde une jouissance *retentâ proprietate*, comme on disait autrefois. Est-ce qu'on admettrait
qu'une ordonnance de référé vînt arrêter le préfet par ce motif qu'un péager
ne pourrait pas, pendant un temps donné, percevoir son péage, car le concessionnaire d'un chemin de fer n'est pas autre chose qu'un péager de même
que le constructeur d'un pont?

Nos adversaires ont modifié leurs conclusions, et je ne sais pas trop en
vérité ce qu'ils demandent dans les conclusions nouvelles qu'ils viennent de
prendre à l'audience. Évidemment ils demandent toujours la même chose, et
de quelque façon que dans leur habileté ils se tournent, la difficulté est la
même, ils veulent arriver à ceci, empêcher l'exécution de l'arrêté de chômage.
Ils veulent que les travaux d'utilité publique ne soient point exécutés jusqu'à
l'accomplissement de formalités qui ne sont point nécessaires, dans les circonstances où nous nous trouvons, car, ni en fait, ni en droit, il n'y a dépossession
de la propriété, mais une simple jouissance temporaire.

Ah! dit-on, et c'est par là que je termine, il arrive tous les jours qu'un
locataire est, en dehors du propriétaire, amené devant le jury, et il ne faut
pas nécessairement que celui qui se présente devant le jury, soit propriétaire
complet, absolu, pour avoir droit à l'indemnité; la preuve, on la trouve dans
quelques-unes des pièces du dossier. Ainsi le chemin de fer du Nord a eu
besoin de quelques terrains qui appartenaient au canal Saint-Maur, et il a
exproprié.

Il a exproprié qui? la ville de Paris, propriétaire, malgré la concession
qu'elle avait faite; c'est elle seule qu'on a expropriée, et on a donné une portion de l'indemnité à celui qui est concessionnaire; c'était parfaitement juste.
Comment est-il copropriétaire, est-ce comme emphytéose, est-ce autrement?
Là n'était pas la question, mais enfin on lui a alloué une indemnité, et on a
bien fait. J'entends parfaitement que lorsque le propriétaire d'un immeuble
a été désintéressé, et que le locataire ne l'a pas été, ce locataire qui est dépositaire d'un démembrement du droit de propriété, qui a dans les mains
un des attributs de ce droit qui n'a pas été payé au propriétaire, car on ne
paye le propriétaire qu'en vertu du droit qu'il a abandonné, j'entends très
bien que le locataire doive être indemnisé. Pourquoi? parce qu'il y a un droit
de propriété, ce droit qui a été sacrifié par les nécessités de l'utilité publique.
Mais ici où est ce droit de propriété? Dans les mains de la ville de Paris qui
fait elle-même les travaux qu'elle juge utile de faire sur les voies publiques
dont elle est propriétaire, et en conséquence, en présence de qui se trouve-
t-elle? D'un propriétaire ordinaire? Du tout, d'un entrepreneur de travaux
qu'on a payé par une concession en vertu d'un contrat dont l'exécution
n'appartient bien évidemment pas à la juridiction ordinaire. Il n'y a aucune
sorte d'analogie entre les cas que l'on cite et la situation où nous nous trouvons. Je maintiens donc les motifs des premiers juges et je conclus à l'incompétence absolue de la juridiction ordinaire.

# CONCLUSIONS DE M. LE PREMIER AVOCAT GÉNÉRAL DE GAUJAL.

Messieurs,

Les faits sont clairs, ils ont été très nettement et parfaitement exposés; nous n'avons pas à y revenir.

Il est certain que la compagnie du canal Saint-Martin souffre un dommage non-seulement temporaire, mais on peut dire dès à présent que ce dommage sera permanent et définitif. Il est également certain qu'elle a droit à une indemnité; seulement, elle veut être expropriée et indemnisée par les voies judiciaires devant les tribunaux ordinaires, et conformément aux règles du droit commun; et M. le préfet de la Seine, au contraire, veut l'amener devant la juridiction administrative, c'est-à-dire devant le conseil de préfecture. Là est toute la question du procès, il n'y en a pas d'autre; c'est une question de compétence, et uniquement une question de compétence.

Or, je ne peux pas m'empêcher de faire remarquer à la Cour que ce n'est pas la question de compétence qu'on a discutée, mais la question de fond. En ce qui touche la plus grande partie de la plaidoirie des appelants, je n'ai rien à contester. Les principes qu'on a plaidés sont élémentaires, incontestables. La doctrine, les éléments de jurisprudence, qu'on a portés à la barre de la Cour, ne souffrent évidemment aucune discussion. Ainsi il est bien certain que ce n'est pas seulement la toute propriété qui donne droit à l'indemnité; les servitudes, l'usufruit, l'emphytéose, la location, tout cela donne droit à indemnité; car tout cela constitue des démembrements de la propriété et participe de la nature comme de tous les droits inhérents à la propriété; c'est incontestable. Partant de là, on a soutenu, dans l'intérêt des appelants, que la Compagnie du canal Saint-Martin est en possession d'un véritable démembrement de propriété, que la Compagnie est *in parte quâ* propriétaire, qu'elle a un droit d'emphytéose. Je dis que la question ainsi posée est prématurée; elle suppose votre compétence. Or, c'est votre compétence qu'il faut, avant tout, établir, et votre compétence en cette matière est, à mon sens, impossible.

Elle est impossible, pourquoi? D'abord, quel est le titre invoqué par la Compagnie du canal Saint-Martin? Quel est le titre qu'il s'agit d'apprécier et d'interpréter? Il s'agit d'une concession qui a été faite à la Compagnie du canal Saint-Martin par l'autorité publique, par conséquent d'un acte administratif. C'est un véritable marché administratif, car c'est en vertu de ce contrat que le canal Saint-Martin a été construit et établi. En même temps qu'on imposait à la Compagnie qui se constituait l'obligation de le construire, on lui attribuait des droits, on lui payait ses travaux, et on lui donnait des jouissances plus ou moins étendues, plus ou moins considérables, dont je ne veux pas, dont il serait prématuré de rechercher la nature et le caractère essentiel.

On a dit que le traité était clair, qu'il ne pouvait donner lieu à aucune contestation. Le traité était clair? Prenons garde! Selon moi il est clair en sens inverse de la prétention des appelants. Mais, si clair qu'on soutienne le contrat, il n'en donne pas moins lieu à une contestation; le procès par lui-même prouve que le contrat n'est pas aussi clair qu'on veut bien le dire, dans le sens qu'on lui donne. Il s'agit de déterminer, en définitive, la portée, le sens, la nature du droit qui a été concédé. Or, ce droit, on aura beau l'appeler emphytéose, jouissance de quatre-vingt-dix-neuf ans, tout ce qu'on voudra, on ne peut pas faire qu'il ne soit un droit d'une nature spéciale, *sui generis*. C'est un droit concédé par l'autorité publique, frappant un objet qui n'est pas dans le commerce, qui est imprescriptible; une voie de navigation, partie essentielle du domaine publique, n'ayant rien de commun, ou du moins se différenciant essentiellement de la propriété privée. Il faudra donc, en interprétant le contrat, en subordonner l'interprétation à la nature des questions qu'il soulève, à la nature de l'objet contesté, à la nature du contrat en lui-même, et à la position particulière des parties contractantes.

Le préfet de la Seine prétend que la Compagnie du canal Saint-Martin n'a pas un droit absolu de propriété. Sans doute on a demandé et reçu de la Compagnie des garanties; mais c'est à tort qu'on veut assimiler ces garanties à des garanties hypothécaires; elles ne peuvent pas être confondues avec une hypothèque; et quant à leur nature essentielle, elles sont subordonnées à la nature même de l'objet sur lequel elles portent.

Sans doute il y a des garanties qui, par leur nature ou leur importance, peuvent servir à la Compagnie si elle voulait contracter des emprunts, mais on ne comprendrait pas qu'elles fussent confondues avec une hypothèque qui permettrait l'expropriation. On n'exproprierait pas en faveur et pour le compte d'un particulier le canal Saint-Martin, qui fait partie du domaine public. Que si l'on donne des garanties sur un objet de cette nature, ce sont des garanties spéciales qui ne sauraient altérer la nature même de l'objet frappé de gage, et qui ne font pas que cet objet se transforme et devienne une propriété immobilière privée placée exactement dans les mêmes conditions que la propriété immobilière privée. C'est là précisément ce qu'il s'agit de déterminer, quelle est la nature de la concession, quelle est la portée du contrat. Or, qui décidera cela? C'est l'administration; ainsi le veut le grand principe de la séparation des pouvoirs. Donc le tribunal de première instance a dû se déclarer incompétent. Je fais pourtant une observation et une critique. La décision du premier juge est inattaquable en elle-même; son principe est incontestable, mais peut-être les motifs ne sont-ils pas ceux qu'il fallait donner. Le premier juge a, dans ses motifs, un moment préjugé la question du fond; il a dit :

« Attendu que la concession faite à la Compagnie du canal Saint-Martin n'a pour objet que la jouissance et l'exploitation temporaire d'une voie publique de navigation ;

» Qu'une telle concession n'attribue à ladite Compagnie aucun droit de propriété immobilière ;

» Qu'ainsi la Compagnie concessionnaire ne peut invoquer le bénéfice des lois qui régissent la propriété et l'expropriation pour cause d'utilité publique ;

» Par ces motifs,

» Se déclare incompétent et dit qu'il n'y a lieu à référé. »

Ce n'est pas au juge civil à dire cela, car c'est l'interprétation du contrat en lui-même ; ce n'est pas ce qu'il fallait dire. Il fallait dire qu'il s'agissait d'interpréter un contrat administratif, et qu'il n'appartenait pas au juge de droit commun de le faire.

Sous le mérite de cette observation, j'estime qu'il y a lieu de confirmer le jugement.

---

### Audience du 20 novembre 1859.

M. LE PREMIER AVOCAT GÉNÉRAL DE GAUJAL. — J'ai l'honneur de déposer sur le bureau de la Cour un Mémoire du préfet de la Seine procédant en exécution de l'ordonnance de 1828 sur le conflit par lequel ce magistrat propose le déclinatoire et retient l'affaire pour la juridiction administrative.

M. LE PREMIER PRÉSIDENT. — A lundi l'arrêt tant sur la conclusion des parties que sur le déclinatoire tendant à conflit présenté par M. le Préfet de la Seine.

---

### Audience du 21 novembre 1859.

## ARRÊT.

« La Cour,

» Considérant que l'article 545 du Code Napoléon, qui déclare que nul ne peut être contraint de céder sa propriété pour cause d'utilité publique sans une préalable indemnité, s'applique à tous les modes d'exercice du droit de propriété ; qu'ainsi l'usufruitier, le locataire, etc., sont compris dans cette disposition de la loi, qui est en ce sens tous les jours exécutée.

» Considérant que, cessionnaires pour quatre-vingt-dix-neuf ans du canal Saint-Martin, les appelants en jouissent à titre d'emphytéose ; qu'ils ont ainsi un droit de propriété qui n'est limité que dans sa durée, et qui se trouve évidemment placé sous la protection de l'article 545 ;

» Considérant que pour l'exécution de travaux publics, le préfet de la Seine a été obligé de s'emparer de terrains qui font partie de la propriété dont il s'agit ; qu'assigné en référé par les possesseurs, et la cause venant par suite devant la Cour, il en demande le renvoi devant la juridiction administrative ;

» Que le déclinatoire se fonde sur quatre moyens, à savoir :

» 1° Qu'il s'agit de travaux de grande voirie, ne pouvant donner lieu à des actions civiles ;

» 2° Qu'il n'y a pas expropriation, mais seulement dommage ;

» 3° Que la contestation porte sur l'exécution d'un acte administratif ;

» 4° Que l'arrêté de chômage pris par l'administration ne peut être soumis à l'appréciation de l'autorité judiciaire ;

» Considérant, sur ce dernier point, que les appelants déclarent qu'ils ne contestent point l'exécution de l'arrêté de chômage, et qu'ils reconnaissent que l'appréciation du dommage causé par cette mesure appartient à l'autorité administrative ;

» Sur le premier moyen :

» Considérant que non-seulement les travaux de grande voirie ne sont point dispensés de la nécessité d'exproprier les droits privés qu'ils rencontrent dans leur exécution, mais que c'est principalement pour cette exécution que les lois sur l'expropriation pour cause d'utilité publique ont été promulguées ; que la loi de 1841 place au premier rang des entreprises pour lesquelles l'expropriation peut être prononcée, les *grands travaux publics, routes, canaux*, que ne l'eût-elle point fait, cela résulterait de la nature des choses, et que toute la législation sur ce point serait inutile si l'interprétation présentée par le déclinatoire était admise ;

» Sur le deuxième moyen :

» Considérant qu'il ne s'agit point seulement, comme il est articulé dans le déclinatoire, de l'abaissement du niveau du canal, mais bien de l'occupation définitive de la moitié environ du sol du canal et de ses francs bords sur une étendue de près d'un kilomètre et demi ;

» Que c'est là une dépossession complète et non un dommage temporaire ou permanent ;

» Qu'une surface de terrain considérable passe de la propriété de la Compagnie du canal Saint-Martin en la possession et jouissance de la ville de Paris, ce qui constitue une cession forcée de propriété dans le sens le moins contestable de l'article 545 du Code Napoléon ;

» Sur le troisième moyen :

» Considérant que si le débat existait entre la ville de Paris en sa qualité de nu-propriétaire du canal Saint-Martin et la Compagnie qui en jouit à titre d'emphytéose, et s'il portait sur les conditions de cette situation respective, le contestation qui pourrait s'élever sur le sens et l'exécution de l'acte d'adjudication appartiendrait à la juridiction administrative ;

» Mais qu'il n'en est point ainsi : que le préfet de la Seine agit en qualité d'autorité publique, poursuivant l'exécution de travaux de grande voirie, ainsi qu'il est déclaré dans le déclinatoire même ; qu'en cette qualité il s'empare d'un sol appartenant à la Compagnie ;

» Qu'à la vérité celle-ci appuie son droit de propriété sur un acte administratif, mais que ce n'est pas le titre invoqué qui détermine la nature du litige ; que la production d'un titre administratif ne change pas plus le caractère d'un débat civil que ne le fait la production d'un acte notarié dans une instance administrative ;

» Considérant que l'acte d'adjudication présenté dans la cause ne donne lieu à aucune interprétation ; qu'il constitue un droit de propriété incontestable ;

» Que ce serait diminuer l'autorité des titres administratifs que de ne leur pas donner exécution comme titres de propriété ;

» Que ce serait notamment alarmer des droits considérables, d'admettre que les propriétaires qui, dans l'origine ou la transmission de leurs droits, trouvent un titre administratif, sont par cela exclus du droit commun et spécialement de la protection établie par l'article 545 du Code Napoléon ;

» Considérant qu'en résumé il s'agit de la cession forcée de droits de propriété pour l'exécution de travaux publics ; que les titres de propriété ne donnent lieu à aucune interprétation ; qu'ainsi la contestation doit être débattue conformément aux lois sur l'expropriation pour cause d'utilité publique.

» Donne acte aux appelants de leur déclaration qu'ils n'entendent point s'opposer à l'exécution de l'arrêté de chômage ; sur le surplus, rejette le déclinatoire, et remet la cause à quinzaine. »

**Présidence de M. DEVIENNE, premier Président.**

Audience du 22 mars 1860.

---

# LA C<sup>ie</sup> DU CHEMIN DE FER DE LYON

CONTRE

## M. DELARSILLE

Commissionnaire de roulage à Reims.

### Transport de marchandises. — Lettres de voiture.

M<sup>e</sup> DUFAURE, avocat, assisté de M<sup>e</sup> NAUDOT, avoué, se présente pour la Compagnie de Lyon.

M<sup>e</sup> DUTARD, avocat, assisté de M<sup>e</sup> PARMENTIER, avoué, se présente pour M. Delarsille.

M<sup>e</sup> RIVIÈRE, avocat, pour la Compagnie de l'Est.

---

### PLAIDOIRIE DE M<sup>e</sup> DUFAURE.

Messieurs,

Les faits qui ont donné lieu à cette contestation peuvent s'expliquer en très peu de mots.

Le 28 juillet dernier, le sieur Delarsille, commissionnaire de roulage, demeurant à Reims, présenta trois colis à la Compagnie du chemin de fer de l'Est, pour les transporter, l'un à Marseille et les deux autres sur deux autres points de la ligne de Lyon à Marseille. M. Delarsille présenta au chemin de l'Est des lettres de voiture ainsi conçues :

« Reims, le 28 juillet 1859.

« A la garde de Dieu et conduite de M. Delarsille-Fassin, commissionnaire de roulage, je vous expédie, marquée et numérotée comme en marge, une caisse contenant douze bouteilles de vin blanc mousseux avec acquit n° 9865, ayant reçu le tout bien conditionné en dix-huit jours, délai de rigueur sous *peine de diminution* d'un tiers sur le *prix du transport*, vous lui payerez à raison de 50 francs les cent bouteilles, et lui rembourserez 14 fr. 40 c. pour emballage, 0 fr. 35 c. pour acquit, en outre, 0 fr. 75 c. pour timbre de la présente..... »

Suivent des observations qu'il est inutile de lire; nous avons lu ce que la lettre de voiture contient de plus important, la réduction du tiers du prix de transport en cas de retard.

Ces colis devaient passer du chemin de fer de l'Est sur celui de Lyon, et la Compagnie de Lyon avait déclaré qu'elle n'acceptait plus de lettres de voiture fournies par les commissionnaires de roulage stipulant la retenue d'un tiers du prix de transport.

Le 30 juillet, M. Delarsille fait sommation à la Compagnie de l'Est de recevoir sa lettre de voiture, et le 3 août il l'assigne à comparaître devant le tribunal de Reims. Voici les termes de cette assignation :

« Voir, dire et ordonner que la Compagnie des chemins de fer de l'Est serait tenue de recevoir les trois colis qui lui ont été présentés pour la faire parvenir à la destination désignée, aux conditions énoncées aux lettres de voiture (1), sinon s'entendre condamner à lui payer 50 fr. par chaque jour de retard et par colis à titre de dommages-intérêts.

Le 8 octobre, sur cette assignation, la Compagnie de l'Est appelle en garantie la Compagnie de Lyon.

Toutes les parties comparaissant, et les colis ayant été expédiés, il ne reste plus qu'à vider cette question de droit : peut-on forcer les compagnies de chemins de fer à recevoir des lettres de voiture dans lesquelles il est stipulé qu'un retard quelconque dans le transport de la marchandise entraînera la perte du tiers du prix de transport ?

La question fut débattue devant le tribunal de commerce de Reims, qui, le 14 octobre 1859, rendit le jugement suivant :

« Le tribunal,

» Ouï à l'audience du 11 octobre, en leurs conclusions, le sieur Delarsille-Fassin, etc.,

» Considérant que les chemins de fer, à raison du privilége de leurs concessions, ne peuvent refuser de se charger des marchandises qui leur sont données à transporter.

» Considérant que la circulaire du 15 avril dernier impose aux Compagnies l'obligation de recevoir les lettres de voiture accompagnant la marchandise ou d'en créer lorsqu'elles sont réclamées ;

» Que l'article 102 exprime d'une manière détaillée les conditions que la lettre de voiture doit énoncer et entre autres l'indemnité pour cause de retard ;

» Que l'article 104 exprime que le voiturier est passible d'indemnité en cas de retard (hors le cas de force majeure).

» Considérant que les lois portant concession de lignes de chemin de fer aux Compagnies, ont laissé ces entreprises de transport soumises à l'application des dispositions spéciales du Code de commerce ;

» Considérant que le cahier de charges et les tarifs imposés aux Compagnies

---

(1) Les lettres de voiture contenaient l'indication des délais en dedans desquels devaient s'effectuer l'expédition et la remise au destinataire sous peine de retenue du tiers sur le prix stipulé pour le transport.

sont obligatoires, que toute stipulation contraire à ces tarifs et règlements serait pour les Compagnies un motif légitime de refus ;

» Que le refus des lettres de voiture n'a pas eu pour cause une différence quelconque aux conditions obligées du prix ou des délais, mais seulement la clause pénale de retenue du tiers du prix du transport en cas de retard. »

Le 25 novembre, la Compagnie de Lyon interjeta appel de ce jugement, et c'est cet appel que nous venons soumettre à la Cour.

Je dois lui dire que ce n'est pas la première fois que la contestation dont il s'agit a été portée devant les tribunaux. Elle a été jugée par le tribunal de Clermont-Ferrand, le 22 juillet 1859 ; par le tribunal de Mulhouse, le 13 septembre de la même année ; par le tribunal de Mulhouse encore, le 27 septembre ; par le tribunal d'Épernay, le 29 novembre ; par un arrêt de la Cour de Colmar, le 6 décembre, et par un arrêt de la Cour de Besançon, le 16 janvier 1860.

Les tribunaux de Clermont-Ferrand et de Mulhouse ont donné gain de cause aux Compagnies ; le tribunal d'Épernay et la Cour de Colmar les ont condamnées ; la Cour de Besançon a adopté un système moyen que je ferai connaître tout à l'heure. Je ne lis pas pour l'instant ces décisions, j'examinerai plus tard l'influence qu'elles peuvent avoir sur l'opinion de la Cour. Je n'omettrai aucune des raisons qui s'y trouvent contre ma cause ; je tâcherai de me prévaloir de toutes celles qu'elles ont données pour moi.

La Cour sait que l'obligation pour l'un de transporter, et pour l'autre de payer le prix du transport, se constate par un titre de forme particulière appelé *lettre de voiture*. Comme par la nature des choses le prix doit être payé en un autre lieu que celui où la marchandise a été livrée, le titre est destiné à voyager avec elle, à arriver avec elle dans les mains du destinataire ; le Code de commerce, article 102, détermine les énonciations que doit contenir la lettre de voiture.

« Art. 102. — La lettre de voiture, doit être datée.

» Elle doit exprimer la nature et le poids ou la contenance des objets à transporter ; le délai dans lequel le transport doit être effectué.

» Elle indique le nom et le domicile du commissionnaire par l'entremise duquel le transport s'opère, s'il y en a un ; le nom et le domicile du voiturier.

» Elle énonce le prix de la voiture, l'indemnité due pour cause de retard.

» Elle est signée par l'expéditeur ou le commissionnaire.

» Elle présente en marge les marques et numéros des objets à transporter.

» La lettre de voiture est copiée par le commissionnaire sur un registre coté et paraphé, sans intervalle et de suite. »

Telles sont les énonciations qu'énumère l'article 102 du Code de commerce. Je mentionne en passant ce qui n'est pas contesté, que ces énonciations ne sont pas prescrites à peine de nullité de la lettre de voiture, qu'elle n'en a pas moins de valeur, quoique quelques-unes des énonciations de l'article 102 ne s'y retrouvent pas. Locré, rapportant une discussion du conseil d'État, s'exprime ainsi sur l'article 102 :

« La question fut de savoir si les lettres de voiture où les formes n'auraient pas été observées, seraient frappées de nullité.

» On pouvait être conduit à le penser, par la raison que l'article 101 donne à la lettre de voiture le caractère d'un contrat dont l'article qui nous occupe détermine ensuite la forme. La partie, quand quelqu'une de ces formes aura été omise, ne sera-t-elle pas en droit d'en conclure que le contrat n'existe pas.

» Mais l'intention du législateur n'a pas été que l'omission de quelques formes produisît une nullité ; il a voulu seulement qu'on y vît une faute qui, suivant les circonstances, pût donner lieu à des dommages-intérêts.

» Le Conseil d'État, au surplus, n'a pas craint que le rapprochement des articles 101 et 102 fît douter de cette intention. Il ne peut y avoir de difficulté que pour ceux qui n'ont pas l'habitude du commerce. Jamais, jusque-là, il ne s'était élevé de doute. On pourrait, au surplus, s'en rapporter à l'expérience des Chambres de commerce qui toutes avaient donné leur assentiment à l'article 102. »

Voici ce que dit M. Pardessus aux numéros 538 et 539 :

*« Les parties sont libres de régler les conditions auxquelles doit être effectué le transport dont l'un se charge envers l'autre.*

» Ces conditions sont *constatées* par la lettre de voiture qui contient généralement les énonciations portées en l'article 102.

» Bien que toutes ces énonciations aient leur utilité, il ne s'ensuit pas qu'on doive refuser d'ajouter foi à la lettre de voiture qui ne les contiendrait pas toutes, dès qu'on peut connaître les choses à transporter et les conditions du transport. »

Dalloz, tome IX, au mot *Commissionnaire*, chap. II, art. 2, n° 309, s'exprime en ces termes sur le même sujet :

« Le contrat de commission de transport se prouve généralement par la lettre de voiture.

» Le Code de commerce s'est servi d'une expression impropre en disant que la lettre de voiture forme un contrat entre l'expéditeur et le voiturier, etc. ; la lettre de voiture n'est que la preuve du contrat, et le contrat est parfait par la convention des parties. »

Un arrêt de la Cour de Nîmes du 11 août 1831, Poulain, Caillard et Laffitte contre Cazeing, est ainsi conçu :

« La Cour : Attendu que pour former un contrat entre le voiturier et l'expéditeur, une lettre de voiture n'est pas nécessaire, et que le contrat peut résulter d'autres preuves. »

Jusqu'en 1845, l'habitude des lettres de voiture n'avait pas été adoptée par les compagnies de chemins de fer dans leurs rapports avec les expéditeurs de marchandises. Voici comment on en parlait à l'occasion de la concession du chemin du Nord. Je lis dans Duvergier, p. 319 :

« La Commission proposait d'obliger, dans tous les cas, la Compagnie à remettre une lettre de voiture. M. *le rapporteur* disait, pour soutenir cet amendement :

« Cette clause sert deux intérêts à la fois : l'intérêt fiscal, représenté par le timbre des lettres de voiture, intérêt très secondaire, mais surtout l'intérêt commercial, qui est en première ligne.

» Cette lettre de voiture forme le contrat passé entre l'expéditeur d'un côté, et le voiturier de l'autre. C'est elle qui établit les conditions respectives de ce contrat. Elle constate d'abord la quantité et la nature des marchandises, mettant ainsi à même celui qui la reçoit de reconnaître l'identité avec ce qu'on a dû lui expédier. Elle constate ensuite les conditions du prix de transport ; elle constate enfin le délai dans lequel on doit faire la livraison. »

» *M. le ministre des travaux publics* a défendu la rédaction du gouvernement. « Le gouvernement, a-t-il dit, propose, d'accord avec la Chambre, dans le vote du cahier des charges de la loi du chemin de fer d'Orléans à Bordeaux, de donner à l'expéditeur la faculté d'exiger la lettre de voiture, mais de ne pas lui imposer l'obligation de la prendre quand il n'en voudra pas.

» Je fais remarquer à la Chambre que l'article proposé par la Commission est évidemment une dérogation au droit commun.

» Dans le droit commercial actuel, il n'est pas imposé à un expéditeur de demander une lettre de voiture ; il n'est pas imposé à un commissionnaire de roulage de donner une lettre de voiture. L'expéditeur peut en demander une, mais le commissionnaire de roulage peut la refuser.

» Maintenant, vous lui imposez l'obligation de la donner quand on la lui demandera. Vous la lui imposerez avec raison, et voici pourquoi, c'est qu'on ne peut pas choisir son commissionnaire de roulage sur un chemin de fer, il y a un monopole, on ne peut pas s'adresser ailleurs.

» Mais quand la commission va plus loin, nous lui demanderons dans quel intérêt. Dans l'intérêt de l'expéditeur ? mais l'expéditeur n'en veut pas. Dans l'intérêt de la Compagnie ? mais la commission pourra prendre, si elle le veut, une lettre de voiture aux marchandises. Dans l'intérêt du destinataire ? mais le destinataire n'est pas partie du contrat. »

» *M. Toussin* a demandé qu'une pénalité fût établie pour le cas où la marchandise ne serait pas rendue à sa destination dans les délais déterminés. « Aujourd'hui, a-t-il dit, une pénalité existe pour ce cas, c'est la retenue du tiers du prix de la voiture, sauf, bien entendu, tous les dommages-intérêts dont pourraient se prévaloir les expéditeurs dans le cas où le délai de la remise aurait été dépassé de beaucoup. »

» *M. le rapporteur* a répondu : « Pour satisfaire au désir de l'honorable M. Toussin, je dois lui dire que ce qu'il demande existe déjà.

» Effectivement, indépendamment de la poursuite civile par l'expéditeur ou le destinataire, il y aura, aux termes de la loi sur la police du roulage, une amende de 16 à 3000 francs pour les contraventions aux clauses du règlement d'administration publique, le seul règlement rappellera les clauses du cahier des charges, et leur fournira une sanction qui leur manquait. »

J'ai voulu donner lecture de cette décision complète à la Cour, afin qu'elle vît dans quelle intention a été introduit dans le cahier des charges du Nord, et puis dans les cahiers des charges des Compagnies, et en particulier de la Compagnie de Paris à Lyon, un article ainsi conçu :

« ART. 55, § 2. — Toute expédition de marchandises dont le poids sous un même emballage excédera 20 kilogrammes, sera constatée, si l'expéditeur le demande, par une lettre de voiture, dont un exemplaire restera aux mains de la Compagnie, et l'autre aux mains de l'expéditeur.

» La même constatation sera faite, sur la demande de l'expéditeur, pour tout paquet ou ballot pesant moins de 20 kilogrammes dont la valeur aura été déclarée. »

Telles sont les conditions qui ont été faites à la Compagnie de Lyon. La Compagnie doit délivrer une lettre de voiture à qui la demande, ce n'est pas douteux ; mais vous remarquerez que la Compagnie n'est soumise à aucune pénalité, que l'article du cahier des charges ne dit pas qu'en cas de retard la Compagnie perdra le tiers du prix de la voiture.

Le cahier des charges ne fixe pas le délai dans lequel doivent s'opérer les transports de marchandises. L'article 50 dit au cinquième paragraphe :

« L'Administration déterminera par des règlements spéciaux, la Compagnie entendue, le *minimum* et le *maximum* de vitesse des convois de voyageurs et de marchandises et des convois spéciaux des postes, ainsi que la durée du trajet. »

Ainsi le cahier des charges n'avait pas encore déterminé la vitesse des convois. Depuis, des règlements d'administration publique ont été faits, ils ont déterminé que la vitesse devait être de 125 kilomètres par vingt-quatre heures. Le maximum de vitesse que les Compagnies doivent observer est donc de 125 kilomètres par vingt-quatre heures. Dans les lettres de voiture on devra se conformer à ce règlement émané de l'administration publique, qui est venu légalement s'ajouter au cahier des charges. La Compagnie sera obligée de transporter les marchandises qui lui seront confiées dans un délai qui ne pourra pas être de plus de vingt-quatre heures pour 125 kilomètres. La lettre de voiture devra se conformer à cette condition imposée à la Compagnie, à moins que l'expéditeur ne demande un délai plus court que celui qui est accordé par les règlements ; ce serait alors une convention particulière ; mais, en l'absence de toute convention particulière, on ne peut pas forcer la Compagnie à transporter dans un délai qui ne serait pas le délai que le règlement d'administration publique lui accorde.

Il en est de même pour le prix. Le prix est déterminé par le cahier des charges. On ne peut pas obliger la Compagnie à introduire dans sa lettre de voiture un prix inférieur à celui du contrat passé par la Compagnie. Il est possible que la Compagnie accepte un prix réduit, qu'elle consente à ne pas prendre tout ce que les tarifs lui accordent ; là se forme le contrat. Mais on ne pourrait pas l'obliger à porter dans la lettre de voiture un prix inférieur à celui que la loi de concession lui accorde. Je dis donc que le contenu de la lettre de voiture doit être réglé par le cahier des charges, cela est incontestable vis-à-vis de la Compagnie comme vis-à-vis de l'expéditeur.

Mais la Compagnie est-elle obligée d'admettre dans cette lettre de voiture la stipulation qu'en cas de retard elle supportera le tiers du prix de transport ? Je prie la Cour de remarquer d'abord que cette clause a quelque chose d'exorbitant. Les lettres de voiture contiennent quelquefois un prix de transport considérable surtout pour les marchandises de grand encombrement et pour

celles qui voyagent à grandes distances. Retenir pour le moindre retard le tiers
du prix, sans préjudice appréciable pour l'expéditeur ou le destinataire, serait
une clause singulièrement onéreuse pour la Compagnie, souvent ce retard
pourrait ne lui être pas imputé à faute, et néanmoins remarquez encore la
situation qui serait faite à la Compagnie, quel que soit le retard, ne fût-il que
d'un jour, elle est obligée de supporter la retenue, elle n'a aucun moyen de
lui échapper, alors même que le destinataire n'aurait éprouvé aucun préjudice. Au contraire il est admis par la jurisprudence que si le destinataire prétend avoir éprouvé un préjudice auquel ne correspondrait pas suffisamment la
retenue du tiers du prix de la voiture, indépendamment de cette retenue du
tiers, il a droit de demander une indemnité proportionnée au dommage qu'il
aurait souffert. C'est donc une stipulation anormale encore et exorbitante
qu'on veut faire introduire dans les lettres de voiture que délivre la Compagnie de chemin de fer et qu'elle est obligée de délivrer. Je demande en vertu
de quelles lois on veut imposer aux Compagnies de chemins de fer, ces
charges, cette responsabilité en cas de retard, même non préjudiciable. Aucune loi ne les y oblige; le cahier des charges n'en dit pas un mot, il dit seulement qu'il y aura un certain degré de vitesse qui sera déterminé par les règlements de l'administration publique. Un règlement d'administration publique
a déterminé la vitesse des transports des marchandises. Le premier paragraphe
de l'article 50 règle, du reste, en termes généraux le devoir de la Compagnie :

« Au moyen de la perception des droits et des prix réglés ainsi qu'il vient d'être
dit, et sauf les exceptions stipulées au présent cahier des charges, la Compagnie
contracte l'obligation d'exécuter constamment avec soin, exactitude et célérité, et
sans tour de faveur, le transport des voyageurs, bestiaux, denrées, marchandises
et matières quelconques qui lui sont confiés. Les bestiaux, denrées, marchandises
et matières quelconque seront transportés dans l'ordre de leur numéro d'enregistrement. »

Voilà l'obligation imposée à la Compagnie, que la Compagnie doit remplir
sous peine de se voir condamnée à des dommages-intérêts. Voilà l'obligation
résultant du cahier des charges et dont la sanction se trouve dans l'article 1382
du Code civil, dans l'obligation pour chacun de réparer le dommage qu'il a
causé. L'article 102 du Code de commerce qui est cité par le tribunal, pas
plus que le cahier des charges, ne dit un mot du tiers du prix de transport.
L'article 102 du Code du commerce indiquant d'abord ce qui doit se trouver
dans la lettre de voiture, ce qu'elle doit énoncer, dit que la lettre de voiture
énoncera l'indemnité due pour cause de retard, c'est-à-dire que les parties en
rédigeant la lettre de voiture pourront stipuler une indemnité pour cause de
retard, et que s'il y a stipulation, la lettre de voiture la contiendra. Voilà tout ce
que je trouve dans l'article 102 du Code de commerce, la mention d'une convention faite, d'un contrat passé entre l'expéditeur et le transporteur, et toutes
les fois qu'il n'y a pas de convention entre les parties, qu'il n'a pas été stipulé d'indemnité pour cause de retard, la lettre de voiture n'est pas moins
bonne pour cela; seulement on retombe dans le droit commun, c'est par une
action en dommages-intérêts que le destinataire se pourvoit pour obtenir le

dédommagement qui lui est dû en cas de retard. Je me demande comment le tribunal de Reims a pu condamner la Compagnie de Lyon à accepter une lettre de voiture stipulant une certaine indemnité.

La Cour se rappelle les motifs donnés par le tribunal de Reims. Les premiers motifs donnés par ce tribunal ne peuvent être l'objet d'aucune contestation. Ils ont tous pour but de dire que les Compagnies de chemins de fer sont obligées de transporter les marchandises à une vitesse donnée, et que dans le cas où elles n'accompliront pas leur obligation, elles doivent indemniser le destinataire du retard qu'elles lui feraient éprouver. Je n'ai rien à dire de ces principes, la Compagnie de Lyon les reconnaît, elle sait que toutes les fois qu'elle causera un préjudice, elle devra supporter une indemnité proportionnée à ce préjudice.

Le tribunal passe ensuite aux motifs spéciaux qui lui paraissent l'autoriser à condamner la Compagnie de Lyon à subir l'insertion dans la lettre de voiture de cette stipulation de l'indemnité.

« Considérant, dit-il, que la loi n'a pas pourvu à l'indication qui devait être portée dans cette clause, ce chiffre porté au tiers du prix du transport a été adopté par l'usage depuis un temps fort reculé, sans que l'application de ce chiffre ait jamais donné lieu à des réclamations sérieuses ; que cet usage peut donc être considéré comme ayant force de loi.

» Considérant que la pénalité portée au tiers du prix du transport n'est pas exagérée, et que souvent elle n'est qu'une réparation insuffisante pour indemniser le propriétaire de la marchandise, même d'un léger retard. »

Je repousse d'abord complétement le système qu'a adopté le tribunal de Reims, adoptant un prétendu usage, et le considérant comme ayant force de loi dans la convention qui intervient entre la Compagnie de l'Est et l'expéditeur. En second lieu, je maintiens que cet usage n'est pas aussi constant que l'a dit le tribunal de Reims. Il n'est pas vrai que la stipulation d'un tiers du prix pour cause de retard soit implicitement et nécessairement introduite dans l'usage par les lettres de voiture. Je trouve, par exemple, pour le transport par eau des marchandises encombrantes, une stipulation toute différente (elle est imprimée).

« *Accélérées par eau entre Paris, Besançon, Lyon et le Midi.*

» Par..... il vous plaira recevoir..... les colis désignés ci-contre, pesant brut..... qu'ayant reçus bien conditionnés dans un délai de..... jours, à port, après la date de la présente, ceux du départ et d'arrivée non compris, et sous peine de la retenue de 10 centimes par jour de retard et par 100 kilogrammes, sans que cette retenue puisse dépasser le tiers de la voiture, nous revenant. »

Vous voyez que dans cette lettre de voiture on trouve bien mentionné le tiers du prix de la voiture ; mais il est mentionné comme maximum, et on déclare que la retenue sera seulement de 10 centimes par jour de retard et par 100 kilogrammes. La stipulation est beaucoup plus raisonnable que celle que le tribunal de Reims voudrait introduire dans la lettre de voiture des chemins de fer, car elle est proportionnée au nombre de jours de retard (10 centimes, mais par jour de retard), et n'inflige pas la même peine à la Compagnie qui n'aura qu'un jour de retard qu'à la Compagnie qui en aurait quinze ; on proportionne le montant de la retenue aux jours de retard.

J'ai d'autres lettres de voiture dans lesquelles je trouve la même stipulation. En voici une qui contient une stipulation un peu différente (ce sont encore des stipulations imprimées) ; ce qui prouvera à la Cour que le tribunal de Reims se trompe, quand il considère ce prétendu usage comme devant faire loi.

*« Agence des bateaux à vapeur du Rhône.*

» Marseille, 13 novembre 1854.

» A la garde de Dieu, vous recevrez, par voie de mer, de Marseille à Arles, d'Arles à Lyon par le Rhône et de Lyon à Paris par chemin de fer (ainsi c'est pour transport par la voie de mer d'abord, par la navigation des fleuves ensuite, et puis par chemin de fer), *les colis ci-après désignés*, dont l'assurance est couverte moyennant la prime de un *quart* pour cent sur une valeur déclarée de 87 000 fr. exigible avec le prix de voiture, et ce, aux clauses et conditions générales stipulées dans les formules imprimées des polices adoptées actuellement par la réunion des négociants assureurs de Marseille. Trois cent vingt et une futailles, huile de palme grasse, marques et numéros comme en marge, pesant brut 81 362 qu'ayant reçues dans le délai de vingt-cinq à trente jours (le jour du départ et le jour de l'arrivée non compris en gare), sans que le transporteur puisse être soumis, en cas de retard, à d'autres dommages que la retenue de *dix pour cent* sur le prix du transport. »

Voilà donc une autre lettre de voiture dans laquelle la retenue n'est pas de 10 centimes par jour et pour 100 kilogrammes, comme dans celle que je vous ai lue précédemment, mais dans laquelle la retenue est de 10 pour 100 sur le prix du transport, et non pas du tiers ou de 33 pour 100, comme l'a décidé, dans notre question, le tribunal de Reims.

J'ai dans les mains un contrat important passé entre les Compagnies de chemins de fer et le ministre de la guerre. Voici les termes de l'article 56 de ce contrat :

« ART. 53. — Les retards de remises à destination, dans les délais déterminés, entraînent des retenues sur le prix de transports, qui sont fixés ainsi qu'il suit :
» Pour les expéditions à grande vitesse par voies ferrées et à vitesse accélérée par voie ferrée et par le roulage :
» De un à deux jours de retard, le 1/10ᵉ du prix ;
» De trois à quatre jours, le 1/4 ;
» De cinq à dix jours, la 1/2 ;
» Au delà de dix jours, la totalité du prix de transport.
» Pour les expéditions à petite vitesse par voie ferrée et à vitesse ordinaire et par le roulage :
» De un à six jours de retard, le 1/10ᵉ du prix ;
» De onze à quinze jours, le 1/5ᵉ ;
» De seize à trente jours, le 1/3 ;
» Au delà de trente jours, les 2/3 du transport. »

Vous voyez encore comment la retenue a été réglée dans la convention passée avec le ministre de la guerre. On a proportionné le montant de la retenue à la durée du retard, au nombre de jours employés, par la Compagnie dans les transports qui lui avaient été confiés; et encore, je ne crains pas de le dire, on trouve là une stipulation de retenue infiniment plus intelligente que celle qui serait insérée dans les lettres de voiture de chemins de fer par le jugement du tribunal de Reims.

Il y a également des lettres de voiture pour les transports par eau, qui ne stipulent aucune indemnité pour les retards, c'est même le cas le plus général.

Voici une lettre de voiture imprimée :

« GAUDET FILS. — *Transport par eau.* — En droiture par eau et sous la conduite de M. Gaudet fils, il vous plaira recevoir, dans le délai moral, six barriques couperoses marquées et numérotées comme en marge, pesant brut 4200 kilogr., qu'ayant reçues bien conditionnées au port de..... sans qu'il soit garant de la rupture des objets fragiles ni du coulage des liquides, vous lui payerez à raison de cinq francs des cent kilogrammes et lui rembourserez la somme de soixante-quinze centimes pour timbre de la présente.

» Ledit prix n'a été convenu qu'en raison de l'acceptation par le chargeur tant pour son compte que pour celui du réceptionnaire, des conditions qui suivent. — Le voiturier est autorisé à naviguer de nuit afin d'accélérer l'arrivée de la marchandise à destination.

» On sera sans recours contre le voiturier en cas d'avarie ou manque de marchandises, si au préalable on ne le fait constater sur le port aussitôt le débarquement et avant l'enlèvement. — Les marchandises dont le débarquement est au compte du réclamateur, devront être débarquées aussitôt l'arrivée du bateau ; dans le cas contraire elles seront mises à terre, aux frais, risques et périls dudit réclamateur. — Toute vérification réclamée par le voiturier sera à la charge de la marchandise en cas d'excédant constaté sur la déclaration. — Les marchandises pour la route seront débarquées immédiatement après leur arrivée, sans responsabilité de la part du voiturier, une fois qu'elles seront mises à terre.

Ce que j'ai l'honneur de dire en ce moment à la Cour, c'est que l'usage dont a parlé le tribunal de Reims et qui ferait loi, n'est pas tellement constant, que les Compagnies soient obligées sans que leur cahier des charges le leur ait imposé, d'introduire forcément cette convention dans les lettres de voiture qu'elles délivrent aux expéditeurs. Cela est si vrai, que lorsqu'il arrivait qu'avec les commissionnaires de roulage, on ne stipulait pas dans le contrat le dommage à payer en cas de retard, jamais l'usage n'a été assez constant pour l'introduire dans le contrat, en l'absence de toute stipulation. On ne trouvera pas d'exemple où la lettre de voiture, ne disant rien pour le cas de retard, les tribunaux aient dit : « Attendu que l'usage constant est que le moindre retard occasionne la retenue du tiers du prix de la voiture, nous ajoutons, en vertu de l'usage, à la convention qui est intervenue entre les parties, etc. »

Cela ne s'est jamais vu. Voici en quels termes s'exprime un jurisconsulte sur cette matière, je veux parler de M. Bravard-Verrières, dans son ouvrage sur le *Droit commercial.* Il énumère toutes les énonciations qui doivent figurer dans la lettre de voiture ; il dit, comme les jurisconsultes que j'ai cités, que ces énonciations sont purement indicatives :

« Le contrat de commission de transport, véritable contrat de louage, est *consensuel*. Il se forme par *consentement* exprès ou tacite, se prouve par acte authentique ou sous seing-privé, correspondances, livres, témoins, etc.

» L'acte qui sert le plus ordinairement de preuve, c'est la lettre de voiture, qui suppose nécessairement la préexistence du contrat. »

Abordant ensuite la question de l'indemnité en cas de retard, il ajoute :

« Il convient de ne pas laisser au pouvoir discrétionnaire du juge l'appréciation de cette indemnité.

» Habituellement on stipule, pour le cas de retard, une réduction de 1/3, 1/4, mais cette réduction ne doit être considérée que comme compensation du préjudice causé.

» Du reste, la lettre de voiture n'est pas, comme la lettre de change, un acte solennel, et l'émission de quelques-unes des énonciations requises ne l'invaliderait pas nécessairement, seulement celui qu'intéresseraient les énonciations se trouverait dans la nécessité d'avoir recours à d'autres preuves, et c'est seulement aussi pour éviter ce recours que les énonciations sont exigées, le droit de contrat de commission pouvant se faire par toute autre preuve. »

Et puis plus tard, M. Bravard Verrières s'exprime ainsi :

« Si les dommages-intérêts n'ont pas été réglés d'avance par la lettre de voiture, ils le seront par la justice, qui prendra en considération la durée du retard et l'importance du dommage éprouvé. »

Voilà quelle était la règle relativement aux commissionnaires de roulage. On stipulait la retenue du tiers, du quart et du dixième, ou, dans certains cas, de 10 centimes par jour et par 100 kilogrammes. On stipulait la retenue ou on ne la stipulait pas, et, dans ce dernier cas, c'étaient les tribunaux qui appréciaient en prenant en considération la durée du retard et l'importance du préjudice éprouvé. Il n'y avait donc pas un usage tel que lorsque la convention gardait le silence, on se crût obligé d'introduire, comme supplément à la convention, la retenue du tiers du prix de la voiture, en compensation du dommage éprouvé. Or, le tribunal de Reims pense assujettir les chemins de fer à une clause pareille, parce qu'elle a été habituellement, dit-il, dans l'usage entre les commissionnaires du roulage et les expéditeurs. Mais lorsqu'on a rédigé le cahier des charges des chemins de fer, lorsqu'on a énuméré avec tant de soin les conditions et les obligations auxquelles ils ont été assujettis, on n'a certainement pas laissé la faculté de leur créer de nouvelles obligations, en vertu d'un usage qui aurait été adopté d'une manière plus ou moins générale. Évidemment toutes les précautions ont été prises, et, quant au préjudice éprouvé pour cause de retard, on n'a rien stipulé, on a laissé les Compagnies sous l'empire du droit commun, qui dit que quiconque, par sa faute, en manquant à ses obligations, a occasionné un préjudice, doit le réparer. Indépendamment de ce que les règlements de police permettent à l'administration de surveiller les Compagnies, et d'exercer sur elles un contrôle immédiat, ils ont permis de les poursuivre et de les faire condamner à des amendes, si elles manquaient soit d'exactitude, soit de célérité dans la marche des convois; si elles enfreignaient, en un mot, une seule des nombreuses obligations qui leur sont imposées.

L'usage qu'invoque le tribunal de Reims pourrait être admis si dans le contrat on avait, en termes équivoques, indiqué le montant de l'indemnité qui serait due pour cause de retard; on prendrait l'usage comme interprétant l'équivoque du contrat. Mais quand on n'a pas pu tomber d'accord, quand la Compagnie n'a pas voulu stipuler une indemnité qui lui paraissait exorbitante, il n'y a pas de contrat, il n'y a pas de convention à interpréter, il n'y a rien d'équivoque dans le contrat; par conséquent l'usage ne peut pas avoir l'autorité que le tribunal de commerce de Reims lui a donnée.

Vous connaissez maintenant, messieurs, les principaux motifs qui ont déterminé le tribunal de Reims.

Le tribunal a ajouté ensuite, dans les considérants dont j'ai donné lecture, qu'une stipulation de cette nature avait son utilité, qu'elle était utile au commerce et à la Compagnie tout à la fois; que d'abord elle oblige la Compagnie à observer les règlements que l'administration publique lui a imposés, et qu'ensuite, lorsqu'il y a un règlement bien établi d'avance, il n'est pas besoin d'aller devant les tribunaux pour réclamer une indemnité en cas de retard.

Il y a quelque chose de vrai dans cette observation, quoique le tribunal la présente d'une manière trop absolue. Mais qu'en conclure? Que le législateur aurait dû, en vue de cet intérêt, dans le cahier des charges où il prescrivait toutes les obligations de la Compagnie de Lyon, lui prescrire cette pénalité de la retenue du tiers pour le cas d'un retard sur la vitesse prescrite par les règlements; il aurait dû dire qu'elle supporterait l'indemnité qu'on demande à lui faire supporter. Certainement le législateur aurait pu le dire, mais il ne l'a pas dit, il n'a pas voulu le dire, il ne l'a pas inséré dans le cahier des charges. Du moment qu'il n'a pas imposé cette obligation, on ne peut pas l'imposer arbitrairement. Le législateur a dit aux Compagnies: « Vous transporterez avec exactitude et aux conditions qui vous seront prescrites par les règlements d'administration publique. Si vous ne vous conformez pas à ces règlements, vous vous exposerez à être poursuivies correctionnellement ou en simple police; de plus, vous pourrez être condamnées à supporter des dommages-intérêts. »

Mais il y aurait un inconvénient, dit-on, à ne rien introduire dans les règlements de la Compagnie; le commerçant lésé serait obligé de s'adresser aux tribunaux.

On réclame tous les jours. Je ne saurais vous dire combien de demandes d'indemnités pour retard viennent se résoudre dans les bureaux de la Compagnie. Ces réclamations se règlent à l'amiable; il n'y a pas de difficulté, si elles sont justes; les tribunaux n'interviennent pas, tout se règle amiablement au siège de la Compagnie. Tout individu qui va demander le montant d'un préjudice réellement éprouvé obtient bonne et prompte satisfaction. Introduisez dans les règlements cette retenue d'un tiers, oh! alors, pour peu qu'il y ait eu le moindre retard, tout le  monde réclamera, même celui qui n'aura éprouvé aucun préjudice.

Dira-t-on que les Compagnies pourront toujours opposer le cas de force majeure? Mais la Cour sait qu'il y a des cas où la cause d'un retard ne peut être saisie. Eh bien! la Compagnie sera obligée de payer une indemnité considérable, quoique aucun préjudice ne soit résulté du retard. Je crois que la moralité de la jurisprudence n'admet pas une stipulation de cette nature, parce qu'elle serait injuste dans la plupart des cas.

Le tribunal ajoute que jusqu'en juillet 1859, la Compagnie de Lyon a consenti à cette stipulation dans les lettres de voiture, et puis qu'elle a refusé de s'y soumettre. Je ne fais aucune difficulté d'avouer que la Compagnie avait consenti d'abord ; c'était un contrat, c'était de sa propre volonté; et de même qu'elle avait consenti à introduire cette stipulation de sa propre volonté, elle a pu, à un jour donné, refuser de faire ce qu'elle avait fait auparavant.

Voici ce qui l'a engagé à refuser : un commissionnaire de roulage de Reims, comme M. Delarsille, apporte des marchandises au chemin de fer, et stipule en cas de retard une indemnité du tiers du prix de la voiture. Il adresse ces marchandises à un commissionnaire de Marseille ; elles arrivent à Marseille à ce commissionnaire qui se charge de les remettre au véritable destinataire. Or voici l'effet de la stipulation portant retenue d'un tiers du prix en cas de retard. Toutes les fois qu'il y a le moindre retard dans le transport, cette retenue est très rigoureusement exigée. Par qui? par le commissionnaire de roulage. Et quand le commissionnaire de roulage porte la marchandise au véritable destinataire, celui-ci lui paye parfaitement le prix entier du transport, de manière que le bénéfice de la retenue appartient au commissionnaire de roulage. Le destinataire qui n'a éprouvé aucune espèce de préjudice fait ce que nous faisons quand un objet nous est envoyé. Une pièce de vin qui nous est expédiée de Bordeaux ou de la Bourgogne arrive quelques jours plus tard que nous ne l'attendions ; aucun de vous ne songe à demander la réduction du tiers du prix du transport parce que la livraison est de quarante-huit heures en retard. Lorsqu'au contraire la marchandise est adressée au commissionnaire de roulage, celui-ci a grand soin de retenir le tiers du prix de transport, et nous, consommateurs, nous la recevons sans difficulté, nous n'y faisons pas même attention.

Eh bien! la Compagnie de Lyon a cru que c'était un  avantage un peu illicite que les commissionnaires de roulage se procuraient ainsi, et en conséquence elle a demandé à la Compagnie de l'Est de supprimer ses lettres de voiture. Voilà pourquoi, à partir du mois de juillet 1859, la Compagnie de Lyon a pour la première fois refusé d'introduire cette indemnité de retenue du tiers dans les lettres de voiture qu'elle était obligée de délivrer.

J'ai dit à la Cour que d'autres jugements avaient été rendus. Un jugement du tribunal de commerce d'Épernay et un arrêt de la Cour de Colmar ont adopté le même système que le tribunal de Reims. Dans le jugement du tribunal d'Épernay, je ne vois qu'un motif qui touche à la question et il rentre dans les idées du tribunal de Reims. En voici les termes :

« Attendu que, depuis la promulgation du Code de commerce, l'indemnité due pour cause de retard a été fixée de commun accord, et généralement acceptée jusqu'à ce jour par les expéditeurs, les entrepreneurs de transport et les voituriers; qu'il a été convenu qu'elle serait représentée par un droit de rétention du tiers du prix de transport, que cette convention, passée depuis en usage, a eu pour objet de satisfaire aux prescriptions de la loi; qu'on ne peut donc méconnaître que le législateur ayant voulu laisser aux parties l'appréciation d'une indemnité, dont la loi apprécie le principe, celles-ci se sont universellement mises d'accord pour l'arbitrer au tiers du prix de la voiture; qu'ainsi la convention existe au moins tacitement, et qu'elle est, de plus, consacrée par une application générale, et fort ancienne. »

Vous voyez que le tribunal de commerce d'Épernay se fonde comme celui de Reims sur l'usage. Il va jusqu'à dire que la convention existe au moins tacitement, et, en effet, ce devrait être la conséquence à tirer de l'ancien usage qu'on rappelle, si les parties n'avaient rien dit; mais quand l'une a refusé formellement d'introduire cette convention dans le contrat appelé lettre de voiture, il est impossible de soutenir qu'elle y existe tacitement. L'usage ne peut venir suppléer la convention, indépendamment de ce que l'usage n'est pas aussi universel, ni aussi général que le tribunal d'Épernay l'a dit.

La seconde décision, rendue en faveur des commissionnaires de roulage, est beaucoup plus longue que celle que je viens de lire; c'est un arrêt de la Cour de Colmar. Je prierai cependant la Cour de m'en permettre la lecture. Il est évident que la Cour de Colmar s'est attachée par tous les moyens possibles à justifier la décision qu'elle rendait et dont elle ne se dissimulait pas l'importance.

« Considérant que, par une lettre de voiture, créée le 6 juillet 1859, par la maison de commerce Wildmer, de Mulhouse, celle-ci a constaté qu'elle remettait au sieur Juteau, commissionnaire de roulage dans la même ville, une balle calicot blanc portant les initiales W. C., n° 20, pesant 182 kilos, pour être transportée à Marseille, à l'adresse des sieurs Gros et Roux, dans un délai de douze jours, non compris celui du départ et celui de l'arrivée « sous peine de la retenue du tiers de la voiture; »

» Que Juteau ayant accepté ces marchandises et la lettre de voiture qui les accompagnait, les a transportées à Belfort, où elles ont été remises avec la lettre de voiture aux sieurs Royer, commissionnaires dans cette ville, qui devaient en soigner l'acheminement sur Marseille;

» Que Royer s'étant présenté le 8 juillet à la gare du chemin de fer de Lyon pour confier à cette Compagnie le ballot et la lettre de voiture qui l'accompagnait, il lui a été répondu par l'agent Duchastelet qu'il recevrait toutes les marchandises qu'il voudrait lui remettre, mais à cette condition expresse, toutefois, que les lettres de voiture ne contiendraient aucune clause de pénalité;

» Que Royer s'étant refusé à apporter aucune modification à la lettre de voiture, telle qu'elle avait été créée par les expéditeurs Wildmer, le ballot de marchandises a, par ordre du président du tribunal de commerce de Belfort, été entreposé dans un des magasins de la gare, sauf à faire décider par justice à qui incomberaient les conséquences préjudiciables de ce défaut d'expédition;

» Qu'en cet état des faits, la question que la Cour a à examiner est celle de savoir si les entreprises de chemins de fer sont ou non fondées à se refuser à accepter une lettre de voiture, par cela seul qu'elle énoncerait l'indemnité due pour cause de retard ;

» Considérant que le législateur, comprenant toute l'importance de la lettre de voiture pour l'intérêt du commerce, a élevé cet acte à la hauteur d'un contrat qui, ainsi que le porte l'art. 101, intervient entre l'expéditeur et le voiturier ;

» Que, pour mieux assurer la force et l'autorité de ce contrat, le législateur a voulu donner, pour ainsi dire, le modèle de sa rédaction, en indiquant dans l'art. 102 les différentes énonciations que doit contenir la lettre de voiture ;

» Que, parmi ces énonciations, celle qui démontre de la part du législateur, le plan de sagesse et d'expériences des affaires commerciales est, sans aucun doute, celle qui exige que la lettre de voiture stipule elle-même, et par avance, une indemnité au profit du destinataire pour cause de retard dans la remise de sa marchandise ;

» Que cette mention est pour le voiturier comme un aiguillon qui le presse sans cesse de hâter sa marche, s'il ne veut pas s'exposer à un préjudice qui sera immédiat, et auquel rien ne pourra le soustraire, si, par sa faute, il arrive en retard ;

» Qu'elle est, pour le destinataire, la seule garantie d'une remise exacte et opportune ; qu'en effet, le droit qu'il trouve écrit dans la lettre de voiture, de s'indemniser de ses propres mains et sans forme de justice, est le plus souvent le seul mode d'indemnité possible pour le destinataire, qui renoncerait évidemment à en demander aucune s'il lui fallait aller la réclamer devant les tribunaux, avec les frais, les retards, les soucis qu'entraîne toujours une instance judiciaire, et qui seraient tout à fait hors de proportion avec le léger préjudice que peut causer au destinataire un retard de quelques jours ;

» Considérant que la disposition de la loi qui prescrivait une indemnité en cas de retard, a été complétée dans la pratique par les usages commerciaux, qui ont généralement fixé cette indemnité au tiers du prix de la voiture, ainsi que le démontrent les liasses de lettres de voiture versées au procès, qui portent toutes cette mention en caractères imprimés, ce qui d'ailleurs est à la connaissance de tous les citoyens, même en dehors de ceux qui se livrent au commerce. »

Je rappelle à la Cour que ces lettres de voiture regardent les commissionnaires de roulage par terre, et que, pour les transports par eau, l'usage n'est pas le même ; mais je fais remarquer que les unes et les autres voyagent sur les chemins de fer.

« Considérant que l'art. 102 du Code de commerce et les usages commerciaux qui l'ont complété dans la pratique ayant régi jusqu'à présent, sans aucune difficulté, l'industrie des transports, il s'agit d'examiner si les Compagnies de chemins de fer peuvent se soustraire à l'application de ces usages et à celle du Code de commerce ;

» Considérant que les Compagnies de chemins de fer, quelque importants que soient les intérêts qu'elles représentent, ne sont cependant, judiciairement parlant, que des sociétés de commerce, dont l'industrie s'exerce au transport des voyageurs et des marchandises, qu'elles représentent aujourd'hui sur la plus grande partie de l'Empire, ce qu'étaient autrefois les entreprises de diligences et de roulage ;

» Que dès lors, à ne consulter que leur qualité de commerçants et la nature de leur industrie, on ne s'expliquerait pas pourquoi les Compagnies de chemins de fer ne seraient pas liées comme leurs devanciers, par les dispositions de la loi commerciale et par les usages spéciaux à leur industrie ;

» Considérant que, pour admettre cette immunité au profit des Sociétés de chemins de fer, il faudrait que celles-ci pussent établir que les lois et règlements qui ont fondé leur industrie les dispensent de se conformer à l'art. 102 du Code de commerce et aux usages commerciaux qui sont venus compléter cette disposition. »

Je m'arrête pour dire à la Cour que ceci est parfaitement vrai, que la Compagnie de chemin de fer est obligée de transporter, qu'elle est obligée de délivrer des lettres de voiture ; qu'en compensation de son monopole, elle doit remplir les obligations qui lui sont imposées par son cahier des charges, par les conventions qu'elle a passées avec le gouvernement ; mais non d'aller au delà ; et que lorsque le cahier des charges ne lui a pas imposé pénalité pour des retards, on ne peut pas la lui imposer arbitrairement.

L'erreur de la Cour de Colmar est de dire que la Compagnie ne pourrait refuser que les conditions contraires à la loi. Elle peut refuser, puisqu'il s'agit d'un contrat, toutes les conditions qui ne lui sont pas imposées ; elle n'est obligée de consentir qu'aux conditions qui lui sont imposées par la loi.

L'arrêt poursuit :

« Que cette preuve n'a nullement été rapportée par la Compagnie appelante, mais que la loi de création, celle du 16 juillet 1845, qui autorise l'établissement du chemin de fer de Paris à Lyon, vient elle-même combattre énergiquement la prétention qu'elle élève aujourd'hui ;

» Qu'en effet l'art. 40 du cahier des charges, joint à cette loi, après avoir imposé à la Compagnie l'obligation de faire tous les transports de marchandises avec soin, exactitude, célérité et sans tour de faveur, ajoute dans son paragraphe 2 : « Que » toute expédition de marchandises dont le poids, sous le même emballage, excé- » dera 20 kilogrammes, sera constatée, si l'expéditeur le demande, par une lettre » de voiture dont un exemplaire restera aux mains de la Compagnie et l'autre aux » mains de l'expéditeur ; » disposition confirmée par l'art. 49 du cahier des charges joint au décret impérial du 19 juin 1857 ;

» Qu'il faut donc reconnaître que le législateur de 1845, comme celui de 1808, a admis que la lettre de voiture était, pour l'expéditeur, une garantie dont il ne fallait pas le priver, pas plus à l'égard des chemins de fer qu'à l'égard de ses devanciers, les commissionnaires de roulage ;

» Considérant que la Société appelante, dans l'impossibilité où elle se trouve de repousser d'une manière absolue l'usage des lettres de voiture en présence du texte si formel des dispositions de son cahier des charges, voudrait que les tribunaux l'autorisassent au moins à créer, pour son usage particulier, une lettre de voiture particulière aussi, une lettre qui ne serait plus celle de l'art. 102 du Code de commerce, et dans laquelle on rayerait la clause pénale, dont l'insertion est exigée par cette disposition de la loi ;

» Que pour arriver à ce but, la Compagnie présente ce raisonnement qu'elle croit très solide : « La lettre de voiture, dit-elle, est un contrat ; or, le contrat ne » peut se former que par le concours de deux volontés. Je refuse la mienne, en ce » qui concerne la clause pénale, donc elle ne peut être insérée dans la lettre de » voiture. »

» Considérant que ce raisonnement pourrait avoir quelque force , si les Compagnies de chemins de fer étaient des commissionnaires comme ceux que l'on connaissait autrefois, exerçant une industrie libre et indépendante, pouvant accepter et réformer les marchandises qu'on leur présentait, et pouvaient par suite débattre les conditions de leur mandat, sauf à l'expéditeur, s'il ne pouvait tomber d'accord avec le premier voiturier, à aller s'adresser à un autre, son concurrent ;

» Mais que les conditions de l'exploitation des chemins de fer ne sont plus celles d'un commerce libre et indépendant, qu'on leur a concédé sans doute un monopole qui leur assure des avantages immenses, mais qui leur impose aussi des charges et des obligations ; qu'elles ne peuvent plus, comme les anciens voituriers, transporter ou ne pas transporter, accepter ou refuser les marchandises qu'on leur présente ; que l'acceptation de toute marchandise, que son transport est une obligation étroite de la Compagnie, obligation qu'elle ne pourait décliner que si on voulait lui imposer des conditions contraires à la loi et à ses statuts ;

» Considérant qu'elle ne saurait soutenir que la lettre de voiture en elle-même est contraire à ses statuts, puisqu'ils autorisent l'expéditeur à la demander ; qu'elle ne saurait soutenir davantage que l'insertion dans cette lettre de voiture, d'une clause pénale, soit contraire à ses statuts qui n'en parlent pas, et encore moins à la loi générale qui, non-seulement l'autorise, mais qui même l'ordonne dans un intérêt qui n'est pas seulement celui du destinataire, mais encore celui de l'ordre public, qui veut que l'on prévienne des procès pour des contestations sans importance ;

» Qu'ainsi les tribunaux ne sauraient sanctionner un système qui priverait l'expéditeur d'une garantie qu'il trouve écrite dans la loi, et qui l'en priverait dans ce seul but, but réellement immoral, de permettre au voiturier d'être négligent avec impunité ;

» Considérant que, lorsqu'on voit les Compagnies de chemins de fer résister avec tant d'énergie à l'application de la clause pénale de l'art. 102 du Code de commerce, de cette clause pénale qui, pendant des siècles, a été admise sans difficulté de la part de pauvres voituriers qui disposaient de moyens bien moins énergiques pour l'exact accomplissement de leur mandat, on se demande naturellement quel est donc l'intérêt si grave qui pousse ces puissantes Compagnies dans l'espèce de croisade qu'elles entreprennent en ce moment contre une disposition de la loi dont la sagesse et l'utilité sont consacrées par un usage immémorial ;

» Que les Compagnies n'expliquent leur résistance à l'admission de la clause pénale de l'art. 102 du Code de commerce que par leur conflit d'intérêts avec les commissionnaires de roulage ;

« Que, selon elles, ces négociants réunissent, sur la place qu'ils habitent, un grand nombre de colis qu'ils adressent par l'entremise du chemin de fer, non pas directement aux destinataires, mais à un autre commissionnaire qui exerce, lui, les retenues autorisées par la lettre de voiture avec une rigidité excessive, et dont n'useraient pas assurément les destinataires, si les marchandises leur étaient remises directement ; qu'ainsi la clause pénale profite par le fait, non pas au commerce, mais aux commissionnaires de roulage ;

» Considérant d'abord que cette critique ne saurait s'appliquer à la cause actuelle ; qu'en effet, la lettre de voiture présentée par Royer, le 6 juillet dernier, et que la Compagnie a refusée, adresse le ballot de calicot, non pas à un commissionnaire de Marseille, mais au destinataire lui-même, le sieur Roux, et que, s'il y avait un retard dans la remise du ballot, la clause pénale aurait profité non pas à un commissionnaire, mais au destinataire lui-même ;

» Que, d'ailleurs, quand il serait vrai que la stipulation d'une clause pénale dût profiter surtout aux commissionnaires, on pourrait s'étonner de voir soutenir que ce ne serait pas là un intérêt commercial : que l'industrie de la commission et du roulage est assurément une des branches les plus importantes et les plus actives du négoce en général ; que c'est même, en ce moment, la branche du commerce la plus intéressante, la plus digne d'appui et de protection, car elle est la seule qui puisse défendre le public des abus du monopole. »

Messieurs, je laisse à la Cour le soin d'apprécier à quel point ce motif est juste, et s'il est juste d'accorder aux commissionnaires de roulage une indemnité pour un préjudice qu'ils n'éprouvent pas.

« Qu'enfin les Compagnies de chemins de fer ont un moyen des plus faciles de se défendre contre l'exploitation dont leur caisse serait l'objet, selon elles, de la part des commissionnaires ; que ceux-ci, en effet, ne peuvent réclamer d'indemnité qu'en cas de retard et de négligence de la part des Compagnies ; que celles-ci organisent donc leur service de façon à toujours opérer les transports comme le veut l'article 40 de leurs statuts avec soin, célérité et *exactitude*, et elles n'auront plus rien à craindre ni de l'article 102 du Code de commerce, ni des exigences des commissionnaires ;

» Considérant que la Compagnie de Lyon a encore élevé contre l'admission de la clause pénale, dans les lettres de voiture, cette autre objection : que les Compagnies transportant parfois des valeurs et des poids considérables, la retenue du tiers de la voiture pourrait, dans ce cas, être hors de toute proportion avec le préjudice que causerait un léger retard.

» Que d'abord cette objection, comme la précédente, a cet inconvénient de ne pas s'appliquer à la cause que la Cour a à juger en ce moment ; qu'en effet le ballot expédié par Wildmer (de Mulhouse) n'entraînait que des frais de transports de 15 à 16 francs, et que dès lors toute la retenue à laquelle la Compagnie était exposée en cas de retard se bornait à la somme insignifiante de 4 ou 5 francs ;

» Qu'il faut d'ailleurs remarquer que ce n'est pas sur l'exagération de la clause pénale, mais sur l'existence seule de cette clause que la Compagnie a refusé d'opérer le transport, son agent déclarant qu'il n'accepterait aucune lettre de voiture stipulant une indemnité, quel qu'en fût le chiffre, voulant, en un mot, que l'article 102 du Code de commerce fût une lettre morte pour la Compagnie qu'il représentait ;

» Qu'enfin cette objection n'a par elle-même rien de sérieux ; qu'en effet, les colis dont le poids et l'importance entraînent des frais de voiture extrêmement considérables, sont évidemment l'exception dans l'industrie des transports ; que s'il arrivait des retards dans une pareille expédition, et que la retenue du tiers de la voiture fût évidemment exagérée (je prie la Cour de rappeler le motif qui a déterminé la cour de Colmar), les Compagnies auraient toujours leur recours devant la justice : mais que ces instances seraient extrêmement rares, comme le sont les colis qui pourraient y donner lieu, tandis que les procès seraient de chaque jour si l'absence de la clause pénale obligeait de recourir aux tribunaux pour tous les cas de retard ;

» Qu'au reste, même pour le cas où la retenue du tiers serait exagérée et où l'on serait fondé, de la part des Compagnies, à en demander la réduction, l'expéditeur, fort de la clause pénale, aurait toujours cet avantage que la loi a voulu lui assurer, de plaider les mains garnies, et d'attendre à son domicile l'attaque de la Compagnie négligente, au lieu d'être forcé si la clause pénale n'existait pas, d'aller, lui négociant de Marseille, de Bordeaux ou de Mulhouse, rechercher la Compagnie à Paris, et d'y plaider souvent à grands frais et avec tous les désavantages de celui qui soutient un procès loin de son domicile ;

» Que c'est là aussi un très grave et très respectable intérêt auquel on n'avait pas pensé sans doute, quand on disait que le maintien de la clause pénale, dans une lettre de voiture, est indifférent pour le commerce. »

Voilà la décision que la Cour de Colmar a rendue.

J'ai dit que la Cour de Besançon avait admis un système intermédiaire. Le tribunal de commerce de Gray avait prononcé contre la Compagnie de Lyon une indemnité pour chaque jour de retard, et en outre il avait donné le droit de retenir le tiers du prix de la voiture. La Cour de Besançon, dans son arrêt, a réformé un des points du jugement. Voici l'espèce.

Le 1<sup>er</sup> juillet 1859, Munier et Comp. avaient assigné la Compagnie devant le tribunal de commerce de Gray. Le 13 août 1859, le tribunal avait condamné la Compagnie à faire l'expédition qu'elle avait refusé de faire avec la lettre de voiture de Munier et Comp., sous peine de retenue du tiers de la voiture par le destinataire, sinon, et passé le délai de vingt-quatre heures à partir du jugement, à vingt francs de dommages-intérêts pour le préjudice éprouvé, par chaque jour de retard, et à vingt francs de dommages-intérêts pour le préjudice éprouvé jusqu'à ce jour par Munier et Comp.

La Cour de Besançon a statué en ces termes :

« Considérant que la Compagnie du chemin de fer dont s'agit au procès, en refusant par l'organe de son représentant à Gray, d'opérer le transport des futailles vides déposées par Munier dans la gare de cette dernière ville avec destination sur Dijon, et lorsque l'expéditeur se soumettait à payer les droits et les prix fixés par le tarif, a manqué à l'obligation résultant pour elle de l'article 40 de son cahier des charges, que, suivant les termes de cet article, elle doit au moyen de la perception des droits et des prix réglés, et sauf les exceptions stipulées audit cahier des charges exécuter constamment avec soin, activité et sans tour de faveur, le transport des marchandises et matières quelconques qui lui sont confiées, que la volonté de Munier exprimée conformément d'ailleurs aux droits que lui reconnaissait le même article, de faire constater par une lettre de voiture la marchandise qu'il expédiait, n'a pu modifier l'obligation préexistante de la Compagnie et résultant du dépôt dans sa gare par Munier desdites marchandises et de sa soumission au payement des droits et prix fixés pour le transport : qu'en insérant dans cette lettre de voiture et comme sanction pénale une clause relative à l'indemnité pour cause de retard, Munier expéditeur n'a fait qu'user d'une faculté que l'article 102 du Code de commerce, de même qu'un usage ancien et accepté par la Compagnie elle-même jusqu'à ces derniers temps proclamait en sa faveur ; que sans doute l'agent de la Compagnie pouvait discuter l'importance de l'indemnité proposée, mais qu'il ne lui appartenait pas, au mépris de la loi et de l'usage prérappelé, de nier l'existence du droit même à une indemnité pour cause de retard, n'exigeant la radiation pure et simple de la clause qui le constatait ; qu'ainsi s'étant refusée sans motif légitime, à opérer le transport des marchandises qui lui avaient été confiées, la Compagnie doit la réparation du préjudice causé par son refus ; mais, considérant que Munier dans son exploit, de même que dans ses conclusions devant le tribunal, s'était borné à réclamer des dommages-intérêts en réparation du préjudice que lui causait le refus de la Compagnie, et que les premiers juges, en la condamnant non-seulement à ces dommages-intérêts, mais encore à l'exécution de la clause pénale qui n'avait pas été consentie, ont statué *ultra petita* ; la Cour, parties ouïes et le premier avocat général dans ses conclusions conformes prononçant sur l'appel émis par la Compagnie du chemin de fer de Paris à Lyon comme elle est représentée du jugement rendu par le tribunal de commerce de Gray, le 13 août 1859, dit que c'est à tort que les premiers juges ont ordonné l'exécution de la clause pénale prérappelée et qui n'avait pas été demandée, confirme au surplus la sentence dont appel, et condamne la Compagnie aux dépens, ordonne la restitution de l'amende consignée. »

En conséquence, la Cour a décidé que le tribunal de commerce de Gray avait statué *ultra petita*.

J'ai dit que les tribunaux de Clermont-Ferrand et de Mulhouse avaient décidé que les Compagnies de chemins de fer n'ayant pas été assujetties par leur cahier des charges ne pouvaient pas l'être par les tribunaux. Je me borne à lire le jugement du tribunal de Clermont.

« Attendu que la question qui est à juger est celle de savoir si un expéditeur a le droit d'exiger d'une Compagnie de chemin de fer qu'elle lui fasse une lettre de voiture portant stipulation d'une indemnité en cas de retard ;

» Attendu que les demandeurs invoquent, en faveur de l'affirmative, les dispositions de l'article 102 du Code de commerce, qui permettent aux parties de stipuler une indemnité en cas de retard, et les usages en la matière d'après lesquels le montant de cette indemnité est ordinairement fixé au tiers du prix de transport ;

» Que, d'après eux, cette clause pénale est une partie essentielle de la lettre de voiture, et prescrite à peine de nullité ;

» Attendu, à cet égard, que si les Compagnies de chemin de fer sont toujours astreintes à l'obligation de la lettre de voiture, ainsi qu'il résulte notamment de la circulaire ministérielle du 15 avril 1859, aucune disposition de la loi générale ou particulière ne les contraint de fixer une clause pénale en cas de retard ;

» Que l'article 102 dit seulement que les parties peuvent convenir d'une indemnité en ce cas ; mais qu'avant l'établissement des Compagnies de chemins de fer, les commissionnaires de roulage et les voituriers, auxquels les Compagnies se sont substituées, pouvaient toujours se refuser à cette stipulation, laquelle n'a jamais été considérée comme essentielle à la lettre de voiture ;

» Qu'à la vérité les Compagnies exerçant un monopole, le public et le commerce sont dans la nécessité de s'adresser à elles, tandis que les voituriers et les commissionnaires avaient de nombreux concurrents auxquels on pouvait toujours s'adresser si l'un d'eux refusait d'accepter certaines conditions.

» Mais, attendu que les Compagnies sont régies par des cahiers de charges et des règlements d'administration publique, dont elles ne peuvent s'écarter sans commettre une contravention ou un délit ;

» Que ces diverses lois leur interdisent notamment, d'une manière absolue, de faire des traités particuliers ayant pour but de favoriser certains expéditeurs ;

» Que cette prohibition si sage, imposée par le cahier de charges, pourrait être facilement éludée si les Compagnies pouvaient faire avec les particuliers des stipulations de ce genre, car rien ne les empêcherait de les faire plus avantageuses pour les uns que pour les autres ;

» Qu'il y a lieu de décider :

» Premièrement que la cause pénale n'est pas essentielle à la lettre de voiture.

» Deuxièmement, que les Compagnies, non-seulement peuvent comme les autres voituriers, refuser d'en stipuler une en cas de retard, mais que c'est pour elles un devoir et une obligation résultant de leur législation.

» Qu'il suit de là que c'est à tort et sans droit que les sieurs Barbier et Daubrée ont introduit, contre la Compagnie de Paris à Lyon, une instance tendante à faire insérer sur leurs lettres de voiture une clause de retenue du tiers du transport en cas de retard,

» Et que c'est le cas de rejeter leur demande.

» Par ces motifs, etc.

» Dit que la Compagnie peut et doit même refuser toute stipulation de ce genre, sauf aux tribunaux à faire, en cas de retard, l'application du préjudice causé. »

Pour moi, messieurs, toute la question se réduit à ceci. On vous demande d'insérer dans le cahier des charges de la Compagnie une disposition supplémentaire qui serait appliquée dans tous les cas de transports de marchandises. Le cahier des charges a dit : La Compagnie transporte avec exactitude et célérité (art. 55). Le cahier des charges a encore dit que des réglements spéciaux détermineraient la vitesse des convois de marchandises : des réglements spéciaux ont déterminé la vitesse des convois de marchandises. D'autres réglements ont dit : En cas de retard, des dommages-intérêts pourront être réclamés par les particuliers. D'autres règlements encore portent : En cas de retard, des peines de police seront appliquées à la Compagnie. Voilà toute la législation, et on vous demande d'ajouter un article qui figurerait dans les lettre de voitures, qui ajouterait au cahier des charges et aux règlements d'administration publique, qui dirait : Toutes les fois qu'un retard quelconque aura eu lieu dans le transport des marchandises, les Compagnies seront obligées de subir la retenue du tiers du prix de voiture. Ce serait une pénalité. C'est véritablement un article qu'on propose d'ajouter au cahier des charges ; je demande à la Cour de ne pas l'ajouter.

## OBSERVATION DE Mᵉ RIVIÈRE.

Je prends devant la Cour les mêmes conclusions que Mᵉ Dufaure, et je m'en réfère d'une manière générale aux observations qu'il a présentées.

Je demande cependant la permission de recommander à l'attention de la Cour l'un des considérants du jugement rendu par le tribunal de Clermont.

Le tribunal, après avoir rappelé que les Compagnies sont régies par des cahiers de charges et des règlements d'administration publique dont elles ne peuvent s'écarter sans commettre une contravention ou un délit, a dit : que ces diverses lois leur interdisent notamment, d'une manière absolue, de faire des traités particuliers ayant pour but de favoriser certains expéditeurs ; et que cette prohibition si sage serait facilement éludée si les compagnies pouvaient faire avec les particuliers des stipulations du genre de celles dont s'agit au procès : car rien ne les empêcherait de les faire plus avantageuses pour les uns que pour les autres.

Et en donnant ce motif, il a, à mon sens, touché l'un des points les plus importants de la question.

Quelle que soit la réalité des usages que l'on invoque, encore ne peut-on prétendre les opposer que dans les termes où ils étaient acceptés par les commissionnaires de roulage avant l'établissement des chemins de fer. Or, les commissionnaires, cela est certain, étaient libres de déroger à l'usage suivant les circonstances de temps et de lieu. Ils pouvaient, si cela leur convenait, stipuler au profit des uns une retenue supérieure ou inférieure au taux ordinaire, tout en la refusant aux autres.

Entend-on que les chemins de fer puissent en faire autant ?

Quand cela serait, les Compagnies ne devraient pas accepter la concession,

car elles se verraient à l'instant même exposées au reproche d'avoir violé la
règle rappelée par le tribunal de Clermont.

Il faut donc de deux choses l'une, ou qu'il n'y ait pas de clause pénale sti-
pulée, ou que cette clause pénale soit invariable. Mais, dans ce dernier cas,
il est clair qu'elle prendrait un caractère réglementaire, et qu'il n'appartient
pas aux tribunaux de l'imposer.

## PLAIDOIRIE DE Mᵉ DUTARD.

Messieurs,

Je n'éprouve aucun embarras à confesser que ma cause a été plaidée et parfaitement plaidée par Mᵉ Dufaure. En effet, il vous a exposé les raisons que
j'aurais eu à vous exposer avec toute l'impartialité que j'aurais pu y apporter et
avec un talent qui n'appartient qu'à lui. Je serai donc très court. Je me bornerai à bien préciser le point de fait, je parcourrai rapidement le point de
droit, et nous nous demanderons l'intérêt que peut avoir la Compagnie de
Lyon à refuser les lettres de voiture.

Quel est le point de fait ? Mon client est commissionnaire à Reims ; il remet
des marchandises à la Compagnie de l'Est, la Compagnie de l'Est jusqu'au
mois de juillet 1859 a toujours accepté ses lettres de voiture portant imprimée
la clause du tiers pour le cas de retard. Mais les chemins de Lyon et de l'Est
se trouvent soudés l'un à l'autre, et la Compagnie de Lyon, s'inspirant tout à
coup de je ne sais quel sentiment, de je ne sais quelle passion de moralité,
au profit des destinataires, tient ce langage : Recevoir des lettres de voiture,
rien de plus aisé ; mais celles qu'on nous demande à qui profitent-elles ? Est-
ce au destinataire ? Non. C'est aux commissionnaires, aux intermédiaires.
Or que sommes-nous, nous Compagnies de chemins de fer ? Nous sommes les
destructeurs de la Commission et nous ne voulons pas lui laisser cette miette,
ce dernier débris de son ancienne opulence. Voilà le motif pour lequel la Compagnie de Lyon a refusé les lettres de voiture et que par suite la Compagnie
de l'Est les a également refusées.

Comment la question s'est-elle posée devant les premiers juges ? A-t-elle
porté sur un *quantum ?* Pas le moins du monde ; elle s'est posée ainsi : Je vous
ai présenté une lettre de voiture, vous avez déclaré que vous ne vouliez pas de
lettre de voiture, que vous entendiez opérer le transport avec une simple note
d'expédition sans aucune clause de pénalité en cas de retard. Voilà la question
bien nettement posée entre vous et moi, c'est la question d'être ou de ne pas
être pour la lettre de voiture, c'est la disparition de toute responsabilité. Vous
avez dit : Je ne veux pas de lettre de voiture, je la refuse nettement, et pour
qu'aucune espèce de doute ne restât sur vos intentions, vous avez ajouté : Je ne
veux pas de lettre de voiture, je veux une simple note d'expédition.

Le tribunal de commerce de Reims, saisi de la contestation, a dit : En présence d'une Compagnie de chemin de fer qui compte se soustraire à une pénalité quelconque, il faut consulter la loi et l'usage, et consultant la loi,

l'usage, le cahier des charges et la nécessité d'éviter des procès , il a condamné la Compagnie.

L'usage est-il constant? Oui, l'usage existe aux quatre points cardinaux de la France ; l'usage existe partout et il a été trouvé en pleine vigueur dans l'article 102 du Code de Commerce.

Cependant l'usage a été nié ; mon adversaire vous a dit qu'il n'était pas constant, qu'il n'était pas absolu, mais il n'a pas pu méconnaître qu'il ne fût général. Qu'est-ce que c'est que la généralité ? c'est la majorité des cas. Or la majorité des cas c'est la loi. Vous ne pouvez donc pas contester l'usage ou la loi, ce qui est la même chose. Eh bien ! l'usage a été pratiqué, il l'est encore, je le répète, aux quatre points cardinaux de la France. Le chemin de l'Ouest reçoit des lettres de voiture, le chemin d'Orléans en reçoit, le chemin du Havre, le chemin de Rouen, tous les chemins de fer reçoivent des lettres de voiture. Il faut donc reconnaître que tous se conforment à l'usage.

La stipulation d'une retenue qui est immémoriale et qui a été accueillie par le Code de commerce et par la législation nouvelle des chemins de fer, a été le point sur lequel le premier juge s'est fondé pour condamner la Compagnie. M. Dufaure a dit : Il n'est pas exact de soutenir que l'usage est absolu ; il y a des exemples contraires que je soumets à la cour. Je prends d'abord une lettre de voiture d'un commissionnaire de transport par eau, et j'y trouve 10 pour 100 par jour de retard et par 100 kilogrammes, sans que jamais la clause pénale puisse s'élever plus haut que le tiers de la voiture. Mon honorable adversaire vous a cité un autre cas d'une retenue de 10 pour 100 sur le prix de transport opéré par le chemin de fer, et enfin il vous a cité le contrat passé entre la Compagnie de Lyon et le ministre de la guerre, contrat dans lequel la stipulation a été réglée ainsi qu'il suit :


*Pour les expéditions à grande vitesse :*

» De un à deux jours de retard sur le dixième du prix ;
» De trois à quatre jours, le quart ;
» De cinq à dix jours, la moitié ;
» Au delà de dix jours, la totalité du prix.


*Pour les transports à petite vitesse :*

» De un à dix jours de retard, le dixième du prix ;
» De onze à quinze jours, le cinquième ;
» De seize à trente jours, le tiers;
» Au delà des trente jours, les deux tiers du prix de transport. »


Je suis obligé de répondre que les exceptions, au lieu de détruire la règle, la confirment, et que l'usage étant constant, il doit être maintenu. Comme l'a dit M. Troplong, le commerce tient essentiellement à l'exactitude dans les transports, à ce que la marchandise arrive à point nommé. L'exactitude est un besoin qui est né des entrailles des choses, de la nécessité. Tel est l'usage que le tribunal a invoqué.

Passons à l'article 102 du Code de commerce. Que dit-il, cet article ? Il est aussi explicite qu'il puisse l'être, en voici le texte :

« La lettre de voiture doit être datée.

» Elle doit exprimer la nature et le poids ou la contenance des objets à transporter ; le délai dans lequel le transport doit être effectué.

» Elle indique le nom et le domicile du commissionnaire par l'entremise duquel le transport s'opère, s'il y en a un ; le nom et le domicile du voiturier.

» Elle énonce le prix de la voiture, l'indemnité due pour cause de retard.

» Elle est signée par l'expéditeur ou le commissionnaire. »

Permettez-moi une première observation. Pour moi, dans ces expressions :

« La lettre de voiture doit exprimer la nature et le poids ou la contenance des objets à transporter, le délai dans lequel le transport doit être fait, le prix de la voiture, l'indemnité due pour cause de retard, » pour moi, il n'y a pas de doute que la première énonciation contient l'essence même du contrat, et la seconde la pénalité. Et la preuve, c'est que l'obligation d'indiquer le nom et le domicile du commissionnaire et du voiturier ne se trouve que dans la deuxième partie de l'article.

Voilà le droit consacré par le législateur, l'exactitude imposée au voiturier ; le droit de la retenue est certain, qu'elle en sera la quotité ?

Mes adversaires pourront discuter sur la quotité. Si je voulais leur demander la moitié dans l'espèce, par exemple, je leur présenterais ma lettre de voiture. Vous n'étiez pas en présence d'un parcours accompli, vous étiez en présence d'une lettre de voiture, et vous avez dit : Cette lettre de voiture, je ne la veux pas.....

M⁰ RIVIÈRE. — Vous demandiez un tiers !

M⁰ DUTARD. — Il ne faut pas équivoquer ainsi. Mais, puisque M⁰ Rivière veut appeler mon attention sur ce point, il est parfaitement vrai que je présentais une lettre de voiture avec une clause pénale conforme aux usages portant un tiers. M'avez-vous répondu : Je ne veux pas du tiers, je veux un quart, un dixième ? Non, vous avez dit : « La Compagnie de l'Est refuse d'accepter des lettres de voiture, elle n'accepte les transports qu'à la seule condition d'une remise par le chef de gare d'une note d'expédition sans aucune clause de pénalité. Mon système est de dire d'une manière absolue : Je ne veux aucune clause de pénalité pour cause de retard.

Voilà comment le débat s'est engagé, et la Cour comprend très bien qu'entre M. Delarsille présentant une clause pénale et la Compagnie disant : Je ne veux pas de clause pénale, les premiers juges n'avaient pas à examiner la question de quotité. Ils étaient uniquement saisis de la question de savoir si on pouvait imposer une quotité à la Compagnie refusant la clause du tiers du prix de transport. Ce n'était donc pas une question de quotité que le tribunal avait à apprécier, c'était une clause pénale, rien de plus, rien de moins, et la question est la même devant la Cour, les conclusions sont les mêmes ; il n'y a aucune différence entre celles que nous prenons ici et celles que nous avons prises en première instance. Nos conclusions n'ont subi aucune modification. La plaidoirie aura beau présenter d'autres motifs, ce n'est pas la plaidoirie qui fait le débat; je n'ai pas à m'en occuper. Je dis qu'au point de vue de l'usage comme au point de vue du droit, la situation est claire, la clause pénale ne peut pas ne pas exister.

Nous arrivons au cahier des charges, et je m'étonne que mon adversaire y puise une difficulté. Voyons ce cahier des charges dont le deuxième paragraphe est ainsi conçu :

« Toute expédition de marchandises dont le poids, sous un même emballage, excédera 20 kilogrammes, sera constatée, si l'expéditeur le demande, par une lettre de voiture dont un exemplaire restera aux mains de la Compagnie, et l'autre aux mains de l'expéditeur. La même constatation sera faite, sur la demande de l'expéditeur, pour tout paquet ou ballot pesant moins de 20 kilogrammes, dont la valeur aura été préalablement déclarée par une lettre de voiture dont un exemplaire restera aux mains de la Compagnie. »

Voilà la loi, l'expéditeur pourra demander une lettre de voiture, et alors, pour la Cour, quelle est la lettre de voiture? Est-ce la lettre du droit commun, est-ce, au contraire, une lettre de création nouvelle imaginée par la Compagnie depuis le mois de juillet 1859? Toute la question du procès est là, il n'y en a pas d'autre. Qu'est-ce que je dis avec le bon sens? je dis qu'en parlant des lettres de voiture, on a entendu la lettre de voiture telle qu'elle est, telle que l'usage l'a établie, sans explication, sans amendement. On a dit la lettre de voiture, rien de plus, rien de moins; le législateur s'est donc référé purement et simplement aux articles 101 et 102 du Code de commerce, au contenu usuel des lettres de voiture. Voilà ma prétention.

Quelle est celle de mes adversaires? La lettre de voiture doit être sans clause pénale. Je dis au premier de mes contradicteurs: Mais vous connaissez bien ces lois, car vous en avez été l'un des promoteurs. Comment ! vous venez me dire que vous avez une position exceptionnelle, dérogatoire au droit commun, lorsque le cahier des charges ne le dit pas ! Pour assurer le monopole, le privilége de la Compagnie, l'article 102 du Code de commerce sera mutilé, effacé, sans qu'on prenne la peine de nous le dire ! Non, non, le cahier des charges est là ; il dit qu'on prendra une lettre de voiture, et par lettre de voiture il entend, il ne peut pas entendre autre chose que la lettre de voiture telle qu'elle a été consacrée par l'usage et par la loi.

Savez-vous sur quoi on discute contre nous? Mon adversaire me dit: Le cahier des charges est là, c'est notre loi, notre charte inviolable. Éliminons cette question. Si je vous présentais une lettre de voiture qui ne vous laissât pas pour le transport et la remise le délai légal, vous auriez le droit de la refuser; mais je n'entends pas le moins du monde vous donner une lettre de voiture contraire à votre cahier des charges. Est-ce en dehors de leur cahier des charges, déjà si favorable aux Compagnies, que vous pouvez leur faire une nouvelle faveur? Est-ce que la Cour se rend bien compte des délais qu'ont les Compagnies? Voici un arrêté ministériel : savez-vous quels sont les délais qui sont accordés à la Compagnie de Lyon? Les marchandises sont expédiées dans les 48 heures qui suivent leur remise. Le trajet est calculé à raison de 120 kilomètres par 24 heures par jour, et ces délais sont augmentés de 24 heures pour les opérations de la gare d'arrivée. Vous qui vous croyez dans un siècle de vapeur et de locomotion, ah ! que vous voilà loin de compte. Voici 24 heures pour partir, 24 heures pour parcourir 30 lieues, 24 heures pour décharger... 4 jours pour 30 lieues ! Comment, vous n'avez pas assez ! Vous vous plaignez de ce qu'une lettre de voiture dira : Vous ferez 30 lieues en 4 jours, c'est-à-dire 6 à 7 lieues par jour, comme les faisaient autrefois les rouliers ! Comment, quand on vous imposera un délai, vous direz qu'on vous impose quelque chose qui bouleverse votre cahier des charges, qui détruit les immunités qu'on vous a accordées ! Est-ce croyable, messieurs, est-ce supposable ?

Sans parler de l'arrêt de Colmar, vous comprenez combien il est important que le cahier des charges s'exécute, et que lorsque des délais si longs sont accordés aux Compagnies, on ne vienne pas leur en accorder d'autres encore. Voilà un chemin qui a un délai de... Je lui dis : J'accepte ce délai, mais je vous impose une clause pénale pour le cas où vous le dépasseriez, et le chemin de fer répond : Non, je n'accepte pas de clause pénale.

J'arrive à l'objection capitale des chemins de fer. Ils ont dit : Que la Cour se rassure, si nous ne marchons pas bien, il y a des contrôleurs, des amendes. Les contrôleurs et les amendes... Donnez-moi, je vous prie, l'état des amendes que vous avez payées. Que dites-vous encore? Les retards ne sont pas à craindre, il faut que les convois fassent leur trajet dans un délai rigoureusement déterminé ; s'ils n'avaient pas des heures fixes de départ et d'arrivée, il pourrait arriver à chaque instant des accidents qu'il est du devoir de l'autorité d'empêcher. Et pourquoi donc avez-vous tous les jours des retards? Vos heures de départ et d'arrivée ne vous rendent pas exacts. Des amendes? vous en encourez tous les jours et dix fois par jour, mais vous ne les payez jamais. Comme vous le dites, l'administration est paternelle, elle fait la part des difficultés. C'est vrai et je n'accuse pas l'administration, mais ne m'opposez pas de grosses amendes que vous ne payez pas.

Quel est le débat au fond? Voyez comme il est simple. Mon adversaire dit : Si l'on ne vous a pas rendu vos marchandises dans le délai utile, vous aurez une action en dommages-intérêts. Remarquez bien ceci ; vous me reconnaissez l'action civile en dehors évidemment de vos lois de police de chemin de fer. Qu'est-ce que je dis, au contraire? qu'il vaut mieux accepter l'usage, prévenir que punir, qu'il vaut mieux avoir une lettre de voiture, claire et précise, que d'expertiser et avoir des procès. Toute la question est là. Vaut-il mieux laisser les procès s'ouvrir? ou vaut-il mieux dire aux Compagnies : Vous subirez une clause pénale, précisément pour éviter les procès. La question ne saurait être douteuse. Voilà ce que le bon sens et la raison indiquent dans un siècle de lumières comme le nôtre, la Cour, pas plus que le tribunal, n'ouvrira une libre carrière aux procès, aux débats judiciaires. De votre arrêt comme du jugement, savez-vous ce qui résultera? Qu'il n'y aura pas dans les transports de marchandises de ces retards qui sont la ruine du commerce, parce qu'ils sont une perte de temps que rien ne peut réparer. Il n'y aura pas de procès, et comment pourrait-il y en avoir? Est-ce que pour 15 ou 20 francs

j'irais vous faire un procès, commettre un huissier pour faire un constat? Non,
non, pour un retard de deux jours, je ne vous ferais pas un procès. De quoi
s'agit-il donc? de prévenir le retard sous peine d'un tiers de retenue dans le
prix de transport, qui sera réglée immédiatement sans la lente et dispendieuse
intervention des tribunaux. Pour quel motif donc la Compagnie de Lyon ré-
siste-t-elle, lutte-t-elle contre nous, et au profit de qui? Au profit de sa négligence, de son oisiveté qui lui fait indûment retenir la marchandise que je
lui ai confiée. Comment! vous avez 96 heures pour aller à Orléans, et cela
ne vous suffit pas! Je ne veux pas m'exposer à un procès, dites-vous. Eh,
mon Dieu! je n'ai pas la moindre envie de vous faire des procès, mais j'ai
besoin de prendre des précautions pour vous empêcher de méconnaître vos
engagements. Éviter des procès, voilà où il faut en arriver ; voilà ce que nous
demandons, ce que nous voulons. Vous, voulez-vous que la Cour ouvre la
porte aux procès, c'est ce qu'elle ne fera pas.

## CONCLUSIONS DE M. L'AVOCAT GÉNÉRAL SAPEY.

Messieurs,

Il ne s'agit pas, pour les Compagnies de chemins de fer, de refuser les lettres de voiture. Les règlements qui les régissent ont déterminé dans quels cas
elles sont tenues d'en donner. Il ne s'agit pas non plus de les dispenser de
dommages-intérêts pour cause de retard dans les transports. Les lois spéciales
comme la loi générale s'unissent pour ne pas laisser ces retards impunis, et
ceux qui en souffrent sans dédommagement. Il ne s'agit même pas de décider, en thèse générale, si, dans les lettres de voiture qu'elles sont obligées de
donner, il doit y avoir d'un commun accord l'indication de l'art. 102 du Code
de commerce, c'est-à-dire la stipulation de dommages-intérêts en cas de retard. La seule question est de savoir si une Compagnie de chemin de fer peut
être forcée d'accepter comme base de cette indemnité éventuelle et future le
tiers du prix de la voiture. Il faut bien, quoi qu'on dise, poser ainsi la
question.

Comment se présente-t-elle? M. Delarsille vient à l'administration du chemin de fer portant une lettre de voiture avec cette clause pénale qu'en cas de
retard il y aura retenue du tiers du prix de transport. On refuse la lettre, et
c'est sur le refus de cette lettre que le débat s'engage.

La question est donc de savoir si le chemin de fer a eu tort ou raison de
refuser une lettre de voiture qui portait la retenue du tiers du prix de la voiture, en cas de retard. Sur quoi se fonde le premier juge pour déclarer que
la Compagnie est mal fondée? Il se fonde sur un usage passé, dit-on, en forme
de loi, généralement accepté, d'où il résulterait que toujours, dans tous les
cas, c'est le tiers du prix de transport qui doit être retenu, s'il y a eu retard
dans l'arrivée du chargement.

Cet usage est-il constant, est-il applicable aux chemins de fer? Voilà les deux questions à juger.

Cet usage est-il constant? L'appelant l'a contesté et vous a montré des lettres de voiture qui, notamment pour les transports par eau, fixent d'autres bases, des bases variables, comme les stipulations des parties, comme les conventions qu'elles forment entre elles. Il vous a dit que l'usage n'était pas aussi constant qu'on l'a prétendu, et que par conséquent on ne peut l'invoquer comme une loi.

Supposons qu'il soit général pour les transports ordinaires, y a-t-il les mêmes raisons pour l'imposer aux chemins de fer?

Les chemins de fer ont un monopole ; on s'en est alarmé ; mais par cela même qu'ils ont un monopole, ils ont un ministère forcé, l'acceptation de la clause pénale fixée par l'usage repose, dans le cas des transports ordinaires, *sur un consentement présumé qui existe entre le voiturier et l'expéditeur par cela seul que le premier s'est chargé du transport.* Au contraire les chemins de fer sont des voituriers d'une nature toute particulière, et l'acceptation d'un chargement qu'ils ne sont pas libres de refuser, ne peut être considérée comme un consentement tacite aux énonciations de la lettre de voiture.

Le voiturier ordinaire peut débattre son prix, fixer la durée du voyage, proportionner la clause pénale aux salaires et aux risques, tandis que pour le chemin de fer, temps du voyage, prix du transport, tout est déterminé par des règlements qu'il ne peut enfreindre. Il n'y a pas même égalité pour les chances de retard, bien plus nombreuses, bien plus indépendantes des prévisions humaines sur ces voies où se croisent des services multipliés : serait-il juste, pour le moindre retard, de le soumettre à une peine dont les tribunaux ne pourraient jamais l'affranchir et qui ne serait cependant qu'un *minimum* qu'ils pourraient toujours augmenter?

Je sais bien qu'à ces considérations on en a opposé d'autres pour faire ressortir en sens inverse les différences qui existent entre les transports ordinaires et les transports par chemin de fer. La cour de Colmar en a relevé un grand nombre avec de longs développements...

Que faut-il dire en pareille circonstance et quelle est la règle? La règle est de s'en tenir à la loi... La loi impose-t-elle la nécessité absolue d'une clause pénale dans les lettres de voiture? Non, l'art. 102 ne la prescrit pas à peine de nullité. Si elle n'est pas imposée par la loi, comment le serait-elle par les tribunaux? Comment les tribunaux détermineraient-ils surtout le chiffre de la clause pénale à laquelle le chemin de fer est obligé de se soumettre?

Nous ne trouvons, ni dans la législation générale, ni dans la législation spéciale, rien qui oblige le chemin de fer à recevoir, à accepter ce chiffre dans les lettres de voiture.

On ne peut invoquer contre lui qu'un usage ; cet usage est incertain, et, en admettant sa généralité, il ne serait applicable qu'aux transports ordinaires, et non aux transports par chemins de fer.

Y a-t-il une lacune dans la loi? y aura-t-il, par suite de cette lacune, des procès regrettables qui auraient pu être prévenus? C'est une observation qui est du domaine du législateur. Le législateur doit combler les lacunes si elles existent ; nous ne croyons pas que cela appartienne à la justice.

Nous pensons que le jugement doit être infirmé, en ce sens que le chemin de fer a pu refuser d'accepter la lettre de voiture avec une pénalité qui ne lui était imposée ni par la loi ni par les règlements.

M. le premier Président : A huitaine pour l'arrêt.

---

## ARRÊT.

» La Cour,

» Considérant que la question qui naît du procès est celle de savoir si les Compagnies de chemins de fer peuvent se dispenser de porter sur leurs lettres de voiture, et par suite de subir la retenue du tiers du prix du transport des marchandises en cas de retard ;

» Considérant que la Compagnie appelante reconnaît que son cahier des charges lui impose l'obligation de délivrer à ses expéditeurs une lettre de voiture, mais que, pour se dispenser d'y insérer l'indemnité pour cause de retard, elle se prévaut de ce que l'article 102 du Code de commerce comprenant cette énonciation au nombre de celles qui composent la lettre de voiture, ne porte pas la peine de nullité contre les lettres de voiture incomplètes ; d'où il suit que la lettre qui ne contient pas l'une ou plusieurs des énonciations est valable et suffit pour remplir l'obligation imposée à la Compagnie ;

» Considérant que ce raisonnement prouve beaucoup trop pour être admissible ; qu'en effet, aucune des énonciations de l'article 102 du Code de commerce n'étant imposée à peine de nullité, il en résulterait, suivant le système de la Compagnie appelante, qu'elle pourrait retrancher de la prétendue lettre de voiture par elle délivrée tout ce qui l'oblige, et réduire ainsi à néant l'exécution de la loi, qui a nécessairement entendu lui imposer un devoir réel et sérieux.

» Considérant que la question de savoir si une lettre de voiture incomplète restée valable est étrangère à la cause actuelle ; que le contrat de commission étant par sa nature indépendant de toute preuve écrite, l'est, à plus forte raison, de l'existence d'un acte passé dans une forme déterminée ; qu'ainsi, c'est avec raison que les énonciations de l'article 102 du Code de commerce ne sont point sanctionnées par une disposition de nullité ;

» Mais qu'il ne résulte pas de là que la loi ayant imposé aux Compagnies de chemin de fer l'obligation de donner une lettre de voiture, elles puissent se dégager de cette obligation par la délivrance d'un acte incomplet et rédigé comme elles l'entendent ; que quand la loi prescrit un acte, c'est un acte dans la forme légale qui doit être accompli ; — que ceux qui font entre eux volontairement une lettre de voiture la stipulent à leur gré et à leurs périls et risques, cela se comprend ; mais la loi ayant dit aux Compagnies : « Vous donnerez une lettre de voiture, » c'est l'acte tel que la loi l'a déterminé et décrit elle-même, qui doit être fourni, et qui peut seul la dégager de l'obligation à elle imposée ;

» Considérant que l'article 102 du Code de commerce a mis sur la même ligne et dans le même membre de phrase la détermination du prix de transport et de l'indemnité pour cause de retard ; que cette indemnité, par une retenue partielle du prix de voiture, est tellement dans les nécessités des contrats de commission qu'elle s'était établie sans disposition légale en disant « l'indemnité due en cas de retard ; » qu'il l'a assimilée à la date, à la signature, au prix, c'est-à-dire aux éléments constitutifs du contrat, qui seuls sont énumérés dans l'article 102 ;

» Considérant que cela était, en effet, indispensable ; que la remise, dans un délai fixé a pour résultat logique une sanction pour l'inexactitude et que la diminution du prix est logiquement aussi la conséquence de l'engagement incomplétement rempli ; qu'en présence d'un acte aussi journalier que la remise d'un colis à une entreprise de transports, obliger l'expéditeur à une action en justice pour simple retard, ce serait amener ou la ruine du transporteur ou le dommage inévitable du destinataire ;

» Que si, en effet, les destinataires formaient une action en justice à chaque retard éprouvé, faute de trouver l'indemnité déterminée par la lettre de voiture, ce ne serait pas la perte du tiers du prix des transports, mais bien une autre charge que ces procédures imposeraient aux Compagnies ;

» Que si, au contraire, les destinaires, découragés par les difficultés inséparables d'un procès, renonçaient à toute réclamation, ce serait l'impunité du retard établie en principe au mépris des intérêts les plus légitimes;

» Que c'est pour éviter cette injuste alternative que la retenue du tiers du prix de la voiture a été établie par l'usage et consacrée par la loi, laquelle n'a point dit : « L'indemnité convenue pour le retard, » mais bien « l'indemnité due ; »

» Considérant qu'il n'a jamais été fait confusion de cette indemnité acquise de plein droit par le seul fait du retard, et que le destinataire n'a qu'à retenir, en payant le prix des transports, avec la réparation des dommages qui peuvent résulter du retard par suite d'avarie des marchandises, ou autres causes ; que les tribunaux restent juges à la fois des motifs qui justifient le retard et dispensent de toute indemnité, et de ceux qui rendent le retard préjudiciable et justifient une demande en dommages-intérêts; mais que l'indemnité de l'article 102 et de l'usage est le règlement de la gêne inévitable pour le destinataire qui résulte du retard et la peine du transporteur négligent ; transaction légale sur un fait qui se reproduit inévitablement dans des rapports journaliers, et que tous ont senti le besoin de soustraire aux frais d'une demande judiciaire;

» Considérant que la Compagnie appelante se prévaut de ce que l'usage dont il s'agit n'était pas adopté pour les transports par mer, mais que la nature de ces transports fait facilement comprendre l'exception pour eux introduite ; que les mêmes motifs d'exception ne se présentent pas pour les chemins de fer ;

» Considérant que l'on comprend que la Compagnie voulût assimiler le transport des marchandises de grand encombrement à ceux qui étaient faits et qui sont encore opérés en partie par la voie d'eau, et demande que pour ces marchandises il fût convenu par analogie un délai spécial de remise, mais que tel n'est point le système de la Compagnie ; qu'elle n'entend accorder à aucunes marchandises un délai de remises consacrées par une indemnité qu'elle entend s'attribuer une impunité générale, sauf l'action en dommages pour le cas seulement où le destinataire justifiera qu'il a souffert et où il intentera une action contre la Compagnie ; qu'un tel système est le complet effacement de la disposition de l'article 102 du Code de commerce ;

» Considérant que cette abolition serait absolue, car la Compagnie appelante soutient que l'indemnité doit être convenue, et elle déclare qu'elle ne veut convenir d'aucune ; et comme, d'autre part, elle a un monopole, la disposition de la loi serait effacée au préjudice des intérêts de tous, pour le seul bénéfice de la Compagnie et pour assurer aux transporteurs de marchandises une liberté absolue de négligence et d'inexactitude ;

» Considérant que la Compagnie soutient que les règlements lui imposent des amendes pour négligence, et que ces amendes ont remplacé l'indemnité du Code de commerce ; mais que, d'une part, il est difficile d'admettre qu'une amende soit encourue par la Compagnie qui ne remet pas exactement un colis ; qu'une telle peine n'a jamais été appliquée ; que, d'ailleurs, en ajoutant une sanction pénale à un règlement, la loi n'a pas aboli les garanties civiles découlant de la lettre de voiture qu'elle imposait en même temps à la Compagnie ;

» Adoptant au surplus les motifs des premiers juges,

» Confirme. »

# COUR IMPÉRIALE DE PARIS.

## CHAMBRE DES APPELS DE POLICE CORRECTIONNELLE.

### PRÉSIDENCE DE M. PARTARIEU-LAFOSSE.

Audience du 17 février 1860.

# APPEL DE Mᵉ ÉMILE OLLIVIER

**Contre la décision disciplinaire rendue contre lui par la 6ᵉ chambre du tribunal de police correctionnelle, qui le condamnait à trois mois de suspension de sa profession d'avocat.**

Mᵉ Chaix d'Est-Ange, procureur général, occupe le fauteuil du ministère public ; il est assisté de M. Oscar de Vallée, avocat général.

Tous les membres du Conseil de l'ordre sont au banc de la défense, à côté de Mᵉ Plocque, bâtonnier.

Parmi les nombreux magistrats qui se pressent aux places réservées, on remarque M. Dupin, procureur général de la Cour de Cassation.

M. LE PRÉSIDENT. Mᵉ Ollivier, avancez.

Mᵉ E. OLLIVIER. J'ai des conclusions à poser. Mᵉ Plocque les a entre les mains.

M. LE PRÉSIDENT. Il faut d'abord donner vos nom et prénoms. Comment vous appelez-vous ?

Mᵉ E. OLLIVIER. Émile Ollivier.

M. LE PRÉSIDENT. Votre âge ?

Mᵉ E. OLLIVIER. Trente-quatre ans.

M. LE PRÉSIDENT. Votre profession ?

Mᵉ E. OLLIVIER. Avocat et député.

M. LE PRÉSIDENT. Où êtes-vous né ?

M. E. OLLIVIER. A Marseille.

M. LE PRÉSIDENT. Où demeurez-vous ?

Mᵉ OLLIVIER. A Paris, rue Saint-Guillaume, 29.

M. LE PRÉSIDENT. Quelles sont les conclusions que le défenseur a à prendre ?

M<sup>e</sup> PLOCQUE. Nous avons présenté une requête, afin de faire entendre des témoins.

M. le Président a cru devoir nous répondre qu'il n'y serait pas fait droit. Nous persistons à déclarer que l'audition des témoins est indispensable à la constatation de la vérité.

Voici les conclusions spéciales que nous avons l'honneur de poser :

« Plaise à la Cour :

» Attendu que si, aux termes de l'article 175 du Code d'instruction criminelle, les tribunaux d'appel ont le droit d'accorder ou de refuser l'audition des témoins produits, cette disposition n'est relative qu'au cas où en première instance il y a eu des témoins entendus ;

» Attendu, au contraire, que dans l'hypothèse où la preuve testimoniale n'a pas été employée, par une raison quelconque, devant les premiers juges, les juges d'appel ne peuvent en refuser l'admission, aux termes de l'article 154 du même Code, sans commettre un excès de pouvoir ;

» Que cela a été jugé ainsi formellement par un arrêt de cassation de la Cour suprême, en date du 3 février 1820, et implicitement par arrêt du rejet de la même Cour, en date du 16 décembre 1829 ;

» Que telle est aussi la doctrine de Merlin (Question de droit, v° *Appel*, § XIII, art. 2) ;

» Attendu, en fait, qu'aucun témoin n'a été entendu en première instance ;

» Que les faits n'ont pas été non plus constatés par un procès-verbal régulier ;

» Que les énonciations du jugement, outre qu'elles ont perdu toute autorité décisive par le fait de l'appel, sont inexactes et insuffisantes ;

» Que, notamment, après avoir affirmé que M<sup>e</sup> Émile Ollivier a aggravé ses paroles par les explications qu'il a fournies, les premiers juges ont omis de préciser les circonstances desquelles serait résultée la prétendue aggravation ; qu'ils n'ont pas rapporté les expressions de l'avocat qui ont précédé et suivi celles visées au jugement ;

» Attendu que les notes d'audience sont aussi incomplètes que le jugement ;

» Attendu qu'il importe à M<sup>e</sup> Ollivier d'établir dans sa vérité l'incident à la suite duquel il a été frappé de la peine de la suspension, et de constater que, tout en maintenant les droits de la libre défense des accusés, ainsi qu'il continue à le faire devant la Cour, il n'a cependant jamais manqué à l'un des devoirs importants de sa profession, le respect dû à la justice ;

» Par ces motifs,

» Plaise à la Cour, ordonner l'audition de M<sup>es</sup> Salvetat, Ferry, Durier, Rivolet, Lacan, avocats près la Cour impériale de Paris, les deux derniers membres du Conseil de l'Ordre, tous présents et à la disposition de la Cour.

» Émile OLLIVIER. »

M. LE PRÉSIDENT. Pour que la Cour puisse apprécier les conclusions que vous posez, d'après leurs termes mêmes il est nécessaire qu'avant tout le rapport de l'affaire soit présenté par M. le Conseiller rapporteur.

M<sup>e</sup> PLOCQUE. Je n'entends pas donner à ces conclusions de développements plus amples. Elles sont sous les yeux de la Cour.

M. LE PRÉSIDENT. Avant tout, le rapport va être fait par M. le Conseiller rapporteur.

# RAPPORT DE M. LE CONSEILLER FILHON.

Messieurs ,

Cette cause a perdu un peu de sa nouveauté par les épreuves successives qu'elle a subies, mais elle n'a pu rien perdre de sa gravité aux regards de la justice elle-même. Toutes les difficultés de forme qu'elle présentait au premier examen ont été aplanies. Des dissentiments s'étaient produits sur la nature de la juridiction où devait être porté l'appel de M<sup>e</sup> Emile Ollivier. Les avis semblaient partagés et les annales du Palais enregistreront avec honneur les paroles éloquentes par lesquelles la compétence de cette Chambre a été tour à tour et attaquée et défendue. Les doutes ont eux-mêmes cessé d'exister sur ce point. Un arrêt de la Cour suprême a clos le débat et mis fin à la controverse. Cet arrêt très remarquable est joint aux pièces ; nous ne croyons pas nécessaire d'en donner lecture à la Cour.

M<sup>e</sup> Emile Ollivier est donc maintenant fixé sur la juridiction qui doit, sur son appel, apprécier la sentence qui l'a frappé de la peine de la suspension. Il n'a plus besoin de rechercher par quel tribunal supérieur il sera jugé, devant quels magistrats il aura à se présenter pour demander soit la justice pour le droit, soit l'indulgence pour la faute. Vous restez, si je puis ainsi parler, les seuls et uniques juges du camp. C'est devant vous que s'engagera, c'est devant vous que se videra cette lutte judiciaire.

Ainsi ce procès qui a mis en mouvement tout le Barreau et auquel on a rattaché tant de publicité et tant d'éclat, ce procès dont nous ne voudrions pas amoindrir, mais dont nous voudrions encore moins exagérer les proportions, ce procès est en ce moment et d'une manière définitive dévolue à votre haute juridiction. Vous en êtes réellement les arbitres souverains.

M'avancerai-je beaucoup si j'ajoute que M<sup>e</sup> Emile Ollivier n'aura pas à s'émouvoir des formes extérieures de la justice correctionnelle, qu'il peut se présenter avec assurance à la barre de cette Chambre, et, que promenant ses regards sur les siéges où nous sommes assis, il trouvera partout des juges bienveillants pour sa personne, et bienveillants surtout pour la noble profession qu'il exerce.

Cependant quelques personnes imprudentes ont hasardé de dire que le procès fait à M<sup>e</sup> Emile Ollivier pouvait être un procès fait à l'adresse même du Barreau. Vous protestez, et je proteste en votre nom contre une aussi fausse interprétation. On s'est trompé. Non, certainement le procès de M<sup>e</sup> Emile Ollivier n'a pas l'importance qu'on entend lui donner. Laissons uni ce qui ne doit pas être divisé. La magistrature et le Barreau ont la même communauté d'origine; mêmes ancêtres, mêmes autels, même religion, même sang. Nul d'entre nous ne répudiera la parenté. Nous le disons sans contrainte, nous appartenons à la même famille. Nous naissons magistrats dans le Barreau. La langue du Barreau est notre langue maternelle. Si nous nous montrons exigents, et, si nous paraissons ne pas vouloir trop facilement transiger sur le respect et sur l'estime que le Barreau doit à la Magistrature, c'est au nom du barreau lui-même; c'est pour que le barreau s'honore en nous honorant.

Voyons dans quelles circonstances a été prononcée la sentence des premiers juges. Le compte que nous devons en rendre sera nécessairement sommaire et court, car déjà nous avons parlé des mêmes faits dans un premier rapport et nous ne devons que les rappeler ici.

M. Vacherot comparaissant devant la sixième Chambre de police correctionnelle, comme prévenu d'un délit ayant trait à la publication d'un ouvrage dont il avait la responsabilité, Mᵉ Emille Ollivier l'assistait comme avocat. Après que la prévention eut été exposée et soutenue par le ministère public, Mᵉ Emille Ollivier prit la parole. Il avait à peine prononcé quelques mots qu'il fut interrompu par M. le Président de la sixième Chambre. Ce qu'avait dit Mᵉ Emille Ollivier avait paru contenir une offense envers un magistrat. Des explications furent demandées. M. Emile Ollivier ne voulut ni rien expliquer, ni rien rétracter. Les notes d'audience rapportent les faits de la manière suivante :

« M. Ollivier, avocat de Vacherot, plaide. — M. le Président interrompt Mᵉ E. Ollivier et l'invite à retirer les expressions qu'il vient de prononcer, en disant : « Le réquisitoire vient de faire un appel aux passions violentes. Cela » est mauvais et regrettable. »

» Mᵉ E. OLLIVIER. J'étais sous l'impression des paroles que je venais d'entendre. Je ne crois pas avoir rien dit d'inconvenant; j'ai exprimé un regret; je n'ai rien à rétracter. — Le tribunal se retire pour délibérer. Le tribunal rentre en séance. M. le Président invite de nouveau Mᵉ E. Ollivier à se rétracter.

» Mᵉ E. OLLIVIER. Je n'ai usé que de mon droit : je ne puis donc rien rétracter. — M. le Président donne la parole à M. l'avocat impérial. M. l'avocat général déclare s'en rapporter. Mᵉ Ollivier dit : J'ai dit que le réquisitoire avait fait appel aux mauvaises passions, que c'était regrettable et que je le regrettais; je ne crois pas, après y avoir bien réfléchi, que ce que j'ai dit fût une inconvenance. »

Le jugement est ainsi conçu :

» Attendu *que dès le début de sa plaidoirie*, Mᵉ Emile Ollivier, avocat du prévenu Vacherot, a prononcé ces paroles : *Le ministère public a fait un appel aux passions les plus irritantes, et cela est mauvais, je le regrette.*

» Attendu que, invité plusieurs fois à rétracter ces expressions, Mᵉ Ollivier a déclaré y persister, *et que, loin de les atténuer, il n'a fait par ses explications qu'en aggraver la portée.*

» Attendu, en conséquence, que Mᵉ Ollivier s'est écarté du respect dû à la justice; qu'il a ainsi encouru une peine de discipline, et qu'aux termes des articles 38 et 39 du décret du 11 décembre 1810, le tribunal est compétent pour en faire l'application :

» Par ces motifs, faisant application à Mᵉ Ollivier des dispositions des articles précités et de l'article 18 de l'ordonnance du 20 novembre 1822, ordonne qu'il demeurera interdit de l'exercice de sa profession pendant trois mois ;

» Et remet la cause à huitaine pour que Vacherot puisse se pourvoir d'un avocat. »

Ce qu'il n'a pas fait devant les premiers juges, Mᵉ E. Ollivier le fera-t-il devant la Cour? Les explications seraient un peu tardives, mais si elles étaient données franchement, loyalement, avec netteté et convenance, pourquoi ne seraient-elles pas accueillies? Mᵉ E. Ollivier est son juge à lui-même. La Cour appréciera.

M. LE PRÉSIDENT. Mᵉ Plocque, reprenez en un mot les conclusions que vous venez de prendre, et donnez-y les développements que vous croirez nécessaires.

Mᵉ PLOCQUE. Plaise à la Cour admettre à titre de témoins, pour déposer sur les faits relatifs à la contestation, les personnes qui sont dénommées dans les conclusions que j'ai passées à M. le greffier.

Je ne crois pas devoir donner d'autres développements aux conclusions. Elles sont très explicites et se justifient elles-mêmes.

M. LE PROCUREUR GÉNÉRAL. Attendu que les faits sont régulièrement constatés, et qu'il est inutile d'entendre des témoins, nous requérons qu'il plaise à la Cour de passer outre aux débats.

M. LE PRÉSIDENT. La Cour ordonne qu'il en sera délibéré en la Chambre du Conseil.


(La Cour se retire dans la Chambre du Conseil. Après quelques minutes de délibération elle rentre en audience, et M. le Président prononce l'arrêt suivant) :


» La Cour, après en avoir délibéré :

» Considérant que les faits qui se sont passés à l'audience du 30 décembre 1859, de la sixième Chambre du tribunal de police correctionnelle, sont régulièrement et judiciairement constatés ;

» Que, dès lors, il n'y a lieu d'ordonner l'audition des témoins qui est demandée :

» Déboute Ollivier des conclusions préjudicielles par lui prises, et ordonne qu'il sera passé outre aux débats. »


# INTERROGATOIRE.


M. LE PRÉSIDENT. A l'audience de la sixième Chambre du tribunal correctionnel de la Seine, le 30 décembre dernier, vous vous présentiez pour défendre le nommé Vacherot, auteur d'un livre intitulé *la Démocratie?*

Mᵉ E. OLLIVIER. Oui, monsieur le Président.

M. LE PRÉSIDENT. Vous avez plaidé pour lui ?

Mᵉ E. OLIVIER. Oui, du moins j'ai commencé à plaider.

M. LE PRÉSIDENT. Vous plaidiez après que M. le procureur impérial avait conclu à ce que tous les prévenus fussent condamnés ?

Mᵉ E. OLLIVIER. Oui, monsieur le Président.

M. LE PRÉSIDENT. Le ministère public avait donné ses conclusions tendant à la condamnation de trois prévenus, et par conséquent de Vacherot votre client? C'est immédiatement après qu'il avait donné ainsi ses conclusions que vous avez pris la parole?

Mᵉ E. OLLIVIER. Oui, monsieur le Président.

M. LE PRÉSIDENT. Pendant combien de temps à peu près avez-vous plaidé avant d'être interrompu?

Mᵉ E. OLLIVIER. Une minute peut-être; c'est le maximum du temps.

M. LE PRÉSIDENT. Une minute?

Mᵉ E. OLLIVIER. Pas davantage.

M. LE PRÉSIDENT. Vous auriez donc à peine prononcé quelques paroles?

Mᵉ E. OLLIVIER. Voici, monsieur le Président, quelles étaient les paroles que j'avais prononcées au moment où j'ai été interrompu :

« Messieurs, dans les affaires de cette nature, la première condition, comme la première loi, est une modération extrême. Aussi ne répondrai-je pas aux parties irritantes du réquisitoire que vous venez d'entendre. Cet appel aux passions est mauvais. En entrant dans cette enceinte, vous qui nous jugez, comme nous qui avons à défendre le livre à juger, nous devons nous rappeler que nous ne sommes que les organes, les interprètes de la loi. »

Ce fut sur ces paroles que M. le Président m'interrompit en ces termes : « Mᵉ Ollivier, vous venez de dire une inconvenance, rétractez-la. »

M. LE PRÉSIDENT. Attendez! Avant d'arriver au langage qui vous a été tenu par le Président, il est bon de constater d'abord, et avant tout, les paroles que vous avez prononcées vous-même.

Pour constater, d'une manière certaine, ce qui s'est passé à l'audience de la police correctionnelle, habituellement, il y a une note tenue par le greffier, qui atteste comment les faits se sont passés, quelles ont été les déclarations des témoins, en un mot, tout ce qui a eu lieu et tout ce qui peut être rapporté. D'après ces notes, comme d'après le jugement lui-même, car le jugement lui-même, dans son texte, a pris soin de rapporter les paroles que vous aviez prononcées, vous auriez dit : « Le réquisitoire vient de faire un appel aux passions violentes. Cela est mauvais et regrettable. » Est-ce que vous contestez l'exactitude du texte?

Mᵉ E. OLLIVIER. Je conteste formellement l'exactitude du texte. Si ma contestation avait besoin d'être prouvée à l'instant même matériellement, je prierais M. le président de rapprocher les termes du jugement de ceux des notes d'audience. Le jugement me fait dire : « Les passions les plus irritantes. » Les notes d'audience « les passions les plus violentes; » ces deux documents ne concordant pas, perdent toute autorité.

J'ajoute que tous mes confrères présents à l'audience, au nombre de vingt-cinq ont signé une déclaration qui a été transmise au Conseil, et dans laquelle mes paroles sont rapportées telles que je viens de les reproduire moi-même.

M. LE PRÉSIDENT. Mais ce document ne peut pas avoir l'autorité qu'a le jugement qui n'est pas suspect.

Vous vous prévalez, et avec raison, dans une certaine mesure, des différences qui existent dans la manière dont le texte a été rapporté par la note d'audience et par le jugement. Cette différence est réelle et quelque peu importante qu'elle soit, elle a été notée par nous. Nous avons pris soin, et nous le devions évidemment, de copier littéralement le texte rapporté par la note d'audience, puis le texte rapporté par le jugement lui-même. Mais cette différence, il suffit de confronter les paroles pour voir qu'elle est très peu importante. Ainsi nous venons de vous dire les paroles telles qu'elles sont rapportées par la note d'audience. Voici maintenant comment elles sont rapportées par le jugement : « Le ministère public a fait un appel aux passions les plus irritantes, et cela est mauvais ; je le regrette. » Il est évident que la différence est très peu grande, à peine sensible, on peut le dire ; car passions violentes, passions les plus irritantes, cela assurément ne diffère pas beaucoup par le sens. Mais d'ailleurs la partie la plus importante de votre phrase, celle sur laquelle nous appelons toute votre attention et qui est reconnue par vous-même, car vous avez vous-même prononcé ces mots dans la partie de votre plaidoyer que vous nous avez rapportée, est ainsi conçue: « Cela est mauvais, » c'est-à-dire une qualification de reproche adressée aux paroles qui avaient été prononcées par le ministère public. Voilà ce qui a surtout motivé la répression qui vous a été infligée, parce que là vous jugiez la conduite du ministère public, vous jugiez ce qu'il venait de faire, et vous infligiez à ce qu'il venait de faire et de dire, cette qualification : « Cela est mauvais. »

Mᶜ E. OLLIVIER. Je vais répondre aux observations que vous venez de m'adresser.

Ma première réponse est celle-ci : Quand on recherche la vérité, les différences les plus légères ont leur importance. Je n'ai point à examiner la valeur respective des documents que vous rapprochez, ceci serait de la plaidoirie ; je me borne à constater qu'entre eux il y a une différence ; ce qui est grave, lorsqu'il ne s'agit que de courtes paroles.

En ce qui concerne celles de mes expressions que je reconnais : « Cela est mauvais ; » je les maintiens absolument dans l'intention où elles ont été prononcées. Je me trouvais en présence d'un réquisitoire modéré dans la forme ou plutôt dans la diction, mais extrêmement ardent au fond ; d'un réquisitoire qui avait fait peser sur mon client les imputations les plus imméritées, et qui, ne se bornant pas à condamner les passages d'un livre, avait atteint l'homme. Au lieu de s'adresser à la froide raison, l'organe du ministère public avait fait appel à ces émotions plus vives de l'âme que, dans le langage judiciaire aussi bien que dans le langage ordinaire, on appelle les passions ; je suis de ceux qui croient, lorsqu'il s'agit d'un écrivain ou de tout autre prévenu, que le devoir du magistrat est de ne point écouter ces émotions plus ou moins trompeuses, et de constater uniquement les règles du juste, que la raison seule fournit. Selon moi, le substitut s'était écarté de cette règle ; je l'ai trouvé mauvais et je l'ai dit. En cela je n'ai cru dire qu'un lieu commun d'audience, une vérité dont le seul défaut était de présenter trop d'évidence, et d'avoir été dite et redite mille fois avant moi. Assurément, je ne croyais pas manquer au respect dû à la justice. Aussi, quand en présence d'une interpellation...

M. LE PRÉSIDENT. Attendez! pas encore.

Nous commençons par retenir de ce que vous venez de dire, la reconnais-sance formelle par vous que vous avez prononcé ces expressions : « Cela est mauvais... » Voilà ce que nous constatons.

Mᵉ E. OLLIVIER. Et vous pouvez ajouter que je ne regrette nullement de les avoir prononcées.

M. LE PRÉSIDENT. Votre défenseur développera ce point. Nous sommes à l'interruption de M. le Président.

Cette interruption est accompagnée de ces mots que le Président vous in-vite à retirer les expressions que vous veniez de prononcer. S'est-il servi de ces expressions?

Mᵉ E. OLLIVIER. Non, monsieur le Président.

M. LE PRÉSIDENT. Dites les expressions.

Mᵉ E. OLLIVIER. Je ne demande pas mieux, monsieur le Président.

M. LE PRÉSIDENT. C'est ce que nous vous demandons.

Mᵉ E. OLLIVIER. M. le Président m'a interrompu en me disant : Mᵉ E. Ollivier, vous venez de dire une inconvenance ; rétractez-la.

En présence de cette sommation, quel était le devoir de l'homme d'hon-neur et de l'avocat? Ici M. le président me permettra de remercier M. le conseiller rapporteur de sa bienveillance. Si j'avais manqué au respect dû à la justice, j'en aurais eu des remords, en entendant ces paroles si paternelles, si douces et si nobles; comme aussi, si cela avait été nécessaire, par ses conseils, je serais confirmé, pour l'avenir de ma carrière, dans la résolution de laquelle je ne me suis jamais écarté, d'être fidèle à mes devoirs profes-sionnels. Mais je suis très heureux de me rendre ce témoignage, qu'en pre-mière instance, j'avais devancé les désirs de M. le rapporteur. A l'instant même, j'avais compris qu'à côté de l'homme se trouvait l'avocat, le membre de la famille judiciaire. Et, tandis que l'homme d'honneur refusait d'une ma-nière inflexible une rétractation, l'avocat offrait des explications en répondant du ton le plus humble, le plus calme, et surtout le plus surpris : « Monsieur le Président, je n'ai rien dit d'inconvenant, j'étais sous « l'impression des pa-roles que je venais d'entendre. » J'allais continuer lorsque M. le président m'interrompit en disant : « Mᵉ Ollivier, vous avez dit que le ministère public » avait fait appel aux passions, ce qui n'est pas ; c'est une inconvenance, » rétractez-la. »

Ainsi on refusait mes explications, et c'est une rétractation qu'on voulait. Je ne pouvais l'accorder ; ce que j'exprimai en disant d'un ton toujours très calme : « Monsieur le Président, pour rétracter mon expression, il faudrait » qu'elle renfermât quelque chose de mauvais; je n'y vois rien de tel :  je » n'ai rien à rétracter. »

Alors le tribunal s'est retiré.

» M. LE PRÉSIDENT. Attendez!

Mᵉ E. OLLIVIER. Je vous prie.......

M. LE PRÉSIDENT. Non, non; nous devons vous interroger successivement sur les différents incidents de cette affaire. Il ne faut pas confondre.

Nous vous disions que, relativement à ce que vous venez de nous dire, les paroles que vous avez prononcées, sont rapportées ainsi dans les notes d'au-

dience. Nous devons nécessairement rapprocher les paroles prononcées par vous telles que les notes d'audience les rapportent, des paroles telles que vous venez de les dire aujourd'hui : « Je ne crois avoir rien dit qui fût inconve-
» nant; j'ai exprimé un regret, je n'ai rien à rétracter. » Voilà ce que vous avez dit d'après les notes d'audience. Et c'est alors seulement, d'après les notes d'audience, que le tribunal se retire pour en délibérer. « Le tribunal
» s'est retiré pour en délibérer. Le tribunal rentre en séance, le président
» invite de nouveau Mᵉ Ollivier à se rétracter.

» Mᵉ Ollivier répond : « Je n'ai usé que de mon droit ; je ne puis donc rien
» rétracter. »

Mᵉ OLLIVIER. Ma réponse ici est incomplète, et ce qui manque est extrême-ment grave.

M. LE PRÉSIDENT. Dites-nous ce qui manque.

Mᵉ E. OLLIVIER. Quand le tribunal rentra à l'audience, que M. le prési-dent m'apostropha de nouveau dans ces termes qui sont exactement rapportés : « Le tribunal me charge de vous demander si vous consentez à vous rétrac-
» ter, » je devançai encore le vœu que M. le rapporteur exprimait avec tant de bonté et reprenant l'attitude que j'avais eue, je refusai la rétractation, ce dont assurément, aucun des magistrats qui m'entendent, ne me blâmera, mais j'offris et je donnai les explications dont on n'avait pas voulu une pre-mière fois. Voici mes paroles exactes : « Si j'étais convaincu, après y avoir
» réfléchi, d'avoir dit quelque chose d'inconvenant, si j'avais attaqué la per-
» sonne de M. l'avocat impérial, ce qui n'est ni dans mon droit, ni dans mes
» intentions, je me rétracterais certainement. Mais plus je réfléchis à mes
» paroles, et à l'intention qui les a dictées, moins j'y vois d'inconvenance et
» moins je crois avoir à les rétracter. »

M. LE PRÉSIDENT. Alors, et sur ces nouvelles paroles prononcées par vous, le Président a donné la parole à M. l'avocat impérial et M. l'avocat impérial a déclaré s'en rapporter. A-t-il purement et simplement déclaré s'en rapporter, ou a-t-il donné quelques explications ?

Mᵉ E. OLLIVIER. Voici les paroles de M. l'avocat impérial : « Bien qu'il
» n'y ait pas de reproche plus grave que d'accuser le ministère public de
» manquer de modération, et bien que, dans cette cause, il n'y en ait pas de
» plus immérité, cependant en présence de la nature très grave de ce débat,
» et parce que nous tenons à y apporter, comme nous l'avons fait jusqu'ici,
» la plus grande modération, nous nous en rapportons à la prudence du
» tribunal. »

M. LE PRÉSIDENT. Alors vous avez dit vous-même, d'après la note d'au-dience : « J'ai dit que le réquisitoire avait fait appel aux mauvaises passions,
» que c'était regrettable, et que je le regrettais. Je ne crois pas, après avoir
» bien réfléchi, avoir dit une inconvenance. » Vous avez dit cela après les conclusions que venait de prendre M. l'avocat impérial ?

Mᵉ E. OLLIVIER. Voici ce qui s'est passé, après les conclusions, M. le Pré-sident se retourna vers moi et me dit : « Mᵉ E. Ollivier, vous avez la pa-
» role. » Je crus très naïvement, je l'avoue, que la parole m'était donnée pour continuer ma défense, que si on frappait l'avocat, du moins on épargnait le client, et que, selon ce qui se pratique en pareil cas, l'incident était joint

au fond. M. le Président se hâta de me détromper. Il me dit : « C'est pour
» vous défendre vous-même. » Je répondis alors : « M. le Président, je n'ai pas
» à me défendre ; je ne puis que répéter ce que j'ai déjà dit. N'ayant rien dit
» d'inconvenant, je n'ai rien à rétracter. Le ministère public, dans son réqui-
» sitoire, a accusé mon client de manquer de courage et de bonne foi, d'im-
» primer ce qu'il ne pense pas, d'appartenir à un parti incorrigible, qui ne
» rêve que ruines et désastres, d'être communiste, il a parlé de ceux qui
» prêtent des serments pour ne pas les tenir, je trouve que c'est faire appel
» aux passions. » Je n'ajoutais pas, ce que je dis aujourd'hui, puisque je
m'explique devant la Cour en toute effusion de cœur, que M. Vacherot ayant
refusé le serment politique, et moi l'ayant prêté, il n'était pas téméraire de supposer que l'allusion était dirigée contre le défenseur plutôt que contre le client.

Alors M. le Président reprit : « Vous maintenez donc vos paroles? » — Je
répondis : « Je les maintiens en les expliquant. » — M. le Président : « Vous
maintenez que le ministère public a fait appel aux passions irritantes ; ce qui
est mauvais. » — Moi : « Je maintiens que le réquisitoire, et non pas le ministère public, a fait appel aux passions ; ce qui est mauvais. » Ainsi jusqu'à la
dernière minute je donnais l'explication et j'écartais la personne du ministère
public. Je l'ai respectée en première instance comme je la respecte ici, comme
je la respecterai ailleurs ; je n'ai attaqué que le réquisitoire qui est la chose de
l'avocat, qui lui appartient, qu'il peut combattre, qualifier, arguer de faus-
seté, d'erreur, mettre en pièces, fouler aux pieds. Je défendais devant la justice un homme de cœur, un homme dont j'honore le caractère, un ami. On
venait de l'attaquer avec ardeur ; j'allais le disculper avec ardeur. Je pronon-
çais les premiers mots, j'étais entré à peine dans ce travail redoutable de la
pensée, dans lesquels les plus forts ne sont pas toujours sûrs de se dominer ;
lorsqu'en présence d'un nombreux auditoire d'amis et d'étrangers, je suis
brusquement arrêté par ces dures paroles : « Vous venez de dire une inconvenance, rétractez-la ! « Par cela même qu'on porte la robe et qu'on exerce
une profession difficile, on a des délicatesses plus raffinées, des susceptibilités
plus exquises. J'aurais eu le droit de les manifester ; et je crois avoir montré
une grande modération en m'exprimant ainsi que je l'ai fait, et en fournissant,
avec tant de persévérance, des explications qui dégageaient la personne du
ministère public. J'ajouterai un dernier fait, qui prouvera, mieux que toutes
les affirmations, que je n'avais pas le dessein de refuser au tribunal la déférence respectueuse qui lui est due. Le jour de l'audience, j'étais malade,
n'ayant pris aucune nourriture depuis trois jours ; néanmoins désirant ne
point faire manquer une audience correctionnelle, je me rendis au Palais
malgré les conseils de mon médecin. Étant arrivé quelques minutes après
l'heure, j'allai dans la Chambre du conseil m'excuser de ce retard, et je dis,
après avoir exposé l'état dans lequel j'étais : Je suis venu malgré cela, M. le
Président ; aussi ai-je besoin aujourd'hui d'une bienveillance toute particulière ; je la sollicite de vous. Je ne crois pas que ce soit là la conduite d'un
avocat qui se prépare à manquer de respect à la justice.

M. LE PRÉSIDENT. Nous avons dû parcourir tous les incidents de cette affaire dans les termes où ils sont rapportés. Nous vous avons interrogé sur
chacun de ces incidents, sur chacun de ces moments. Nous avons dû diviser

VIII.                                                                22

pour arriver de votre part à des explications complètes. Maintenant il ne nous reste qu'à donner la parole à votre défenseur.

Mᵉ E. OLLIVIER. Je demande à la Cour de me permettre un dernier mot : je la remercie de l'attention avec laquelle elle a écouté mes explications ; je vous remercie, M. le Président, de la bienveillance avec laquelle vous me les avez demandées. Je n'ai pas voulu m'écarter du respect dû à la justice, si je l'avais fait, j'aurais manqué à mon devoir d'avocat et je le reconnaîtrais publiquement, hautement. J'ai seulement refusé de faire une rétractation impossible à un homme d'honneur, et j'ai maintenu les droits de la libre défense ; je n'ai donc qu'à conserver devant la Cour l'attitude que j'ai prise devant les premiers juges.

---

## PLAIDOIRIE DE Mᵉ PLOCQUE.

Messieurs,

J'ai la conscience que ma tâche est abrégée par les explications que vous venez d'entendre, et qui ont été si franches et si loyales ; ce qui me reste à faire, c'est de débattre devant la Cour la portée des expressions avouées par Mᵉ Ollivier, constatées par lui, et personne ne doute de sa sincérité ni de sa véracité ; c'est de rechercher si ces expressions étaient dans le droit de l'avocat, ou si elles ont été de sa part un excès de la liberté de langage qui nous est permise.

Ayant l'honneur de parler pour Ollivier au nom de l'ordre, je dois tout d'abord rendre un profond hommage à la bienveillance de la Cour ; je dois remercier M. le rapporteur des bonnes et nobles paroles qu'au nom de la Cour son rapport nous a fait entendre. Oui, nous sommes ici en famille, et si la famille n'est pas aussi complète, aussi nombreuse que nous l'avions désiré la première fois que nous comparaissions dans cette enceinte, nous retrouvons encore ici la famille judiciaire ; les membres respectés et vénérés de la famille. Oui, je le répète après Ollivier, le premier devoir de l'avocat, c'est le respect de la justice et du juge, et à côté de ce devoir, notre besoin à tous, la défense libre, persévérante, énergique.

Quelle est donc la question qui se pose devant vous ? M. le rapporteur en a tracé les limites et en a circonscrit le terrain. Déjà un réquisitoire bienveillant, que la présence de M. le procureur général Dupin m'empêche de louer comme je le voudrais, mais que personne n'a été étonné de trouver tout pétillant de verve et de jeunesse, en avait nettement posé les termes. On nous disait à la barre de la Cour suprême : Ne vous méprenez pas ; dans cette cause, il ne s'agit pas de la personne, mais du droit de l'avocat, de son droit atteint dans l'exercice de sa profession, dans la partie vraiment sainte de son ministère, la libre défense des accusés. Il s'agit de savoir si l'avocat a dépassé les bornes de la modération. Le respect dû à la justice, ia police de l'audience, la dignité de la magistrature, et aussi l'indépendance de l'avocat ; la liberté de la défense, voilà les éléments de la cause à juger.

Ainsi, la question a été loyalement et nettement posée dès le début, et ce terrain nous a été indiqué par M. le rapporteur, comme étant celui de la cause. L'avocat a-t-il excédé son droit ? La liberté de la défense aurait-elle au contraire été intempestivement et brusquement limitée ? Voilà, je me hâte de le dire avec les magistrats dont nous avons entendu la parole, les éléments de la cause.

On me disait, dans une autre enceinte, qu'à cette audience, sur ce champ d'honneur de l'avocat, en pleine publicité, j'aurais le droit de tout dire, et même de vous présenter la vérité toute nue ; cette liberté illimitée à laquelle on me conviait, je n'en veux pas user, je ne veux pas faire plus que n'a fait Ollivier, et puisqu'à bon entendeur, le demi-mot suffit, je ne dépasserai les limites du demi-mot.

Nous croyons que le droit de notre profession a été méconnu. Nous nous sommes émus d'une condamnation excessive, exorbitante : tout le barreau s'est senti profondément atteint. Je viens, interprète des sentiments de tous mes confrères, vous apporter la respectueuse expression de leurs griefs, et si je réussis à faire arriver jusqu'aux pieds de la Cour quelques-uns des accents sortis de leur cœur, en lisant la fatale condamnation, vous m'entendrez toujours assez bien, quoi que je dise.

— Qu'est-ce donc que j'ai à faire ? A vous dire quelques mots d'abord très rapides sur le fait, à vous présenter ensuite quelques considérations sur le droit, et comme il faut en tout que la pratique soit à côté de la théorie, je vous apporterai les monuments qui ont consacré nos libertés. Ces exemples appartiennent à des maîtres vénérés, justement vénérés. Ils nous ont dit jusqu'où, contre le ministère public, allait la liberté de la défense : et à l'appui du droit je placerai, empruntés aux sources les plus autorisées, quelques souvenirs de ces luttes ardentes et passionnées d'un autre temps, dans lesquelles l'avocat allait aussi loin que sa conviction le portait, sans qu'en vît jamais le magistrat penser que l'avocat eût excédé les bornes et les limites de son droit.

Les faits sont peu de chose. Un point seulement m'avait frappé au plus haut degré. Ollivier vient de vous raconter à cette occasion tout ce que j'aurais pu vous dire. Je m'étais demandé comment il se faisait que lorsque l'avocat a accepté une tâche difficile pour un ami, et que l'avocat, malade depuis trois jours, n'ayant pas pris de nourriture, confiné dans son cabinet par l'ordre de son médecin, à la voix du devoir, se rend à l'audience, à tout hasard, et va dans le cabinet du magistrat qui doit présider l'audience, pour lui dire dans quel état il se présente, et quels motifs le déterminent à laisser de côté la préoccupation de sa santé pour se rendre à l'appel du devoir ; je m'étais demandé comment il se faisait que ce souvenir n'eût pas été présent à la pensée du magistrat qui dirigeait les débats, comment il ne lui était pas venu une seule fois à l'esprit, que l'homme qu'il avait devant lui pouvait avoir besoin d'un instant de repos. A peine trois minutes de suspension de l'audience, et cet interrogatoire, commencé d'une manière un peu rude peut-être, se poursuivait de la même manière. Quant à moi, si j'avais eu l'honneur d'être magistrat, c'est la première pensée qui me serait arrivée, et me rapelant ce qu'on était venu me dire dans mon cabinet, j'aurais compris peut-être que l'interrogatoire ressemblait un peu à quelque chose de cette torture dont nous parlait, devant la Cour de cassation, M. le procureur général Dupin.

Quoi qu'il en soit, il est certain, pour la Cour, qu'Ollivier arrive malade, privé de nourriture depuis trois jours. Il vient, c'est pour accomplir son devoir, et pour l'accomplir loyalement. Ce qu'il veut, c'est l'acquittement de son client, de son ami. Ce qu'il ne veut pas, ce qu'il ne recherche pas, c'est une lutte avec le magistrat, lutte qui peut tourner contre le défenseur, lutte qui peut tourner, ceci est plus grave encore, contre le prévenu lui-même. Ollivier se présente donc à la barre. Il entend un réquisitoire, comme il vous l'a dit tout à l'heure, calme, modéré dans la forme, mais dont le fond pour Ollivier était ardent, passionné. Si je relève ici la déclaration d'Ollivier, est-ce que je veux en faire un grief contre le ministère public? Non, le ministère public est chargé de poursuivre ce qu'il regarde comme un délit. Il y a, selon lui, une attaque à la propriété; il y a là un de ces délits qui, de nos jours, acquièrent une gravité extraordinaire. Il n'a pas encore entendu la défense. Si dans ces circonstances le ministère public n'était pas ardent, passionné dans la poursuite de pareils délits, il ne comprendrait pas son rôle. Quand je constate avec Ollivier que le réquisitoire était calme et modéré dans la forme, comme tout réquisitoire venant d'un homme bien élevé, d'un homme distingué, je maintiens que le réquisitoire avait le droit d'être ardent dans le fond, d'être passionné, d'être violent même, car la passion de la vérité et de la justice a sa violence, comme les mauvaises passions ont la leur.

Ollivier entend ce réquisitoire. Son client est signalé comme un communiste, comme un ennemi de la propriété, comme appartenant à ces lâches partis qui mettent en avant des instruments dont ils savent se servir, ayant bien soin de se cacher ensuite. Ollivier a la conviction qu'il défend un philosophe, un homme habitué à vivre dans le monde des idées, un homme pour lequel les théories sont tout, et qui ignore la pratique, un disciple de ces philosophes de l'antiquité, qui tous se croyaient obligés d'écrire leur utopie, où je pense que le principe de la propriété n'était guère respecté; comment voulez-vous qu'il ne sente pas au fond du cœur un sentiment poignant qui le pousse en avant.

Ce n'est pas tout, M. Vacherot a refusé de prêter serment, et on vient parler, quand on requiert contre M. Vacherot, de ces hommes à double conscience qui prêtent serment avec l'intention de ne pas le tenir, qui le prêtent pour se faire une position, et qui ont résolu de le violer pour s'en faire une autre plus importante. Oh! sans doute, le ministère public ici n'avait pas calculé la portée de ses paroles. L'observation qu'il faisait ne s'adressait pas à M. Vacherot, qui, lui, n'a pas prêté de serment. Elle ne pouvait tomber que sur le défenseur qui a prêté le serment d'avocat, et qui a la conscience de ne jamais le violer; elle ne pouvait tomber que sur le représentant qui a prêté un serment politique, et qui croit que les lois du pays l'obligent de tenir son serment. Croyez-vous qu'il n'y ait pas dans ces paroles du réquisitoire, qui étaient dans le droit du ministère public, un malentendu de nature à émouvoir profondément Ollivier?

Il commence sa plaidoirie, deux minutes à peine s'écoulent, il vous le disait tout à l'heure, le temps de prononcer le peu de paroles qui sont restées gravées dans ses souvenirs. Immédiatement il est interrompu. Il est interrompu par une injonction de rétracter ses paroles, par une injonction qui qualifie durement ces paroles : M<sup>e</sup> Ollivier, vous venez de dire une inconvenance ; rétractez-la.

Vous avez entendu sur ce point les explications d'Ollivier. Je n'ai plus rien à raconter, il a tout raconté lui-même. Ce que j'ai à faire, c'est de prendre le plumitif de l'audience lui-même, et de vous montrer avec ce plumitif que, évidemment les explications d'Ollivier (je n'ai pas besoin de vous affirmer encore une fois leur sincérité), que les explications d'Ollivier sont conformes à la vérité. Je ne puis pas avoir l'espérance ni la prétention de trouver dans le plumitif la transcription exacte des paroles d'Ollivier. Comment le greffier les aurait-il transcrites exactement ? A peine étaient-elles prononcées ! Ollivier était à peine au début de sa plaidoirie. Le greffier n'est pas plus devin que le juge. On interrompait l'avocat avant que sa pensée se fût formulée tout entière, et fût complète devant le tribunal. Le greffier a plutôt deviné que transcrit. Certainement il a dû commettre des inexactitudes.

Mais enfin voyons ce plumitif, voyons ce qu'il constate :

« M. le Président interrompt M<sup>e</sup> Ollivier, et l'invite à retirer les expres-
» sions qu'il vient de prononcer, en disant : Le réquisitoire vient de faire un
» appel aux passions violentes. Cela est mauvais et regrettable. — M<sup>e</sup> E. Olli-
» vier : J'étais sous l'impression des paroles que je venais d'entendre. Je ne
» crois pas avoir dit rien qui fût inconvenant ; j'ai exprimé un regret ; je n'ai
» rien à rétracter. »

Voilà les froides et incomplètes paroles qu'a transcrites le greffier, et ici déjà se manifeste cette distinction qu'Ollivier vient de reproduire devant vous avec tant de sincérité et de chaleur : J'ai été invité à rétracter ; on ne m'a pas même demandé d'expliquer, et moi j'ai expliqué. Voyez ces paroles que transcrit la plume du greffier : « J'étais sous l'impression des paroles que je venais d'entendre. Je ne crois pas avoir rien dit qui fût inconvenant. J'ai exprimé un regret ; je n'ai rien à rétracter. »

Je ne veux pas autre chose au procès pour qu'immédiatement vous soyez convaincus qu'Ollivier tout à l'heure devant vous vient de dire la vérité, toute la vérité, rien que la vérité. On lui demande de rétracter. Il comprend que son devoir est d'expliquer, et il explique. J'ai été un peu loin, selon vous. Eh bien ! voici l'explication : J'étais sous l'impression des paroles que je venais d'entendre.

Ollivier nous a dit quelles avaient été pour lui ces paroles qui sans doute étaient dans le droit du ministère public, mais qui avaient profondément blessé au cœur le défenseur comme le prévenu. Il s'était senti au-dessus de pareilles allusions, qui n'étaient même pas dans la pensée du ministère public ; mais enfin il n'avait pas pu ne pas être froissé. Il disait donc : J'étais sous l'impression des paroles que je venais d'entendre ; mon client, mon ami, avait été attaqué : je l'ai défendu, j'ai été dans mon droit. Le ministère public, en usant de son droit, me mettait en demeure d'user du mien ; je ne crois pas avoir rien dit d'inconvenant, j'ai dit que j'exprimais un regret. Je n'ai rien à rétracter. Vous n'y trouverez pas, dans ses paroles, autre chose que cela.

Dès les premiers mots que transcrit le greffier, vous voyez l'explication aussi complète, aussi loyale qu'Ollivier pouvait la donner, surtout quand l'interruption de M. le Président avait commencé par la sommation de se rétracter.

Plus tard, quand ce débat, ce regrettable conflit continue, Ollivier dit qu'il a usé de son droit, et je vois encore dans le plumitif qu'Ollivier distingue avec soin le réquisitoire et la personne du ministère public, soutenant avec un sentiment vrai du droit de notre profession, que l'avocat tout en respectant la personne peut renverser en entier le réquisitoire, que le droit commun, le droit de l'avocat est de le discuter, de le critiquer, de l'attaquer même avec vivacité.

Voilà le fait, voilà les paroles de l'homme qui s'était présenté dans le cabinet de M. le Président, dans l'état de maladie que vous savez, et je constate à regret, le plumitif en fait foi, qu'il n'y a pas une seule demande d'explication adressée à un avocat qui n'a pas achevé sa première phrase, qui n'a pas laissé entrevoir le plan de sa plaidoirie, le système que va suivre la défense, à un avocat qui n'a encore rien dit, à un avocat qui nous racontait tout à l'heure que ces premiers mots avaient été ceux-ci : « Dans une cause de cette nature, la première condition et la première loi, c'est la modération. Elle est la loi et la conviction du juge qui va statuer sur le prévenu; elle est la loi et la conviction de l'avocat qui va parler devant vous. » A peine il a parlé, on ne lui demande aucune explication. On qualifie tout de suite ses paroles, on lui dit : Vous avez proféré une inconvenance. Et immédiatement on ajoute publiquement, devant toute cette audience, au grand jour de cette publicité, dont on nous a tant parlé : Humiliez-vous! rétractez-vous! Comme si l'humiliation du serviteur de la justice, comme si l'humiliation de l'enfant de la famille n'était pas aussi devant le public et devant la publicité, l'humiliation du juge, l'humiliation de la famille tout entière.

Voilà dans quelles circonstances s'est manifesté l'incident. Si les faits se sont passés tels que je viens de le dire, et personne ici n'a le droit de les révoquer en doute, il suffira, je pense, de quelques très courtes observations sur ces faits eux-mêmes, sur le caractère qu'ils peuvent avoir pour la Cour qui les examine à nouveau, pour la Cour enfin qui, ainsi que le disait M. le conseiller rapporteur, n'a jamais prononcé ce mot : Il est trop tard.

Voyons donc quel est le caractère des faits.

Quand j'admettrais pour un instant qu'Ollivier, en effet, dans le premier moment, eût été un peu vif. Qu'est-ce que c'est donc que ce premier moment d'une plaidoirie? Comment! nous venons défendre un ami, nous venons défendre un homme dont peut-être nous partageons les opinions philosophiques ou politiques. Nous avons entendu, pendant une heure et plus, un réquisitoire loyal, qui est dans le droit du magistrat, je ne saurais trop le répéter, mais dont chaque parole a été la condamnation anticipée de l'homme que nous aimons, que nous patronnons, que nous défendons; nous avons écouté tout cela avec patience, nous l'avons écouté avec respect. Puis vient le moment heureux, quand le ministère public ou l'accusateur a cessé de parler, où la parole nous est donnée. Il n'y a pas qu'Ollivier qui ait éprouvé cela; tous ceux qui sont assis à ce banc pourraient vous le dire, il se produit alors dans notre âme, je ne sais quelle accumulation de sentiments divers, de colère, d'indignation quelquefois, et avec tout cela un immense désir de nous emparer du premier coup de l'opinion du juge qui va statuer sur le sort de notre client ; tout cela se mêle et se combat dans notre esprit. Quand nous nous levons, notre tête est un chaos.

Quelle est la première parole qui va sortir de notre bouche? Quelle est la première pensée qui se fera jour? Nous l'ignorons nous-même, et, sachez-le bien, ceux d'entre nous auxquels il est donné de sentir le plus vivement, sont ceux-là précisément dont les premiers mots sont le plus embarrassés, dont la pensée au début est le plus enveloppée de nuages. Il faut attendre l'instant où l'éclair va luire. Oh ! soyez tranquilles, quand ce sont les maîtres de notre art, l'éclair brillera bientôt, et la foudre retentira. Mais pour nous autres, la pensée est longtemps embarrassée, la parole est hésitante.

Et c'est à ce premier moment, au début de sa plaidoirie, quand Ollivier n'en a pas même dessiné la marche, qu'on l'interrompt, qu'on lui dit : Vos premiers mots ont été une inconvenance, rétractez-les publiquement.

Mais comment ! vous ne savez donc pas ce qu'est ce sommaire, qu'à la hâte nous jetons en tête de notre plaidoirie, et dont les paroles incohérentes quelquefois, incomplètes toujours, ne rendent pas toute notre pensée. Vous ne savez donc pas que ce sommaire a besoin pour s'éclaircir et pour être compris, du développement de la plaidoirie. Laissez l'avocat avancer dans la carrière, et bientôt il vous fera comprendre à vous-même à quelles passions irritantes le ministère public a en réalité fait appel ; tout va s'éclaircir, s'éclairer. Vous verrez que vous avez devant vous un loyal défenseur qui s'est levé, le cœur navré, affligé, brisé des attaques dont son client a été l'objet, qui a le droit de vous dire qu'il a affaire à un adversaire passionné, dont les paroles sont ardentes mais loyales. Tout s'éclaircira. Mais de grâce ne l'arrêtez pas aux premiers pas, ne l'estropiez pas au moment où il entre dans la carrière.

Quand même Ollivier aurait, au premier moment, mal mesuré la portée de son discours, quand sa pensée n'aurait pas été complétement servie par ses paroles, l'interruption, surtout la nature et le caractère de l'interruption devraient encore l'innocenter devant vous, surtout après les explications si complètes, si louables, on ne saurait trop le répéter, qu'il a données à cette barre. Oui, le caractère de l'interruption a été de telle nature qu'aujourd'hui il n'est pas possible que le jugement soit maintenu et ne soit pas effacé en son entier.

Je disais tout à l'heure que l'humiliation infligée à l'enfant de la famille était l'humiliation de la famille. Qui donc mieux que vous, messieurs, peut savoir ce que souffre le cœur de l'homme d'honneur à qui l'on veut infliger une rétractation? Est-ce que le cœur de l'homme ne bat pas sous la robe de l'avocat ? Montaigne disait :

« Je ne trouve aucun dire si vicieux comme le dédire (la rétractation dans le langage d'aujourd'hui), il me semble honteux quand c'est un dédire qu'on nous a arraché par autorité, et je ne permets pas aux gentilshommes de passer par la rétractation, d'autant plus que l'opiniâtreté en cette matière, aux yeux des gens de cœur, sied toujours mieux que la pusillanimité. »

Eh bien ! c'est à un homme de cœur qui s'est peut-être trompé, je l'admets, qui a peut-être été trop loin, c'est à un homme de cœur que vous venez dire, dès les premiers mots qu'il a prononcés : Ce que vous dites est une inconvenance ; rétractez-le.

Voulez-vous comprendre par un seul mot la gravité qu'a eue la nature de l'interpellation ? Supposez qu'au lieu de cette dure objurgation qui échappait alors au magistrat présidant la sixième chambre, on eût entendu ces paroles du rapport qui ont comme rafraîchi nos âmes, nos consciences ; si l'on avait entendu quelques-unes de ces bonnes paroles, de ces douces paroles. Même en admettant, ce que je n'admets pas, qu'Ollivier eût un tort, quel cœur assez obstiné eût pu résister à une explication demandée d'un ton pareil ? Quelle est donc l'âme dont la glace ne se serait pas fondue à de pareilles avances ? Vous connaissez l'affaire maintenant. Je vous le demande, avons-nous entendu des paroles de cette nature-là ? Qu'on ne me dise pas que le juge ne pouvait pas les faire entendre. Elles nous ont été adressées à la Cour ; elles étaient admirablement placées ici ; mais, qu'il me soit permis de le dire, elles eussent été mieux placées peut-être encore en première instance, au début de cette triste complication. Ces paroles, j'ai le regret de le dire, et je le dis avec une entière conviction ; ces paroles n'ont pas été prononcées. Rien n'a été dit qui ressemblât à cette allocution de M. le rapporteur, par le fond des idées pas plus que par le ton, et l'on a vu pendant près d'un quart d'heure le juge et le défenseur renfermé dans ce cercle de fer : Rétractez-vous. — J'explique et je ne me rétracte pas. — Rétractez-vous. Vous ne vous rétractez pas, alors défendez-vous. Vous ne vous défendez pas, je vous frappe. Voilà la scène qui s'est passée. Elle pouvait, elle devait être évitée. Vous avez tous compris dans cette audience comment elle pouvait être évitée.

On nous disait, dans une autre enceinte, que l'audience était le champ d'honneur de l'avocat. Oui, c'est notre champ d'honneur. Pourquoi cela ? Parce que nous y venons combattre loyalement contre un adversaire loyal, parce que nous y venons combattre sous les yeux d'un juge bienveillant. Mais si l'on ne devait entendre que ces paroles : rétractez-vous. — J'explique, je ne me rétracte pas. — Rétractez-vous ; vous ne vous rétractez pas, défendez-vous. Si l'on ne devait entendre que ces paroles, à mon gré, le champ d'honneur de l'audience deviendrait le terrain du combat singulier, du duel et d'un duel déplorable ; car, dans ce conflit, l'un des adversaires est tout-puissant et l'autre est désarmé, et alors le droit du président ne serait plus la police de l'audience, ce serait l'abus de la force.

Tout ce que je vous dis là, c'est plus que ce que je voulais vous dire. Je serais désolé que mes paroles allassent au delà de ma pensée. Mais que voulez-vous ? quand j'ai entendu ces douces paroles de M. le conseiller rapporteur, un triste contraste m'a frappé, et je me suis dit : Ah ! si l'on avait ainsi parlé, si le barreau avait été ainsi accueilli par un de ses plus excellents et de ses plus dignes magistrats, je n'aurais pas aujourd'hui à plaider devant la Cour ; la Cour n'aurait pas à effacer un regrettable jugement par un arrêt que nous espérons et que nous saluerons de toute notre reconnaissance.

Sur les faits, encore un mot. Je vois dans le jugement une disposition sur laquelle il faut bien cependant que je m'explique. Le jugement affirme qu'Ollivier invité à expliquer ses paroles (jamais on ne lui a demandé l'explication), loin de les rétracter, les a aggravées.

Si je consulte les souvenirs de tous ceux qui assistaient à l'audience, cette aggravation n'aurait jamais existé. Vous savez quel soin, je ne dis pas ceci pour placer des documents extra-judiciaires en regard d'un document judiciaire et en hostilité avec lui, mais enfin je cherche la vérité ; je défends avec les armes loyales que je trouve dans ma main, je m'en sers. Vous savez avec quel soin les journaux judiciaires transcrivent les décisions importantes. Or j'interroge les rédacteurs et voici ce que j'apprends. Un des journaux judiciaires a transcrit le jugement sur la copie qui venait de lui être communiquée. Ce jugement ne contient pas le motif tiré de la prétendue aggravation de l'offense commise par Ollivier. A l'autre journal, au contraire, la minute du jugement rectifié a été apportée dans ses bureaux. Je n'ai pas besoin de dire par qui, mais ce n'est pas le journal qui se l'apporte à lui-même à coup sûr. Eh bien ! dans ce journal le jugement tel qu'il est transcrit contient cette fois le motif relatif à l'aggravation. Mais si le jugement nous dit que Mᵉ Ollivier, invité à s'expliquer, a aggravé sa faute, il ne prend pas le soin de nous faire connaître comment il l'aurait aggravée. Cependant les juges du premier degré doivent savoir que quand vous confirmez leurs sentences, c'est surtout en les comprenant. Eh bien ! voyons, quand il s'agit d'un avocat frappé d'une façon aussi anormale, aussi étrange, aussi douloureuse, vous ne nous direz pas même dans votre jugement, comment, en quoi, par quelle faute nouvelle la première faute aura été aggravée ! Vous ne nous en dites pas un mot. Est-ce admissible ? Vous m'avez défendu de faire entendre des témoins, vous m'avez dit de me borner au plumitif, au texte du jugement, et par cela seul que vous m'avez réduit à ne me servir que de ces documents, ne le voyez-vous pas, vous vous êtes réduits vous-mêmes à n'en pas invoquer d'autres.

Mais je le demande, dites-le-moi dans votre âme et conscience, quand vous aurez à délibérer sur ce jugement et que vous en viendrez à cette disposition qui constaterait qu'Ollivier a aggravé sa faute, faudra-t-il que vous en croyiez les premiers juges sur parole ? Alors dans toutes les affaires civiles ou criminelles, votre rôle se bornerait à enregistrer la décision des premiers juges, sans l'examiner, sans la critiquer. Le premier juge en fait a affirmé. Vous voilà lié, vous n'avez plus rien à dire ! tel n'est pas votre rôle. La loi ne vous a point institués pour être de simples authentiqueurs des décisions des jugements du premier degré. Puisque vous avez le droit de réformer, il faut que vous examiniez, que vous compreniez. Voyons donc l'aggravation de la faute par Ollivier.

Où serait-elle ? Permettez-moi d'invoquer un exemple qui appartient à un temps déjà bien loin de nous assurément, d'aller le demander à ce qui se passait il y a trente années. Le ministère public, dans une des audiences de la Cour, était accusé d'avoir altéré les pièces. Là se trouvait la faute, le fait incriminé. Deux défenseurs portaient la parole pour eux-mêmes et ils ne se contentaient plus de dire que le procureur général avait altéré les pièces, ils s'écriaient : c'est un faussaire ; nous reconnaissons le crayon rouge du parquet. Ils l'appelaient Laubardemont. La Cour pensa que c'était là une véritable aggra-

vation de la faute. La Cour le dit en propres termes, et aucune équivoque
ne vint masquer sa pensée.

Mais, dans l'espèce actuelle, le juge est muet sur la nature et les circonstances de la prétendue aggravation. Je la cherche cependant. Je prends le
plumitif. Quel est le langage d'Ollivier ? « Je n'ai pas voulu insulter le ministère public, je m'en suis pris au réquisitoire, c'était mon droit ; j'ai parlé
sous l'impression des paroles que j'avais entendues ; je ne crois pas avoir dit
une inconvenance. Si je croyais l'avoir dite, je la rétracterais. » Voilà son
langage d'un bout à l'autre. Où trouvez-vous ici l'aggravation ? Pour moi,
je ne la vois pas, et je n'y trouve qu'une seule chose, la déclaration d'un
homme d'honneur qui, selon le dire de Montaigne, aime mieux courir les
chances de l'opiniâtreté que celles de la pusillanimité.

Le jugement ne peut pas se soutenir, et si vous voulez bien vous rappeler
ce que je viens d'indiquer tout à l'heure, que le motif avait dû être ajouté
après coup, il est évident qu'il y a eu de la part des premiers juges un
second mouvement, dû à un entraînement regrettable.

Voilà ce que j'avais à dire sur cette question d'aggravation de la faute.

Il y a donc eu un entraînement regrettable. Quand j'examine les circonstances que présente le jugement, les circonstances même extérieures au jugement, est-ce que je n'en trouve pas la trace ? Ai-je tort de parler ainsi ? Non,
sans doute. Voilà des magistrats qui sont présidés par un magistrat que nous
connaissons tous pour un homme d'affaires consommé, pour un juge éminent,
qui connaît la loi mieux que personne, qui, tous les jours, l'applique à propos.
Eh bien ! ce juge est tellement troublé, il juge tellement à la hâte, que dans
la même décision et pour établir la pénalité, il vise l'article 8 de l'ordonnance de 1822, qui est en vigueur, et en même temps les articles 38 et 39 du
décret de 1810, lequel est déclaré abrogé par l'ordonnance de 1822. Ainsi,
ce juge agissait précipitamment ; il n'était plus à lui-même, il n'était plus à
son expérience, il n'était plus à sa sagacité habituelle. Et quand, après cela,
j'examine le texte du jugement lui-même, j'y vois quelque chose qui est en
dehors de toutes les habitudes judiciaires. Le juge prononce et il est tellement entraîné, que lorsqu'il vient d'en prononcer les dernières paroles, le
plumitif, les journaux judiciaires, la minute elle-même en font foi, il déclare
remettre la cause à huitaine pour donner à M. Vacherot le temps de se choisir
un autre défenseur.

Quelle est cette disposition inouïe ? Comment, le juge est troublé à ce point
qu'il oublie toutes les lois, qu'il oublie le droit commun. L'appel est suspensif ;
cela ne peut plus être douteux, d'après les termes du mémorable arrêt rendu
sous la présidence de M. Vincent Saint-Laurent ; et cependant le juge déclare,
de son autorité privée, que l'appel n'est pas suspensif ; il ajoute de son chef
une disposition de laquelle il résulte que le jugement sera exécuté par provi-
sion, nonobstant appel ! Quoi ! n'y a-t-il pas ici une question de droit et des
plus élevées ? Un contrat s'est formé entre le défenseur et le prévenu. Le prévenu est venu trouver un ami, il l'a chargé de sa cause, il lui a expliqué sa vie
tout entière, sa position, ses sentiments, les impressions sous lesquelles il a
écrit le livre incriminé. Le défenseur sait tout cela, il s'est profondément imbu
de l'âme de son client, l'âme de son client est passée dans la sienne ; il est prêt

à le défendre de tout son cœur, d'autant mieux que lui-même se sent attaqué dans la personne du client, et, comme un valeureux soldat sur un champ de bataille, il est prêt à oublier son propre péril pour ne songer qu'à celui du prévenu. Quand ce contrat a été ainsi formé, quand M. Vacherot a voulu Ollivier pour défenseur, le tribunal dit cruellement à Ollivier et à M. Vacherot : Je remets la cause à huitaine pour que Vacherot ait le temps de choisir un autre défenseur. De quel droit donc le premier juge, s'il n'a pas été entraîné, a-t-il brisé le contrat sacré qui liait le défenseur au client et le client au défenseur? Quoi ! vous ne vous contentez pas de punir Ollivier et de déclarer publiquement que vous punissez Ollivier. Vous punissez encore Vacherot; vous lui ôtez son défenseur, l'homme qui avait sa confiance, et vous le lui ôtez d'une manière si intempestive, qu'à la huitaine indiquée par vous, M. Vacherot se présentera sans défenseur et subira une condamnation exorbitante, et sans qu'une seule parole ait été prononcée pour lui.

Je parle devant des magistrats, devant des juges, qui savent ce que c'est que l'attaque, ce que c'est que la défense. Eh bien ! messieurs, croyez-vous que les juges ne fussent pas entraînés, qu'ils n'aient pas jugé à la chaude, comme disait Loyseau? Quand je vois dans le jugement et même dans le plumitif qu'Ollivier, à qui le président donne la parole, croit naïvement, comme il l'exprimait tout à l'heure, que c'est pour continuer la défense, et que le président lui dit: C'est pour vous défendre vous-même ; quand je vois un pareil fait se manifester, oh ! je me dis, ici, j'en suis certain, le juge avait cédé à la colère, il n'avait plus la claire perception des faits qui se passaient devant lui. Comment! tout à coup le défenseur devient prévenu ; il a besoin lui-même d'un défenseur. Et dans un cas aussi grave où il s'agit de la robe, de l'honneur professionnel, qui pour nous renferme tous les honneurs de notre vie, on lui dit : défendez-vous vous-même. Le défenseur interloqué, comme on l'a dit devant la Cour de cassation, est menacé de perdre son état, d'être flétri dans sa dignité professionnelle; il n'est plus, il ne peut plus être de sang froid. Vous lui reprochez d'avoir aggravé le délit, mais en l'invitant à se défendre lui-même, vous l'invitez à l'aggraver, car il ne peut pas être de sang froid. Personne, en effet, n'était moins propre à se défendre qu'Ollivier devenu ainsi prévenu. Et vous, juges, vous le laissez se défendre lui-même ; vous ne cherchez pas des yeux si dans l'auditoire il n'y a pas un ancien, calme, expérimenté pour l'inviter à venir à la barre, à venir assister le défenseur devenu prévenu et réduit à se défendre. Ollivier eût-il insisté pour se défendre lui-même, le devoir du juge était de lui dire : non ! ou bien : parlez, mais à la condition qu'à côté de votre parole nous entendrons la parole calme et modératrice d'un ancien. Tel était le devoir du juge.

Permettez-moi de vous rappeler un précédent. Vers 1820 ou 1822, un homme qui avait alors l'honneur de porter notre robe, qui aujourd'hui est investi d'un poste d'intime confiance auprès du souverain, à l'audience, attaquant le témoignage d'un général de la Restauration, fut interrompu par le ministère public. Le ministère public lui dit qu'il venait de commettre une inconvenance et le somma de la rétracter. Mᵉ Mocquart, car c'était lui, déclara qu'il ne rétracterait pas ses paroles. Alors le président de la Cour apercevant dans l'auditoire Mᵉ Mérilhou, somma, passez-moi l'expression,

Mᵉ Mérilhou de venir s'asseoir à la barre à côté de l'avocat prévenu et de lui prêter l'appui de ses conseils et de son expérience. La Cour, éclairée par les sages et fermes observations d'un ancien, déclara qu'aucune peine ne pouvait être prononcée contre M. Mocquart, en l'avertissant paternellement que devant les magistrats il fallait être circonspect et que le droit de la libre défense n'allait pas jusqu'à proférer des paroles qui pourraient être une injure contre un témoin. Voilà comment les choses se sont passées et doivent se passer, et comment je sais que les magistrats, devant lesquels nous comparaissons, les entendent. Ils comprennent tout aussi bien leurs devoirs que leurs droits, et s'ils sont soucieux de leur dignité, ils ne sont pas moins soucieux de la liberté, de la dignité de la défense.

Quand je vois agir les magistrats de la sixième chambre autrement, je ne puis pas croire qu'ils n'ont pas été entraînés. Je disais tout à l'heure que si l'on renferme l'interpellation dans cette alternative : Rétractez-vous ou défendez-vous, vous ne vous défendez pas, je vous condamne; je disais que c'était un duel. Mais si, dans ce conflit, on force l'avocat à se défendre lui-même ; si on ne se rappelle pas cet adage : *Nemo auditur perire volens*, le combat n'est plus alors même un duel, c'est une rencontre sans modérateur et sans témoin. Voilà mes impressions, quant à ce fait. Ollivier vous a expliqué tout cela, il l'avait fait avec cœur et avec modération. Je le répète, je ne voudrais pas que pour la Cour mes paroles eussent une animation qui n'est pas dans ma pensée. Je respecte la justice partout, devant les chambres de la cour aussi bien que devant les chambres du tribunal. Mais, que voulez-vous? on me l'a dit, c'est l'oraison *Pro domo* que je prononce; quand je défends une fraction de la famille judiciaire, c'est plus fort que moi, je ne puis pas être calme. Ne prenez donc pas mes paroles en mauvaise part.

Je viens d'apprécier les faits de la cause. J'ai même supposé qu'Ollivier se serait écarté un instant du devoir de la modération, et que dans cette lutte il n'aurait pas apporté le calme, la présence d'esprit qui sont toujours nécessaires à l'avocat qui plaide devant le juge. Mais, ainsi que je l'ai dit à la Cour, ce n'était là qu'une supposition, je crois, quant à moi, qu'Ollivier, dans la situation où il s'est placé, n'a fait qu'user, sans abus, sans exagération du droit de la défense.

Il me faut maintenant apprécier la portée de ces paroles imputées à Ollivier. Précisons-les d'abord et fixons-en le texte. Les voici, telles qu'il les a prononcées :

« Je ne répondrai pas aux paroles irritantes du réquisitoire; il a fait appel aux passions mauvaises, je le regrette. » Ici, et avant de discuter, je vais au-devant d'une objection qui me sera peut-être faite. Il y a, m'objectera-t-on peut-être, il y a manière de dire les choses, et certaines paroles quand on les souligne intentionnellement et qui pourraient paraître fort innocentes prononcées d'une voix indifférente, prennent tout à coup un accent outrageant et coupable quand elles sont articulées sous l'empire d'une passion qui les rend injurieuses et blessantes. Or, chef de l'ordre, j'avais un devoir à remplir. M. le procureur général sait à merveille que quand un avocat est frappé par la justice ordinaire, le conseil doit vérifier par lui-même la conduite de l'avocat. C'était mon droit, c'était mon devoir comme bâtonnier; c'était le droit et le devoir du conseil d'en agir ainsi. J'ai usé de mon droit, j'ai rempli mon devoir. J'ai voulu que dans la minutieuse enquête qui a été faite par Marie et par moi, par nous seuls, nous pussions connaître toutes les circonstances de cette affaire. Ce qui nous préoccupait plus que toutes choses au monde, c'était de savoir par tous les témoins présents, par tous ceux qui, placés dans une hiérarchie supérieure, ont bien voulu nous donner des renseignements, c'était de savoir si ces paroles qui paraissent au premier abord un lieu commun d'audience, qui paraissent une de ces vulgarités qu'au commencement d'une plaidoirie, en attendant l'inspiration, on adresse à un adversaire, si ces paroles s'étaient enflammées à l'audience par le ton, si, bien qu'en apparence calmes et froides, elles n'avaient pas été dédaigneuses, dédaigneuses jusqu'au mépris par le ton et l'accent. Je ne puis apporter à la Cour que ma conviction bien profonde, ma conviction qui résulte d'un examen minutieux, d'une enquête scrupuleuse. Tout le monde m'a dit : On sentait au début d'Ollivier que c'était un homme sous l'empire de la fatigue et de la maladie. Qu'il me permette de m'expliquer avec une entière franchise, je puis le faire avec lui dont les paroles sont ordinairement chaleureuses et colorées, ses premières paroles semblaient tomber à regret de sa bouche ; elles venaient lentement, péniblement, sans aucun accent qui les colorât ou les animât. Il n'y a donc au procès que les mots eux-mêmes ; n'y supposez pas le ton, l'orgueil blessé, la colère qui s'enflamme et va éclater. Non, il n'y a que les paroles froides, inanimées telles qu'elles sont reproduites par le plumitif. Voilà la faute, s'il y en a une. Voilà le fait expliqué et précisé.

Eh bien ! ces paroles d'Ollivier, qui a toujours protesté de son respect pour la personne et le caractère du magistrat, et qui n'a revendiqué pour lui que le droit d'attaquer aussi vivement qu'il croirait devoir le faire, consciencieusement toujours, le réquisitoire, qui est l'œuvre du magistrat ; ces paroles peuvent-elles constituer un oubli du respect dû à la magistrature ?

Quand nous plaidons devant vous, nous trouvons deux juges de la cause : le juge assis, le juge qui monte sur son siége sans rien connaître du procès, qui entendra le ministère public, et ne formera pas son opinion sur ses conclusions seules, qui va entendre la défense, qui corrigera par la défense les exagérations du réquisitoire, qui contrôlera la défense par les assertions du réquisitoire. Ce magistrat, c'est celui qui n'a d'opinion qu'une seule fois, mais qui ne la dit qu'une seule fois, et quand il l'a dite, il n'y a plus à revenir. Ce que le préteur a prononcé, c'est la loi.

Et puis, à côté de ce magistrat, il y a le ministère public, magistrat dont les opinions sont mobiles, variables, qui arrive à l'audience après l'étude du dossier, qui, avant de monter sur son siége, a déjà une opinion préconçue sur l'innocence ou la culpabilité, qui va affronter le feu du débat, et qui veut faire triompher ce qu'il croit le vrai et le juste. Sans doute il est essentiellement loyal, et au cours du débat, au choc de la discussion, il pourra modifier ses opinions. Mais par cela seul qu'il arrive avec une opinion préconçue, et que vous n'acceptez pas toujours, j'ai le droit de dire que le ministère public n'est pas un magistrat du même ordre que vous. S'il nous arrive de dire que nous suspectons vos jugements ou vos arrêts, nous sommes coupables. Mais vous m'accorderez bien que quand nous plaidons contre le ministère public, à raison de la nature de ses fonctions et du devoir qu'il remplit, notre droit à nous est de le contredire, de lui déclarer que nous suspectons, non pas sa loyauté, mais la vérité des assertions qu'il met en avant.

Il y a donc deux ordres de magistrats. Eh bien ! en matière criminelle, qu'est-ce que le ministère public ? Ce n'est plus, comme au civil, une partie jointe, ce n'est plus l'expression anticipée de vos sentiments, ce n'est plus comme au civil l'homme qui parle le dernier, qui résume les débats. Devant le juge criminel, le ministère public est notre adversaire. C'est notre adversaire loyal, mais c'est notre ennemi, celui que nous combattons sur le terrain de la prévention et de l'accusation. C'est lui dont nous avons le droit de contester toutes les assertions, non pas sous le rapport de la loyauté, mais sous le rapport de l'exactitude ou de l'erreur. Il nous appartient tout entier. Son réquisitoire est à nous, comme le disait Ollivier. Nous avons le droit, sinon de le fouler aux pieds, car nous ne devons pas oublier que le ministère public est un magistrat, nous avons le droit de le mettre en pièces. Nous avons le droit de dire : Il ne reste rien du réquisitoire ; nous l'avons anéanti.

Voilà ce qu'est vis-à-vis de nous le ministère public.

Or, les paroles incriminées, à qui Ollivier les adresse-t-il ? Au ministère public, au magistrat dont les opinions sont changeantes et variables, au magistrat qui parle, qui discute, qui s'irrite, qui est passionné. Il l'est ; il doit l'être. Si je connaissais un officier du ministère public qui vît le crime ou la fraude sans se sentir indigné, je lui dirais : Où vous êtes un Dieu, où vous êtes un homme sans entrailles et sans cœur ; vous n'avez pas ces haines vigoureuses dont parle le poëte, vous ne pouvez pas remplir vos fonctions. Voilà ce qu'est et doit être le ministère public.

Quel est, d'un autre côté, le droit du magistrat qui préside l'audience ? Quel est son devoir ? Il va voir commencer sous ses yeux la lutte entre le ministère public et nous ; il va y présider ; il veillera à ce qu'elle reste loyale, mais il n'y doit pas intervenir ; il doit laisser les combattants aux prises. Il ne doit faire entendre la voix de la modération que quand les bornes de la modération ont été franchies par la défense, que quand la défense dégénérerait au point de devenir un scandale, un mépris éclatant de la loi, du juge et de la justice. Jusque-là qu'il nous tienne la barrière ouverte, qu'il nous laisse combattre. Quant au ministère public, qu'il combatte contre nous, mais qu'il souffre nos attaques. Qu'il ait des paroles vives, mais qu'il admette, lui aussi, la vivacité de nos paroles. Que si, au début d'une plaidoirie, il nous arrive de dire qu'il a fait appel à des passions irritantes, qu'alors le magistrat qui préside intervienne, qu'il nous dise : Expliquez-vous. Mais qu'il n'arrête pas brusquement notre défense. Arracher, s'il m'est permis d'ainsi parler, la langue de l'homme qui va défendre son client, le laisser immoler par le magistrat de la prévention, ce n'est pas ainsi que les choses doivent se passer. Que sommes-nous, nous autres avocats ? Est-ce que nous sommes condamnés au calme absolu, à ne faire entendre jamais que la voix de la froide raison ? Est-ce qu'il n'y a pas en nous quelque chose d'essentiellement guerroyant ? Le droit romain le disait ; il reconnaissait que nous avions deux rôles à remplir, que nous devions défendre, mais que nous devions attaquer. Le droit romain, dans un texte mémorable, nous compare à ces guerriers à qui la patrie donnait tout à la fois des armes défensives et des armes offensives :

« *Qui clypeis, thoracibus, etiam gladiis nituntur : militant namque causarum patroni qui gloriosæ vocis munimine confisi laborantium spem, vitam et liberos defendunt.* »

C'est là notre vie à nous, vie essentiellement militante. Nous sommes des hommes de combat. Il faut nous passer les colères de la lutte, car dans la lutte nous sommes les soutiens du droit, de la justice et du malheur. La loi, remarquez-le, en même temps que pour nous protéger contre les attaques des accusations, elle nous donne le bouclier et la cuirasse ; la loi met en nos mains le glaive de la défense, parce que nous devons attaquer avec autant de courage et d'intrépidité que nous en mettons à défendre.

S'il fallait encore un texte qui vînt préciser le devoir du magistrat à notre égard, je rappellerais ce passage du Digeste :

« *Circa advocatos...* disait le Digeste, *Patientem esse proconsulem oportet, sed cum ingenio tamen, ne contemptibilis esse videatur.* »

Voilà la limite, voilà les devoirs, voilà les droits respectifs tracés par le législateur. Oui, le juge, aussi bien le juge de la cause, le juge assis, que le juge qui parle, que le ministère public, le juge doit être patient envers les avocats, avec discernement toutefois. Sa longanimité ne doit s'arrêter que là où le mépris va commencer, que là où l'outrage, la violence vont éclater, là où la justice et la loi sont foulées aux pieds dans le prétoire lui-même. Jusque-là, de la patience ! Et à l'égard du ministère public, liberté absolue, latitude entière, pas d'interruption, pas de demande de rétractation. Il vaudrait mieux encore permettre à l'avocat l'emportement du zèle que de l'exposer, en l'interrompant, à omettre un argument, un moyen, d'où pourrait dépendre le salut de son client.

Voilà les vrais principes, les principes qui, de tout temps, ont été admis. Dans nos luttes avec le ministère public, on nous a donné la franchise de la parole, la franchise la plus illimitée, sauf les bornes que je traçais tout à l'heure devant la Cour. C'était l'ancienne tradition des parlements, de l'ancienne justice, et notamment même des juridictions exceptionnelles de la vieille monarchie, de ces commissions qui n'étaient instituées que pour confisquer et pour condamner. Qu'on se reporte, en effet, aux monuments de ces anciens jours, la défense, qui était réduite à ne s'exprimer que par écrit, la défense, contre le ministère public, jouissait cependant d'une liberté absolue. En voulez-vous un exemple ? Ouvrez les actes du procès du surintendant Fouquet, vous serez singulièrement surpris quand vous verrez avec quelle audace, avec quelle hardiesse Pelisson, dans ses immortels discours, même sous les verrous de la Bastille, prend corps à corps le procureur général Talon ; avec quelle verve, avec quelle âpreté, quelle indignation, il s'en prend non-seulement au réquisitoire du magistrat, mais même à sa personne ; et l'histoire n'a pas dit que Talon se soit ému, irrité contre son redoutable adversaire. Nous vivons aujourd'hui dans une ère de liberté. Alors on vivait dans un temps où la justice était assujettie aux caprices du monarque, où les

juges étaient sans indépendance, où, dans le sein de ces juridictions exceptionnelles, on avait soin d'échauffer le zèle des tièdes et d'exciter encore celui des
ardents, où se trouvaient toujours quelques-uns de ces émissaires de l'administration chargés du soin de faire pencher la balance de la justice au profit
de la politique; un de ces hommes, par exemple, qui ne craignaient pas de
tenter de corrompre Lamoignon lui-même, et qui s'attirait du grand magistrat cette noble réponse que vous connaissez tous : « Apprenez, monsieur,
qu'un juge ne doit donner son avis qu'une fois et sur les fleurs de lys. »

Admirable monument de la justice française, admirables paroles qui, à un
siècle et demi de distance, devraient trouver leur commentaire dans un
mot d'un magistrat de cette Cour, le conseiller Clavier. Dans un procès
célèbre, dans cette affaire fameuse où Bonnet et Billecocq se couvrirent de
gloire, après avoir lutté avec énergie et audace contre le ministère public, un
de ces instigateurs de police, comme on en voit sous tous les despotismes,
étant allé trouver Clavier et lui ayant dit en dehors de l'audience : « Condamnez à mort, l'Empereur fera grâce », Clavier lui répondait fièrement : « Et
moi, qui me fera grâce si, contre ma conscience, je condamne un innocent? » Voilà les vraies traditions : indépendance du juge assis, latitude
entière au ministère public, libre défense pour l'avocat; libre défense, qui
n'est après tout que la justice elle-même. Et si, dans l'ancienne monarchie
ou à une époque qui remonte au commencement de ce siècle, je trouve ces
exemples, à plus forte raison dois-je espérer de les rencontrer dans des temps
plus rapprochés de nous.

1789 nous a donné la publicité de l'audience, la publicité des débats, la
liberté de la défense. Nos droits ont été mieux connus, et j'ose dire que depuis
cette grande époque d'affranchissement notre droit de défendre librement, de
lutter énergiquement, loyalement, mais avec colère même, contre le ministère
public; notre droit, quand il n'arrivait pas à un excès blâmable et condam-
nable, notre droit était devenu d'ordre public, et une partie de notre code
judiciaire.

Est-ce que je me trompe? Non, messieurs. Je vais le prouver par des
exemples. Ceux que je suis obligé de citer sont heureusement bien rares. Il
y a vingt-cinq ans, des faits regrettables se sont passés devant la justice.
Mais à cette occasion la théorie de notre droit a été formulée, et formulée
d'une manière énergique et nette.

Quelle est-elle cette théorie de nos droits? Quels sont ces exemples? Je
ne serai pas long; permettez-moi un mot encore, et j'aurai fini.

La théorie a été formulée de la manière la plus complète et dans de si belles
paroles, que je vous demande la permission de les citer.

La lutte s'était engagée entre le ministère public et des avocats. Le magistrat avait pensé que les limites avaient été dépassées, et qu'il y avait lieu de
punir. Voici comment les avocats, un d'entre eux du moins, Mᵉ Delangle,
s'exprimait au nom de la défense, comment, indépendamment des faits du
procès, ils posaient la théorie :

« Comment s'exercera désormais le droit sacré de la défense, si les avocats sont
obligés de recourir à des précautions de paroles, à des ménagements qui ne feraient

pas connaître leur profonde conviction? Si dans un acte d'accusation il y a des inexactitudes matérielles, quelle sera donc la circonspection dont on devra user pour les signaler? Quelle sera la limite de l'attaque et de l'outrage?

» Quant à ces inexactitudes graves, le défenseur qui les signalera ne pourra-t-il, sans crime, proférer quelque parole amère? »

Voilà de bien belles paroles, messieurs. En revêtant la robe d'avocat, nous ne dépouillons point nos convictions.

Le ministère public répondit avec énergie, mais sans limiter cependant la défense. Voici ce que répondait à son tour le défenseur dans sa réplique :

« Je n'attaque les intentions de personne, mais je comprends que si un homme énergique, ardent, passionné, vient à prendre part à des débats dont le principe a été vicié par des inexactitudes, il pourra ressentir une colère légitime et attaquer avec rudesse ce qui pourrait nuire à l'accusé dont il a accepté la défense.

» Combien, à plus forte raison, en serait-il ainsi dans les affaires politiques! Là, en général, l'avocat a des affinités avec les accusés; si l'on fait la guerre aux doctrines, c'est sa propre cause, c'est sa religion qu'il défend...

» Eh bien! un acte d'accusation aura été fait dans lequel les opinions du parti auquel il appartient sont vouées à la haine du pays ou à son mépris, les inculpations les plus graves sont lancées, des inexactitudes que rien n'excuse, ajoutent à l'âpreté de l'attaque et à ses dangers, et l'avocat blessé dans ses sentiments les plus chers ne pourra pas élever la voix comme sa conscience le lui prescrit! Il n'aura que des paroles molles et décolorées pour repousser des accusations injustes! Messieurs, en revêtant la robe d'avocat, nous ne dépouillons pas nos convictions; c'est par elles que nous valons quelque chose peut-être? Non. Elles nous suivent à l'audience, et est-ce bien à celui qui en aura provoqué la manifestation énergique, violente même, est-ce à lui de se plaindre du mal qu'il a causé?

» Je n'admets pas, je n'admettrai jamais que le droit de la défense se borne à de timides réfutations, et que, si le besoin de la cause l'exige, le défenseur n'ait pas le droit d'attaquer ce qui lui semble blâmable. Le ministère de l'avocat, réduit aux proportions qu'indique M. l'avocat général, est un ministère de déception et de servilité. »

Pourquoi ai-je rapporté ces paroles? Est-ce pour produire un effet d'audience? Est-ce dans le malin désir de mettre en contradiction les paroles de l'avocat de 1833, qui allait bientôt saisir les insignes du bâtonnat et la position éminente qu'occupe actuellement M. le garde des sceaux de l'État? Non, je ne veux pas plaider ainsi. Si je rappelle ce fait, c'est parce que cela a été un des plus beaux souvenirs de ma jeunesse. J'étais stagiaire depuis quelques mois à peine; je brûlais du désir d'entendre nos maîtres. J'avais pénétré dans l'audience de la Cour d'assises, où ces paroles allaient être prononcées. Quand j'entendis M. Delangle, avec cette parole vive et rude quelquefois, mais toujours consciencieuse et éloquente, écrire ainsi le code de nos droits, édicter le code de la liberté de la défense, ces paroles restèrent profondément gravées dans mon cœur, et ma conscience me dit : C'est bien là le droit. Oui, respect pour le magistrat assis, mais liberté de la défense contre le magistrat qui parle, qui a des convictions mais qui peut varier dans ses opinions; contre lui liberté absolue. Voilà pourquoi je vous ai cité ce passage, pourquoi je vous ai montré ce qu'il y avait d'éloquence, de vérité, dans ces paroles. J'ai la conviction

VIII.23

intime que si l'avocat de 1833 a pu dire : « Je n'admets pas, je n'admettrai jamais que le droit de la défense se borne à de timides réfutations, » oui, je suis convaincu que le garde des sceaux de 1860 pense encore et ne peut pas ne pas penser comme l'avocat de 1833.

Voilà la théorie.

Eh bien! je vous le demande, si je place Ollivier sous l'abri de cette théorie, où sont donc les paroles amères, les attaques violentes même qu'on pourrait lui reprocher? où est cette réfutation passionnée? où est ce droit qu'on donne à l'avocat de prendre fait et cause pour la partie, parce qu'il a la même religion politique que la partie? Ollivier a-t-il dit que son ministère limité, restreint comme il l'était par le président de la sixième chambre, était un ministère de déception et de servilité? A-t-il aggravé ce qu'on a appelé sa faute par de semblables paroles? Non. Eh bien! est-ce que la justice n'est pas la même dans tous les temps? Est-ce qu'on ne pourrait pas dire aujourd'hui ce qu'on disait en 1833? Oui, dans l'arène des passions politiques, tout change, tout varie, tout est soumis à des révolutions. Il en est autrement dans le temple de la justice; la loi, le droit, est pour vous en 1860 ce qu'il était en 1833 pour vos devanciers, pour les nôtres et pour vous-mêmes. Ollivier n'a pas dit la centième partie de ce qu'on plaidait alors à la Cour d'assises pour des avocats que des condamnations allaient atteindre.

Voyons. Y a-t-il deux poids et deux mesures? Y a-t-il deux justices? Je pose la question; je sais bien comment vous la résoudrez dans votre impartiale modération.

Voilà la théorie.

Voyons maintenant les exemples.

Sous la Restauration, il y avait des magistrats d'une grande énergie, M. le garde des sceaux de Peyronnet notamment, qui, je l'ai dit ailleurs, je le redis encore, fut un véritable garde des sceaux; il ne souffrait pas cependant, sous son ministère, que qui que ce fût manquât à la justice. Voyez cependant sous son ministère même dans quels termes nos devanciers luttaient contre le ministère public.

En 1829, M. Bavoux était traduit devant la justice. Au siége du ministère public était assis un homme pour lequel, quant à moi, je professe la plus profonde vénération; un homme qui, à mon sens, fut un grand avocat, un grand magistrat et un homme de cœur; j'ai nommé M. le procureur général Bellart. Voici comment lui répondait le défenseur du prévenu, discutant une phrase du réquisitoire :

« Je ne fais aucun reproche à M. le procureur général d'avoir écrit cette phrase; il l'a écrite sans doute du fond du cœur et avec l'entraînement qu'il met à tout ce qu'il fait; mais quand on a eu de telles opinions et quand on a écrit de telles phrases, on devrait du moins se montrer tolérant envers les autres, et ne pas les accuser si légèrement. »

Je n'insiste pas, et la Cour le comprend.

En 1820, un publiciste, un ancien dignitaire de l'Empire, était cité devant les juges corrrectionnels. Le ministère public était représenté par celui qui fut notre savant, notre excellent confrère M. de Vatimesnil. Écoutez ce que disait le défenseur à l'avocat général :

« Messieurs, je vous ferai d'abord remarquer, ce que vous aurez sans doute observé vous-mêmes, que l'accusation a pris ici, dans la bouche du ministère public, un caractère de virulence que j'absous de toute mauvaise intention, mais qui n'en contraste pas moins d'une manière affligeante avec l'impartialité et le sang-froid qu'exige la fonction d'accusateur. »

Ollivier a-t-il dit cela ? A-t-il dit quelque chose qui approche de cela ? M. Dupin aîné qui avait prononcé ces paroles se retira de l'audience, en 1820 et en 1829, comme toujours, entouré, félicité par les magistrats eux-mêmes ; et Ollivier, qui a été loin d'avoir approché de la virulence de ces attaques, Ollivier est sorti de l'audience frappé d'une suspension de trois mois. Trois mois de suspension disciplinaire ! M. le procureur général le sait, pour qu'un conseil de discipline prononce une peine pareille, il faut des délits, des fautes ayant profondément entaché l'honneur. On ne la prononce cette peine, que vousconfirmez la plupart du temps, que quelquefois vous infirmez la trouvant trop sévère, que dans des cas rares et exceptionnels, et nous avons eu la douleur de la voir appliquer pour des paroles qu'on peut trouver calmes et presque indifférentes, à côté des brusques et vives allocutions de M. Dupin aîné.

Voilà comment on s'exprimait à une époque où il y avait pour magistrats représentant le ministère public des hommes d'énergie, j'ai presque dit des hommes d'action, dont la carrière a été essentiellement militante, qui étaient sans cesse aux prises avec les ardeurs de la politique. Ils entendaient tout cela, et s'ils avaient cru que la dignité du ministère public fût entamée par ces paroles, nul ne dira que M. Bellart, que M. de Vatimesnil ne fussent pas des hommes à faire leur devoir. Ils se sont tus ; ils ont compris que c'était là le droit de la libre défense poussé loin peut-être, mais enfin qui n'excédait pas ses limites.

Voulez-vous un autre exemple ? Je viens d'en emprunter un à un avocat qui apportait dans la discussion la verve la plus irrésistible. Quand il lui plaisait d'employer l'arme d'ironie, il fallait plaindre celui qui était tombé dans ses terribles mains. Voici maintenant un autre de nos maîtres grand par le talent, grand par le caractère, mais distingué surtout par la plus extrême courtoisie. Magistrat, il fut l'exemple de la modération, comme il l'avait été dans la profession d'avocat. M. Berville, en 1821, plaidait pour Paul-Louis Courier, le grand pamphlétaire, le seul dont il soit permis de placer les volumes à côté des Provinciales de Pascal. Voici comment M. Berville s'adressait à M. de Broë, qui n'avait pas la réputation d'un magistrat mollissant et faiblissant au moment du danger :

« J'ai vainement cherché à deviner le système du ministère accusateur ; il m'a été impossible de concevoir par quels arguments, je ne dis pas raisonnables, mais du moins soutenables, on pourrait trouver dans les pages incriminées un délit d'outrages à la morale publique. Et l'accusation doit à l'excès même de son absurdité l'avantage de surprendre son adversaire et de le trouver désarmé... »

Ce n'est pas assez pour M. Berville. Sa conscience lui dit qu'il n'a pas encore usé de tout son droit vis-à-vis du ministère public, et il ajoute :

« Vous le voyez, la marche incertaine de l'accusation trahit son embarras. A défaut de la raison qu'on ne peut convaincre, on cherche à soulever les passions ; au délit de la loi qu'on ne peut établir, on s'efforce de substituer le délit d'opinion. »

Comment ! on pouvait donc dire à M. de Broë, aux plus mauvais jours de la Restauration, du moins à cette époque que dans ma jeunesse nous appelions les plus mauvais jours de la Restauration, on pouvait donc dire à M. de Broë : Vous avez cherché à soulever les passions ?

Mais, direz-vous, M. Berville était un homme habile, maître de sa parole, sachant s'arrêter à temps. Il a bien dit à M. de Broë qu'il cherchait à soulever les passions, mais il ne lui a pas dit qu'il cherchait à soulever les passions les plus irritantes.

Sans doute il n'a pas dit cela, mais si j'avais été M. de Broë, j'aurais autant aimé qu'il me dît que je cherchais à soulever les passions les plus irritantes, et qu'il me fît grâce du reste et de l'imputation d'absurdité. (On rit.)

M. LE PRÉSIDENT. — Toute manifestation à l'audience est interdite.

Mᵉ PLOCQUE. — Voilà comment parlait un homme que vous avez accueilli dans vos rangs, le saluant avocat général, président de chambre ; voilà comment il usait de son droit d'avocat, sans jamais en dépasser les limites.

Un exemple encore, et j'ai fini. Je quitte la Restauration ; je me place à quelques années de nous. Nous avions dans nos rangs un homme qui n'y est plus, et que nous regrettons tous, Paillet. Tout avocat ne peut prononcer son nom sans se rappeler sa fin prématurée qui l'a enlevé à la justice... Je m'arrête malgré moi, et toutes les fois que ce nom vient à ma pensée, je lui dis avec le poëte : *Semper honore meo, semper celebrabere....*

Paillet était le plus modéré, le plus consciencieux de tous les avocats. Jamais une parole imprudente n'est sortie de sa bouche, jamais une parole qui dépassât son droit. Eh bien ! luttant contre le ministère public, écoutez ce qu'il dit avec ce style si plein à la fois de grâce et d'énergie dont il a emporté le secret, ne laissant son manteau sur aucun de nous :

« ... Hélas ! messieurs, pourquoi faut-il que la justice elle-même, dont les formes graves et nobles sont tout à la fois notre sécurité et notre admiration, se soit écartée en cette occurrence de ses traditions constantes comme pour donner à la prévention un aliment nouveau !

» Vous rappellerai-je, par exemple, cette interversion inouïe, puis, en dernier lieu, ce mélange essayé devant vous de deux procédures, l'une correctionnelle, l'autre criminelle, sans liaison, sans contact possible entre elles, aussi différentes par leur nature que par la juridiction que la loi leur avait donnée ?

» Vous rappellerai-je les communications précoces, indiscrètes, toujours hostiles à l'accusée ; toutes les pièces du procès accessibles à qui en a voulu, puis livrées une à une à cette dévorante curiosité qu'elles irritaient sans pouvoir la satisfaire ? Enfin, pour dernier scandale, cet acte d'accusation à double édition et à variantes, notifié au public longtemps avant de l'être à l'accusée, connu de tous, excepté de la seule personne qui eût droit et intérêt à le connaître ? »

Paillet a dit cela, et Paillet n'a pas cru excéder le droit de la défense. Et parce que, dans les premiers mots de sa plaidoirie, Ollivier aura dit : Vous faites appel aux passions irritantes, il aura outre-passé les bornes ! Il n'y a pas deux justices ; vous ne pouvez pas l'admettre, et vous ne condamnerez pas dans Ollivier des expressions qui pâlissent, qui s'anéantissent, qui s'annihilent complétement en présence des accents énergiques que je viens de faire entendre et qui émanent des hommes les plus autorisés.

Ollivier, au surplus, a-t-il dit bien réellement que le ministère public avait fait appel aux passions les plus irritantes ? Le plumitif fait dire à Ollivier que le ministère public a fait appel aux passions violentes. Ollivier dit : Voici ma phrase : « Je ne répondrai pas aux parties irritantes du réquisitoire que vous venez d'entendre. Cet appel aux passions est mauvais, je le regrette. » Remarquez-le bien, messieurs, tout ceci, dans la structure de la phrase telle que je la rapporte, est évidemment dans son droit. Pour le juge, c'est l'épithète *irritantes* ajoutée au mot *passions* qui a paru blessante. Ollivier dit : Ce n'est pas le mot *passions* que j'ai prononcé ; j'ai dit : « Je ne répondrai pas aux parties irritantes du réquisitoire. Cet appel aux passions est mauvais. » Les deux versions diffèrent profondément. Ollivier est un homme d'honneur ; vous le croirez ; vous resterez persuadés qu'il a dit tout simplement : Cet appel aux passions est mauvais. Vous le croirez ; pourquoi ? Parce que, devant le premier juge, il a subi sans broncher une redoutable épreuve. Il est resté devant le premier juge sincère à ce point de courber la tête pour entendre une condamnation de trois mois de suspension. On lui disait de se rétracter. Il voulait expliquer. On ne voulait pas d'explication ; on voulait une rétractation. Il n'a pas bronché, et cet homme, si sincère jusqu'au bout et à ses dépens devant les premiers juges, quand, devant la Cour, répondant aux paroles d'encouragement qui lui sont données par M. le rapporteur, il dit : Je n'ai pas parlé *des passions les plus irritantes*, j'ai simplement dit : *Cet appel aux passions*, vous le croirez.

Il vous a fait observer avec beaucoup de soin que le jugement dit *les passions les plus irritantes*, et le plumitif *les passions violentes*. De cette différence de version entre le plumitif et le jugement, conclurez-vous que l'une ou l'autre a raison ? Mais non ; que tous les deux ont eu tort, car il y en a évidemment un des deux qui a tort. Qui a raison ? Est-ce le plumitif ? Est-ce le jugement ? Vous ne pouvez pas le décider ; et dans le doute, quand même vous ne croiriez pas, comme vous y croyez, parfaitement à la véracité d'Ollivier, dans le doute il n'y a pas moyen d'établir la version véritable. Ollivier dit qu'il n'a pas prononcé ces paroles : Cet appel aux passions est mauvais. Vous ne direz pas qu'il a dit : Cet appel aux passions les plus irritantes ou les plus violentes.

Eh bien ! messieurs, dire, comme il l'a dit, que le ministère public peut être passionné, peut faire appel aux passions ; que si le ministère public doit se garder de la passion, et qu'il ne s'en garde pas, cela est mauvais ; dire cela, est-ce en soi une faute ?

Dans le cours de ma plaidoirie, j'ai admis deux hypothèses, et j'ai dit que je supposerais un instant qu'Ollivier est répréhensible, puis que je soutiendrais et que je prouverais qu'il n'a fait qu'user d'un droit. Je vais encore faire la même supposition. Dire au ministère public qu'il a fait appel aux passions, ce pouvait être l'objet d'une observation. Il y avait peut-être quelque chose de trop pour l'avocat. C'est une supposition que je fais. Est-ce une chose coupable? Tenez, messieurs, nous avons nos bons jours, nos mauvais jours. Nos mauvais jours sont ceux où, comme aujourd'hui, nous qui défendons les autres, nous venons nous défendre nous-mêmes à la barre de la Cour. Nos bons jours, c'est quand un des membres du barreau, appelé à d'éminentes fonctions, couronne ainsi une longue carrière d'honneur et de succès. Bons jours en un sens, mais de regrets en un autre, car l'un des nôtres quitte nos rangs pour monter sur les siéges éminents de la magistrature. Oui, c'est un beau jour que celui où, sous l'hermine, le nouvel élu vient prendre possession de son siége et où il adresse à la magistrature et au barreau ces paroles solennelles qui doivent être les règles de notre conduite, la consolation et le soutien de nos efforts et de nos épreuves. Or, dans l'une de ces journées de triomphe et de bonheur, voici les paroles que j'entendais sortir de la bouche du magistrat le plus éminent du parquet :

« Que fera cependant le magistrat au milieu de ce tumulte de l'opinion? Ce n'est pas sa faiblesse que je crains. Sans doute, il ne voudra jamais sacrifier l'innocent aux clameurs de la foule; il ne dira jamais comme le mauvais juge dont parle l'Écriture, rejetant sur d'autres la responsabilité de ses actes : *Innocens ego sum a sanguine justi hujus, vos videritis.*

» Ce que je crains, c'est précisément ce besoin de justice qui est aussi dans son cœur et qui le soutient même dans l'accomplissement de ses devoirs ; *c'est cette passion dont le principe est si élevé, mais qui est mauvaise cependant, parce qu'elle est une passion ; parce qu'elle ne laisse plus à son âme le calme qui lui est nécessaire, à son jugement, à sa liberté, à sa parole enfin, la modération, sans laquelle la justice elle-même ressemble à la violence.*

» Dans cette lutte qui s'engage entre le juge et l'accusé, le juge n'a jamais trop de fermeté contre les artifices, les dénégations, les audaces du coupable, sa vigilance doit être incessante, sa logique inexorable. Mais aussi sa patience doit être à toute épreuve, sa modération éclatante. Il ne faut pas qu'il abuse de sa parole trop facile, de sa position si pleine d'autorité, au risque d'augmenter le trouble et les embarras d'un malheureux qu'intimide déjà le seul aspect de l'audience. »

Eh bien! si, comme Ollivier l'a déclaré à votre audience, il a dit seulement : Je ne répondrai pas aux paroles irritantes du ministère public; c'est un appel aux passions, c'est mauvais. Si même il a dit au ministère public : Vous faites un appel aux passions les plus irritantes, cela est mauvais, qui donc osera le blâmer? Quoi! les mêmes paroles seront louables, nobles, applaudies dans la bouche d'un procureur général ; elles deviendront, au contraire, une infraction dans celle de l'avocat !

Prononcez maintenant, messieurs, je n'ai plus rien à dire. « Les passions, cela est mauvais. » M. Berville le disait. M. le procureur général l'a dit. Ollivier l'a dit après eux aux premiers mots d'une plaidoirie, dans les circonstances que vous savez. Y a-t-il là, je vous le demande, quelque chose qu'on puisse punir, et surtout punir de trois mois de suspension?

M<sup>e</sup> OLLIVIER. — D'une peine quelconque.

M<sup>e</sup> BETHMONT. — Nous sommes d'accord là-dessus.

M° PLOCQUE. — J'ai maintenu votre droit; j'ai fait deux hypothèses, et vous savez que, dans la première, qui est la mienne, ma conviction est qu'aucune peine ne peut être prononcée. Il ne faut pas vous émouvoir de mes paroles, des hypothèses que je fais; je ne vous ai peut-être pas défendu comme je l'aurais voulu, mais je vous ai défendu avec cœur; et quand j'ai dit qu'aucune peine ne pouvait être prononcée contre vous, c'est ma conviction intime, ma conviction profonde que j'ai exprimée.

J'ai parcouru le cercle entier de la tâche qui m'était imposée. Maintenant la cause ne m'appartient plus; elle appartient tout entière à cette publicité dont votre arrêt a dit que vous vouliez nous ménager la protection; elle appartient à ce grand jury de l'opinion publique, si hautement apprécié de nos jours, et qui, selon la parole de M. le procureur général Dupin, ne laisse jamais sans quelque consolation ceux-là même qui succombent, quand au fond de leurs actes on peut saisir une pensée généreuse qui, si elle ne les absout pas entièrement, du moins les excuse.

Cette consolation de la publicité, est-ce la seule que nous devions emporter de cette audience? Serons-nous absous par vous, ou serons-nous simplement excusés par l'opinion publique? Je me dis une fois encore avec une profonde conviction : Nous serons acquittés par vous, absous par vous. C'est là ce qui m'importe. Je ne veux rien demander à l'opinion publique.

Je n'ai pas, quant à moi, songé à monter au forum; je n'ai pas plaidé pour l'opinion publique, pour la publicité. Avocat, par tous les moyens que ma conscience m'a suggérés, j'ai fait appel à la justice froide, calme, mais impartiale de la Cour.

Je sais bien qu'il y a eu des temps où les bruyants échos de la publicité répondaient tumultueusement aux paroles ardentes et passionnées de la défense. Je sais qu'il y a eu des temps où la France entière, présente par le cœur et la pensée dans cette enceinte, recueillait avec avidité la parole du grand avocat qui défendait le grand publiciste, le grand poëte ou l'illustre pamphlétaire. Je sais tout cela. Mais quand on nous a parlé ici et dans une autre audience de la publicité, et de la publicité telle qu'elle est aujourd'hui, nous ne nous sommes pas fait illusion. Nous savons que les temps de la grande publicité sont passés, et je le dis avec un sentiment profond d'amère tristesse, de nos jours, je ne crois pas au forum. Mais, à mon sens, il y a quelque chose qui vaut mieux que le forum, qui vaut mieux que l'opinion publique et la publicité, et ce quelque chose, c'est le sentiment de justice qui est dans vos cœurs, ce sentiment de justice qui vous fera proclamer que ce qui était innocent en 1819, en 1820, en 1833, en 1847, ne peut pas être coupable aujourd'hui.

Vous le direz. J'ai fait appel à votre justice. Je crois du profond de mon âme à la justice de la Cour, à ses lumières, à sa haute indépendance, à son impartialité; et quand je plaide devant la Cour, chambres assemblées ou chambres des appels, si je ne crois pas au forum, je ne crois pas non plus aux catacombes.

# RÉQUISITOIRE DE M. LE PROCUREUR GÉNÉRAL CHAIX D'EST ANGE.

Messieurs,

Les questions qui intéressent la liberté de la défense et l'indépendance du barreau, celles qui touchent au respect de la magistrature et à sa dignité, ont une importance que tout le monde reconnaît, ici comme au dehors; elles engagent, en effet, les intérêts de tous les citoyens. C'est là ce qui explique l'importance qu'on a donnée à ce procès; c'est là aussi ce qui nous a déterminé, nous-même, à porter la parole. Il nous a semblé que nous le devions à plus d'un titre. Avocat depuis trente-huit ans, nourri depuis si longtemps dans les traditions et les luttes de ce noble métier de la parole, appelé plus d'une fois comme soldat ou comme chef de l'ordre à en défendre l'honneur, à en réclamer les franchises, nous sommes, moins que tout autre, disposé à en méconnaître les droits, à en contester l'indépendance. Magistrat aujourd'hui et devenu l'un des chefs de cette Cour, partageant assidûment vos travaux, nous sommes appréciateur plus compétent peut-être de ce que vous devez trouver en vous de fermeté et de sagesse, et de ce que vous devez rencontrer chez vos justiciables de soumission et de respect; nous comprenons combien il est essentiel de réprimer les écarts de ceux qui manquent à la magistrature, et de maintenir intacte la considération qui est sa force et sa vie. Il nous semble que représentant tour à tour de ces deux intérêts presque toujours unis et confondus, mais aujourd'hui divisés, nous devons apporter dans l'appréciation des droits de l'un et des devoirs de l'autre une modération plus grande, une impartialité plus sûre, et, si nous l'osons dire, messieurs, un désintéressement plus complet. C'est là, je le répète, ce qui vous explique ma présence dans cette enceinte où les droits du ministère public sont chaque jour si dignement représentés.

Il faut donc aborder la question que le procès soulève. La liberté de la défense s'y trouve-t-elle engagée? A aucun titre, suivant moi. La liberté de la défense, personne ne la conteste. Elle appartient au barreau, elle doit lui appartenir. Elle n'est pas sa conquête, sa propriété, ce n'est pas pour lui qu'il en jouit; il en jouit dans l'intérêt public, dans l'intérêt des justiciables, dans l'intérêt de tous les citoyens; personne, que je sache, n'est tenté de porter atteinte à sa liberté. Ainsi, tout le monde reconnaît que quand on combat contre le ministère public, on a le droit incontestable d'attaquer ses doctrines et de dire qu'elles sont mauvaises, d'attaquer les raisonnements sur lesquels ces doctrines sont fondées, et de dire qu'ils sont faux, d'attaquer enfin les faits sur lesquels il s'appuie, et de dire qu'ils ne sont pas prouvés, de dire même qu'ils sont controuvés. On a le droit de le dire, même avec vivacité; non pas avec amertume, mais avec une sorte de passion. L'improvisation, et ceux qui ont reçu de la nature cet heureux don le savent mieux que d'autres, l'improvisation a besoin d'ardeur, de vivacité, d'incorrections même qui montrent chez elle la vie ; ces ardeurs-là, personne ne songe à les contester à l'avocat. Cependant elles ont une limite. Sous prétexte de la liberté de la défense, il ne faut pas insulter ses adversaires ; nous croyons que tout le monde est d'accord là-dessus. Sous prétexte de la liberté de la défense, il ne faut pas insulter les magistrats ; nous serons encore tous d'accord sur ce point. Nous pourrions aller loin..., les limites sont impossibles à assigner. Il est impossible de préciser des règles, de les arrêter à l'avance. Nous ne voulons cependant pas suivre l'honorable bâtonnier, dans tous les exemples qu'il a cités, feuilletant les journaux judiciaires, afin de nous montrer que, dans telle enceinte, on a prononcé telles ou telles paroles, et qu'on a le droit de tout dire sans excéder les droits légitimes de la défense. Mais d'ailleurs je serais volontiers de l'avis de plusieurs de ceux qu'il a cités ; par exemple de l'avis de M. Delangle, disant qu'il ne faut pas répondre au ministère public par de timides et molles réfutations. Je serais de l'avis de celui qui prétendait qu'on pouvait reprocher au ministère public d'avoir accusé avec trop de légèreté. Je serais de cet avis, sans doute ; mais j'aimerais mieux pourtant que, même dans la chaleur de l'improvisation, de telles paroles ne fussent pas prononcées. Je serais de l'avis de Paillet lorsqu'il disait, d'accord avec tout le monde, avec nous qui l'avions dit si longtemps, avec tous les honnêtes gens, avec la loi elle-même, muette alors, mais qui depuis a parlé, que publier d'avance un acte d'accusation, est un scandale. J'approuve tout cela : mais je demande qu'on n'attaque jamais la personne du magistrat, qu'on n'attaque jamais ses intentions ; qu'on l'accuse de soutenir un fait faux, qu'on dise que son raisonnement a pu l'égarer, que sa doctrine est erronée, soit ; vous avez le droit de le combattre, mais non de vous en prendre à sa personne, d'insulter à ses intentions. Voilà, je pense, quelle est la véritabe limite.

On a fait, à propos du ministère public, une théorie que je ne puis pas admettre, une distinction que je dois réfuter. On a divisé en deux classes la famille judiciaire : le magistrat assis et le magistrat qui requiert. Celui qui requiert, vous a-t-on dit, et je reproduis ici des expressions qui me semblent excessives, celui qui requiert nous appartient tout entier ; ses réquisitions, nous avons le droit de les mettre en pièces, de les fouler aux pieds.

Il n'était pas nécessaire d'employer de telles paroles ; il suffisait de dire que vous avez le droit de combattre ses doctrines, que vous avez le droit de discuter ses réquisitoires, que vous avez le droit de soutenir que les faits articulés par lui sont faux ; mais dire qu'il vous appartient tout entier, sous prétexte qu'il est le ministère public ; que vous avez le droit de mettre en pièces et de fouler aux pieds ses réquisitoires, c'est aller trop loin. Non, il ne vous appartient pas de le traiter avec cette facilité et de le supposer un adversaire si commode que, vis-à-vis de lui, vous puissiez tout vous permettre et tout oser.

On vous a dit que le ministère public avait le droit et le devoir d'être passionné. Ce n'est pas ainsi que nous avons jamais, à aucune époque de notre carrière, compris ces grandes et magnifiques fonctions, ce n'est pas ainsi que nous les comprenons encore. La passion ne doit jamais avoir d'accès dans cette enceinte, pas plus chez les uns que chez les autres; le premier devoir du magistrat est de s'en défendre avec soin. Le digne bâtonnier s'est trompé de temps et de lieu; il a confondu les époques, il a cru, imbu, comme il l'est, de l'antiquité et versé dans les lettres, il a cru qu'il avait affaire à un de ces hommes qu'on appelait accusateurs publics, dans un temps où il appartenait à chacun, *cui libet ex populo*, de diriger contre un citoyen une action criminelle. Il s'est cru jeté au milieu de la foule, dans ces contrées lointaines où règne cette étrange loi, qu'on appelle la loi de lynch, et qui permet au premier venu de se lever, d'accuser son voisin, de le poursuivre de sa passion, de sa haine, de ses invectives, et de jeter ainsi le désordre dans la cité, le trouble dans les familles. Oui, vous avez confondu les époques et les lieux. Aujourd'hui que, grâce au ciel, grâce à la sagesse et à l'expérience du législateur, ces accusations ardentes et passionnées qui étaient la vie publique de l'antiquité ont disparu; aujourd'hui que des hommes ont été institués avec le titre, les devoirs, le caractère de magistrats; aujourd'hui qu'ils sont chargés au nom du chef de l'État d'exercer l'autorité, non pour satisfaire des haines personnelles, des vengeances particulières, mais pour veiller à la sécurité publique et assurer la répression du crime, rien de tout cela n'est plus possible. C'est là le résultat de cette institution du ministère public, qui a été appelée par Montesquieu une loi admirable, dont Henrion de Pansey a dit qu'elle est l'un des plus grands pas que les hommes aient fait vers la civilisation, et dont Mangin qui a rempli avec tant d'éclat ses fonctions du ministère public, Mangin auquel du moins sur sa tombe, comme il arrive trop souvent, on a rendu une justice tardive, a pu justement dire que cette institution est une des branches du corps judiciaire. Il n'est donc pas permis au ministère public, pas plus qu'à tout autre, d'être passionné, et il n'est pas permis à cette barre de faire une distinction entre le juge qui parle et le juge qui prononce.

Puisque le digne et éloquent bâtonnier a cité des paroles que j'ai eu occasion de prononcer dans cette enceinte, dans une occasion solennelle, il a vu comment je comprenais les devoirs de la fonction dont j'avais accepté l'honneur et la responsabilité; il a vu qu'à tous les degrés de la hiérarchie judiciaire, et sans distinction, aux magistrats qui requièrent et aux magistrats qui prononcent, je donnais les mêmes conseils, je recommandais la modération, je disais que le plus grand péril dans l'administration de la justice criminelle serait la passion qui, s'emparant du cœur du juge, pourrait égarer sa raison.

J'avais à cœur de rétablir ces principes, de dire ce qu'est, à nos yeux du moins, l'institution du ministère public, son caractère, sa mission, son devoir, comment il doit les professer et les comprendre, se défendant toujours de la passion, parce que la passion est le plus grand fléau de la justice elle-même.

Ceci entendu, la liberté de la défense proclamée entière, comme elle doit l'être, avec les seules limites que la raison, le bon sens, la justice y apportent, cette liberté étant entière, en ce qui concerne la discussion, mais avec la réserve de n'attaquer ni les personnes, ni les institutions, voyons, messieurs, l'affaire actuelle; voyons-la brièvement, ne la compliquant pas, ne cherchant pas de ces exemples qui ne peuvent être appliqués ici, n'allant pas demander à des temps plus ou moins éloignés des révélations inutiles, n'allant pas chercher ce qui s'est dit ou fait à d'autres époques ou dans d'autres lieux. Nous ne sommes plus, comme on dit à présent, dans ce milieu, nous ne pouvons pas par conséquent apprécier ce qui peut atténuer la portée de telles paroles, en expliquer ou en justifier l'amertume. Bornons-nous à examiner l'affaire actuelle, l'affaire de Mᵉ Emile Ollivier, à savoir ce qui s'est passé, et à le rechercher sans passion aucune, avec un grand respect pour la liberté de la défense, avec un grand amour pour la profession d'avocat, avec une grande opinion de la magistrature. Voyons si la conduite de Mᵉ Ollivier a été répréhensible, si ses paroles sont dignes de blâme, en quoi elles ont pu blesser la justice.

Vous vous le rappelez, messieurs, c'est le 30 décembre dernier qu'un sieur Vacherot, à propos d'un livre intitulé *La démocratie*, était traduit devant la sixième chambre du tribunal de police correctionnelle pour rendre compte des doctrines qu'il y avait développées. C'était une affaire qui semblait grave, sérieuse, d'une discussion peut-être intéressante, mais pourtant renfermée dans de certaines limites. A cette audience, sur le siége du ministère public, se rencontrait un jeune magistrat (nous avons le droit d'en parler de la sorte et nous sommes heureux de faire ici son éloge), d'un caractère honnête et doux, d'un esprit incontestablement modéré, d'un langage noble et élevé. Ce sont là les qualités que ses chefs lui reconnaissent ; et je crois que je ne serai démenti par personne en les lui accordant. Il parla contre le livre, il en discuta les doctrines, il les trouva mauvaises, dangereuses, il le dit, et il en explique les raisons. Quel était son langage ? Si j'en crois Mᵉ Émile Ollivier qui ici, aujourd'hui, aux pieds de la Cour, lui a rendu lui-même cette justice, il était dans la forme calme et modéré. Ardent au fond, sans contredit, il blâmait les doctrines, il les condamnait, il les trouvait détestables, séditieuses, conduisant à l'anarchie. S'il en avait pensé autrement, il aurait eu grand tort de porter la parole, son devoir lui eût dit de se retirer et de laisser à un autre plus convaincu le soin de faire ressortir la pensée coupable du livre qu'il avait la mission de combattre. Il le fit donc au fond, mais dans un langage modéré, avec une grande fermeté, avec un calme énergique.

Cependant, que va-t-il se passer ? La parole est donnée à Mᵉ Ollivier. Que dit-il ? très peu de mots. Quels sont-ils ? Nous allons le rechercher. Il y a des variantes, il y a plusieurs versions, il y en a trois. L'une qui est consignée dans le plumitif ; l'autre qui est, si j'ose ainsi parler, plus judiciairement authentique, parce qu'elle est rapportée au jugement ; et la troisième qui est rapportée par Mᵉ Ollivier lui-même. Je tiens peu à ces nuances ; ce sont là de misérables chicanes de mots. Quant au sens, à la portée, au caractère des paroles de Mᵉ Ollivier, il n'y a pas le moindre doute, ce sont des paroles blâmables. Mais il est possible, d'ailleurs, même en les reproduisant avec une exactitude complète, presque mathématique, qu'il y ait eu un mot mis à la place d'un autre. Il s'agit de savoir si le sens en a été changé ; car si le sens en a été changé, nous serons dans l'incertitude et nous ne pourrons plus accuser. S'il y a dans le plumitif une version innocente et dans le jugement une version coupable, nous hésiterons. Dans le doute, que faudra-t-il faire ? S'attacher au souvenir des magistrats ou s'en tenir à ceux de la note d'audience. J'ignore où l'on pourrait chercher ailleurs la vérité. C'est donc entre le plumitif et le jugement que nous avons à choisir. Que dit le plumitif ?

Il ne m'importe guère quelle est la version qui est la bonne. Je prends celle-ci ou celle-là, comme on voudra. Appelé à donner des explications à la Cour, M⁰ Ollivier a la prétention de rétablir lui-même ses paroles telles qu'il les a prononcées ; je le veux bien, mais ses souvenirs sont-ils exacts ? ne le trompent-ils pas ? Dans un moment de trouble inévitable, a-t-il pu se rappeler fidèlement ses paroles ? car je ne doute pas de sa sincérité. Je ne dis pas que, prévenu dans la cause, il est indigne de créance, assurément non. Mais je dis qu'il pouvait se trouver ému, qu'il pouvait n'être pas sûr de sa mémoire, que le greffier était plus calme, que le magistrat désintéressé doit mieux se rappeler les expressions dont il s'est servi. Cependant je veux bien prendre le récit que nous fait M⁰ Ollivier et qui est suspect par sa situation même. Il nous a dit : « Le réquisitoire était modéré dans la forme, et alors j'ai dit : je ne répondrai rien aux paroles irritantes que vous venez d'entendre. »

M⁰ ÉMILE OLLIVIER. — Aux parties irritantes du réquisitoire.

M. LE PRÉSIDENT. — M⁰ Ollivier, n'interrompez pas.

M. LE PROCUREUR GÉNÉRAL. — Vous avez interrompu votre avocat, je n'ai rien à en dire, mais je vous prie de ne pas m'interrompre, moi.

Voilà les paroles que M⁰ Ollivier reconnaît avoir textuellement prononcées. Il vient de faire une rectification que nous allions faire nous-même. « Je ne répondrai rien aux parties irritantes du réquisitoire que vous venez d'entendre. Cet appel aux passions est mauvais et je le regrette. » Voilà ce qu'il a dit. Franchement il semblerait qu'aux yeux mêmes de M⁰ Ollivier et de son défenseur, la cause est bien mesquine, disons-le, bien fâcheuse et bien mauvaise pour qu'on en soit réduit à relever des variantes pareilles et faire reposer une défense sur les nuances véritablement insaisissables de ces versions. Je prendrai celle que vous voudrez, nous nous y attacherons, nous la discuterons et vous verrez qu'elle excède le terrain de la défense légitime, qu'elle porte atteinte au caractère du magistrat, qu'elle attaque ses intentions.

Je comprends à merveille le langage de mon substitut de première instance lorsque, appelé à donner ses conclusions, il se trouve personnellement engagé, placé dans cette situation difficile et embarrassante de ne pas déserter le service de la justice et de ne pas manquer à son devoir, et d'un autre côté, de paraître venger en quelque façon une injure personnelle. Fidèle à la modération qu'il s'était imposée, il a dit, en prenant la parole : « Quoiqu'il n'y ait pas de reproche plus grave que l'on puisse adresser au ministère public que celui de faire appel aux passions irritantes, de soulever les plus mauvaises passions, nous voulons nous en rapporter à la sagesse du tribunal. » Nous sommes complétement de son avis. Nous ne pouvons admettre que celui qui soutient l'accusation, que le ministère public doive être passionné. Sans doute dans le cœur de tous les honnêtes gens, quelle que soit la place qu'ils occupent, du magistrat qui requiert contre un misérable comme du magistrat qui, assis sur son siége, l'interroge, le presse, l'étreint, le poursuit d'excuse en excuse, de défaite en défaite, de mensonge en mensonge ; qui lui prouve la vanité de sa défense et l'éclat de son crime ; sans doute il y a dans toutes les consciences, dans celles même du dernier des hommes qui assistent à ces actes souverains de la justice humaine, il y a une indignation honnête, mais il y a le calme contre le criminel, il y a, il doit y avoir la modération dans la forme et le respect de l'individu, alors même qu'il se produit avec ce stygmate du crime. Je n'entends pas qu'on divise ainsi notre famille, qu'on nous mette dans un camp à part, qu'on nous représente par profession, par droit ou par devoir, comme violents, passionnés, se permettant tout pour arriver à la découverte de la vérité et de la répression des crimes. J'aime mieux mon substitut et j'approuve davantage ses doctrines, quand il dit à la justice : « Quoiqu'il n'y ait pas de reproche plus grave que l'on puisse adresser au ministère public que de faire appel aux passions irritantes, je m'en rapporte à la sagesse du tribunal. » Voilà le langage du magistrat, le voilà dans la poursuite de sa propre injure, sous le coup même du ressentiment qu'elle aurait dû lui causer ; voilà le langage du magistrat, voilà la modération, voilà la dignité du ministère public.

Au surplus, messieurs, si nous recherchons le caractère de ces paroles de Mᵉ Ollivier, les a-t-il prononcées dans la chaleur et les entraînements d'une improvisation qui ne se connaît plus, qui ne se possède plus, car c'est là quelquefois le caractère de l'improvisation et c'est là ce qui fait qu'on lui pardonne quelque chose ? Non. Ce langage est tenu par lui au moment où il se lève, au moment où il prend la parole ; il est calme, froid, tranquille, aucune passion ne peut l'excuser.

Le reproche qu'il adresse au ministère public, il en connaît à merveille la portée, il ne se fait pas la moindre illusion sur le caractère de ce reproche, il lui dit : Vous venez faire appel aux passions les plus irritantes et cela est mauvais. Il a raison, Mᵉ Ollivier, il qualifie lui-même son reproche.

Ainsi il accuse le ministère public, non pas d'un faux argument, non pas d'une erreur de fait, non pas d'une doctrine fâcheuse, non pas d'une théorie philosophique qui ne peut pas souffrir l'examen, comme il a le droit de le faire avec toute la vivacité qu'il voudra et tout le respect qu'il doit à la personne ; non, il l'accuse d'avoir fait une chose mauvaise, d'avoir manqué à son devoir. Tout à l'heure, Mᵉ Ollivier avait raison quand il disait : Il y a des professions qui engendrent des susceptibilités plus exquises et des délicatesses plus grandes, il avait raison. Il le sent pour la profession d'avocat, délicate en effet, ombrageuse et soumise à des susceptibilités plus grandes et plus exquises. Est-ce qu'il croit que la magistrature lui est inférieure ? est-ce qu'il croit que dans l'exercice de ses devoirs, dans le maniement de ses fonctions, dans les réquisitions que le magistrat adresse au nom de la société au magistrat chargé d'apprécier les faits et les doctrines, est-ce qu'il croit qu'il n'y a pas dans son cœur de vives susceptibilités et des délicatesses infinies ? C'est pour cela qu'il faut le respecter, et que le ministère public, de son côté, ne doit jamais prendre l'avocat à partie et lui dire : Voilà ce que vous avez fait. Jamais il ne doit se rappeler sa personnalité que quand, par l'éclat de son talent, par la fermeté de son caractère, par la résistance qu'il sait opposer aux mauvaises passions, il se sent dans le devoir, dans la nécessité, dans le besoin de lui rendre justice et de l'appeler par son nom ; autrement il ne le connaît pas. De même vous, pour le magistrat, vous devez, en attaquant ses doctrines, respecter sa personne, ses intentions et ne pas qualifier sa conduite en disant : « Vous avez fait cela ; et ce que vous avez fait est mauvais. » C'est là un blâme qui s'attache à la personne, que vous n'avez pas le droit de lui infliger, contre lequel il doit réclamer, ou plutôt c'est là un blâme contre lequel doit toujours le protéger et le défendre celui qui est le chef de l'audience et qui en a la direction ; il ne doit pas attendre que le ministère public se fasse le vengeur de sa propre injure, mais soucieux de la dignité des magistrats, quels que soient leurs noms ou leurs fonctions, il doit réprimer sur-le-champ de pareils écarts.

Incontestablement, le devoir du magistrat qui présidait la sixième chambre à l'instant où une plaidoirie s'annonçait en prenant une telle attitude vis-à-vis du ministère public, le devoir du président était immédiatement d'avertir l'avocat, de ne pas le laisser se compromettre davantage, de lui dire : « Réfléchissez, prenez garde, ce n'est plus ici la liberté de la défense ; la liberté de la défense ne comporte pas la liberté de l'injure. » Il n'y a pas une liberté au monde, quelle qu'elle soit, quelque sacrée qu'elle soit, qui n'ait sa limite et ses excès qu'il faut réprimer. Convenez que vous n'aviez pas le droit de dire ce que vous avez dit et que le président avait incontestablement le droit de vous arrêter. Je ne crois même pas que ce droit ait été nié dans la défense d'Ollivier ; je crois qu'on a reconnu qu'à la rigueur le président avait le droit d'intervenir, de faire une observation.

Il l'a faite, dit-on, dans des termes inconvenants, ou plutôt, car le digne bâtonnier ne s'est pas servi de cette expression, dans des termes qu'il n'était pas possible d'accepter. Il a dit à Ollivier : « Rétractez-vous, » et vous vous rappelez avec quelle vivacité, quelle pantomime, quelle mise en scène on vous a reproduit ici l'incident, comment on a prêté au président du tribunal le rôle le plus violent : « Rétractez-vous. — Je demande à m'expliquer. — Non, défendez-vous. » Vous vous rappelez tout ce qui vous a été dit à cet égard et comment cela vous a été dit. Ce n'est pas ainsi que les choses se sont passées. Le président a dit à Ollivier : « Je vous demande de rétracter les paroles que vous venez de prononcer. » Et il a bien fait ; il n'y avait pas un autre langage à tenir.

Permettez-moi une simple observation. Il y a deux façons de manquer au respect qu'on doit aux magistrats : d'une façon naturelle, si je puis ainsi dire, par des allusions, par des paroles qui ont un double sens, qui joignent la perfidie à la méchanceté, par des paroles qu'il ne faut jamais supporter, qu'il faut arrêter à l'instant, qu'il ne faut pas faire semblant de ne pas comprendre. A ceux qui prennent de telles libertés, on ne dit pas : « Rétractez vos paroles, » ce serait un langage impropre et déplacé. On leur dit : « Expliquez-vous, vous venez de prononcer tel mot, qu'est-ce que vous avez voulu dire ? Vos paroles ont un double sens, l'un qui est innocent, l'autre qui est coupable ; quel est le sens que vous leur avez voulu donner ? » Si c'est un sens honnête, loyal et respectueux, vous n'avez pas à les rétracter, mais à les maintenir en les expliquant.

Pour bien apprécier la conduite du magistrat présidant l'audience et pour bien faire comprendre qu'il y a des paroles qui ont besoin d'être expliquées, d'autres qui doivent être rétractées, permettez-moi de vous citer un exemple. Si un avocat avait dit au ministère public : Vous êtes un Laubardemont, le président n'aurait pas eu besoin de lui dire : « Expliquez vos paroles, il n'y aurait pas eu là un double sens, tout le monde aurait compris ce que voulaient dire de telles paroles. »

De même, quand vous avez dit au ministère public : « Vous avez fait appel aux passions les plus irritantes; cela est mauvais et je le regrette, » il n'y avait pas à expliquer vos paroles. Vous manquiez ouvertement à la déférence, au respect qu'on doit aux magistrats. Le président de l'audience a dirigé le débat comme il devait le diriger; il a parlé à Ollivier comme il devait lui parler; son devoir était de l'avertir, de l'arrêter là, de lui dire : « Ne vous engagez pas dans cette mauvaise voie, vous venez de prononcer des paroles qui excèdent la liberté de la défense; rétractez ces paroles, retirez-les. » Je suis convaincu d'ailleurs que la faute d'Emile Ollivier, sa faute principale, n'est pas dans cette première phase du procès. Il a pu avoir prononcé une parole inconsidérée; mais qui donc, la main sur la conscience, peut se rendre ce témoignage qu'il n'a jamais dit de paroles inconsidérées? Cette parole fâcheuse, s'il l'avait rétractée, aurait été effacée et l'incident aurait disparu. C'est ainsi, Ollivier le sait bien, qu'ordinairement les choses se passent. Mais il a persisté et ainsi aggravé son tort. Il est devenu plus coupable assurément qu'il ne l'avait été dans un entraînement qui d'ailleurs s'explique peu au début d'une plaidoirie. Il avait laissé échapper des paroles qui, en vérité, étaient blâmables; eh bien ! il fallait le reconnaître. Il n'en fait rien, au contraire, il aggrave sa situation. Et ici sur cet incident, n'attribuons à chacun que le rôle qui lui convient; ne faisons pas parler celui-là avec une rudesse et celui-ci avec une douceur affectée. Écartons cette mise en scène : demandons-nous ce qui s'est passé; et pour le savoir, prenons le plumitif si calme, si impartial du greffier. « Rétractez-vous. — J'étais sous l'impression des paroles que je venais d'entendre; je ne crois pas avoir dit quelque chose qui fût inconvenant, j'ai exprimé un regret, je n'ai rien à rétracter. » C'est ici que l'offense devient persistante et grave, qu'il y a un véritable outrage à la dignité du magistrat et à son caractère. Le tribunal se retire; M<sup>e</sup> Ollivier avait le temps de la réflexion. Il devait alors, faisant froidement un retour sur lui-même, il devait comprendre qu'il avait prononcé des paroles qu'il aurait mieux valu ne pas prononcer, que le président avait usé de son droit et rempli son devoir en appelant sur ces paroles son attention et en lui demandant de les rétracter. Le tribunal rentre, et, avec un dernier espoir, par une condescendance que nous approuvons, qu'il a bien fait de montrer, il interpelle encore Ollivier, et de nouveau celui-ci déclare qu'il ne veut rien rétracter. Voilà l'offense dans toute sa gravité, et voilà à la suite de quelles circonstances la sentence a été rendue et Ollivier condamné.

L'a-t-il été justement? Incontestablement, oui. Ah ! sans doute, si on ne lui avait pas permis de s'expliquer, si, l'accusant d'avoir offensé un magistrat, on l'avait condamné sans vouloir l'entendre, on aurait excédé les bornes de la justice; mais à diverses reprises, M<sup>e</sup> Ollivier a été mis en demeure de s'expliquer, et à chaque reprise il a persisté plus que jamais, déclarant qu'il ne rétracterait rien. M<sup>e</sup> Ollivier a donc été justement frappé par la sentence dont est appel; la mesure de sévérité n'a pas excédé assurément la gravité de cette offense plusieurs fois produite et obstinément renouvelée.

Nous espérions, messieurs, qu'ici, à cette audience, M<sup>e</sup> Ollivier, mieux inspiré, rétracterait enfin des paroles qui sont malheureuses, et qu'il est, — je le dis avec une grande hauteur, comme un homme qui n'aime pas les rétractations, mais comme un homme qui n'a jamais reculé devant une rétractation juste, légitime, nécessaire, et s'en fait honneur, — qu'il est du devoir d'un galant homme de retirer. J'avais espéré que, devant la Cour, ses passions calmées, n'étant plus en présence des magistrats qui avaient été les instruments de cette poursuite, Mᵉ Ollivier reviendrait à d'autres sentiments. Ah ! nous sommes de l'avis de ce savant procureur général qui, devant la Cour de cassation, a fait à Mᵉ Ollivier l'honneur de venir lui-même porter la parole dans l'affaire, qui, lui aussi, s'est rappelé qu'il avait été une des colonnes du barreau, une de ses plus grandes illustrations, comme il est aujourd'hui une des lumières de la Cour suprême ; je suis de son avis, malgré Montaigne, qui ne veut pas qu'on se dédise. Qu'y a-t-il au monde de plus honorable qu'un homme qui reconnaît qu'il a eu tort, qu'un homme qui s'est laissé entraîner à des paroles vraiment imprudentes et mauvaises, et qui vient dire : « C'est vrai, au lieu d'attaquer la doctrine, de combattre les théories, j'en demande pardon au ministère public, dont la parole avait été modérée ; j'ai eu tort d'attaquer sa personne, son caractère ? » Est-ce qu'il y a au monde, je le répète, quelque chose de plus honorable et de plus digne ? Mais c'est l'entêtement qui est misérable, mais c'est la persistance qui me semble un acte de véritable faiblesse.

Il y a dans nos annales judiciaires un fait qui n'a peut-être jamais été vérifié, mais enfin qu'on rapporte pieusement, et dont le barreau s'honore. Au XVIᵉ siècle, un président avait insulté par des paroles regrettables et grossières un des plus savants hommes de son temps. Le barreau s'en était montré justement blessé et indigné. Il avait envoyé auprès de ce président un de ses membres, qu'il avait chargé de porter ses doléances. Ces doléances étaient exprimées avec une vivacité, une violence qui rendaient toute rétractation difficile et, semblait-il, impossible. Le magistrat écouta ces plaintes, et à l'instant même il dit : « Cela est vrai, j'ai eu tort ; je ne connaissais pas tout le mérite de Mᵉ Charles Dumoulin. » Celui qui a ainsi parlé n'était pas un avocat au Parlement, ce n'était pas un magistrat ordinaire, c'était le premier président du Parlement de Paris, c'est-à-dire un des hommes les plus considérables de son temps par son savoir, par sa position, par l'éclat de son nom, augmenté depuis par l'éclat de sa descendance : c'était Christophe de Thou.

Eh bien ! c'est lui, c'est monseigneur Christophe de Thou, premier président du Parlement de Paris, qui, lorsque le bâtonnier vient à la tête du barreau relever une injure prononcée contre un avocat, ne recule pas ; il oublie la hauteur de son temps ; il a lu Montaigne, mais il n'en tient pas compte ; il cède à ce noble mouvement : « J'ai eu tort ; je ne connaissais pas le mérite de Mᵉ Charles Dumoulin. » Ah ! sa mémoire n'en a pas été souillée ; son nom, grand et illustre, n'en a pas été humilié, et si on doit louer la fermeté de ceux qui se sont vus offensés eux-mêmes par l'offense d'un de leurs confrères, il faut louer aussi la loyauté, la noblesse d'âme, l'élan de cœur du grand magistrat, je ne dirai pas qui s'humilie, mais qui reconnaît, qui proclame ses torts de telle sorte, que l'histoire enregistre ces faits à la gloire du barreau, mais plus encore peut-être à la gloire du premier président du Parlement.

Voilà ce qu'il fallait faire, on ne s'humilie pas pour cela ; voilà ce qu'il fallait faire devant le tribunal, devant le Cour. Quand j'ai jeté les yeux sur cette affaire, sachant le poids que je devais porter en venant conclure contre

un avocat, contre un membre de la famille judiciaire, je me disais, comme
on le disait si bien au commencement de cette audience : Ce n'est pas la
peine, il n'y a pas de procès, il n'y en aura pas. S'il persiste, il n'y aura pas
un doute possible, soit dans l'esprit du magistrat, soit dans l'esprit du barreau.
Est-ce qu'on a le droit au barreau de parler ainsi aux magistrats et, sous prétexte qu'on opère une distinction entre eux, de dire aux uns, les magistrats
assis : Je vous respecte, et aux autres, les magistrats du ministère public :
J'ai le droit de vous insulter? Est-ce qu'on espère que les choses se passeront
ainsi? Est-ce que la Cour ne trouvera pas une répression prudente, modérée,
mais ferme cependant, à opposer à de tels écarts?

Eh bien ! si Mᵉ Ollivier vient à l'audience, s'il persiste aux yeux de la Cour,
loin de ces agitations du tribunal, loin de ces entraînements, loin de ces ardeurs d'un amour-propre surexcité et bien mal entendu ; s'il vient à persister,
il n'y a pas de doute possible... Mais il ne persistera pas, il se conduira honorablement, et, calculant la portée de ses paroles, il dira : C'est vrai, j'ai eu
tort. Eh bien ! si je sens que j'ai eu tort, si je sens que le président a eu raison de m'arrêter, je dois le proclamer, au lieu de m'entêter. Voilà ce que
j'espérais, je dois le dire ; je l'espérais en entendant les explications qui, avec
un ton si convenable, avec des paroles si respectueuses, ont été données par
Mᵉ Ollivier au pied de la Cour ; il nous semblait qu'il comprenait tout ce que
la magistrature impose de convenance à ceux qui traitent, pour ainsi dire,
chaque jour avec elle, en qui elle a confiance, à qui elle a le droit de demander, je ne dirai pas seulement des égards en échange des égards qu'elle a pour
eux, mais le respect qu'ils lui doivent. Il m'avait semblé qu'il comprenait
tout cela ; je l'espérais ; j'en étais heureux pour la Cour, pour moi, pour le
barreau, pour lui-même ; et recueillant avidement les paroles prononcées par
Mᵉ Ollivier, quand il disait : Je ne croyais pas défendre un client, mais un
ami, je me disais à mon tour : Il s'est identifié avec lui ; les coups qui ont été
portés à l'un ont été portés à l'autre ; les attaques dirigées contre les doctrines,
il les a ressenties comme si elles eussent été dirigées contre lui. C'était une
lutte en quelque sorte personnelle, car ce n'était pas un avocat seulement qui
étendait sur son client les plis protecteurs de sa robe, c'était un ami qui défendait son ami. Eh bien ! s'il a dit quelque chose d'excessif, il faut compatir
à sa situation. Quand je l'entendais dire encore : « J'ai cru qu'il y avait quelque allusion à ma personne », le ministère public avait parlé du serment à
propos d'un homme qui avait refusé de le prêter, mais aussi à propos d'un
livre où il y a une théorie qui peut paraître se confondre avec cette doctrine facile sur les serments qu'on prête à la condition de ne pas les tenir.

« J'étais sous le coup des paroles que je venais d'entendre, dominé par la
pensée qu'il y avait peut-être quelque allusion personnelle..... » Qu'il me
permette de le dire, un tel soupçon serait une offense. Non, non, Mᵉ Ollivier
a prêté un serment qu'il tiendra, j'en suis convaincu, et c'eût été de la
part du ministère public une misérable insulte, à propos de cette partie du
livre de Vacherot, de faire une allusion au défenseur ; de même que de la part
du défenseur, ç'a été une offense de faire allusion à la personne du ministère
public. Non, il n'y avait rien de pareil. Mais cependant s'il l'a cru, si c'est la
cause de son irritation, il faut le dire sans l'excuser : il y a eu un malentendu.

VIII.                                                                              24

Mais lorsque j'ai entendu de la bouche de Mᵉ Ollivier sortir cette parole sur laquelle il a insisté : « Monsieur le président, je ne rétracte rien de ce que j'ai dit, et j'y persiste au contraire », dès ce moment toute espérance a été perdue pour nous ; il a même ajouté : « Monsieur le président, je ne regrette nullement de les avoir prononcées. »

Ainsi ces paroles, qui n'étaient qu'inconsidérées, ont pris le caractère d'une offense véritable, péremptoire, qui se continue pendant des mois entiers, d'une offense qui a survécu à la lutte, en sorte qu'aujourd'hui même, loin de chercher à l'amoindrir, il a volontairement aggravé son tort.

Voilà, messieurs, toute l'affaire. Quand je l'entendais parler de son respect pour la magistrature, sur lequel il aurait dû nous donner non des théories, mais des preuves, tout en reconnaissant que le droit d'un avocat ne va pas jusqu'où il l'a conduit, en reconnaissant surtout que la persistance était de mauvais goût et un indice de faiblesse plutôt que de fermeté , j'espérais que Mᵉ Ollivier allait en effet se conformer à ces grands principes qui, de tout temps, ont été ceux du barreau, depuis qu'il y a une magistrature organisée en France, le pays le plus *justicier* qu'il y ait jamais eu au monde.

Un de nos auteurs français, le plus vieux, le plus ancien qui ait fait un recueil de *décisions*, dans lequel il admettait les adages qui couraient les écoles de son temps, Jean Desmarets, faisait, en 1372, cette recommandation aux avocats de son temps : « Les avocats doivent acquérir et garder l'amour du juge. » C'est qu'en effet, dans cette famille, on pardonne à un enfant qui s'égare, qui un instant se laisse emporter à dire une parole inconvenante à sa mère, mais qui revient de son tort et garde toujours avec soin l'amour du juge. Et d'ailleurs le respect pour la justice et pour la magistrature, c'est un si grand besoin social, que c'est le devoir de tous de le maintenir ; c'est pour le justiciable, je ne dirai pas une habitude, mais comme une sorte de religion. Il ne faut pas ébranler la foi que nous professons, que nous professerons toujours pour la magistrature ; il ne faut pas ébranler cette foi qui fait sa seule force véritable, et, il faut le dire, sa seule récompense.

Montesquieu fait à ce sujet une réflexion pleine de sagesse par laquelle je veux terminer ces observations :

« Il y a un lot pour chaque profession. Le lot de ceux qui lèvent les tributs est les richesses , et les récompenses de ces richesses sont les richesses mêmes. La gloire et l'honneur sont pour cette noblesse qui ne connaît, qui ne voit, qui ne sent de vrai bien que l'honneur et la gloire. Le respect et la considération sont pour ces ministres et ces magistrats qui, ne trouvant que le travail après le travail, veillent nuit et jour pour le bonheur de l'empire. »

Gardez ce dépôt de respect et de considération que vos ancêtres vous ont transmis ; gardez-le avec un soin jaloux, une juste susceptibilité. Excusez toujours les choses qui sont excusables, les entraînements qu'on peut expliquer ; mais sachez qu'il est juste et nécessaire de montrer une certaine sévérité vis-à-vis de ceux qui, après avoir commis une faute, l'aggravent en y persistant de juridiction en juridiction, et viennent y persévérer jusqu'aux pieds même de la Cour à qui ils viennent demander de les absoudre.

Nous requérons qu'il plaise à la Cour de confirmer la sentence.

# RÉPLIQUE DE Mᵉ PLOCQUE.



Messieurs ,

Quelques mots, si la fatigue physique me permet de les prononcer... Je suis obligé, malgré moi, de donner cours à mes impressions. Jamais je n'ai pu les dominer... Rien ne m'a plus douloureusement surpris que la sévérité des paroles que vous venez d'entendre... la sévérité! C'est sans doute un devoir du magistrat! Dans l'accomplissement de ses redoutables fonctions, il doit rencontrer souvent des devoirs bien pénibles à remplir. Moi qui n'abandonnerai jamais la carrière à laquelle je me suis voué, moi qui ne quitterai jamais ma robe d'avocat, oh! je demande au ciel de ne jamais m'imposer de pareils devoirs ! ! !

Eh quoi! pour les paroles prononcées dans les circonstances que sait la Cour, par un homme fatigué depuis trois jours par la maladie, par un homme qu'on a interrompu au milieu de sa première phrase, pour des paroles qui semblent, pour me servir de l'expression de M. Delangle, molles et décolorées en présence de tant d'autres prononcées par d'illustres orateurs, pour ces paroles tant de bruit et de sévérité, et de si cruelles réquisitions! Comment! après le rapport si bienveillant que nous avons entendu, il devait nous être réservé d'entendre le ministère public dire à Ollivier : Je saisissais vos paroles au passage, heureux de vous offrir ma compassion, mais vous avez eu le mauvais goût de persister trois mois dans l'injure, vous persistez encore à cette audience, nous ne pouvons pas même vous considérer comme un de ces soldats imprudents qui, mis au poste de l'honneur, se sont précipités dans la mêlée et ont, dans l'ardeur du combat, tourné leurs armes contre leurs chefs. Nous ne voulons donc même pas ouvrir notre cœur à la compassion, et nous devons demander à la Cour d'armer contre vous toutes ses rigueurs.

Je le dis à la Cour, c'est le cœur brisé que je parle. Quoi! j'en suis réduit à répéter qu'Ollivier ne veut pas de compassion, qu'il demande justice, que le barreau pour lui demande justice, que le barreau demande que la Cour examine, que la Cour statue, comme elle le fait toujours, avec froideur et calme.

Vous m'avez rappelé un fait historique bien douteux, mais enfin s'il n'est pas vrai et si ce n'est pas monseigneur Christophe de Thou, premier président du parlement, qui en est le héros, il importe peu. Admettons-le. Christophe de Thou a cherché à réparer une injure irréparable. Oui, irréparable, car s'il y a des paroles qui, lorsqu'elles viennent de la barre au siége du juge, n'ont pas de gravité et n'atteignent pas le magistrat dans la haute sphère où la Cour l'a placé, ces mêmes paroles, adressées du haut du siége du juge et lancées sur la barre, deviennent des outrages qui ne se réparent pas. Vous m'avez rappelé ces paroles, elles ne changent pas ma conviction, elles ne changent pas la conviction du barreau. Oui, il y a des cas où un homme d'honneur doit se rétracter, il y en a d'autres où un homme d'honneur se sent placé dans la position que signalait devant la Cour suprême l'éloquent procureur général Dupin, où un avocat peut dire à la Cour : Je ne crois pas que mes paroles aient excédé les limites de la modération, j'ai usé de mon droit, je maintiens la légitimité de mon droit, j'accepte la responsabilité de mes paroles coûte que coûte, Dieu jugera plus tard, et je courbe la tête.

Deux hypothèses se présentent souvent : dans la première, un homme de cœur s'honore en se rétractant ; dans l'autre, pour parler le langage de Montaigne, qui vaut apparemment celui de Jean Desmares dont il a plu à M. le procureur général de nous entretenir, dans l'autre, l'honnête homme qui ne se rétracte pas, qui explique, qui affirme que son intention n'a pas été d'offenser ; dans ce cas, je le répète, l'honnête homme qui ne se rétracte pas s'honore.

D'où vient donc la sévérité, qui me semble excessive, du ministère public ? Pourquoi ces réquisitions que je ne veux pas qualifier ? Pourquoi cela ? Je ne discute pas avec M. le procureur général sur les principes, il est d'accord avec nous. Et d'ailleurs qui mieux que lui, dans une carrière de trente-huit ans, a su proclamer les principes ? L'avocat doit respecter le magistrat et le magistrat l'avocat. L'avocat offensé a le droit de recourir au juge, et l'avocat qui offenserait le juge s'offenserait lui-même, a dit M. le procureur général. Mais si nous sommes d'accord sur les principes, nous ne le sommes pas sur l'application. La liberté de la défense est illimitée, disait M. le procureur général ; elle est illimitée, mais cependant lui-même veut lui tracer des limites. Peut-on les déterminer ? Non, a ajouté M. le procureur général, c'est une question d'appréciation, c'est le juge qui, après tout, décide (bien qu'il soit juge dans sa propre cause) ; c'est le juge qui détermine les limites ; il le peut ; dans tous les cas, il faut respecter d'un respect égal et le juge qui décide et le magistrat debout qui parle et qui requiert.

Je n'ai pas attendu ce réquisitoire pour proclamer dans cette enceinte que nous respections le ministère public ; je crois cependant que les vrais principes posés par de plus habiles et de mieux autorisés que moi, ont établi, avec une force irrésistible, qu'il ne faut pas confondre les deux ordres de magistrats. Aussi je maintiens la distinction que j'ai établie entre le ministère public et le magistrat assis. Le ministère public est notre adversaire nécessaire, et nous avons le droit de le combattre énergiquement. On s'est trompé sur mes paroles, on s'est trompé sur mes intentions, si on a cru que j'avais dit que le ministère public devait être passionné jusqu'à l'injustice, jusqu'à la mauvaise foi. Il est facile de mal comprendre les intentions de son adversaire pour les réfuter ensuite à loisir. Quand j'ai attribué au ministère public la passion, je lui ai attribué cette passion dont parlait M. le procureur général dans une autre enceinte, cette passion dont l'excès seul est mauvais, quoique le principe en soit respectable. Rien ne se fait ici-bas sans passion. La passion, c'est l'âme des grandes entreprises, des grands desseins ; la passion, c'est l'âme de l'orateur, c'est l'âme du poëte ; la passion, pour l'avocat, c'est le foyer de l'éloquence, c'est la lumière de ses veilles, c'est l'inspiratrice de ses efforts ; oui, c'est la passion, pour nous qui n'avons d'autre consolation que le devoir laborieusement et obscurément rempli ; c'est la passion qui est notre soutien.

Le ministère public doit donc être passionné, mais je n'ai pas dit qu'il dût céder aux mauvaises passions ; et quand j'ai admis qu'il devait être passionné, nécessairement mes paroles, qui étaient faciles à comprendre, voulaient dire que le ministère public, qui est passionné, est homme ; que l'homme qui se laisse entraîner à une passion louable, éminemment louable dans son principe, peut avoir ses écarts, ses aveuglements, mais sans cesser d'être consciencieux. Enfin pour me servir des paroles d'Ollivier, oui, la passion légitime du ministère public peut avoir ses excès, elle peut être mauvaise dans ses effets, dans son action. Voilà ce que j'ai dit et la théorie que j'ai professée. Le ministère public, qui est homme, peut se laisser passionner, peut se laisser égarer par la passion. Dénierez-vous à un avocat le droit de lui dire, dans une cause exceptionnelle où il croit défendre la société menacée, qu'il a tort de se laisser entraîner ? Dénierez-vous à l'avocat qui est en présence d'un orateur profondément convaincu et qui affirme l'existence de crimes ou de délits produits à la barre du tribunal, dénierez-vous à l'avocat le droit de dire : Le ministère public, dans sa conviction profonde, dans sa loyauté, dans sa bonne foi, fait appel aux passions ? Et qui donc, messieurs, dans sa vie n'a jamais fait appel aux passions ? Qui peut se rendre ce témoignage ? Oh ! que j'en ai entendu de ces orateurs qui ne parlaient pas seulement pour le juge, mais pour l'auditoire, que j'en ai entendu qui venaient non - seulement remuer dans vos cœurs les sentiments les plus ardents de la passion, mais qui même faisaient appel aux passions de l'auditoire, et qui, dans l'excès de leur zèle, auraient voulu l'enflammer de toutes les ardeurs qui les brûlaient eux-mêmes.

Eh bien! il est possible que le ministère public, sans cesser d'être consciencieux, convaincu, croyant la société en péril, par exemple, appelle à son aide les passions qui, selon lui, doivent sauver la société et la maintenir sur ses bases ébranlées. Est-ce que ce n'est pas faire appel aux passions ? — Aux passions conservatrices, direz-vous. — Qu'importe ! c'est un appel aux passions.

Et que voulait Ollivier ? Il entendait, lui, que ce n'était pas en faisant appel aux passions, mais en discutant, en examinant, en argumentant, en disséquant, s'il est permis d'ainsi parler, le livre qui était sous les yeux du juge, qu'on devait s'en rendre un compte exact et voir s'il contenait le délit reproché, que c'était là le seul moyen qu'il fût convenable d'employer devant la justice.

Voilà ce que voulait, ce qu'entendait Ollivier.

Il a voulu, a dit M. le procureur général, dans un excès de langage comme il nous en échappe à tous, il a voulu *dévorer* le ministère public. Est-ce bien là ce qu'a tenté Ollivier ? Si en effet telle avait été sa fantaisie, je comprendrais l'exagération, je comprendrais la sévérité ; mais toutes ces assertions de l'orateur du ministère public, toutes ces assertions sont chimériques et sans fondement. Revenons donc à la vérité, soyons sérieux et ne nous éloignons pas de ce qui fait le fond du procès, de ce qui en fait la réalité.

M. le procureur général a passé bien légèrement sur le fond des choses. Des paroles ont été prononcées par Ollivier. Ont-elles oui ou non la portée que leur a donnée le jugement frappé d'appel? Là est toute la question.

L'examen de ce fait est tout le procès, et il est bien facile à juger. J'ai essayé, dans une plaidoirie dont je regrette que la longueur ait pu fatiguer la Cour, j'ai essayé de démontrer que les paroles d'Ollivier n'avaient pas la portée qu'on leur donne ; j'ai essayé de démontrer qu'elles n'avaient pas

excédé notre droit ; tenons-nous à ces paroles, c'est la base de la discussion ;
si cette base manque à M. le procureur général, il ne restera rien assurément
de son réquisitoire.

Quelles sont donc ces paroles ? M. le procureur général a dit que nous
affections de nous renfermer dans une querelle de texte, que nous épiloguions
soit sur une épithète, soit sur la place d'une épithète. Il nous importe peu, a
ajouté M. le procureur général, ce sont là des arguties. Il importe beaucoup
pour nous, parce que c'est la vérité qu'il faut rechercher ; parce qu'il faut
ici que tout soit vrai, et Ollivier veut être vrai à ses risques et périls. Il a
dit : « Je ne répondrai pas aux parties irritantes du réquisitoire du ministère
public que vous venez d'entendre. Cet appel aux passions est mauvais. » Voilà
la version qu'Ollivier rétablit, parce que c'est la sincère version.

Or je prends les trois membres de phrase, et j'en scrute tous les mots.
« Je ne répondrai pas aux parties irritantes du réquisitoire. » Je ne discute
pas cette première proposition, je déclare que dans ma conscience d'avocat,
juge du sens de ces paroles, je les crois parfaitement innocentes. Ce mot d'*ir-
ritant*, tout le monde en sait la valeur dans la langue judiciaire. Je n'insiste pas.

« Il a fait appel aux passions. » Je me suis déjà expliqué sur ce point. Dire
au ministère public qu'il a fait appel aux passions, alors que rien de ce qui
entoure cette assertion ne lui donne un air d'injure, d'outrage, de mépris, de
dénigrement, dire cela du ton calme, froid et résolu d'un homme qui commence sa plaidoirie ; proférer ces paroles, dans leur simplicité, leur nudité, je
ne comprends pas que ce puisse être un manque de respect à la justice. Les
organes du ministère public peuvent être plus susceptibles les uns que les
autres, mais à coup sûr il y en a qui, sans cesser d'être de bons, d'éminents
magistrats, ne sont pas aussi susceptibles que M. le procureur général. J'ai
vu de grands, de redoutables athlètes du barreau, allant quelquefois jusqu'à
l'injustice, s'attaquer au ministère public avec une vigueur, une énergie dont
Ollivier, à mon sens, est loin d'avoir approché. « Vous avez fait appel aux
passions. » Cette phrase, dans sa simplicité, dans sa nudité, je le répète, à
mes yeux ne constitue pas un manquement à la justice. Je crois que si je
l'avais prononcée je ne la rétracterais pas non plus ; je le crois, non par esprit
d'obstination, mais parce que plus j'ai interrogé ma conscience, plus je l'ai
interrogée dans le silence du cabinet, et plus il m'a semblé que ma conscience,
bon juge de ce qui est honnête et de ce qui ne l'est pas, me disait que ces
paroles ne constituaient pas un oubli du respect dû à la dignité de l'académie.

Ollivier a ajouté : « Cela est mauvais. » M. le procureur général, suppléant
aux intentions d'Ollivier, dit : « Voyez-vous, l'acte que vous reprochiez au
ministère public, vous l'aviez qualifié d'appel aux passions, » et non pas d'un
appel aux passions honnêtes. Vous avez dit : « Cela est mauvais. » Pourquoi
Ollivier a-t-il dit cela ? Il l'a expliqué. Dans sa pensée, dans la cause dont il
s'agissait, tout appel aux passions était mauvais. Il y avait un texte à discuter.
Il était facile, en laissant de côté ce texte, d'exciter la colère des magistrats
contre le livre lui-même, et même, contre un philosophe étranger à la pratique
et voué aux abstractions de la science. Mais était-ce là le droit et le devoir du
magistrat ? Non. Il fallait discuter froidement l'œuvre froidement méditée dans
le cabinet. Cela eût été convenable. Signaler le philosophe comme une des

sentinelles avancées de ce qu'on a appelé les partis incorrigibles qui ne rêvent que ruines et désastres, c'était se tromper évidemment. Je ne connais pas l'homme, et c'est précisément parce que je ne le connais pas que j'en parle librement. Or, le qualifier, le juger ainsi préventivement, c'était se tromper, c'était du moins se montrer bien téméraire. C'est dans cette circonstance qu'Ollivier a pensé qu'un tel langage était un appel aux passions, que cela était mauvais, qu'il eût fallu juger froidement, examiner froidement, argumenter froidement. Il vous a rappelé quelles avaient été ses premières paroles. Or, M. le procureur général lui-même a reconnu qu'on ne pouvait pas suspecter sa sincérité ; il vous a dit qu'Ollivier avait commencé par déclarer que dans cette affaire, la modération convenait tout aussi bien à l'accusation qu'à la défense ; Ollivier a posé comme condition nécessaire de la défense, comme de l'attaque, la modération. Pourquoi allez-vous supposer que de la modération il serait passé tout à coup à la colère, du respect à l'outrage ? Cela n'est pas admissible. Dans cette condition, je ne vois pas de rétractation possible. Ma conscience me dit que je n'ai voulu outrager personne, que j'ai usé de mon droit. J'affirme que devant le juge je n'ai pas voulu dire une inconvenance. Le juge insiste et je lui dis : « Mais je réponds à une attaque, à mon sens, modérée dans le ton, dans la diction, mais qui était vive et ardente au fond. J'étais sous l'impression des paroles que je venais d'entendre. » Et toujours dans les explications qu'il donne à un juge qui ne lui en demande pas, qui n'en veut pas, qui n'insiste que pour une rétractation, toujours dans les explications offertes se trouve ce sentiment que M. le procureur général, inattentif apparemment, prétend n'y avoir pas trouvé. Ollivier a toujours expliqué qu'il n'a voulu s'attaquer qu'au réquisitoire, qu'il a combattu le réquisitoire et respecté la personne du magistrat. Dans la note de cet excellent greffier de la sixième chambre, pour me servir des expressions de M. l'avocat général, dans le plumitif, nous ne trouvons que ces expressions d'Ollivier : « Respect pour la personne, attaque contre le réquisitoire. »

Vous lui reprochez d'avoir dit qu'il pouvait attaquer corps à corps le réquisitoire, le déchirer, le mettre sous ses pieds. Vous lui avez bien rendu cette incartade quand vous l'avez accusé à votre tour de vouloir dévorer le ministère public. (Sourires.) Est-ce que jai besoin de rappeler encore ce qui n'a jamais été contesté, que le réquisitoire appartient à la défense, qu'il lui appartient entièrement. Oui, je maintiens ce que j'ai dit, qu'elle a le droit de le mettre en pièces, en ce sens que l'avocat peut en déchirer toutes les pages comme inexactes, comme consciencieuses sans doute, mais comme contraires à la vérité et aux faits du procès. Quelle est donc la portée, quel est le sens de la parole d'Ollivier ? Je le dis à la Cour, ma conscience, interrogée par moi, je me trompe peut-être aussi, mais ma conscience interrogée par moi me répond qu'avec le commentaire qui spontanément a été produit devant le tribunal, les paroles d'Ollivier n'ont rien de coupable et qu'elles n'ont pas excédé les droits de l'avocat. Ma conscience m'enseigne, et ma conscience de tous les temps, de tous les instants (elle n'a pas besoin de s'être nourrie de littérature antique ou moderne pour apprécier la nature des mots qui sont attribués à Ollivier, je n'ai pas feuilleté de livres, fouillé dans les pensées ni les souvenirs, je me suis recueilli en moi-même), ma conscience, ce juge intérieur, me dit : L'avocat qui croit que le ministère public a injustement et d'une façon erronée attaqué son client, l'avocat, après que le ministère public s'est trompé sur l'homme, sur la matière du livre à juger, l'avocat a le droit de dire au ministère public qu'il a fait appel aux passions et que cela est mauvais. Ainsi la base du réquisitoire manque ; il reste les paroles d'Ollivier que la Cour appréciera.

Maintenant, et faute de pouvoir m'adresser un reproche plus sérieux, on m'a reproché une mise en scène ; j'aurais dramatisé l'incident de l'audience et les paroles du président. Que la cour me permette de faire une humble confession. Il y a des orateurs, et ceux-ci sont de grands orateurs, qui ont le temps, en présence des pièces du dossier, des récits divers que présente une instruction criminelle, de s'inspirer avant l'audience, de dramatiser dans leur puissante imagination les incidents qui se dérouleront à l'audience par le récit des faits et la production des pièces ; ceux-là sont de puissants orateurs, et ils trouvent leur puissance doublée, quand après ce travail du cabinet ils arrivent à l'audience ; mais ceux qui ne sont pas orateurs, qui cheminent tout doucement comme ils peuvent dans les sentiers vulgaires de la plaidoirie, ne savent pas préparer des mises en scène, ils ne savent rien dramatiser, ils lisent les pièces, ils cherchent à les comprendre, ils y cherchent si les notions du juste et de l'injuste se trouvent de leur côté, ils cherchent le droit, l'argument qui en ressort ; ils jettent à peine sur le papier quelques notes qui les guideront dans la discussion, et puis ils arrivent à l'audience, s'abandonnant à cette bonne fortune de l'avocat modeste à qui le ciel n'a pas départi cette souplesse qui permet de se retourner dans toutes les situations et de saisir toutes les occasions avec une agilité qui n'appartient qu'à eux. J'ai raconté vivement ce que j'avais ressenti vivement, mais sans vouloir dramatiser, sans faire une mise en scène. Il m'a semblé, mon Dieu, je ne puis pas me défendre de cette idée, qu'il y avait quelque chose de dur, de cruel dans cette formule acerbe : « Rétractez-vous, » et comme dernière conclusion : « Défendez-vous. » Oui, cela m'a semblé et je l'ai exprimé comme je le sentais sans affectation, sans prétentions dramatiques, mais avec la simplicité d'un cœur ému et convaincu.

Que voulez-vous, messieurs ? vous nous avez gâtés ; nous sommes habitués à trouver chez vous tant de bienveillance ! Quand nous nous égarons dans un argument, vous savez si bien et avec tant de bonté, d'une voix si paternelle, nous indiquer la bonne voie, nous engager à la suivre, nous y ramener doucement ; nous n'avons pas été habitués à ces sommations brusques et violentes. Nous n'y sommes pas habitués ; et vous êtes si bons pour nous que nous ne nous y habituerons jamais. M. le procureur général, après M. le conseiller rapporteur, a bien voulu nous dire que nous sommes de la famille. Qu'il me soit permis de le dire ; le père, dans une autre enceinte, n'a point agi comme on agit envers les enfants.

Voilà toute la portée de mes paroles que je me trouve, à mon grand étonnement, obligé d'excuser, mais croyez-le bien je n'ai pas voulu faire de mise en scène. J'ai dit et je persiste à dire qu'on ne s'y est pas pris avec nous comme il aurait fallu s'y prendre. Qu'ai-je maintenant à ajouter aux explications qu'Ollivier a données, soit en première instance, soit en appel ? Il a proclamé hautement, il a répété devant la Cour qu'il n'était jamais entré dans sa pensée d'outrager le ministère public. Il a affirmé qu'il n'avait pas voulu dire, qu'il n'avait pas la conscience d'avoir dit une inconvenance. L'avez-vous entendu s'écrier : Oui, j'ai eu l'intention d'attaquer le ministère public ; oui, je lui ai reproché d'être de mauvaise foi, d'être déloyal ? Non, messieurs, les expressions dont il s'est servi au début de sa plaidoirie et que l'on veut traduire par ces mots, il les a lui-même expliquées et traduites ainsi : Je n'ai pas voulu, je n'ai pas cru dire une inconvenance, j'ai cédé à l'impression des paroles que je venais d'entendre.

J'affirme, messieurs, que dans cette position il n'y a rien à rétracter, qu'il a été largement satisfait aux devoirs que nous avions à remplir envers nous-mêmes, et surtout à nos devoirs envers la magistrature.

Mais, prétendent les premiers juges, Ollivier a aggravé sa situation en persistant. Je me suis expliqué sur ce point, je n'ai rien à ajouter. Je ne comprends pas que l'on pose comme une thèse raisonnable que le simple fait de dire : Je n'ai pas commis une inconvenance, je ne crois pas en avoir commis une et je persiste dans les paroles que j'ai prononcées, je ne crois pas que ce soit là ce que loyalement on pouvait prendre pour une aggravation. L'aggravation, j'ai dit ce qu'elle aurait pu être. Ollivier s'est borné à persister sans ajouter un commentaire blessant. Il a même évité de répéter ses paroles, et s'est borné à dire : « Je les maintiens, je veux user de mon droit. » Les honnêtes gens, les hommes de cœur ne verront pas là une aggravation à ce prétendu manquement qui a motivé la décision dont est appel, décision à laquelle, pour le dire en passant, on a eu tort d'ajouter après coup un motif auquel on n'avait pas songé d'abord.

Me voici arrivé au terme des explications que je voulais donner à la Cour. Le trouble dans la famille judiciaire a existé un moment. J'ai la confiance que votre arrêt va le faire disparaître. Si votre arrêt est ce que nous espérons, je n'ai pas besoin de vous dire quelle joie il nous apportera, avec quel bonheur il sera accueilli par le barreau, et combien nous vous serons reconnaissants, non pas d'un acte de compassion, mais d'un grand acte de justice. Si votre arrêt doit nous être contraire, messieurs, nous nous inclinerons ; mais, croyez-le, notre respect pour vous n'en souffrira pas. Vous serez toujours les juges de la loi, le ministère public sera toujours un adversaire que nous respecterons, mais que nous nous croirons le droit d'attaquer, d'attaquer vivement tout en le respectant.

Un dernier mot encore, messieurs, mais un mot bien douloureux. C'est avec un profond chagrin que je le prononce, et le barreau ne l'oubliera pas. Au siége du ministère public est assis un des hommes qui ont jeté le plus d'éclat sur notre profession. Mes regards s'étaient tournés vers lui ; mais en vain, et, j'ai le regret de le dire, je n'ai pas trouvé des paroles amies là où j'avais l'espoir, là où j'avais le droit de les trouver.

M. LE PRÉSIDENT. —Ollivier, personnellement, a-t-il à ajouter à sa défense ?

Mᵉ OLLIVIER. — Absolument rien.

M. LE PRÉSIDENT. — La Cour va en délibérer.

La Cour se retire dans la chambre du conseil.

Le délibéré dure trois quarts d'heure.

# ARRÊT.

« Considérant qu'en matière criminelle les avocats ont le droit incontestable et incontesté de défendre librement les accusés et les prévenus traduits
devant les Cours et les tribunaux ;

» Que cette libre défense doit toujours être maintenue dans l'intérêt des
accusés et des prévenus menacés de répression pénale;

» Qu'elle doit l'être dans l'intérêt de la justice elle-même, à laquelle il importe d'être complétement éclairée avant de statuer ;

» Mais considérant que le droit de défendre n'entraîne pas le droit d'attaquer ;

» Que l'attaque doit particulièrement être interdite aux défenseurs, alors
qu'elle serait dirigée contre l'organe du ministère public, investi, par la loi,
du droit de porter la parole au nom de la société ;

» Qu'ils peuvent, dans le domaine de la discussion, opposer avec une entière latitude, aux arguments de l'accusation ou de la prévention, des arguments contraires ;

» Mais qu'à aucun titre il ne saurait leur être permis de prendre à partie le
fonctionnaire même qui représente le ministère public à l'audience; de se
faire les juges de la conduite de ce fonctionnaire, et de s'arroger le droit de
censurer, soit ses actions, soit ses paroles, soit surtout ses intentions, pour
leur infliger un blâme public ;

» Que c'est là cependant ce qu'a fait Me Émile Ollivier à l'audience du tribunal correctionnel de la Seine, 6e chambre, le 30 décembre 1859 ;

» Considérant que le texte des paroles par lui prononcées est doublement
certifié, soit par la note d'audience qu'a tenue le greffier de la 6e chambre,
soit par l'insertion faite de ces paroles dans le jugement même dont est appel;

» Que les légères différences de mots qui existent entre les deux textes
n'ont aucune importance réelle, et ne changent ni ne modifient en rien le
sens ;

» Qu'il est donc judiciairement établi que, parlant d'un *appel fait*, disait-
il, *par le ministère public, dans son réquisitoire, aux passions les plus irritantes*, Me Ollivier a ajouté que *cela était mauvais ;*

» Qu'une telle expression contient évidemment un reproche adressé à l'organe du ministère public ;

» Considérant que par là Me Ollivier s'est écarté du respect dû à la magistrature et a manqué aux devoirs de sa profession ;

» Que le manquement à ses devoirs est d'autant plus grave, qu'invité plusieurs fois par le président du tribunal à retirer les expressions dont il s'était
servi, Me Ollivier a déclaré y persister ;

» Que, loin de les atténuer, il n'a fait, par ses explications, qu'en aggraver la portée, en disant, après avoir bien réfléchi, qu'il n'avait usé que de son droit ;

» Que devant la Cour et à cette audience même, il a répété qu'il maintenait tout entier le langage par lui tenu, et qu'il ne regrettait nullement ce langage ;

» Qu'eu égard à une telle persistance et à une telle aggravation, la peine de discipline appliquée à l'avocat par les premiers juges est justement proportionnée à la gravité de la faute par lui commise, et qu'elle doit être confirmée à la Cour dans un intérêt d'ordre public que la magistrature a mission de préserver de toute atteinte ;

» Par ces motifs,

» Faisant application à Mᵉ Ollivier dẻs dispositions de l'article 18 de l'ordonnance du 20 novembre 1822, déjà inséré au jugement, met l'appellation au néant ;

» Ordonne que ce dont est appel sortira son plein et entier effet ;

» Condamne Mᵉ Ollivier aux dépens. »

# TABLE DES MATIÈRES

CONTENUES DANS LE TOME VIII.